FamRZ-Buch 21

Die
**FamRZ-Bücher**

werden herausgegeben von

Prof. Dr. Dr. h.c. Peter Gottwald
Dr. Ingrid Groß
Dr. Meo-Micaela Hahne
Prof. Dr. Dr. h.c. mult. Dieter Henrich
Prof. Dr. Dr. h.c. Dieter Schwab
Prof. Dr. Thomas Wagenitz

VERLAG ERNST UND WERNER GIESEKING, BIELEFELD

# Elternunterhalt: Grundlagen und Strategien

– mit Exkurs Enkelunterhalt –

von

*Jörn Hauß*
Rechtsanwalt und Fachanwalt
für Familienrecht in Duisburg

5., völlig neu bearbeitete Auflage

2015
VERLAG ERNST UND WERNER GIESEKING, BIELEFELD

**Bibliografische Information der Deutschen Nationalbibliothek**
Die Deutsche Nationalbibliothek verzeichnet diese Publikation in der
Deutschen Nationalbibliografie; detaillierte bibliografische Daten sind
im Internet über http://dnb.d-nb.de abrufbar.

2015
© Verlag Ernst und Werner Gieseking GmbH, Bielefeld
Dieses Werk ist urheberrechtlich geschützt. Jede Verwertung,
insbesondere die auch nur auszugsweise Vervielfältigung auf
fotomechanischem oder elektronischem Wege, die Einstellung
in Datenbanken oder die Aufnahme in Online-Dienste, ist nur insoweit zulässig,
als sie das Urheberrechtsgesetz ausdrücklich gestattet,
ansonsten nur ausschließlich mit vorheriger
Zustimmung des Verlages.
Alle Rechte bleiben vorbehalten.
Lektorat: Dr. iur. Jobst Conring
Satz: Fotosatz L. Huhn, Linsengericht/Eidengesäß
Gesamtherstellung: CPI books GmbH, Leck
ISBN 978-3-7694-1136-2

## Vorwort zur 5. Auflage

Kindes- und Elternunterhalt sind gleichermaßen in den §§ 1601 ff. BGB geregelt. Trotzdem unterscheiden sie sich grundlegend: Im Kindesunterhalt müsste fast immer mehr verteilt werden als übrig ist und im Elternunterhalt bleibt immer mehr übrig als notwendig ist. Das ist für die Sozialhilfeträger, Anwaltschaft, Gerichte aber auch für die Unterhaltspflichtigen eine ungewohnte und manchmal überraschende Situation.

Überraschend ist der Elternunterhalt für viele betroffene Unterhaltspflichtige. Diese sind verunsichert ob einer sozialhilferechtlichen Inanspruchnahme im arrivierten Alter und den vielfach kolportierten Stammtischgeschichten über durch Elternunterhalt ruinierte Existenzen. Sie befürchten Schlimmes und sind überrascht. Ein richtig bemessener Elternunterhalt wahrt ihren Lebensstandard und wird selten als wirtschaftliche Zumutung empfunden.

Ungewohnt ist der Elternunterhalt für Juristen. Die Sparsamen unter ihnen reiben sich ob der großzügig bemessenen Schonvermögensgrenzen verwundert die Augen und wagen einen verstohlenen Blick auf die eigene Vermögenssituation, der dann meist in den wehmütigen Seufzer mündet: so viel Vermögen hätte man doch auch gern. Und auch der Blick auf das dem Unterhaltspflichtigen und seiner Familie verbleibende Einkommen treibt den in unterhaltsrechtlicher Mangelverteilung gewöhnten und verhärteten Juristen keineswegs in Verzweiflung, sieht er doch seine eigene Einkommenssituation in den Ergebnissen seiner Entscheidungen trefflich widergespiegelt. An Mangelverteilung haben sich die Familienrechtler gewöhnt. An Wohlstandsbewahrung kann man sich unterhaltsrechtlich nur schwer gewöhnen, wenn man weiß, dass das Unterhaltsrecht der Bankert des Scheidungsrechts ist: wer den Treueschwur der Ehe verrät, soll wenigstens bluten. In dieser Tradition steht das Unterhaltsrecht.

Das ganze Unterhaltsrecht? Nein, eine von unbeugsamen juristischen Dogmatikern besetzte Enklave hört nicht auf, die ‚Angemessenheit' des erreichten Lebensniveaus zu verteidigen. Mit wechselndem Erfolg. Denn wo mehr als Mangel zu verteilen ist, wird ‚Angemessenheit' zu einer auslegungsbedürftigen Größe, die sich einfacher Berechenbarkeit entzieht. Die Oberlandesgerichte haben mit den in ihren Unterhaltsgrundsätzen empfohlenen Selbstbehaltssätzen (Rn. 540) Anhaltspunkte für die Angemessenheitsprüfung gegeben. Der Bundesgerichtshof hat mit seiner einen dynamischen Selbstbehalt begründenden Berechnungsmethode (Rn. 570) einen Weg gezeigt, wie auch rechnerisch ein akzeptables Ergebnis erreicht wird. Trotzdem ist im Elternunterhalt (ähnlich wie bei der konkreten Berechnung des Gattenunterhalts) jede Menge Luft zur Wertung.

Wird der Gattenunterhalt nicht pauschal, sondern konkret nach einzelnen Bedarfspositionen bestimmt, neigt der Kahlköpfige dazu, 300 € monatliche Friseurhonorierung ebenso unangemessen zu finden wie der Kulturbanause 150 € für Oper- und Konzert und der Klassikliebhaber 100 € für den Besuch von Heavy-Metal-Konzerten. Außerhalb der Mangelverteilung sind Wertungen nicht nur möglich, sondern nötig. Wertungen sind auch bei Juristen immer auch subjektiv. Sie können objektiviert werden, indem man sich an Durchschnittswerten orientiert. Solche Durchschnittswerte liefert das Statistische Bundesamt, weswegen ich deren Erkenntnisse bei der Angemessenheit der Wohnaufwendungen (Rn. 274) und der PKW-Nutzung (Rn. 226) in die juristische Wertung einbezogen habe. Deswegen habe ich auch die Tabelle über die durchschnittlichen Haushaltsausgaben in das Buch aufgenommen (Rn. 1140). Trotzdem bleiben auch bei Juristen Wertungen Teil eines Bauchgefühls. In der Auseinandersetzung zwischen Kopf und Bauch gibt der Klügere leider oft nach.

Auch wenn die meisten Ergebnisse des Elternunterhalts angemessen sind, junge Unterhaltspflichtige, die von (meist psychisch erkrankten) Eltern auf Unterhalt in Anspruch genommen werden, weil diese aus gesundheitlichen Gründen keiner Erwerbstätigkeit mehr nachgehen können, sind vom Elternunterhalt hart betroffen. Sie haben sich noch nicht mit einer selbst bewohnten Immobilie verschuldet und vielleicht auch noch keine Kinder. Sie haben noch keinen Lebensstandard, der bewahrt und geschützt werden könnte und müssen sich auf eine jahrzehntelange Unterhaltspflicht einstellen. Ihnen müsste die Rechtsprechung helfen, indem die Leitlinienselbstbehalte nicht als Korsett begriffen werden und angemessene Einzelfallgerechtigkeit geübt wird statt in Sachbearbeitermanier Leitlinien und Berechnungsschemata abzuarbeiten (Rn. 546).

Auch die Verwirkung von Elternunterhalt wird man in den nächsten Jahren neu zu überdenken haben. Der Shitstorm, den der BGH mit seiner Entscheidung vom 12.2.2014 ausgelöst hat (Rn. 883), ist sicher noch nicht vergessen. Natürlich kann nicht jede Unhöflichkeit oder Rüpelei zwischen Eltern und Kindern zum Verlust des Elternunterhaltsanspruchs führen. Der Verlust des Unterhaltsanspruchs ist auch nicht die Prämie für Kontaktlosigkeit. Wenn aber Kontaktlosigkeit Ausdruck eines traumatisierenden Kind-Eltern-Verhältnisses ist, greift die Verwirkungsdebatte zu kurz, wenn sie nur das Symptom, nicht aber die dahinter liegende Problematik sieht (Rn. 883 ff.).

Schließlich liegen mir noch die Kinder der Trinker, Spieler und Drogenabhängigen am Herzen. Ihnen kann auf der Basis des § 1611 BGB geholfen werden (Rn. 879 ff.). Man müsste sich nur durchringen, das Abgleiten in Abhängigkeit und Sucht als ‚sittliches Verschulden' zu begreifen. Im Elternunterhalt bedarf es auch keiner Entschuldigung des Süchtigen, die Sucht habe Krankheitswert, weshalb sie nicht mehr steuerbar sei. Dieses Argument kann im Gattenunterhalt Bedeutung haben. Wer mit jemandem zusammenlebt, der in den Alkoholismus abgleitet oder abgeglitten ist, kann sich das zurechnen lassen müssen. Was aber kann das Kind dafür, dass Vater oder Mutter trinken? Irgendwann müssen sie ja wohl damit angefangen haben. Im Verhältnis zum Kind kann man ihnen den Vorwurf schwerer sittlicher Schuld nicht ersparen. Sie haben dem Kind oft eine verkorkste Kindheit und Adoleszenz beschwert und belasten den weiteren Lebensweg des Kindes mit ihrer Leberzirrhose. Das muss nicht sein. Auch die Dogmatik zur Verwirkung muss die Besonderheit des Elternunterhalts widerspiegeln.

Ich danke dem Lektor Herrn Dr. Conring für seine Unterstützung bei der Umsetzung von geschriebenen Gedanken in ein druckfertiges Manuskript. Der Leser weiß nicht um die Mühsal dieser Arbeit, registriert sie nur als ‚leicht lesbar' und meint, dies läge am Autor. Nichts ist falscher.

Dem Verlag danke ich dafür, dass er mit kontinuierlichen Neuauflagen dieses Buches die juristische Diskussion um den Elternunterhalt befördert.

Den Lesern danke ich für ihr Interesse am Elternunterhalt, auch für die vielen Anregungen. Ich weiß, dass dieses Buch von Betroffenen, Verwaltungen, Rechtsanwälten und Richtern gleichermaßen genutzt wird. Ich habe mich deshalb bemüht, eine für alle Leser verständliche Sprache zu finden. Für noch mehr Anregungen zur Verbesserung dieses Buches bin ich dankbar und werde mich bemühen, alle Anregungen aufzugreifen und darauf zu reagieren.

Duisburg, im Februar 2015 *Jörn Hauß*

# Inhaltsverzeichnis

Abkürzungsverzeichnis . . . . . . . . . . . . . . . . . . . . . . . XXI

Literaturverzeichnis I
(Verwendete Kommentare, Monografien) . . . . . . . . . . . . XXIII

Literaturverzeichnis II
(Aufsätze zum Eltern- und Enkelunterhalt) . . . . . . . . . . . XXV

A. **Grundlagen des Elternunterhaltes** . . . . . . . . . . . . . . . . 1
   I. **Hintergründe** . . . . . . . . . . . . . . . . . . . . . . . . . 1
   II. **Rechtsgrundlagen** . . . . . . . . . . . . . . . . . . . . . . 6
      1. Zivilrechtliche Grundlagen des Elternunterhaltes . . . 6
      2. Sozialstaatliche Flankierung . . . . . . . . . . . . . . 7
      3. Rechtspolitische Veränderungsspielräume . . . . . . . 8
   III. **Das Mandat des Anwaltes** . . . . . . . . . . . . . . . . . 10
      1. Einige Grundgedanken . . . . . . . . . . . . . . . . . 10
      2. Kollisionsfälle und Betreuungsfälle . . . . . . . . . . . 12
      3. Vollmachtsfälle . . . . . . . . . . . . . . . . . . . . . . 12
      4. Vermögensmanipulationen . . . . . . . . . . . . . . . 13
   IV. **Die Sachbearbeitung der Sozialhilfeträger** . . . . . . . 13
      1. Sprachliche Lösungsvorschläge . . . . . . . . . . . . . 14
      2. Die Rechtswahrungsanzeige . . . . . . . . . . . . . . 15
         a) Latente Unterhaltslast . . . . . . . . . . . . . . . . 16
         b) Inhalt der Rechtswahrungsanzeige . . . . . . . . . 17
      3. Brieffreundschaften . . . . . . . . . . . . . . . . . . . 19
      4. Konsequenzen aus der Darlegungslast . . . . . . . . . 21
      5. Verfahrensrechtliche Hinweise . . . . . . . . . . . . . 22
         a) Auslandswohnsitz einer unterhaltspflichtigen
            Person . . . . . . . . . . . . . . . . . . . . . . . . . 22
         b) Gerichtliche Verfahren gegen mithaftende
            Geschwister bei unterschiedlichen örtlichen
            Zuständigkeiten . . . . . . . . . . . . . . . . . . . 23
      6. Geltendmachung von Unterhalt für abgeschlossene
         Zeiträume . . . . . . . . . . . . . . . . . . . . . . . . 24

B. **Elternunterhalt in der Praxis** . . . . . . . . . . . . . . . . . . 27
   I. **Bedarf des Unterhaltsberechtigten** . . . . . . . . . . . . 27
      1. Notwendigkeit der Unterbringung . . . . . . . . . . . 30

2. Pflegestufen und Pflegebedürftigkeit . . . . . . . . . . 31
   3. Gutachten zur Pflegestufeneingruppierung . . . . . . . 33
   4. Angemessenheit der Unterbringung . . . . . . . . . . 34
   5. Bedarfsdeckung durch Naturalleistungen . . . . . . . 38
   6. Barbedarf gem. § 27b Abs. 2 S. 1 SGB XII
      (Taschengeld des Bedürftigen) . . . . . . . . . . . . . 42
   7. Ausbildungskosten / Ausbildungsumlage als Bedarf . . 44
   8. Nutz-, Nießbrauchs- und Wohnrechte
      der bedürftigen Person . . . . . . . . . . . . . . . . . . 46
      a) Nutz-, Nießbrauchs- und Wohnrechte als
         Einkommen der Eltern . . . . . . . . . . . . . . . 46
      b) Pflegeversprechen und Pflegeverpflichtung . . . . . 51
      c) Nutzungs-, Nießbrauchs- und Wohnrechte
         als Vermögen der Eltern . . . . . . . . . . . . . . . 54
II. **Bedürftigkeit des Unterhaltsberechtigten** . . . . . . . . 57
   1. Vorrangigkeit des Eigenmitteleinsatzes . . . . . . . . . 57
   2. Grundsicherung . . . . . . . . . . . . . . . . . . . . . 58
   3. Pflegewohngeld . . . . . . . . . . . . . . . . . . . . . 61
   4. Pflegegeld . . . . . . . . . . . . . . . . . . . . . . . . 62
   5. Vorrangigkeit der Vermögensverwertung des
      Unterhaltsberechtigten . . . . . . . . . . . . . . . . . 63
      a) Grundsatz: Vorrangigkeit der Vermögens-
         verwertung . . . . . . . . . . . . . . . . . . . . . . 63
         (1) Verwertung der selbst bewohnten Immobilie des
             Bedürftigen . . . . . . . . . . . . . . . . . . . . 66
         (2) Schenkungsrückforderungen . . . . . . . . . . 67
         (3) Sterbegeld, Rücklagen für Beerdigungskosten . . 70
         (4) Unzumutbarer Vermögenseinsatz . . . . . . . . 72
      b) Beschränkungen der Vermögensverwertungs-
         pflicht . . . . . . . . . . . . . . . . . . . . . . . . . 73
   6. Vorrangigkeit des unterhaltspflichtigen Gatten des
      Unterhaltsberechtigten . . . . . . . . . . . . . . . . . 74
III. **Einkommen des unterhaltspflichtigen Kindes** . . . . . 76
   1. Einkommen aus abhängiger Beschäftigung . . . . . . 79
      a) Überstunden . . . . . . . . . . . . . . . . . . . . . 80
      b) Urlaubsgeld, Weihnachtsgeld, Boni und Tantieme,
         Gratifikationen, Treueprämien, Provisionen,
         Leistungsprämien, Gewinnbeteiligungen,
         Familienzuschläge . . . . . . . . . . . . . . . . . . 81
      c) Teilzeitarbeit . . . . . . . . . . . . . . . . . . . . . 83
      d) Altersteilzeit . . . . . . . . . . . . . . . . . . . . . 84
      e) Spesen und Auslösungen . . . . . . . . . . . . . . 85
      f) Sachbezüge, Firmenwagen . . . . . . . . . . . . . 86

g) Sonstige Sachbezüge ................. 91
h) Provisionen und Boni ................ 91
2. Einkommen aus selbständiger und gewerblicher
   Tätigkeit ........................... 92
3. Sonstiges Einkommen ................. 95
4. Mieteinkünfte ....................... 96
5. Wohnvorteil ........................ 99
   a) Rechtsgrundlage des Wohnvorteils ......... 100
   b) Höhe des Wohnvorteils ............... 101
      (1) Angemessenheit des Wohnvorteils ........ 101
      (2) Erhöhung des Wohnvorteils durch im Haus
          lebende unterhaltsbedürftige Kinder ...... 104
      (3) Verminderung der Wohnvorteils ........ 104
      (4) Billigkeitskontrolle und Obergrenze
          des Wohnvorteils ................. 105
   c) Einkommenszurechnung des Wohnvorteils ..... 106
      (1) Wohnvorteile sind kein ‚Einkommen' ...... 106
      (2) Der Wohnbedarf ist aus dem Familienein-
          kommen zu befriedigen ............. 107
      (3) Die Wohnbedarfsrechtsprechung berücksichtigt
          nicht die ‚Kosten des Wohnens' ......... 108
6. Firmen-PKW und andere Nutzungsvorteile ...... 110
7. Kapitaleinkünfte ...................... 110
8. Schenkungen / Zuwendungen ............. 112
9. Steuererstattungen .................... 113
10. Wohngeld ......................... 119
11. Kindergeld ........................ 120
12. Taschengeldeinkünfte .................. 120
13. Einkommen aus überobligatorischer Tätigkeit
    (BGH v. 13.4.2005 – XII ZR 273/02) ........ 126

IV. **Abzüge vom anrechenbaren Einkommen** ........ 128
1. Altersversorgung ..................... 128
   a) Fiktive Zurechnung von Altersvorsorge-
      aufwendungen? .................... 129
   b) Gesetzliche Altersversorgung ............ 129
   c) Private Altersvorsorge ................ 130
   d) Altersvorsorge jenseits der Beitragsbemessungs-
      grenze .......................... 131
   e) Altersversorgung für Nichterwerbseinkünfte .... 131
   f) Was ist ‚angemessenes' Alterseinkommen? ..... 132
   g) Von der Beitragsangemessenheit zur
      Ergebnisangemessenheit ............... 133
      (1) Sozialhilfeniveau als unterste Auffangebene ... 133

(2) Angemessenheitsmaßstab des § 851c ZPO ... 134
(3) Leitlinienselbstbehalt als Angemessenheitsgrenze ... 135
(4) Beamtenversorgung als Angemessenheitsmaßstab ... 136
(5) Definition der Höhe einer ‚angemessenen' Altersversorgung ... 139
(6) Private Altersvorsorge zur Abdeckung einer Versorgungslücke im Alter ... 140
(7) Höhe des Altersvorsorgekapitals in der gRV ... 142
(8) Höhe der Altersversorgungsrücklagen nach finanzmathematischen Grundsätzen ... 142
h) Pauschalierte Berechnung der Altersvorsorgerückstellungen nach BGH ... 143
i) Individuelle Berechnung des Altersvorsorgeschonvermögens ohne Obergrenze ... 145
j) Beginn des Aufbaus einer Altersvorsorgerückstellung ... 147
(1) Auflösung von Altersvorsorgerückstellungen ... 147
(2) Ende von Altersvorsorgerückstellungen ... 148
k) Altersvorsorge des Schwiegerkindes ... 150
l) Anlagefreiheit der Altersvorsorgerückstellungen ... 150
m) Zusammenfassung Altersvorsorge ... 152
2. Krankenversicherung / Pflegeversicherung ... 153
a) Krankenversicherungskosten in der gesetzlichen Krankenversicherung ... 154
b) Krankenversicherungskosten in der privaten Versicherung ... 154
c) Pflegezusatzversicherung, private Pflegeversicherung ... 155
d) Zuzahlungen, Praxisgebühr, Eigenanteile ... 156
3. Steuern und Steuerrücklagen, Steuerklassenwahl ... 157
4. Unterhalt ... 159
a) Vorrangige Unterhaltsansprüche Erwachsener ... 161
b) Familienunterhalt ... 161
(1) Grundlagen ... 161
(2) Kindesunterhalt im Familienunterhalt ... 163
c) Prägender Elternunterhalt und Gattenunterhalt ... 166
d) Vertragliche Unterhaltsansprüche und Unterstützungsleistungen ... 168
(1) Vertraglicher Unterhalt als Schenkung ... 170
(2) Vertraglicher Unterhalt als ‚Ausstattung' ... 171
(3) Vertraglicher Unterhalt als Schuldversprechen ... 171

(4) Sonstige tatsächliche Leistungen für Dritte ... 172
e) Probleme und Chancen des vorrangigen
   Unterhaltes ..................... 174
5. Berufsbedingte Aufwendungen ............ 176
   a) Fahrzeugkosten ................... 176
   b) Zweitwohnung ................... 178
   c) Sonstige Positionen ................ 179
6. Kreditbelastungen (Zins- und Tilgungsleistungen) ... 179
   a) Zeitpunkt der Eingehung der Verbindlichkeit .... 180
   b) Elternunterhalt und Verbraucherinsolvenz ...... 182
   c) Kredite zur Finanzierung von Luxusauf-
      wendungen ..................... 183
   d) Immobilienkredite und Aufwendungen für
      den Unterhalt und Erhalt einer Immobilie ..... 183
   e) Unterhaltsrechtliche Berücksichtigung
      von Ansparungen .................. 186
7. Aufwendungen zur Vermögensbildung des
   Unterhaltspflichtigen .................. 187
8. Kosten des Besuchs beim Unterhaltsberechtigten ... 187
9. Kosten des Wohnens .................. 190
   a) Wohnen zur Miete ................. 190
   b) Wohnen in eigener Immobilie ........... 191
10. Aufwendungen für den Unterhaltsberechtigten .... 192
11. Freigiebige Leistungen der unterhaltspflichtigen
    Person ........................ 192

V. **Leistungsfähigkeit des Unterhaltspflichtigen** ...... 193
1. Gleichzeitigkeit von Bedarf und Leistungsfähigkeit .. 193
2. Die Lebensstandardgarantie .............. 194
3. Mangelnde Leistungsfähigkeit bei vollständigem
   Einkommensverzehr .................. 197
4. Selbstbehalt ...................... 199
5. Leitlinienselbstbehalte ................. 203
   a) Kritik an Höhe der Selbstbehalte .......... 204
   b) Notwendige Erhöhung der Selbstbehalte ...... 205
      (1) Kosten des Wohnens ............. 205
      (2) Fallbezogene Angemessenheit ......... 205
6. Leitliniengerechte Erhöhung der Selbstbehalte
   (Wohnkosten) ..................... 207
7. Selbstbehalt nach BVerfG v. 7.6.2005 – 1 BvR 1508/96:
   100.000 €? ...................... 209
8. Zurechnung fiktiven Einkommens .......... 211
   a) Erwerbsobliegenheit zu Gunsten des Eltern-
      unterhaltes? ..................... 211

b) Erwerbsobliegenheit zu Gunsten des familienrechtlichen Ausgleichsanspruchs? . . . . . . . . . . 214
9. Berechnung der Leistungsfähigkeit des unterhaltspflichtigen Kindes . . . . . . . . . . . . . . 214
   a) Lebensstandardgarantie . . . . . . . . . . . . . . . . 214
   b) Alleinstehendes oder getrennt lebendes unterhaltspflichtiges Kind . . . . . . . . . . . . . . 216
   c) Verheiratetes unterhaltspflichtiges Kind, mit Gatten zusammenlebend . . . . . . . . . . . . 216
      (1) Berechnungsmethode nach BGH v. 28.7.2010 und 5.2.2014 . . . . . . . . . . . . . . . . . . 216
      (2) Unterhaltsberechnung bei Lebensgemeinschaft . . . . . . . . . . . . . . . . . . . 224
      (3) Diskussion der BGH-Berechnungsmethode . . . 226
10. Kritik an den Berechnungsmethoden und der Schwiegerkindhaftung . . . . . . . . . . . . . . . . . 227
11. Angemessenheitsprüfung . . . . . . . . . . . . . . . . 228

VI. **Vermögensverwertung, Schonvermögen** . . . . . . . . . 230
1. Kreditierte Leistungsfähigkeit . . . . . . . . . . . . . 233
2. Altersvorsorgevermögen . . . . . . . . . . . . . . . . 233
   a) Pauschale Bestimmung der Höhe des Altersvorsorgevermögens . . . . . . . . . . . . . . 234
   b) Begrenzung der Höhe des Altersvorsorgevermögens . . . . . . . . . . . . . . . . . . . . . . . 240
   c) Individuelle Bestimmung der Höhe des Altersvorsorgevermögens . . . . . . . . . . . . . . 241
      (1) Versorgungsziel . . . . . . . . . . . . . . . . . 242
      (2) Versorgungsbilanz . . . . . . . . . . . . . . . 242
      (3) Bestimmung der Versorgungslücke . . . . . . . 244
3. Notbedarfsvermögen . . . . . . . . . . . . . . . . . . 245
4. Vermögensreservationen . . . . . . . . . . . . . . . . 247
5. Auswirkungen von Trennung und Scheidung auf die Vermögensverwertung . . . . . . . . . . . . . . . 248
6. Immobilienvermögen . . . . . . . . . . . . . . . . . . 250
   a) Selbstgenutztes Immobilienvermögen . . . . . . . . 250
   b) Sonstiges Immobilienvorsorgevermögen . . . . . . 252
   c) Gemeinsames Immobilienvermögen . . . . . . . . 253
   d) Luxusvermögen, Ferien- und Auslandswohnungen . . . . . . . . . . . . . . . . . . . . . . 254
   e) Einsatz des Vermögens zur Unterhaltsgewährung . . 255
   f) Kein Einsatz des Vermögens des Schwiegerkindes . . 258

VII. **Einkommens- und Vermögensveränderungen nach Feststellung der Unterhaltspflicht** .............. 258
   1. Einkommensverbesserungen ............... 258
   2. Einkommensverschlechterungen ............. 260
   3. Vermögensverbesserungen oder Vermögensverschlechterungen .............. 261
VIII. **Haftungsquote – horizontale Haftungsbeschränkung** ........................ 262
   1. Schlüssigkeit der Forderungsbegründung ......... 263
   2. Datenschutz ....................... 263
   3. Auskunftsansprüche unter Geschwistern ......... 265
   4. Weitere Ansprüche zwischen Geschwistern ....... 266
   5. Berechnung der Haftungsquote ............. 268
   6. Berechnung der Haftungsquote bei verzehrendem Vermögenseinsatz .................... 269
   7. Fiktive Haftungsquoten aufgrund fiktiver Einkünfte . 273
   8. Konkurrierende Elternunterhaltsansprüche ....... 273
      a) Gleichrang konkurrierender Elternunterhaltsansprüche ....................... 273
      b) Verbot revolvierender Lebensstandardsenkung ... 274
      c) Berechnungsmethoden ................ 274
         (1) Das Windhundprinzip .............. 274
         (2) Das Gleichrangprinzip ............. 275
         (3) Prinzip begrenzter Leistungsfähigkeit ...... 275
         (4) Methodendiskussion ............... 276
IX. **Rückforderung von Unterhaltsüberzahlungen** .... 277
   1. Anspruchsgrundlage: Bereicherungsrecht ........ 278
   2. Deliktische Rückforderungsrechte ............ 280
X. **Weitere Belastungen der Kinder** .............. 280
   1. Betreuerkosten ...................... 280
      a) Einrichtung einer Betreuung ............. 280
      b) Kostentragungspflicht ................ 281
      c) Höhe der Betreuervergütung ............ 282
   2. Beerdigungskosten .................... 285
XI. **Steuerliche Behandlung des Elternunterhalts** ...... 290
XII. **Vereinbarungen zum Elternunterhalt** .......... 291
   1. Verzichtsvereinbarungen und faktischer Unterhaltsverzicht ...................... 291
   2. Vereinbarungen zwischen den Geschwistern ...... 295

C. **Exkurs: Enkelunterhalt** ..................... 297
   I. **Rechtsgrundlagen** ..................... 297
   II. **Voraussetzungen der Haftung** .............. 298

1. Ausfall des vorrangig Unterhaltspflichtigen . . . . . . 299
2. Betroffener Personenkreis . . . . . . . . . . . . . . . 299
   a) Eigenhaftung der Großeltern . . . . . . . . . . . 300
   b) Ersatzhaftung der Großeltern . . . . . . . . . . . 300
3. Bedarf des Kindes . . . . . . . . . . . . . . . . . . . 301
   a) Bedarfsdeckung durch Unterhaltsvorschuss . . . . . 303
   b) Bedarfsdeckung durch Sozialhilfe . . . . . . . . . 303
   c) Bedarfsdeckung durch Vermögenseinsatz . . . . . . 304
   d) BAföG und Enkelunterhalt . . . . . . . . . . . . . 304
   e) Auswirkungen des Kindergeldes auf den
      Unterhaltsbedarf . . . . . . . . . . . . . . . . . 305
4. Leistungsunfähigkeit vorrangig verpflichteter
   Unterhaltspflichtiger (§ 1607 Abs. 1 BGB) . . . . . . . 305
5. Mangelhafte Durchsetzbarkeit des Unterhaltsanspruchs
   (§ 1607 Abs. 2 BGB) . . . . . . . . . . . . . . . . . . 306
6. Leistungsfähigkeit der Großeltern . . . . . . . . . . . 307
   a) Selbstbehalt . . . . . . . . . . . . . . . . . . . 307
   b) Abzüge vom Einkommen . . . . . . . . . . . . . . . 308
   c) Latente Unterhaltslast . . . . . . . . . . . . . . 309
   d) Fiktive Einkünfte der Großeltern . . . . . . . . . 309
   e) Vorrangige Unterhaltspflichten, Familien- und
      Gattenunterhalt . . . . . . . . . . . . . . . . . 311
III. **Quotale Haftung der Großeltern mit anderen
     Verpflichteten** . . . . . . . . . . . . . . . . . . . . . 311

D. **Verteidigungsstrategien gegen Elternunterhalt** . . . . . . . . 315
   I. **Verwirkung durch Zeitablauf** . . . . . . . . . . . . . 316
   II. **Verwirkung gem. § 1611 BGB** . . . . . . . . . . . . . 320
       1. Verwirkungsgrund ‚sittliches Verschulden' . . . . . . 321
          a) Mangelnden Altersvorsorge . . . . . . . . . . . . 321
          b) Sucht- und Drogenprobleme . . . . . . . . . . . . 323
          c) Kontakt- und Beziehungslosigkeit –
             Vernachlässigung . . . . . . . . . . . . . . . . 326
          d) Straftaten, Strafhaft . . . . . . . . . . . . . . 328
          e) Nichterfüllung der persönlichen Sorge-
             verpflichtung . . . . . . . . . . . . . . . . . 328
       2. Sonstige Verwirkungsgründe . . . . . . . . . . . . . 329
       3. Rechtsfolgen der Verwirkung . . . . . . . . . . . . . 332
       4. Verzeihung . . . . . . . . . . . . . . . . . . . . . 333
       5. Geltendmachung der Verwirkung . . . . . . . . . . . . 334
       6. Antrag auf Feststellung der Verwirkung . . . . . . . 335
   III. **Flucht in die Adoption** . . . . . . . . . . . . . . . 337

## E. Auskunftspflichten ........................ 339
**I.** Auskunftspflichten nach § 1605 BGB und
§ 117 SGB XII ........................ 339
1. Ausnahmen von der Auskunftspflicht ......... 340
2. Auskunftspflicht der Schwiegerkinder ......... 341
3. Auskunftspflicht von Geschwistern .......... 346
4. Unterhaltsrechtliche Sackgasse ............. 346
**II.** Inhalt des Auskunftsanspruchs .............. 347
1. Auskunftspflicht, Inhalt und Reichweite ........ 347
   a) Auskunft über persönliche Verhältnisse ....... 348
   b) Auskunft über Forderungen und
      Familienunterhaltsanspruch .............. 348
   c) Auskunft über Einkünfte ............... 350
2. Form der Auskunft .................... 352
3. Belegpflicht ........................ 353
**III.** Informationspflichten .................... 354
**IV.** Folgen einer falschen oder unvollständigen
Auskunft ........................... 355
**V.** Wiederholung des Auskunftsbegehrens ......... 357

## F. Verfahrensfragen ........................ 359
**I.** Der allgemeine Ablauf .................. 359
1. Die Heimunterbringung ................. 359
2. Die gerichtliche Auseinandersetzung .......... 360
**II.** Vollstreckung aus behördlichen Unterhaltsforderungen ......................... 360

## G. Vorsorgende Beratung ..................... 363
**I.** Vorbemerkung ....................... 363
**II.** Statistisches Datenmaterial ................ 364
**III.** Rettung des Vermögens des Unterhaltsberechtigten .. 365
1. Vorzeitige unentgeltliche Vermögensübertragung ... 365
2. Das Revokationsrecht des verarmten Schenkers .... 367
   a) Revokationsfrist, Rückforderungsfrist ........ 367
   b) Einrede der selbst herbeigeführten Bedürftigkeit .. 368
   c) Notbedarfseinrede des Beschenkten, § 529
      Abs. 2 BGB ....................... 369
   d) Übergang der Revokationsforderung auf den
      Sozialhilfeträger .................... 371
3. Abschluss einer Pflegezusatzversicherung durch
   Einmalzahlung ....................... 372
4. Belohnende / entgeltende Übertragung des Vermögens
   unter Heranziehungsausschluss an den Gatten ..... 373

5. Belohnende oder entgeltende Übertragung des Vermögens unter Heranziehungsausschluss an Kinder ... 373
6. Rettung der elterlichen Immobilie ... 374
7. Die Ausstattung ... 374
8. Vermögensübertragung auf Enkelkinder ... 376

IV. Schonung von Einkommen und Vermögen des unterhaltspflichtigen Kindes ... 377
1. Einkommensverminderung des unterhaltspflichtigen Kindes – konsumieren statt kumulieren ... 377
2. Steuerklassenwahl ... 378
3. Einkommensverminderung des Gatten des unterhaltspflichtigen Kindes ... 379
4. Unterhaltsvermeidung durch Einkommensverlagerung ... 380
5. Unterhaltsvermeidung durch Vermögensverminderung ... 381
6. Schaffung gemeinsamen Eigentums der Ehegatten ... 383
7. Unterhaltsschädlicher Güterstandswechsel ... 384
8. Bedeutungslosigkeit des Vermögens des Gatten des unterhaltspflichtigen Kindes ... 386

H. Typische Fehlerquellen beim Elternunterhalt ... 387
I. Erfassung der Einkünfte ... 387
1. Zuordnung der Einkünfte zu jedem einzelnen Ehegatten ... 387
2. Steuerliche Besonderheiten ... 387
   a) Steuerklassenwahl ... 387
   b) Verteilung der Steuererstattungen ... 389
   c) Steuerliche Veranlagung mithaftender Geschwister ... 391
3. Zinseinkünfte ... 391
II. Abzugsfähige Aufwendungen ... 392
1. Persönliche Kosten ... 392
2. Gemeinsame Kosten ... 393
3. Immobilienkosten ... 393
4. Altersvorsorgeaufwendungen ... 393
III. Schonvermögen ... 394
1. Altersvorsorgeschonvermögen ... 394
2. Weiteres Schonvermögen, Notbedarfsvermögen ... 396

I. Fälle mit Auslandsbezug ... 397
I. Grundlagen ... 397
1. Unterhaltsberechtigter in Deutschland, Unterhaltspflichtiger im Ausland ... 397

|     |     |                                                                 |     |
| --- | --- | --------------------------------------------------------------- | --- |
|     | 2.  | Unterhaltsberechtigter im Ausland, Unterhaltspflichtiger in Deutschland | 398 |
|     | 3.  | Der ‚gewöhnliche Aufenthalt'                                    | 399 |
|     | 4.  | Wo ist zu klagen – örtliche Zuständigkeit                       | 399 |
| II. | **Einzelne Länder**                                                   | 400 |
|     | 1.  | Belgien                                                         | 402 |
|     | 2.  | Bulgarien                                                       | 402 |
|     | 3.  | Dänemark                                                        | 402 |
|     | 4.  | England / Wales                                                 | 402 |
|     | 5.  | Frankreich                                                      | 403 |
|     | 6.  | Griechenland                                                    | 403 |
|     | 7.  | Irland                                                          | 404 |
|     | 8.  | Italien                                                         | 404 |
|     | 9.  | Kroatien                                                        | 405 |
|     | 10. | Niederlande                                                     | 405 |
|     | 11. | Österreich                                                      | 406 |
|     | 12. | Polen                                                           | 406 |
|     | 13. | Portugal                                                        | 406 |
|     | 14. | Schottland                                                      | 406 |
|     | 15. | Schweden                                                        | 407 |
|     | 16. | Schweiz                                                         | 407 |
|     | 17. | Serbien                                                         | 407 |
|     | 18. | Slowenien                                                       | 408 |
|     | 19. | Spanien                                                         | 408 |
|     | 20. | Tschechien                                                      | 408 |
|     | 21. | Türkei                                                          | 408 |
|     | 22. | Ungarn                                                          | 409 |

**J. Berechnungsbeispiele** . . . . . . . . . . . . . . . . . . . . . . . 411
   **I.**   **Vollständiges Berechnungsbeispiel** . . . . . . . . . . . . 412
  **II.**   **Höheres Einkommen des Schwiegerkindes** . . . . . . . 413
        1. Einkommensanteilige Beteiligung am Familienunterhalt . . . . . . . . . . . . . . . . . . . . 413
        2. Negativer Wohnvorteil . . . . . . . . . . . . . . . 414
        3. Positiver Wohnvorteil . . . . . . . . . . . . . . . . 415
        4. Geringes Einkommen des Kindes, hoher Wohnvorteil 416
        5. Kein Einkommen des Kindes, hoher Wohnvorteil . . . 417
 **III.**   **Höheres Einkommen des unterhaltspflichtigen Kindes** . . 418
        1. Normalfall . . . . . . . . . . . . . . . . . . . . . . 418
        2. Berechnungsbeispiel Minderbelastung Kosten des Wohnens . . . . . . . . . . . . . . . . . . . . . 419
        3. Geringes Einkommen des Unterhaltspflichtigen, Wohnvorteil 600 € . . . . . . . . . . . . . . . . . . 420

**K. Anhang** ................................. 423
- **I.** Sterbetafel 2009 / 2011 ................. 423
- **II.** Barwerttabelle ....................... 426
- **III.** Verrentungstabellen .................... 427
  1. Lebenslange Sofortrente aus Kapital .......... 427
     a) Männer ........................ 428
     b) Frauen ........................ 429
     c) BMF-Tabelle, Männer und Frauen Sofortrente ... 430
  2. Befristete Sofortrente .................. 431
  3. Verrentungstabelle Kapital in lebenslange Rente ab 65 / 66 / 67 Jahren .................. 433
- **IV.** Aufzinsungsfaktoren zur Berechnung des Altersvorsorgeschonvermögens ............... 434
- **V.** Altersvorsorgekapital nach § 851c ZPO ......... 435
- **VI.** Haushaltsausgaben ..................... 437
- **VII.** Pflegerisikofaktoren .................... 439

**Stichwortverzeichnis** ........................ 443

**Klapptafel „Prüfungsschema Elternunterhalt"** .......... 461

# Abkürzungsverzeichnis

| | |
|---|---|
| AG | Amtsgericht |
| aktRW | aktueller Rentenwert |
| AO | Abgabenordnung |
| BAföG | Bundesausbildungsförderungsgesetz |
| BarwertVO | Barwertverordnung |
| BFH | Bundesfinanzhof |
| BGB | Bürgerliches Gesetzbuch |
| BGBl. | Bundesgesetzblatt |
| BGH | Bundesgerichtshof |
| BSHG | Bundessozialhilfegesetz |
| BVerfG | Bundesverfassungsgericht |
| BVerwG | Bundesverwaltungsgericht |
| DNotZ | Deutsche Notar-Zeitschrift |
| EGBGB | Einführungsgesetz zum BGB |
| EP | Entgeltpunkt |
| ErbStG | Erbschaftsteuergesetz |
| EStG | Einkommensteuergesetz |
| EuGVÜ | Übereinkommen über die gerichtliche Zuständigkeit und die Vollstreckung gerichtlicher Entscheidungen in Zivil- und Handelssachen |
| EuGVVO | VO (EG) Nr. 44/2001 des Rates über die gerichtliche Zuständigkeit und die Vollstreckung gerichtlicher Entscheidungen in Zivil- und Handelssachen |
| FamFG | Gesetz über das Verfahren in Familiensachen und in den Angelegenheiten der Freiwilligen Gerichtsbarkeit |
| FamG | Familiengericht |
| FamRB | Der Familienrechtsberater |
| FamRZ | Zeitschrift für das gesamte Familienrecht |
| FF | Forum Familienrecht |
| FGPrax | Praxis der Freiwilligen Gerichtsbarkeit |
| FPR | Familie Partnerschaft und Recht |
| FuR | Familie und Recht |
| GG | Grundgesetz |
| gRV | gesetzliche Rentenversicherung |
| GSiG | Grundsicherungsgesetz |

*Abkürzungsverzeichnis*

| | |
|---|---|
| h.M. | herrschende Meinung |
| HUÜ 73 | Haager Übereinkommen über das auf Unterhaltspflichten anzuwendende Recht vom 2.10.1973 |
| HUntProt | Protokoll über das auf Unterhaltspflichten anzuwendende Recht v. 23.11.2007 |
| InsO | Insolvenzordnung |
| JVEG | Gesetz über die Vergütung von Sachverständigen, Dolmetscherinnen, Dolmetschern, Übersetzerinnen und Übersetzern sowie die Entschädigung von ehrenamtlichen Richterinnen, ehrenamtlichen Richtern, Zeuginnen, Zeugen und Dritten |
| KG | Kammergericht |
| LandesBestG | Landesbestattungsgesetz |
| LG | Landgericht |
| LS | Leitsatz |
| LSG | Landessozialgericht |
| MDK | Medizinischer Dienst der Krankenkasse |
| MDR | Monatsschrift für Deutsches Recht |
| NDV | Nachrichtendienst des Dt. Vereins |
| NJW | Neue Juristische Wochenschrift |
| OLG | Oberlandesgericht |
| OLG-LL | Leitlinien der Oberlandesgerichte |
| OLGR | OLG-Reports (regionale Rechtsprechungs-Newsletter) |
| OVG | Oberverwaltungsgericht |
| SGB II | Sozialgesetzbuch II (Grundsicherung für Arbeitssuchende) |
| SGB XI | Sozialgesetzbuch XI (Soziale Pflegeversicherung) |
| SGB XII | Sozialgesetzbuch XII (Sozialhilfe) |
| UVG | Unterhaltsvorschussgesetz |
| VBVG | Vormünder- und Betreuervergütungsgesetz |
| VersAusglG | Versorgungsausgleichsgesetz |
| VG | Verwaltungsgericht |
| VGH | Verwaltungsgerichtshof |
| VO | Verordnung |
| ZFE | Zeitschrift für Familien- und Erbrecht |
| ZfF | Zeitschrift für das Fürsorgewesen |
| ZPO | Zivilprozessordnung |

# Literaturverzeichnis I
## (Verwendete Kommentare, Monografien)

*Andrae, Marianne:* Internationales Familienrecht, 2. Aufl., Baden-Baden, 2006.

*Bamberger/Roth* (Hrsg.): Kommentar zum Bürgerlichen Gesetzbuch, 3. Aufl., München, 2012 (zit.: Bamberger/Roth/Bearbeiter).

*Bieritz-Harder/Conradis/Thie* (Hrsg.): Sozialgesetzbuch XII – Sozialhilfe – Lehr- und Praxiskommentar, 9. Aufl., Baden-Baden, 2012 (zit.: LPK-SGB XII/Bearbeiter).

*Büttner/Niepmann/Schwamb:* Die Rechtsprechung zur Höhe des Unterhalts, 12. Aufl., München, 2013.

*Duderstadt:* Erwachsenenunterhalt, 4. Aufl., Neuwied, 2008.

*Erman* (Begr.): Bürgerliches Gesetzbuch, Handkommentar, 13. Aufl., Köln, 2011.

*Eschenbruch/Schürmann/Menne* (Hrsg.): Der Unterhaltsprozess, 6. Aufl., Düsseldorf/Neuwied, 2013.

*Gerhardt/v. Heintschel-Heinegg/Klein* (Hrsg.): Handbuch des Fachanwaltes Familienrecht, 9. Aufl., Neuwied, 2013 (zit.: FA-FamR/Bearbeiter).

*Götz, Isabell:* Unterhalt für volljährige Kinder, Bielefeld, 2007.

*Heiß/Born*: Das Unterhaltsrecht, Loseblattausgabe, München, Stand Februar 2014 (zit.: Heiß/Born/Bearbeiter).

*Hillebrecht, Martin:* Aszendentenunterhalt, Berlin, 2012.

*Höland/Sethe/Notarkammer Sachsen-Anhalt* (Hrsg.): Elternunterhalt, Baden-Baden, 2011.

*Hußmann, Wolfram:* Elternunterhalt, 2. Aufl., München, 2008.

*Johannsen/Henrich* (Hrsg.): Eherecht, Kommentar, 6. Aufl., München, 2015 (zit.: Johannsen/Henrich/Bearbeiter).

*Krenzler/Borth* (Hrsg.): Anwalts-Handbuch Familienrecht, 2. Aufl., Köln, 2012 (zit. Krenzler/Borth/Bearbeiter).

*Koch* (Hrsg.): Handbuch des Unterhaltsrechts, 12. Aufl., München, 2012 (zit.: Koch/Bearbeiter).

*Melchers/Hauß:* Unterhalt und Verbraucherinsolvenz, Köln, 2003.

*Metz, Bernhard:* Rechtsethische Prinzipien des nachehelichen Unterhaltsrechts, Frankfurt/M., 2005.

*Münchener Kommentar:* BGB, Bd. 7 u. 8, Familienrecht, 5. bzw. 6. Aufl., München, 2010 u. 2012 (zit.: MünchKomm/Bearbeiter).

*Nomos-Kommentar:* BGB, Bd. 4: Familienrecht, herausgegeben von Kaiser, Schnitzler, Friederici, 3. Aufl., Baden-Baden, 2014 (zit.: NK-BGB/Bearbeiter).

*Palandt* (Begr.): Bürgerliches Gesetzbuch, Kommentar, 74. Aufl., München, 2015 (zit.: Palandt/Bearbeiter).

*Richter/Doering-Striening/Schröder/Schmidt* (Hrsg.): Seniorenrecht, 2. Aufl., Baden-Baden 2011 (zit.: Richter u.a./Bearbeiter).

*Rieck* (Hrsg.), Ausländisches Familienrecht, 8. Aufl., München, 2011 (zit. Rieck/Bearbeiter).

*Schäfer, Maike:* Die Unterhaltspflicht erwachsener Kinder gegenüber ihren Eltern, Hamburg, 2007.

*Schnitzler* (Hrsg.): Münchener Anwaltshandbuch Familienrecht, 3. Aufl., München, 2010 (zit.: Schnitzler/Bearbeiter).

*Schwab/Henrich* (Hrsg.): Familiäre Solidarität – Die Begründung und die Grenzen der Unterhaltspflicht unter Verwandten im europäischen Vergleich, Bielefeld, 1997 (zit.: Bearbeiter in Schwab/Henrich).

*Staudinger* (Begr.): Kommentar zum Bürgerlichen Gesetzbuch mit Einführungsgesetzen und Nebengesetzen, Viertes Buch Familienrecht: §§ 1601–1615o BGB, 14. Aufl. 2000 (zit.: Staudinger/Bearbeiter).

*Weinreich/Klein* (Hrsg.): Familienrecht, Fachanwaltskommentar, 4. Aufl., München, 2011 (zit.: KK-FamR/Bearbeiter).

*Wendl/Dose:* Das Unterhaltsrecht in der familienrichterlichen Praxis, 8. Aufl., München, 2011 (zit.: Wendl/Dose/Bearbeiter).

# Literaturverzeichnis II
## (Aufsätze zum Eltern- und Enkelunterhalt)

*Boecken, Wilfried:* Der Elternunterhalt bei Pflegebedürftigkeit zwischen sozialstaatlicher Verantwortung und individueller Einstandspflicht, JZ 2006, 282.

*Born, Winfried:* Elternunterhalt – Keine Leistungsfähigkeit durch Darlehn, MDR 2005, 901.

*Born, Winfried:* „Zeitbombe" Schwiegermutter? – Die aktuelle Rechtsprechung zum Elternunterhalt, MDR 2005, 194.

*Born, Winfried:* Neues vom Elternunterhalt, FamRB 2004, 192 u. 2004, 226.

*Born, Winfried:* Aktuelle Entwicklung beim Elternunterhalt, FamRB 2003, 295 u. 2003, 332.

*Büthe, Dieter:* Neues zum Enkelunterhalt, FuR 2007, 246.

*Büttner, Helmut:* Alterssicherung und Unterhalt, FamRZ 2004, 1918.

*Büttner, Helmut:* Belastungsgrenzen beim Elternunterhalt, in: Festschrift für Dieter Henrich zum 70. Geburtstag, Bielefeld, 2000, S. 51.

*Diederichsen, Uwe:* Unterhaltspflichten gegenüber Eltern und selbständigen Kindern, in: Familienrecht im Brennpunkt, Hrsg.: Schwab/Hahne, Bielefeld, 2004, S. 115.

*Diederichsen, Uwe:* Die Sandwichgeneration zwischen Kindesunterhalt und Elternunterhalt, FF 2000 (Sonderheft), 7 ff.

*Diederichsen, Uwe:* Der BGH und der Elternunterhalt, FF 2003, 8.

*Dose, Hans-Joachim:* Elternunterhalt in der Rechtsprechung des Bundesgerichtshofs, FamRZ 2013, 993.

*Duderstadt, Jochen:* Ausgewählte Probleme des Elternunterhalts, FuR 2007, 205 und 253.

*Ebel, Hermann:* Der Elternunterhalt in der jüngsten Rechtsprechung des BGH, FuR 2006, 104.

*Ehinger, Uta:* Elternunterhalt: gesetzliche Voraussetzungen und Beschränkungen der Inanspruchnahme durch Rechtsprechung und Gesetzgebung, NJW 2008, 2465.

*Ehinger, Uta:* Anmerkung zu der Entscheidung des BGH vom 25.6.2003

(XII ZR 63/00) zum Unterhalt des Ehegatten des Pflichtigen beim Elternunterhalt, FPR 2004, 152.

*Ehinger, Uta:* Die Leistungsfähigkeit des unterhaltspflichtigen Kindes beim Elternunterhalt, FPR 2003, 623.

*Griesche, Gerhard:* Zusätzliche private Altersversorgung beim Ehegatten-, Kindes- und Elternunterhalt, FPR 2006, 337.

*Griesche, Gerhard:* Elternunterhalt: Übersicht über die Entwicklung der höchstrichterlichen Rechtsprechung zum Elternunterhalt, FPR 2004, 693.

*Gühlstorf, Torsten:* Neue Tendenz in der Rechtsprechung bei der Heranziehung zum Elternunterhalt?, ZfF 2006, 177.

*Günther, Frauke:* Die Inanspruchnahme von Großeltern auf Enkelunterhalt, FPR 2006, 347.

*Günther, Frauke:* Elternunterhalt – Hinweise zur Berechnung und zum Unterhaltsregress unter besonderer Berücksichtigung der aktuellen Rechtsprechung, NDV 2005, 44.

*Günther, Frauke:* Unterhaltspflicht aus Vermögen im Elternunterhalt, NDV 2003, 85.

*Günther, Frauke:* Unterhaltsansprüche der Eltern und ihre Berechnung – zugleich ein Beitrag zum Familienunterhalt, FuR 1995, 1.

*Gutdeutsch, Werner:* Die Berechnung der Leistungsfähigkeit verheirateter Kinder nach BGH und ihre Konsequenzen, FamRZ 2011, 77.

*Gutdeutsch, Werner:* Differenzbedarf und Bedarfserhöhung wegen Zusammenlebens bei minderjährigen Kindern, FamRZ 2014, 1969.

*Hauß, Jörn:* Elternunterhalt: Methoden zur Berechnung der Leistungsfähigkeit des pflichtigen Kindes, FamRB 2010, 315.

*Hauß, Jörn:* Neues vom Elternunterhalt, FamRB 2010, 275.

*Hauß, Jörn:* Elternunterhalt – ein ‚Privileg' Wohlhabender, FamRB 2005, 268.

*Hauß, Jörn:* Strategien zur Vermeidung der Heranziehung zum Elternunterhalt, FamRB 2003, 337.

*Herr, Thomas:* Elternunterhalt – zur neuen Rechtsprechung des BVerfG, NJW 2005, 2747.

*Herr, Thomas:* Elternunterhalt, FamRZ 2005, 1021.

*Hoch, Hans:* Der Elternunterhalt: Pragmatisch akzeptiertes Recht, FPR 2003, 648.

*Hoch, Hans:* Forschungsbefunde zur Praxis der Sozialämter bei der Regulation des Elternunterhalts, FPR 1999, 20.

*Hußmann, Wolfram:* Verwirkung und unbillige Härte beim Elternunterhalt bei gestörtem Eltern-Kind-Verhältnis, NJW 2010, 3695.

*Hußmann, Wolfram:* Anmerkung zu der Entscheidung des BGH vom 23.10.2002 (XII ZR 266/99) zur Verwirkung rückständigen Elternunterhalts, FPR 2003, 153.

*Jakobs, Michael Ch.:* Elternunterhalt: insbesondere Einkommens- und Vermögenseinsatz, FuR 2010, 9.

*Klinkhammer, Frank:* Pflegeversicherung, Grundsicherung und Elternunterhalt, FPR 2003, 640.

*Koritz, Nikola:* Das Schonvermögen beim Elternunterhalt, NJW 2007, 270.

*Krauß, Hans-Frieder:* Elternunterhalt, DNotZ 2004, 502 und 2004, 580.

*Lüscher, Kurt:* Der Elternunterhalt: Pragmatisch akzeptiertes Recht, FPR 2003, 648.

*Luthin, Horst:* „Zahlopa" – Probleme des Unterhalts für Enkel, FamRB 2005, 19.

*Mayer, Jörg:* Brennpunkte der vorweggenommenen Erbfolge: unkalkulierbarer Elternunterhalt, ZEV 2007, 145.

*Menter, Petra:* Der Elternunterhalt, FamRZ 1997, 919.

*Minwegen, Romano*: Verfassungswidrigkeit des Elternunterhalts?, ZFE 2005, 108.

*Mleczko, Klaus*: Die mittelbare Haftung des Schwiegerkindes für den Elternunterhalt, ZFE 2006, 44.

*Mleczko, Klaus:* Das Urteil des BVerfG zum Elternunterhalt, ZFE 2005, 260.

*Mleczko, Klaus*: Die Bedürftigkeit beim Elternunterhalt, FPR 2003, 616.

*Mleczko, Klaus*: Die neue Rechtsprechung des BGH zum Elternunterhalt, ZFE 2002, 364.

*Person, Sybille/Gühlstorf, Torsten:* Die Heranziehung zum Unterhalt aus Vermögen im Elternunterhalt: Überlegungen zum Urteil des BGH vom 30.8.2006, ZfF 2009, 73.

*Reinecke, Heinrich:* Der Elternunterhalt und das Grundsicherungsgesetz, ZFE 2003, 70.

*Reinecke, Heinrich:* Rechtsprechungstendenzen zum Thema Elternunterhalt, FPR 1999, 3.

*Roth, Wolfgang:* Kindesunterhalt/Elternunterhalt: die Benachteiligung der Familie, NJW 2004, 2434.

*Ruland, Franz:* Generationensolidarität im Unterhaltsrecht: die Entscheidung des BVerfG zum Elternunterhalt – BVerfG, NJW 2005, 1927 –, JuS 2005, 973.

*Scholz, Harald:* Die Unterhaltspflicht des verheirateten, gering verdienenden Kindes gegenüber einem Elternteil, in: Perspektiven des Familienrechts, in Festschrift für Dieter Schwab zum 70. Geburtstag, Bielefeld, 2005, S. 911.

*Scholz, Harald:* Zum Verhältnis von Eltern- und Familienunterhalt, FamRZ 2004, 1829.

*Schürmann, Heinrich: Die Wohnkosten im Selbstbehalt, FamRB 2015, 26.*

*Schürmann, Heinrich:* Aszendentenunterhalt im Spannungsverhältnis zwischen Familienrecht und Sozialstaat, in Festschrift für Gerd Brudermüller zum 65. Geburtstag, München 2014

*Soyka, Jürgen:* Verteilung der Haftung unter mehreren Unterhaltspflichtigen, Zuständigkeitsprobleme bei Inanspruchnahme mehrerer Kinder auf Elternunterhalt und Verwirkung von Unterhaltsansprüchen, FPR 2003, 631.

*Viefhues, Wolfram:* Verwirkung im Elternunterhalt, FamRZ 2014, 624.

*Weber-Monecke, Beatrix:* Die Rechtsprechung des Bundesgerichtshofs zum Elternunterhalt, in: Festschrift für Dr. Ingrid Groß, Bonn, 2004, S. 239.

*Wedemann, Frauke:* Rückforderung wegen Verarmung des Schenkers versus Elternunterhalt, NJW 2011, 571.

*Wefers, André:* Vorrang der Grundsicherung auch bei Einkommen nur eines von mehreren Kindern ab 100.000 €?, FamRB 2014, 222.

*Wohlgemuth, Gisela:* Ersparniseinrechnung beim Elternunterhalt, FamRZ 2011, 341.

## A. Grundlagen des Elternunterhaltes

### I. Hintergründe

Der Elternunterhalt ist als Verwandtenunterhalt ein in Kontinentaleuropa aus dem Römischen Recht stammender Grundsatz. Seine Wurzeln sind zu suchen in der ruralen Gesellschaft, die ohne spezifische Altersversorgungs- und Alterssicherungssysteme auf den solidarischen Verbund der Generationen sowohl nach unten als auch nach oben setzte.

Im Römischen Recht galt der Grundsatz: ‚Filii locupletes parentes egentes tenentur alere et contra'[1], vermögende Kinder sind verpflichtet ihre Eltern zu unterhalten und umgekehrt. Zuvor im griechischen Recht galt noch moralisierender: ‚Gewährt einer seinen Eltern nicht den nötigen Unterhalt, soll er für ehrlos erklärt werden'[2]. Ende des 15. Jahrhunderts heißt es in dem Rechtsbuch des Berthold von Freiburg: ‚Kinder die reich sind süllen neren ir eltern unn ir anen sind die arm. Unn die reichen eltern süllen neren ir arme kinder unn die arme kinds kind … '.[3] Im Preußischen Allgemeinen Landrecht von 1794 heißt es in Teil 2, Titel 2 § 251: ‚Auch nach aufgehobener väterlicher Gewalt sind Kinder und Aeltern einander wechselseitig zu unterstützen, und eins das andere, wenn es sich selbst nicht ernähren kann, mit Unterhalt zu versehen schuldig.' Die für das heutige Rechtsverständnis merkwürdig anmutende Struktur der Ableitung der elterlichen Unterhaltspflicht den Kindern gegenüber aus deren Unterhaltspflicht den Eltern gegenüber erklärt sich aus der naturrechtlichen Verpflichtung der Eltern zur Aufzucht und Sorge für ihre Kinder. Diese Verpflichtung bedurfte daher keiner besonderen Erwähnung, wohingegen die aus der Verwandtschaft herrührende umgekehrte Unterhaltspflicht von Kindern ihren Eltern gegenüber offensichtlich einer besonderen Erwähnung schon immer bedurfte. Eine naturrechtliche Herleitung dieser Verpflichtung lässt sich nicht finden[4].

---

1 Zitiert nach *Laubach*, Lateinische Spruchregeln zum Unterhaltsrecht, Köln, 2003, S. 31.
2 Solon, 640–560 v. Chr., zitiert nach *Ruzik/Sethe*, Kollisionsrechtliche und rechtsvergleichende Aspekte des Elternunterhalts, in Höland/Sethe/Notarkammer Sachen-Anhalt (Hrsg.), Elternunterhalt, 2011.
3 *Laubach* [Fn. 1], S. 32.
4 Vgl. Darstellung bei *E. Koch* in Schwab/Henrich, Familiäre Solidarität, 1997, S. 19; *Hillebrecht*, Aszendentenunterhalt, 2012, S. 162 ff.

3  Die zunehmende Industrialisierung und damit die zunehmende Arbeitsteilung der Gesellschaft machte die langfristige Insuffizienz derartiger Alterssicherungssysteme spätestens ab Beginn der Industrialisierung in den Industriestaaten deutlich, was zur Einführung solidarisch getragener Alterssicherungssysteme führte (zuletzt durch Einführung der Pflegeversicherung). Interessanterweise ist die Alterssicherung der Landwirte das jüngste spezifische Alterssicherungssystem, weil insbesondere in der Landwirtschaft über das Rechtsinstitut des Altenteils die bei Arbeitsaufgabe des Landwirtes vor dem Erbfall erfolgende Hofübergabe als materielle Haftungsgrundlage für die Alterssicherung lange ausreichte. Erst als in den Fünfziger Jahren die zunehmende Industrialisierung der Landwirtschaft, einhergehend mit einer zunehmenden Ertragsschwäche insbesondere kleiner landwirtschaftlicher Produktionseinheiten, auch dieses spezifische Alterssicherungssystem der Landwirtschaft ökonomisch entkernte, wurde mit der Alterssicherung der Landwirte ein auf die spezifischen Belange der Landwirtschaft zugeschnittenes Alterssicherungssystem eingeführt. Selbst in diesem Bereich wurde mithin spätestens durch Einführung der Alterssicherung der Landwirte das Prinzip des aus dem Recht am Grund und Boden fließenden Alterssicherungssystems verlassen.

4  Elternunterhalt ist in die soziologische Kritik geraten[5], seit die zunehmende Lebenserwartung der Menschen und die sterbevermeidende Wirkung moderner Medizin zu einem drastischen Anstieg der Alterspflegefälle geführt haben. Dieser Prozess ging einher mit einer zunehmenden Erwerbstätigenquote insbesondere bei den Frauen, deren bisherige traditionelle familiäre Domäne die Versorgung junger und alter Familienangehöriger gewesen ist. Mit dieser Entwicklung korrespondierte auf der anderen Seite ein gesellschaftlicher Anspruch auf eine die Menschenwürde achtende Alters- und Pflegeversorgung von Menschen, die zu einem enormen Anstieg der Kosten der Versorgung alter Menschen geführt hat. Diese Kosten sind familiär und individuell nicht mehr zu schultern. Dies hat letztendlich zur Einführung der Pflegeversicherung geführt.

5  Obwohl diese an mehreren Geburtsfehlern leidet, hat sie gleichwohl eine nachhaltige Verbesserung der Versorgung insbesondere pflegebedürftiger alter Menschen gebracht. Ökonomisch hat die Pflegeversicherung jedoch im Wesentlichen die Träger der Sozialhilfe entlastet. Zu keinem Zeitpunkt reichten ihre Leistungen aus, dem „Durchschnittsrentner" eine angemessene Heimpflege zu ermöglichen. Dieser erzielt nämlich, eine 45-jährige durchschnittliche Einkommensentwicklung vorausgesetzt, eine Rente von

---

5 Dazu auch *Frank*, FamRZ 2009, 649.

1.224 € brutto⁶. Die tatsächlichen Rentenzahlungen liegen deutlich unterhalb dieser Werte⁷, da – insbesondere bei Frauen – eine ungebrochene Erwerbs- und damit Altersvorsorgebiografie kaum noch zu finden ist. Da die Kosten der Versorgung eines Menschen im Pflegeheim – je nach Pflegebedürftigkeit – teilweise mehr als 4.000 € pro Monat betragen, reichen die Eigeneinkünfte alter und insbesondere pflegebedürftiger Menschen nur in seltenen Fällen aus, diesen Bedarf abzudecken.

Somit ist der aus dem Familienverband resultierende Aszendentenunterhalt nach wie vor ergänzend erforderlich, um die Kosten der Pflege alter Menschen abzusichern.

Eine **rechtsethische Rechtfertigung** des Elternunterhaltes ist schwer zu finden. Grundsätzlich ist im kontinentaleuropäischen und insbesondere im deutschen Recht eine Haftung immer nur aus dem Gesichtspunkt einer dem Haftenden zuzuordnenden Verantwortlichkeit zu begründen. Diese Verantwortlichkeit kann aus einer unmittelbaren Handlung, einer Gefahrbegründung oder einem besonderen rechtlichen Verhältnis zum Haftungsgegenstand resultieren. Unter diesem Aspekt lässt sich die unterhaltsrechtliche Haftung für Kindesunterhalt und auch für Enkelunterhalt ohne Probleme begründen: Die Unterhaltspflicht resultiert aus dem Geschlechtsakt. Im Fall des Aszendentenunterhaltes jedoch mangelt es an jeder haftungsbegründenden Verantwortlichkeit des unterhaltspflichtigen Kindes. Es handelt sich gewissermaßen um eine Zustandshaftung, die dem deutschen Recht im Prinzip fremd ist.

Rechtsethische Grundlage könnte eine **Dankbarkeitshaftung** sein. Dafür spräche, dass in § 1611 BGB die Vernachlässigung des unterhaltspflichtigen Kindes in der Phase, in der es selbst unterhaltsbedürftig gewesen wäre, einen Ausschlussgrund für die unterhaltsrechtliche Aszendentenhaftung darstellt. Jedoch wäre die rechtsethische Begründung einer Dankbarkeitshaftung ausgesprochen schwach im Hinblick darauf, dass der in die Haftung Genommene den Anlass, für den er dankbar zu sein hat, nicht gesetzt hat⁸.

---

6 In der gesetzlichen Rentenversicherung erhält derjenige, der das Durchschnittsentgelt der in der gesetzlichen Rentenversicherung Versicherten erzielt pro Beitragsjahr 1 Entgeltpunkt (EP). Pro EP werden derzeit (seit 1.7.2014) 28,61 € im Westen und 26,39 € Altersrente im Osten gezahlt (aktueller Rentenwert).
7 Die durchschnittliche Regelaltersrente aus der gesetzlichen RV betrug im Januar 2012 632,40 € pro Monat (RVaktuell 2014, 335).
8 Weshalb *Kant* bereits bemerkte, dass eine Dankesschuld den Tugendpflichten, nicht aber den Rechtspflichten zugeordnet werden könne (Die Metaphysik der Sitten, Akademieausgabe VI, S. 281 ff.).

9    Denkbar ist auch eine kulturell christliche Begründung des Elternunterhaltes. Das biblische Gebot ‚Du sollst Vater und Mutter ehren'[9] ist in der Bibel als moralischer, nicht aber als materieller Anspruch formuliert. Das elterliche Ehrgebot wird jedoch in späterer Interpretation auch zum göttlichen Gebot der materiellen Unterstützung der Eltern interpretiert[10]. Die säkulare Gesellschaft tut sich jedoch i.d.R. schwer damit, christliche Rechtfertigungen, die nicht gleichzeitig Gebote gegenseitiger Achtung sind, zur rechtlichen Norm zu erheben. Allerdings kommt auch in der säkularen Gesellschaft das Prinzip des gegenseitigen Achtens als rechtsethisches Rechtfertigungsprinzip in Betracht[11]. Es kann im Bereich des Elternunterhaltes jedoch nicht verkannt werden, dass dieses Rechtfertigungsprinzip auch umgekehrt gilt: Es gebietet die Achtung des anderen, die eigene Bedürftigkeit zu mindern[12]. Das Prinzip des gegenseitigen Achtens ist insoweit eher unscharf und als ein das Rechtssystem durchdringendes Grundprinzip anzusehen. Es ist Basis für andere rechtsethische Prinzipien, nicht aber ein eigenständiger Rechtfertigungsgrund[13].

10   Anerkannt ist als rechtsethisches Rechtfertigungsprinzip das aus dem Schuldrecht bekannte Gegenseitigkeits- oder Äquivalenzprinzip. Dieses beruht auf bewusstem und gewolltem Leistungsaustausch. Als Rechtfertigung des Aszendentenunterhalts ist dieses Prinzip jedoch fragwürdig. Zwar lässt sich noch der Elternunterhalt als zeitlich versetztes ‚synallagmatisches' Pendant des Kindesunterhaltes ansehen[14], an der für ein klassisches Gegenseitigkeitsverhältnis geltenden Willentlichkeit fehlt es indes. Das Kind wird von den Eltern bei der Zeugung nicht gefragt. Es handelt sich mithin um einen ‚natürlichen' Austauschzusammenhang. In diesem wird jedoch nicht nach Äquivalenz entschieden, sondern ausschließlich nach der Geburt. Äquivalenzaspekte spielen allenfalls im Rahmen der Verwirkungstatbestände des § 1611 BGB eine Rolle. Ansonsten ist der Aszendentenunterhalt von Äquivalenzprinzipien nicht geprägt, weswegen insoweit eine Rechtfertigung nicht gefunden werden kann.

---

9   4. Gebot (2. Buch Mose, Kap. 20, Vers 12).
10  Markus, Kap. 7, Vers 11–13: Jesus verurteilt darin den ‚Korban', einen in jener Zeit üblichen Brauch, in dem der gläubige Jude alle seine irdischen Güter dem Tempel überschrieb und dieser aus dem Vermögen den Übertragenen wirtschaftlich unterhielt, nicht aber zugleich dessen Eltern. Wörtlich heißt es bei *Markus:* ‚Denn Mose hat gesagt: Du sollst Vater und Mutter ehren … (ihr aber predigt den Korban) … und so lasst ihr ihn hinfort nichts mehr tun seinem Vater oder seiner Mutter, und hebt auf Gottes Wort durch eure Aufsätze, die Ihr aufgesetzt habt …'.
11  *Metz,* S. 176 ff.
12  BGH v. 8.7.1981 – VI b ZR 593/80, NJW 1981, 2805.
13  So auch *Metz,* S. 177.
14  So wohl BGH v. 12.2.2014 – XII ZB 607/12, FamRZ 2014, 541.

Am Umstand, dass der Elternunterhalt nicht aus einer willentlichen Entscheidung des Kindes resultiert, sondern aus dem Umstand seiner Geburt, scheitern auch alle anderen rechtsethischen Rechtfertigungen, die aus persönlicher Verantwortung des Pflichtigen zu begründen wären.  **11**

Ebenso scheitern alle Rechtfertigungen, die aus gemeinschaftlicher Teilhabe entstehen. Die Auflösung der Familiengemeinschaft ist mit dem Auszug und der wirtschaftlichen Selbständigkeit der Kinder aus dem elterlichen Haushalt abgeschlossen. Es besteht zwischen Kindern und ihren Eltern nach dem Loslösungsprozess keine eine wirtschaftliche Teilhabe gebietende Gemeinschaft, die es rechtfertigen könnte, die Kinder für eine Bedürftigkeit der Eltern in Anspruch zu nehmen. Dies könnte völlig anders sein, wenn noch das Prinzip der Großfamilie gesellschaftsprägend wäre, in dem die gelebte Gemeinschaft der Generationen Teilhabe[15] und Vertrauen[16] rechtfertigen würde, die Anknüpfungspunkte für die staatlich erzwungene Inspruchnahme sein könnten.  **12**

Sofern die wechselseitig Unterhaltsverpflichtung zwischen Eltern und Kindern mit der aus dem Abstammungskontext abgeleiteten familiären Solidarität begründet wird[17], übersieht diese Auffassung, dass Solidarität ein Gebot gelebter sozialer Strukturen ist. Die Auflösung der Großfamilie durch die moderne Industriegesellschaft beendet aber auch in der Regel die Erfahrung einer gelebten sozialen Beziehung mit den Eltern. Besteht diese Erfahrung der Solidarität, bedarf es in der Regel auch keiner gesetzlichen Anordnung der Unterhaltspflicht, weil diese freiwillig erfüllt wird. Besteht jedoch die Erfahrung einer gelebten solidarischen Familienstruktur nicht mehr, ist es rechtsethisch fragwürdig, einer entsolidarisierten sozialen Struktur gesetzlich Solidarität abzuverlangen.  **13**

Da eine rechtsethische Begründung für den Elternunterhalt nicht ohne weiteres gefunden werden kann[18], ist dieser schwach ausgestaltet. Er rangiert in der Rangfolge der Unterhaltsansprüche auf der letzten Position (vgl. § 1609 Nr. 6 BGB). In der gesellschaftlichen Akzeptanz ist er ebenfalls fragwürdig. Jedenfalls diejenigen, die auf Elternunterhalt in Anspruch genommen werden, bezweifeln oft die Legitimation. Wie die gesamte Alters- und Krankenfürsorge stellt sich der Altersunterhalt in einer industriellen und arbeitsteiligen Gesellschaft, in der rurale Strukturen ebenso untergegangen sind wie mehrere Generationen übergreifende Großfamilien, als eine gesellschaftliche Aufgabe dar.  **14**

---

15 *Metz*, S. 181 mit umfassender Darstellung.
16 *Metz*, S. 183 mit umfassender Darstellung.
17 *Laubach* [Fn. 1], S. 74, BGH v. 15.9.2010 – XII 148/09, FamRZ 2010, 1888.
18 Umfassend dazu *Hillebrecht*, S. 354 ff.

## II. Rechtsgrundlagen

### 1. Zivilrechtliche Grundlagen des Elternunterhaltes[19]

15  Nach § 1601 BGB sind Verwandte in gerader Linie verpflichtet, einander Unterhalt zu gewähren. Voraussetzung dafür ist einerseits, dass der Unterhalt beanspruchende Elternteil außerstande ist, sich aus eigenen Mitteln selbst zu unterhalten (§ 1602 Abs. 1 BGB). Beim Unterhaltsberechtigten muss Bedürftigkeit vorliegen.

16  Andererseits muss das zum Unterhalt herangezogene Kind unter Berücksichtigung seiner sonstigen Verpflichtungen imstande sein, ohne Gefährdung seines eigenen angemessenen Unterhalts dem Elternteil Unterhalt zu gewähren (§ 1603 Abs. 1 BGB), es muss also leistungsfähig sein. Dabei müssen Bedürftigkeit und Leistungsfähigkeit zeitgleich zusammenfallen. Nur wenn und solange während der Zeit des Unterhaltsbedarfs der Unterhaltspflichtige leistungsfähig ist, entsteht ein Unterhaltsanspruch. Diese Auslegung von § 1603 Abs. 1 BGB entspricht nicht nur der einhelligen Meinung in Rechtsprechung und Literatur[20], sondern wird schon von den Motiven zum Bürgerlichen Gesetzbuch gestützt, in denen ausgeführt wurde, dass für die Dauer der Leistungsunfähigkeit eine Unterhaltsverpflichtung nicht zur Entstehung gelange. Es bedürfe deshalb keiner ausdrücklichen Bestimmung, die im Falle eines späteren Vermögenszuwachses beim Leistungsunfähigen eine Verpflichtung zur Nachzahlung von Unterhalt für die Vergangenheit ausschließe[21].

17  Der eigene angemessene Unterhalt stellt somit unterhaltsrechtlich die Grenze dar, bis zu der vom unterhaltspflichtigen Kind der Einsatz seines Einkommens und Vermögens verlangt werden kann. Was dem Unterhaltspflichtigen unter diesen Voraussetzungen verbleiben muss, hat der Gesetzgeber nicht näher konkretisiert, es bedarf insofern der Auslegung durch die Gerichte.

18  Bis zur Begründung der Zuständigkeit der Familiengerichte für diese Unterhaltsstreitigkeiten durch das Gesetz zur Reform des Kindschaftsrechts vom 16.12.1997[22] wurden zur Bestimmung des eigenen angemessenen Bedarfs des Unterhaltspflichtigen in der Rechtsprechung der bis dahin in letzter Instanz zuständigen Landgerichte unterschiedliche Auffassungen

---

19 Entnommen aus BVerfG v. 7.6.2005 – 1 BvR 1508/96, FamRZ 2005, 1051.
20 BGH v. 24.10.1984 – IV b ZR 43/83, FamRZ 1985, 155; Staudinger/*Engler/Kaiser*, § 1603 Rn. 7; BVerfG v. 7.6.2005 – 1 BvR 1508/96, FamRZ 2005, 1051.
21 Motive zu dem Entwurfe eines Bürgerlichen Gesetzbuches für das Deutsche Reich, Bd. IV, 2. Aufl. 1896, S. 687f.
22 BGBl I S. 2942.

vertreten. Das galt für die Höhe des beim Einkommen zu berücksichtigenden Selbstbehalts des Unterhaltspflichtigen ebenso wie für die Frage, wie viel ihm von seinem Vermögen zu belassen sei. Allerdings hob der BGH in einer Entscheidung aus dem Jahre 1992 hervor, dass Eltern zwar regelmäßig damit rechnen müssten, ihren Kindern auch über deren Volljährigkeit hinaus Unterhalt zu gewähren. Gleiches gelte aber nicht für den Fall, dass Eltern nach dem Ausscheiden aus dem Berufsleben ihre Kinder, die selbst inzwischen Familien gegründet hätten, auf Unterhalt in Anspruch nehmen könnten. Deren grundlegend andere Lebenssituation sei bei der Heranziehung zum Unterhalt ihrer Eltern Rechnung zu tragen[23].

Inzwischen hat der BGH diese Aussage mit weiteren Entscheidungen aus jüngerer Zeit präzisiert. Maßgebend für den eigenen angemessenen Unterhalt des Unterhaltspflichtigen sei seine Lebensstellung, die seinem Einkommen, Vermögen und sozialen Rang entspreche. Hiernach bestimme sich sein Lebensbedarf einschließlich einer angemessenen Altersversorgung. Sein Eigenbedarf richte sich deshalb nicht an einer festen Größe aus. Jedenfalls müsse er eine spürbare und dauerhafte Senkung seines berufs- und einkommenstypischen Lebensniveaus nicht hinnehmen, sofern er nicht einen unangemessenen Aufwand betreibe und nicht in Luxus lebe[24]. So sei auch eine Veräußerung oder Vermietung des Familienheims unterhaltsrechtlich nicht zumutbar, wenn dies die bisherige Lebensführung des unterhaltspflichtigen Kindes grundlegend beeinträchtige. Auch sei zu prüfen, ob eine Verwertung des selbstgenutzten Grundbesitzes aus Gründen der eigenen Altersversorgung nicht erwartet werden könne[25]. In diesem schwächer ausgestalteten Unterhaltsrechtsverhältnis von erwachsenem Kind mit eigener Familie zu seinem betagten Elternteil brauche der Unterhaltsschuldner den Stamm seines Vermögens nicht zu verwerten, wenn dies für ihn mit einem wirtschaftlich nicht mehr vertretbaren Nachteil verbunden wäre[26].

19

## 2. Sozialstaatliche Flankierung

Auch der Staat hat einem Bedürftigen in Erfüllung des verfassungsrechtlich verankerten Sozialstaatsgebots zu helfen. Er tut dies in Form der Sozialhilfe, die er als Hilfe zur Pflege auch denjenigen gewährt, die im Alter pflegebedürftig werden und die Kosten für die Pflege aus eigenen oder den Mitteln der Pflegeversicherung nicht in vollem Umfang bestreiten können. Allerdings hat der Unterhaltsanspruch eines Bedürftigen gegen-

20

---

23 BGH v. 26.2.1992 – XII ZR 93/91, FamRZ 1992, 795, 797.
24 BGH v. 23.10.2002 – XII ZR 266/99, FamRZ 2002, 1698, 1700 ff.
25 BGH v. 19.3.2003 – XII ZR 123/00, FamRZ 2003, 1179.
26 BGH v. 21.4.2004 – XII ZR 326/01, FamRZ 2004, 1184, 1185 f.

über einem leistungsfähigen Unterhaltspflichtigen Vorrang vor seinem Sozialhilfeanspruch (vgl. § 2 Abs. 1 SGB XII). Gewährt der Sozialhilfeträger Sozialhilfe, obgleich ein Unterhaltsanspruch besteht, konnte er deshalb bis zum 26.6.1993 nach den §§ 90, 91 BSHG durch schriftliche Anzeige gegenüber dem Unterhaltspflichtigen bewirken, dass der Unterhaltsanspruch bis zur Höhe der geleisteten Sozialhilfe auf ihn überging. Seit seiner Änderung durch das Gesetz zur Umsetzung des Föderalen Konsolidierungsprogramms vom 23.6.1993[27] bestimmte § 91 BSHG, dass ein nach bürgerlichem Recht bestehender Unterhaltsanspruch eines Sozialhilfeempfängers für die Zeit, für die Hilfe gewährt wird, kraft Gesetzes bis zur Höhe der geleisteten Aufwendungen auf den Sozialhilfeträger übergeht.

21   Mit dem Gesetz zur Einordnung des Sozialhilferechts in das Sozialgesetzbuch vom 27.12.2003[28] ist das BSHG mit Wirkung zum 1.1.2005 aufgehoben worden. An seine Stelle ist das Sozialgesetzbuch Zwölftes Buch (SGB XII) – Sozialhilfe – getreten, das hinsichtlich der hier maßgeblichen sozialhilferechtlichen Regelungen zu keiner inhaltlichen Änderung geführt hat (vgl. §§ 61 ff., 93 f., 90 f. SGB XII).

22   In seinem Vierten Kapitel hat das SGB XII aber die Grundsicherung im Alter und bei Erwerbsminderung, die über 65-Jährige beanspruchen können, soweit sie ihren Lebensunterhalt nicht aus ihrem Einkommen und Vermögen beschaffen können (§§ 41 ff. SGB XII), in das Sozialhilferecht eingegliedert (vom 1.1.2003 bis 31.12.2004 geregelt in § 2 Abs. 1 Grundsicherungsgesetz). Dabei bleiben nach § 43 Abs. 2 SGB XII Unterhaltsansprüche des Leistungsberechtigten gegenüber Kindern unberücksichtigt, sofern deren jährliches Gesamteinkommen unter einem Betrag von 100.000 € liegt.

## 3. Rechtspolitische Veränderungsspielräume

23   Angesichts der jahrhundertelangen positivrechtlichen Normierung des Elternunterhaltes und seiner fragwürdig gewordenen rechtsethischen Legitimation, wäre es naheliegend, seine Abschaffung zu fordern. Insbesondere bei Betroffenen wird diese Forderung begierig aufgegriffen. Allerdings ist zu beachten, dass eine isolierte Abschaffung des Elternunterhaltes und die Übernahme der Pflege- und Betreuungskosten alter Menschen durch die Allgemeinheit (über Pflegeversicherung oder Sozialhilfe) einen Umbau des gesamten Unterhalts- und Sozialversicherungssystems erfordern würde. Solange nämlich zu Lebzeiten vorgenommene Vermögensübertragungen von

---
27  BGBl. I S. 944.
28  BGBl. I S. 3022.

Eltern auf Kinder mit großzügigen Steuerfreibeträgen bedacht werden[29], würde eine steuer- oder versicherungsfinanzierte Pflege dazu führen, dass alte Menschen frühzeitig freiwillig oder gedrängt ihr Vermögen auf ihre Kinder übertragen würden mit der Folge, dass die Kosten der Pflege eines eigentlich vermögenden Menschen durch die Solidarsysteme (Steuern oder Pflegeversicherung) zu finanzieren wären. Dem könnte man nur mit einer drastischen Erhöhung von Schenkungs- und Erbschaftssteuern begegnen, was politisch derzeit nicht durchsetzbar ist.

Auch eine Verlängerung der Revokationsfrist des § 528 BGB über zehn Jahre hinaus hülfe nichts, weil dies nur dazu führte, dass ältere Menschen in noch pflegefernerem Alter gedrängt würden oder sich gedrängt fühlten, Vermögen auf die nachfolgende Generation zu übertragen. Ein 60-jähriger Mann wird (statistisch) knapp 3% seiner noch zu durchlaufenden Lebenszeit von ca. 31 Jahren im Pflegeheim verbringen. Ein 75-jähriger Mann bereits knapp 14%. Bei Frauen ist die Situation dramatischer: eine 60-jährige Frau wird ca. 6,5% ihrer verbleibenden Lebenszeit im Pflegeheim verbringen, mit 75 Jahren sind es bereits gut 21%. Angesichts dieser rapide steigenden Pflegewahrscheinlichkeit würde eine Verlängerung der Revokationsfrist nur dazu führen, Vermögensübertragungen von Eltern auf Kinder zur Vermeidung einer Revokation der Schenkung im Bedarfsfall der Not des Schenkers (§ 528 BGB) noch früher vorzunehmen.

Angesichts dieser sehr komplexen juristischen Sachlage ist die Forderung nach Abschaffung des Elternunterhaltes bei Betroffenen sicher populär, jedoch ausgesprochen schwer zu realisieren. Sie setzte ein komplettes Umdenken der bisherigen juristischen Strukturen und eine politische Stärkung solidarischer Sicherungssysteme voraus. Die vorherrschende politische Strömung steht einer solchen Problemlösung jedoch vollständig entgegen. Es kann daher derzeit nicht erwartet werden, dass der Gesetzgeber sich des Problems annehmen wird.

Eher scheint es erfolgversprechend, die Rechtsprechung im Rahmen ihrer Interpretationskompetenz des dem unterhaltspflichtigen Kind verbleibenden so genannten Selbstbehaltes zu einer sozialverträglichen Bestimmung des geschuldeten Unterhaltsmaßes zu bewegen.

---

29 § 16 ErbStG: 400.000 € für Kinder.

## III. Das Mandat des Anwaltes

### 1. Einige Grundgedanken

27 Das familienrechtliche Mandat ist ohnehin von einigen Sonderheiten gekennzeichnet. Das Elternunterhaltsmandat noch mehr. Im zivilrechtlichen Mandat werden Verkehrsunfälle reguliert, Firmen verschmolzen, Kauf- und Mietverträge entworfen und abgewickelt. Das Verhältnis der Mandanten zum Gegenstand des Auftrages ist meist neutral und distanziert.

28 Schon im auf Trennung und Scheidung gerichteten familienrechtlichen Mandat bewegen sich die Beteiligten und deren Vertreter in einem sehr persönlichen Bereich der Abwicklung einer meist begrenzten Lebensphase. Jeder Familienrechtler weiß um die ‚psychotherapeutischen Implikationen' des Scheidungs- und Trennungsverfahrens.

29 Das Mandat im Elternunterhalt berührt – ähnlich wie das erbrechtliche Mandat – den intimsten Kernbereich der beteiligten Personen. Das Bindungsverhalten wird geprägt durch die Familie. Familiäre Verletzungen brechen durch die Konfrontation mit einem Unterhaltsverlangen des Elternteils wieder in oft ungeahnter Schärfe auf und quälen die Betroffenen. Ich habe es oft erlebt, dass erwachsene Unterhaltspflichtige völlig unfähig sind, mit dem Unterhaltsverlangen eines Sozialhilfeträgers distanziert umzugehen. Solche Unterhaltsforderungen (meist schon die Aufforderung zur Auskunftserteilung) lösen Panikattacken, Schlaflosigkeit und Existenzangst aus und vermindern die Lebensqualität der Betroffenen weit stärker als der möglicherweise geringe Unterhalt, der zu zahlen sein wird. Diese Konstellation wird verstärkt durch das Problem der ‚**Schwiegerkindhaftung**' (vgl. Rn. 592). Der geringer verdienende Gatte sieht seinen Partner in der Haftung für den Unterhalt seiner Eltern und schreibt sich damit in panischer Übersteigerung auch die Schuld für den Zusammenbruch dessen Lebenspläne zu. Etliche Ehen geraten durch die Anforderung von Elternunterhalt in eine ernste Krise, wobei oft nicht einmal das Verhalten des Schwiegerkindes die Krise auslöst. Es sind die revolvierenden quälenden Schuldvorwürfe des unterhaltspflichtigen Kindes, die Existenzgrundlage der Familie zu gefährden, die die Basis des Zusammenlebens erschwert und gefährdet. ‚Jeder von uns hat noch eine Rechnung mit den Eltern offen'. Dieser Satz charakterisiert das diffizile Verhältnis, dass durch den Elternunterhalt angegriffen wird.

30 Für die Betroffenen wird die Situation noch dadurch erschwert, dass sie sich der gesellschaftlichen und sozialen Erwartungshaltung ausgesetzt sehen, ihre Eltern ‚nicht im Stich' zu lassen. Dieser soziale Druck verschärft

den Konflikt ebenso wie der Umstand, dass Geschwister plötzlich Einblick in die wirtschaftliche Situation der anderen Geschwister erhalten. Mühsam und jahrelang gepflegte Legenden über die eigene wirtschaftliche Situation zerbröseln durch die an die Geschwister gelangende Information über mangelnde unterhaltsrechtliche Leistungsfähigkeit. Ich habe schon Mandantinnen und Mandanten erlebt, die sich wirklich verzweifelt gegen eine sie nicht einmal wirtschaftlich stark belastende Unterhaltspflicht gewehrt haben, trotzdem aber regelmäßig, manchmal mehrfach pro Woche ihre Eltern im Pflegeheim aufgesucht haben. Das Pendeln zwischen einem dem äußeren Erwartungsdruck entsprechenden Verhalten und dem damit verbundenen Verrat an der eigenen Grundüberzeugung zermürbt. Manchmal wird auch binnenfamiliäres Fehlverhalten aufgedeckt, das von den Beteiligten als adulter Verrat empfunden wird, so, wenn einem Kind beizeiten ohne Kenntnis der anderen Vermögen übertragen wurde, das nun wegen Ablauf der Revokationsfrist oder wegen Eigenbedarfs des Begünstigten zur Finanzierung des Lebensbedarfs der Eltern nicht mehr zur Verfügung steht.

Schließlich erleben viele Bürger ihre Pflicht, dem Sozialamt ihre Verhältnisse zu offenbaren als kaum hinzunehmende Intimitätsverletzung und versuchen diese mit allen Mitteln, selbst unter Inkaufnahme einer nicht erforderlichen Unterhaltszahlung, zu vermeiden.

Logische Argumentation hilft an dieser Stelle nicht oder nur bedingt. Der Anwalt ist kein Therapeut und sollte sich darin auch nicht versuchen[30], aber er arbeitet in ‚vermintem Terrain' und kann sich dem nicht entziehen. Es ist kein Fehler, einer Mandantin oder einem Mandanten den Gang zum Therapeuten zu empfehlen. Die Krankenkassen zahlen fünf so genannte ‚**Kriseninterventionssitzungen**'. Es hilft jedoch oft schon die Beruhigung, dass der Elternunterhalt so dimensioniert ist, dass eine nachhaltige Veränderung des Lebenszuschnitts der unterhaltspflichtigen Kinder und ihrer Familie nicht eintreten wird. Vor allem aber hilft es den Beteiligten, wenn sich der Anwalt Zeit für die unterhaltsrechtliche Beratung nimmt und sich die Mandanten – auch in ihrer Panik – ernst genommen fühlen. Auch wenn sich die Probleme im Elternunterhalt in der anwaltlichen Praxis vielfach in wenigen Minuten überschauen lassen, sollte man großzügig Zeit für die Beratung einräumen. Verfügt der Mandant über eine strukturierte Problemlösungsfähigkeit oder sieht er den Elternunterhalt nicht als Problem, kann man einen Espresso mehr am Tag trinken.

---

30 Dazu Krenzler/Borth/*Hauß*, Kap. 1, Rn. 5, 6.

## 2. Kollisionsfälle und Betreuungsfälle

33     Öfter als man zunächst denkt, treten in der Elternunterhaltsberatung verbotene Kollisionsfälle auf. Wenn Geschwister zur ‚gemeinsamen Beratung' erscheinen, muss klar gestellt werden, welches Kind vertreten wird, weil über die im Elternunterhalt bestehende anteilige Haftung (vgl. Rn. 718) der Kinder entsprechend ihrer unterhaltsrechtlichen Leistungsfähigkeit der Rat an ein Kind eine bestimmte Gestaltungsoption zu verwirklichen, sich zum Nachteil des anderen auswirken und dessen Haftungsanteil erhöhen kann. Die Anwaltschaft tut daher gut daran, **gemeinschaftliche Beratung von Geschwistern** im Elternunterhalt abzulehnen.

34     Vielfach sind ratsuchende Unterhaltspflichtige zu **Betreuern** des unterhaltsberechtigten **Elternteils** bestellt. Als Betreuer trifft das Kind auch die Pflicht, Unterhaltsansprüche des Betreuten geltend zu machen, die sich jedoch gegebenenfalls gegen den Betreuer selbst richten.

35     Auch wenn es für die Kinder oft unverständlich ist, ist der Rat zu erteilen, beim Amtsgericht die Einrichtung einer **Ergänzungsbetreuung** nach § 1899 BGB für den Rechtskreis der Geltendmachung von Unterhaltsansprüchen zu bestellen.

36     Zur Beratung erscheinen auch oft Kinder mit ihren Eltern (oder umgekehrt). Ihr Ziel, eine ‚strategische Beratung' zur Vermeidung von Elternunterhalt zu erhalten macht es dringend erforderlich, das Mandatsverhältnis **vor** der Beratung zu klären. Beratung von gradlinig Verwandten in Unterhalts- und Unterhaltsvermeidungsfragen ist immer ein **Kollisionsfall**. Solche Beratungen abzulehnen ist nie falsch aber vermeidbar, wenn bei Beginn der Beratung festgelegt wird, wer vertreten werden soll.

## 3. Vollmachtsfälle

37     Oft haben pflegebedürftige Eltern ihre Kinder mit eine **Generalvollmacht** oder einer **Einzelvollmacht** versehen. Solche Vollmachten werden nicht nur im Interesse des Vollmachtgebers verwendet. Wiederholt ist es vorgekommen, dass Kinder vor Eintritt der Pflegebedürftigkeit die Konten und Vermögenswerte ihrer Eltern hemmungslos geplündert haben. Es ist erstaunlich, dass ein derartiges Verhalten strafrechtlich nicht häufiger verfolgt wird. Neben angeblich dem betreuten Elternteil nützlichen Aufwendungen zweifelhafter Provenienz werden Besuchskosten abgerechnet, Rechnungen für Pflegeleistungen erstellt oder vertragliche Vereinbarungen über entgeltliche Erbringung von Betreuungsleistungen konstruiert. All das ist strafbar und gefährlich. Die Gerichte haben die Aufgabe und

Verpflichtung, ihnen im Rahmen eines Verfahrens bekannt gewordene Straftaten (hier Veruntreuungen) der Staatsanwaltschaft bekannt zu geben. Wenn dies nur selten gemacht wird, sollte sich weder die Anwaltschaft noch die Mandantschaft darauf verlassen, dass dies auch zukünftig so bleibt. In meiner Beratungspraxis habe ich sehr häufig Fälle der **Veruntreuung von Vermögen pflegebedürftiger Eltern** erlebt. Es empfiehlt sich, den Mandanten gegenüber das auch so zu benennen. Für den Anwalt verbietet sich die Mitwirkung oder Verschleierung der Veruntreuung.

## 4. Vermögensmanipulationen

Es gibt neben dem Strafrecht wohl nur wenige Beratungsbereiche, in denen der Anwalt vom Mandanten so oft um Beihilfe zu einer Straftat gebeten wird wie im Elternunterhaltsrecht. Die unverhohlene Frage, wie man das elterliche Vermögen am Sozialamt vorbei den Kindern oder Enkeln sichern und das Sozialamt in die unterhaltsrechtliche Haftung bekommen kann, ist dabei noch harmlos. Offen erkundigen sich Ratsuchende nach der Möglichkeit des Sozialamtes, im Rahmen der Auskunftspflicht nicht offenbarte Vermögenspositionen aufzudecken und vielfach werden Ratschläge zur Vermögensverschleierung erfragt. Der **Sozialhilfebetrug** erscheint vielen nicht einmal ein Kavaliersdelikt zu sein. 38

Dass die Anwaltschaft derartige Ansinnen abzulehnen hat, versteht sich von selbst. Es sollte sich jedoch auch von selbst verstehen, dass die Mandantschaft derartige Ansinnen nicht an ihren Rechtsberater stellt. Auch wenn der Elternunterhalt weder sozialpolitisch noch juristisch eine glückliche Konstruktion darstellt, sondern zu Recht als sozialpolitischer Skandal empfunden werden kann, rechtfertigt dies keine individuelle kriminelle Selbsthilfe. 39

## IV. Die Sachbearbeitung der Sozialhilfeträger

Sozialhilfeträger befinden sich im Elternunterhaltsrecht in einer für sie oftmals ungewohnten Situation. Als öffentlich-rechtliche Einrichtungen sind sie hoheitliches Handeln und dementsprechend hoheitliches Formulieren gewohnt. Im Elternunterhaltsrecht ist aber ausschließlich das Auskunftsersuchen des Sozialhilfeträgers nach § 117 SGB XII öffentlich-rechtlicher Natur. Alles andere ist Privatrecht. In etlichen Formularschreiben schimmert noch die öffentlich-rechtliche Gewohnheit hoheitlichen Handelns durch. So wird in den Anforderungsschreiben vieler Sozialhilfeträger ein Unterhaltsanspruch *‚festgesetzt'*, obwohl es sich um eine zivilrechtliche 40

Forderung handelt. Auch glänzen einige Sozialverwaltungen mit gängelnden Formulierungen, die insinuieren, die unterhaltspflichtige Person sei ab dem Zeitpunkt der unterhaltsrechtlichen Inanspruchnahme quasi entmündigt und unter wirtschaftliche Beobachtung gestellt. Formulierungen wie ‚*zukünftige Kreditaufnahmen führen nicht zu einer unterhaltsrechtlichen Anerkennung*' klingen martialisch und tragen wohl kaum zum gedeihlichen und gewollten Dialog bei. Schließlich ist der ‚Klassiker' irritierenden hoheitlichen Sprachgebrauchs inhaltlich richtig, aber wenig bürgerfreundlich: „*Gegen diese Unterhaltsfestsetzung ist ein Widerspruch nicht zulässig.*"

41  Solche Formulierungen führen nicht zu Lösungen, sondern zu Konflikten. Sie erschweren den Dialog ebenso, wie teilweise von den Mitarbeitern der Sozialämtern gepflegte moralisierende Vorbehalte: ‚*So viel wird Ihnen Ihre Mutter doch wohl wert sein!*'. Der ‚fiskalische Formulierungs-Klassiker' stammt nicht von einem Sozialamtsmitarbeiter sondern von einem Dezernatsleiter, der den Autor bei einer Fortbildungsveranstaltung für Sozialamtsmitarbeiter zum Elternunterhalt begrüßte und der Veranstaltung ‚*viel Erfolg*' wünschte, damit der Kreis die Füllung der ‚*unübersehbar zahlreichen Schlaglöcher der Kreisstraßen*' finanzieren könne. Eine solche rechtsstaatliche Entgleisung ist selten, aber der dezente Hinweis auf die Belastung des Steuerzahlers ist immer noch in Amtsstuben anzutreffen und gelegentlich auch eine Verbissenheit von Sozialamtsmitarbeitern, als kämpften sie für die eigene Geldbörse.

## 1. Sprachliche Lösungsvorschläge

42  Es trägt zur Befriedung des Verhältnisses Bürger – Behörde bei, wenn die Behörde sich eines sachangemessenen Sprachstils bedient. Im Elternunterhaltsrecht kann daher durch die Behörde allenfalls im Auskunftsverfahren nach § 117 SGB XII etwas ‚festgesetzt' werden. Auch ist die Pflicht, Elternunterhalt zu zahlen, keine moralische, sondern eine gesetzliche Pflicht, deren Umfang nicht von der Höhe des den Eltern geschuldeten Respekts und vermeintlichen Dankbarkeit abhängt, sondern vom Bedarf der Eltern und der unterhaltsrechtlichen Leistungsfähigkeit des Kindes nach § 1603 BGB.

43  Anstelle einer ‚Unterhaltsfestsetzung' könnte man daher formulieren:

*Nach Prüfung der von Ihnen eingereichten Einkommens- und Vermögensauskunft gehen wir von einer unterhaltsrechtlichen Leistungsfähigkeit in Höhe von ... € aus.*

*Dabei konnten wir die von Ihnen angegebenen Ausgabenpositionen*

- ...

- ...

*nicht berücksichtigen, weil ...*

*Sollten Sie mit dieser Berechnung nicht einverstanden sein oder sollten wir versehentlich nicht alle Positionen berücksichtigt haben, setzen Sie sich bitte gern mit uns in Verbindung. Bitte beachten Sie aber, dass wir im allseitigen Interesse auf eine zügige Erledigung dringen müssen. Sollten wir daher von Ihnen bis zum ... nichts gehört haben und auch keinen Zahlungseingang verbuchen können, werden Sie sicher verstehen, dass wir zur Durchsetzung des von uns errechneten Unterhaltsanspruchs gerichtliche Hilfe einfordern und die Akte daher an unsere Rechtsabteilung abgeben würden.*

*Sollten Sie unsere Unterhaltsforderung nicht akzeptieren und sollte es auch nicht zu einer Einigung kommen, müsste das Familiengericht entscheiden. Ein Widerspruch gegen dieses Schreiben ist weder erforderlich noch zulässig."*

Ähnlich kann man die mit der Rechtswahrungsanzeige verbundene Warnfunktion sprachlich entschärfen. Statt – unzulässig – weitere Kreditaufnahmen zu untersagen, kann man auch ehrlich formulieren:

„*Ab Zugang dieses Schreibens können wir die Begründung weiterer Verbindlichkeiten nur dann unterhaltsrechtlich akzeptieren, wenn sie unvermeidlich sind. In jedem Fall ist es sinnvoll, vor Eingehung neuer Verbindlichkeiten mit uns Kontakt aufzunehmen.*"

## 2. Die Rechtswahrungsanzeige

Die **Rechtswahrungsanzeige** ist die schriftliche Mitteilung des Sozialhilfeträgers an die unterhaltspflichtige Person, dass Leistungen des Sozialhilfeträgers an die unterhaltsberechtigte Person erbracht werden. Die Rechtswahrungsanzeige ist kein Verwaltungsakt, sondern hat einen rechtssichernden Charakter[31]. Vom Zeitpunkt des Zugangs der Rechtswahrungsanzeige kann der Sozialhilfeträger Unterhalt für den Bedürftigen Elternteil verlangen (§ 94 Abs. 4 S. 1 SGB XII). Für die Zeit vor Zugang der Rechtswahrungsanzeige kann Unterhalt nur unter der Voraussetzung geltend gemacht werden (§ 1613 BGB), dass die unterhaltspflichtige Person zur Auskunftserteilung über ihr Einkommen und Vermögen zum Zwecke der Unterhaltsberechnung oder zur Unterhaltsleistung aufgefordert wurde (Verzug).

---

31 *Eberl-Borges/Schüttlöffel*, FamRZ 2006, 589 ff.

### a) Latente Unterhaltslast

**46** Die **Rechtswahrungsanzeige** ist meist der Erstkontakt der unterhaltspflichtigen Person mit dem Sozialhilfeträger. Erst ab diesem Zeitpunkt kann die unterhaltsberechtigte Person (und der Sozialhilfeträger) zu Recht von der unterhaltspflichtigen Person erwarten und verlangen, dass sie sich in ihrem Ausgabeverhalten auf die Unterhaltsverpflichtung gegenüber den Eltern einstellt. **Kreditaufnahmen** bis zu diesem Zeitpunkt sind in der Regel unproblematisch, Zins- und Tilgungsleistungen für diese Kredite sind vom unterhaltspflichtigen Einkommen abzuziehen.

**47** Problematisch sind leistungsmindernde Aufwendungen der unterhaltspflichtigen Person, die unmittelbar vor dem Zugang der Rechtswahrungsanzeige getätigt worden sind. Hatte die unterhaltspflichtige Person keine **Kenntnis** von dem entstandenen unterhaltsrechtlichen Bedarf, liegt in der Leistungsminderung keine Obliegenheitsverletzung und keine mutwillige Verminderung der unterhaltsrechtlichen Leistungsfähigkeit. Die Leistungsminderung ist daher hinzunehmen.

**48** Hatte die unterhaltspflichtige Person jedoch nachweisbar Kenntnis von dem unmittelbar bevorstehenden Bedarf des Elternteils, können solche Verbindlichkeiten nicht ohne weiteres unterhaltsmindernd berücksichtigt werden. Kenntnis vom bevorstehenden Bedarf auf Seiten des Kindes ist immer anzunehmen, wenn das Kind als **Betreuer** des Elternteils tätig gewesen ist (vgl. Rn. 33 ff.) oder den bedürftigen Elternteil auf der Basis einer erteilten Vollmacht auch in finanziellen Dingen vertreten hat. In diesen Fällen kann das Kind nicht damit gehört werden, keine Kenntnis von dem entstehenden Bedarf des Elternteils gehabt zu haben. Daher wäre zu prüfen, ob die Kreditaufnahme oder die anderweitige Verminderung der unterhaltsrechtlichen Leistungsfähigkeit erforderlich war, um den Lebensstandard zu halten oder ob die Kreditaufnahme eine Verbesserung des Lebensstandards der unterhaltspflichtigen Person hervorgerufen hat. Ist Letzteres der Fall, ist die Belastung ggfls. auf das Maß zu reduzieren, das zur Erhaltung des Lebensstandards erforderlich war. In dieser Hinsicht kann auch die völlige Nichtberücksichtigung einer ‚kurz vor Toresschluss' aufgenommenen Belastung geboten sein.

**49** Die Schwierigkeit bei diesen Fällen besteht darin festzulegen, ab welchem Zeitpunkt eine Begrenzung der unterhaltsrechtlichen Akzeptanz leistungsmindernder Ausgaben einsetzt. Diese Frage wird unter dem Stichwort **latente Unterhaltslast**[32] geführt. Rechtsprechung und Literatur haben die-

---
[32] OLG Zweibrücken v. 23.11.2007 – 2 UF 107/07, juris; OLG Karlsruhe v. 14.9.2006 – 2 WF 189/05, FamRZ 2007, 407; BGH v. 8.6.2005 – XII ZR 74/04, FamRZ 2006, 26; BGH v. 25.6.2003 – XII ZR 63/00, FamRZ 2004, 186, Rn. 19.

sem Institut noch keine klare und belastbare Struktur gegeben. Man kann als Bewertungsschema folgende Kriterien anwenden:

- Solange die unterhaltsberechtigte Person ihren unterhaltsrechtlichen Bedarf aus eigenen Einkünften abdecken kann, besteht für die unterhaltspflichtige Person keinerlei Veranlassung, finanziellen Dispositionen auf eine mögliche unterhaltsrechtliche Inanspruchnahme auszurichten. Mit einer gesundheitlichen Verschlechterung braucht niemand zu rechnen und muss sich dementsprechend auch nicht darauf einstellen.
- Wenn die unterhaltsberechtigte Person aus den eigenen Einkünften den Unterhaltsbedarf nicht mehr abdecken kann, sondern auf **Vermögensverzehr** angewiesen ist, bedarf es ebenfalls keiner Einstellung der unterhaltspflichtigen Person auf den unterhaltsrechtlichen Bedarf, solange eine unterhaltsrechtliche Inanspruchnahme nicht zu erwarten ist. Das bedeutet, dass die Inanspruchnahme von **Grundsicherung** durch die unterhaltsberechtigte Person keine ‚latente Unterhaltspflicht' auslöst. Grundsicherung wird grundsätzlich rückgriffsfrei gewährt (§ 43 Abs. 2 SGB XII).
- Da die unterhaltsberechtigte Person, die ihren Lebensbedarf aus dem Vermögen unter dessen Verzehr betreibt, vor Entstehen der unterhaltsrechtlichen Bedürftigkeit versterben kann, bedarf es auch in diesen Fällen ebenfalls keiner vorauseilenden Beschränkung der unterhaltspflichtigen Person in ihrer Lebensführung, solange die unterhaltsrechtliche Inanspruchnahme nicht gewiss ist. Dies ist regelmäßig dann der Fall, wenn eine vorsorgende Planung es gerechtfertigt erscheinen lässt, einen Sozialhilfeantrag zu stellen, um den Lebensbedarf der unterhaltsberechtigten Person sicherzustellen.
  ○ In Ländern, in denen **Pflegewohngeld** gewährt wird, ist dies regelmäßig der Fall, wenn der Pflegewohngeldantrag gestellt wird,
  ○ In anderen Bundesländern, wenn die im **Sozialhilfefall** geltende **Schonvermögensgrenze** (derzeit 2.600 €[33]) erreicht ist (§ 90 Abs. 2 Nr. 9 SGB XII i.V.m. § 1 Abs. 1 Nr. 1 DVO zu § 90 SGB XII).

Immer setzt jedoch die Verfügungsbeschränkung unter dem Aspekt der ‚latenten Unterhaltslast' voraus, dass die unterhaltspflichtige Person positive Kenntnis von den die Unterhaltspflicht begründenden Tatsachen hat.

### b) Inhalt der Rechtswahrungsanzeige

Der Inhalt der Rechtswahrungsanzeige ist gesetzlich nur insoweit festgelegt, als dass der Sozialhilfeträger der unterhaltspflichtigen Person Leistungen für die unterhaltsberechtigte Person mitteilt (vgl. Rn. 45). Daneben

---

33 Für Personen, die das 60. Lebensjahr erreicht haben, ansonsten 1.600 €.

enthält die Rechtswahrungsanzeige jedoch in der Regel mindestens die Aufforderung, **Auskunft** über die Einkommens- und Vermögensverhältnisse der unterhaltspflichtigen Person und seines mit ihm zusammenlebenden Gatten zu erteilen (§ 1605 BGB, § 117 SGB XII).

52 Vielfach enthalten die mit der Rechtswahrungsanzeige verbundenen Auskunftsgesuche der Sozialhilfeträger nicht einmal eine präzise Angabe, auf welche Rechtsnorm sich das **Auskunftsersuchen** stützt (vgl. zum Auskunftsanspruch auch Rn. 919 ff.). Die Auskunftsverpflichtung nach § 1605 BGB ist zivilrechtlicher Natur und richtet sich unmittelbar nur gegen das Kind. Dessen Gatte ist nach § 1605 BGB zur Auskunft nicht verpflichtet. Allerdings muss das Kind Auskunft auch über die Einkommens- und Vermögensverhältnisse des Gatten erteilen, weil dies zur Bestimmung des erforderlichen Familienunterhalts erforderlich ist[34].

53 Der **Auskunftsanspruch** nach § 117 SGB XII richtet sich unmittelbar gegen Kind und Schwiegerkind und wird im Wege des Verwaltungsaktes geltend gemacht. Dies bedeutet, dass die Zustellung der Rechtswahrungsanzeige „*An die Eheleute ...*' keine wirksame sozialrechtliche Zustellung des Auskunftsersuchens nach § 117 SGB XII darstellt. Notwendig wäre die Zustellung des auf § 117 SGB XII basierenden Auskunftsersuchens an jeden der zusammenlebenden Ehegatten (nebst Rechtsmittelbelehrung). Wegen dieses Aufwandes belassen es die meisten Sozialhilfeträger mit einer praktischen Kombination beider Auskunftsersuchen. Diese Form löst jedoch stets nur die zivilrechtliche Verpflichtung des Kindes zur Auskunftserteilung nach § 1605 BGB aus.

54 **Voraussetzung** des zivilrechtlichen **Auskunftsanspruchs** ist indessen, dass der Sozialhilfeträger einen Unterhaltsanspruch der bedürftigen Person darlegt. Dazu gehört die Information über

- die Art der Leistung, die vom Sozialhilfeträger erbracht wird, also die Angabe, nach welchem Kapitel des SGB XII Leistungen erbracht werden,
- den Aufenthaltsort der bedürftigen Person und
- die Darlegung des unterhaltsrechtlichen Bedarfs sowie
- die Darstellung der Einkommens- und Vermögensverhältnisse der unterhaltsberechtigten Person und,
  - falls diese noch nicht die Regelaltersgrenze erreicht hat, den Grund der Unfähigkeit, des erforderlichen Bedarf durch eigene Erwerbseinkünfte zu sichern,

---

34 BGH v. 2.6.2010 – XII ZR 124/08, FamRZ 2011, 21; OLG Hamm v. 15.12.2010 – II-5 WF 157/10, FamRZ 2011, 1302; *Born*, NJW 2012, 496.

*Die Sachbearbeitung der Sozialhilfeträger* 19

○ falls vorrangig unterhaltspflichtige Personen vorhanden sind (in der Regel ein noch lebender Ehegatte des Bedürftigen, § 1608 BGB), die Darlegung deren unterhaltsrechtlicher Leistungsfähigkeit.

Bezüglich dieser Angaben kann sich der Sozialhilfeträger nicht auf Datenschutz berufen (vgl. dazu Rn. 704 ff.). Da die unterhaltsrechtliche Auskunft das **informationelle Selbstbestimmungsrecht** der unterhaltspflichtigen Person einschränkt, muss ihr die Möglichkeit eröffnet werden, den geforderten Unterhalt auch ohne Auskunftserteilung zu leisten. Das setzt aber voraus, dass die Höhe des Unterhaltsbedarfs und die Höhe der Bedürftigkeit von der unterhaltspflichtigen Person respektive dem Sozialhilfeträger vor Auskunftserteilung geprüft werden kann. 55

Ob der Sozialhilfeträger bei bestehender Pflegebedürftigkeit auch mitzuteilen hat, aus welchen Gründen ein Pflegebedarf besteht, ist bislang nicht thematisiert worden. Ist die Unterbringung des Elternteils in einer Pflegeeinrichtung z.B. Folge einer sucht- oder drogenindizierter **Pflegebedürftigkeit**, hat das Kind Interesse an dieser Information, um gegebenenfalls sich auf Verwirkung des Unterhaltsanspruchs berufen zu können (vgl. dazu Rn. 881 ff.). 56

### 3. Brieffreundschaften

‚Dicke Akten sind der Tod des Bearbeiters'. Dieser Satz gilt für Unterhaltspflichtige, Anwälte, Behörden und Gerichte gleichermaßen. Trotz dieser weit verbreiteten Erkenntnis ist Übergewicht bei Akten ebenso weit verbreitet wie in der Bevölkerung. Bei Akten ist es oft vermeidbar. Werden Verfahren wie Brieffreundschaften gepflegt, ist Volumenzunahme vorgezeichnet. Brieffreundschaften entwickeln sich, wenn mit zu großer Präzision und zu großzügiger zeitlichen Disposition gearbeitet wird. Lässt man Brieffreundschaften zu, verändern sich die unterhaltsrechtlichen Rahmenbedingungen, weil sich die Einkommens- oder Ausgabensituation ändert. Der Versuch, periodengenau die Leistungsfähigkeit zu ermitteln, führt zu ständigem Korrekturbedarf. **Periodengenauigkeit** ist nur dann hilfreich, wenn die Perioden ausreichend groß sind und bei der Bildung des anrechenbaren Durchschnittseinkommens nur solche Faktoren zur Bildung einer neuen Unterhaltsperiode genutzt werden, die eine **wesentliche Änderung** der Verhältnisse begründen. Nach § 238 FamFG liegt eine solche Änderung vor, wenn die Unterhaltspflicht sich um 10 % verändern würde. 57

Die Berechnung der unterhaltsrechtlichen Leistungsfähigkeit auf der Basis eines **Durchschnittseinkommens** auf der Basis der letzten 12 oder mehr Monaten entspricht zwar gängiger Praxis, führt aber zu erheblichen 58

Widerständen bei den Betroffenen, wenn die Einkünfte stark schwankend und durch Prämien und Boni dominant beeinflusst sind. Das gilt umso mehr, wenn kein Vermögen vorhanden ist, das die schwankenden Einkünfte ausgleichen kann. Wer aus einem durchschnittlichen Einkommen von 3.000 € den Betrag von 600 € Elternunterhalt zahlen soll, wird Liquiditätsschwierigkeiten bekommen, wenn sein Garantieeinkommen 2.000 € und der Bonus im Dezember mit 12.000 € zur Auszahlung kommt. Eine Kreditaufnahme dürfte in einem solchen Fall schwer zumutbar und vermittelbar sein. Das Angebot des Sozialhilfeträgers, die monatliche Zahlungspflicht auf der Basis des regelmäßigen Nettoeinkommens von 2.000 € zu berechnen (100 €) und aus dem Dezember-Bonus von 12.000 € die fehlenden 12 × 500 € für das laufende Jahr zu finanzieren, sollte von jeder unterhaltspflichtigen Person angenommen werden. Eine solche Vereinbarung könnte wie folgt formuliert werden:

*„Die Unterhaltsverpflichtung des <Namen des unterhaltspflichtigen Kindes> wird mit monatlich 600 € ab <Datum des Beginns der Unterhaltsperiode> vereinbart. Wegen der stark schwankenden Erwerbseinkünfte, die durch Boni und Prämien beeinflusst sind, vereinbaren die unterhaltspflichtige Person und der Unterhaltsgläubiger, dass die monatlich zu zahlenden Unterhaltsbeträge in Höhe von 100 € erbracht werden und der Fehlbetrag von 500 € pro Monat im <Dezember> unaufgefordert von der unterhaltspflichtigen Person an den Sozialhilfeträger gezahlt wird. Kommt die unterhaltspflichtige Person mit der Zahlung mehr als einen Monat in Verzug, ist diese Vereinbarung hinfällig und der monatliche Unterhalt in voller Höhe zu zahlen."*

**59** Brieffreundschaften entstehen auch, wenn Einkünfte aus Vermietung und Verpachtung zu berücksichtigen sind und der Sozialhilfeträger sich mit den steuerlichen Feststellungen nicht begnügt, sondern alle Investitionen dargelegt und im Hinblick auf die Dringlichkeit und Unaufschiebbarkeit erläutert haben möchte. Die unterhaltspflichtige Person wird dies nutzen, seitenlang zu filibustern und den Sozialhilfeträger mit Quittungen und Rechnungen zu überhäufen. In diesen Fällen gibt der Sozialhilfeträger das Gesetz des Handelns aus der Hand. Die Anerkennung der steuerlich geltend gemachten und steuerlich anerkannten Aufwendungen für die Immobilie ist sicher nicht fahrlässig. Die Abschreibungen mögen unterhaltsrechtlich nicht zu akzeptieren sein. Ihre Streichung führt indessen zur Notwendigkeit der steuerlichen Neuberechnung (vgl. Rn. 250). Ob insoweit die unterhaltsrechtliche Differenzierung zum Steuerrecht wirklich sinnvoll ist, mag jeder Sozialhilfeträger selbst entscheiden. Die steuerliche Korrekturberechnung ist Sache des Sozialhilfeträgers[35].

---

35 Vgl. die Zusammenstellung in Wendl/Dose/*Gerhardt* § 1 Rn. 1018 ff.

Auch unterhaltspflichtige Personen leiden unter Brieffreundschaften, weil jede familienrechtliche Auseinandersatzung eine Verminderung der **Lebensqualität** bedeutet.

60

## 4. Konsequenzen aus der Darlegungslast

Die **Einkommensermittlung** bei Unterhaltspflichtigen ist eigentlich nur dann Aufgabe des Sozialhilfeträgers, wenn mehrere leistungsfähige Kinder vorhanden sind und deren Unterhaltsanteile zu bestimmen sind. Ansonsten ist es Sache des unterhaltspflichtigen Kindes, seine Unfähigkeit darzulegen, den Unterhaltsbedarf des Verwandten befriedigen zu können[36] (vgl. Rn. 530). Die von diesem Prinzip abweichende verwaltungsrechtliche Praxis ist bürgerfreundlich und am Prinzip rechtsstaatlicher Verwaltung orientiert. Teilweise wird dieses Prinzip indessen übertrieben, wenn dem auskunftsunwilligen Unterhaltspflichtigen immer wieder die Möglichkeit gegeben wird, unterhaltskorrigierende Informationen in das Verfahren einzuschleusen. Im Prinzip hat die unterhaltspflichtige Person auf das **Auskunftsverlangen** des Sozialhilfeträgers hin die Auskunft vollständig und übersichtlich zu erteilen (§ 260 BGB). Die dazu von den meisten Sozialhilfeträgern entwickelten Formulare tragen diesem Umstand Rechnung. Liegt die Auskunft der unterhaltspflichtigen Person vor und zahlt die unterhaltspflichtige Person auf Anforderung nicht den verlangten Unterhalt, kann der Sozialhilfeträger Klage erheben. Eine nachgekleckerte Information, die zu einem unterhaltsrechtlich anerkennenswerten Einkommensabzug führt, kann auch zu einer Verminderung der Klageforderung führen. Soweit der Sozialhilfeträger die Klageforderung wegen nachträglich gelieferter Informationen reduziert, hat dies keine Kostenwirkung. Eine Klageverminderung (**Klagerücknahme**) führt nach § 269 Abs 3 S. 2 ZPO nur dann zu einer für den Kläger negativen Kostenfolge, wenn die überhöhte Klageforderung von Anfang an unbegründet war[37].

61

Ist im Unterhaltsfall die Leistungsfähigkeit mehrerer Unterhaltspflichtiger zu beachten, sind die Haftungsquoten der einzelnen unterhaltspflichtigen Personen genau zu dokumentieren. Auch insoweit trifft den Sozialhilfeträger indessen nur die Verpflichtung, durch Auskunftsbegehren gegen alle beteiligte Unterhaltsschuldner deren Haftungsquote zu ermitteln. Zur Schlüssigkeit der Unterhaltsforderung gehört die Dokumentation und Darlegung der **Haftungsquote**. **Datenschutzaspekte** können m.E. diese Dokumentation weder entbehrlich noch den Sozialhilfeträger zwingen, die

62

---

36 BGH v. 28.1.2004 – XII ZR 218/01, MDR 2004, 753 = BGHReport 2004, 879 m. Anm. *Born* = FamRZ 2004, 795 m. Anm. *Strohal*.
37 Thomas/Putzo/*Reinhold* § 269 ZPO Rn. 16; Zöller/*Greger*,§ 269 ZPO Rn. 18a ff.

Schlüssigkeit der Forderung erst im gerichtlichen Verfahren herbeizuführen (vgl. Rn. 704 ff.).

63  **Praxistipp (für Sozialhilfeträger):**

> Aus der Darlegungslast folgt, dass im Fall einer auf jeden Fall unterhaltsrechtlich leistungsfähigen Person die Ermittlung der Höhe der Leistungsfähigkeit unbeachtlich ist, wenn keine anderen unterhaltspflichtigen und unterhaltsfähigen Personen zu berücksichtigen sind.

## 5. Verfahrensrechtliche Hinweise

### a) Auslandswohnsitz einer unterhaltspflichtigen Person[38]

64  Hat eine unterhaltspflichtige Person ihren gewöhnlichen Aufenthalt im Ausland, ist nach § 232 Abs. 3 Nr. 3 FamFG für die streitige Unterhaltssache das Wohnsitzgericht der unterhaltsbedürftigen Person zuständig (vgl. Rn. 1080). Davon machen Sozialhilfeträger nahezu nie Gebrauch.

65  Haften neben der im Ausland lebenden unterhaltspflichtigen Person im Inland lebende Kinder der unterhaltsbedürftigen Person, tritt deren Ersatzhaftung nach § 1607 Abs. 2 BGB ein. Sind die inländischen Geschwister in der Lage, den Unterhaltsbedarf der berechtigten Person vollständig abzudecken, braucht sich der Sozialhilfeträger nicht um das Einkommen der im Ausland lebenden Person kümmern. Das wäre Angelegenheit der im Inland lebenden Kinder, denen ein familienrechtlicher **Ausgleichanspruch** gegen die Geschwister zuwächst.

66  Will der Sozialhilfeträger indessen das im Ausland lebende Kind auf Unterhalt in Anspruch nehmen, ist grundsätzlich deutsches Recht anzuwenden, auch wenn die unterhaltspflichtige Person keine deutsche Staatsangehörigkeit besitzt (Art. 4 Abs. 1 HUÜ 1973 und Art. 3 Abs. 1 HUP).

67  Allerdings kann die Bestimmung der unterhaltsrechtlichen Leistungsfähigkeit nicht ohne weiteres nach den in Deutschland herrschenden Maßstäben erfolgen. Die unterschiedlichen **Lebenshaltungskosten** am Residenzort der unterhaltspflichtigen Person sind zu berücksichtigen. Dies kann am einfachsten mit Hilfe der Tabelle: ‚*Vergleichende Preisniveaus des Endverbrauchs der privaten Haushalte einschließlich indirekter Steuern (EU28 = 100)*' des Europäischen Statistikamtes EUROSTAT[39]. Diese enthält für die

---

38 Vgl. die Zusammenstellung *Ruzik/Sethe* in Höland/Sethe/Notarkammer Sachsen-Anhalt (Hrsg.), Elternunterhalt, 2011, S. 31 ff.
39 http://epp.eurostat.ec.europa.eu/tgm/table.do?tab=table&init=1&plugin=1&language=de&pcode=tec00120.

Jahre 2003 bis 2013 Kennzahlen der Lebenshaltungskosten von 28 Staaten im Verhältnis zum Durchschnitt der 28 EU-Staaten. Diese Tabelle gibt verlässlicher als alle anderen Vergleichsmaßstäbe die Kaufkraftdifferenzen wieder. Ihre Anwendung ist einfach[40]. Die Beziehung auf den europäischen Durchschnitt macht eigentlich eine zweifache Rechnung notwendig: zunächst ist das Einkommen des im Ausland lebenden Unterhaltspflichtigen auf das Durchschnittsniveau der 28 EU-Staaten zu berechnen. Im Fall der Schweiz im Jahr 2013 mit 1:1,599. Das so auf Europaniveau berechnete Einkommen ist dann mit dem Wert für Deutschland zu multiplizieren: 1 / 1,599 × 1,0151. Dieses Rechengang lässt sich vereinfachen, indem der Faktor für Deutschland durch den Faktor des Herkunftslandes multipliziert wird: Faktor des Ziellandes / Faktur des Quellandes. Im Verhältnis Deutschland / Schweiz wäre daher das in der Schweiz erzielte Einkommen (7.000 SF) für das Jahr 2013 mit 1,0151 zu multiplizieren und durch 1,599 zu teilen: 7.000 SF × 1,0151 / 1,599 = 4.537 €. Aus diesem Betrag wären die Tabellenunterhaltssätze für die Kinder und die sonstigen Unterhaltsbeträge zu bestimmen. Allerdings ist zu beachten, dass bei stark schwankenden Wechselkursen[41] die Tabelle ggfls. zu modifizieren ist.

Auch im Fall einer Auslandsresidenz der unterhaltspflichtigen Person verbleibt es bei der **Darlegungslast** der unterhaltspflichtigen Person für seine Leistungsunfähigkeit (vgl. Rn. 61 f.). Dabei ist es Sache des im Ausland lebenden Kindes, von der Tabelle (Rn. 67) abweichende Lebensverhältnisse an seinem Residenzort konkret nachzuweisen. Das betrifft nicht höhere Kosten des Wohnens, da diese ohnehin berücksichtigt werden müssen, wenn sie die in den Selbstbehalten enthaltenen Wohnkosten übersteigen (Rn. 546 ff.). Allerdings sind die Lebenshaltungskosten in Puhdong (Shanghai) nicht mit denen in China zu vergleichen sondern liegen weit oberhalb der in Deutschland herrschenden Lebenshaltungskosten. Das vorzutragen ist allerdings Angelegenheit der unterhaltspflichtigen Person, die anhand der Darlegung der konkreten Preissituation vor Ort (z.B. Belegfotografien von Geschäften) die höheren Lebenshaltungskosten nachzuweisen hat.

68

### b) Gerichtliche Verfahren gegen mithaftende Geschwister bei unterschiedlichen örtlichen Zuständigkeiten

Leben unterhaltspflichtige Kinder in unterschiedlichen Gerichtsbezirken, fragt sich, wie ein Sozialhilfeträger eine Unterhaltsforderung gegen diese möglichst effizient gerichtlich geltend macht. Die isolierte gericht-

69

---

40 BGH v. 9.7.2014 – XII ZB 661/12, FamRZ 2014, 1536; *Hauß*, FamRBint 2013, 102; *ders.*, FamRB 2014, 449.
41 Z.B. Anfang 2015 der Wechselkurs des Schweizer Franken zum Euro.

liche Geltendmachung bei unterschiedlichen Familiengerichten kann zu divergierenden inhaltlichen Entscheidungen führen. Gegebenenfalls hat daher der Sozialhilfeträger das zuständige örtliche Familiengericht durch eine Entscheidung des Oberlandesgerichts nach § 113 Abs 1 S. 2 FamFG i.V.m. §§ 36 ff. ZPO festlegen zu lassen[42].

70  Sind mehrere Kinder leistungsfähig und leistet eines der Kinder (oder mehrere) freiwillig Unterhalt, eines (oder mehrere) aber nicht, ist es ratsam, den freiwillig Unterhalt leistenden Kindern nach §§ 72 ff. ZPO den Streit zu verkünden (**Streitverkündung**), um für den Fall, dass wegen einer niedrigeren Haftungsquote der gerichtlich in Anspruch genommenen Person als vom Sozialhilfeträger angenommen, die Haftungsquote gegenüber den Geschwistern anpassen zu können.

### 6. Geltendmachung von Unterhalt für abgeschlossene Zeiträume

71  § 94 Abs. 4 S. 2 SGB VI ermöglicht dem Sozialhilfeträger die Geltendmachung von Unterhaltsansprüchen für die Zukunft. Ein Antrag auf Zahlung laufenden Unterhalts hat den Vorteil, dass Unterhaltsansprüche während eines oft langen Verfahrens nicht verjähren (vgl. dazu Rn. 856 ff.). Macht der Sozialhilfeträger während eines laufenden Unterhaltsprozesses für einen abgeschlossenen Zeitraum den Unterhalt für die auf den Zeitraum folgende Zeit nämlich nicht geltend, kann bezüglich dieses Forderungszeitraums Verwirkung nach § 242 BGB eintreten, wenn die unterhaltspflichtige Person nicht auf das Bestehen der Unterhaltspflicht für den Folgezeitraum ausdrücklich hingewiesen wird. Die Anhängigkeit des Verfahrens indiziert nicht auch gleichzeitig, dass der Sozialhilfeträger Unterhaltsansprüche für die Folgezeit geltend machen will.

72  **Praxistipp (für Sozialhilfeträger):**

Um während eines laufenden Unterhaltsprozesses den Eintritt von Verwirkung und Verjährung nicht gerichtlich geltend gemachter Unterhaltsforderungen zu verhindern, ist die unterhaltspflichtige Person für die entsprechenden Zeiträume zur unterhaltsrechtlichen Auskunftserteilung aufzufordern oder eine Vereinbarung mit der unterhaltspflichtigen Person zu schließen, dass bis zum rechtskräftigen Abschluss der gerichtlichen Auseinandersetzung auf die Einrede der Verwirkung und Verjährung gegenüber Folgezeiträumen verzichtet wird.

---

42  OLG Hamm v. 30.12.2010 – 2 Sdb (FamS) Zust 34/10, II-2 Sdb (FamS) Zust 34/10, FamRZ 2011, 1237.

**Formulierungsbeispiel:** „*Bis zum rechtskräftigen Abschluss des im Verfahren <Aktenzeichen> für die Zeit vom ... bis ... geltend gemachten Unterhalts verzichtet der Unterhaltsschuldner auf die Einrede der Verjährung und zeitlichen Verwirkung für die auf diesen Zeitraum folgenden Unterhaltszeiträume.*"

## B. Elternunterhalt in der Praxis

Nach der Entscheidung des BVerfG[43] und den vorangegangenen und anschließenden Entscheidungen des BGH sowie der Instanzgerichte ist derzeit in Teilen eine Konsolidierung der Rechtsprechung zum Elternunterhalt eingetreten. 73

Das Prüfungsschema des Elternunterhaltsanspruchs entspricht dem Prüfungsschema jedes Unterhaltsanspruchs im Bereich des Verwandtenunterhaltes und enthält folgende Prüfungsschritte: 74

1. **Prüfung des Bedarfs** des Unterhaltsberechtigten, Rn. 75 ff.
2. **Prüfung der Bedürftigkeit** des Unterhaltsberechtigten, Rn. 146 ff.
3. **Prüfung der Leistungsfähigkeit** des Unterhaltspflichtigen, Rn. 524 ff.
4. **Angemessenheitskontrolle**, Rn. 596 ff.

### I. Bedarf des Unterhaltsberechtigten

Der **unterhaltsrechtliche Bedarf** eines alten Menschen besteht, wie auch sonst im Unterhaltsrecht aus 75

- dem **Elementarunterhaltsbedarf**, der in der Regel aus dem allgemeinen Lebensbedarf besteht,
- dem **Vorsorgebedarf**, über den insbesondere die Kranken und Pflegevorsorge[44] zu finanzieren ist. Altersvorsorge ist regelmäßig nicht zu finanzieren, weil im Zeitpunkt der Bedürftigkeit bereits Ruhegehalt bezogen wird und falls dies nicht der Fall ist, nicht sicher absehbar ist, dass ein Ruhegehalt überhaupt bezogen werden wird[45]. Der Hilfsbedürftige kann vor Bezug des Ruhegehaltes versterben. §§ 1361 Abs. 1 S. 2, 1578 Abs. 3 BGB stellen nicht analogiefähige Ausnahmevorschriften im Gattenunterhaltsrecht dar;
- dem **Mehrbedarf**, der als regelmäßig auftretender zusätzlicher Bedarf aus den Kosten des Pflegebedarfs, nicht von einer Krankenversicherung getragenen notwendigen ärztlichen Behandlungs- oder Medikamenten-

---

43 BVerfG v. 7.6.2005 – 1 BvR 1508/96, FamRZ 2005, 1051.
44 Wendl/Dose/*Wönne*, § 2 Rn. 919; Eschenbruch/*Klinkhammer*, Rn. 2.6.
45 Wendl/Dose/*Wönne*, § 2 Rn. 919.

kosten, Haushaltshilfekosten[46], Mehrkosten für Verpflegung aber auch den Kosten einer rechtlichen Betreuung[47] bestehen kann;
- dem Bedarf zur Erfüllung persönlicher Bedürfnisse (**Taschengeld**), der sozialhilferechtlich in § 35 Abs. 2 S. 1 SGB XII verankert ist[48];
- dem **Sonderbedarf**; dieser ist ein unregelmäßig auftretender außergewöhnlich hoher Bedarf, der nicht mit Wahrscheinlichkeit vorauszusehen ist und deswegen bei der Berücksichtigung des laufenden Unterhaltes nicht berücksichtigt werden kann[49].

76 Anders als in Fällen des Kindesunterhaltes leitet sich der **unterhaltsrechtliche Bedarf der Eltern** des Unterhaltspflichtigen nicht aus dessen Lebensstellung ab, sondern aus der Lebensstellung der Eltern selbst[50], was sich bereits aus dem Wortlaut des § 1610 BGB ergibt. Der Bedarf leitet sich auch nicht aus der Lebensstellung im aktiven Berufsleben, sondern aus den jeweiligen konkreten Verhältnissen[51], die im Fall des Ruhestandes durch die Ruhestandseinkünfte geprägt sind[52], ab. Reichen die Ruhestandseinkünfte der Eltern nicht aus, den Lebensbedarf zu sichern, fragt sich, ob es eine untere Angemessenheitsgrenze für den Bedarf von Eltern gibt. Dieser ist vom Grundsicherungsgesetz nach den §§ 41 ff. SGB XII auf Sozialhilfeniveau festgesetzt worden. Auch der Rückgriff auf die in den unterhaltsrechtlichen Leitlinien festgelegten **Mindestbedarfssätze** für den Gatten ist daher nicht zu beanstanden[53].

77 Der **Taschengeldanspruch des Bedürftigen** ist dann abgedeckt, wenn dem Bedürftigen unterhaltsrechtlich anrechnungsfreie Mittel verbleiben, deren Höhe ausreichend ist, die persönlichen Bedürfnisse zu befriedigen, wie dies bei Einkünften aus Kindererziehungszeiten der Fall sein kann[54]. Solche sozialhilferechtlich anrechnungsfreien Mittel sind z.B. das **Blindengeld**[55] oder die Rentenanteile der bedürftigen Person, die auf dem Kin-

---

46 Schnitzler/*Günther*, § 12 Rn. 10.
47 OLG Schleswig v. 3.2.2005 – 2 W 277/04, FG Prax 2005, 159; AG Westerstede v. 9.1.2002 – 81 F 1075/01 UK, FamRZ 2003, 552.
48 Dazu OLG Düsseldorf v. 27.10.2010 – 8 UF 38/10, FamRZ 2011, 982.
49 Eschenbruch/*Klinkhammer*, Rn. 1.516; BGH v. 15.2.2006 – XII ZR 4/04, FamRZ 2006, 612; v. 14.3.2007 – XII ZR 158/04, FamRZ 2007, 882.
50 BGH v. 19.2.2003 – XII ZR 67/00, FamRZ 2003, 860.
51 BGH v. 19.2.2003 – XII ZR 67/00, FamRZ 2003, 860; *Weber-Monecke* in FS für Ingrid Groß, 239 ff., 242.
52 BGH v. 19.2.2003 – XII ZR 67/00, FamRZ 2003, 860; *Graba*, FamRZ 2004, 585.
53 Dies gilt umso mehr, als nunmehr der BGH auch im Ehegattenunterhaltsrecht einen Mindestbedarf in Höhe des Existenzminimums bzw. der entsprechenden Bedarfssätze der unterhaltsrechtlichen Leitlinien akzeptiert, BGH v. 16.12.2009 – XII ZR 50/08, FamRZ 2010, 357; v. 13.1.2010 – XII ZR 123/08, FamRZ 2010, 444; BGH v. 17.3.2010 – XII ZR 204/08, FamRZ 2010, 802.
54 Dazu OLG Düsseldorf v. 27.10.2010 – 8 UF 38/10, FamRZ 2011, 982.
55 Z.B. § 3 GHBG NRW.

dererziehungsleistungsgesetz (KLG)[56] beruhen (§ 294 ff. SGB VI), das sozialhilferechtlich anrechnungsfrei ist (§ 299 SGB VI), unterhaltsrechtlich aber den Bedarf mindert.

Zusätzlich zu diesem Mindestbedarf sind Kosten der **Kranken-** und **Pflegeversicherung** ebenfalls als Bedarf zu klassifizieren, der unterhaltsrechtlich ggf. zu erfüllen ist. 78

**Altersvorsorgeunterhalt** schuldet der Unterhaltspflichtige dagegen nicht, weil der Altersvorsorgeunterhalt der Sicherung des zukünftigen Unterhaltsanspruchs dient, dessen Eintritt noch fraglich und ungewiss ist. Der seinen Eltern gegenüber Unterhaltspflichtige schuldet – anders als im Fall des Gattenunterhaltes – nur die Befriedigung des gegenwärtigen Bedarfs. 79

> **BGH v. 19.2.2003 – XII ZR 67/00, FamRZ 2003, 860**
>
> ... Das OLG ist rechtlich zutreffend davon ausgegangen, dass sich das Maß des einem Elternteil geschuldeten Unterhalts gemäß § 1610 I BGB nach dessen Lebensstellung bestimmt. Diese leitet sich – anders als bei vollj., noch in einer Berufsausbildung befindlichen Kindern – nicht von derjenigen des Unterhaltspflichtigen ab, sondern ist eigenständig und beurteilt sich in erster Linie nach den Einkommens- und Vermögensverhältnissen des betreffenden Elternteils. Nachteilige Veränderungen der Einkommensverhältnisse, wie sie in der Regel etwa mit dem Eintritt in den Ruhestand verbunden sind, haben – eventuell nach einer Übergangszeit – deshalb auch eine Änderung der Lebensstellung zur Folge. Mit Rücksicht darauf können die Eltern von ihren Kindern dann keinen Unterhalt entsprechend ihrem früheren Lebensstandard beanspruchen. Als angemessener Unterhalt müssen aber auch bei bescheidenen wirtschaftlichen Verhältnissen diejenigen Mittel angesehen werden, durch die das Existenzminimum der Eltern sichergestellt werden kann und die demgemäß als Untergrenze des Bedarfs zu bewerten sind (ebenso Eschenbruch, Der Unterhaltsprozess, 3. Aufl., Rn. 2004 f.; Günther, Münchner Anwaltshandbuch, § 12 Rn. 11 ff.; Heiß/Born/Hußmann, Unterhaltsrecht, 13. Kap., Rn. 22; Luthin/Seidel, Handbuch des Unterhaltsrechts, 9. Aufl., Rn. 5050 f.; Scholz/Stein/Erdrich, Praxishandbuch Familienrecht, Teil J, Rn. 24; Wendl/Pauling, Das Unterhaltsrecht in der familienrichterlichen Praxis, 5. Aufl., § 9 Rn. 635; Diederichsen, FF 1999 Sonderheft S. 13 f.; OLG Koblenz, FamRZ 2002, 1212, 1213).
>
> Insofern ist es auch nicht rechtsfehlerhaft, wenn zur Ermittlung des so bemessenen Bedarfs auf die in den Unterhaltstabellen enthaltenen, am sozialhilferechtlichen Existenzminimum ausgerichteten Eigenbedarfssätze eines unterhaltsberechtigten Ehegatten zurückgegriffen und derjenige Betrag als Bedarf angesetzt wird, der der jeweiligen Lebenssituation des unterhaltsberechtigten Elternteils entspricht.
>
> Hiervon ausgehend ist die Bedarfsberechnung des OLG insgesamt nicht zu beanstanden, insbesondere ist es zutreffend, dass die Kosten der Kranken- und Pflegeversicherung zusätzlich zu berücksichtigen sind (vgl. auch Günther, a.a.O., Rn. 12; Eschenbruch, a.a.O., Rn. 2006; Luthin/Seidel, a.a.O., Rn. 5052). Unter

---

56 Trümmerfrauenregelung.

> Einschluss dieser Aufwendungen (für die Zeit ab Beendigung der Erwerbstätigkeit zum 1.4.1997) beläuft sich der für die Mutter des Bekl. anzusetzende Bedarf auf Beträge, die zwischen monatlich 1.300 DM und rund 1.780 DM liegen. ...

80   Gerade beim Elternunterhalt ist der Bedarf des Unterhaltsberechtigten in vielen Fällen evident und nicht zu übersehen. Wer vollständig dement und bettlägerig ist, bedarf der Hilfe.

81   Es gibt jedoch auch Zweifelsfälle. Da die Darlegung des Unterhaltsbedarfs, also beispielsweise die Notwendigkeit der Unterbringung in einem Pflege- oder Altenheim, zur schlüssigen Unterhaltsbegründung gehört, ist die Prüfung des dargelegten Bedarfs im Rahmen eines Unterhaltsanspruchs erforderlich.

### 1. Notwendigkeit der Unterbringung

82   Elternunterhalt gewinnt in der Praxis meist erst Bedeutung, wenn eine Unterbringung eines Elternteils in einem **Altenheim** erforderlich ist. Nahezu regelmäßig entsteht der Bedarf bei **Pflegebedürftigkeit** (gleich welcher Pflegestufe) und Unterbringung in einem **Pflegeheim**.

83   Es ist in diesen Fällen zu prüfen, ob die **Unterbringung** in einer Pflege- oder Alterswohneinrichtung **notwendig** ist. Bei der Unterbringung in einer Pflegeeinrichtung und dem Bezug von Pflegegeld ist dies in der Regel gegeben. Die **Darlegungslast** dafür trägt der unterhaltspflichtige Elternteil bzw. der Sozialhilfeträger, auf den der Unterhaltsanspruch übergegangen ist[57]. Solange der Sozialhilfeträger in seiner **Rechtswahrungsanzeige** keine Angaben zu Grund und Ausmaß des Pflegebedarfs macht, liegt auch ein schlüssiges Auskunftsersuchen nicht vor. Dies hat zur Folge, dass das unterhaltspflichtige Kind Auskunft über seine Einkommens- und Vermögensverhältnisse nicht zu erteilen braucht.

84   Die Überprüfung des Pflegebedarfs wird in diesen Fällen von der Pflegegeldkasse vorgenommen, die in einem formalisierten Verfahren den Bedarf feststellt (vgl. § 15 SGB XI).

85   Es kann aber auch durchaus Fälle geben, in denen die Notwendigkeit der Unterbringung in einem Alten- oder Pflegeheim nicht gegeben ist. Solange der Unterhaltsberechtigte in der Lage ist, sich selbst und seinen Haushalt autonom (oder mit kostengünstiger ambulanter Hilfe) zu versorgen, ist

---

57   OLG Brandenburg v. 9.12.2008 – 9 UF 116/08, FamRZ 2010, 991.

eine Übersiedlung in ein Alten- und Pflegeheim unangemessen und daher vom Unterhaltspflichtigen nicht zu finanzieren[58].

## 2. Pflegestufen und Pflegebedürftigkeit

Die Eingruppierung der Pflegebedürftigkeit in Pflegestufen ist nach § 15 SGB XI vorzunehmen:

86

### § 15 Stufen der Pflegebedürftigkeit

(1) Für die Gewährung von Leistungen nach diesem Gesetz sind pflegebedürftige Personen (§ 14) einer der folgenden drei Pflegestufen zuzuordnen:

1. Pflegebedürftige der Pflegestufe I (erheblich Pflegebedürftige) sind Personen, die bei der Körperpflege, der Ernährung oder der Mobilität für wenigstens zwei Verrichtungen aus einem oder mehreren Bereichen mindestens einmal täglich der Hilfe bedürfen und zusätzlich mehrfach in der Woche Hilfen bei der hauswirtschaftlichen Versorgung benötigen.

2. Pflegebedürftige der Pflegestufe II (Schwerpflegebedürftige) sind Personen, die bei der Körperpflege, der Ernährung oder der Mobilität mindestens dreimal täglich zu verschiedenen Tageszeiten der Hilfe bedürfen und zusätzlich mehrfach in der Woche Hilfen bei der hauswirtschaftlichen Versorgung benötigen.

3. Pflegebedürftige der Pflegestufe III (Schwerstpflegebedürftige) sind Personen, die bei der Körperpflege, der Ernährung oder der Mobilität täglich rund um die Uhr, auch nachts, der Hilfe bedürfen und zusätzlich mehrfach in der Woche Hilfen bei der hauswirtschaftlichen Versorgung benötigen.

Für die Gewährung von Leistungen nach § 43a reicht die Feststellung, dass die Voraussetzungen der Pflegestufe I erfüllt sind.

(2) Bei Kindern ist für die Zuordnung der zusätzliche Hilfebedarf gegenüber einem gesunden gleichaltrigen Kind maßgebend.

(3) Der Zeitaufwand, den ein Familienangehöriger oder eine andere nicht als Pflegekraft ausgebildete Pflegeperson für die erforderlichen Leistungen der Grundpflege und hauswirtschaftlichen Versorgung benötigt, muss wöchentlich im Tagesdurchschnitt

1. in der Pflegestufe I mindestens 90 Minuten betragen; hierbei müssen auf die Grundpflege mehr als 45 Minuten entfallen,

2. in der Pflegestufe II mindestens drei Stunden betragen; hierbei müssen auf die Grundpflege mindestens zwei Stunden entfallen,

3. in der Pflegestufe III mindestens fünf Stunden betragen; hierbei müssen auf die Grundpflege mindestens vier Stunden entfallen.

Bei der Feststellung des Zeitaufwandes ist ein Zeitaufwand für erforderliche verrichtungsbezogene krankheitsspezifische Pflegemaßnahmen zu berücksichtigen; dies gilt

---

58 Schnitzler/*Günther*, § 11 Rn. 13; *Hußmann*, S. 14; Eschenbruch/*Klinkhammer*, Rn. 2.17.

auch dann, wenn der Hilfebedarf zu Leistungen nach dem Fünften Buch führt. Verrichtungsbezogene krankheitsspezifische Pflegemaßnahmen sind Maßnahmen der Behandlungspflege, bei denen der behandlungspflegerische Hilfebedarf untrennbarer Bestandteil einer Verrichtung nach § 14 Abs. 4 ist oder mit einer solchen Verrichtung notwendig in einem unmittelbaren zeitlichen und sachlichen Zusammenhang steht.

87 In der Praxis tauchen jedoch gelegentlich auch Fälle auf, in denen die **Pflegestufe** kein sicheres Indiz für den tatsächlichen pflegerischen Bedarf ist. Da die an die Pflegeheime zu entrichtenden Entgelte abhängig sind vom Grad der Pflege- und Betreuungsbedürftigkeit, haben die Pflegeheime ein eigenes Interesse daran, eine möglichst hohe Pflegestufe festsetzen zu lassen. Wird die Pflegestufe tatsächlich höher als erforderlich festgesetzt, führt dies auf Seiten der Pflegeeinrichtung zu einem höheren Pflegebeitrag bei geringerem Personalbedarf. Eine unberechtigt hohe Einstufung in eine Pflegestufe ist im Interesse des Pflegebedürftigen, seiner unterhaltspflichtigen Angehörigen, der Pflegekassen sowie des Sozialhilfeträgers zu korrigieren. Zum einen stellt eine **zu hohe Pflegestufe** eine nicht zu verantwortende Belastung der Pflegekassen dar, zum anderen werden die Heim-Mehrkosten bei durch eine entsprechende Pflegestufe nachgewiesenem höheren Pflegeaufwand in der Regel nicht durch entsprechend höheres Pflegegeld abgedeckt, der unterhaltsrechtliche Bedarf des Berechtigten steigt daher bei unzutreffend höherer Pflegestufeneingruppierung. Der Unterhaltspflichtige hat daher ein eigenes Interesse daran, eine zu hohe Pflegestufeneingruppierung zu verhindern.

- Ist das unterhaltspflichtige Kind Betreuer des unterhaltsberechtigten Elternteils sollte **gegen einen entsprechenden Eingruppierungsbescheid Widerspruch eingelegt** werden. Insoweit liegt eine Interessenkollision nicht vor, weil auch der Pflegebedürftige ein Interesse daran hat, zu möglichst niedrigen Pflegekosten versorgt zu werden. Die Interessen des Pflegebedürftigen und des Betreuers sind insoweit identisch.
- Wird das unterhaltspflichtige Kind jedoch, wie meist, erst nach bestandskräftiger Festsetzung der Pflegestufe auf Unterhalt oder höheren Unterhalt in Anspruch genommen, muss die **Richtigkeit der Pflegestufeneingruppierung** im Unterhaltsprozess inzidenter geprüft werden. Da die Darlegung der Höhe des unterhaltsrechtlichen Bedarfs Sache des Unterhaltsberechtigten (vgl. Rn. 83) ist und dieser sich auf das Gutachten der Pflegekasse stützen kann, muss der Unterhaltspflichtige in diesem Fall entweder
  - dezidiert vortragen, dass die im Gutachten angenommene Pflegebedürftigkeit nicht besteht oder aber
  - für den Fall, dass mangels Kontaktes mit dem Pflege- und Unterhaltsbedürftigen keine Kenntnis des tatsächlichen Umfanges der Pflegebedürftigkeit besteht, die Pflegeklasseneinstufung mit Nichtwissen bestreiten.

## 3. Gutachten zur Pflegestufeneingruppierung

In diesem Fall wird das Gericht ein eigenes **Sachverständigengutachten** anzuordnen haben. Dabei darf sich der Gutachter nicht darauf beschränken, den Pflegebedarf des Berechtigten durch Gespräche mit dem Pflegepersonal zu ermitteln, vielmehr muss er im Kontakt mit dem Pflegebedürftigen dessen tatsächlichen Pflegebedarf feststellen. Die Auswahl des Gutachters ist dabei schwierig. Der zur Pflegestufeneingruppierung notwendige Sachverstand dürfte nur bei den Pflegekassen vorhanden sein. Ist die Eingruppierung durch eine öffentlich-rechtliche Pflegekasse erfolgt, ist es sinnvoll, einen Gutachter einer privaten Pflegekasse mit der Eingruppierung zu beauftragen und umgekehrt. In jedem Fall sollte das Gericht wegen der Gefahr von Manipulation einen auswärtigen Gutachter bestellen, der in einem Bezirk ansässig ist, zu dem das Pflegeheim nicht gehört. Dem Unterhaltspflichtigen ist zu raten, nicht leichtfertig die Richtigkeit einer Pflegestufeneingruppierung zu bezweifeln. Die dadurch entstehenden Gutachterkosten können erheblich sein.

88

Wenn allerdings vom unterhaltspflichtigen Kind die Eingruppierung in die richtige Pflegestufe bezweifelt wird und ein Gutachten zur Prüfung der Eingruppierung angeordnet ist, sollte das unterhaltspflichtige Kind am Begutachtungstermin auch tatsächlich teilnehmen. Sinnvoll ist es in jedem Fall, vor ‚blindem Bestreiten' sich selbst ein Bild über die Fähigkeit des Elternteils zu machen, ein ‚autarkes Leben' zu führen.

89

Der Bedarf des in einer Altenwohneinrichtung untergebrachten alten Menschen ist stets genau zu prüfen, wenn kein Pflegegeld gezahlt wird. In diesen Fällen ist immer die Notwendigkeit der Unterbringung in der Alteneinrichtung zu hinterfragen[59], wenn der Unterhaltsanspruch generell problematisiert werden soll. Die Nichtgewährung von Pflegegeld ist nämlich ein Indiz dafür, dass eine Heimunterbringung nicht erforderlich ist[60].

90

Da der Unterhaltsberechtigte die Obliegenheit hat, eine Belastung des Unterhaltspflichtigen soweit als möglich zu vermeiden, ist in den Fällen der Altenheimunterbringung stets zu prüfen, ob diese notwendig und erforderlich ist. Dies wird nur zu bejahen sein, wenn dem Unterhaltsbedürftigen eine Selbstversorgung in einer eigenen Wohnung nicht mehr möglich ist. Die präventive Unterbringung eines alten Menschen in einem Altenheim löst keinen unterhaltsrechtlichen Bedarf aus.

91

---

59 OLG Brandenburg v. 9.12.2008 – 9 UF 116/08, FamRZ 2010, 991.
60 OLG Brandenburg v. 9.12.2008 – 9 UF 116/08, FamRZ 2010, 991.

## 4. Angemessenheit der Unterbringung

**92** Ebenso wie die Notwendigkeit ist die **Angemessenheit der Unterbringung** und damit die Angemessenheit des Bedarfs zu prüfen. Grundsätzlich muss konstatiert werden, dass die Verursachung eines durch den Erwachsenen selbst nicht mehr abzudeckenden Lebensbedarfs mit der Folge, dass ergänzende Leistungen des Staates oder der Familie in Anspruch genommen werden müssen, immer unangemessen ist.

**93** § 1610 BGB sieht vor, dass das Maß des zu gewährenden **Unterhaltes nach der Lebensstellung des Bedürftigen** (angemessener Unterhalt) zu werten ist. Anders als im Fall des Kindesunterhaltes, bei dem der Unterhaltsbedürftige noch keine eigene Lebensstellung erreicht hat und sich sein Bedarf von den wirtschaftlichen und Lebensverhältnissen des Unterhaltspflichtigen ableitet, definiert sich der Unterhaltsbedarf beim Elternunterhalt (vgl. Rn. 42) nach der eigenen Lebensstellung des unterhaltsberechtigten Elternteils und wird nicht automatisch durch Heim- und Pflegekosten bestimmt[61]. Vielmehr kann der Unterhaltspflichtige substanziiert[62] die **Angemessenheit** der **Heimunterbringung** und der Heimkosten in Frage stellen[63]. Dazu reicht allerdings die Behauptung, es gäbe ‚kostengünstigere Pflegeheime' nicht aus. Vielmehr ist darzulegen, dass zum Zeitpunkt der Notwendigkeit der Heimunterbringung ein Pflegeplatz in einer kostengünstigeren und in zumutbarer örtlicher Entfernung zum sozialen Umfeld des pflegebedürftigen Menschen gelegenen Einrichtung auch tatsächlich zur Verfügung stand. Nur bei ‚offensichtlichem **Auswahlverschulden**'[64] kann dem Sozialhilfeträger das Risiko aufgebürdet werden, für eine fehlerhafte Heimauswahl zu haften. Es ist jedoch immer auf die konkreten Umstände des Einzelfalles abzustellen. Eine gute Übersicht (geordnet nach Kreisen) über Leistungen und Kosten der Pflegeeinrichtungen gibt der „Pflegekompass" im Internet (www.der-pflegekompass.de).

**94** Im Hinblick darauf können die Kosten von **Heimen mit gehobener Sonderausstattung** ggf. unterhaltsrechtlich nicht als Bedarf angesehen werden[65]. Auch kann in Fällen der Pflegeheimunterbringung ggf. zu prüfen sein, ob andere kostengünstigere Unterbringungsmöglichkeiten bestanden, die jedoch – aus welchen Gründen auch immer – vom Träger der Sozial-

---

61 Vgl. *Diederichsen*, FF 2000 (Sonderheft), 7 ff.
62 BGH v. 23.10.2002 – XII ZR 266/99, FamRZ 2002, 1698, 1700; OLG Düsseldorf v. 27.10.2010 – 8 UF 38/10, FamRZ 2011, 982.
63 Eschenbruch/*Klinkhammer*, Rn. 2.17.
64 OLG Düsseldorf v. 27.10.2010 – 8 UF 38/10, FamRZ 2011, 982.
65 OLG Schleswig v. 24.6.2003 – 8 UF 153/02, OLGR 2003, 407; Palandt/*Diederichsen*, § 1601 Rn. 5.

hilfe, der die Zuweisung vorgenommen hat, nicht wahrgenommen wurden[66]. Hat der Unterhaltsbedürftige die Unterbringung selbst veranlasst, ist auch diese Entscheidung unter Kostengründen ggf. zu problematisieren. Die Ansicht des OLG Schleswig[67], wonach Kinder ihren wohlhabenden Eltern auch die Finanzierung einer Unterbringung in einem Pflegeheim der gehobenen Klasse schulden, ist grundsätzlich abzulehnen[68]. Elternunterhalt gewährt **keine Lebensstandardgarantie** für den unterhaltsbedürftigen Elternteil[69]. Vielmehr bestimmt sich das Maß des Unterhaltes nach den jeweiligen konkreten Lebensverhältnissen der Unterhaltsberechtigten[70], die im Fall einer Pflegebedürftigkeit dadurch gekennzeichnet sind, dass der Unterhaltsberechtigte aus eigenen Mitteln nicht einmal seinen eigenen Bedarf abdecken kann, ganz zu schweigen von einem gehobenen Bedarf. Auch wenn daher die bedürftigen Eltern vor Eintritt des Pflege- und damit des Unterhaltsbedarfs in guten oder auch sehr guten wirtschaftlichen Verhältnissen gelebt haben, ist ihre konkrete Lebenssituation so, dass sie ihren eigenen Bedarf nicht abdecken können, so dass ergänzender Unterhalt nur so weit zu zahlen ist, wie eine sparsame Lebens- und Pflegeführung dies erfordert. Nach meiner Auffassung ist daher von unterhaltspflichtigen Kindern reicher Eltern weder ein Pflegeheim gehobener Ausstattung noch eine Luxusunterbringung zu finanzieren. Es ist vielmehr stets nur der notwendige Bedarf zu befriedigen[71].

Gleichwohl ist zu beachten, dass die **Auswahl des Pflegeheims** Sache des pflegebedürftigen Elternteils bzw. dessen Betreuers ist[72]. Selbst bei Vorhandensein eines kostengünstigeren Heims kann ein Wechsel des Heims zur Vermeidung eines erhöhten Unterhaltsbedarfs unzumutbar sein, wenn lokale oder soziale Verankerungen des Pflegebedürftigen zu berücksichtigen sind oder der gesundheitliche Zustand eines beispielsweise dementen Menschen einen Wechsel des Aufenthaltsortes nicht mehr zumutbar erscheinen lässt[73]. 95

Unter dem Aspekt der Angemessenheit ist auch zu prüfen, wenn eine Reduzierung des Bedarfs des Elternteils durch Einzug in ein Zweibett- oder **Mehrbettzimmer** erfolgen kann. Dabei wird nicht verkannt, dass eine derartige Unterbringung oftmals nur eine relativ geringfügige Reduzierung der Kosten der Pflege auslöst, weil die Personalkosten im Pflegebereich eindeu- 96

---

66 BGH v. 21.11.2012 – XII ZR 150/10, FamRZ 2013, 203.
67 OLG Schleswig v. 24.6.2003 – 8 UF 153/02, OLGR 2003, 407.
68 BGH v. 21.11.2012 – XII ZR 150/10, FamRZ 2013, 203.
69 Koch/*Wellenhofer*, Rn. 5011.
70 Schwab/*Borth*, IV, 1617.
71 *Holzwarth/Wagenitz* in Höland/Sethe/Notarkammer Sachsen-Anhalt (Hrsg.), Elternunterhalt, S. 14.
72 OLG Schleswig, 19.1.2009 – 15 UF 187/07, OLGR 2009, 382.
73 OLG Schleswig, 19.1.2009 – 15 UF 187/07, OLGR 2009, 382.

tig dominant sind. Gleichwohl muss derjenige, der sich aus eigenen Mitteln nicht unterhalten kann, auch Inkommoditäten und eine Reduktion seines Lebensstils in Kauf nehmen, um eine Fremdbelastung zu vermeiden.

97 Es obliegt dem unterhaltsberechtigten Elternteil, den Unterhaltspflichtigen so gering wie möglich zu belasten[74]. In dieser Hinsicht hat er das kostengünstigste Alten- oder Pflegeheim zu wählen. Die Kosten von Alten- und Pflegeheimen differieren regional erheblich. Ob dem unterhaltsbedürftigen Elternteil ein Residenzwechsel in eine andere Stadt oder Region zur Vermeidung höherer, und vom Unterhaltspflichtigen zu finanzierende Kosten obliegt, ist bislang in der Rechtsprechung kaum problematisiert worden. Im Extremfall könnte man bei einem pflegebedürftigen Elternteil auch erörtern, ob eine Obliegenheit zur **Unterbringung im Ausland** besteht. Vorstellbar wäre eine Unterbringung z.B. in einem polnischen oder rumänischen Pflegeheim, wobei bei einem völlig dementen alten Menschen nicht einmal die verbale Kommunikationsfähigkeit eine Rolle spielen muss.

98 Die Berechtigung derartiger Überlegungen ist nicht von der Hand zu weisen. Wenn einem arbeitslosen Unterhaltspflichtigen von einigen Gerichten eine Obliegenheit zur bundes- oder europaweiten Bewerbung zugemutet wird, um die ihren Kindern gegenüber bestehenden Unterhaltspflichten zu erfüllen[75], dann könnte dies auch für einen pflege- und unterhaltsbedürftigen Elternteil gelten. Mit dieser Argumentation stößt man an moralische und ethische Grenzen. Allein dies rechtfertigt nicht, den Gedanken nicht zu verfolgen. **Residenzwechsel** werden unterhaltsrechtlich in der Regel nur bei einer gesteigerten Unterhaltspflicht zu erwägen sein. Dass aber einen Unterhaltsbedürftigen die Obliegenheit trifft, weitgehende Maßnahmen zur Verhinderung oder Verminderung seiner Bedürftigkeit zu treffen, steht außer Frage.

99 Jede Obliegenheit steht indessen unter der Einschränkung der **Zumutbarkeit**. Ein Residenzwechsel in eine andere Stadt oder Region ist dann unzumutbar, wenn eine regionale soziale Verwurzelung des Menschen auch nach Übersiedelung in ein Alten- oder Pflegeheim aus Gründen der Wahrung der Menschenwürde zu schützen ist (vgl. Rn. 91).

100 Dieses Argument würde indessen bei schwer dementen alten Menschen versagen, sofern sie keine Interaktionsmöglichkeiten mit Personen außerhalb der Pflegeeinrichtung haben und auch keine Angehörigenbesuche mehr empfangen. Auch in diesen Fällen scheint jedoch die Zumutbarkeit

---

74 Johannsen/Henrich/*Graba* vor §§ 1601–1615l BGB, Rn. 43.
75 *Born*, FamRZ 1995, 523; einschränkend grundsätzlich aber zustimmend BVerfG v. 29.12.2005 – 1 BvR 2076/03, FamRZ 2006, 469; BVerfG v. 14.12.2006 – 1 BvR 2236/06, FamRZ 2007, 273; OLG Hamm v. 27.8.1997 – 5 UF 314/96, FamRZ 1998, 42.

eines Residenzwechsels ins Ausland nicht gegeben. Sozialhilfe kann die Pflegekosten bei einem **Auslandspflegeeinsatz** nicht übernehmen (§ 24 SGB XII). Selbst wenn das unterhaltspflichtige Kind die Pflegekosten in vollem Umfang übernehmen könnte, ist der pflegebedürftige Elternteil nicht sicher davor, durch Vermögens- oder Einkommensverfall des Unterhaltspflichtigen, dessen Leistungsverweigerung oder dessen Tod wieder sozialhilfebedürftig zu werden. Da dadurch eine Rücksiedelung ins Inland erforderlich wäre, stellt spätestens dies eine unzumutbare Verunsicherung der Rechtsposition des pflegebedürftigen alten Menschen dar.

Dass aber eine **regionale Umsiedelung in ein kostengünstigeres Pflegeheim** innerhalb Deutschlands unter bestimmten Bedingungen zumutbar ist, scheint außer Frage zu stehen[76]. Bei Wegfall der Unterhaltsleistungen wäre in diesem Fall stets Sozialhilfebezug gesichert. Auch für pflegebedürftige alte Menschen gilt § 1610 BGB. Danach bestimmt sich das Maß des Unterhalts nach der Lebensstellung des Bedürftigen. Zur Lebensstellung gehört nicht nur der Bedarf an medizinischer Betreuung, Wohnen und Ernährung, sondern auch die soziale Verankerung und Verwurzelung in einer Region. Es bedarf außergewöhnlicher Umstände, diese regionale Verankerung zu ignorieren.

101

Inzwischen gehen einige Sozialhilfeträger dazu über, die ausufernden Sozialhilfeleistungen für Hilfe zur Pflege dadurch zu begrenzen, dass **Negativlisten** geschaffen werden, in denen die ‚teuren' Pflegeheime ausgesondert werden, deren Kosten vom Träger der Sozialhilfe nicht mehr übernommen werden[77]. Für die Unterhaltspflichtigen bedeutet dies, dass sie bei Unterbringung in einem Heim aufgrund dieser Listen einen leichteren Überblick über die Kostenstruktur und die Angemessenheit des unterhaltsrechtlichen Bedarfs hätten.

102

**Praxistipp:**

103

Es muss in jedem Fall der Unterbringung eines pflegebedürftigen Menschen in einer Pflegeeinrichtung die Angemessenheit der Unterbringungskosten erörtert werden. Die Abfrage der Kostenstruktur der Pflegeheime in der Region der ausgewählten Pflegeeinrichtung ist immer dann zu empfehlen, wenn der Unterhaltspflichtige an der Auswahl der Pflegeeinrichtung nicht beteiligt war (www.derpflegekompass.de).

---

76 Dagegen: OLG Karlsruhe v. 28.7.2010 – 16 UF 65/10, FamRZ 2010, 2082 (nur LS) mit Hinweis auf die soziale Verwurzelung am Wohnort.
77 WAZ v. 5.5.2010 für die Stadt Duisburg.

## 5. Bedarfsdeckung durch Naturalleistungen

104 Ob der Unterhaltsberechtigte verpflichtet ist, zur Bedarfsdeckung angebotene **Naturalleistungen** anzunehmen, ist fraglich. Der Gesetzeswortlaut ermöglicht zunächst keine Zweifel. Nach § 1612 Abs. 1 S. 1 BGB ist der Unterhalt durch Entrichtung einer Geldrente zu gewähren. Allerdings sieht § 1612 Abs. 1 S. 2 BGB davon eine Ausnahme und die ‚Unterhaltsgewährung in anderer Art' vor, wenn besondere Gründe dies rechtfertigen.

105 Die Möglichkeit, statt einer Geldrente Naturalunterhalt zu leisten, ist dann attraktiv, wenn aus Sicht des Unterhaltspflichtigen dadurch Einsparungen erzielt werden. Diese können eintreten, wenn z.b. **Wohnraum** zur Verfügung gestellt werden kann, dessen kommerzielle Vermietung nicht oder nicht wirtschaftlich erfolgen könnte. Verfügt der Unterhaltspflichtige z.b. über eine im eigenen Wohnbereich gelegene Wohnung oder ausreichenden Wohnraum, den er dem Unterhaltsberechtigten zur Verfügung stellen könnte, entstünde beim Unterhaltsberechtigten insoweit kein entsprechender Bedarf.

106 Auch das Angebot der Übernahme von **Pflege- und Betreuungsleistungen** für den Unterhaltsberechtigten durch den Unterhaltspflichtigen selbst oder eine von diesem bereitgestellte Versorgungskraft (etwa das Kind oder das Schwiegerkind) kommt als Form des Naturalunterhaltes mit bedarfsbeseitigender Funktion in Betracht.

107 Im Interesse des Unterhaltspflichtigen liegt die Erbringung von Naturalunterhalt immer dann, wenn dadurch brachliegende Kapazitäten des Unterhaltspflichtigen genutzt werden können. Allerdings sind die vom Gesetz geforderten besonderen Gründe nicht nur aus dem Blickwinkel des Unterhaltspflichtigen zu bestimmen. Vielmehr ist eine Interessenabwägung zwischen dem Interesse des Pflichtigen an der Erbringung der Unterhaltsleistung in Natura und den Interessen des Unterhaltsberechtigten erforderlich[78]. Diese Interessenabwägung hat zu berücksichtigen, dass der Unterhaltsberechtigte durch die Gewährung von Naturalunterhalt in seinen Persönlichkeitsrechten und der freien Selbstbestimmung eingeschränkt wird[79]. Sie hat aber auch zu berücksichtigen, dass die Zahlung einer Unterhaltsrente für den Verpflichteten ebenso eine Einschränkung seiner Handlungsfreiheit darstellt. Letztendlich ist das vom Gesetz vorgegebene Regel-Ausnahme-Verhältnis für die Bewertung der widerstreitenden Interessen maßgeblich. Danach werden an das Recht, einem erwachsenen Unterhaltsberechtigten Natural- statt Geldunterhaltsleistungen erbringen zu können, sehr hohe Anforderungen zu stellen sein.

---

78 Staudinger/*Engler*, § 1612 Rn. 21.
79 MünchKomm/*Born*, § 1612 Rn. 21.

Die Erbringung von **Naturalunterhaltsleistungen durch Pflege und** 108
**Wohnraumgestellung** kann jedoch unterhaltsrechtlich insoweit bedeutsam sein, als es dem Sozialhilfeträger bei Erbringung von Naturalunterhaltsleistungen verwehrt sein kann, den Übergang des Unterhaltsanspruchs des Unterhaltsberechtigten gegen den Unterhaltspflichtigen auf den Sozialhilfeträger geltend zu machen. Nach § 94 Abs. 3 Nr. 2 SGB XII geht ein Unterhaltsanspruch des pflegebedürftigen Elternteils gegen das Kind dann nicht auf den Sozialhilfe gewährenden Träger der Sozialhilfe über, wenn der Übergang des Anspruchs eine unbillige Härte bedeuten würde. Während der unterhaltsrechtliche **Verwirkungstatbestand** des § 1611 BGB (vgl. Rn. 869 ff.) nur bei Vorliegen einer ‚groben Unbilligkeit' eingreift, hindert den **Anspruchsübergang** nach § 94 Abs. 3 SGB XII bereits einfache Unbilligkeit. Das OLG Oldenburg hat insoweit im Fall einer unterhaltspflichtigen Tochter, die ihre Mutter zu einem großen Teil tatsächlich pflegerisch und betreuend versorgte, angenommen, dass die Tochter ihre Unterhaltsverpflichtung durch Naturalleistung erfülle und daher ein übergangsfähiger Unterhaltsanspruch nicht mehr existiere[80].

> **OLG Oldenburg v. 14.1.2010 – 14 UF 134/09, MDR 2010, 330**
>
> ... b) Die von der Klägerin übernommenen Leistungen decken nur einen Teil des Unterhaltsbedarfs der der Mutter der Beklagten ab. Deren Unterhaltsbedarf beschränkt sich nicht auf die Erfüllung der von der Klägerin getragenen finanziellen Aufwendungen. Die Mutter der Beklagten ist in einer Einrichtung für „betreutes Wohnen" mit der Pflegestufe II untergebracht. Die Beklagte hat unwidersprochen schriftsätzlich ausgeführt und nochmals im Senatstermin ausführlich geschildert, dass ihre Mutter dort zwar morgens und abends von Pflegekräften der A... gewaschen wird und an der Gemeinschaftsverpflegung teilnimmt. Im Übrigen müsse sich ihre Mutter aber selbst versorgen und auch die Wohnung selbst reinigen. Da ihre nahezu vollständig erblindete Mutter diese Tätigkeiten nicht mehr leisten könne, übernehme sie diese Arbeiten. Sie betreue und versorge ihre an zunehmender Demenz leidende Mutter seit Jahren nahezu täglich jeweils für mehrere Stunden. Ohne diese Versorgungs- und Pflegeleistungen wäre ihre Mutter auf eine stationäre Vollzeitpflege angewiesen. Dass die Beklagte die detailliert geschilderte regelmäßige Unterstützung bei der Körperpflege, den täglichen Hausarbeiten sowie bei Behördengängen und Arztbesuchen leistet, hat die Klägerin nicht in Abrede genommen. Die Notwendigkeit einer zusätzlichen Unterstützung folgt zudem unmittelbar aus dem von der Klägerin gezahlten Pflegegeld (§ 64 Abs. 5 SGB XII).
>
> Zwar ist eine Unterhaltsrente grundsätzlich in Geld zu leisten (§ 1612 Abs. 1 S. 1 BGB); jedoch kann Unterhalt auch in Natur erbracht werden, wenn sich die Beteiligten auf eine andere Art der Leistung einigen (§ 1612 Abs. 1 S. 2 BGB; vgl. Münch-Komm/Born 5. Aufl. § 1612 Rn. 20 f.; Palandt/Diederichsen 69. Aufl. § 1612 BGB Rn. 6). Eine solche Einigung kann stillschweigend erfolgen. Die Leistung von Unterhalt in Natur wird – wie vorliegend – bei intakten Familienverhält-

---

80 OLG Oldenburg v. 14.1.2010 – 14 UF 134/09, MDR 2010, 330.

nissen den Bedürfnissen beider Seiten eher gerecht, als die Reduzierung auf reine Geldzahlungen. Sie bedeutet nicht nur für den Verpflichteten eine Entlastung von Zahlungspflichten (vgl. dazu Münch-Komm/Born 5. Aufl. zu § 1612 Rn. 22), sondern begünstigt zugleich den Berechtigten, weil sie ein flexibles Eingehen auf seine jeweiligen Bedürfnisse sowie den wichtigen Erhalt familiärer Bindungen ermöglicht. Die aus familiärer Verbundenheit persönlich erbrachte Pflege und Betreuung erweist sich daher über eine reine Kostenersparnis hinaus als eine für alle Beteiligten sinnvolle Gestaltung. In der Entgegennahme der Leistungen liegt gleichzeitig eine auch die Klägerin bindende Einigung über die Art der Unterhaltsgewährung.

c) Mit der Übernahme eines erheblichen Teils der tatsächlichen Versorgung erfüllt die Beklagte umfassend die von ihr zu erwartende Unterhaltspflicht. Die zusätzliche Leistung von Barunterhalt würde die ohnehin belastete Lebenssituation der Beklagten weiter einschränken, so dass die Mutter unter Beachtung der durch § 1603 Abs. 1 BGB gezogenen Grenzen von ihrer Tochter nicht noch zusätzlich Barunterhalt verlangen könnte. Dass damit ein Teil der anfallenden Kosten ungedeckt ist und von der Klägerin übernommen werden muss, erweitert die Unterhaltspflicht der Beklagten nicht. Es ist grundsätzlich verfehlt, wenn die Klägerin auf das für die von der Beklagten erbrachten Leistungen gezahlte Pflegegeld von 140 Euro verweist und deshalb diese Haushaltsdienstleistungen für unterhaltsrechtlich unbeachtlich ansieht. Dabei beachtet die Klägerin nicht, dass sie an die tatsächlichen Verhältnisse gebunden ist. Es kann auch nicht die Rede davon sein, dass hieraus eine zum Nachteil öffentlicher Kassen getroffene Vereinbarung folgt.

Der von der Beklagten übernommene tatsächliche Aufwand lässt sich durch das der Mutter gezahlte Pflegegeld nicht angemessen honorieren. Das Pflegegeld ist gerade nicht dazu bestimmt, den tatsächlichen Pflegeaufwand finanziell abzugelten. Es soll vielmehr den Pflegebedürftigen in die Lage versetzen, die vielfältigen mit der Pflege verbundenen Aufwendungen zu tragen und sich darüber hinaus auch den Pflegepersonen gegenüber erkenntlich zu zeigen. Im Bereich der unentgeltlichen häuslichen Pflege dient es als Motivationshilfe und Aufwandspauschale, die von den tatsächlichen wirtschaftlichen Belastungen unabhängig ist (Krahmer in LPK-SGB XII 8. Aufl. § 64 Rn. 8). Damit verfolgt das Gesetz das Ziel, die Bereitschaft zur häuslichen Pflege zu unterstützen und zu fördern (Schellhorn aaO. § 64 SGB XII Rn. 11). Dieses Ziel würde verfehlt, wenn man die durch die Pflege und Betreuung in ganz erheblichem Umfang erbrachten Leistungen nicht als das respektieren würde, was sie zugleich sind: die Erfüllung einer Unterhaltspflicht. Dass die Mutter der Beklagten ohne deren Versorgung in eine wesentlich teurere Einrichtung mit Vollzeitpflege wechseln müsste, ist unbestritten. Damit entlastet die Beklagte die Klägerin von Leistungen, die über den in diesem Verfahren geltend gemachten Unterhaltsbeitrag hinausgehen.

Mit der Erbringung der Naturalleistungen entfällt zugleich die Verpflichtung zur Zahlung einer zusätzlichen Geldrente, da sonst der nach den konkreten Verhältnissen angemessene eigene Lebensbedarf der Beklagten nicht mehr gewährleistet wäre. Somit fehlt es vorliegend an einem überleitungsfähigen Anspruch.

2.) Die Klage wäre aber auch dann unbegründet, wenn man gleichwohl noch von einem der Beklagten gegenüber bestehenden Anspruch auf ergänzenden Barunterhalt ausgehen würde. Die Inanspruchnahme der Beklagten wäre zwar nicht nach § 1611 Abs. 1 BGB unbillig, da sich diese Vorschrift nur auf das Unterhaltsverhältnis berührende Verfehlungen des Berechtigten erstreckt. Ein bestehender Anspruch könnte jedoch gemäß § 94 Abs. 3 Nr. 2 SGB XII SGB nicht auf die Klägerin übergehen, da dies für die Beklagte eine unbillige Härte im Sinne dieser Vorschrift bedeuten würde.

Über die Anwendung dieser Vorschrift hat der Senat zu entscheiden (§ 94 Abs. 5 SGB XII).

a) Der Begriff der unbilligen Härte im Sinne des § 94 Abs. 3 Nr. 2 SGB XII stellt einen unbestimmten Rechtsbegriff dar, die Anwendung der Vorschrift selbst unterliegt dabei keinem Ermessen. Ob die Voraussetzungen gegeben sind, haben die Gerichte umfassend nachzuprüfen, zumal nicht zu erkennen ist, dass die Klägerin selbst eine inhaltliche Prüfung anhand der konkreten Verhältnisse vorgenommen hat.

b) In der Sache folgt der Begriff der „unbilligen Härte" den sich wandelnden Anschauungen in der Gesellschaft (vgl. OLG Hamm Urteil vom 6.8.2009, 2 UF 241/08) und ist zur Regelung atypischer Fälle gedacht, bei denen das Ergebnis nach den Regelvorschriften zu unbefriedigenden Ergebnissen führen würde (vgl. OLG Koblenz FamRZ 2001, 1237, 1238). Dem Begriff unterfallen vor allem soziale, über das Unterhaltsverhältnis hinauswirkende Umstände, da die familiären Beziehungen und wirtschaftlichen Verhältnisse bereits vorab im Rahmen des zivilrechtlichen Unterhaltsanspruchs zu prüfen sind (vgl. Münder u.a. SGB XII 8. Aufl. § 94 Rn. 46; Grube/Wahrendorf SGB XII 2.Aufl. § 94 Rn. 28; Fichtner/Wenzel SGB XII 4. Aufl. § 94 Rn. 45; OLG Hamm a.a.O.). Eine unbilligen Härte im Sinne des Sozialrechts ist daher dann anzunehmen, wenn mit der Inanspruchnahme soziale Belange vernachlässigt werden müssten (vgl. BVerwG Urteil vom 27.3.1968, BVerwGE 29, 229, 235). In diesem Sinne ist insbesondere regelmäßig dann von einer unbilligen Härte auszugehen, wenn der Verpflichtete für den Berechtigten in nennenswertem Umfang Pflegeleistungen erbracht hat und/oder diese aktuell auch weiterhin leistet (vgl. OLG Koblenz a.a.O.; BVerwG a.a.O. Bd. 29,S. 235; Münder a.a.O. Rn. 47 m.w.N.). Zusätzliche Bedeutung haben auch die innerfamiliären Beziehungen (BGH FamRZ 2003, 1478, 1470). Dies gilt nicht erst dann, wenn durch die Verfolgung von Ansprüchen seitens der Verwaltungsbehörden der Verbleib des Hilfeempfängers im Familienverband gefährdet wäre. Vielmehr kann es auch genügen, wenn hierdurch entgegen den Intentionen des Gesetzgebers die familiäre Betreuung und Versorgung von Familienangehörigen in unbilliger Weise belastet wird. Gerade in den Fällen, in denen ein Angehöriger in einem weit über das geschuldete Maß hinaus seine Unterhaltspflichten durch Betreuung und Pflege eines Angehörigen erfüllt, muss die Belastung mit zusätzlichen Geldzahlungen als unbillige Härte erscheinen (vgl. Münder aaO. Rn. 47) – insbesondere dann, wenn hierdurch den öffentlichen Kassen höhere Ausgaben erspart werden, als sie im Wege des Rückgriffs durchgesetzt werden könnten

c) Unter diesen Voraussetzungen bestehen keine Zweifel, dass sich ein Übergang des Anspruchs für die Beklagte als eine unzumutbare Härte darstellt. Die Beklagte bereits seit Jahren in erheblichem Umfang Pflegeleistungen erbracht und tut dies auch weiterhin. Damit ermöglicht sie es ihrer Mutter, in ihrem bisherigen Umfeld zu verbleiben ohne in ein erheblich teureres Pflegeheim umziehen zu müssen. Zugleich erspart sie zusätzliche Hilfeleistungen für die Berechtigte, die den geltend gemachten Anspruch offensichtlich noch übersteigen müssten. Eine andere Beurteilung hätte zudem das widersinnige Ergebnis, dass über den Unterhaltsanspruch wirtschaftlich ein wesentlicher Teil des von der Klägerin aus diesem Grund ge-

> zahlten Pflegegeldes zurückfließen würde. Dabei handelt es sich jedoch um eine nicht abzurechnende Pflichtleistung, die nach dem Gesetz sowohl auf Seiten des Empfängers als auch auf Seiten des Pflegenden nicht als Einkommen anzurechnen sind (§ 82 Abs. 1 S. 1 SGB XII). Es wäre unbillig, diese gesetzgeberische Wertung durch einen Unterhaltsregress zu umgehen.
>
> Die Inanspruchnahme auf zusätzliche Geldzahlungen müsste die Beklagte darüber hinaus auch deshalb als besonders unbillige Härte empfinden, weil sie alle Belastungen allein zu tragen hat: Von ihren ebenfalls grundsätzlich zum Unterhalt verpflichteten Geschwistern hat sie nach dem eigenen Vorbringen der Klägerin keine Entlastung zu erwarten – ein von der Klägerin bei der Verfolgung des Regressanspruchs nicht bedachter Gesichtspunkt.
>
> Selbst wenn ein Unterhaltsanspruch noch bestehen sollte, konnte dieser nicht auf die Klägerin übergehen.

109 Ob ggf. auch der Unterhaltsberechtigte ein aus § 242 BGB folgendes Recht hat, vom Unterhaltspflichtigen statt Barleistungen **Naturalunterhalt** zu fordern[81], ist außer in Notzeiten wohl eher rein theoretischer Natur und wegen der damit begründeten Beeinträchtigung der Handlungsfreiheit des Unterhaltspflichtigen zu verneinen.

110 Schwierige Probleme im Zusammenhang mit dem Angebot, Naturalleistungen als Unterhalt zu erbringen, können in den Fällen der Haftung mehrerer Geschwister für den Unterhalt auftreten. Insbesondere wenn zwischen den Geschwistern kein Einvernehmen über die Unterbringung hergestellt werden kann, der Elternteil indessen bereits im Pflegeheim untergebracht ist, könnte das Angebot eines der Geschwister, das seinen Anteil am nicht gedeckten Bedarf des Elternteils ‚in Natura' durch Wohnraumgewährung oder/und Pflegeleistungen zu erbringen, zu erheblichen Problemen führen. So könnte zwar der Anteil des naturalunterhaltswilligen Kindes am ungedeckten Bedarf zunächst auf der Ebene der der unterhaltsrechtlichen Leistungsfähigkeit bestimmt werden (vgl. Rn. 572), wenn indessen der unterhaltsbedürftige Elternteil den **Naturalunterhalt** verweigert, bleibt es, wegen des grundsätzlich bestehenden Ausnahmecharakters des Naturalunterhalts bei der Barunterhaltsverpflichtung.

### 6. Barbedarf gem. § 27b Abs. 2 S. 1 SGB XII (Taschengeld des Bedürftigen)

111 Neben den Kosten der Unterbringung und Pflege hat der pflege- und sozialhilfebedürftige Elternteil Anspruch auf ‚einen angemessenen **Barbetrag** zur persönlichen Verfügung' (**Taschengeld**). Die Höhe des Taschen-

---

81 So Erman/*Holzhauer*, § 1612 Rn. 8.

geldanspruchs des Bedürftigen beträgt nach § 27b SGB XII 27% des Regelsatzes.

Die sozialhilferechtlichen **Regelsätze** betragen:

| Bedarf | ab 1.1.2015 |
|---|---|
| Regelbedarf für Alleinstehende/Alleinerziehende | 399 € |
| Volljährige Partner innerhalb einer Bedarfsgemeinschaft | 360 € |
| RL unter 25-Jährige im Haushalt der Eltern / Strafregelleistung für ohne Zustimmung ausgezogene U 25'er | 320 € |
| Kinder 0 bis 6 Jahre | 234 € |
| RL für Kinder von 6 bis unter 14 Jahre | 267 € |
| Kinder 14 bis unter 18 Jahre | 302 € |

Damit beträgt die Höhe des dem pflege- und sozialhilfebedürftigen Menschen zur persönlichen Verwendung verbleibend ‚Taschengeldes' 105,57 € im Jahr 2014 und 107,73 € ab 1.1.2015 pro Monat. Von diesem Betrag hat der Pflegebedürftige seine persönlichen Bedürfnisse neben Unterbringung, Verpflegung und Versorgung, also die Aufwendungen für Körperpflege und Reinigung, Instandhaltung der Wäsche und Bekleidung und deren Beschaffung von geringem Anschaffungswert zu finanzieren[82].

112

Soweit Kinder für ihre Eltern **Wäschepflege** und sonstige aus dem Barbetrag zu finanzierende persönliche Aufwendungen finanzieren, können diese daher nicht einkommensmindernd anerkannt werden, weil sie nach der Zweckbestimmung des Barbetrages aus diesem zu finanzieren wären.

113

Der Barbetrag nach § 27b SGB XII wird zu Recht als ‚Bedarf des Elternteils' angesehen[83]. Allerding weist das OLG Düsseldorf in seiner Entscheidung v. 27.10.2010 richtigerweise darauf hin, dass der Barbetrag nur dann von der unterhaltspflichtigen Person zu erstatten ist, wenn der unterhaltsberechtigten Person keine auf den Unterhalt nicht anzurechnenden Einkünfte wie **Blindengeld** oder Einkünfte aus **Kindererziehungsleistungen (Trümmerfrauenregelung)** nach §§ 294–299 Sozialgesetzbuch VI verbleiben.

114

---

82 BVerwG v. 8.7.2004 – 5 C 42/03, NJW 2005, 167.
83 BGH v. 28.7.2010 – XII ZR 140/07, FamRZ 2010, 1535; OLG Düsseldorf v. 27.10.2010 – 8 UF 38/10, FamRZ 2011, 982.

> **OLG Düsseldorf v. 27.10.2010 – II-8 UF 38/10, FamRZ 2011, 982**
>
> 1. Der Barbetrag gem. § 35 Abs. 2 Satz 1 SGB XII kann vom Unterhaltspflichtigen nicht verlangt werden, wenn der Unterhaltsberechtigte über auf die Heimkosten anrechnungsfreie eigene Mittel verfügt, die den Barbetrag deutlich übersteigen. (Rn. 16) ...

115  Bildet die sozialhilfebedürftige Person aus Mitteln des Barbetrages Rückstellungen können diese, sofern sie die Grenze des § 90 Abs. 2 Nr. 9 SGB XII übersteigen, unterhaltsrechtlich als bedarfstilgend eingesetzt werden. Danach sind derzeit Ansparungen bis 2.600 € unproblematisch:

> **VO zur Durchführung des § 90 II Nr. 9 SGB XII – Kleinere Barbeträge**
>
> (1) ¹Kleinere Barbeträge oder sonstige Geldwerte im Sinne des § 90 Abs. 2 Nr. 9 des Zwölften Buches Sozialgesetzbuch sind,
>
> 1. wenn die Sozialhilfe vom Vermögen der nachfragenden Person abhängig ist,
>
> a) bei der Hilfe zum Lebensunterhalt nach dem *Dritten Kapitel des Zwölften Buches Sozialgesetzbuch* 1.600 Euro, jedoch 2.600 Euro bei nachfragenden Personen, die das 60. Lebensjahr vollendet haben, sowie bei voll Erwerbsgeminderten im Sinne der gesetzlichen Rentenversicherung und den diesem Personenkreis vergleichbaren Invalidenrentnern, ...

116  Über diese Grenze der Ansparung aus dem Barbetrag hinausgehende Rücklagen bedürfen stets der Prüfung, ob die Ansparung der Befriedigung persönlicher **Bedürfnisse** dient.[84]

## 7. Ausbildungskosten / Ausbildungsumlage als Bedarf

117  Gute Pflege erfordert gute Ausbildung der Pflegekräfte. Daran mangelt es. Die Berufsausbildung liegt in der Kompetenz der Bundesländer. Dabei hat sich bundesweit eine hohe Varianz entwickelt, die vom System der dualen Ausbildung nach dem Berufsausbildungsgesetz über die Zuordnung der Ausbildung zum Schulrecht der Länder bis zur überbetrieblichen Ausbildung in Ausbildungsstätten eigener Art reicht[85].

118  **Ausbildungsvergütung** der Pflegekräfte ist nach § 82a Abs. 2 S. 1 SGB XI Teil der ‚**allgemeinen Pflegevergütung**' nach § 82 SGB XI. Die gesetzgeberische Entscheidung, Ausbildungsvergütungen aus dem allgemeinen Pflegesatz zu finanzieren folgt dem letztendlich Ziel, Pflegeausbildung als Teil der Pflegekosten zu verstehen und damit aus der Pflegeversicherung zu finanzieren. Wird die Ausbildungsvergütung in die allgemeine

---

84 Biertz-Harder/Conradis/Thiel/*Armborst*, NK SGB XII, § 27b Rn. 12.
85 BT-Drucks. 13/8941 S. 1.

Pflegevergütung einbezogen, ist sie Teil des Bedarfs der pflegebedürftigen Person, weil auch die in der Pflegeausbildung befindlichen Beschäftigten eines Pflegeheims Pflegeleistungen erbringen.

In vielen Bundesländern wird der Personalnotstand in Pflegeheimen durch eine ‚**Ausbildungsumlage**' bekämpft. Diese wird nach einem bestimmten Schlüssel von allen Pflegeeinrichtungen erhoben. Aus ihr wird die Ausbildungsvergütung der Auszubildenden finanziert. Die Umlage wird also von allen Pflegeheimen unabhängig davon erhoben, ob sie ausbilden oder nicht. Aus den Mitteln der Ausbildungsumlage wird ein Ausbildungsfonds gebildet, dessen Mittel an die Ausbildungsbetriebe zur Finanzierung der Ausbildungskosten gezahlt werden. Die Ausbildungsumlage bildet mit teilweise rund 3,50 € pro Tag einen nicht unerheblichen Kostenaufwand.

119

Umlagen zur Finanzierung einer Ausbildungsvergütung stellen keinen unmittelbaren Beitrag zur pflegerischen Versorgung der Pflegebedürftigen dar[86]. Ob diese Ausbildungsumlage ein von den unterhaltspflichtigen Kindern zu befriedigender unterhaltsrechtlicher Bedarf ist, ist nicht abschließend geklärt. Nach § 82a Abs. 2 SGB XI ist die **Ausbildungsvergütung** und auch eine **Ausbildungsumlage** (§ 82 Abs. 3 SGB XI) Teil der allgemeinen Pflegevergütung. Viele Pflegeeinrichtungen weisen die Ausbildungsumlage in den monatlichen Pflegekostenabrechnungen aber neben der allgemeinen Pflegevergütung gesondert aus. Damit wird die Ausbildungsumlage aber **neben** den allgemeinen Pflegesätzen (**Pflegevergütung**) als besonderer Kostenfaktor ausgewiesen, obwohl die Ausbildungsumlage Teil der allgemeinen Pflegevergütung und daher im Pflegesatz für die jeweilige Pflegestufe bereits enthalten ist. **Ein isolierter Ausweis der Pflegepauschale ist daher nach §§ 84, 89 SGB XI nicht** zulässig, weil Ausbildungsvergütung und Ausbildungsumlage bereits im allgemeinen Pflegesatz berechnet ist. Wälzen die Pflegeeinrichtungen diese Kosten im Heim- und Pflegevertrag auf die Pflegebedürftigen ab und weisen sie besonders in den Pflegeabrechnungen aus, ist anzunehmen, dass Ausbildungskosten und Ausbildungsumlage doppelt erhoben werden. Sie sind zwar ‚Bedarf' der pflegebedürftigen Person, werden aber durch die Pflegepauschale aber abgedeckt.

120

Auch wenn der **Heimvertrag** die Abwälzung der **Ausbildungsumlage** auf die Heimbewohner erlaubt oder die Ausbildungsumlage besonders ausweist, ist er kein unterhaltsrechtlicher Bedarf der gepflegten Person Eine Erhöhung der Pflegekosten, die auf einer Erhöhung der Ausbildungsumlage beruht, kann der Heimträger daher nicht ohne weiteres vom Heimbewohner und damit auch nicht unterhaltsrechtlich verlangen[87].

121

---

86 Kasseler Kommentar Sozialversicherungsrecht/*Leitherer*, § 82a SGB XI, Rn. 10; *Klie* in LPK-SGB XI, § 82a Rn. 8.
87 LG Arnsberg v. 15.1.2014 – I-3 S 90/13.

## 8. Nutz-, Nießbrauchs- und Wohnrechte der bedürftigen Person

### a) Nutz-, Nießbrauchs- und Wohnrechte als Einkommen der Eltern

122 Vielfach stehen älteren Menschen **Nutz-, Nießbrauchs- oder Wohnrechte** zu. Ob diese als Einkommen des Unterhaltsberechtigten zu bewerten sind, hängt davon ab, ob der Nutzen dieser Rechte durch den Unterhaltsberechtigten gezogen wird oder gezogen werden kann. Fließt dem Unterhaltsberechtigten aus solchen Rechten ein tatsächlicher wirtschaftlicher Vorteil zu, ist dieser Vorteil in Höhe seines tatsächlich gezogenen wirtschaftlichen Nutzens dem Einkommen des Unterhaltsberechtigten zuzurechnen. Haben z.B. Eltern eine Immobilie unter Vorbehalt des Nießbrauchs oder eines lebenslangen Wohnrechts auf ihre Kinder übertragen, sind die aus diesen Rechten fließenden Beträge dem Einkommen der Eltern zuzurechnen. Das gilt auch für ein **Wohnrecht**, solange dieses durch die Eltern tatsächlich genutzt wird. Zahlen die ebenfalls in der Immobilie lebenden Kinder auf der Basis des den Eltern zustehenden Nießbrauchs ein Nutzungsentgelt an ihre Eltern, stellt dieses anrechenbares Einkommen der Eltern dar.

123 Dabei ist zwischen solchen Nutzungsrechten zu unterscheiden, die einen bestehenden Lebensbedarf des Nutzungsberechtigten im Wege der Naturalnutzung befriedigen und solchen, bei denen dem Nutzungsberechtigten tatsächlich ein Geldwert zufließt. Steht dem Nutzungsberechtigten z.B. ein Nießbrauch an einem Mehrfamilienhaus zu, so gelangt er in den Genuss der monatlichen Mietzahlungen der Mieter. Seine unterhaltsrechtliche Leistungsfähigkeit steigt durch den – um die Erhaltungs- und Unterhaltungsaufwendungen verminderten – Kapitalzufluss proportional an. Anders ist es allerdings, wenn dem Berechtigten nur eine Naturalnutzung zusteht. Natural- oder Sachwertnutzungen können **Wohnrechte**, Dienstleistungsbezugsrechte, **Deputate** oder ähnliches sein. Solche Rechte haben zwar einen bestimmbaren Marktwert, dieser unterscheidet sich allerdings oft ganz deutlich vom Wert für den Nutzungsberechtigten. Steht einem ehemaligen Vorstand eines Unternehmens z.B. zur unentgeltlichen privaten Nutzung ein Fahrzeug nebst Chauffeur zur Verfügung, ist der wirtschaftliche Nutzen dieses Rechts dann völlig wertlos, wenn der Nutzungsberechtigte dement und mobilitätsunfähig, querschnittsgelähmt in einem Pflegeheim betreut wird. Das Gleiche gilt für das Nutzungsrecht an einer **Ferienimmobilie**, einem Strom- oder Bierdeputat, an Freiflug- und Fahrscheinen für ehemalige Mitarbeiter von Flug- oder Bahngesellschaften. Nur wenn und soweit solche Naturalberechtigungen marktfähig und damit veräußerbar sind, können sie dem Einkommen des Berechtigten zuzurechnen sein. Anderenfalls haben sie nur insoweit eine wirtschaftliche Bedeutung, als sie einen tatsächlichen Bedarf des Berechtigten abdecken, den dieser

ansonsten durch eigene Mittel zu finanzieren hätte. Naturalberechtigungen wirken sich daher auf der Ebene des unterhaltsrechtlichen Bedarfs beim Unterhaltsberechtigten aus und auf der Ebene der unterhaltsrechtlichen Leistungsfähigkeit beim Unterhaltspflichtigen. Nur insoweit deren Lebensbedarf durch die Naturalberechtigung tatsächlich abgedeckt wird, haben sie unterhaltsrechtliche Bedeutung.

Neben dem obigen Beispiel des dementen Dienstwagenberechtigten kann dies auch beim **Wohnrecht** beispielshaft verdeutlicht werden. Wenn die demente einkommenslose Mutter im Heim untergebracht wird, bleibt deren Ehemann in der 150 m² großen, bestgelegenen Wohnung im Münchener Süden zurück, an der beide Elternteile gemeinsam ein Wohnrecht haben. Beträgt die Rente des Vaters 900 €, kann man ihm nicht 2.250 € Marktmiete als Einkommen anrechnen. Vielmehr vermindert sich der Eigenbedarf um die angesichts seines Einkommens angemessenen ‚Kosten des Wohnens'. Diese betragen im untersten Einkommenquintil bei einem alleinstehenden Mann ca. 40 % seines Einkommens[88], also ca. 360 €. Naturalnutzungsrechte können daher lediglich mit dem zum Einkommen ‚angemessenen' Wert berücksichtigt werden

124

Probleme ergeben sich auch, wenn zwar Nutz- und Nießbrauchsrechte vorbehalten wurden, aber seitens der Berechtigten daraus kein wirtschaftlicher Vorteil gezogen wird. Dies kann bei schuldrechtlich vereinbarten Wohn- und Nießbrauchrechten durch einen zeitlich begrenzten oder aber auch unbefristeten **Verzichtsvertrag** (vgl. Rn. 181) geschehen, indem z.B. den in der Immobilie gemeinsam mit den Eltern lebenden Kindern die Zahlung eines Nutzungsentgeltes erlassen wird. Eine solche **Erlassvereinbarung** stellt in der Regel keine Schenkung gem. § 528 BGB und kann daher bei ‚Verarmung des Schenkers' nicht revoziert werden[89]. Ist das Nutzungsrecht wegen des Bestehens von Nutzungshindernissen auf Seiten des Berechtigten wertlos geworden, stellt der Verzicht auf das Nutzungsrecht keine Vermögensmehrung des Verpflichteten dar.

125

Durch den Erlass oder Verzicht der unterhaltsberechtigten Person auf einen ihr zustehenden Nutzungsvorteil wird teilweise ein Bedarf geschaffen.

126

**Beispiel:** Die Mutter (80) hat ihrer Tochter T im Jahr 2000 eine Immobilie unter Wohnrechtsvorbehalt übertragen. Im Jahr 2005 gibt sie das Wohnrecht auf und verzieht zu einem Lebensgefährten in eine 200 km entfernte Stadt. Kurze Zeit später stürzt sie und bedarf dort der Unterbringung in einem Pflegeheim. Tochter und Sohn werden vom Sozialhilfeträger auf Elternunterhalt in Anspruch genommen. Der Sohn wendet gegen den Bedarf der Mutter ein, sie habe durch Aufgabe des Wohnsitzes und des Wohnrechts ihre Bedürftigkeit in Höhe des Wohnbedarfs selbst herbeigeführt. Wäre sie bei der Schwester wohnen geblieben, wäre ihre

---

88 Statistisches Bundesamt, Datenreport 2011, Kap. 8.
89 Vgl. BGH v. 25.1.2012 – XII ZB 479/11, FamRZ 2012, 967.

stationäre Unterbringung nicht erforderlich, weil durch Einsatz der Schwester oder ambulanter Pflegedienste am alten Residenzort ihr unterhaltsrechtlicher Bedarf deutlich geringer und aus ihren eigenen Mitteln zu bewerkstelligen sei.

Dass die Schwester zur Erbringung von Pflegeleistungen gegenüber der Mutter nicht verpflichtet ist, liegt auf der Hand. Ebenso klar ist indessen, dass bei einem Verbleib der Mutter am alten Residenzort und der Aufrechterhaltung des Wohnrechts der unterhaltsrechtliche Bedarf um die Kosten des Wohnens und damit die unterhaltsrechtliche Belastung des Bruders geringer ausfiele. Mit Erfolg könnte sich der Bruder indessen auf die Bedarfsentstehung durch Wohnrechtsaufgabe nur berufen, wenn darin ein ‚**sittliches Verschulden**' zu sehen wäre (§ 1611 BGB) (vgl. Rn. 869). Dies ist m.E. nicht der Fall. Die grundgesetzlich garantierte Residenzfreiheit gibt auch alten Menschen das Recht, Ihren Aufenthaltsort selbst zu bestimmen. Selbst wenn im obigen Beispiel das Wohnrecht nicht aufgegeben worden wäre, läge in der Residenzwahl beim Lebensgefährten kein ‚sittliches Verschulden', dass ggfls. einen Unterhaltsanspruch gefährden oder einschränken könnte.

127   Der **Rückforderungsanspruch** kann auch aus übergeleitetem Recht **durch den Träger der Sozialhilfe** geltend gemacht werden (§ 93 SGB XII). Allerdings ist dabei stets zu beachten, dass ein Übergang des Revokationsrechts auf den Sozialhilfeträger dann nicht erfolgt, wenn dies ‚**unbillig**' wäre. Die Unbilligkeit kann dabei aus dem sozial-familiären persönlichen Näheverhältnis folgen[90] (vgl. ausführlicher Rn. 988 ff.).

128   Wird von der Rückforderungsmöglichkeit kein Gebrauch gemacht, liegt in der unentgeltlichen Nutziehung durch das begünstigte Kind ein wirtschaftlicher Vorteil, der dem Kind als Einkommen zuzurechnen ist. Der Vorteil kostenfreien Wohnens **erhöht somit das Einkommen eines unterhaltspflichtigen Kindes** und damit seine unterhaltsrechtliche Leistungsfähigkeit. Vielfach wird der Leistungszuwachs jedoch unterhalb des tatsächlichen Marktwertes des Nutzungsrechts liegen. Haben Eltern ihrem Kind z.B. ein Zweifamilienhaus unter Nießbrauchvorbehalt übertragen, in welchem eine große und komfortable Wohnung vom Kind nutzungsentgeltfrei bewohnt wird, dann ist der dem Kind zufließende Vorteil begrenzt auf den ‚angemessenen Wohnwert' (vgl. Rn. 269). Dieser kann den tatsächlichen Wohnwert weit unterschreiten.

129   Probleme treten dann auf, wenn ein Wohn- oder sonstiges Nutzungsrecht des Elternteils von diesem tatsächlich nicht mehr genutzt werden kann. Solche **Nutznießungshindernisse** sind vielfältig denkbar. So kann ein Wohnrecht ungenutzt bleiben, weil der Wohnberechtigte in einem Pflegeheim untergebracht werden muss (**Ausübungshindernis**). Grundsätzlich führt der Auszug des Wohnungsrechtsinhabers aus der Wohnung nicht automatisch zum Erlöschen des Wohnungsrechts[91]: Da das Wohnrecht

---

90  OVG Münster v. 14.10.2008 – 16 A 1409/07.
91  OLG Oldenburg v. 3.5.1994 – 12 U 16/94, FamRZ 1994, 1621; AnwK/*Otto*, § 1093, Rn. 37; Erman/*Grziwotz*, § 1093, Rn. 16; Palandt/*Bassenge*, § 1093, Rn. 19.

nach §§ 1093, 1092 BGB i.d.R. nicht außerhalb der Familienangehörigen (§ 1093 Abs. 2 BGB) übertragbar ist, folgt aus einem das Wohnungsrecht betreffenden Ausübungshindernis auch nicht automatisch ein Zahlungsanspruch des Wohnrechtsinhabers[92], so dass eine Überleitung auf den Sozialhilfeträger nicht ohne weiteres möglich ist[93].

Ein solcher Zahlungsanspruch kann nach **Treu und Glauben zu einer Vertragsanpassung** nach §§ 315, 313 BGB führen, wenn die Interessenlage der Parteien dies erfordert und die Nutzungs- und Pflegevereinbarung dies zulassen[94]. Das OLG Köln[95] hat in diesem Fall darauf abgestellt, ob sich der Wohnungsberechtigte in einer existenzgefährdenden Notlage befinde, die eine Anpassung der vertraglichen Vereinbarung erfordere. Dieser Zahlungsanspruch kann dann auch als Anspruch des Wohnungs-, Pflege- oder Nießbrauchberechtigten im konkreten Fall gegen den mit diesen Rechten Belasteten geltend gemacht und auf den Sozialhilfeträger nach § 93 SGB XII übergeleitet werden. 130

---

**OLG Köln v. 6.2.1995 – 2 W 21/95, FamRZ 1995, 1408**

1. Ein bloß subjektives, in der Person des Berechtigten liegendes Ausübungshindernis (hier: stationäre Pflegebedürftigkeit) führt nicht zum Erlöschen eines Wohnungsrechts gemäß § 1093 BGB.

2. Die Geschäftsgrundlage für die Beschränkung auf eine höchstpersönliche Nutzung kann je nach den Umständen bei Existenzgefährdung des Berechtigten wegfallen. Die Anpassung kann es dann gebieten, dem Berechtigten bei notwendiger auswärtiger Pflegeunterbringung die durch Vermietung oder sonstige Nutzung zu erzielenden Erträge zukommen zu lassen.

3. Ob der Wohnungsberechtigte in einer existenzbedrohenden Notlage ist, ist ohne Rücksicht auf Sozialhilfeleistungen zu beurteilen.

---

In diesen Fällen ist darauf abzustellen, ob das Nutzungs- oder Nießbrauchsrecht **Marktfähigkeit** besitzt. Ist das Recht marktfähig und seine Vermarktung zumutbar, kann es mit dem am Markt erzielbaren Erlös dem Einkommen des Berechtigten zuzurechnen sein, wenn dies unter Beachtung der Interessen der Beteiligten erforderlich ist. Da jedoch die persönliche Nutzung von Wohn- und Nießbrauchrechten die Regel und ihre ‚Vermarktung' die Ausnahme ist, bedarf es gewichtiger Argumente, die von der 131

---

92 OLG Koblenz v. 15.11.2006 – 1 U 573/06, FamRZ 2007, 1652.
93 OLG Köln v. 8.1.1997 – 17 U 8/96, FamRZ 1998, 431; OLG Braunschweig v. 11.9.1995 – 2 W 118/95, NdsRpfl 1996, 93.
94 BGH v. 21.9.2001 – V ZR 14/01, NJW 2002, 440; Bamberger/Roth/*Wegmann*, § 1093, Rn. 32.
95 OLG Köln v. 6.2.1995 – 2 W 21/95, FamRZ 1995, 1408.

Rechtsprechung teilweise angenommene Bewertung solcher Rechte nach Marktgesichtspunkten zu stützen.

**132** Eine so zu betrachtende Marktfähigkeit ist nicht gegeben, wenn das **Nutzungsrecht höchstpersönlich** und nicht übertragbar ist (vgl. auch § 1092 BGB). Davon ist auszugehen, wenn die Art der Nutzung die Inanspruchnahme durch einen Dritten verbietet. So ist es vielfach bei Wohnrechten, die für nicht abgeschlossene Wohneinheiten vereinbart werden oder wenn das Wohnrecht eine in einem Zwei- oder Dreifamilienhaus gelegene Wohnung betrifft. Ein solches Nutzungsrecht kann nur dem nahe stehenden Familienangehörigen eingeräumt werden, nicht aber einem Dritten. Anders kann der Fall indessen zu beurteilen sein, wenn ein Vielfamilienhaus übertragen wurde und sich der Übertragende an einer Wohnung ein Wohnrecht vorbehalten hat, das nunmehr wegen der Notwendigkeit der Unterbringung in einer Pflegeeinrichtung nicht mehr genutzt werden kann. In diesen Fällen wird eine interessengerechte Vertragsauslegung meist berücksichtigen müssen, dass die Parteien, hätten sie den Pflegefall bedacht, statt eines Wohnrechts einen Nießbrauch vereinbart hätten. Dies kann die Vertragsanpassung nach § 242 BGB erforderlich machen.

**133** Bei Übertragung einer Immobilie gegen die Einräumung eines Wohnrechts fällt das **Wohnrecht** nicht automatisch weg, wenn der Wohnberechtigte – auch dauerhaft – in ein Pflegeheim verzieht. Oftmals wird jedoch nach einer ‚Aufgabe' der Wohnung diese von den wohnrechtsbelasteten Eigentümern weitervermietet. Es fragt sich dann, ob der so erzielte Mietzins eventuell auch dem im Pflegeheim befindlichen Wohnrechtsinhaber zusteht. Neben der oben (Rn. 130) bereits erörterten Vertragsauslegung und -anpassung, kommt als Anspruchsgrundlage auch die Eingriffskondiktion nach § 812 Abs. 1 S. 1 2. Alt BGB in Betracht. Da indessen im Regelfall das Wohnrecht nicht übertragbar ist, hätte dem Wohnberechtigten zu keinem Zeitpunkt die Möglichkeit zugestanden, das Wohnrecht wirtschaftlich zu verwerten, weshalb auch bei Eigennutzung oder Vermietung der wohnrechtsbelasteten Wohnung der Mieterlös dem Eigentümer verbleibt und nicht dem Wohnberechtigten zusteht[96].

---

OLG Hamm v. 28.9.2009 – I-5 U 80/0, juris = MDR 2010, 77 = NJW-RR 2010, 1104

Wird in einem Grundstückskaufvertrag, der die Bestellung eines unentgeltlichen Wohnrechts für den Verkäufer enthält, keine Regelung darüber getroffen, welche Folgen der Umzug des Berechtigten in ein Wohnheim wegen Pflegebedürftigkeit

---

96 OLG Köln v. 8.1.1997 – 17 U 8/96, FamRZ 1998, 431; OLG Braunschweig v. 11.9.1995 – 2 W 118/95, NdsRpfl 1996, 93.

haben soll, so steht dem Eigentümer der aus der Vermietung der Räume vereinnahmte Mietzins allein zu.

### b) Pflegeversprechen und Pflegeverpflichtung

Ein höchst persönliches Nutzungsrecht kann auch bei einem **Pflegeversprechen** gegeben sein. Dieses wird der Mutter oder dem Vater persönlich gegenüber abgegeben und hat insoweit keinen Marktwert, als es niemandem anderen gegenüber besteht.

134

Wohnrechte und **Pflegeverpflichtungen** werden vielfach im Zusammenhang mit Grundstücksübertragungen von betagten Eltern an Kinder abgegeben. Dabei hängt es sehr von der Formulierung der Pflegeverpflichtung ab, ob diese für den Pflegeberechtigten einen ‚geldwerten Vorteil' bedeutet, wenn in Folge des Umzuges in ein Pflegeheim die Pflegeverpflichtung nicht mehr von der verpflichteten Person erfüllt werden kann. Dieser Fall ist relativ häufig. Übertragen Eltern ihren Kindern zu Lebzeiten eine Immobilie, so geschieht dies häufig unter Einräumung eines Wohnrechts, oft verbunden mit einer Pflegeverpflichtung. Die Erfüllung der Pflegeverpflichtung ist dem Verpflichteten dann nicht mehr möglich, wenn der Berechtigte aus dem Wohnumfeld des Verpflichteten verzogen und in einem Pflegeheim untergebracht ist.

135

Die Sozialhilfeträger und auch etliche Gerichte[97] haben bei Wegfall einer solchen Pflegeverpflichtung durch Wegzug ins Pflegeheim dem Pflegeberechtigten vielfach einen Anspruch gegen den Verpflichteten in Höhe der ersparten Aufwendungen zugesprochen. In der Praxis führt dies immer wieder dazu, dass die Träger der Sozialhilfe sich weigern, Sozialhilfe zu bewilligen, weil den Pflegebedürftigen ein seine Bedürftigkeit beseitigender Anspruch gegen den Pflegeverpflichteten zustünde. Beides ist meist falsch. Der Sozialhilfeanspruch kann zwar im Hinblick auf eine vermögensrechtliche Forderung gegen den Pflegeverpflichteten entfallen. Dies gilt aber nicht, wenn die Durchsetzung des Anspruchs unsicher ist[98]:

136

---

**VG Aachen v. 6.1.2006 – 6 K 115/04**

Danach kann einem Hilfe Suchenden der Nachranggrundsatz entgegengehalten werden, wenn ihm bezogen auf den Zeitraum, für den Hilfe begehrt wird, bereite Mittel zur Verfügung stehen, die eine rechtzeitige Bedarfsdeckung ermöglichen. Dies können auch Ansprüche gegen Dritte sein, die auch erfüllt werden oder jedenfalls rechtzeitig durchgesetzt werden können. Zwar bedeutet die Notwendigkeit,

---

97 LG Düsseldorf v. 21.1.2010 – 8 O 460/05; BGH v. 23.1.2003 – V ZB 48/02, FamRZ 2004, 690; BGH v. 21.11.2002 – V ZB 40/02, NJW 2003, 1126; OLG Düsseldorf v. 5.4.2004 – I-9 U 180/03.
98 VG Aachen v. 6.1.2006 – 6 K 115/04.

> Ansprüche auf dem Klagewege oder im Wege des einstweiligen Rechtsschutzes durchzusetzen, nicht von vornherein, dass sie nicht rechtzeitig realisierbar sind und damit als bereite Mittel ausscheiden. **Von bereiten Mitteln kann aber nicht ausgegangen werden, wenn die Hilfe allenfalls im Wege eines langwierigen Rechtsmittelverfahrens erlangt werden könnte.** Vgl. dazu z. B. BVerwG, Beschluss vom 2. September 2003 – 5 B 259/02 –, juris; OVG NRW, Urteile vom 12. Juni 2002 – 16 A 5013/00 –, juris, und vom 15. Juni 2000 – 16 A 2975/98 – und – 16 A 3108/99 –, juris.

137    Ob eine **Pflegeverpflichtung** einen ‚Geldwert' für den Berechtigten hat und ihm daher aus dem Übertragungsvertrag ein Geldanspruch aus der übernommenen Pflegeverpflichtung zusteht, hängt maßgeblich von der jeweiligen Vertragsformulierung und den sonstigen Umständen des Falles ab. Wird z.B. Versorgung nur ‚in kranken Tagen' geschuldet, ist eine Versorgungsverpflichtung im Pflegefall nicht geschuldet. Zwischen einer (vorübergehenden) Versorgungsnotwendigkeit bei Krankheit und einer (dauerhaften) Versorgungsnotwendigkeit im Fall der Pflegebedürftigkeit ist sprachlich zu unterscheiden und wird auch im Verständnis der Vertragsschließenden zu unterscheiden sein.

138    Vielfach gehen die Beteiligten bei einer mit einer **Versorgungsverpflichtung** verbundenen Zuwendung davon aus, dass die Versorgungsverpflichtung praktisch ‚nebenbei' von dem Haus und Kinder versorgenden Zuwendungsempfänger (oder dessen Gatten) zu erfüllen ist. In diesen Fällen kann bei sachgerechter Auslegung eines Vertrages der Versorgungsverpflichtung kein Geldwert zugeordnet werden. Dies hat nun auch zu einer Klarstellung durch die Rechtsprechung des BGH[99] geführt:

> **BGH v. 29.1.2010 – V ZR 132/09, FamRZ 2010, 554**
>
> LS: Kann ein Familienangehöriger, der als Gegenleistung für die Übertragung eines Grundstücks die Pflege des Übergebers übernommen hat, seine Leistung wegen Umzugs des Übergebers in ein Pflegeheim nicht mehr erbringen, wird sich dem im Rahmen einer ergänzenden Vertragsauslegung zu ermittelnden hypothetischen Parteiwillen im Zweifel nicht entnehmen lassen, dass an die Stelle des ersparten Zeitaufwands ein Zahlungsanspruch des Übergebers treten soll. …
>
> a) Allerdings ist eine ergänzende Vertragsauslegung geboten, wenn die Beteiligten eines Übergabevertrages bei dessen Abschluss davon ausgegangen sind, der Übergeber könne im Alter zu Hause gepflegt werden, und deshalb keine Regelung für den Fall seines Umzugs in ein Senioren- oder Pflegeheim getroffen haben (vgl. Senat, Beschl. v. 21.11.2002 – V ZB 40/02 –, FamRZ 2003, 671 = NJW 2003, 1126, 1127; Beschluss v. 23.1.2003 – V ZB 48/02, FamRZ 2004, 690 = NJW-RR 2003, 577, 578; Urteil v. 9.1.2009 – V ZR 168/07 –, FamRZ 2009, 598 = NJW 2009, 1348 [für ein Wohnrecht] sowie Krüger, ZNotP 2010, 2).

---

99 BGH v. 29.1.2010 – V ZR 132/09, FamRZ 2010, 554.

b) Eine solche Regelungslücke ist unter Berücksichtigung der von den Parteien eingegangenen Bindungen zu schließen. Sollen die Verpflichtungen des Übernehmers, wie hier, zu der Alterssicherung des Übergebers beitragen oder diese umfassend gewährleisten, entspricht es dessen Absicherungsinteresse, dass ihm im Umfang der ersparten Aufwendungen ein Anspruch auf Beteiligung an den Pflegekosten zusteht, wenn er in einem Maße pflegebedürftig wird, dass er professionelle Pflege braucht und der Übernehmer seine Pflegeverpflichtung deshalb nicht mehr selbst erfüllen kann (vgl. Senat, Beschluss v. 21.11.2002 – V ZB 40/02 –, FamRZ 2003, 671 = NJW 2003, 1126, 1127).

Der Umfang der ersparten Aufwendungen richtet sich nach dem Inhalt der ursprünglichen Verpflichtung zu Wart und Pflege (Senat, aaO). An die Stelle nicht mehr zu erbringender Sachleistungen treten Zahlungsverpflichtungen, die den Wert der ersparten Aufwendungen für diese Leistungen abschöpfen (Senat, Beschl. v. 23.1.2003 – V ZB 48/02 –, FamRZ 2004, 690 = NJW-RR 2003, 577, 578). Hinsichtlich vereinbarter Pflege- und sonstiger Dienstleistungen (z.B. Reinigung von Wohnung und Bekleidung, Zubereitung von Mahlzeiten) ist zu differenzieren:

Sind die Vertragsparteien bei Abschluss des Übergabevertrages übereinstimmend davon ausgegangen, dass der Übernehmer hierfür eine Hilfskraft engagiert und bezahlt, zählt das Entgelt für die Hilfskraft zu den infolge des Heimaufenthalts ersparten Aufwendungen. Dagegen tritt an die Stelle von Pflege- und Dienstleistungen, die nach der Vorstellung der Vertragsparteien von dem Übernehmer oder dessen Familienangehörigen persönlich erbracht werden sollten, kein Zahlungsanspruch des Übergebers. Andernfalls führte die ergänzende Vertragsauslegung zu einer unzulässigen Erweiterung des Vertragsgegenstandes. Der Übernehmer verpflichtet sich zu der Pflege und Betreuung des Übergebers meist in der Annahme, die geschuldeten Dienste selbst oder durch Familienangehörige, also ohne finanziellen Aufwand, erbringen zu können. Es entspricht deshalb in aller Regel nicht dem – für die ergänzende Vertragsauslegung maßgeblichen – hypothetischen Parteiwillen, dass Geldzahlungen an die Stelle der versprochenen Dienste treten, wenn diese aus Gründen, die der Übernehmer nicht zu vertreten hat, nicht mehr erbracht werden können. Müsste der Übernehmer den aufgrund des Heimaufenthalts des Übergebers entstandenen (Frei-)Zeitgewinn in Geld ausgleichen, wäre jedoch genau dies die Folge.

Abweichendes ergibt sich, anders als die Revision unter Hinweis auf Entscheidungen des Oberlandesgerichts Düsseldorf (RNotZ 2005, 485 sowie Urt. v. 5.4.2004, I-9 U 180/03, juris Rdn. 46ff.) meint, nicht aus der Entscheidung des Senats vom 21. November 2002 (– V ZB 40/02 –, FamRZ 2003, 671 = NJW 2003, 1126). Die darin enthaltenen Erwägungen zu dem Umfang der von der Übernehmerin geschuldeten Pflegeleistungen dienten nicht dazu, die infolge des Heimaufenthalts der Übergeberin ersparte Zeit für Pflegeleistungen zu konkretisieren. Sie sollten vielmehr verdeutlichen, dass die Übernehmerin keine Vollzeitpflege schuldete und deshalb auch dann keine professionellen Pflegekräfte hätte engagieren und bezahlen müssen (woraus sich dann ersparte Aufwendungen ergeben hätten), wenn deren Inanspruchnahme für eine ordnungsgemäße häusliche Pflege der Übergeberin im Laufe der Zeit unumgänglich geworden wäre.

c) Unter Anwendung der dargestellten Grundsätze ist das Berufungsgericht für den hier zu beurteilenden Sachverhalt rechtsfehlerfrei zu einer ergänzenden Auslegung des Übergabevertrages gelangt, nach der dem Vater des Beklagten zu 1 kein Geld-

> ausgleich für die ihm versprochenen, infolge seines Heimaufenthalts aber nicht mehr möglichen Pflege- und Dienstleistungen seitens der Beklagten zusteht.
>
> Etwas anderes käme zwar in Betracht, wenn die Beklagten aus in ihrer Person liegenden Gründen heute nicht mehr in der Lage wären, die geschuldeten Leistungen selbst zu erbringen und deshalb – lebte der Übergeber noch in ihrem Haus – nach § 2 Nr. 2b des Übergabevertrages verpflichtet wären, auf ihre Kosten eine Hilfskraft zu besorgen; denn in diesem Fall hätten die Beklagten infolge des Heimaufenthalts des Übergebers finanzielle Aufwendungen erspart. Dass es sich so verhält, macht der Kläger indes nicht geltend. Auf ersparte Aufwendungen für Sachleistungen ist die Klage nicht gestützt worden.

139 Insbesondere Pflegeversprechen stellen insoweit keinen wirtschaftlichen Wert dar. Allerdings kann es geboten sein, aus bereicherungsrechtlichen Gesichtspunkten einen Anspruch des Pflege- oder sonst Dienstleistungsberechtigten gegen den Belasteten auf Herausgabe und Zahlung der **ersparten Aufwendungen** anzunehmen[100], wenn neben der Pflegeleistung als **Dienstleistung** auch **Sachleistungen** vom Verpflichteten zu erbringen waren (Kosten der Verpflegung etc.).

### c) Nutzungs-, Nießbrauchs- und Wohnrechte als Vermögen der Eltern

140 **Nutz-, Nießbrauchs- und Wohnungsrechte müssen aber auch als Vermögenswerte** des aus ihnen Berechtigten verstanden werden. Dies versteht sich für einen Familienrechtler von selbst, da ihre Bewertung im Zugewinnausgleich[101] und ehelichem Güterrecht teilweise eine beachtliche Bedeutung haben können.

141 Die vermögensrechtliche Bewertung von Nutz-, Nießbrauchs- und Wohnungsrechten erfolgt entweder mit Hilfe der WertermittlungsVO v. 8.12.1988[102] und den Wertermittlungsrichtlinien 2002[103] oder mit Hilfe einer einfachen Barwertberechnung. Beide Berechnungsmethoden gelangen zu nahezu identischen Ergebnissen. Hintergrund der Bewertung ist die Berechnung des Barwertes (Gegenwartswert) einer periodisch wiederkeh-

---

100 BGH v. 21.9.2001 – V ZR 14/01, NJW 2002, 440; BGH v. 23.1.2003 – V ZB 48/02, FamRZ 2004, 690.
101 *Kogel*, Strategien beim Zugewinnausgleich, 4. Aufl. 2013, Rn. 929 ff.; *Schröder*, Bewertungen im Zugewinnausgleich, 5. Aufl. 2011, Rn. 236; *Schulz/Hauß*, Vermögensauseinandersetzung bei Trennung und Scheidung, 5. Aufl. 2011, Kap. 8, Rn. 322; jetzt aber kritisch: *Schulz/Hauß*, Vermögensauseinandersetzung bei Trennung und Scheidung, 6. Aufl. 2015, Kap. 1, Rn. 411 ff., die nunmehr ein Wohnrecht des Unterhaltsberechtigten nicht mehr seinem Vermögen zurechnen, sondern ausschließlich auf Bedarfsebene unterhaltsrechtlich behandeln.
102 BGBl I S. 2209, www.docju.de/themen/gesetze/wertv.pdf.
103 http://www.bmvbs.de/Anlage13683/Wertermittlungsrichtlinien-2002.pdf.

renden Leistung über die gesamte anzunehmende Nutzungsdauer. Handelt es sich um ein lebenslanges Nutzungsrecht, wird für die Nutzungsdauer die Lebenserwartung des Berechtigten (vgl. Sterbetafel, Rn. 1125) zugrunde gelegt. Da der Barwert der Nutzung der gegenwärtige Wert der Nutzung ist, muss der Wert über die Nutzungsdauer abgezinst werden. Als Zinsfaktor kann der auch für die BarwertVO 2006 zugrunde gelegte Rechnungszins von 4,5 % gewählt werden. Dabei bewirkt ein höherer Zinssatz einen geringeren Barwert und dementsprechend ein niedrigerer Zinssatz einen höheren Barwert.

**Beispiel**: Wenn einer 73 Jahre alten Frau ein Wohnungsrecht zu einem objektiven Marktmietwert von monatlich 450 € zusteht, beträgt ihre Lebenserwartung nach der Sterbetafel (s. Rn. 1125) noch 13,98 Jahre oder 168 Monate.

monatliche Zahlung (x)     450,00 €
Zinssatz 4,5 % Jahreszins =:     0,375 % Monatszins
Anzahl der monatlichen Zahlungen: 168
Barwert (x):     ca. 56.013 €[104]

Die genaue finanzmathematische Funktion der Barwertberechnung lautet:

$$\text{Barwert} = \frac{\text{Jahresrente}}{\text{Jahreszins}} \times \left\{ 1 - \frac{1}{(1 - \text{Jahreszins})^{\text{Leistungszeit in Jahren}}} \right\}$$

Für den oben dargestellten Fall bedeutet dies (auf Monatsbasis):

$$\text{Barwert} = \frac{450}{0,00375} \times \left\{ 1 - \frac{1}{(1 + 0,00375)^{168}} \right\} = 56.013$$

Einfacher kann die Berechnung in Excel durchgeführt werden, die Excel-Funktion lautet =BW(Zins;Laufzeit;Rate) und ergibt auf Monatsbasis ebenfalls 56.013 €.

Zur Erleichterung der Berechnung ist im Anhang eine Barwerttabelle enthalten, mit deren Hilfe die Barwerte von monatlichen Leistungen leicht kalkuliert werden können (vgl. Rn. 1129).

Teilweise versuchen die Träger der Sozialhilfe die so errechneten Vermögensbeträge gegen die Unterhaltspflichtigen geltend zu machen, indem entweder der Vermögenswert unmittelbar verlangt wird oder dem unterhaltspflichtigen Kind, dessen Grundstück oder Haus mit dem Wohnrecht belastet ist, angeboten wird, das Grundstück in Höhe des Barwertes des Wohnungsrechts mit einer Grundschuld zu belasten. Teilweise wird dabei angeboten auf eine Verzinsung der Forderung (großzügig) zu verzichten. Diese Argumentation der Sozialhilfeträger ist nur scheinbar konsistent.

142

---

104 Berechnet mit ADVOexpert – Familienrecht (Verlag Dr. Otto Schmidt, Köln), Version 29: Barwert = Rente × (1 – (1 + Periodenzins)^-Periodenzahl)/ Periodenzins.

Zwar ist der mit dem Wohnrecht belastete Wert der Immobilie um den Wert des Wohnungs- oder Nutzungsrechts vermindert, das Wohnungsrecht wird aber nur dann nach landesrechtlichen Vorschriften über das **Leibgedinge** (Altenteil) bei Nichtausübung in einen Vermögensanspruch transformiert, wenn es tatsächlich Teil eines Leibgedinges ist (Art. 96 EGBGB). Liegt diese Situation nicht vor, was außerhalb der Vollerwerbslandwirtschaft anzunehmen ist, steht der Wertminderung des Grundstücks kein stoffgleicher vermögensrechtlicher Vorteil oder Anspruch des Nutzungsberechtigten gegenüber. Dieser hat vielmehr einen Nutzungsanspruch, mehr aber nicht. Hätten die Parteien des Nutzungsrechts mehr gewollt, hätten sie eine andere Vereinbarung abschließen müssen. Die Wohnungsrechtsvereinbarung wird ja oftmals gerade geschlossen, weil Barmittel fehlen, um einen Eigentümerwechsel unbelastet vorzunehmen. Fehlt es demnach an einer auslegungsfähigen Vereinbarung zwischen Nutzungsberechtigtem und Nutzungsbelastetem, kann eine Kapitalisierung des Nutzungsrechts nicht verlangt werden.

143  Wenn feststeht, dass der Wohnberechtigte sein Wohnrecht nicht mehr ausüben kann oder will, ist dessen Löschung oder Aufgabe keine Schenkung, weil das Wohnrecht kein Vermögenswert für den Berechtigten darstellt[105]. Dabei ist die vertragliche Grundlage für die Wohnrechtsbestellung stets genau zu prüfen. Sieht diese das Recht des Wohnberechtigten vor, Angehörige oder Pflegepersonen in die Wohnung aufzunehmen, macht auch die Übersiedlung der wohnberechtigten Person in ein Pflegeheim das Wohnrecht nicht wertlos, weil im Falle eines Rückzugs in die Wohnung die Pflege sichergestellt werden könnte[106]

144  Das Angebot, das Wohnrecht durch **Grundschuldbestellung** zu kapitalisieren, verstößt gleichzeitig gegen den Grundsatz, dass eine Unterhaltspflicht nur dann besteht, wenn Leistungsfähigkeit (beim Unterhaltspflichtigen) und Bedarf (beim Unterhaltsberechtigten) gleichzeitig bestehen[107]. Entweder, der Unterhaltspflichtige ist in der Lage, aus seinen laufenden Einkünften Elternunterhalt zu zahlen, oder es existiert verwertbares Vermögen, das zumutbar für Unterhaltszwecke einzusetzen ist. Ist die Immobilie, für die das Wohnrecht besteht, aber vom Unterhaltspflichtigen selbst bewohnt, kann ihre Verwertung nicht verlangt werden. Sie stellt dann unverwertbares Vermögen des Unterhaltspflichtigen dar und kann auch nicht durch Belastung teilverwertet werden.

---

105 BGH v. 25.1.2012 – XII ZB 479/11, FamRZ 2012, 967.
106 OLG Nürnberg v. 22.7.2013 – 4 U 1571/12, FamFR 2013, 406 = MDR 2014, 22.
107 BVerfG v. 7.6.2005 – 1 BvR 1508/96, FamRZ 2005, 1051.

**Praxistipp:** 145

> Das Wohnrecht des pflegebedürftigen Menschen, der infolge seiner Pflegebedürftigkeit das Wohnrecht nicht mehr ausüben kann, hat keinen wirtschaftlichen Wert für den Wohnberechtigten. Eigentümer einer mit einem Wohnrecht belasteten Immobilie sollten daher i.d.R. für Aufgabe oder Löschung des Wohnrechts irgendwelche Beträge an die Sozialhilfeträger oder den unterhaltsberechtigten Elternteil zu zahlen.

## II. Bedürftigkeit des Unterhaltsberechtigten

Wie in jedem Unterhaltsrechtsverhältnis besteht ein Unterhaltsanspruch nur dann, wenn der Bedarf des Unterhaltsberechtigten (vgl. dazu Rn. 41) nicht aus eigenen Mitteln des Unterhaltsberechtigten oder durch Unterhaltsleistungen vorrangig Verpflichteter gedeckt werden kann. 146

Da Elternunterhaltsansprüche regelmäßig vom Träger der Sozialhilfe geltend gemacht werden ist davon auszugehen, dass die Einkommens- und Vermögenslage des Hilfsbedürftigen, also des unterhaltsberechtigten Elternteils, vom Träger der Sozialhilfe bereits geprüft worden ist. Abhängig davon kann es jedoch im Vorverfahren oder im Prozess aus taktischen Gründen sinnvoll sein, die Bedürftigkeit des unterhaltsberechtigten Elternteils zu problematisieren. 147

### 1. Vorrangigkeit des Eigenmitteleinsatzes

Dass der unterhaltsbedürftige Elternteil seine gesamten eigenen Einkünfte zur Deckung seines Bedarfs zu verwenden hat, steht außer Frage. Ihm verbleibt von seinem Einkommen nicht die Möglichkeit, irgendwelche Sparbeträge, auch keinen **Notgroschen** anzulegen (vgl. zur Notgroschenproblematik im Übrigen Rn. 168). Die Verpflichtung, das **gesamte Vermögen zur Eigenbedarfssicherung** einzusetzen, betrifft auch Vermögen in Form der Teilhabe an einer ungeteilten Erbengemeinschaft.[108] Dem Unterhaltsberechtigten obliegt es auch, vorrangig Forderungen gegenüber Dritten geltend zu machen und einzuziehen. Für ihn gilt, wie für jeden Unterhaltsberechtigten, die **Obliegenheit, seine finanziellen Verhältnisse so zu gestalten, dass andere so gering wie** möglich belastet werden. Diese 148

---

108 BGH v. 23.11.2005 – XII ZR 155/03, FamRZ 2006, 935 m. Anm. *Hauß*.

generelle unterhaltsrechtliche Obliegenheit beherrscht das gesamte Unterhaltsrecht[109].

149 Der Eigenmitteleinsatz des Unterhaltsbedürftigen wird auch nicht dadurch beschränkt, dass er Unterhaltspflichten gegenüber Dritten (z.B. dem Ehegatten) zu erfüllen hat. Insoweit gilt der Grundsatz des Vorrangs der Eigenbedarfssicherung. Danach ist die Sicherung des Eigenbedarfs vorrangig vor der Sicherung eines fremden Unterhaltsbedarfs. Diese Fragestellung ist stets dann von besonderer Bedeutung, wenn der wirtschaftlich stärkere von zwei zusammenlebenden Elternteilen pflegebedürftig und in einem Pflegeheim untergebracht wird. Auch wenn eine Trennung der Ehegatten durch Unterbringung eines von ihnen im familienrechtlichen Sinn nicht vorliegt, gilt nicht der Halbteilungsgrundsatz, wonach das Familieneinkommen beiden Gatten zu je ½ zusteht. Soweit der unterhaltsrechtliche Bedarf des pflegebedürftigen Elternteils die ihm nach dem Halbteilungsgrundsatz zustehenden Hälfte des Familieneinkommens übersteigt, kann er gegebenenfalls sein Einkommen vollständig und vorrangig für den eigenen Bedarf verwenden, bevor seinem Gatten Unterhalt geschuldet wird[110].

150 Folgender in der Praxis relativ häufig vorkommende Fall soll dies erläutern: V (80) hat ein Renteneinkommen von 1.500 €, M (75) ein Einkommen von 300 €. Nach einem Schlaganfall kommt V ins Pflegeheim. Die Pflegekosten betragen (einschließlich Taschengeld) 3.500 €, von denen 1.400 durch das Pflegegeld und 250 € durch Pflegewohngeld gedeckt sind. Es verbleibt ein Fehlbedarf von lediglich 350 € (3.500 – 1.400 – 250 – 1.500). M stehen vom Familieneinkommen nicht etwa 900 € ((1.500 + 300) / 2) zu. V ist zur Leistung von Familienunterhalt angesichts seiner eigenen Bedürftigkeit nicht in der Lage. M erhält mithin **Grundsicherung** nach §§ 41 ff. SGB XII (vgl. Rn. 151 ff.), die grundsätzlich rückgriffsfrei gewährt wird.

## 2. Grundsicherung

151 **Grundsicherung** wird nach § 41 SGB XII älteren und dauerhaft voll erwerbsgeminderten Personen mit Inlandsaufenthalt gewährt, die ihren notwendigen Lebensunterhalt nicht aus Einkommen und Vermögen beschaffen können. Leistungsberechtigt wegen Alters ist, wer die Regelaltersgrenze erreicht hat (§ 235 SGB VI). Dies bedeutet, dass Personen, die vor dem 1.1.1947 geboren sind mit Vollendung des 65. Lebensjahres grund-

---

109 Vgl. insgesamt die Darstellung zu unterhaltsrechtlichen Obliegenheiten in *Melchers/ Hauß*, Rn. 73 bis 100.
110 BGH v. 7.7.2004 – XII ZR 272/02, FamRZ 2004, 1370.

sicherungsberechtigt sind. Für die nachfolgenden Geburtsjahrgänge wird die Altersgrenze bis zum Geburtsjahrgang 1958 um jeweils einen Monat und danach um je zwei Monate angehoben. Ab dem Geburtsjahrgang 1964 beträgt daher die Regelaltersgrenze 67 Jahre. Darüber hinaus wird Grundsicherung auch voll erwerbsgeminderten Erwachsenen ab Vollendung des 18. Lebensjahres gewährt, wenn unwahrscheinlich ist, dass die volle Erwerbsminderung behoben wird.

Die Höhe der Grundsicherung entspricht dem Sozialhilfeniveau. Der **Regelsatz** beträgt 399 €. Bei Zusammenleben mit einem Partner geht der Sozialgesetzgeber von einer ‚häuslichen Ersparnis' in Höhe von 10 % aus, der Regelsatz beträgt dann 359 € pro erwachsenes Mitglied der Bedarfsgemeinschaft (vgl. i.Ü. Rn. 112). Ob Abweichungen vom Regelsatz zulässig sind, wird unterschiedlich beurteilt. Die Entscheidung des BVerfG v. 9.2.2010[111] legt nahe davon auszugehen, dass auch für Senioren ein abweichender Bedarf bewilligt werden muss[112]. 152

Neben dem Regelsatz steht dem Hilfsbedürftigen ein Anspruch auf Übernahme der angemessenen **Aufwendungen für Unterkunft und Heizung** zu (§ 29 SGB XII). Wegen der im Alter eintretenden höheren Immobilität wird in der Verwaltungspraxis die Frage, was ist ‚angemessener Wohnraum' meist nicht sehr eng ausgelegt[113], weil einem alten Menschen ein Umzug u.U. nicht mehr zuzumuten ist. Angemessen ist im Sinne sozialhilferechtlicher Vorschriften eine Wohnfläche von bis zu 50 m² für Alleinstehende, 60 m² bei zwei Personen und 15 m² zusätzlich für jede weitere Person[114]. Die Höhe des Quadratmeterpreises, die letztendlich für die Angemessenheit der Kosten der Unterkunft neben der Wohnfläche maßgeblich ist, ist regional unterschiedlich nach einem ‚schlüssigen Konzept'[115] zu bestimmen. Vielfach greifen die Sozialhilfeträger auf die örtlichen Mietspiegel zurück. Die **Nebenkosten** und Kosten der Warmwasserzubereitung (§ 30 Abs. 7 SGB XII) sind Teil der Kosten des Wohnens. 153

**Mehrbedarfszuschläge** nach § 30 SGB XII werden 154

In Höhe von 17 % des maßgeblichen Regelsatzes für

- Personen über 64 Jahre oder
- Voll erwerbsgeminderte Personen mit einer Schwerbehinderung und dem Merkzeichen ‚G'

---

111 1 BvL 1/09, 3/09, 4/09, FamRZ 2010, 429.
112 So auch Richter u.a./*Conradis*, Seniorenrecht, § 2 Rn. 16.
113 Richter u.a./*Conradis*, Seniorenrecht, § 2 Rn. 31.
114 Richter u.a./*Conradis*, Seniorenrecht, § 2 Rn. 21.
115 BSG v. 22.9.2009 – B 4 AS 18/09 R.

und zwischen 36 € und 77 € für zusätzliche anderweitig nicht gedeckte diätetische Ernährung gezahlt.

155 Anders als im Fall der Gewährung von Hilfe zum Lebensunterhalt findet bei der Gewährung von Grundsicherung ein Unterhaltsregress gegen die unterhaltspflichtigen Kinder nicht statt (§ 41 Abs. 2 SGB XII), soweit deren Einkünfte unter 100.000 € brutto pro Jahr (und Kind) liegen (§ 16 SGB IV). § 41 Abs. 2 S. 2 SGB XII begründet schließlich eine gesetzliche Vermutung, dass die Einkünfte der Kinder unter 100.000 € liegen. Sinn dieser Regelung ist das Ziel des Gesetzes, die ‚verschämte Altersarmut'[116] zu bekämpfen, das nur erreicht werden kann, wenn die Hilfsbedürftigen nicht befürchten müssen, bei Inanspruchnahme von Grundsicherung werde auf das Einkommen und Vermögen ihrer Kinder zurückgegriffen. Nur wenn aus Presse, Funk und Fernsehen ein 100.000 € übersteigendes Einkommen des Kindes bekannt ist, entfällt der Anspruch auf Grundsicherung (§ 43 Abs. 2 letzter Satz SGB XII).

156 In Abweichung vom Grundsatz der **Subsidiarität** von Sozialhilfe haben unterhaltsbedürftige Eltern nicht die Möglichkeit, anstatt der Grundsicherung ihre unter 100.000 € verdienenden Kinder auf Unterhalt in Anspruch zu nehmen. Zwar besteht der familienrechtliche Unterhaltsanspruch. Die das Unterhaltsrecht aber überstrahlende Obliegenheit des Unterhaltsberechtigten, den Pflichtigen so weit als möglich zu schonen, führt zur vorrangigen Inanspruchnahme auf Grundsicherung[117], die den Bedarf des Unterhaltsberechtigten außerhalb von Pflege abdeckt.[118]

157 Der Umfang der Leistungen aus der Grundsicherung ist in § 42 SGB XII definiert. Er umfasst neben dem Regelbedarf und den Aufwendungen für die Unterkunft die Mehrbedarfe nach §§ 30, 31 SGB XII, die Übernahme von Kranken und Pflegeversicherungsbeiträgen nach § 32 SGB XII. Dies bedeutet jedoch, dass für nicht krankenversicherte Personen die Übernahme der Krankenbehandlungskosten über die Grundsicherung nicht erfolgen kann.

158 **Praxistipp:**

In den Fällen, in denen der Sozialhilfeträger gegenüber dem Kind Krankenbehandlungskosten für einen Elternteil geltend macht, weil dieser nicht krankenversichert ist, kann es bei guten Einkommens-

---

116 *Klinkhammer*, Grundsicherung und Unterhalt, FamRZ 2003, 1793; *Hauß*, Elternunterhalt – ein Privileg Wohlhabender, FamRB 2005, 268; *Born*, Kein Elternunterhalt bei Leistungen nach dem Grundsicherungsgesetz, FamRB 2005, 102.
117 OLG Saarbrücken v. 24.6.2004 – 6 UF 77/03, FamRB 2005, 102 (*Born*).
118 So auch FA-FamR/*Gerhardt*, Kap. 6, Rn. 373; Wendl/Dose/*Wönne* § 2 Rn. 940.

verhältnissen ratsam sein, keine Auskunft über die Einkommensverhältnisse zu erteilen und statt dessen die Krankenbehandlungskosten zu übernehmen. Dies empfiehlt sich immer, wenn davon auszugehen ist das eine unterhaltsrechtliche Leistungsfähigkeit nicht nur für die Krankenbehandlungskosten besteht, sondern auch für die Finanzierung des Lebensbedarfs. Aus der Auskunft könnte sich für den Grundsicherungsträger ein Übersteigen der Einkommensgrenze ergeben, was die zusätzliche Heranziehung auf Unterhalt zur Folge hätte.

## 3. Pflegewohngeld

In einigen Bundesländern[119] gibt es landesgesetzliche Regelungen, wonach in Alten- oder Pflegeeinrichtungen untergebrachten Menschen ein **Pflegewohngeld** zu zahlen ist. Das Pflegewohngeld dient der teilweisen oder vollständigen Übernahme der im Pflegesatz der Pflegeeinrichtungen enthaltenen **Investitionskosten**. Der Anspruch auf Pflegewohngeld steht ausnahmslos Bewohnern/Bewohnerinnen in Pflegeeinrichtungen zu, die auf Dauer der vollstationären Pflege bedürfen. Die Pflegeeinrichtung muss sich im jeweiligen Bundesland befinden und der **Bedürftige seinen gewöhnlichen Aufenthalt *vor* Heimaufnahme** im jeweiligen Bundesland gehabt haben. Teilweise existieren Regelungen, wonach auch dann Pflegewohngeld gezahlt wird, wenn ein naher Verwandter (ersten oder zweiten Grades) des Pflegebedürftigen Landeskind ist und am Pflegeort wohnt. Voraussetzung für die Leistung von Pflegewohngeld ist daneben das Vorliegen von Pflegebedürftigkeit (Pflegestufen I, II, III). Die Feststellung erfolgt durch die Begutachtung durch den Medizinischen Dienst der Krankenkasse (MDK).

159

Die **Höhe des Pflegewohngeldes** ist auf die Höhe der ausgewiesenen Investitionskosten des jeweiligen Heims begrenzt. Es wird auf Antrag an Heimbewohner gezahlt, die nicht in der Lage sind, die anfallenden Heimkosten aus laufenden monatlichen Einkünften (z.B. Renteneinkünfte, Zinseinkünfte, Einkünfte aus Vermietung und Verpachtung, Unterhaltszahlungen, Einkünfte aus vertraglichen Vereinbarungen oder sonstigen Einkünften) zu decken. Für die Zahlung des Pflegegeldes gilt ein **Schonvermögen** des Bedürftigen (in NRW 10.000,00 € nach § 12 Abs. 3 LPflG NRW). Dieser Wert weicht vom sozial- und unterhaltsrechtlichen Schonvermögen deutlich nach oben ab.

160

---

119 Darunter Mecklenburg-Vorpommern, Schleswig-Holstein, Niedersachsen und Nordrhein-Westfalen.

**161 Beispielsrechnung für Pflegewohngeld (NRW) nach § 12 LPflG:**

| Pflegebedürftige | Frau A | Frau B | Herr C | Herr D |
|---|---|---|---|---|
| Vermögen der Pflegebedürftigen | 2.000 € | 5.000 € | 8.000 € | 20.000 € |
| Einkommen der Pflegebedürftigen | 967,00 € | 2.250 € | 2.650 € | 1.330 € |
| Abzüglich | | | | |
| Unterkunft und Verpflegung | 877,31 € | 877,31 € | 877,31 € | 877,31 € |
| Von der Pflegekasse nicht abgedeckten Pflegekosten Pflegekosten insgesamt 2.520,60 € abzgl. Leistungen der Pflegekasse 1.550,00 € | | | | |
| Grundbeitrag (Taschengeld) | 107,73 € | 107,73 € | 107,73 € | 107,73 € |
| Summe Abzugsbeträge | 1.955,64 € | 1.955,64 € | 1.955,64 € | 1.955,64 € |
| Einkommensüberhang | 0,00 € | 294,36 € | 694,36 € | 0,00 € |
| ggfs. weiterer Selbstbehalt | | 50,00 € | 50,00 € | |
| Berechnung des monatlichen Pflegewohngeldes | | | | |
| Investitionskosten | 568,55 € | 568,55 € | 568,55 € | 568,55 € |
| Abzgl. Einkommensüberhang (ohne weiteren Selbstbehalt | 0,00 € | 244,36 € | 644,36 € | 0,00 € |
| Pflegewohngeld | 568,55 | 324,19 € | 0,00 € | 0,00 € |

162    Das **Pflegewohngeld** hat bedarfsbefriedigende Funktion. Es gehört daher zu den Obliegenheiten des Hilfs- und Unterhaltsbedürftigen, Pflegewohngeld zu beantragen, was jedoch in der Praxis kein Problem bereitet, da das Pflegewohngeld an die Pflegeheime gezahlt wird und diese daher regelmäßig auf Beantragung drängen.

163    Das **Pflegewohngeld verfolgt das Ziel**, pflegebedürftige Menschen aus dem Sozialhilfebezug und der Unterhaltsbedürftigkeit zu lösen. Trotz Pflegewohngeld gelingt dies im obigen Beispielsfall (Rn. 161) in der Variante A nicht. In der Variante D kann der Fehlbetrag aus dem Vermögen entnommen werden, bis dieses 10.000 € unterschreitet. Danach müsste Pflegewohngeld bewilligt werden, bis die sozialhilferechtliche Schonvermögensgrenze erreicht ist (2.600 €, Rn. 170). Ab diesem Zeitpunkt müsste neben Pflegewohngeld Sozialhilfe i.H.v. 57,09 € gezahlt werden (Bedarf 1.955,64 € – 1.330,00 € – 568,55 €).

## 4. Pflegegeld

164    Neben dem Eigeneinkommen des Unterhaltspflichtigen sind **Leistungen aus der Pflegekasse** (Pflegegeld) das vorrangigste Finanzierungsinstrument der pflegebedürftigen alten Menschen. Das **Pflegegeld** wird als Leistung aus der Pflegeversicherung nach SGB XI gezahlt. Auf die aus-

führliche Darstellung der Leistungen der Pflegeversicherung und der Voraussetzungen für diese Leistungen soll an dieser Stelle verzichtet werden.

Die Höhe der Leistungen der Pflegeversicherung staffelt sich nach dem Grad der Pflegebedürftigkeit (§ 15 SGB XI). Dabei sind unterschiedliche Leistungen der Pflegeversicherung vorgesehen (§ 28 SGB XI): 165

- Pflegesachleistungen (§ 36)
- Pflegegeld für selbst beschaffte Pflegehilfen (§ 37)
- Kombination von Geld- und Sachleistung (§ 38)
- Häusliche Pflege bei Verhinderung der Pflegeperson (§ 39)
- Pflegehilfsmittel und technische Hilfen (§ 40)
- Tagespflege und Nachtpflege (§ 41)
- Kurzzeitpflege (§ 42)
- Vollstationäre Pflege (§ 43)
- Pflege in vollstationären Einrichtungen der Hilfe für behinderte Menschen (§ 43a)
- Leistungen zur sozialen Sicherung der Pflegeperson (§ 44)
- Pflegekurse für Angehörige und ehrenamtliche Pflegepersonen (§ 45).

Von diesen Leistungen der Pflegeversicherung dominieren im hier interessierenden Zusammenhang die nach § 43 SGB XI zu bemessende Leistung des **Pflegegeldes** bei vollstationärer Unterbringung. Dieses beträgt derzeit in Pflegestufe I 1.023 €, bei Pflegestufe II 1.279 € und bei Pflegestufe III 1.550 € und in Härtefällen (§ 43 Abs. 3 SGB XI) maximal 1.918 €[120]. Dieser Härtefall liegt vor, wenn ein außergewöhnlich hoher und intensiver Pflegeaufwand erforderlich ist, der das übliche Maß der Pflegestufe III weit übersteigt. 166

## 5. Vorrangigkeit der Vermögensverwertung des Unterhaltsberechtigten

### a) Grundsatz: Vorrangigkeit der Vermögensverwertung

Der Unterhaltsberechtigte hat vor Inanspruchnahme des Unterhaltspflichtigen immer auch den **Stamm seines Vermögens** zu verwerten[121]. Sofern teilweise gleichwohl eine **Zumutbarkeitsprüfung** vorgenommen wird[122], ist bei dieser Abwägung zu berücksichtigen, dass bei betagten, insbesondere in stationärer Pflege befindlichen Unterhaltsbedürftigen die Erhaltung des Vermögens weder im Hinblick auf die Zukunftsperspektive 167

---
120 Ab Januar 2012.
121 BGH v. 17.12.2003 – XII ZR 224/00, FamRZ 2004, 370; FamRZ 2004, 1184; *Günther*, FF 1999, 281.
122 BGH v. 5.11.1997 – XII ZR 20/96, FamRZ 1998, 367 (für den Volljährigenunterhalt).

des Unterhaltsberechtigten noch im Hinblick auf ein mögliches Erbe schützenswert ist[123].

**168** Eine Einschränkung ist lediglich in § 1602 Abs. 2 BGB für minderjährige Kinder vorgesehen, bei denen die Verwertung des Vermögensstamms nicht verlangt werden kann. Der vorrangige Vermögenseinsatz des Unterhaltsbedürftigen ist nicht an Zumutbarkeitsbeschränkungen gebunden[124]. Allerdings hat der Unterhaltsbedürftige das Recht, einen **Notgroschen** für Fälle plötzlich auftretenden Sonderbedarfs zu behalten[125].

---

**BGH v. 17.12.2003 – XII ZR 224/00, FamRZ 2004, 370**

... Der Unterhaltsbedürftigkeit steht nicht entgegen, dass die Mutter noch über Vermögen i. H. von 4.500 DM verfügt, von dessen Verwertung die Gewährung von Sozialhilfe nach § 88 II Nr. 8 BSHG i. V. mit § 1 I Nr. 1b der hierzu ergangenen Durchführungsverordnung v. 11.2.1988 i. d. F. der Verordnung v. 23.10.1991 nicht abhängig gemacht werden darf. Zwar ist ein – nicht minderjähriger – Unterhaltsberechtigter im Verhältnis zu dem Unterhaltspflichtigen grundsätzlich gehalten, vorhandenes Vermögen zu verwerten, soweit ihm dies – auch unter Wirtschaftlichkeitsgesichtspunkten – zumutbar ist. Das schließt es indessen nicht aus, dem Unterhaltsberechtigten eine gewisse Vermögensreserve als sog. Notgroschen für Fälle plötzlich auftretenden (Sonder-)Bedarfs zu belassen (vgl. Senatsurteil v. 5.11.1997 – XII ZR 20/96 –, FamRZ 1998, 367, 369, für ein volljähriges Kind; BGH, Urteil v. 5.12.1956 – IV ZR 215/56 –, FamRZ 1957, 120, für einen 74 Jahre alten Vater, der Elternrente nach § 17 I Nr. 5 BEG beantragt hatte).

Zu einer anderen Beurteilung besteht auch im Rahmen der Inanspruchnahme auf Zahlung von Elternunterhalt kein Anlass (a. A. OLG Köln, FamRZ 2001, 437). Auch betagte, in einem Heim lebende Eltern können – ebenso wie andere ältere Menschen – noch Notfallreserven benötigen, deren Auflösung ihnen deshalb nicht angesonnen werden kann (vgl. etwa Paletta, FamRZ 2001, 1639 f., der darauf hinweist, dass die Kapitalreserve in der Regel jedenfalls dazu dienen soll, die Beerdigungskosten zu bestreiten).

Was die Höhe des sog. Notgroschens anbelangt, schließt sich der Senat der im Schrifttum wohl h. M. an, nach der regelmäßig zumindest der Schonbetrag nach § 88 I Nr. 1 BSHG i. V. mit der DurchführungsVO anzusetzen ist (vgl. Derleder, FuR 1991, 1, 7 f.; Duderstadt, Erwachsenenunterhalt, 3. Aufl., Anm. 3.2; Gerhardt, in: Handbuch des Fachanwalts Familienrecht, 4. Aufl., 6. Kap., Rn. 206; Günther, Anwaltshandbuch, § 12 Rn. 27; Heiß/Hußmann, Unterhaltsrecht, Kap. 16, Rn. 20; Müller, FPR 1995, 190, 191; Erdrich, in: Scholz/Stein, Praxishandbuch Familienrecht, Teil J, Rn. 33; Wendl/Pauling, Das Unterhaltsrecht in der familienrichterlichen Praxis, 5. Aufl., § 2 Rn. 614; Mergler/Zink, BSHG, § 91 Rn. 38). ...

---

123 BGH v. 17.12.2003 – XII ZR 224/00, FamRZ 2004, 370.
124 Staudinger/*Engler*, § 1602 Rn. 118; Göppinger/Wax/*Strohal*, Rn. 495.
125 BGH v. 17.12.2003 – XII ZR 224/00, FamRZ 2004, 370.

Folgt man der Ansicht, dass die Höhe des **Notgroschens** nach sozialhilferechtlichen Kriterien zu bestimmen ist[126], würde nach Eingliederung des BSHG in das SGB XII nunmehr nach § 90 SGB XII nur von unbedeutendem Schonvermögen auszugehen sein. Danach wird u.a.

- Vermögen, das aus öffentlichen Mitteln zum Aufbau oder zur Sicherung einer Lebensgrundlage oder zur Gründung eines Hausstandes erbracht wird,
- Vorsorgekapital, soweit dies im Rahmen der steuerlichen Förderungsgrenzen aufgebaut wurde,
- Vermögen zur Anschaffung einer behinderten- bzw. pflegegerechten Wohnung,
- Vermögen zur Anschaffung eines selbst genutzten Hausgrundstücks und
- kleinere Barbeträge oder sonstige Geldwerte (§ 90 Abs. 2 Nr. 9 SGB XII)

von der Verwertungspflicht ausgenommen.

In dem hier interessierenden Zusammenhang kann Vermögen, das der **zusätzlichen Altersversorgung des Hilfsbedürftigen** dient, nicht als Schonvermögen anerkannt werden. Auch ein derartiges Vermögen ist daher ‚Verzehrvermögen'. Die in der Entscheidung des BGH v. 17.12.2003[127] gezogene Grenze von 4.500 DM erscheint demgegenüber angemessen und entspricht auch der sozialrechtlichen Grenzziehung. Nach § 1 der VO zur Durchführung von § 90 Abs. 2 Nr. 9 SGB XII beträgt der Notgroschen

- **1.600 €** bei der Hilfe zum Lebensunterhalt und 2.600 € im Fall der Vollendung des 60. Lebensjahres und
- **2.600 €** bei der Erbringung von Pflegeleistungen.

Diese Beträge sind auch im Unterhaltsrecht als angemessen und verzehrfreies Vermögen (Notgroschen) des unterhaltsberechtigten pflegebedürftigen Elternteils anzusehen. Insbesondere sind jedoch Alterskapitalrücklagen und im Fall der Pflegebedürftigkeit auch Vermögen zur Immobilienbeschaffung nicht als verzehrfreies Vermögen des Unterhaltsberechtigten anzusehen, weil der mit der Vermögensreservation insoweit verbundene Zweck durch Eintritt der Pflegebedürftigkeit nicht mehr erreichbar ist.

---

126 BGH v. 17.12.2003 – XII ZR 224/00 FamRZ 2004, 370; *Griesche*, FPR 2004, 693; *Ehinger*, NJW 2008, 2465; *Brudermüller*, NJW 2004, 633; *Koch/Wellenhofer*, Rn. 5018.
127 BGH v. 17.12.2003 – XII ZR 224/00, FamRZ 2004, 370, vorstehend (Rn. 168) auszugsweise wiedergegeben.

## (1) Verwertung der selbst bewohnten Immobilie des Bedürftigen

**172** Vielfach ist der unterhaltsbedürftige Elternteil entweder allein oder gemeinsam mit seinem Gatten/Partner oder Lebensgefährten Eigentümer einer Immobilie. Auch der Mitbesitz an einer Immobilie stellt selbstverständlich einen Vermögenswert und damit grundsätzlich einzusetzendes Vermögen des unterhaltsbedürftigen Elternteils dar.

**173** Falls der unterhaltsbedürftige Elternteil **Alleinbewohner** der Immobilie war, ist die Verwertungspflicht hinsichtlich der Immobilie unproblematisch. Soweit der Eigentümer infolge der Unterbringung im Pflegeheim die Immobilie nicht mehr dauerhaft nutzen kann und auch ihre Vermietung und die damit verbundene Einkommenssteigerung den unterhaltsrechtlichen Bedarf nicht beseitigt, ist die Immobilie zu veräußern.

**174** Eine Veräußerungspflicht kann indessen fragwürdig sein, wenn der Ehegatte, der Partner oder ein Lebensgefährte in der Wohnung lebt. Nach § 90 Abs. 1 Nr. 8 SGB XII darf Sozialhilfe nicht vom Einsatz eines angemessenen Hausgrundstücks, das von der nachfragenden Person ‚*allein oder zusammen mit Angehörigen ganz oder teilweise bewohnt wird und nach ihrem Tod von ihren Angehörigen bewohnt werden soll*', abhängig gemacht werden. Das für den Elternunterhalt maßgebliche Tatbestandsmerkmal der Norm ist der Schutz der Wohnstätte des Hilfsbedürftigen. Da ein im Pflegeheim untergebrachter Bedürftiger indessen die Wohnung als Wohnstätte nicht mehr nutzt und die Eigennutzung das maßgebliche Schutzkriterium ist[128], ist die ehemalig eigengenutzte Immobilie einer stationärer Hilfe bedürftigen Person weder bei Allein- noch bei Miteigentum sozialhilferechtlich geschützt.

**175** Allerdings kann der Einsatz einer vormals als Familienimmobilie genutzten Wohnung eine Härte i.S.d. § 91 SGB XII darstellen, so dass die unmittelbare Verwertung der Immobilie durch den Sozialhilfeträger nicht verlangt werden kann. In diesen Fällen kann Sozialhilfe auf Darlehensbasis geleistet werden. Zur Sicherung des Darlehens verlangt der Sozialhilfeträger in diesen Fällen regelmäßig eine dingliche Sicherung des Rückzahlungsanspruchs durch Eintragung einer Sicherungshypothek oder -grundschuld. Dieser Fall liegt vor, wenn der Ehegatte oder Partner in der Immobilie zurückbleibt, während der Unterhaltsbedürftige dauerhaft in einem Pflegeheim untergebracht ist. Für den Zurückbleibenden ist die Immobilie i.d.R. bereits deswegen kein Schonvermögen i.S.d. § 90 Abs. 1 Nr. 8 SGB XII, weil sie keine ‚angemessene' Größe mehr hat. Die Angemessenheit wird insoweit immer noch an den Vorgaben des 2. Wohnungsbaugesetzes gemessen[129]. Danach ist eine Wohnfläche von 130 m² bei einem Einfamilienhaus

---

128 LPK-SGB XII/*Brühl*, § 90 Rn. 44.
129 LPK-SGB XII/Brühl, § 90 Rn. 44.

und von 120 m² bei einer Eigentumswohnung für eine vierköpfige Familie angemessen. Bei einer geringeren Personenzahl wird eine Absenkung um 20 m² pro Minderperson für angemessen gehalten[130]. Dies führt indessen dazu, dass für den meist ja auch betagten Miteigentümer-Gatten der pflegebedürftigen Person ein Verweilen in der Familienwohnung nicht möglich wäre[131]. Auch in diesen Fällen machen indessen die Sozialhilfeträger regelmäßig von § 91 SGB XII Gebrauch.

Unterhaltsrechtlich ist eine nicht mehr selbst genutzte Immobilie des bedürftigen Elternteils kein Schonvermögen. Auch wenn der Gatte des pflege- und unterhaltsbedürftigen Elternteils die Immobilie noch bewohnt, besteht eine unterhaltsrechtliche Unzumutbarkeit der Vermögensverwertung nicht. Das auf Unterhalt in Anspruch genommene Kind kann sich gegen den Unterhaltsanspruch mit dem Einwand der Existenz vorhandenen und verwertbaren Vermögens wehren. Dies gilt umso mehr, als unterhaltsrechtlich der Vermögenseinsatz im Verwandtenunterhalt anders als in § 1577 Abs. 3, 1581 Satz 2 BGB beim Gattenunterhalt keinen Billigkeitseinschränkungen unterliegt[132]. Auch wenn also der unterhaltsbedürftige Elternteil in einer kleinen Wohnung mit seinem Gatten/Partner zusammengelebt hat und nach Unterbringung im Pflegeheim der Gatte in der Wohnung zurückbleibt, kann sich das unterhaltspflichtige Kind auf vorrangige Verwertung der Immobilie berufen, selbst wenn dadurch dem in der Wohnung Verbleibenden ein Umzug zugemutet wird. Sozialhilfe wäre indessen, gegebenenfalls auf Darlehensbasis (§ 91 SGB XII) zu gewähren. Das gilt auch bei Miteigentum an der Immobilie. Der unterhaltsbedürftige Elternteil könnte zur Finanzierung seines Lebensbedarfs die Teilungsversteigerung betreiben. Im Hinblick auf Art. 6 GG und dem darin verankerten Schutz von Ehe und Familie stellte es eine Härte dar, würde die Gewährung von Sozialhilfe von einer derartig tief in die Ehe eingreifenden Maßnahme abhängig gemacht. Dem Sozialhilfeträger ist es daher verwehrt, in diesen Fällen auf Vermögensverwertung vor Sozialhilfegewährung zu bestehen. Das unterhaltspflichtige Kind ist solchen Beschränkungen nicht unterworfen, da es durch Art. 6 GG nicht gebunden ist.

**(2) Schenkungsrückforderungen**

Der Unterhaltsbedürftigen Person obliegt es, zur Finanzierung ihres Eigenbedarfs Schenkungen zurückzufordern (§ 528 BGB)[133]. Das Schenkungsrückforderungsrecht kann vom Sozialhilfeträger auf sich übergelei-

---
130 LPK-SGB XII/*Brühl*, § 90 Rn. 44; Richter u.a./*Conradis*, Seniorenrecht § 2 Rn. 53.
131 Kritisch insoweit Richter u.a./*Conradis*, Seniorenrecht § 2 Rn. 54.
132 Allg. Meinung, vgl. Palandt/*Brudermüller*, § 1602 Rn. 3.
133 Wendl/Dose/*Wönne*, § 2 Rn. 941; *Grziwotz*, FamRB 2014, 351; *Hauß*, FamRB 2010, 275.

tet werden (§ 93 SGB XII) und dann vom Sozialhilfeträger gegen die beschenkte Person geltend gemacht werden[134].

178 **Schenkung** ist eine unentgeltliche Vermögensübertragung (§ 516 BGB). In den Fällen der Vermögensübertragung von Eltern auf ihre Kinder ist dies oft nicht klar abgrenzbar. Häufigster Fall der Vermögensübertragung ist neben der reinen Geldzuwendung die Übertragung der elterlichen Immobilie auf eines der Kinder. Meist wird in diesen Fällen ein lebenslanges **Wohnrecht** für die übergebenden Eltern vorbehalten. Wird im Wege der Schenkungsrückforderung vom Schenker (oder dem Sozialhilfeträger) die Rückübertragung der Immobilie verlangt, ist stets problematisch, welchen wirtschaftlichen Wert das Geschenk im Zeitpunkt der Vermögensübertragung gehabt hat. Gerade bestehende Wohnrechte entwerten den Wert einer zugewendeten Wohnimmobilie massiv[135].

> **Beispiel:** Überträgt die 65 Jahre alte Mutter Ihrem 35 Jahre alten einzigen Sohn nach dem Tod ihres Mannes (Vater des Sohnes) die Familienimmobilie unter Vorbehaltung eines lebenslangen Wohnrechts, bestünde bezüglich eines Anteils von ¼ ein Pflichtteilsanspruch (bei einem Berliner Testament) oder sogar ein Erbanteil von 1/2. Die Mutter hat in diesem Alter noch eine Lebenserwartung von fast 21 Jahren (vgl. Sterbetafel Rn. 1128). Bei einem Mietwert der Immobilie in Höhe von 600 € pro Monat ergäbe der Barwert des Wohnrechts mit ca. 122.000 €. Selbst wenn man den **Vermarktungsmakel**, der durch das Wohnrecht und die eingeschränkte Nutzungsmöglichkeit für den Eigentümer begründet wird außer Acht lässt, relativiert sich bei dieser Betrachtungsweise der Wert der Vermögensübertragung erheblich.

179 Der durch ein Wohnrecht begründete Vermarktungsmakel einer Immobilie wird in der klassischen Bewertung unterschätzt. Diese bewertet den Immobilienwert zunächst ohne Berücksichtigung des Wohnrechts und zieht danach von dem so ermittelten Wert den Wert des Wohnrechts ab, als handele es sich bei den beiden gegenläufigen Vermögenspositionen um zwei selbständig handelbare Vermögensgegenstände. Eine solche Betrachtungsweise ist indessen zur Bewertung familienrechtlicher Wertbestimmung eines Wohnrechtsbelasteten Grundstücks nicht geeignet. Für den Schenker, den Beschenkten und auch für den Sozialhilfeträger kommt es vielmehr darauf an, welcher Marktwert zum Stichtag der Schenkung dem zugewendeten Vermögenswert zuzuordnen ist. Nur aus dem **Marktwert** könnte der Unterhaltsbedarf gedeckt werden, nicht aber aus einem technisch berechneten Übertragungswert. Bei der stichtagsbezogenen Bewertung des übertragenen Vermögensgegenstandes sind nach dem Stichtag liegende Ereignisse, deren Eintritt im Stichtag nicht abzusehen war, wie bei der güterrechtlichen Vermögensbewertung im Zugewinnausgleich konse-

---

134 *Haarmann*, FamRZ 1996, 522.
135 Vgl. *Schulz/Hauß*, Vermögensauseinandersetzung, 6. Aufl., Rn. 355 ff., insbesondere Rn. 369 ff.

quent auszublenden[136]. Verfällt die wohnberechtigte Person zehn Tage nach Übertragung der Immobilie auf den Zuwendungsempfänger in demente Agonie und wird stationär Pflegebedürftig, ist das Wohnrecht gleichwohl auf der Basis einer lebenslangen Nutzung zu berechnen und bei der Bewertung des Werts der Vermögensübertragung zu berücksichtigen.

Neben dem Wohnrecht mindern häufig auch andere Faktoren die Unentgeltlichkeit einer Schenkung. Die Übernahme von Pflege- und Betreuungsleistungen hat ebenso eine wertmindernde Bedeutung. Die meisten Vermögensübertragungen werden sich in diesem Sinne als ‚**gemischte Schenkungen**' erweisen[137]: 180

> **BGH v. 18.10.2011 – X ZR 45/10, FamRZ 2012, 207**
>
> Eine gemischte Schenkung liegt vor, wenn der Beschenkte durch einen Überschuss des Werts der Zuwendungen verglichen mit seinen Gegenleistungen objektiv bereichert wird, die Vertragsparteien sich dieses Überschusses bewusst und subjektiv darüber einig sind, jedenfalls den überschießenden Zuwendungsteil dem Beschenkten unentgeltlich zuzuwenden. Dies setzt nicht voraus, dass der objektive Wert der Zuwendung mindestens das Doppelte der Gegenleistungen beträgt (Rn. 14) (Rn. 17).

Ebenso häufig entsteht ein vermögensrechtlicher Übertragungswert, wenn im Zusammenhang mit der Übersiedelung der pflege- und sozialhilfebedürftigen Person in ein Pflegeheim auf ein **Wohnrecht** verzichtet wird. Regelmäßig sehen Sozialhilfeträger und auch die Betroffenen in der Erteilung einer **Löschungsbewilligung** des Wohnrechtsinhabers, der dauerhaft in ein Pflegeheim umsiedelt, eine Schenkung. Für ein **schuldrechtlich** vereinbartes **Wohnrecht** ist der Verzicht auf dieses keine Schenkung sondern Aufgabe der Leihe und Rückgabe des Leihegegenstandes[138]. 181

Das soll bei einem dinglichen Wohnrecht anders sein[139]. Allerdings trifft dies nur dann zu, wenn die wohnberechtigte Person nicht aus tatsächlichen Gründen in die Wohnung nicht mehr zurückkehren kann, weil z.B. keine Versorgungs- und Pflegemöglichkeit mehr besteht[140]: 182

> **BGH v. 25.1.2012 – XII ZB 479/11, FamRZ 2012, 967**
>
> ... Das vom Betreuten innegehaltene Wohnungsrecht stellt einen aktiven Vermögenswert insoweit dar, als es ihm persönlich die Wohnnutzung ermöglicht. Daher

---

136 *Schulz/Hauß*, Vermögensauseinandersetzung, 6. Aufl., Rn. 21 ff.
137 BGH v. 18.10.2011 – X ZR 45/10, FamRZ 2012, 207.
138 BGH v. 11.12.1981 – V ZR 241/80, NJW 1982, 820.
139 BFH v. 23.6.2010 – II B 23/10, StBW 2010, 1069; OLG Nürnberg v. 22.7.2013 – 5 U 1571/12, FamFR 2013, 406.
140 BGH v. 25.1.2012 – XII ZB 479/11, FamRZ 2012, 967.

70 *Elternunterhalt in der Praxis*

> läge in dem Verzicht auf das Wohnungsrecht eine dem § 1804 BGB unterfallende Vermögenszuwendung, solange eine Wiederaufnahme der Wohnnutzung durch den Betreuten in Betracht kommt. Bestünde jedoch das Interesse an der Wohnnutzung endgültig nicht mehr, verlöre das Wohnungsrecht seinen Nutzwert und – da es auch durch Vermietung nicht fruchtbar gemacht werden kann – seinen Vermögenswert insgesamt. Der Verzicht auf ein wertlos gewordenes Wohnungsrecht erfüllte nicht den Begriff der Schenkung im Sinne des § 1804 BGB.
>
> Die Rechtsposition, die der Betreute dann noch innehat, entfaltet lediglich eine Sperrwirkung. Sie hat zur Folge, dass die dem Wohnungsrecht unterliegenden Räume nach dem Umzug des Berechtigten in das Pflegeheim von niemandem genutzt werden könnten. Der Betreute ist aus tatsächlichen Gründen gehindert, sein Recht wahrzunehmen; die Erben wären angesichts des fortbestehenden Wohnungsrechts nicht befugt, die Räume ohne Zustimmung des Betreuten selbst zu nutzen oder Dritten zu überlassen. ....

**183** Der Beschenkte kann sich gegen die Rückgabe des geschenkten Vermögensgegenstandes einerseits durch Zahlung des zur Deckung des Unterhaltsbedarfs erforderlichen Betrags von der Rückgabepflicht befreien (§ 528 Abs 1 S. 2 BGB) oder sich auf die **Notbedarfseinrede** berufen (vgl. dazu Rn. 993 ff.).

**184** Für die Rückforderung von Geschenken ist die allgemeine Zivilgerichtsbarkeit zuständig[141]. Es handelt sich auch nicht um eine sonstige Familiensache i.S.v. § 266 FamFG[142]. Ist der Beschenkte vorverstorben, richtet sich der Anspruch gegen dessen Erben[143].

**185 Praxistipp:**

> Eine Schenkungsrückforderung setzt immer die Berechnung des Werts der Zuwendung voraus. Bei dieser Bewertung sind übernommene Pflegeleistungen, und bereits vor der Vermögensübertragung erbrachte Aufwendungen und Leistungen zu berücksichtigen. Solche Leistungen mindern den Vermögenswert ebenso, wie ein eingeräumtes Wohnrecht.

**(3) Sterbegeld, Rücklagen für Beerdigungskosten**[144]

**186** Häufiger Streitpunkt zwischen unterhaltspflichtigen Kindern und den Trägern der Sozialhilfe sind **Rücklagen** der bedürftigen Eltern **für Beerdigungskosten**. Teilweise verweigern Sozialhilfeträger die Gewährung von Sozialhilfe mit dem Argument, dem Hilfsbedürftigen stünden Rücklagen

---

141 OLG Naumburg v. 22.5.1996 – 8 U 105/95, FamRZ 1997, 293.
142 Wendl/Dose/*Wönne*, § 1 Rn. 941.
143 BGH v. 7.6.1991 – V ZR 214/89, FamRZ 1991, 1288.
144 *Grziwotz*, FamRB 2012, 226.

für Beerdigung und Grabpflege zur Verfügung, die vor Inanspruchnahme öffentlicher Hilfen aufzulösen und für den Lebensunterhalt zu verbrauchen seien. Andererseits könnten auch unterhaltspflichtige Kinder eine Unterhaltszahlung mit dem Verweis auf derartige Vermögensrücklagen verweigern. Beides ist falsch.

Die Verweigerung von Sozialhilfeleistungen unter Verweis auf bestehende Rücklagen für die Beerdigungskosten ist nach § 90 SGB XII unzulässig. Vermögen, das für die **Beerdigung** und **Grabpflege** angelegt ist und insoweit einer konkreten Zweckbindung unterliegt, ist nach § 90 SGB XII geschütztes Vermögen[145]. Entscheidend ist die **Zweckbindung des Vermögens**[146]. Ist diese nicht gegeben, erscheint es problematisch, größere Vermögensreserven des Unterhaltsberechtigten sozialhilferechtlich unbeachtet zu lassen. Allerdings hat der Berechtigte es in diesen Fällen oftmals in der Hand, Gelder auch noch unmittelbar vor Eintritt des Sozialhilfebezugs für Beerdigungszwecke zweckgebunden z.b. bei einem Beerdigungsinstitut zu binden. Ob dieses Vermögen dann aufgelöst werden kann, ist ggf. in jedem Einzelfall zu prüfen[147].

187

Auch die Argumentation, Beerdigungsvermögen sei sozialhilfeschädlich, solange leistungsfähige Verpflichtete vorhanden seien, die die Beerdigungskosten entweder aus erbrechtlichen (§ 1968 BGB) oder unterhaltsrechtlichen Gesichtspunkten (§ 1615 Abs. 2 BGB) aufbringen könnten, geht fehl. Zwar ist in diesem Fall eine menschenwürdige, den konkreten Wünschen und religiösen sowie kulturellen Vorstellungen entsprechende Beerdigung gesichert, weil die Erben oder die Unterhaltspflichtigen für die Beerdigungskosten aufzukommen hätten. Allerdings ist ebenso zutreffend, dass die **Bestattungskosten** Teil einer angemessenen Alterssicherung sind, die nach § 90 Abs. 3 S. 2 SGB XII nicht als sozialhilfeschädlich anzusehen sind[148].

188

Die Kehrseite dieser **sozialhilferechtlichen Vermögensprivilegierung** trifft allerdings auch den Unterhaltspflichtigen. Ebenso wie der Sozialhilfeträger hat er Unterhalt trotz vorhandenen Bestattungsvermögens zu zahlen. Ist er gleichzeitig Erbe, entlastet die Bestattungsversicherung ihn von

189

---

145 BSG v. 18.3.2008 – B 8/9b SO 9/06 R, BSGE 100, 131, FamRZ 2008, 1616; Vgl. LPK-SGB XII/*Brühl*, § 90 Rn. 12 m. ausführlicher Rechtsprechungsübersicht.
146 BVerwG v. 11.12.2003 – 5 C 84.02, NJW 2004, 2914; OVG NRW v. 19.12.2003 – 16 B 2078/03.
147 BVerwG v. 11.12.2003 – 5 C 84.02, NJW 2004, 2914.
148 So auch ausdrücklich OVG NRW v. 19.12.2003 – 16 B 2078/03 für § 88 Abs. 3 S. 2 BSHG; OLG Schleswig v. 14.2.2007 – 2 W 252/06, FamRZ 2007, 1188; OLG München v. 4.4.2007 – 33 Wx 228/06, FamRZ 2007, 1189; LG Verden v. 6.3.2007 – 1 T 71/07, FamRZ 2007, 1189.

den Bestattungskosten (§ 1968 BGB). Ist der Unterhaltspflichtige aber kein Erbe, hat er Unterhalt trotz vorhandenen Bestattungsvermögens zu zahlen.

190 **Praxistipp:**

Im Fall drohender Unterhaltsbedürftigkeit kann der Unterhaltsbedürftige durch den Abschluss einer Sterbegeld- oder Beerdigungskostenversicherung Bestandteile seines Vermögens ausgliedern, ohne dass der Sozialhilfebezug dadurch gefährdet wird. Es kommt allerdings darauf an, dass die Zweckbindung des ausgegliederten Vermögens eindeutig ist. Aus Vorsorglichkeit sollte eine Kündigung der Bestattungsvereinbarung ausgeschlossen werden. Der Abschluss einer derartigen Beerdigungsversicherung ist oftmals die einzige Möglichkeit, dem Erben etwas zukommen zu lassen, weil dieser sonst nach vollständigem Vermögensverzehr die Beerdigungskosten zu tragen hätte.

**(4) Unzumutbarer Vermögenseinsatz**

191 Eine **Grenze für den verzehrenden Vermögenseinsatz** des Unterhaltsbedürftigen wird dann anzunehmen sein, wenn für den Unterhaltsberechtigten durch die Vermögensverwertung ein unzumutbarer wirtschaftlicher Nachteil entstünde, etwa weil eine vorübergehend ungewöhnlich schlechte Marktsituation für den zu verwertenden Vermögensstamm besteht. Ist dagegen davon auszugehen, dass die Marktsituation einen längeren Zeitraum andauern wird, muss auch in derartigen Fällen von einer Obliegenheit zur vorrangigen Verwertung des Vermögens ausgegangen werden. Der Wert eines Vermögens wird durch den Marktwert des Vermögens bestimmt. Bewirken nicht nur kurzfristige Faktoren eine ungewöhnliche Entwertung eines Vermögensgegenstandes, wird dessen Wert durch den Marktwert richtig abgebildet. Derartige Situationen können z.B. bei der Frage der Verwertung von Aktien eine Rolle spielen, die aufgrund aktueller Ereignisse schlecht bewertet werden (z.B. Vergleichsanmeldung) oder als Folge sonstiger Ereignisse kurzfristig vom Handel ausgesetzt sind. Da derartige Ereignisse allerdings meist nur recht kurzfristigen Einfluss auf eine Vermögensbewertung haben, ist regelmäßig davon auszugehen, dass eine Verwertbarkeit von am Markt gehandelten Vermögensgegenständen immer zumutbar ist.

192 Beispiele für Unzumutbarkeit wirken konstruiert und bemüht. So könnte etwa die Verwertung des Schreibtisches von Napoleon Bonaparte unzumutbar sein, wenn eine Antiquitäten-Auktion eines namhaften Versteigerungshauses erst in einigen Monaten stattfinden wird und die Veräußerung der Antiquität im allgemeinen Antiquitätenhandel nur einen Bruchteil des möglichen Erlöses brächte.

Im Übrigen wird man unterhaltsrechtlich die Frage der Vermögensverwertung des Unterhaltsbedürftigen auch teilweise anders bewerten müssen als das Sozialhilferecht diese Wertung vornimmt. Von dem Ausnahmekatalog des § 90 Abs. 2 SGB XII wird man nur den Ziff. 7 und 9 eine unterhaltsrechtliche Bedeutung zuerkennen können. Die in Ziff. 7 geschützten ‚*Gegenstände, die zur Befriedigung geistiger, insbesondere wissenschaftlich oder künstlerischer Bedürfnisse dienen und deren Besitz nicht Luxus ist*', werden von der Verwertungspflicht ausgenommen, um dem Bedürftigen auch im Bedürftigkeitsfall eine seinen kulturellen Ansprüchen entsprechende Lebensführung zu ermöglichen. Dies bedeutet konkret, dass Bücher, Sport- und Spielgeräte, Musikinstrumente und -anlagen, aber auch Briefmarkensammlungen etc., sofern diese der Freizeitgestaltung dienen, nicht verwertet werden müssen[149]. Derartige Einschränkungen rechtfertigen sich bei einem pflegebedürftigen betagten Menschen nicht, soweit er den Wertgegenstand nicht mehr nutzen kann.

**193**

### b) Beschränkungen der Vermögensverwertungspflicht

Allerdings sind bezüglich der Vermögensverwertung **Beschränkungen aus familienrechtlichen Gründen** denkbar. § 1365 BGB begründet eine familienrechtliche Bindung des Vermögens. Danach darf ein Ehegatte nur mit der Einwilligung des anderen über sein **Vermögen im Ganzen** verfügen. Es ist heute unbestritten, dass diese Verfügungsbeschränkung auch dann eingreift, wenn die Verfügung sich auf einzelne Vermögensgegenstände bezieht, die das gesamte oder nahezu das gesamte Vermögen ausmachen (Einzeltheorie)[150]. Entscheidend ist, dass entweder der Vermögensgegenstand das gesamte Vermögen ausmacht oder der Wert der übrigen Vermögensgegenstände im Verhältnis zum ganzen Vermögen unbedeutend ist. Ein Schwellenwert, ab wann danach eine Verfügung über das Vermögen als Ganzes vorliegt, kann aus der bisherigen Rechtsprechung nicht zweifelsfrei bestimmt werden. Der BGH arbeitet seit 1980 mit prozentualen Schwellwerten. Dabei soll bei einem kleinen Vermögen kein zustimmungspflichtiges Geschäft vorliegen, wenn das verbleibende Vermögen 15 % und bei größeren Vermögen 10 %[151] ausmacht. Dabei ist die Grenzziehung zwischen „großen" und „kleinen" Vermögen schwierig und

**194**

---

149 Vgl. LPK-SGB XII/*Brühl*, § 90 Rn. 40 m. ausführlicher Rechtsprechungsübersicht.
150 Palandt/*Brudermüller*, § 1365 Rn. 5.
151 BGH v. 25.6.1980 – IVb ZR 516/80, FamRZ 1980, 765, die Entscheidung betrifft ein Vermögen im Wert von ca. 40.000 DM. In der Entscheidung BGH v. 13.3.1991 – XII ZR 79/90, FamRZ 1991, 669, ging es um ein Vermögen von ca. 500.000 DM, von dem ca. 12 % übertragen wurde.

unklar, weswegen in der Literatur vielfach einen Schwellwert von 10% für angemessen gehalten wird.[152]

195 Der Fall einer Kollision mit einer familienrechtlichen Verfügungsbeschränkung tritt ein, wenn der pflegebedürftige Unterhaltsberechtigte Eigentümer einer von seinem Ehegatten bewohnten Wohnung ist, der selbst nur über eine geringe Rente verfügt, die einschließlich des ihm aus der Wohnungsnutzung zufließenden Wohnwertvorteils eine Barunterhaltsleistungsfähigkeit nicht begründen würde. Stellt das Immobilieneigentum den einzigen Vermögenswert des pflegebedürftigen Gatten dar und widerspricht der andere Gatte der Verwertung der Immobilie (um seinen eigenen Unterhalt oder auch sein Erbrecht nach § 1371 BGB zu sichern), zwänge man bei Annahme einer Verwertungspflicht den unterhaltsbedürftigen Gatten zur Versteigerung der Immobilie. Die Zumutbarkeit einer derartigen Vermögensverwertung erscheint zumindest zweifelhaft. Das Beispiel zeigt, dass in diesen Fällen Konstellationen entstehen können, die in der Praxis schwierig zu lösen sein werden.

### 6. Vorrangigkeit des unterhaltspflichtigen Gatten des Unterhaltsberechtigten

196 Vorrangig vor dem Abkömmling haftet immer der Ehegatte oder Lebenspartner des unterhaltsbedürftigen Elternteils (§ 1608 BGB). Da jedoch das Gesetz in § 1608 Abs. 1 Satz 2 BGB den Vorrang der Haftung des Ehegatten bzw. Lebenspartners unter dem Vorbehalt der Leistungsfähigkeit hinsichtlich „seines angemessenen Unterhaltes" gestellt hat, sind Rückgriffsmöglichkeiten auf Angehörige des pflege- und unterhaltsbedürftigen Elternteils trotz vorrangiger **Ehegattenhaftung** nicht selten, was insbesondere dann geschieht, wenn beide Elternteile pflegebedürftig werden. Da in diesem Fall der Elternteil, der das höhere Einkommen hat, dieses in der Regel für seinen eigenen Bedarf vollständig verzehren wird, ist die Situation nicht allzu selten, dass das „Familieneinkommen" des Familienverbandes, aus dem der unterhaltsberechtigte Gatte stammt, im Prinzip ausreichend wäre, den Unterhalt beider Gatten zu befriedigen, für den unterhaltsberechtigten (einkommensschwächeren) Gatten jedoch ein zivilrechtlicher Unterhaltsanspruch gegen den leistungsfähigeren Gatten leer läuft, weil dieser sein gesamtes Einkommen für den eigenen angemessenen Unterhalt (Pflege) benötigt.

197 **Leben die Ehegatten oder Lebenspartner getrennt**, ergibt sich ihre unterhaltsrechtliche Leistungsfähigkeit nach den üblichen unterhaltsrecht-

---

152 MünchKomm/*Koch*, § 1365 Rn. 22f.; KK-FamR/*Weinreich*, § 1365, Rn. 14.

lichen Berechnungsmethoden. Der unterhaltspflichtige Gatte hat danach maximal die Hälfte der Differenz der anrechenbaren Einkommen des Gatten als Unterhalt einzusetzen (**Halbteilungsgrundsatz**). Zur Wahrung des eigenen angemessenen Lebensunterhaltes (§ 1581 BGB) muss dem unterhaltspflichtigen getrennt lebenden Gatten jedoch so viel verbleiben, dass sein Lebensunterhalt gesichert ist. Der BGH[153] hat in Abkehr seiner bis dahin geltenden Rechtsprechung diesen Selbstbehalt als ‚**billigen Selbstbehalt**' bezeichnet und ihn zwischen dem ‚notwendigen' und dem ‚angemessenen' **Selbstbehalt** verortet. Entsprechend den Leitlinien der Oberlandesgerichte ist dieser Selbstbehalt nunmehr mit 1.200 € zu bewerten[154]. Der BGH hat in dieser Entscheidung ausdrücklich darauf hingewiesen, dass es einer zusätzlichen Grenze der Leistungsfähigkeit nach den individuellen ehelichen Lebensverhältnissen danach nicht mehr bedarf. Daher ist davon auszugehen, dass die Grenze der Leistungsfähigkeit des unterhaltspflichtigen Gatten dann erreicht ist, wenn dessen ‚billiger Selbstbehalt' von (derzeit) 1.200 € nicht mehr gewahrt ist.

Indessen sind die Selbstbehalte nicht dem Gesetz zu entnehmen. Das Gesetz definiert in § 1581 BGB die Gefährdung des eigenen angemessenen Lebensunterhaltes als Grenze der Leistungsfähigkeit. Die pauschalierenden Selbstbehaltssätze der unterhaltsrechtlichen Leitlinien ersetzen nicht die wertende Entscheidung im Einzelfall. Eine solche wertende Prüfung kann zu abweichender Festsetzung des dem unterhaltspflichtigen Gatten verbleibenden Selbstbehalts führen. So können insbesondere höhere als in den Selbstbehalten enthaltene Wohnkosten zu einer Heraufsetzung des Selbstbehaltes führen, weil einem alten Menschen u.U. ein Umzug in eine kostengünstigere Wohnung nicht mehr zugemutet werden kann.

198

**Leben die Ehegatten nicht getrennt**, sondern ist die Unterbringung eines von ihnen aus pflegerischen Gründen in einem Alten- oder Pflegeheim erforderlich, ohne dass eine Trennung i.S.v. §§ 1361, 1565 BGB vorliegt, gilt der unterhaltsrechtliche Halbteilungsgrundsatz nicht. Über den dann fortgeltenden Familienunterhalt nach § 1360 BGB ist der Gatte verpflichtet, auch jenseits des Halbteilungsgrundsatzes den unterhaltsrechtlichen Bedarf des pflegebedürftigen Gatten zu befriedigen[155]. Soweit Sozialhilfeträger bei nicht getrennt lebenden Ehegatten teilweise eine unterhaltsrechtliche Leistungsfähigkeit nur nach dem **Halbteilungsgrundsatz** annehmen, reflektiert dies nicht ausreichend, dass im Rahmen des Familienunterhaltes nach

199

---

153 BGH v. 15.3.2006 – XII ZR 30/04, FamRZ 2006, 683.
154 Vgl. Düsseldorfer Tabelle 2015, FamRZ 2015, 102 ff. In diesem Satz sind 430 € für Kosten des Wohnens enthalten. Der Selbstbehalt ist zu erhöhen, wenn die tatsächlichen Wohnkosten diesen Betrag überschreiten und nicht vermeidbar sind.
155 Wendl/Dose/*Scholz*, § 3 Rn. 44; so wohl auch *Schäfer*, S. 117, allerdings ohne auf die Entscheidung des BGH v. 15.3.2006 – XII ZR 30/04, FamRZ 2006, 683 einzugehen.

§ 1360 BGB der ‚angemessene Bedarf' der Familie, also auch der einzelnen Mitglieder der Familie sicherzustellen ist. Ein Ehegatte könnte sich dementsprechend nicht auf den Halbteilungsgrundsatz berufen, wenn z.b. der nicht krankenversicherte andere Gatte einer mehrmonatigen Krankenbehandlung bedürfte. Ein einsetzender Pflegebedarf ist jedoch nicht anders zu beurteilen. **Das Maß wechselseitig geschuldeter Solidarität nicht getrennt lebender Ehegatten übersteigt das Maß der geschuldeten Solidarität getrennt oder geschiedener Ehegatten deutlich.** Praktisch macht es in diesen Fällen teilweise Sinn, zur Wahrung des angemessenen Unterhalts des unterhaltspflichtigen nicht pflegebedürftigen Gatten von einer Trennungsoption Gebrauch zu machen. Dies erscheint im Hinblick auf Art. 6 Abs. 1 GG problematisch. Faktisch verbleibt dem nicht pflegebedürftigen vorrangig unterhaltsbedürftigen Gatten allerdings stets der angemessene Selbstbehalt (1.300 €), wenn ein leistungsfähiges Kind für den Unterhalt einzustehen hat (§ 1608 S. 2 BGB).

200 Macht ein Sozialhilfeträger gegen ein unterhaltspflichtiges Kind einen Unterhaltsanspruch eines verheirateten Elternteils geltend, wird dieses zunächst stets die vorrangige Haftung des Gatten des Unterhaltsbedürftigen einwenden. Der Sozialhilfeträger wird im Hinblick auf Art. 6 Abs. 1 GG dessen Heranziehung nur bis zur Halbteilungsschwelle fordern können. Da das Kind jedoch auf den Familienunterhaltsanspruch des bedürftigen Gatten berufen kann, verbleibt möglicherweise zwischen der sozialhilferechtlichen und zivilrechtlichen Leistungsfähigkeit des Gatten eine Differenz, die wegen des Grundrechtsschutzes aus Art. 6 Abs. 1 GG vom Sozialhilfeträger zu finanzieren ist. Dies entspricht der Empfehlung des Arbeitskreises 2 des 17. Deutschen Familiengerichtstages (2007).[156]

## III. Einkommen des unterhaltspflichtigen Kindes

201 Die Berechnung der elternunterhaltsrechtlichen Leistungsfähigkeit des Unterhaltspflichtigen folgt im Regelfall den üblichen unterhaltsrechtlichen Grundsätzen. Allerdings kann nicht verkannt werden, dass die gesetzliche Schwäche und der Nachrang des Elternunterhaltes auch bei der Ermittlung der anrechenbaren Einkünfte des Unterhaltspflichtigen Beachtung finden muss.

202 Unterhaltsrechtlich relevantes Einkommen sind nach dem **Zuflussprinzip** sämtliche dem Unterhaltspflichtigen zukommende regelmäßige oder unregelmäßige Einkünfte, gleich aus welchem Rechtsgrund. Eine

---

156 Brühler Schriften, Band 15, 2008, S. 139 ff.

Besonderheit gegenüber der sonstigen unterhaltsrechtlichen Betrachtungsweise besteht nicht[157].

In der Regel wird das unterhaltsrechtlich relevante **Einkommen** ausgehend vom **Jahreseinkommen** unter Einschluss von **Weihnachtsgeld, Urlaubsgeld, Tantiemen** und **Gewinnbeteiligungen** ermittelt[158]. 203

Im Elternunterhalt wird von den Sozialhilfeträgern oftmals darauf verzichtet, laufenden Unterhalt (also für die Zukunft) geltend zu machen. Vielmehr werden **abgeschlossene Unterhaltszeiträume** (z.B. v. 1.10.2013 bis 30.9.2014) herangezogen und die unterhaltsrechtliche Leistungsfähigkeit für diesen Zeitraum berechnet. In diesen Fällen kommt es jedenfalls bei abhängig Beschäftigten ausschließlich auf die unterhaltsrechtliche Leistungsfähigkeit in diesem Zeitraum an. Da die Einkünfte für diesen Zeitraum feststehen, ist die Leistungsfähigkeit konkret zu ermitteln. Hat in diesem Zeitraum eine **Einkommensveränderung** der unterhaltspflichtigen Person stattgefunden, etwa weil diese arbeitslos oder Rentner geworden ist, oder weil erhebliche Einkommensschwankungen bestehen, muss wegen der spezifischen Berechnungsmethode beim Elternunterhalt die Berechnung für die einzelnen Perioden isoliert vorgenommen werden. 204

Dies soll an einem **Beispiel** erläutert werden: 205

Nimmt man ein Einkommen des Schwiegerkindes über ein Jahr in Höhe von konstant 2.000 € an und geht davon aus, dass die unterhaltspflichtige Person ein anrechenbares bereinigtes Einkommen von ebenfalls 3.000 € bis einschließlich Juni und danach ein solches von nur 1.000 € hat, ergibt sich bei periodengenauer Berechnung der Leistungsfähigkeit bis Juni eine Leistungsfähigkeit von 581 € besteht[159]. Fällt das Einkommen der unterhaltspflichtigen Person im Juli auf 1.000 €, wird kein Unterhalt mehr geschuldet. Bei Annahme eines Jahresdurchschnittseinkommens von 2.000 € der unterhaltspflichtigen Person wären im Jahresschnitt 209 € Unterhalt zu zahlen gewesen, also insgesamt 12 × 209 = 2.508 €. Unter Berücksichtigung des tatsächlichen Einkommens wären es indessen in den ersten sechs Monaten 581 € monatlich gewesen und danach wäre die Unterhaltspflicht entfallen.

| Monat | tatsächliches Einkommen | | | Durchschnittseinkommen | | Unterhalt |
|---|---|---|---|---|---|---|
| | Kind | Schwiegerkind | Unterhalt | Kind | Schwiegerkind | |
| 1 | 3.000,00 | 3.000,00 | 581,00 | 2.000,00 | 2.000,00 | 209,00 |
| 2 | 3.000,00 | 3.000,00 | 581,00 | 2.000,00 | 2.000,00 | 209,00 |
| 3 | 3.000,00 | 3.000,00 | 581,00 | 2.000,00 | 2.000,00 | 209,00 |
| 4 | 3.000,00 | 3.000,00 | 581,00 | 2.000,00 | 2.000,00 | 209,00 |

---

157 Eschenbruch/*Klinkhammer*, Rn. 2.57.
158 Leitlinien der Oberlandesgerichte zum Unterhalt (s. www.famrz.de), Nr. 1.1.
159 Familienselbstbehalt 3.240 € ab 1.1.2015.

| | | | | | | |
|---|---|---|---|---|---|---|
| 5 | 3.000,00 | 3.000,00 | 581,00 | 2.000,00 | 2.000,00 | 209,00 |
| 6 | 3.000,00 | 3.000,00 | 581,00 | 2.000,00 | 2.000,00 | 209,00 |
| 7 | 1.000,00 | 1.000,00 | 0,00 | 2.000,00 | 2.000,00 | 209,00 |
| 8 | 1.000,00 | 1.000,00 | 0,00 | 2.000,00 | 2.000,00 | 209,00 |
| 9 | 1.000,00 | 1.000,00 | 0,00 | 2.000,00 | 2.000,00 | 209,00 |
| 10 | 1.000,00 | 1.000,00 | 0,00 | 2.000,00 | 2.000,00 | 209,00 |
| 11 | 1.000,00 | 1.000,00 | 0,00 | 2.000,00 | 2.000,00 | 209,00 |
| 12 | 1.000,00 | 1.000,00 | 0,00 | 2.000,00 | 2.000,00 | 209,00 |
| | 24.000,00 | 24.000,00 | | 24.000,00 | 24.000,00 | |
| | 48.000,00 | | | 48.000,00 | | |
| | Unterhaltssumme: | | 2.322,00 | Unterhaltssumme: | | 2.508,00 |

**206** Es kann natürlich auch der umgekehrte Effekt eintreten, wenn die Einkommensverhältnisse anders liegen:

| Monat | tatsächliches Einkommen | | Unterhalt | Durchschnittseinkommen | | Unterhalt |
|---|---|---|---|---|---|---|
| | Kind | Schwiegerkind | | Kind | Schwiegerkind | |
| 1 | 2.000,00 | 3.000,00 | 387,00 | 2.000,00 | 2.000,00 | 209,00 |
| 2 | 2.000,00 | 3.000,00 | 387,00 | 2.000,00 | 2.000,00 | 209,00 |
| 3 | 2.000,00 | 3.000,00 | 387,00 | 2.000,00 | 2.000,00 | 209,00 |
| 4 | 2.000,00 | 3.000,00 | 387,00 | 2.000,00 | 2.000,00 | 209,00 |
| 5 | 2.000,00 | 3.000,00 | 387,00 | 2.000,00 | 2.000,00 | 209,00 |
| 6 | 2.000,00 | 3.000,00 | 387,00 | 2.000,00 | 2.000,00 | 209,00 |
| 7 | 2.000,00 | 1.000,00 | 0,00 | 2.000,00 | 2.000,00 | 209,00 |
| 8 | 2.000,00 | 1.000,00 | 0,00 | 2.000,00 | 2.000,00 | 209,00 |
| 9 | 2.000,00 | 1.000,00 | 0,00 | 2.000,00 | 2.000,00 | 209,00 |
| 10 | 2.000,00 | 1.000,00 | 0,00 | 2.000,00 | 2.000,00 | 209,00 |
| 11 | 2.000,00 | 1.000,00 | 0,00 | 2.000,00 | 2.000,00 | 209,00 |
| 12 | 2.000,00 | 1.000,00 | 0,00 | 2.000,00 | 2.000,00 | 209,00 |
| | 24.000,00 | 24.000,00 | 0,00 | 24.000,00 | 24.000,00 | |
| | 48.000,00 | | | 48.000,00 | | |
| | Unterhaltssumme: | | 2.322,00 | Unterhaltssumme: | | 2.508,00 |

**207** Beide Beispiele machen deutlich, dass je nach Einkommenskonstellation die Verzerrungen, die durch die Durchschnittsberechnung entstehen nicht unerheblich sind. Dies unterscheidet die Elternunterhaltsberechnung vom nach einer Unterhaltsquote berechneten Ehegattenunterhalt, in dem – vom Mangelfall abgesehen – ohne Nachteile für die Beteiligten in der Regel von Jahresdurchschnittswerten ausgegangen werden kann.

**Praxistipp (für Unterhaltspflichtige und Sozialhilfeträger):** 208

Auch wenn im ersten obigen Beispiel die Unterschiede groß zu seien scheinen, sollte das die am Unterhaltsverfahren Beteiligten nicht dazu verleiten, in kleinlich buchhalterischer Scheingenauigkeit die monatliche Leistungsfähigkeit zu berechnen. Der Gerechtigkeitsgewinn dürfte im Regelfall minimal sein. Der durch Übergenauigkeit erzielte Unterhaltsvorteil dürfte durch die Mehrarbeit nicht aufgewogen werden. Man kann daher folgende praktizierbare Regeln aufstellen:

- Normale Schwankungen des Erwerbseinkommens, die durch Mehr-, und Feiertagstätigkeit, Urlaubsgeld- und Weihnachtsgeldauszahlungen und Jahresboni bedingt sind, sind unbeachtlich;
- Schwankungen des Einkommens, die durch Vergütung für mehrjährige Tätigkeit, Jubiläumszuwendungen, Erfindervergütungen etc. verursacht werden, sind dadurch zu berücksichtigen, dass das Einkommen auf mehrere Jahre verrechnet wird;
- Schwankungen des Erwerbseinkommens, die aus einem Statuswechsel (Beginn von Teilzeitarbeit oder Altersteilzeit, Arbeitsaufgabe oder Übergang ins Rentenalter oder Bezug von Krankengeld) entstehen, sind periodengenau zu berücksichtigen;
- Der Wegfall von einkommensmindernden Belastungspositionen (vorrangigen Unterhaltsansprüchen, Kreditbelastungen) ist ebenso periodengenau zu berücksichtigen, wie das Entstehen neuer Belastungen (Unterhalt oder notwendiger Kredite).

Werden diese Grundsätze mit Augenmaß beherzigt, sind die durch die Durchschnittsbildung verursachten Ungenauigkeiten von den Beteiligten kompensationslos hinzunehmen 209

## 1. Einkommen aus abhängiger Beschäftigung

Einkommen aus abhängiger Beschäftigung wird generell wie jedes andere Einkommen unterhaltsrechtlich bewertet. 210

## a) Überstunden

**211** Überstunden werden auch im Elternunterhaltsrecht nach den gängigen unterhaltsrechtlichen Kriterien dem Einkommen hinzugerechnet. Sie sind unterhaltspflichtiges Einkommen, wenn sie **geringfügig oder berufstypisch** und **betriebsbedingt** sind. Sind diese Voraussetzungen nicht gegeben, werden sie nach Billigkeit angerechnet. Dabei gilt, dass je dringender der Bedarf und je zumutbarer die Leistung der Mehrarbeit ist, umso eher werden sie unterhaltsrechtlich herangezogen werden können[160].

> **BGH v. 25.6.2003 – XII ZR 63/00, FamRZ 2004, 186**
>
> LS: Überstundenvergütungen werden im Rahmen des Elternunterhalts nach den auch sonst im Unterhaltsrecht geltenden Maßstäben zum unterhaltsrelevanten Einkommen des einem Elternteil Unterhaltspflichtigen hinzugezählt.

**212** Im Regelfall werden Überstunden bis zu 10% der Regelarbeitszeit als geringfügig angesehen[161] und können daher ohne weitere Zumutbarkeitserwägungen dem anrechenbaren Einkommen des Unterhaltspflichtigen zugerechnet werden[162]. Bei Einkünften aus geringfügiger Mehrarbeit kommt es mithin auf die Qualität des Unterhaltsrechtsverhältnisses nicht an[163].

**213** Einkünfte aus **berufstypischer Mehrarbeit** werden dem unterhaltsrechtlichen Einkommen auch dann hinzugerechnet, wenn sie weit über die Geringfügigkeitsgrenze hinausgehen. Was berufstypische Mehrarbeit ist, hängt im Einzelfall vom Beruf ab:

- bei Assistenzärzten wurde Bereitschaftsdienst von 50–88 Stunden monatlich als berufstypisch angesehen[164];
- bei Berufskraftfahrern gelten Überstunden bis zu 25% der normalen Arbeitszeit als berufstypisch[165];
- auch bei Montage- und Bauarbeitern[166] wird man von einem berufstypischen erheblichen Mehrarbeitspotenzial auszugehen haben;
- bei Wach- und Sicherheitsdiensten bestimmen oft in den unteren (teilweise sehr geringen) Entgeltstufen Präsenzpflicht und Einschlafverbot die Tätigkeit, weswegen auch in diesen Branchentätigkeiten Mehrarbeit in erheblichem Umfang berufstypisch ist;

---

160 KK-FamR/*Klein*, § 1601 Rn. 37.
161 OLG Köln v. 24.8.1984 – 4 UF 84/84, FamRZ 1984, 1108; Wendl/*Dose*, § 1, Rn. 86.
162 Vgl. für den Elternunterhalt BGH v. 25.6.2003 – XII ZR 63/00, FamRZ 2004, 186.
163 Anders AnwK-BGB/*Schürmann*, vor § 1577 Rn. 53 ff.
164 OLG Hamburg v. 23.9.1986 – 2 UF 117/85, FamRZ 1986, 1212.
165 OLG Hamm v. 5.2.1999 – 5 UF 207/98, FamRZ 2000, 605; LG Kiel v. 9.3.1994 – 5 S 125/93, FamRZ 1994, 984; OLG Köln v. 24.8.1984 – 4 UF 84/84, FamRZ 1984, 1108.
166 BGH v. 19.5.1982 – IV b ZR 702/80, FamRZ 1982, 779.

- bei leitenden Angestellten[167] und Freiberuflern muss auch erhebliche Mehrarbeit als berufstypisch angesehen werden.

Erst bei **nicht berufstypischer erheblicher Mehrarbeit** stellt sich die Frage nach deren unterhaltsrechtlicher Anrechenbarkeit, weil erst in diesem Fall Billigkeitserwägungen eine Rolle spielen können. Erst dieser Mehrarbeitstyp nötigt daher zu einer Beachtung des Unterhaltsrechtsverhältnisses. Je bedeutsamer dies ist, desto eher lassen sich die Einkünfte aus nicht berufstypischer erheblicher Mehrarbeit unterhaltsrechtlich heranziehen, was insbesondere dann gilt, wenn anderenfalls der Bedarf des Berechtigten nicht erfüllt werden kann. Insoweit gilt die normale unterhaltsrechtliche Rangfolge. In einer jüngeren Entscheidung hat das OLG Hamm[168] eine Überstundenvergütung in Höhe von 7.500 € für einen einmaligen Arbeitseinsatz im Rahmen der Einführung eines EDV-Systems nur zu 1/3 angerechnet.

214

Die vom Arbeitszeitgesetz (48 Wochenstunden) gezogene Grenze für die Zulässigkeit von Mehrarbeit sollte aber auch die Anrechnungsgrenze für Überstundeneinkünfte markieren[169]. Darüber hinaus bedarf die Annahme voll anrechenbarer Überstundeneinkünfte entweder einer besonderen Bedarfslage oder sonst einer sehr intensiven Begründung.

215

**b) Urlaubsgeld[170], Weihnachtsgeld, Boni und Tantieme[171], Gratifikationen, Treueprämien, Provisionen[172], Leistungsprämien[173], Gewinnbeteiligungen[174], Familienzuschläge[175]**

Unterhaltspflichtig ist das gesamte Einkommen aus abhängiger Beschäftigung, unabhängig von seiner Bezeichnung. Lediglich Vergütungen, die für mehrjährige Tätigkeit gezahlt werden oder Erfindervergütungen und Treueprämien sind auf einen angemessenen Zeitraum zu verteilen. Zur Erzielung angemessener Ergebnisse bei der Nettoeinkommensberechnung dürfen die einkommenserhöhenden **Sondereinkünfte** nicht mit ihrem Steuerabzug im Empfangsmonat berechnet werden[176]. Die **Steuerprogression** würde ansonsten einen ungebührlich hohen Abzug bewirken.

216

---

167 KG v. 13.8.1987 – 16 UF 2781/87, FamRZ 1988, 720.
168 OLG Hamm v. 16.12.2005 – 11 UF 118/2005, OLGR Hamm 2006, 361.
169 BVerfG v. 5.3.2003 – 1 BvR 752/02, FamRZ 2003, 661; AnwK-BGB/*Schürmann*, vor § 1577 Rn. 55 m.w.N.; Koch/*Margraf*, Rn. 1027.
170 BGH v. 30.7.2008 – XII ZR 126/06, FamRZ 2008, 2104.
171 BGH v. 11.12.2002 – XII ZR 27/00, FamRZ 2003, 432 Rn. 15.
172 OLG Koblenz v. 11.6.2008 – 9 UF 31/08, FamRZ 2009, 524 Rn. 8.
173 OLG Saarbrücken v. 12.5.2010 – 6 UF 132/09.
174 BGH v. 7.4.1982 – IVb ZR 678/80, FamRZ 1982, 680.
175 BGH v. 14.4.2010 – XII ZR 89/08, FamRZ 2010, 869.
176 Wendl/*Dose*, § 1 Rn. 74.

Die auf **Sonderzuwendungen** entfallende Steuer ist vielmehr fiktiv auf der Basis der steuerlichen Veranlagung im jeweiligen Veranlagungszeitraum zu berücksichtigen. Da diese Berechnung fiktiv zu erfolgen hätte, ist sie für Sozialverwaltungen und Unterhaltspflichtige gleichermaßen schwierig durchzuführen. Wegen des im Elternunterhalt herrschenden großzügigen Maßstabs kann m.e. ohne einen Gerechtigkeitsverlust zu riskieren auf die tatsächlichen Auszahlungsbeträge abgestellt werden. Dies gilt umso mehr, als die für den Bezugsmonat gezahlten überhöhten Steuern im Wege der Jahresveranlagung erstattet werden und so für die nächste Unterhaltsperiode dem anrechenbaren Einkommen wieder zugeführt werden.

217 Die unterhaltsrechtliche Behandlung der **Sonderzuwendungen** ist gerade im Elternunterhaltsrecht immer wieder für die Unterhaltspflichtigen ein Ärgernis. Das gilt immer dann, wenn die Sonderzuwendung vor Entstehen der Unterhaltspflicht gezahlt worden ist. Das unterhaltspflichtige Kind verfügt dann ggfls. nicht mehr über das Geld, weil dieses verbraucht worden ist. Insbesondere bei im Verhältnis zum Regeleinkommen hohen Sonderzuwendungen sind daher gegebenenfalls von der Regel der Anrechnung des Einkommens abweichende Sachverhalte präzise dem Sozialhilfeträger und ggfls. dem Gericht vorzutragen. Auch in diesen Fällen muss nämlich beachtet werden, dass anders als beim Gatten und Kindesunterhalt, die Entstehung des Elternunterhalts nicht planbar ist (**Unverhofftunterhalt**) und das unterhaltspflichtige Kind vor Entstehung der Unterhaltspflicht keinerlei Veranlassung hat, Sonderzuwenungen, Provisionen und andere Einmalzahlungen anzulegen und ratierlich auszugeben. Für eine Sonderzuwendung nach Entstehen der Unterhaltspflicht ist das anders.

218 **Praxistipp (für Sozialhilfeträger):**

> Unregelmäßige Monatseinkünfte, die durch **Sonderzahlungen** hervorgerufen werden, rufen bei den Betroffenen oft starke Widerstände hervor. Wer ein Einkommen von 2.000 € regelmäßig hat, in einem Monat aber 10.000 € Sonderauszahlung erhält, wird insbesondere dann, wenn er sich auf die entstehende Elternunterhaltspflicht nicht einstellen konnte, weil zum Zeitpunkt des Erhalts der Sonderzahlung sich eine Elternunterhaltsverpflichtung noch nicht abzeichnete, wenig Verständnis dafür haben, dass sein Einkommen unter Einbeziehung der nicht periodischen Sondereinflüsse berechnet wird. Sein Einwand, er habe sich von der Sonderzuwendung ‚etwas gekauft' oder diese verreist, weshalb das Geld nicht zur Verfügung stehe, ist nicht von der Hand zu weisen. Anders als im Ehegatten und Kindesunterhalt ist der Elternunterhaltsanspruch ein ‚Unverhofft-Unterhalt', auf den sich niemand einstellen muss.

> Bei hohen **Sonderzuwendungen**, die **vor Entstehung** des Elternunterhaltsanspruchs geflossen sind, ist es daher m.E. gerechtfertigt, die ‚verbrauchte' Sonderzuwendung unterhaltsrechtlich nicht zu berücksichtigen. **Nach Entstehung** der Unterhaltspflicht gezahlte **Sonderzuwendungen** sind indessen wie Einkommen zu behandeln.

### c) Teilzeitarbeit

Ist der Unterhaltspflichtige lediglich teilzeitig berufstätig, können ihm auch nur aus dieser teilzeitigen Berufstätigkeit Einkünfte zugerechnet werden. Anders könnte nur entschieden werden, wenn eine **Erwerbsobliegenheit** des Unterhaltspflichtigen (vgl. dazu ausführlich Rn. 563) gegenüber dem unterhaltsbedürftigen Elternteil anzunehmen wäre. Da jedoch die Inanspruchnahme auf Elternunterhalt i.d.R. zu einem Zeitpunkt erfolgt, in dem sich der konkrete Lebensentwurf des Unterhaltspflichtigen bereits verwirklicht hat, kann eine Verpflichtung des Unterhaltspflichtigen, diesen konkreten Lebensentwurf zu ändern, nicht angenommen werden. Dies folgt aus der **Lebensstandardsgarantie**, wonach das unterhaltspflichtige Kind keine spürbare und dauerhafte Senkung seiner Lebensverhältnisse durch Inanspruchnahme auf Elternunterhalt hinzunehmen hat[177]. Diese Lebensstandardgarantie erstreckt sich nicht nur auf die finanziellen Verhältnisse sondern auf die individuell etablierten Lebensverhältnisse, zu denen auch Arbeits- und Freizeitgebaren gehören.

219

Etwas anderes könnte man nur annehmen, wenn ein Wechsel in Teilzeitarbeit sachlich und persönlich nicht gerechtfertigt ist. Dies kann aber im Elternunterhalt nicht an den für Kindesunterhalt entwickelten Kriterien bemessen werden. Hat vielmehr das unterhaltspflichtige Kind den Umfang seiner Erwerbstätigkeit vor Inanspruchnahme auf Elternunterhalt reduziert, folgt aus der entstehenden Unterhaltsverpflichtung nur dann die Verpflichtung auf Ausweitung der beruflichen Tätigkeit, wenn man eine **Erwerbsobliegenheit** annähme (dazu Rn. 563). Auch bei bereits bestehender Elternunterhaltsverpflichtung kann das unterhaltspflichtige Kind in Teilzeittätigkeit wechseln, wenn auch im Hinblick auf die Elternunterhaltsverpflichtung billigenswerte Motive vorliegen. Solche können sein:

220

- der Wunsch des Kindes, mehr Zeit mit seinem bereits im Ruhestand befindlichen Gatten zu verbringen;
- der Wunsch des Kindes, mehr Zeit für die Betreuung des bedürftigen Elternteils aufzuwenden;
- gesundheitliche Gründe, die eine Reduktion der Arbeitszeit angeraten scheinen lassen;

---

177 BGH v. 23.10.2002 – XII ZR 67/00, FamRZ 2002, 1698.

- arbeitsplatzbedingte Gründe, z.B. ein bestehendes Kündigungsrisiko, das durch Arbeitszeitreduktion abgewendet werden kann.

### d) Altersteilzeit

221 Nach ähnlichen Gesichtspunkten ist die Frage zu entscheiden, ob der Unterhaltspflichtige berechtigt ist, **Altersteilzeit** für sich in Anspruch zu nehmen mit der Folge, dass Unterhaltsansprüche der berechtigten Eltern vermindert oder verhindert würden.

222 Unproblematisch ist die Situation, wenn bereits zum Zeitpunkt der Inanspruchnahme auf Unterhalt ein **Altersteilzeitvertrag geschlossen** war oder **Altersteilzeit bereits begonnen** hat. In diesen Fällen ist die vom Unterhaltspflichtigen getroffene Lebensentscheidung vom Unterhaltsberechtigten und damit auch vom Träger der Sozialhilfe zu akzeptieren, seine Leistungsfähigkeit wird durch die Altersteilzeiteinkünfte beschränkt. Eine Verpflichtung zur Aufnahme, einer auch nur geringfügiger Nebenbeschäftigung, besteht nicht, vielmehr ist der Unterhaltspflichtige berechtigt, seinen Lebensentwurf fortzuentwickeln. Dies folgt aus dem das gesamte Elternunterhaltsrecht überstrahlenden Grundsatz, dass der Unterhaltspflichtige ‚keine spürbare und dauerhafte Senkung seiner Lebensverhältnisse hinzunehmen brauche, es sei denn, er lebe im Luxus'[178].

223 Davon zu unterscheiden ist die Situation, in der der Unterhaltpflichtige zum Zeitpunkt der Inanspruchnahme auf Elternunterhalt weder eine vertragliche Regelung zukünftiger Altersteilzeit getroffen hat noch nachweisbar eine Altersteilzeit sonst vorbereitet hat. In diesen Fällen könnte die Inanspruchnahme auf Elternunterhalt – ähnlich wie im Fall des Minderjährigenunterhalts – die Handlungsoptionen des Unterhaltspflichtigen begrenzen. Eine solche Begrenzung ist jedoch nur dann anzunehmen, wenn der Unterhaltspflichtige zur Vermeidung der Unterhaltsheranziehung eine Berufstätigkeit aufgibt oder vermindert[179] (**unterhaltsbezogene Leichtfertigkeit** oder **Vorwerfbarkeit**). Da es jedoch für eine Reduktion der Erwerbstätigkeit stets vielfältige persönliche, gesundheitliche, familiäre, betriebliche und sonstige Gründe geben kann, wird dem Unterhaltspflichtigen nur in Extremfällen vorgeworfen werden können, die Einkommensverminderung in ausschließlich unterhaltsfeindlicher Absicht eingeleitet zu haben (vgl. Rn. 220).

---

178 BGH v. 23.10.2002 – XII ZR 67/00, FamRZ 2002, 1698.
179 OLG Hamm v. 15.10.2004 – 11 UF 22/04, FamRZ 2005, 1177.

### e) Spesen und Auslösungen

Auch für Einkünfte, die aus **Spesen** resultieren, gelten die üblichen in den Leitlinien der Oberlandesgerichte niedergelegten unterhaltsrechtlichen Prinzipien: Spesen sind dem unterhaltspflichtigen Einkommen voll zuzurechnen, wenn sie tatsächlich verschleiertes **Arbeitseinkommen** sind. Sie sind nicht dem unterhaltspflichtigen Einkommen zuzurechnen, soweit ihnen konkrete Aufwendungen, wie Fahrtkosten, Unterbringungskosten etc. gegenüberstehen. Nur dann, wenn durch die Spesenzahlung eigene Aufwendungen erspart werden, können Spesen insoweit dem unterhaltsrechtlich anrechenbaren Einkommen zugerechnet werden. Dies gilt besonders für **Verpflegungsspesen**. In der Regel wird angenommen, dass Spesen zu einem Drittel dem anrechenbaren Einkommen des Unterhaltspflichtigen zuzurechnen sind[180]. Ansonsten ist der Unterhaltspflichtige, der eine geringere Anrechnungsquote erreichen will, verpflichtet, die für eine geringere Anrechnung sprechenden Gründe darzulegen. Dabei kann es auch bei Verpflegungsspesen sinnvoll sein, sich konkret mit deren Höhe im Einzelfall auseinander zu setzen. Insbesondere bei **Auslandsmontagen** decken diese die tatsächlichen Verpflegungsmehrkosten oftmals nicht mehr ab, was unterhaltsrechtlich zur Folge hätte, dass sie aus dem Einkommen des Unterhaltspflichtigen vollständig herauszurechnen wären und gegebenenfalls höhere berufsbedingte Aufwendungen zu berücksichtigen wären (Rn. 471 ff.).

224

**Praxistipp (für Unterhaltspflichtige):**

225

Dem unterhaltspflichtigen Kind (oder auch dem Schwiegerkind) ist zu raten, den **Spesenverbrauch** durch Dokumentation des Aufwandes konkret nachzuweisen, indem Rechnungen für Übernachtungen und Verpflegung aufgehoben und dem Träger der Sozialhilfe vorgelegt werden.

**Praxistipp (für Sozialhilfeträger):**

226

Bei der Einbeziehung von Spesen in die Berechnung der Unterhaltsrechtlichen Leistungsfähigkeit sollten keine allzu großen Anforderungen an die unterhaltspflichtigen Kinder gestellt werden. Vor Entstehung der Unterhaltspflicht dokumentiert niemand den Spesenverbrauch. Soweit also die unterhaltsrechtliche Leistungsfähigkeit – wie üblich – aus der Einkommenssituation der letzten 12 Monate

---

180 OLG Karlsruhe v. 24.9.2003 – 18 WF 161/02, FamRZ 2004, 645; OLG Frankfurt/M. v. 21.12.1993 – 3 UF 117/93, FamRZ 1994, 1031.

> berechnet wird, kann ein Sozialhilfeträger nicht die Dokumentation
> des Spesenverbrauchs über diesen Zeitraum verlangen. Gegebenen-
> falls ist der unterhaltspflichtigen Person aufzuerlegen, den Spesen-
> verbrauch für drei Monate nach Entstehen der Unterhaltspflicht zu
> dokumentieren. Da Unterhaltsberechnungen ohnehin meist eine ge-
> wisse Zeit in Anspruch nehmen, kann so eine realistische Einschät-
> zung der unterhaltsrechtlichen Bedeutung der Spesen gefunden wer-
> den.
>
> Es ist m.E. dem unterhaltspflichtigen Kind nicht zuzumuten, die
> Spesendokumentation über einen langen Zeitraum zu verlangen. Der
> damit verbundene dokumentarische Aufwand ist weder dem Kind,
> noch der Verwaltung zuzumuten und steht in keinem vernünftigen
> Verhältnis zum Ertrag.

### f) Sachbezüge, Firmenwagen[181]

**227** Wie auch im übrigen Unterhaltsrecht ist bei der Ermittlung des für den Elternunterhalt relevanten Einkommens aus abhängiger Beschäftigung Einkommen des Unterhaltspflichtigen aus **Sachbezügen** zu bewerten.

**228** Dies gilt grundsätzlich für jede Art des Sachbezuges. Dabei kann in der Regel nicht vom steuerlichen Nutzwert ausgegangen werden. Es ist vielmehr der dem Unterhaltspflichtigen zufließende **angemessene Nutzwert** heranzuziehen und zu schätzen. Für den häufigsten Sachbezug, das **Firmenfahrzeug**, gilt dies vor allem deswegen, weil der objektive Nutzwert vielfach unangemessen hoch anzusetzen wäre. Der durch den Arbeitgeber zur Verfügung gestellte PKW dient nicht nur der Beförderung des Unterhaltspflichtigen, sondern auch der Pflege des Ansehens des Arbeitgebers. Er ist meist ‚überdimensioniert'.

> **OLG München v. 19.2.1999 – 12 UF 1545/98, FamRZ 1999, 1350**
>
> LS: Unterhaltsrechtliches Einkommen ist als vermögenswerter Vorteil auch die Privatnutzung eines Firmenfahrzeugs. Der vermögenswerte Vorteil ist dabei aber **nicht** mit dem Gehaltsbestandteil der PKW-Nutzung identisch, **sondern** in jedem Einzelfall **nach § 287 ZPO zu schätzen**. Hierbei ist die steuerliche Mehrbelastung zu beachten, die durch die Erhöhung des Bruttoeinkommens durch die PKW-Nutzung entsteht. Werden durch die Nutzung des Firmenfahrzeugs auch die Fahrten zum Arbeitsplatz abgedeckt, entfällt in der Regel der Ansatz von pauschalen 5 % berufsbedingten Aufwendungen.

---

181 Vgl. zu diesem Problem: *Hauß*, FamRZ 2012, 1628; *Kühner*, FamRB 2007, 6; *Günther*, EStB 2009, 72.

**OLG Hamm 30.10.2008 – 2 UF 43/08, FamRZ 2009, 981**

LS: ... 3. Der private Nutzungsvorteil eines Firmenfahrzeugs ist in der Regel mit dem nach Steuerrecht zu veranschlagenden Wert (Einprozentregelung) zu bemessen. Er ist zu bereinigen um den steuerlichen Nachteil, der dem Nutzungsberechtigten dadurch entsteht, dass er das Firmenfahrzeug als Sachbezug zu versteuern hat. (Rn. 52)...

... f) Der private Nutzungsvorteil für das Firmenfahrzeug ist nach ständiger Rechtsprechung des Senats in der Regel mit dem nach Steuerrecht zu veranschlagenden Wert (Einprozentregelung) zu bemessen (vgl. Senat, FamRZ 2008, 893 = NJW-RR 2008, 882 ff.; Zi. 4 HLL 1.1.2008). Dieser beträgt nach dem übereinstimmenden Sachvortrag der Parteien 456,36 €. Er ist zu bereinigen um den steuerlichen Nachteil, der dem Antragsteller dadurch entsteht, dass er den Firmenwagen als Sachbezug zu versteuern hat. Dieser berechnet sich unter Zugrundelegung des für das Jahr 2007 in den Lohnbelegen ausgewiesenen Steuerbruttobetrages in Höhe von 49.804,14 € und dem zu versteuernden Sachbezug für den Firmenwagen wie folgt:

| | |
|---|---|
| tatsächliches Steuerbrutto | 49.804,14 € |
| abzgl. Sachbezug Firmenfahrzeug | – 5.476,32 € |
| fiktives Steuerbrutto: | 44.327,82 € |
| darauf entfallende Lohnsteuer | 9.391,00 € |
| darauf entfallende Kirchensteuer | 489,78 € |
| darauf entfallende Sondersteuer | 299,31 € |
| fiktive Steuerlast: | 10.180,09 € |
| tatsächliche Steuerlast: | – 12.525,07 € |
| Differenz: | – 2.344,98 € |
| Steuernachteil Firmenfahrzeug monatlich: | 195,42 € |

Daraus errechnet sich ein noch verbleibender privater Nutzungsvorteil in Höhe von 260,94 € (456,36 € – 195,42 €).

Anhaltspunkte, die den Ansatz eines höheren Nutzungsvorteils rechtfertigen können sind nicht vorhanden. Der Verweis der Antragsgegnerin auf die ADAC-Tabellen zur Bewertung der Gesamtkosten für das Fahrzeug des Antragstellers überzeugt nicht. Dabei wird übersehen, dass die private Nutzung nur einen Teil der Gesamtnutzung ausmacht, weil der Antragsteller das Fahrzeug nicht nur privat, sondern beruflich nutzt.

In Rechtsprechung und Literatur existieren unzählige Methoden, den unterhaltsrechtlichen Gebrauchsvorteil des Firmen-PKW zu bestimmen. Dabei ist der rechnerische (meist steuerliche) Ansatz und die Schätzung des ‚angemessenen Nutzungsvorteils' voneinander zu unterscheiden.

**230** In den Unterhaltsleitlinien der OLG[182] finden sich beide Ansätze vertreten. Das OLG Hamm favorisiert den steuerlichen Ansatz:

„Geldwerte Zuwendungen des Arbeitgebers aller Art, z.b. Firmenwagen oder freie Kost und Logis, sind Einkommen, **soweit sie entsprechende Aufwendungen ersparen.** Die hierfür **steuerlich** in Ansatz gebrachten Beträge bieten einen **Anhaltspunkt** für die Bewertung des geldwerten Vorteils."

Andere Gerichte[183] stellen bei der Bewertung von Nutzungsvorteilen eher auf die **Bedarfsebene** des Nutzungsberechtigten ab:

„**Sachbezüge** (kostenlose oder verbilligte Wohnung, Vorteil KFZ-Nutzung, unentgeltliche Verpflegung, Mitarbeiterrabatt) sind mit den nach § 287 ZPO **zu schätzenden ersparten Aufwendungen** als Einkommen anzusetzen."[184]

**231** Im Elternunterhalt können Nutzungsvorteile konsequenterweise nur im Hinblick auf die **Lebensstandardgarantie**[185] bewertet werden. Deshalb kann unterhaltsrechtlich nur der **angemessene Nutzungsvorteil** dem Einkommen zugerechnet werden.

**232** Der **angemessene Nutzungsvorteil eines Firmenwagens** ist indessen nicht mit einem steuerlichen Ansatz zu bewerten. Das OLG Hamm[186] hat diesen Ansatz verfolgt und einem Unterhaltspflichtigen mit einem Einkommen von brutto 49.800 € einen Nutzungsvorteil von 261 € zugerechnet. Dieses Ergebnis erscheint maßvoll und angemessen. Die Berechnungsmethode, die dieses Ergebnis produziert hat, ist es indessen nicht. Zum einen ignoriert das OLG Hamm, dass der **geldwerte Vorteil** der PKW-Nutzung nicht nur eine höhere Steuerlast verursacht, sondern auch höhere **Sozialversicherungsabgaben**. Bewirken die höheren Rentenbeiträge noch einen späteren höheren Rentenerwerb, also einen Vorteil, an dem der Nutzungsberechtigte partizipieren wird, ist dies bei den Krankenversicherungsbeiträgen nicht mehr der Fall. Zum anderen führt die höhere steuerliche Belastung wegen der Steuerprogression dazu, dass bei höheren Einkünften der Nutzungswert des gleichen PKW geringer als bei niedrigen Einkünften ausfällt:

---

182 Leitlinien Nr. 4.
183 Z.B. OLG Oldenburg, Süddt. Leitlinien Nr. 4.
184 OLG Oldenburg, Leitlinien Nr. 4.
185 BGH v. 23.10.2002 – XII ZR 67/00, FamRZ 2002, 1698.
186 OLG Hamm v. 30.10.2008 – 2 UF 43/08, FamRZ 2009, 981.

## Firmen-PKW-Nutzungsvorteil
### in Abhängigkeit vom Einkommen nach OLG Hamm FamRZ 2009, 981

| | | | | | | |
|---|---|---|---|---|---|---|
| jährliches Bruttoeinkommen: | 24.000 | 24.000 | 45.000 | 45.000 | 60.000 | 60.000 |
| steuerpfl. Bruttoeinkommen: | 30.000 | 24.000 | 51.000 | 45.000 | 66.000 | 60.000 |
| sozverspfl. Bruttoeinkommen: | 30.000 | 24.000 | 51.000 | 45.000 | 66.000 | 60.000 |
| Lohnsteuer: | – 4.052 | – 2.605 | – 10.252 | – 8.203 | – 15.905 | – 13.512 |
| Solidaritätszuschlag: | – 223 | – 143 | – 564 | – 451 | – 875 | – 743 |
| Kirchensteuer: | – 365 | – 234 | – 923 | – 738 | – 1.431 | – 1.216 |
| Rentenversicherung: | – 2.940 | – 2.352 | – 4.998 | – 4.410 | – 6.237 | – 5.670 |
| Arbeitslosenversicherung: | – 450 | – 360 | – 765 | – 675 | – 990 | – 900 |
| Krankenversicherung: | – 2.460 | – 1.968 | – 3.764 | – 3.690 | – 3.875 | – 3.875 |
| Pflegeversicherung: | – 368 | – 294 | – 562 | – 551 | – 602 | – 602 |
| Nettoeinkommen: | 13.143 | 16.043 | 23.172 | 26.281 | 30.085 | 33.482 |
| Monatsnettoeinkommen: | 1.095 | 1.337 | 1.931 | 2.190 | 2.507 | 2.790 |
| Abzüge: | – 10.857 | 7.957 | – 21.828 | – 18.719 | – 29.915 | – 26.518 |
| Differenz Abzüge: | – 2.900 | | – 3.109 | | – 3.397 | |
| Nutzungsvorteil: | 6.000 | | 6.000 | | 6.000 | |
| tatsächlicher Nutzungsvorteil: | 3.100 | | 2.891 | | 2.603 | |
| Nutzungsvorteil monatlich: | 258 | | 241 | | 217 | |
| anrechenbares Einkommen: | 1.354 | | 2.172 | | 2.724 | |

Ein solches Ergebnis wäre jedoch nicht angemessen, sondern paradox. Richtigerweise ist der Wert der Nutzung eines Firmenwagens zu schätzen. 233

---

**OLG Karlsruhe v. 2.8.2006 – 16 WF 80/06, FamRZ 2006, 1759**

Der Wert der Privatnutzung eines Firmenfahrzeugs ist mit dem Betrag anzusetzen, den der Nutzer erspart, weil er von der Anschaffung und Unterhaltung eines eigenen, seinen gegebenenfalls beengten Verhältnissen entsprechenden Fahrzeugs absehen kann. **Der Wert ist nicht identisch mit dem objektiven Nutzungswert oder dem steuerlichen Gehaltsanteil.** Er kann, etwa im Mangelfall, unberücksichtigt bleiben oder den Betrag ausmachen, den der Nutzer für Privatfahrten mit öffentlichen Verkehrsmitteln erspart.

---

Für diese Schätzung ist die steuerliche Handhabung des Sachbezugs nicht einmal ein Ansatzpunkt. Da Elternunterhalt die Betroffenen in der Regel unverhofft trifft, können diese sich nicht darauf einstellen Unterhalt zahlen zu müssen. Auch ist der Umstieg auf einen kleineren Firmenwagen in der Regel gar nicht kurzfristig zu realisieren, weil es in der Regel eine **Fir-** 234 menwagenvereinbarung mit einer festen Laufzeit gibt, die nur bei Verlust des Arbeitsplatzes vorzeitig gelöst wird. Wer also vor Entstehen der Unterhaltsverpflichtung einen komfortablen Firmenwagen ausgewählt hat, ist dadurch unterhaltsrechtlich nur insoweit leistungsfähiger, als er seine privaten PKW-Verkehrsbedürfnisse (Einkaufs-, Freizeit- und Urlaubsfahrten) kostengünstiger als bei Nutzung eines einkommensangemessenen Fahrzeugs abwickelt. Maßgeblich ist daher nicht der Blick auf Listen-Anschaffungspreis und die daraus resultierende Einkommenszurechnung in Höhe von 1 % des Listenpreises (§ 8 Abs. 2 EStG), sondern der Blick auf das Nettoeinkommen der unterhaltspflichtigen Person und die Frage, in welcher Höhe Privatnutzung eines PKW bei diesem Einkommen und den konkreten Nutzungsgewohnheiten erfolgen würde. Dabei sind bestehende Unterhaltspflichten und familiär bedingte Nutzungsgewohnheiten zu berücksichtigen.

235 **Beispiel:** S (55) hat ein gesetzliches Nettoeinkommen von 2.900 €. Er lebt mit seiner Frau allein in einem EFH, seine Frau verdient 900 € netto, sie hat einen eigenen PKW. S hat einen Firmen-PKW im Wert von 70.000 €. Die Zurechnung von 700 € zum Bruttoeinkommen führen zu einem um ca. 336 € erhöhten Steuerabzugs (StKl IV). Es wäre daher zu prüfen, ob S tatsächlich für die rein private Nutzung eines PKW 364 € monatlich aufwenden würde, wo doch schon ein Fahrzeug in der Familie vorhanden ist. Dazu sind die gesamten Umstände des Falles zu beachten. Schematische Regelungen wie die 1%-Regelung führen zu keinen angemessenen Ergebnissen.

236 Bei der Bewertung des Nutzungsvorteils eines Firmen-PKW ist darüber hinaus stets zu prüfen, ob der private Nutzungsvorteil des Firmenfahrzeugs vom Arbeitgeber nicht wiederum vom Einkommen abgezogen wird. Diese Praxis ist weit verbreitet und führt dann zu einem tatsächlichen **Nachteil des Firmenwagens**, weil die Mehrbelastung durch Steuern und Sozialabgaben sich auf das Nutzungsergebnis negativ auswirkt. Solche Formen der Nutzungsvereinbarungen bei Firmenfahrzeugen sind häufig anzutreffen. Sie dienen dazu, dem Mitarbeiter ein Fahrzeug zu verschaffen, bedeuten aber tatsächlich keine Leistung des Arbeitgebers.

237 **Praxistipp:**

> Zu **Firmen-PKW:** Nach den Ermittlungen des Statistischen Bundesamtes entfallen in Abhängigkeit der jeweiligen Altersgruppe ca. 8% des Einkommens auf PKW-Nutzung (vgl. Rn. 1141). Die Annahme eines Nutzungsvorteils in dieser Höhe dürfte in der Regel gerechtfertigt sein, was zudem den Vorteil einer leichten Bestimmung des Nutzungsvorteils hat.

### g) Sonstige Sachbezüge

Der Wert aller **anderen Sachbezüge** ist ebenfalls als Wert für den Unterhaltspflichtigen zu schätzen und um die darauf zu entrichtenden Steuern zu korrigieren. Unterhaltsrechtlich ist der Sachbezug mit der individuellen Ersparnis des Unterhaltspflichtigen als dessen Einkommen zu bewerten[187].

238

Sachbezüge sind auch **Strom- und Energiedeputate**, wie sie tarifvertraglich in der Energiewirtschaft oftmals abgesichert sind. Auch Freifahrten, -flüge oder Vergünstigungen bei der Beförderung haben unterhaltsrechtlich Einkommensfunktion, sofern dadurch notwendige Aufwendungen erspart werden. Führen jedoch besonders günstige Beförderungskonditionen beim Berechtigten zu einer Inanspruchnahme, die die angemessenen Lebensverhältnisse übersteigt, werden die Sachwertbezüge also lediglich um ihrer selbst willen genutzt, bleiben sie unterhaltsrechtlich bedeutungslos. So würden einer Sekretärin eines Flugunternehmens, die bei einem Monatseinkommen von 1.300 € netto ein beliebiges Freiflugkontingent hat und als Ledige ihre Frei- und Urlaubszeit stets in entlegenen Regionen verbringt und auf diese Weise 100.000 Flugkilometer im Jahr ansammelt, diese Nutzungsrechte nicht zugerechnet, da sie nicht zu einer tatsächlichen Ersparnis führen. Hätte die Sekretärin kein Freiflugkontingent, würde sie nicht fliegen.

239

### h) Provisionen und Boni

Erfolgsabhängige Einkommensbestandteile machen vielfach einen großen Teil der Einkünfte auch abhängig beschäftigter Arbeitnehmer aus. Die ständige Rechtspraxis geht davon aus, dass erfolgsabhängige Einkommensbestandteile, die das letzte Jahreseinkommen bestimmt haben, auch das laufende Einkommen prägen. Im Elternunterhalt ist dieses Risiko für den Unterhaltspflichtigen bedeutend geringer, da die Sozialhilfeträger vielfach keine laufenden Unterhaltszahlungen geltend machen, sondern Unterhalt für eine abgeschlossene (vergangene) Periode einfordern, für die das Einkommen bereits feststeht. Verhält es sich anders, ist es Sache des Unterhaltspflichtigen darzulegen, dass Einkommensbestandteile aus der Vergangenheit nicht für die Unterhaltsberechnung der Zukunft projiziert werden können.

240

---

187 Wendl/*Dose*, § 1, Rn. 92.

**241** **Praxistipp (für Unterhaltspflichtige und Sozialhilfeträger):**

Der Streit um periodisch wiederkehrende Einkünfte in wechselnder Höhe nimmt oftmals großen Raum zwischen Sozialhilfeträgern und Unterhaltspflichtigen ein. Dieser Streit kann indessen leicht entschärft werden, wenn zur Berechnung der laufenden Unterhaltsleistungen lediglich die Regeleinkünfte herangezogen werden und zwischen dem Sozialhilfeträger und dem unterhaltspflichtigen Kind eine Vereinbarung geschlossen wird, dass eine Erhöhung des zu zahlenden Unterhalts berechnet wird, wenn die Höhe des zusätzlichen Einkommens des unterhaltspflichtigen Kindes feststeht. Solche Vereinbarungen sind nicht nur streitvermeidend sondern auch unschädlich. Eine solche Vereinbarung könnte lauten:

*„Die unterhaltspflichtige Person wird dem Sozialhilfeträger jeweils zum <Datum einsetzen> einen Nachweis über die Höhe des Jahreseinkommens aus seiner Erwerbstätigkeit einschließlich der regelmäßig und unregelmäßig gezahlten Arbeitsentgelte und gegebenenfalls auch der Krankengeldbezüge vorlegen. Der Sozialhilfeträger wird daraus die unterhaltsrechtliche Leistungsfähigkeit der unterhaltspflichtigen Person für den zurückliegenden Unterhaltszeitraum bestimmen und eine Mehr- oder Minderleistungsfähigkeit gegenüber den geleisteten Unterhaltsbeträgen im Jahresdurchschnitt bestimmen. Die unterhaltspflichtige Person wird sich bezüglich einer sich aus der Nachberechnung resultierenden Mehrforderung nicht auf zeitliche Verwirkung (vgl. Rn. 856 ff.) berufen. Der Sozialhilfeträger wird eine eventuelle Überzahlung erstatten."*

### 2. Einkommen aus selbständiger und gewerblicher Tätigkeit

**242** Auch bezüglich der Einkünfte aus selbständiger oder freiberuflicher Tätigkeit gelten die üblichen unterhaltsrechtlichen Grundsätze. Diesen folgend muss bei der Beurteilung und Bewertung der Einkünfte aus nicht abhängiger Beschäftigung vor allem Augenmerk auf folgende Positionen einer Bilanz oder Einnahme-Überschussrechnung gelegt werden:

- **Privatnutzungsanteile**[188]
- **Abschreibungen**[189]
- **Ansparabschreibungen**[190]

---

[188] Ausführlich Wendl/Dose/*Kemper*, § 1, Rn. 198 ff., 265, 327.
[189] OLG Koblenz v. 17.10.2001 – 9 UF 140/01, FamRZ 2002, 887; ausführlich Wendl/Dose/*Kemper*, § 1, Rn. 205 ff.
[190] BGH v. 2.6.2004 – XII ZR 217/01, FamRZ 2004, 1177.

- **Privatentnahmen**[191].

Es muss dabei berücksichtigt werden, dass Einkünfte eines Selbständigen aus dem Durchschnitt der letzten 3 oder 5 Jahre vor der unterhaltsrechtlichen Inanspruchnahme berechnet werden. Nur wenn eine sichere Prognose möglich ist, dass die laufenden Einkünfte niedriger als der Vergangenheitsschnitt sind, kann von diesen laufenden Einkünften ausgegangen werden.

243

Bei der Geltendmachung von Elternunterhaltsansprüchen beachten die Sozialhilfeträger diese Regeln oft nur unzureichend. Schwankungen im Einkommen sind bei Selbständigen ein allgegenwärtiges Phänomen, das durch konjunkturelle Schwankungen, steuerliche Besonderheiten und andere Faktoren bedingt ist. Im Rahmen des Elternunterhaltes hat der Unterhaltspflichtige darzulegen, dass eine aus dem Durchschnitt der letzten Jahre errechnete unterhaltsrechtliche Leistungsfähigkeit eine unzumutbare Benachteiligung darstellt. Dazu muss er die Faktoren, die für eine Verminderung der Einkünfte sprechen benennen und gegebenenfalls auch beweisen.

244

Die Berechnung der unterhaltsrechtlichen Leistungsfähigkeit Selbständiger ist teilweise schwierig. Einnahme-Überschuss-Rechnungen und Bilanzen geben dem Selbständigen Möglichkeit, private Aufwendungen betrieblich abzusetzen. Auf Seiten der Sozialhilfeträger ist bei Ermittlung der Einkünfte Selbständiger oftmals ein institutionelles Misstrauen anzutreffen, das weder gerechtfertigt, noch praktisch ist. Basis der Ermittlung der unterhaltsrechtlichen Leistungsfähigkeit sind stets die durch das Finanzamt ermittelten wirtschaftlichen Verhältnisse. Diese sind durch Vorlage von Steuererklärungen und Einkommensteuerbescheiden durch die unterhaltspflichtige Person zu dokumentieren.

245

**Will der Unterhaltspflichtige** die steuerlich ermittelten Einkommenshöhe nicht gegen sich gelten lassen, muss er dies im Einzelnen darlegen. Diese Situation entsteht, wenn Wirtschaftsgüter für den Betrieb angekauft werden. Erwirbt z.B. der Rechtsanwalt K einen PKW zum Preis von 50.000 €, mindert diese Anschaffung seine Liquidität stark, nicht aber in gleicher Weise seinen steuerlichen Gewinn. Dieser reduziert sich lediglich um die ‚**Abschreibungssätze**[192]'. Das gleiche gilt für den Erwerb von Büroausstattung und auch für den Erwerb einer anderen Anwaltskanzlei als Erweiterung der bestehenden Kanzlei. Der Gewinn der Kanzlei bleibt (ohne die Abschreibung) durch den Erwerb des PKW nicht belastet. Der Ausgabe

246

---

191 *Schürmann*, FamRZ 2002, 1150; aber zurückhaltend bei Privatentnahmen zu Lasten der Substanz OLG Koblenz v. 3.7.2000 – 13 UF 102/00, FamRZ 2001, 1239.
192 Die Abschreibungstabellen enthalten die Regeln für die Nutzungsdauer der in verschiedenen Gewerbebetrieben verwendeten Wirtschaftsgüter: http://www.urbs.de/afa/home.htm.

von 50.000 € für den Erwerb des Fahrzeugs steht der Vermögenszuwachs um den PKW wertgleich gegenüber. Diese steuerliche Betrachtungsweise harmonisiert nicht mit der unterhaltsrechtlichen Situation. **Unterhaltsrecht ist Liquiditätsrecht.** Ist der PKW aus vorhandenem Vermögen angeschafft worden, bleibt er unterhaltsrechtlich neutral. Handelt es sich aber um einen kreditfinanzierten Erwerb, belastet der Liquiditätsabfluss für den Kredit die unterhaltsrechtliche Liquidität erheblich, wenn die Kreditraten nicht mit den Abschreibungssätzen harmonisieren. Ganz besonders kann diese Disharmonie zwischen unterhalts- und steuerrechtlicher Betrachtungsweise beim Zukauf von Unternehmen bedeutsam sein. **Darlegungspflichtig** ist insoweit in jedem Fall der Unterhaltspflichtige, der sich auf von der steuerlichen Gewinnfeststellung abweichende Werte berufen will.

247 **Will der Sozialhilfeträger** von den sich aus der steuerlichen Gewinnfeststellung ergebenden wirtschaftlichen Verhältnissen abweichen, muss er sich konkret damit auseinandersetzen. Werden z.B. **Abschreibungen** vom Sozialhilfeträger nicht akzeptiert, weil ihnen kein realer Verbrauch gegenübersteht, hat er dies gegenüber dem Unterhaltspflichtigen geltend zu machen. Richtig ist, dass die steuerlichen Abschreibungssätze unterhaltsrechtlich nicht bindend sind[193]. Es ist dann Sache des Unterhaltspflichtigen darzulegen, dass und weshalb die Abschreibungsdauer der Lebensdauer des betroffenen betrieblichen Vermögensguts entspricht[194].

248 Ob die **Korrektur von Abschreibungssätzen** im Elternunterhalt sinnvoll ist, muss bezweifelt werden. Der Streit darum wird immer ,aktenordnerdick' geführt und ist auch im Hinblick auf die im Elternunterhalt geltende Lebensstandardgarantie[195] problematisch. Weist nämlich der Selbständige nach, stets alle 6 Jahre nach Ablauf der Abschreibungsfrist für einen PKW einen neuen geordert zu haben, wäre zu erörtern, ob es ihm im Hinblick auf den Unterhaltsbedarf der Eltern zuzumuten ist, das Fahrzeug nun zehn Jahre lang zu fahren[196] und abzuschreiben.

249 Die **Abschreibung geringwertiger Wirtschaftsgüter** ist unterhaltsrechtlich nicht zu korrigieren:

> OLG Saarbrücken v. 5.2.2003 – 9 UF 104/01, FF 2003, 252
>
> Die übrigen hier in Rede stehenden „planmäßigen" Abschreibungen und die Abschreibungen für geringwertige Wirtschaftsgüter (vgl. hierzu Strohal, Die Bestimmung des unterhaltsrechtlich relevanten Einkommens bei Selbständigen, Rz. 103)

---

193 BGH v. 1.12.2004 – XII ZR 75/02, FamRZ 2005, 1159.
194 Wendl/*Dose*, § 1 Rn. 141.
195 BGH v. 23.10.2002 – XII ZR 266/99, FamRZ 2002, 1698.
196 OLG Koblenz v. 17.10.2001 – 9 UF 140/01, FamRZ 2002, 887 (für den Trennungsunterhalt).

betreffen ausweislich der Anlagen „Entwicklung des Anlagevermögens" zu den jeweiligen Jahresabschlüssen betriebsrelevante Anschaffungen. Sie sind gesetzlich zugelassen (§ 7 Abs. 3 EstG). Ihrer gewinnmindernden Berücksichtigung stehen daher unter den hier vorliegenden Umständen keine unterhaltsrechtlichen Bedenken entgegen (vgl. hierzu: Urteil des 6. Zivilsenats des Saarländischen Oberlandesgerichts vom 1. März 2001 – 6 UF 106/00 –, m. w. N.).

**OLG Celle v. 14.5.1999 – 18 UF 165/97 –, FamRZ 2000, 1153**

Soweit geringwertige Wirtschaftsgüter abgeschrieben wurden, ist es unerheblich, ob diese tatsächlich jeweils in dem Anschaffungsjahr verbraucht werden. Sofern diese Wirtschaftsgüter auf mehrere Steuerjahre umgelegt würden, ergäbe sich zwar nur ein Bruchteil des abgesetzten Betrages, der allerdings wiederum durch einen entsprechenden Bruchteil eines jeden Folgejahres ergänzt würde, sodass sich am Endergebnis des abgesetzten Betrages bei in etwa gleich bleibenden Beträgen nichts ändert.

Wird unter unterhaltsrechtlichen Gesichtspunkten eine Korrektur von Abschreibungssätzen oder anderen steuerlichen Parametern vorgenommen, ist die sich aus dieser Korrektur ergebende Veränderung des Gewinns durch eine neue Berechnung der sich dann ergebenden Steuerlast zu korrigieren (**fiktive Steuerberechnung**)[197]. Meist lohnt der Streit um Abschreibungen nicht.

250

## 3. Sonstiges Einkommen[198]

**Sonstiges Einkommen** resultiert in der Regel nicht aus einer unmittelbar im Zeitpunkt der Erzielung des Einkommens erbrachten Leistung des Unterhaltspflichtigen. Während bei Einkünften aus selbständiger oder abhängiger Berufstätigkeit daher stets die Frage der Obliegenheit der Einkommenserzielung im Verhältnis zum Unterhaltsberechtigten zu stellen ist, erübrigt sich diese Frage bei den sonstigen Einkünften eines Unterhaltspflichtigen, die regelmäßig nicht mit einer gegenwärtigen Leistung des Pflichtigen zusammenhängen.

251

Zu den ,sonstigen Einkünften' können auch **Abfindungen** gezählt werden. Diese können durch Verlust eines Arbeitsplatzes oder Ausscheiden aus einer freiberuflichen Praxis oder ähnlichen Gründen dem Unterhaltspflichtigen gezahlt werden. Ihre familienrechtliche Einordnung ist meist nicht einfach vorzunehmen. Sie sind ,Vermögen'[199], dienen aber oftmals

252

---

197 Vgl. die Zusammenstellung in Wendl/Dose/*Gerhardt* § 1 Rn. 1018 ff.
198 Vgl. die ausführliche Auflistung in Wendl/*Dose* § 1 Rn. 74.
199 *Schulz/Hauß*, Vermögensrecht, Kap. 1 Rn. 189 ff.

dem Unterhalt. Wird die Abfindung zum Ausgleich des Verlusts einer Einkommensquelle gezahlt, ist sie auf einen angemessenen Zeitraum zu verteilen, um für die im jeweiligen Beurteilungszeitraum anzunehmende Zeit des Einkommensausfalls oder der Einkommensreduktion den Lebensunterhalt des Abfindungsempfängers sicher zu stellen[200]. Keinesfalls darf eine zum Ausgleich von Einkommensverlusten gezahlte Abfindung zur Überkompensation des Einkommenswegfalls herangezogen werden[201].

253 Wird die Abfindung indessen nicht zu Sicherung des Lebensniveaus benötigt, z.B. weil die unterhaltspflichtige Person unmittelbar nach dem Wegfall des Arbeitsplatzes eine Anschlussarbeitsstelle gefunden hat, stellt sie Vermögen dar und ist dem sonstigen Vermögen des unterhaltsberechtigten Kind zuzurechnen. Dies ist auch für solche Abfindungen anzunehmen, die am Ende eines Erwerbslebens mit Erreichen der Regelaltersgrenze[202] z.B. für das Ausscheiden aus einem Unternehmen gezahlt werden, an dem die unterhaltspflichtige Person eine gesellschaftsrechtliche Beteiligung hatte. Hat der Abfindungsempfänger die Regelaltersgrenze noch nicht erreicht, kann die Abfindung allenfalls insoweit dem Vermögen zugerechnet werden, sofern – fortdauernder Wegfall einer kompensatorischen Einkommensquelle unterstellt – ein Verbrauch der Abfindung zur Einkommenskompensation nicht erforderlich ist.

254 **Aufwandsentschädigungen, Sitzungsgelder, Abgeordnetenentschädigung und Kostenpauschalen** für politische oder gesellschaftliche Tätigkeit sind unterhaltsrechtlich relevantes Einkommen[203]. Das Gleiche gilt auch für die Übungsleiterpauschale. Bei all diesen Einkünften ist indessen zu beachten, dass Mandatsinhaber und Trainer oft erhöhten einkommenstypische Mehrbedarfe haben, die – konkrete Darlegung unterstellt – auch zu vollständigem Verzehr des Einkommens führen kann.[204]

### 4. Mieteinkünfte

255 **Mieteinkünfte** eines Unterhaltspflichtigen werden nach allgemeinen Grundsätzen unterhaltsrechtlich mit ihrem Nettowert als Einkommen be-

---

200 BGH v. 28.3.2007 – XII ZR 163/04, FamRZ 2007, 983; BGH v. 23.12.1981 – IV b 604/80, FamRZ 1982, 250; OLG München v. 16.10.1997 – 12 WF 1147/97, FamRZ 1998, 559; OLG Hamm v. 25.2.1997 – 3 UF 428/96, FamRZ 1997, 1169; OLG Oldenburg v. 13.7.2009 – 13 WF 148/09, FamRZ 2009, 1911.
201 *Gerhardt*, FPR 2006, 354; *Soyka*, FuR 2005, 983.
202 BGH v. 28.7.2010 – XII ZR 140/07, FamRZ 2010, 1535.
203 BGH v. 7.5.1986 – IVb ZR 55/85, FamRZ 1986, 780.
204 OLG Hamm v. 6.5.1980 – 3 UF 3/80, FamRZ 1980, 997.

wertet[205]. Hat der Eigentümer – wie meist – Kredite zur Finanzierung der Immobilie aufgenommen, sind die Finanzierungs- und **Zinskosten** von den Mieteinkünfte abzuziehen[206].

Ob auch **Tilgungsleistungen** von den Mieteinkünften abzuziehen sind, wird in der Praxis unterschiedlich gesehen. Da Tilgungsleistungen eine Schuld des unterhaltspflichtigen Eigentümers abbauen, führen sie zu dessen Vermögensbildung. Diese darf aber nicht ohne besondere Begründung zu Lasten des Unterhaltsanspruchs des Bedürftigen gehen. Eine **Ausnahme** ist dann gegeben, wenn der Vermögensaufbau beim unterhaltspflichtigen Kind innerhalb der von der Rechtsprechung gezogenen Grenzen zulässigen Aufbaus von Altersvorsorgevermögen liegt[207] (vgl. Rn. 616 ff.). In diesen Fällen wird der Vermögenszuwachs an der vermieteten Immobilie dem Altersvorsorgevermögen zugeordnet[208]. 256

**Tilgungsleistungen** sollen ansonsten die Mieteinkünfte nicht mindern, weil sie der Vermögensbildung des unterhaltspflichtigen Kindes dienen[209]. Diese Auffassung wird von vielen Sozialhilfeträgern geteilt, die kompromisslos lediglich Zins- und ggfls. sonstige Finanzierungskosten, nicht aber Tilgungsleistungen von den Mieteinkünften abziehen. Diese Position kann im Elternunterhalt nicht aufrecht erhalten bleiben. Sie kommt aus dem Ehegatten-Unterhaltsrecht, in welchem die Beteiligung der unterhaltsberechtigten Person am Vermögen der unterhaltspflichtigen Person über den güterrechtlichen Ausgleich geregelt ist. 257

Werden durch die Vermietung **positive Einkünfte** trotz der Berücksichtigung der Tilgungsleistungen erzielt, spielt ein – ggfls. auch die Grenzen zulässigen Vermögensaufbaus übersteigender Tilgungsdienst – keine Rolle, solange die **Schonvermögensgrenzen** (vgl. Rn. 616 ff.) nicht überschritten sind. Würde der unterhaltspflichtige Eigentümer die Tilgungsleistungen einstellen, brächen in der Regel auch die Mieteinnahmen weg, auf die die Kreditgeber zugreifen würden. Ist es dem Eigentümer daher nicht möglich, die Kredittilgungen auszusetzen, weil die Kreditgeber dies – wie regelmäßig – nicht bewilligen, sind auch vermögensbildende Tilgungsraten von den Mieteinkünften abzusetzen. 258

---

205 Vgl. die Darstellung bei FA-FamR/*Gerhardt*, Kap. 6, Rn. 48; Wendl/Dose/*Gerhardt*, § 1 Rn. 450 ff.
206 Wendl/Dose/*Gerhardt*, § 1 Rn. 458.
207 Im Elternunterhalt 5% auf sozialversicherungspflichtiges Bruttoerwerbseinkommen und 25% auf nicht sozialversicherungspflichtiges Erwerbseinkommen (vgl. Rn. 382 ff.).
208 OLG Hamm v. 2.8.2009 – 2 UF 241/08, FamRZ 2010, 303.
209 Statt aller: Wendl/Dose/*Gerhardt*, § 1 Rn. 452 ff.

259 Lediglich bei **negativen Einkünften** aus Vermietung und Verpachtung wäre zu prüfen, ob dem Eigentümer die Veräußerung des Vermietungsobjekts möglich und zumutbar ist. Zumutbar wäre die Veräußerung nur, wenn die durch vorzeitige Kreditauflösung ausgelösten **Vorfälligkeitsentschädigungen** der unterhaltspflichtigen Person zugemutet werden können, was immer nur dann zu prüfen ist, wenn deren Vermögen die Schonvermögensgrenze übersteigt. Negative Einkünfte aus Vermietung und Verpachtung können im Regelfall auf die Höhe zulässiger Altersvorsorgeaufwendungen beschränkt werden[210].

260 Verfügt das **Schwiegerkind** über eine vermietete Immobilie sind auch die Tilgungsleistungen vom Einkommen des Schwiegerkindes abzuziehen. Das Schwiegerkind kann mit seinem Einkommen – da es am Unterhaltsverhältnis nicht beteiligt ist – machen, was es will, solange die Aufwendungen nicht objektiv unvernünftig sind[211]:

> **OLG Hamm v. 18.12.2009 – II-13 UF 28/09, juris**
>
> … 3. Der Ehegatte des Unterhaltspflichtigen, der als Schwiegerkind außerhalb des Elternunterhaltsrechtsverhältnisses steht, ist weder rechtlich verpflichtet, zur Deckung des Elternunterhalts beizutragen, noch ist er gehalten, sich zu Gunsten des unterhaltsberechtigten Elternteils in seiner eigenen Lebensführung einzuschränken. (Rn. 64)

261 **Praxistipp:**

> **Positive Einkünfte aus Vermietung und Verpachtung** sind daher stets um Zins- aber auch um **Tilgungsleistungen** zu vermindern[212], weil bei Nichtbedienung der Tilgungsleistungen i.d.R. die Einkünfte wegbrechen würden, weil der Eigentümer durch die Kreditgeber zur Veräußerung der Immobilie gezwungen wäre.
>
> **Negative Einkünfte aus Vermietung und Verpachtung** sind dagegen nur dann zu akzeptieren, wenn die durch die Tilgung erfolgte Vermögensmehrung der zulässigen Altersvorsorge (vgl. Kapitel B. IV.1. und besonders Rn. 383 ff.) zugerechnet werden kann. Ist dies nicht möglich, weil die Altersvorsorgeaufwendungen über der Angemessenheitsgrenze liegen, müssen die Tilgungsleistungen nicht leistungsmindernd akzeptiert werden, wenn eine Veräußerung der Immobilie oder eine Tilgungsaussetzung oder eine Tilgungsstreckung der unterhaltspflichtigen Person zumutbar ist.

---

210 OLG Hamm v. 2.8.2009 – 2 UF 241/08, FamRZ 2010, 303.
211 BGH v. 12.12.2012 – XII ZR 43/11, FamRZ 2013, 363.
212 A.A.: Wendl/Dose/*Gerhardt*, § 1 Rn. 450 ff.

**Abschreibungen auf Immobilien** werden in der unterhaltsrechtlichen 262
Praxis in der Regel nicht berücksichtigt, weil ihnen keine wertgleiche Wertminderung zukommt sondern die Preisentwicklung auf dem Immobilienmarkt den Wertverlust kompensiert[213]. Diese vielzitierte Regel gilt jedoch nicht uneingeschränkt. In wirtschaftlich schwachen Regionen Deutschlands und besonders in Gebieten mit realem Einwohnerschwund fallen die Immobilienpreise deutlich, weswegen der Wertverlust der Immobilie in Höhe der Abschreibung tatsächlich zu berücksichtigen ist[214]. Dazu muss allerdings der Unterhaltspflichtige vortragen. Werden Abschreibungen nicht berücksichtigt, müssen in jedem Fall die tatsächlich nachgewiesenen Reparatur und Investitionsaufwendungen von den Mieteinkünften abgezogen werden. Sind diese kreditiert worden, geschieht dies, indem in Höhe der Kreditraten Abzüge gemacht werden. Reichen die Mieteinnahmen zur Finanzierung der Investitionen nicht aus, ist deren Abzug nach den **Abschreibungstabellen**[215] für die Zukunft vorzunehmen.

**Praxistipp:** 263

Werden **Abschreibungen** unterhaltsrechtlich nicht berücksichtigt, weil ihnen kein realer Vermögensverzehr gegenübersteht, sind sie dem Einkommen hinzuzurechnen. Eine ‚fiktive Steuerberechnung' wird in Abschreibungsfällen nur dann erforderlich, wenn die Abschreibung nicht zu einem tatsächlichen Liquiditätsverlust geführt hat (z.B. linearen Immobilienabschreibungen)[216]. Eine fiktive Steuerberechnung ist dagegen erforderlich, wenn **Ansparabschreibungen** oder **Investitionsabzugsbeträge** nicht berücksichtigt werden.[217]

## 5. Wohnvorteil

In der Praxis des Elternunterhalts spielt der Wohnvorteil eine überragende Rolle. Dies hängt damit zusammen, dass die auf Elternunterhalt in Anspruch genommenen Personen in der Regel mittlere bis gute Einkommen erzielen und daher meist in einer im Eigentum stehenden Wohnung oder Immobilie wohnen[218]. Die Erhöhung der unterhaltsrechtlichen Leis- 264

---

213 BGH v. 1.12.2004 – XII ZR 75/02, FamRZ 2005, 1159.
214 BGH v. 18.1.2012 – XII ZR 177/09, FamRZ 2012, 514.
215 Vgl. Fn. 192.
216 BGH v. 1.12.2004 – XII ZR 75/02, FamRZ 2005, 1159.
217 Wendl/Dose/*Kemper* § 1 Rn. 975; BGH v. 2.6.2004 – XII ZR 217/01, FamRZ 2004, 1177.
218 Die Auswertung der letzten 1.000 Beratungen im Büro des Verfassers ergibt einen Eigentümeranteil von mehr als 81 %.

tungsfähigkeit, die aus einem – wie auch immer berechneten – Wohnvorteil resultiert, ist daher stets zu beachten. Diese Auswirkung wird umso bedeutsamer, als die ihren Eltern unterhaltspflichtigen Kinder in der Regel im Alter zwischen 50 und 60 sind und daher oftmals die selbst bewohnte Immobilie abbezahlt ist und daher ein sich errechnender Wohnvorteil die unterhaltsrechtliche Leistungsfähigkeit stärkt.

### a) Rechtsgrundlage des Wohnvorteils

265 Nach der Rechtsprechung ist der Wohnvorteil eine ‚Nutzung' nach § 100 BGB:

> **OLG Hamm v. 29.10.2012 – II-9 UF 64/12, FamRZ 2013, 1146**
>
> Der Wohnwert stellt kein fiktives, sondern ein tatsächlich erwirtschaftetes Einkommen in der Form einer Vermögensnutzung i. S. d. § 100 BGB dar. Er unterliegt beim Elternunterhalt lediglich der Korrektur auf eine der Lebensstellung des Unterhaltsverpflichteten angemessene Höhe, weil in der Regel eine Verwertung des selbst bewohnten Grundeigentums im Verhältnis zum unterhaltsbedürftigen Elternteil nicht geschuldet ist (vgl. BGH FamRZ 2003, 1179, 1180 f.; FamRZ 2009, 1300, 1302).

**§ 100 BGB lautet:**

Nutzungen sind die Früchte einer Sache oder eines Rechts sowie Vorteile, welche der Gebrauch der Sache oder des Rechts gewährt.

266 Es ist insoweit nicht zu beanstanden, wenn aus dem Deszendentenunterhalt und dem Ehegattenunterhalt formuliert wird, unterhaltsrechtlich zu berücksichtigende Einkünfte seien auch Vermögenserträge und sonstige wirtschaftliche Nutzungen, die aus einem Vermögen gezogen würden und derartige Nutzungen seien auch der ‚Vorteil des mietfreien Wohnens im eigenen Haus'[219].

267 Die Rechtsprechung[220] und die im Schrifttum herrschende Meinung wiederholt diese seit Jahrzehnten gepflegte Formel. Bei Verheirateten und Verpartnerten wird die Leistungsfähigkeit des Kindes u.a. auch durch das Familieneinkommen beeinflusst. Die Einkommensverteilung zwischen den Ehegatten oder Verpartnerten hat einen entscheidenden Einfluss auf die unterhaltsrechtliche Leistungsfähigkeit (vgl. unten Rn. 578 ff.). Daher ist die Frage relevant, wem von beiden Gatten ein **Wohnvorteil** zugerechnet wird, wenn die selbst und von beiden Gatten bewohnte Immobilie im **Alleineigentum** nur eines Gatten steht. Aus dem Eigentum an der bewohn-

---

219 Wendl/Dose/*Gerhardt* § 1, Rn. 473.
220 Zuletzt und statt aller: BGH v. 12.2.2014 – XII ZB 607/12, FamRZ 2014, 541 und v. 12.12.2012 – XII ZR 43/11, FamRZ 2013, 363.

ten Immobilie kann in diesen Fällen die Zurechnung des Wohnvorteils für den Nichteigentümer nicht resultieren. Die Rechtsprechung[221] behilft sich in diesen Fällen damit, den **Familienunterhalt** nach §§ 1360, 1360a BGB als Basis der Zurechnung des Wohnvorteils auch an den verheirateten oder verpartnerten Nichteigentümer anzusehen. Dieser zieht aus dem Wohnen in Immobilie aufgrund seines Familienunterhaltsanspruchs, zu dem auch der Wohnbedarf gehört, einen Vorteil i.S.v. § 100 BGB.

---

**BGH v. 5.2.2014 – XII ZB 257/13, FamRZ 2014, 538 (Rn. 33)**

…Die Leistungsfähigkeit des Unterhaltspflichtigen wird nicht nur durch seine Erwerbseinkünfte, sondern in gleicher Weise durch Vermögenserträge und sonstige wirtschaftliche Nutzungen bestimmt, die er aus seinem Vermögen zieht. Dazu können auch die Gebrauchsvorteile eines Eigenheims zählen, denn durch das Bewohnen eines eigenen Hauses oder einer Eigentumswohnung entfällt die Notwendigkeit der Mietzahlung, die in der Regel einen Teil des allgemeinen Lebensbedarfs ausmacht. Soweit bei einer Gegenüberstellung der ersparten Wohnkosten und der zu berücksichtigenden Belastungen der Nutzungswert eines Eigenheims den Aufwand übersteigt, ist die Differenz zwischen den beiden Beträgen dem Einkommen des Unterhaltspflichtigen hinzuzurechnen (Senatsbeschluss vom 7. August 2013 – XII ZB 269/12 – FamRZ 2013, 1554 Rn. 19 mwN). Dabei ist der Wohnwert bei der Inanspruchnahme auf Elternunterhalt nicht mit dem bei einer Fremdvermietung erzielbaren objektiven Marktmiete, sondern auf der Grundlage der unter den gegebenen Verhältnissen ersparten Miete zu bemessen (Senatsbeschluss vom 7. August 2013 – XII ZB 269/12 – FamRZ 2013, 1554 Rn. 20).

---

**b) Höhe des Wohnvorteils**

In der Praxis ist die Berechnung der Höhe des Wohnvorteils oft umstritten. Unstreitig ist, dass die Berechnung auf der Basis der für die je konkrete Wohnung zugrunde zu legenden ortsüblichen **Vergleichsmiete** (**Nettokaltmiete**) zu erfolgen hat[222].

268

**(1) Angemessenheit des Wohnvorteils**

Im Unterhaltsrecht werden üblicherweise Wohnvorteile des Unterhaltspflichtigen, die dieser aus dem **Wohnen in der eigenen Immobilie** erzielt, mit dem **objektiven Wert**[223] berechnet werden[224]. Maßgeblich ist daher

269

---

221 BGH v. 6.2.2008 – XII ZR 14/06, FamRZ 2008, 968.
222 BGH v. 5.2.2014 – XII ZB 25/13, FamRZ 2014, 538.
223 Das gilt für alle Nutzungsvorteile, Palandt/*Ellenberger*, § 100, Rn. 2; OLG Brandenburg v. 9.12.2008 – 9 UF 116/08, FamRZ 2010, 991.
224 Jedenfalls dann, wenn das Scheitern der Ehe feststeht: BGH v. 5.3.2008 – XII ZR 22/06, FamRZ 2008, 963.

der am Markt erzielbaren **Mietzins** für die tatsächlich bewohnte Wohnung oder das tatsächlich bewohnte Haus.

270 Im Elternunterhaltsrecht gilt, dass der Wohnwertvorteil nur mit dem individuell ersparten Mietzins berechnet wird (**angemessener Wohnvorteil**[225]). Dies ist damit zu begründen, dass sich der Unterhaltspflichtige auf eine Inanspruchnahme auf Elternunterhalt in der Regel nicht einstellen kann. Ähnlich wie im Trennungsfall ist daher der Wohnvorteil nach der individuellen Mietersparnis zu berechnen. Anders als im Trennungsunterhalt existiert jedoch keine zeitliche Befristung für die unter dem objektiven Marktmietwert liegende Zurechnung eines individuellen Mietwertes.

> **OLG Düsseldorf v. 27.1.2011 – II-7 UF 99/10, FamRZ 2011, 1657**
>
> Nach der Rechtsprechung des Bundesgerichtshofs ist der angemessene und konkret zu berechnende Wohnvorteil (BGH FamRZ 2003, 1179) maßgeblich; danach ist zu fragen, welche Miete die Beklagte konkret unter den gegebenen Umständen ersparen würde, wenn sie eine angemessene Wohnung anmietete. Auch bei gehobenen Verhältnissen in M. ist aufgrund einer Schätzung nach § 287 ZPO für eine Eigentumswohnung eine Größe von etwa 60 qm angemessen; bei einem Mietzins von 8,5 € pro qm ergibt sich damit ein angemessener Mietwert von monatlich 510 €. An Belastungen sind lediglich die Zins- und die Tilgungsleistungen (BGH FamRZ 2003, 1179) zu berücksichtigen, hingegen nicht alle mit dem Grundeigentum verbundenen weiteren Kosten, weil und soweit diese im Rahmen eines Mietverhältnisses über den Nebenkostenansatz ebenfalls anfielen und hiermit im Ergebnis keine besondere berücksichtigenswerte Belastung des Eigentümers (gegenüber einem Mieter) verbunden ist (BGH FamRZ 2009, 1300).

271 Diese an der **angemessenen Wohnfläche** orientierte Berechnung des angemessenen Wohnvorteils hat der BGH in seiner Revisionsentscheidung nicht beanstandet[226]. Sie ist auch nicht zu beanstanden, soweit man den Wohnvorteil im Elternunterhaltsrecht überhaupt berücksichtigen will (vgl. dazu Rn. 289 ff.). Die **Höhe des angemessenen Wohnvorteils** wäre daher das Produkt der **angemessenen Wohnfläche** und der für die Wohnung ortsüblichen Vergleichsmiete.

272 Viele Sozialhilfeträger legen als Maßstab des ‚angemessenen Wohnvorteils' das Einkommen des Unterhaltspflichtigen Kindes zugrunde und skalieren daraus die ‚angemessenen Wohnkosten' mit 20%–30% des Nettoeinkommens, legen also als Grundlage der Angemessenheit den Einkommensmaßstab an. Diese Praxis kann sich nicht auf die Rechtsprechung des

---

225 BGH v. 19.3.2003 – XII ZR 123/00, FamRZ 2003, 1179; BGH v. 20.10.1999 – XII ZR 297/97, FamRZ 2000, 351; FA-FamR/*Gerhardt*, Kap. 6, Rn. 80; Palandt/*Brudermüller*, § 1601, Rn. 9.
226 BGH v. 17.10.2012 – XII ZR 17/11, FamRZ 2013, 868, Rn. 9.

BGH berufen. In vielen nachfolgenden Entscheidungen hat dieser klargestellt, dass die Angemessenheit des Wohnvorteils nicht am Familieneinkommen, sondern an der für den Unterhaltspflichtigen (ggfs. und seinen Gatten) **angemessenen Wohnfläche** zu bemessen ist, wobei diese mit dem Marktmietpreis der tatsächlich genutzten Wohnung zu multiplizieren ist.

> **BGH v. 28.3.2007 – XII ZR 21/05, FamRZ 2007, 879**
>
> LS: Während der Trennungszeit ist der Vorteil mietfreien Wohnens nur in dem Umfang zu berücksichtigen, wie er sich als angemessene Wohnungsnutzung durch den in der Ehewohnung verbliebenen Ehegatten darstellt. Dabei ist auf den Mietzins abzustellen, den er auf dem örtlichen Wohnungsmarkt für eine dem ehelichen Lebensstandard entsprechende **kleinere Wohnung** zahlen müsste (im Anschluss an die Senatsurteile vom 20. Oktober 1999, XII ZR 297/97, FamRZ 2000, 351 und vom 22. April 1998, XII ZR 161/96, FamRZ 1998, 899) (Rn. 10).

Gerade im Elternunterhalt ist die Reduzierung des Wohnvorteils auf den aus einer situationsangemessenen Nutzung der Wohnung zufließenden Vorteil zwingend. Elternunterhalt ist meist in fortgeschrittenem Alter der Kinder zu zahlen. Bewohnen diese eine Immobilie, die früher als ‚Familienheim' mit mehreren Kindern genutzt wurde, kann nicht diese Wohnfläche für die Berechnung des Wohnvorteils genutzt werden. Dies würde zu einer fiktiven unterhaltsrechtlichen Liquidität und damit zu einer unterhaltsrechtlichen Überforderung der Kinder führen.

273

Die ‚Angemessenheit der Wohnfläche' definieren auch nicht die unterhaltspflichtigen Personen selbst. Bauen oder kaufen diese vor Entstehen der Elternunterhaltspflicht eine Immobilie mit großzügig bemessener Wohnfläche, kann diese für die Berechnung der unterhaltsrechtlichen Leistungsfähigkeit nicht herangezogen werden, weil sonst nicht existentes, fiktives, unterhaltsrechtliches Einkommen generiert würde, wodurch bei Berechnung der unterhaltsrechtlichen Leistungsfähigkeit die **Lebensstandardgarantie** nicht mehr gewährleistet wäre.

274

Richtig ist es daher, sich im Elternunterhalt bei der Bestimmung des Wohnvorteils am **durchschnittlichen Wohnflächenbedarf** zu orientieren. Dieser beträgt mit geringen regionalen Unterschieden zwischen 40m$^2$ und 49m$^2$ pro Person[227]. Multipliziert man diesen ‚angemessenen Wohnflächenbedarf' mit dem für die konkret genutzte Wohnung geltenden Marktmietzins, wird man nur in gehobenen Wohnverhältnissen zu einem Wohnvorteil gelangen, der die in den Selbstbehalten enthaltenen ‚Kosten des Wohnens' übersteigt. Dabei ist auch die Unterhaltssituation zu berücksichtigen. Die für die Wohnwertberechnung maßgebliche angemessene

275

---

227 Statistisches Jahrbuch 2011, S. 293.

Wohnfläche muss im Hinblick darauf gewählt werden, dass der Elternunterhalt als neue Belastung hinzukommt und wegen der Lebensstandardgarantie ein ökonomischer Auszugsdruck nicht erzeugt werden darf. Die Angemessenheit des Wohnvorteils ist daher stets auch noch einer ergebnisorientierten **Billigkeitskontrolle** zu unterziehen (vgl. dazu Rn. 280 ff.).

276 Vielfach findet sich in der Rechtsprechung und Literatur als Begründung für die einkommensgleiche Behandlung des Wohnvorteils der Satz, der Wohnvorteil sei der Betrag, um den die unterhaltspflichtige Person billiger als ein Mieter lebe[228].

**(2) Erhöhung des Wohnvorteils durch im Haus lebende unterhaltsbedürftige Kinder**

277 Leben in der Wohnung noch unterhaltsbedürftige Kinder, kann der aus dem Eigentum an der Immobilie resultierende Wohnvorteil zulässiger Weise um 20% des **Kindesunterhaltsbedarfs** nach der Düsseldorfer Tabelle erhöht werden, weil in den Tabellensätzen 20% für die ‚Kosten des Wohnens' ausgewiesen sind[229]. Leben im Haushalt der unterhaltspflichtigen Person unterhaltsberechtigte Kinder und wird der Unterhalts für diese Kinder vom anrechenbaren unterhaltspflichtigen Einkommen vorab abgezogen, kann der Wohnvorteil um maximal 20% des Tabellenbetrages für das jeweilige Kind erhöht werden.

**(3) Verminderung der Wohnvorteils**

278 Der Wohnvorteil ist nach der Rechtsprechung des BGH[230] lediglich um die Kosten zu mindern, die der Eigentümer zu tragen und nicht auf einen potentiellen Mieter abwälzen kann:

> **BGH v. 5.2.2014 – XII ZB 25/13, BGHZ 200, 157-172 = FamRZ 2014, 538**
>
> „… (1) Die Leistungsfähigkeit des Unterhaltspflichtigen wird nicht nur durch seine Erwerbseinkünfte, sondern in gleicher Weise durch Vermögenserträge und sonstige wirtschaftliche Nutzungen bestimmt, die er aus seinem Vermögen zieht. Dazu können auch die Gebrauchsvorteile eines Eigenheims zählen, denn durch das Bewohnen eines eigenen Hauses oder einer Eigentumswohnung entfällt die Notwendigkeit der Mietzahlung, die in der Regel einen Teil des allgemeinen Lebensbedarfs ausmacht. Soweit bei einer Gegenüberstellung der ersparten Wohnkosten und der zu berücksichtigenden Belastungen der Nutzungswert eines Eigenheims den Aufwand übersteigt, ist die Differenz zwischen den beiden Beträgen dem Einkommen

---

228 OLG Karlsruhe v. 28.3.2008 – 2 UF 76/07, FamRZ 2009, 48; Wendl/Dose/*Gerhardt*, § 1 Rn. 334.
229 Süddeutsche Leitlinien (s. www.famrz.de) Ziff. 21.5.2.; Wendl/Dose/*Gerhardt* § 1 Rn. 469.
230 BGH v. 5.2.2014 – XII ZB 25/13, FamRZ 2014, 538.

des Unterhaltspflichtigen hinzuzurechnen (Senatsbeschluss vom 7. August 2013 – XII ZB 269/12 – FamRZ 2013, 1554 Rn. 19 mwN). Dabei ist der Wohnwert bei der Inanspruchnahme auf Elternunterhalt nicht mit der bei einer Fremdvermietung erzielbaren objektiven Marktmiete, sondern auf der Grundlage der unter den gegebenen Verhältnissen ersparten Miete zu bemessen (Senatsbeschluss vom 7. August 2013 – XII ZB 269/12 – FamRZ 2013, 1554 Rn. 20).

Bei der Ermittlung der ersparten Miete bleiben alle Kosten, die (auch) ein Mieter neben der Grundmiete gesondert zu tragen hat, außer Betracht. Vom Wohnwert abzuziehen sind lediglich die nicht umlagefähigen Wohnnebenkosten, die allein vom Eigentümer getragen werden. Ob die Kosten auf einen Mieter umgelegt werden können, kann im Regelfall nach §§ 1, 2 BetrKV beurteilt werden. Nicht umlagefähig sind danach etwa Kosten der Verwaltung und Instandhaltungskosten (Senatsurteil vom 27. Mai 2009 – XII ZR 78/08 – FamRZ 2009, 1300 Rn. 30, 33 ff.)..."

Danach ist der Wohnvorteil nur um **Zins-** und **Tilgungsleistungen** für die auf der Immobilie lastenden und zu deren Erwerb erforderlichen Kredite zu mindern. Ggfls. können noch **Verwalterkosten** vom angemessenen Wohnvorteil abgezogen werden, wenn diese tatsächlich (wie bei **Eigentumswohnungsanlagen** üblich) nicht auf den Mieter abgewälzt werden können. Alle anderen verbrauchsabhängigen und verbrauchsunabhängigen Nebenkosten und öffentlich-rechtliche Abgaben und Steuern können vom Wohnvorteil nicht abgezogen werden, weil sie auf den Mieter umlegbar sind. 279

**(4) Billigkeitskontrolle und Obergrenze des Wohnvorteils**

Die **Wohnwertzurechnung** unterliegt schließlich einer abschließenden Billigkeitskontrolle. Selbst wenn man nämlich die tatsächlich genutzte Wohnfläche auf die angemessene reduziert kann sich ein Wohnvorteil ergeben, der in völligem Missverhältnis zum sonstigen Einkommen der unterhaltspflichtigen Person steht. Hat das unterhaltspflichtige und einträglich geschiedene Kind eine Eigentumswohnung in München-Lehel, wäre bei einem durchschnittlichen Mietpreis von 20 € pro Quadratmeter und einer Wohnfläche von 50 m² ein Wohnvorteil von 1.000 € anzunehmen. Bei einem Einkommen von nur 1.500 € müsste ein solches Missverhältnis zwischen Bar- und Naturaleinkommen nach unten korrigiert werden 280

Ebenso wie der angemessene Wohnvorteil nach oben durch die Einkommensverhältnisse der unterhaltspflichtigen Person begrenzt wird (siehe Rn. 280), ist der angemessene Wohnvorteil natürlich durch den **objektiven Wohnwert** begrenzt. Lebt nämlich die unterhaltspflichtige Person in eine unangemessen kleinen Wohnung mit einer Wohnfläche von nur 24 m², muss es bei dem Produkt sich aus der tatsächlicher Wohnfläche und ortsüblicher Vergleichsmiete bleiben[231]. 281

---

[231] BGH v. 27.5.2009 – XII ZR 78/08, FamRZ 2009, 1300.

## c) Einkommenszurechnung des Wohnvorteils

282 ‚Steine kann man nicht essen'. Diese banale Erkenntnis ist in der Wohnvorteilsdebatte wichtig. Die Rechtspraxis ordnet den Wohnvorteil als Nutzungsvorteil nach § 100 BGB dem Einkommen zu: „Im Rahmen der Bedarfsbemessung (§§ 1361, 1578 BGB) zählt der Wohnvorteil (= Differenz zwischen Wohnwert und abzugsfähigen Hauskosten) zu den in der Ehe angelegten Einkünften, wenn die Eheleute bis zur Trennung ein eigenes Haus oder eine Eigentumswohnung (Allein- oder Miteigentum) bewohnt haben"[232]. Die Zuordnung des Wohnvorteils zum Einkommen[233] ist gerade im Elternunterhalt, in dem es nur um den ‚angemessenen Wohnvorteil' geht, fraglich. Im Elternunterhalt wird nämlich unterhaltsrechtliche Leistungsfähigkeit aus dem ‚Familieneinkommen' auch dann generiert, wenn ein unterhaltspflichtiges Kind nur geringes Bareinkommen erzielt, das deutlich unter dem für das Kind geltenden Selbstbehalt liegt (vgl. Rn. 578 und das Beispiel Rn. 1118). Bei guten Einkommensverhältnissen des Schwiegerkindes würde sich rechnerisch auch ganz ohne Einkünfte des Kindes aus dem Wohnvorteil eine unterhaltsrechtliche Leistungsfähigkeit ergeben (Beispiel Rn. 1118). Vor dieser letzten Konsequenz hat aber selbst der BGH gescheut[234] und in Fällen der Einkommenslosigkeit des Kindes auf dessen **Taschengeldhaftung** abgestellt (vgl. Rn. 316 ff.).

283 Aktiviert man den Wohnvorteil als Einkommen, werden dem Unterhaltspflichtigen in Folge dessen Einkünfte in Höhe des Wohnvorteils zugerechnet. Dieses Vorgehen stellt den Unterhaltspflichtigen so, als erziele er Bareinkünfte in Höhe des Wohnvorteils, der Wohnvorteil wird also als „fiktives Einkommen" behandelt und erhöht damit infolge der Berechnungssystematik des Elternunterhalts des individuellen Selbstbehalt, weil durch die Behandlung des Gebrauchsvorteils als monetäres Einkommen im Fall unterhaltsrechtlicher Leistungsfähigkeit 50 oder 45 % des den Sockelselbstbehalt übersteigenden Einkommens dem individuellen Selbstbehalt zugerechnet werden. Die dadurch erzielten Ergebnisse bilden die unterhaltsrechtliche Leistungsfähigkeit harmonischer ab. Das nachfolgende Beispiel eines positiven Wohnvorteils macht dies deutlich. Die Berücksichtigung des Wohnvorteils auf der Ebene des individuellen Bedarfs stellt den Gleichklang mit der Berechnung der unterhaltsrechtlichen Leistungsfähigkeit bei einem Mieter dar. Dieser Gleichklang ist ansonsten nicht gegeben.

### (1) Wohnvorteile sind kein ‚Einkommen'

284 Vom Wohnvorteil kann man nicht leben und einkaufen. Es ist zwar richtig, dass durch das ‚Wohnen im eigenen Haus' eine Steigerung der un-

---
232 Wendl/Dose/*Gerhardt*, § 1, Rn. 535.
233 Zuletzt ausdrücklich bestätigt: BGH v. 5.2.2014 – XII ZB 25/13, FamRZ 2014, 538.
234 BGH v. 12.12.2012 – XII ZR 43/11, FamRZ 2013, 363.

terhaltsrechtlichen Leistungsfähigkeit gegeben sein kann. Das Wohnen im eigenen Haus befriedigt den **Wohnbedarf der Unterhaltspflichtigen**. Das ist etwas anderes, als Einkommen, auch wenn der Effekt teilweise identisch ist. Monetäres Einkommen kann verwendet werden, um Kaviar oder Brot zu kaufen, zu reisen, zu wohnen oder ins Kino zu gehen. Einkommen beschränkt den Einkommensbezieher in keiner Weise in seiner Handlungsfreiheit. Anders der Nutzwert einer Wohnung. Ein solcher erspart möglicherweise Ausgaben zur Befriedigung des Wohnbedarfs der Familie und erhöht dadurch das verfügbare Einkommen. Die durch den Wohnvorteil ausgelöste Wirkung würde indessen mit der Ursache unzulässiger Weise gleichgesetzt, würde man die Unterscheidung nicht treffen. Dies hat auch der BGH erkannt, wenn er dem lediglich einen Wohnvorteil genießenden, aber ansonsten einkommenslosen Kind keine Unterhaltsleistung aus dem Wohnvorteil sondern nur aus dem Taschengeldanspruch zumutet[235].

**(2) Der Wohnbedarf ist aus dem Familieneinkommen zu befriedigen**

Der Wohnbedarf des unterhaltspflichtigen Kindes ist wohl auch nach Ansicht des BGH aus dem Familienunterhalt (§§ 1360, 1360a BGB) zu befriedigen. Zum angemessenen Familienunterhalt haben beide Ehegatten mit ‚Arbeit und Vermögen' angemessen beizutragen (§ 1360 BGB). Wie auch schon die Berechnungsmethode beim Elternunterhalt zeigt[236] (dazu Rn. 572 ff.), ist der Familienunterhalt und damit auch der Bedarf der Familie anteilig entsprechend den Einkommensverhältnissen von den Ehegatten zu tragen.

285

Das Gegenstück des Bedarfs ist seine Befriedigung. Ist der Wohnbedarf Teil des Familienunterhaltsbedarfs, ist er auch aus dem Familieneinkommen – mithin anteilig entsprechend den Einkommensverhältnissen – zu befriedigen.

286

Beim Alleinstehenden bereitet die Wohnvorteilsrechtsprechung keine Probleme. Bei verheirateten oder verpartnerten unterhaltspflichtigen Kindern ist das anders. Meist sind beide zu je ½ Eigentümer der Immobilie. Nur selten haben beide gleiches Einkommen. Oft hat einer von beiden gar kein Einkommen. Wie geht man in diesem Fall mit den Tilgungsraten für die Immobilienkredite um? Bleibt es dabei, dass der ‚negative Wohnvorteil' und die Kreditrate beim einkommenslosen Kind aktiviert wird, und wie soll das Kind bezahlen? Tatsächlich leben Verheiratete und Verpartnerte aus einem Topf. Weil mit einem negativen Wohnvorteil das Wohnbedürfnis befriedigt wird, ist daher logischerweise – völlig unabhängig von der rechtlichen Zuordnung der Kredite und der Immobilie – der **negative**

287

---

235 BGH v. 12.12.2012 – XII ZR 43/11, FamRZ 2013, 363.
236 BGH v. 28.7.2010 – XII ZR 140/07, FamRZ 2010, 1535 m. Anm. *Hauß*.

**Wohnvorteil** entsprechend den anrechenbaren bereinigten Bareinkünften der Beteiligten zu befriedigen und anteilig vom anrechenbaren Einkommen abzuziehen. Handhabt man in dieser Weise den negativen Wohnvorteil, bedarf auch der Fall des einkommenslosen Miteigentümers keiner Sonderbehandlung. Weil er kein Einkommen hat, leistet er auch keinen Beitrag zur Darlehenstilgung. Dieser wird faktisch voll vom Einkommensbezieher übernommen.

288 Erst beim **positiven Wohnvorteil** stellt sich die Frage, auf welcher Berechnungsebene er zu berücksichtigen ist. Wertet man den Wohnvorteil als normales ‚Einkommen', wie der BGH das gemacht hat, kommt man in den meisten Fällen nicht umhin, wertende Korrekturen an der Berechnung vorzunehmen, weil Sachnutzungswert (Wohnvorteil) und Bareinkommen des Kindes in ungünstigem Verhältnis zueinander stehen. Solch wertende Betrachtungen und Korrekturen sind zwar für Juristen unproblematisch, bringen aber für die Beteiligten Unsicherheiten, die immer wieder gerichtliche Verfahren erforderlich machen. Würde man auch in diesen Fällen den positiven Wohnvorteil als Deckung des Wohnbedarfs anteilig entsprechend den Einkommensverhältnissen zurechnen, könnte wertende Nachkorrekturen entfallen. Einem einkommensschwachen Kind wäre in diesen Fällen bis zu dem in Rn. 322 dargestellten Umfang eine Unterhaltshaftung aus Taschengel aufzuerlegen. Darüber hinaus würde aus eigenem Einkommen gehaftet.

### (3) Die Wohnbedarfsrechtsprechung berücksichtigt nicht die ‚Kosten des Wohnens'

289 Der BGH begründet seine Rechtsprechung zum Wohnvorteil stets damit, dass die Zurechnung eines positiven Wohnvorteils nur gerechtfertigt sei, wenn der ‚Eigentümer billiger wohne als der Mieter'[237]. Der Mieter hat aber neben der Miete auch **Nebenkosten** zu tragen, die in der Regel ca. 30 % der Nettokaltmiete ausmachen. Bislang hat der BGH nicht erklärt, wie im Elternunterhalt mit diesen Nebenkosten umzugehen sei. Da die ihren Eltern gegenüber unterhaltspflichtigen Kinder in der Regel selbst in fortgeschrittenem Alter sind, leben sie in der Regel in übergroßflächigen Immobilien, weil die Kinder den gemeinsamen Haushalt bereits verlassen haben. Übergroße Immobilien verursachen auch überdurchschnittliche und unangemessen hohe Betriebs- und sonstige Nebenkosten. Warum diese im Elternunterhalt unberücksichtigt bleiben sollen ist nicht einsehbar und auch unlogisch. Will man vermeiden, ökonomischen Druck auf die Kinder auszuüben, kostengünstigeren Wohnraum anzumieten, weil sonst

---

237 BGH v. 27.5.2009 – XII ZR 78/08, FamRZ 2009, 1300.

die Lebensstandardgarantie[238] konterkariert würde, muss man diese ‚Nebenkosten des Wohnens' in irgendeiner Form unterhaltsrechtlich berücksichtigen.

**Die Verwaltungspraxis** tut dies auch meist, indem sie gegen den Wohnvorteil alle Kosten des Wohnens setzt, also verbrauchsabhängige und verbrauchsunabhängige Kosten zu den Zins- und Tilgungsleistungen hinzurechnet. Dies lindert die durch die Zurechnung von fiktiven Einkünften in Form des Wohnvorteils auf Seiten der Unterhaltspflichtigen bestehende Liquiditätslücke. Diese Verwaltungspraxis macht ebenso wie die Rechtsprechung der ersten Instanz auch deutlich, dass die Rechtsprechung des BGH an dieser Stelle auf Unverständnis stößt. **Unterhaltsrecht ist Liquiditätsrecht.** Nur aus tatsächlich vorhandenem Einkommen kann Unterhalt gezahlt werden. Die Zurechnung fiktiver Einkünfte ist nur zulässig, wenn eine Obliegenheitsverletzung des unterhaltspflichtigen Kindes sanktioniert werden soll. Das Wohnen in der eigenen Immobilie ist aber – wegen der Lebensstandardgarantie – keine Obliegenheitsverletzung.

Das folgend Beispiel, das Eigentümer und Mieter vergleicht, macht vielleicht die unterhaltsrechtlichen Mängel der BGH Rechtsprechung deutlich: Mieter und Eigentümer bewohnen eine identische Wohnung in einer Wohnungseigentumsanlage. Die Miete beträgt netto 300 €. Der Eigentümer leistet Zins- und Tilgungsleitungen in Höhe von 400 €. Die Nebenkosten betragen wegen der gleichen Wohnung gleichermaßen 120 € pro Monat:

|  | Mieter | Eigentümer |
| --- | --- | --- |
| bereinigtes Einkommen | 2.500,00 € | 2.500,00 € |
| ./. Nettomiete | – 300,00 € |  |
| ./. Nebenkosten | – 120,00 € |  |
| ./. Zins- und Tilgung |  | – 400,00 € |
| ./. Nebenkosten |  | – 120,00 € |
| Liquidität | 2.080,00 € | 1.980,00 € |
| Wohnvorteilszurechnung |  | 300,00 € |
| unterhaltsrechtliche Basis: | 2.500,00 € | 2.400,00 € |
| ./. Sockelselbstbehalt | – 1.800,00 € | – 1.800,00 € |
| **Zwischensumme** | **700,00 €** | **600,00 €** |
| zu leistender Unterhalt | 350,00 € | 300,00 € |
| Resteinkommen: | 1.730,00 € | 1.680,00 € |

---

238 BGH v. 23.10.2002 – XII ZR 266/99, FamRZ 2002, 1698.

292  Dieses Ergebnis ist nicht zu rechtfertigen, wenn man die Lebensstandardgarantie[239] ernst meint. Das unterhaltspflichtige Kind lebt nicht vom Wohnvorteil, sondern von der verbleibenden Liquidität. Der Wohnbedarf gehört zu den zentralen Bestandteilen des Lebensstandards.

293  Die Schwierigkeiten, die die Wohnvorteilsrechtsprechung bei Verheirateten und Verpartnerten indessen bereitet, wären entweder zu lösen, indem generell der positive oder negative Wohnvorteil anteilig entsprechend den Einkommensverhältnissen verteilt wird oder, noch besser, auf der Bedarfsebene berücksichtigt wird, was im rechnerischen Ergebnis dann auf das Gleiche herausläuft.

### 6. Firmen-PKW und andere Nutzungsvorteile

294  Neben dem Wohnvorteil (vgl. Rn. 264 ff.) existieren andere Nutzungsvorteile, die von der Rechtsprechung als Einkommen und damit die unterhaltsrechtliche Leistungsfähigkeit erhöhend gewertet werden. Insbesondere die unterhaltsrechtliche Bewertung eines **Firmenwagens** (dazu Rn. 227 ff.) führt immer wieder zu Auseinandersetzungen zwischen Unterhaltsberechtigten und Unterhaltspflichtigen.

295  Wie auch beim Wohnvorteil kann ohnehin nur der ‚angemessene Nutzungswert' des **Firmenwagens** dem Einkommen zugerechnet werden. Dies gilt schon allein deswegen, weil in der Regel der Firmen-PKW auf der Basis einer **Nutzungsvereinbarung** mit dem Arbeitgeber zur Verfügung gestellt wird, die über einen bestimmten Zeitraum abgeschlossen wird und der sich der Arbeitnehmer nicht beliebig entziehen kann.

### 7. Kapitaleinkünfte

296  **Kapitaleinkünfte** werden oft dem Einkommen des Unterhaltspflichtigen zugerechnet. Es ist allerdings zunächst stets darauf zu achten, dass die Steuerlast auf die Kapitaleinkünfte konkret berechnet und berücksichtigt wird. Nach § 43a EStG beträgt der insoweit gültige Steuersatz der Kapitalertragsteuer 25 % des Kapitalertrags. Um diesen Wert sind Kapitalerträge vorab zu mindern.

297  Soweit in der Praxis der Sozialämter und auch der Gerichte regelmäßig Kapital- und Zinseinkünfte dem Einkommen des Unterhaltspflichtigen hinzugerechnet werden und dadurch seine unterhaltsrechtliche Leistungsfähigkeit erhöht wird, ist dies vor dem Hintergrund der neueren Recht-

---

239 BGH v. 23.10.2002 – XII ZR 266/99, FamRZ 2002, 1698.

sprechung des BGH zum Altersvorsorgeschonvermögen nicht vertretbar (vgl. auch Rn. 383). In seiner Entscheidung vom 30.8.2006[240] hat der BGH ein **pauschaliertes Altersvorsorgeschonvermögen von 5 %** aus dem sozialversicherungspflichtigen und 25 % aus dem nicht sozialversicherungspflichtigen Einkommen[241] des Unterhaltspflichtigen über dessen Erwerbszeit gerechnet von der Vollendung des 18. Lebensjahres an bis zum Ruhestandseintritt, aufgezinst mit 4 % als **Altervorsorgeschonvermögen** bezeichnet und den Einsatz eines derartigen Vermögens zum Zwecke der Finanzierung des Unterhaltes von bedürftigen Eltern abgelehnt (vgl. Rn. 298). Der BGH begründet diese pauschalierende Berechnung des Altersvorsorgeschonvermögens damit, dass es unlogisch sei, einem Unterhaltspflichtigen einen 5 %igen Altersvorsorgeabzug von seinem Einkommen zuzubilligen, wenn man das so gebildete Vermögen zur Finanzierung des nicht gedeckten Unterhaltsbedarfs eines Elternteils dann wieder abschöpfe. Diese Argumentation lässt sich jedoch auch gegen die Zurechnung von Zins- und Kapitaleinkünften zum unterhaltspflichtigen Einkommen wenden. Es wäre eben unlogisch, dem Unterhaltspflichtigen ein Altersvorsorgeschonvermögen einschließlich der 4 %igen **Aufzinsungsergebnisse** zu belassen, den Zinsertrag aus diesem Vermögen aber dem unterhaltsrechtlich relevanten Einkommen zuzurechnen. Die Abschöpfung von Einkünften aus Kapitalanlagen, von Zinsen oder sonstigen Erträgen wäre nur dann gerechtfertigt, wenn das Vermögen des Unterhaltspflichtigen die Schonvermögensgrenze übersteigt.

Fraglich könnte allein sein, ob die Nichtberücksichtigung der Kapitalbeträge nur dann eingreift, wenn die **Kapitalerträge** in der Vergangenheit **thesauriert** worden sind bzw. aktuell nach unterhaltsrechtlicher Inanspruchnahme thesauriert, also zur weiteren Vorsorgekapitalbildung verwandt werden[242]. Da die Rechtsprechung Vorsorgeaufwendungen unterhaltsrechtlich immer nur dann akzeptiert, wenn sie tatsächlich getätigt werden[243], muss dies auch im Fall des Elternunterhaltes gelten. Allerdings reicht es aus, wenn der Unterhaltspflichtige im Zeitpunkt der Inanspruchnahme auf Elternunterhalt erklärt, zukünftige Kapitalerträge dem Vorsorgekapital zuzuführen (vgl. Rn. 390). Da der BGH keine spezifische Form der Anlage des Altersvorsorgevermögens fordert, sondern jedwede Anlage, ob im Sparbuch[244], auf dem Girokonto, im Sparstrumpf oder einer spezifi-

298

---

240 BGH v. 30.8.2006 – XII ZR 98/04, FamRZ 2006, 1511.
241 BGH v. 23.10.2002 – XII ZR 266/99, FamRZ 2003, 860. Die Entscheidung ist zeitlich vor der Entscheidung Fn. 240 ergangen und weist 20 % Altersvorsorgerücklagen für nicht sozialversicherungspflichtige Einkünfte aus. Der 5 %ige Zuschlag ist in der Entscheidung Fn. 240 begründet.
242 So z.B. OLG Düsseldorf v. 14.1.2009 – II-8 UF 172/08, FamRZ 2009, 1077.
243 BGH v. 27.5.2009 – XII ZR 111/08, FamRZ 2009, 1207.
244 BGH v. 19.3.2003 – XII ZR 123/00, FamRZ 2003, 1179.

schen Altersvorsorge[245] zulässt, muss die Erklärung des Unterhaltspflichtigen, künftige Kapitalerträge thesaurieren zu wollen, ausreichen, die Kapitalerträge aus dem unterhaltspflichtigen Einkommen herauszurechnen[246].

**BGH v. 30.8.2006 – XII ZR 98/04, FamRZ 2006, 1511 (LS)**

... 2. Dem Unterhaltsschuldner steht es grundsätzlich frei, in welcher Weise er neben der gesetzlichen Rentenversicherung Vorsorge für sein Alter trifft. Sichert er den Fortbestand seiner gegenwärtigen Lebensverhältnisse durch Sparvermögen oder ähnliche Kapitalanlagen, muss ihm davon jedenfalls der Betrag verbleiben, der sich aus der Anlage der ihm unterhaltsrechtlich zuzubilligenden zusätzlichen Altersvorsorge (bis zu 5 % des Bruttoeinkommens beim Elternunterhalt) bis zum Renteneintritt ergäbe (Fortführung der Senatsurteile v. 19.2.2003 – XII ZR 67/00 –, FamRZ 2003, 860, und v. 14.1.2004 – XII ZR 149/01 –, FamRZ 2004, 792).

**OLG Hamm v. 6.8.2009 – 2 UF 241/08, FamRZ 2010, 303**

**Zinseinkünfte** aus Kapitalvermögen muss sich der Beklagte – entgegen der Ansicht der Klägerin – nicht zurechnen lassen. Nach dem von der Klägerin nicht bestrittenen Sachvortrag hat der Beklagte aus seinem Vermögen von rund 67.000 € in den Jahren 2005 bis 2008 keine Zinseinkünfte erzielt, die ihm für seine Lebensführung zur Verfügung gestanden hätten. Vielmehr sind die Erträgnisse aus dem Guthaben auf dem Tagesgeldkonto und aus den Wertpapieren zum Zwecke der Finanzierung des im zweiten Halbjahr des Jahres 2008 erworbenen Wohnungseigentums in der jeweiligen Anlage verblieben und damit Bestandteil des Vermögensstamms des Beklagten geworden.

## 8. Schenkungen / Zuwendungen

299   **Schenkungen** und **Zuwendungen** Dritter an den Unterhaltspflichtigen beeinflussen dessen Leistungsfähigkeit nur dann, wenn anzunehmen ist, dass der Zuwendende auch den Unterhaltsberechtigten begünstigen wollte[247]. Diese Grundsätze gelten im gesamten Unterhaltsrecht und stellen daher keine Besonderheit des Elternunterhaltsrechts dar. Da jedoch im Elternunterhalt wiederkehrende Zuwendungen regelmäßig nicht den Zweck verfolgen werden, die Leistungsfähigkeit des Pflichtigen zugunsten der Eltern zu erhöhen, fallen Zuwendungen Dritter z.B. der Schwiegereltern stets aus dem Einkommen heraus.

---

245 BGH v. 11.5.2005 – XII ZR 211/02, FamRZ 2005, 1817.
246 Zweifelnd *Büttner*, FamRZ 2004, 1918.
247 LG Amberg v. 20.1.1997 – 12 T 1499/96, FamRZ 1997, 964 m. Anm. *Zieroth;* Wendl/*Dose*, § 1, Rn. 708.

## 9. Steuererstattungen

**Steuererstattungen** werden regelmäßig dem Einkommen zugerechnet. Da die Höhe des unterhaltsrechtlich relevanten Einkommens immer aus dem Einkommen der letzten 12 Monate (bei abhängig Beschäftigten) oder der letzten drei oder fünf Jahre (bei Selbständigen) bestimmt wird (vgl. Rn. 242), ist stets zu prüfen, ob die Steuererstattung auch zukünftig anfällt. Nur wenn davon auszugehen ist, kann sie auch unterhaltsrechtlich berücksichtigt werden.

300

> **OLG Köln v. 6.6.2002 – 14 WF 27/02, FamRZ 2002, 1729**
> 
> ... Solange der Bekl. nicht durch Vorlage eines Steuerbescheides oder einer konkreten nachvollziehbaren Steuerberechnung darlegt, dass für das maßgebliche Jahr keine dem Vorjahr entsprechende Steuererstattung anfällt, reicht für die Darlegung des Bedarfs von Kl.-Seite der Hinweis auf die Höhe der Erstattung des Vorjahres regelmäßig aus, denn aufgrund der Begrenzung seines ihm gegen den Unterhaltspflichtigen zustehenden Auskunftsrechts gemäß § 1605 II BGB ist der Unterhaltsberechtigte vielfach zu einer konkreteren Darlegung nicht in der Lage, während der Pflichtige jedenfalls im Besitz aller zur Berechnung erforderlichen Zahlen ist und es in der Hand hat, die Höhe des Erstattungsanspruchs zeitnah durch das Finanzamt feststellen zu lassen. Vorliegend hat der Bekl. zwar darauf hingewiesen, dass die Erstattung wegen Zeiten von Arbeitslosigkeit i. J. 1999 ungewöhnlich hoch war. Wie sich dies aber konkret auf seine Steuerschuld auswirkt, hat er bisher nicht dargelegt. ...

Die vielfach zu beobachtende Praxis, die Leistungsfähigkeit eines Unterhaltspflichtigen auf der Basis des Jahreseinkommens zu bestimmen und dazu das Bruttojahreseinkommen mit Hilfe eines Steuerberechnungsprogramms in ein Nettojahreseinkommen umzurechnen und zur Ermittlung des Monatseinkommens dieses Nettojahreseinkommen durch 12 zu dividieren und um 1/12 der letztjährigen Steuererstattung zu erhöhen, führt meist zu unrealistisch hohen Nettoeinkünften. Die **Steuererstattungen** eines abhängig Beschäftigten **resultieren** zu einem großen Teil **aus** der **Diskontinuität** seiner Einkünfte. Die starke Progressionsbelastung eines in einem Monat – aus welchen Gründen auch immer – erhöhten Einkommens wird durch die Jahressteuerberechnung im Rahmen der **Jahressteuerveranlagung** egalisiert. Die letzten z.B. 600 € zusätzlichen Einkommens in einem einkommensstarken Monat können ggf. mit dem Spitzensteuersatz im Rahmen des Lohnsteuerabzuges zu besteuern sein. Im Rahmen der Einkommensteuerveranlagung werden diese 600 € auf die 12 Jahresmonate verteilt und können dementsprechend ohne weiteres mit einem deutlich geringeren Steuersatz zu versteuern sein.

301

**302** Ebenso ist zu beachten, dass Steuererstattungen vielfach ein Resultat nicht eingetragener **steuerlicher Freibeträge** sind. Wird im Rahmen der Errechnung des anrechenbaren Einkommens dieser Freibetrag berücksichtigt, kann er aus der letztjährigen Steuerberechnung nicht anteilig dem anrechenbaren Einkommen zugerechnet werden.

**303** **Praxistipp:**

Bei Zurechnung von Steuererstattungen zum anrechenbaren Einkommen des Unterhaltspflichtigen aus der Vergangenheit muss beachtet werden, dass

- **Steuerfreibeträge** wie z.b. Entfernungspauschalen nicht doppelt berücksichtigt werden und
- **Steuererstattungen** nicht eingerechnet werden können, wenn zur Bestimmung der Leistungsfähigkeit das Bruttoeinkommen des vorausgegangenen Jahres in einer Jahressteuerberechnung des laufenden Jahres mit den für dieses Jahr geltenden Steuerparametern berechnet wird.

**304** Im Prinzip gilt: Entweder man nutzt den Steuerbescheid des vorausgehenden Jahres zur Berechnung des Nettoeinkommens oder man unterwirft die Bruttoeinkünfte des vorausgehenden Jahres einer fiktiven Steuerberechnung für das laufende Jahr. Eine Mischrechnung führt fast immer zu einer fehlerhaften Einkommensprognose.

**305** Die **Verteilung einer Steuererstattung** zwischen dem Unterhaltspflichtigen und seinem Ehegatten kann, je nachdem welche Berechnungsmethode für die Bestimmung der unterhaltsrechtlichen Leistungsfähigkeit im Elternunterhalt zugrunde gelegt wird, von erheblicher Bedeutung sein. Das Bundesverfassungsgericht[248] hat unterhaltsrechtlich den Splittingvorteil der bestehenden Ehe zugeordnet. Will man eine Steuererstattung daher zwischen den Ehegatten richtig aufteilen, ist ihre **fiktive Veranlagung nach der Grundtabelle** erforderlich[249] (Steuerklasse I oder die identische Steuerklasse IV) (vgl. auch Rn. 418 ff.). Auf der Basis dieser fiktiven Berechnung ist sodann die Steuerlast zu bestimmen und zu prüfen, in welchem Umfang von den einzelnen Gatten Vorauszahlungen auf diese Steuerlast erbracht wurden. Danach bestimmt sich, ob für den steuerpflichtigen Gatten eine Nachzahlung oder eine Rückzahlung erfolgt[250]. Diese Berechnung ist aufwendig und im Prinzip nur mit einem EDV-Programm zu bewerkstelligen.

---

248 BVerfG v. 7.10.2003 – 1 BvR 246/93, FamRZ 2003, 1821 m. Anm. *Schürmann*.
249 OLG Hamm v. 29.10.2012 – 9 UF 64/12, FamRZ 2013, 1146.
250 BGH v. 31.5.2006 – XII ZR 111/03, FamRZ 2006, 1178 m. Anm. *Wever*.

Die nachfolgende Darstellung des Berechnungsweges ist dem Programm ADVOexpert entnommen[251].

> **OLG Hamm v. 29.10.2012 – II-9 UF 64/12, 9 UF 64/12, juris**
>
> ...
>
> b) Hinzuzurechnen ist die auf die Antragsgegnerin entfallende Steuererstattung aus der gemeinsamen Veranlagung der Antragsgegnerin und ihres Ehemannes zur Einkommensteuer nach dem sog. In-Prinzip. Diese bemisst sich allerdings nicht – wie vom Familiengericht berechnet – nach dem Verhältnis der Einkünfte der Ehegatten zueinander, sondern nach einer für jeden Ehegatten getrennt durchzuführenden fiktiven Einzelveranlagung nach der Grundtabelle (vgl. OLG Köln FamRZ 1995, 55, 56; Wendl/Dose-Gerhardt, Das Unterhaltsrecht in der familienrichterlichen Praxis, 8. Aufl., § 1 Rn. 1016, 1022)

|  | Ehemann | Ehefrau |
|---|---|---|
| Steuerpflichtiges Bruttoeinkommen | 60.000,00 € | 30.000,00 € |
| Lohnsteuer, Steuerklasse 4 | 17.286,00 € | 5.807,00 € |
| Solidaritätszuschlag | 950,73 € | 319,39 € |
| Kirchensteuer | 0,00 € | 0,00 € |
| Geschuldete Steuersumme | 18.236,73 € | 6.126,39 € |
| Gesamtsteuerlast | 24.363,12 € | |
| Vorauszahlung Einkommenssteuer | 9.846,00 € | 9.102,00 € |
| Vorauszahlung Solidaritätszuschlag | 541,53 € | 500,61 € |
| Quote (18.236,73 € / 24.363,12 € bzw. 6.126, 39 € / 24.363,12 €) | 74,85 % | 25,15 % |
| Geleistete Vorauszahlung | 10.387,53 € | 9.602,61 € |

Es ist in jedem Fall fehlerhaft, eine **Steuererstattung** oder eine **Steuernachzahlung** einfach unspezifisch dem Familieneinkommen oder, wie von den Sozialhilfeträgern sehr häufig praktiziert, einfach dem Unterhaltspflichtigen oder beiden Gatten zu je ½ oder anteilig nach den Einkommensanteilen am Familieneinkommen zuzurechnen. Da das Schwiegerkind nur vermittels des Familienunterhaltes unterhaltspflichtig wird, führt dies bei Anwendung der von den Sozialhilfeträgern meist verwendeten Berechnungsmethode für die Leistungsfähigkeit zu überhöhten Unterhaltsforderungen.

306

---

251 ADVOexpert – Familienrecht – Version 29, Verlag Dr. Otto Schmidt, Köln, Autor *Jörn Hauß*.

**307** Aus anwaltlicher Sicht wird bei Missachtung dieses Steuerzuordnungsfehlers ein Haftungsfall anzunehmen sein, weil unzweifelhaft die Entscheidung des BGH[252] auch auf die Fälle des Elternunterhaltes Anwendung finden muss. Sie gilt genau für den Fall einer Unterhaltsverpflichtung, die lediglich einen der Gatten trifft.

**308** Die Rechtsprechung[253] hat bereits Korrekturen der **Steuerklassenwahl** bei Wahl der ungünstigen Steuerklasse V durch den Unterhaltspflichtigen vorgenommen und dabei darauf abgestellt, dass der Unterhaltspflichtige ohne Grund zur Verminderung seiner unterhaltsrechtlichen Leistungsfähigkeit nicht berechtigt ist, die **Steuerklassenverteilung** V / III zu wählen. Daraus folgt jedoch nichts hinsichtlich der Steuerklassenwahl IV / IV anstelle III / V. Der Unterhaltspflichtige ist m.E. nicht gehalten, den der Ehe zukommenden Steuerklassenvorteil unterhaltsrechtlich zugunsten seiner Eltern zu nutzen. Sein gering verdienender Ehepartner muss die ‚schlechte' Steuerklasse V nicht hinnehmen, wenn der Familienunterhalt dadurch in Folge höherer Elternunterhaltszahlungen geschmälert wird[254]. Es besteht zwar auch im Elternunterhaltsrecht die grundsätzliche Obliegenheit, die eigene Leistungsfähigkeit so hoch wie möglich anzusetzen und daher die ‚günstigste Steuerklasse' zu wählen[255]. Dies kann aber nicht zu Lasten des **Familienunterhalts** gehen. Bestehen nachvollziehbare Gründe für eine vordergründig ungünstige Steuerklassenwahl, sind diese vom unterhaltspflichtigen Kind darzulegen[256]. Da das Schwiegerkind indessen am Unterhaltsverhältnis des Kindes zur Schwiegermutter nicht beteiligt ist, kann das Schwiegerkind unterhaltsrechtlich nicht verpflichtet sein, die gegenüber der Besteuerung nach Steuerklasse IV ungünstigere Steuerklasse V zu wählen. Regelmäßig sollte daher entweder der Steuerklassenwechsel tatsächlich vorgenommen werden, oder aber die Berechnung der Einkommensverhältnisse in Doppelverdienerehen nach Steuerklasse IV / IV fiktiv vorgenommen werden, um eine tatsächliche **Schwiegerkindbeteiligung** am Unterhalt durch die Steuerklassenwahl zu vermeiden.

**309** Für die Frage einer Obliegenheitsverletzung im Bereich des Insolvenzrechts hat der BGH ebenfalls bislang nur die Korrektur der Steuerklasse von V auf IV verlangt:

> **BGH v. 5.3.2009 – IX ZB 2/07, FamRZ 2009, 871**
>
> LS: Wählt der verheiratete Schuldner ohne einen sachlichen Grund die Steuerklasse V, kann dies einen Verstoß gegen die Erwerbsobliegenheit darstellen.
>
> ...

---

252 BGH v. 31.5.2006 – XII ZR 111/03, FamRZ 2006, 1178 m. Anm. *Wever*.
253 BGH v. 14.1.2004 – XII ZR 69/01, FamRZ 2004, 443.
254 So auch *Bißmaier*, FamRZ 2009, 1451.
255 OLG Köln v. 15.9.2011 – 4 WF 166/11, FamFR 2011, 540 = FuR 2012, 204.
256 OLG Köln, v. 15.9.2011 – 4 WF 166/11, FamFR 2011, 540 = FuR 2012, 204.

Die von der Rechtsbeschwerde aufgeworfene Frage, ob ein verheirateter Schuldner verpflichtet ist, im Rahmen der Erwerbsobliegenheit auf die Wahl einer geeigneten Steuerklasse zu achten, ist geklärt. Wählt der verheiratete Schuldner ohne hinreichenden sachlichen Grund eine für den Gläubiger ungünstige Steuerklasse, kann darin ein Verstoß gegen die Erwerbsobliegenheit liegen (Braun/Lang, InsO, 3. Aufl., § 295 Rn. 5; HK-InsO/Landfermann, 5. Aufl. § 295 Rn. 6; FK-InsO/ Ahrens, 5. Aufl. § 295 Rn. 14 c; Graf-Schlicker/Kexel, InsO § 295 Rn. 4; Wenzel in Kübler/Prütting/Bork, InsO § 295 Rn. 6 im Anschluss an AG Duisburg ZVI 2002, 163, 164). Dies steht in Einklang mit der Ansicht des Senats zu § 4c Nr. 5 InsO. Danach ist dem Schuldner in Hinblick auf die Verfahrenskostenstundung zuzumuten, in die Steuerklasse IV zu wechseln, um sein liquides Einkommen zu erhöhen, wenn er ohne einen sachlichen Grund die Steuerklasse V gewählt hat, um seinem nicht insolventen Ehegatten die Vorteile der Steuerklasse III zukommen zu lassen (BGH, Beschl. v. 3.7.2008 – IX ZB 65/07, FamRZ 2008, 1845 = NZI 2008, 624, 625 Rn. 5). Nach den Grundsätzen der Individualzwangsvollstreckung ist in entsprechender Anwendung von § 850h Abs. 2 ZPO ebenfalls eine missbräuchliche Steuerklassenwahl den Gläubigern gegenüber unbeachtlich (vgl. BGH, Beschl. v. 4.10.2005 – VII ZB 26/05 –, FamRZ 2006, 37 = WM 2005, 2324, 2325; BAG, NJW 2008, 2606, 2608 Rn. 25). Entgegen der Ansicht der Rechtsbeschwerde verstoßen diese Grundsätze auch nicht gegen Art. 6 Abs. 1 GG.

**Praxistipp:** 310

Jedem Unterhaltspflichtigen kann nur empfohlen werden, die Steuerklassenwahl rechtzeitig vorzunehmen. Die traditionelle Steuerklassenwahl, wonach der Mann (als Mehrverdiener) die Steuerklasse III und die Frau (als Hinzuverdiener) die Steuerklasse V wählt, ist immer dann unterhaltsrechtlich schädlich, wenn der Ehegatte mit dem höheren Nettoeinkommen unterhaltspflichtig wird. Der durch die Wahl der Steuerklasse IV / IV bei Ehegatten verursachte Liquiditätsnachteil ist meist geringer, als von den Ehegatten angenommen. Dieser Liquiditätsnachteil wird auch dadurch ausgeglichen, dass bei der Jahresveranlagung die Versteuerung der Gesamteinkünfte nach der Splittingtabelle erfolgt. Die Verteilung der Steuererstattung erfolgt nach § 270 AO[257]. Die von den Sozialhilfeträgern vorgenommene Verteilung einer Steuererstattung nach Kopfteilen (hälftig) oder nach dem Verhältnis der Brutto- oder Nettoeinkünfte ist falsch und sollte stets beanstandet werden, wenn dadurch dem unterhaltspflichtigen Gatten ein zu hohes Einkommen zugeordnet wird. Egal welcher Berechnungsmethode man folgt, gilt, dass ein Einkommenszuwachs des unterhaltspflichtigen Kindes zu einer stärkeren Steigerung der unterhaltsrechtlichen Leistungsfähigkeit führt, als ein Einkommenszuwachs des Schwiegerkindes.

---

257 BGH v. 31.5.2006 – XII ZR 111/03, FamRZ 2006, 1178.

**311** **Steuererstattungen** erhöhen nur dann das unterhaltsrechtliche Einkommen, wenn die die Steuererstattung auslösenden Umstände auch unterhaltsrechtlich relevant sind. Dies ist z.B. bei **Abschreibungen** meist nicht der Fall. Werden mithin Abschreibungen auf Gebäude oder andere Wirtschaftsgüter unterhaltsrechtlich nicht berücksichtigt und nicht als das anrechenbare Einkommen mindernd in die Berechnung der unterhaltsrechtlichen Leistungsfähigkeit eingestellt, können die aus diesen Abschreibungen resultierenden Steuererstattungen oder steuerlichen Ersparnisse dem unterhaltsrelevante Einkommen nicht hinzugerechnet werden[258]. In diesen Fällen ist eine **fiktive Besteuerung** vorzunehmen, die die (höhere) Steuerlast berechnet, als wären die steuermindernden Sachverhalte nicht berücksichtigt worden[259].

**312** **Steuererstattungen**, die auf zu hohen **Vorauszahlungen** eines Selbständigen in einem abgelaufenen Veranlagungszeitraum beruhen können nicht dem Einkommen des Jahres zugerechnet werden, in dem sie erstattet werden. Täte man das, würde eine Ansparleistung des Veranlagungszeitraums unterhaltsrechtlich verwertet. Die soll folgendes Beispiel erläutern:

> K (50) ist Rechtsanwalt. 2012 hat er aus seiner Tätigkeit 250.000 € zu versteuern gehabt und darauf 100.000 € Steuern gezahlt. Für 2013 hat das Finanzamt die Steuervorauszahlung auf 25.000 € pro Quartal festgesetzt. 2013 erreichte K aber nur ein Einkommen von 120.000 € auf das 45.000 € Steuern zu zahlen gewesen wären. Die Steuererstattung in Höhe von 55.000 € kann seinem Einkommen in 2013 nicht zugerechnet werden, weil sein Einkommen tatsächlich nur 120.000 € abzüglich 45.000 €, also 75.000 € betragen hat. Die Erstattung ist im Jahr 2013 nicht erwirtschaftet, sondern in den vorherigen Jahren. Bei Vorauszahlungen, die die voraussichtliche Steuerbelastung überschreiten wird das Finanzamt tatsächlich als ‚Sparkasse' genutzt. Die Überzahlung ist im Veranlagungszeitraum gebildetes Vermögen und kann – falls die Schonvermögensgrenzen überschritten werden – unterhaltsrechtlich genutzt werden.

**313** **Praxistipp:**

**Steuervorauszahlungen** sind nur dann unterhaltsrechtlich bei der Ermittlung der unterhaltsrechtlichen Leistungsfähigkeit zu berücksichtigen, wenn sie angemessen zur voraussichtlichen Steuerlast sind. Es besteht die Obliegenheit der unterhaltspflichtigen Person, durch einen Änderungsantrag beim Finanzamt eine Reduktion der Vorauszahlungen zu veranlassen.

---

258 Krenzler/Borth/*Caspary/Hauß*, Anwaltshandbuch Familienrecht, D V Rn. 27.
259 OLG Brandenburg v. 7.10.2003 – 10 UF 183/05, FamRZ 2005, 1020; BGH v. 2.6.2004 – XII ZR 217/01, FamRZ 2004, 1177 m. Anm. *Engels*.

**Steuernachzahlungen** sind unterhaltsrechtlich immer zu berücksichtigen. Unterhaltsrecht ist Liquiditätsrecht. Eine Steuernachzahlung wird geschuldet, weil im Veranlagungszeitraum zu geringe Steuern entrichtet worden sind. Sie sind im Elternunterhalt daher auch dann zu berücksichtigen, wenn die unterhaltsrechtliche Leistungsfähigkeit ausschließlich für den Zeitraum des unterhaltsrechtlichen Bedarfs bestimmt wird. Steuernachzahlungen sind eine Verbindlichkeit, die die unterhaltsrechtliche Liquidität beeinträchtigt.

**Steuererstattungen** sind differenziert zu behandeln: Bei **abhängig Beschäftigten** sind Steuererstattungen in der Regel das Ergebnis nicht oder zu niedrig eingetragener Freibeträge wegen Fahrtkosten- oder anderer steuerlich relevanter Belastungen (§ 46 Abs. 2 Nr. 4 EStG). Deshalb sind Steuererstattungen in der Regel dem unterhaltspflichtigen Einkommen hinzuzurechnen. Beruhen die Steuererstattungen aber auf höheren Belastungen (z.B. Berufsausbildungs- oder Fortbildungskosten) im Veranlagungszeitraum, die den unterhaltsrechtlichen Bedarfszeitraum nicht mehr prägen, sind sie nicht zu berücksichtigen. Bei **Selbständigen** sind Steuererstattungen immer das Ergebnis zu hoher Vorauszahlungen im jeweiligen Veranlagungszeitraum. Da bei Einkünften aus selbständiger Tätigkeit in der Regel eine fiktive Besteuerung auf der Basis der letzten drei Jahres durchgeführt wird, kann eine Steuererstattung im Bedarfszeitraum nicht zusätzlich als Einkommen berücksichtigt werden.

## 10. Wohngeld

**Wohngeld** ist unterhaltsrechtlich anrechenbares Einkommen[260], sowohl beim Unterhaltspflichtigen[261] als auch auf Seiten des Unterhaltsberechtigten, der es – für den Fall der Unterbringung in einem Pflegeheim – in Form des **Pflegewohngeldes** (vgl. Rn. 159) erhält. Danach deckt Wohngeld zunächst einen eventuell erhöhten Bedarf des Unterhaltspflichtigen ab und kann lediglich mit dem darüber hinausgehenden Teil dem anrechenbaren Einkommen des Unterhaltspflichtigen beim Elternunterhalt zugerechnet werden[262]. In der Praxis wird Wohngeld als eine Sozialleistung ohnehin nur bei geringen sonstigen Einkünften, einem eher bescheidenen Zuschnitt des Wohnbedarfs gezahlt. Soweit das Wohngeld daher in der Praxis keine Rolle spielt, liegt dies nicht daran, dass damit ein erhöhter Wohnbedarf ausgeglichen wird[263],

314

---

260 BGH v. 19.2.2003 – XII ZR 67/00, FamRZ 2003, 860, 862.
261 Büttner/Niepmann/*Schwamb*, Rn. 647.
262 BGH v. 19.2.2003 – XII ZR 67/00, FamRZ 2003, 860.
263 So aber Kalthoener/Büttner/*Niepmann*, Rn. 647.

sondern dass das Einkommen des Unterhaltspflichtigen zu gering ist, um Unterhaltspflichten (insbesondere gegenüber Eltern) zu erfüllen.

> **BGH v. 19.2.2003 – XII ZR 67/00, FamRZ 2003, 860**
>
> ... Nach der Rechtsprechung des Senats ist Wohngeld zunächst auf einen erhöhten Wohnkostenbedarf anzurechnen. Dabei wird im Allgemeinen angenommen werden können, dass den Wohngeldempfänger Wohnkosten treffen, die auch unterhaltsrechtlich als erhöht zu bezeichnen sind. Soweit das der Fall ist, dient das Wohngeld dem Ausgleich eines unvermeidbar erhöhten Aufwands mit der Folge, dass der Bedarf des Berechtigten auf das unter den gegebenen wirtschaftlichen Verhältnissen „normale" Maß zurückgeführt wird. Nur mit einem dafür nicht verbrauchten Teilbetrag ist das Wohngeld als Einkommen zu berücksichtigen (Senatsurteile v. 17.3.1982 – IVb ZR 646/80 –, FamRZ 1982, 587, 589 f., und v. 18.4.1984 – IVb ZR 59/82 –, FamRZ 1984, 772, 774). ...

## 11. Kindergeld

315   Kindergeld ist kein Einkommen. Kindergeld ist zur Hälfte auf den **Barbedarf des Kindes** anzurechnen, wenn ein Elternteil seine Unterhaltspflicht durch Betreuung des Kindes erfüllt. In anderen Fällen ist es voll anzurechnen (§ 1612b Abs. 1 BGB). Die ‚anderen Fälle' beziehen sich auf die Fälle von fremdbetreuten minderjährigen Kindern, privilegierte und nicht privilegierte Volljährige[264], weil diese keinen Betreuungsbedarf haben. In den Fällen **eines Doppelverdienerhaushalt**s erbringen die Eltern beide Bar- und Betreuungsleistungen. Wenn – wegen der Gleichwertigkeit von Bar- und Betreuungsleistungen (§ 1606 Abs. 3 S. 2 BGB) – das Kindergeld zur Hälfte für die Bar- und zur anderen Hälfte für die Betreuungsleistung gewährt wird[265], dann wird auch bei Eltern, die als Berufstätige beide barunterhaltspflichtig sind, wegen der von beiden Eltern erbrachten Betreuungsleistungen das Kindergeld auch bei minderjährigen Kindern nur zu ½ auf den Bedarf angerechnet.

## 12. Taschengeldeinkünfte

316   Auch wenn das unterhaltspflichtige Kind kein eigenes Einkommen erzielt, steht ihm ggf. ein **Taschengeldanspruch** gegen seinen verdienenden Gatten zu. Die Höhe des Taschengeldes betrug nach der Rechtsprechung ca. 5–7 % des verfügbaren Familieneinkommens[266]. Aus Gründen der Vereinfachung und der Vereinheitlichung hält es der BGH für sinnvoll, im Regelfall von 5 % des der Familien zur Verfügung stehenden Einkom-

---

264 Palandt/*Brudermüller*, § 1612b Rn. 10.
265 BGH v. 26.10.2005 – XII ZR 34/03, FamRZ 2006, 99 (101).
266 BGH v. 21.1.1998 – XII ZR 140/96, FamRZ 1998, 608.

mens zur Bemessung der Höhe des Taschengeldes auszugehen[267]. Das Taschengeldeinkommen eines unterhaltspflichtigen Kindes ist nicht nur im Rahmen des Kindesunterhaltes einzusetzen[268], sondern nach h.M. auch beim Elternunterhalt[269]. Da jedoch das Taschengeld zur Befriedigung der persönlichen Bedürfnisse des Taschengeldberechtigten dient[270], muss es nicht vollständig für den Elternunterhalt eingesetzt werden. Zur Bestimmung der Höhe des für Unterhaltszwecke einzusetzenden Taschengeldes hat der BGH[271] das auf den Sockelselbstbehalt[272] entfallende Taschengeld vollständig dem unterhaltspflichtigen Kind belassen und nur den darüber hinausgehenden Taschengeldanteil hälftig zur Unterhaltszahlung herangezogen. Die Basis des Taschengeldanspruchs ist stets das bereinigte **Bareinkommen** der Beteiligten. **Nutzungsvorteile** wie **Wohnvorteile** befriedigen einen Bedarf, der den Taschengeldanspruch nicht erhöhen kann.

Die unterhaltsrechtliche Formel zur Taschengeldhaftung im Elternunterhalt lautet daher[273]:

$$Taschengeldhaftung = \frac{(Familieneinkommen - Familiensockelselbstbehalt)}{2} \times Taschengeldsatz\,\%$$

Danach beträgt die unterhaltsrechtliche Leistungsfähigkeit aus dem Taschengeldanspruch bei einem Familieneinkommen von 8.000 € einen Betrag i.H.v. 115 €, wenn man einen Taschengeldsatz von 5% und einen Familiensockelselbstbehalt von 3.240 € annimmt.

Ein Taschengeldanspruch besteht indessen nur soweit, als das Eigeneinkommen des Gatten die Höhe des Taschengeldanspruchs nicht erreicht. Bei einem Einkommen des Kindes von 300 € und des Schwiegerkindes von 7.700 € beträgt der Taschengeldanspruch 400 € ([7.700 € + 300 €] × 0,05). Aus eigenem Einkommen würde das Kind lediglich in Höhe von 106 € haften. Der BGH[274] sieht indessen die Haftung aus dem Taschengeld (128 €) als Mindesthaftung an und ergänzt die Differenz (22 €) aus dem Taschengeld:

---

267 BGH v. 1.10.2014 – XII ZR 133/13, FamRZ 2014, 1990, Rn. 14.
268 BGH v. 19.2.2003 – XII ZR 67/00, FamRZ 2003, 860.
269 BGH v. 15.10.2003 – XII ZR 122/00, FamRZ 2004, 366 m. Anm. *Strohal*, FamRZ 2004, 441 und *Born*, FamRB 2004, 74.
270 Seit BGH FamRZ 1998, 608 st. Rspr., ebenso Wendl/*Dose*, § 1 Rn. 724.
271 BGH v. 12.12.2012 – XII ZR 43/11, FamRZ 2013, 363.
272 2014: 2.880 €; 2015: 3.240 €.
273 BGH v. 12.12.2012 – XII ZR 43/11, FamRZ 2013, 363; BGH v. 5.2.2014 – XII ZB 25/13, FamRZ 2014, 538.
274 BGH v. 23.7.2014 – XII ZB 489/13, FamRZ 2014, 1540.

**320**

| Unterhaltshaftung aus Taschengeld: | Kind | | Schwiegerkind |
|---|---|---|---|
| Summe der Einkünfte: | 0,00 € | | 8.000,00 € |
| Berechnung der Leistungsfähigkeit nach BGH v. 28.7.2010 – XII ZR 140/07 (FamRZ 2010, 1535): | | | |
| Anteile am Gesamteinkommen in % | 0,0 % | 8.000,00 € | 100,0 % |
| ./. Familiensockelselbstbehalt: 1.800 + 1.440 = | | – 3.240,00 € | |
| Resteinkommen: 8.000,00 – 3.240,00 = | | 4.760,00 € | |
| ./. Haushaltsersparnis 10% des Resteinkommens von: 4.760,00 = | | 476,00 € | |
| Einkommen > Familiensockelselbstbehalt: 4.760,00 – 476,00 = | | 4.284,00 € | |
| 1/2 des Einkommens > Familiensockel-SB: 4.284,00 / 2 = | | 2.142,00 € | |
| + Familiensockelselbstbehalt | | 3.240,00 € | |
| individueller Familienselbstbehalt: 3.240,00 + 2.142,00 = | | 5.382,00 € | |
| vom Pflichtigen zu deckender Selbstbehalt: 5.382,00 x 0,00% = | 0,00 € | | |
| Elternunterhalt aus Eigeneinkommen = | 0,00 € | | |
| Berechnung des Zuschlags aus Taschengeld nach BGH v. 23.7.2014 – XII ZB 489/13 (FamRZ 2014, 1540): | | | |
| Unterhalts-Haftung aus Taschengeldanspruch: (8.000,00 – 3.240,00) / 2 x 5% = | 119,00 € | | |
| aus Taschengeld zu entnehmen: 119,00 – 0,00 = | 119,00 € | | |
| Gesamtunterhaltsanspruch: 0,00 + 119,00 = | 119,00 € | | |

**321**

| Unterhaltshaftung aus Taschengeld: | Kind | | Schwiegerkind |
|---|---|---|---|
| Summe der Einkünfte: | 300 € | | 7.700,00 € |
| Berechnung der Leistungsfähigkeit nach BGH v. 28.7.2010 – XII ZR 140/07 (FamRZ 2010, 1535): | | | |
| Anteile am Gesamteinkommen in % | 3,8 % | 8.000,00 € | 96,2 % |
| ./. Familiensockelselbstbehalt: 1.800 + 1.440 = | | – 3.240,00 € | |
| Resteinkommen: 8.000,00 – 3.240,00 = | | 4.760,00 € | |
| ./. Haushaltsersparnis 10% des Resteinkommens von: 4.760,00 = | | 476,00 € | |
| Einkommen > Familiensockelselbstbehalt: 4.760,00 – 476,00 = | | 4.284,00 € | |
| 1/2 des Einkommens > Familiensockel-SB: 4.284,00 / 2 = | | 2.142,00 € | |
| + Familiensockelselbstbehalt | | 3.240,00 € | |
| individueller Familienselbstbehalt: 3.240,00 + 2.142,00 = | | 5.382,00 € | |
| vom Pflichtigen zu deckender Selbstbehalt: 5.382,00 x 3,8% = | 201,83 € | | |
| Elternunterhalt aus Eigeneinkommen: 300,00 – 201,83 = | 98,18 | | |
| Berechnung des Zuschlags aus Taschengeld nach BGH v. 23.7.2014 – XII ZB 489/13 (FamRZ 2014, 1540): | | | |
| Unterhalts-Haftung aus Taschengeldanspruch: (8.000,00 – 3.240,00) / 2 x 5% = | 119,00 € | | |
| aus Taschengeld zu entnehmen: 119,00 – 98,18 = | 20,83 € | | |
| Gesamtunterhaltsanspruch: 98,18 + 20,83 = | 119,00 € | | |

Es ist zu begrüßen, dass der BGH[275] nunmehr die Höhe des einem Gatten zustehenden Taschengeldanspruchs auf 5 % des Familieneinkommens konkretisiert hat und die von der Praxis ohnehin schon seit geraumer Zeit nicht mehr wahrgenommenen Beurteilungsspielräume (zwischen 5 % und 7 %) als nicht notwendig beseitigt hat. Solche Unsicherheiten sind für Verwaltungen, Bürger, Anwaltschaft und auch Gerichte wenig hilfreich, zumal der eingeräumte Bemessungsspielraum keinen wirklichen Gerechtigkeitsgewinn produziert.

322

So ganz widerspruchsfrei ist die Rechtsprechung des BGH zum Taschengeld indessen noch nicht.

323

- Offen bleibt, ob Taschengeld in Höhe von 5 % auch aus **Nutzungsvorteilen**, wie dem **Wohnvorteil** zu berechnen ist. Das wird Insinuiert, weil der BGH ausdrücklich den Wohnvorteil als Einkommen angesehen hat[276]. Tatsächlich steigert aber ein Nutzungsvorteil von 500 € in Form eines Wohnvorteils und ein solcher von 300 € in Form der Nutzung eines Firmen-PKWs sicher nicht die Leistungsfähigkeit bezüglich des Taschengeldes.
- Unklar ist auch, wie der Unterhaltsanspruch aus Taschengeld zu tenorieren ist, wenn Taschengeld- und Einkommenshaftung zusammenkommen (siehe Rn. 319). Eine einheitliche **Tenorierung** des Unterhaltsanspruchs wird nicht zu einer Vollstreckungsmöglichkeit bezüglich des Taschengeldteils beim Taschengeldschuldner führen, wenn der aus dem Taschengeld geschuldete Unterhalt nicht besonders im Tenor ausgewiesen ist. Würde der Sozialhilfeträger den Unterhaltsanspruch im Beispiel (Rn. 321) von 119 € beim Schwiegerkind vollstrecken, könnte dieses einwenden, dass ein Unterhaltsanspruch des Kindes in dieser Höhe nicht besteht. Zwar belaufe sich dessen Taschengeldanspruch auf 400 € (8.000 × 5 %), davon sei jedoch das anrechenbare Eigeneinkommen des Kindes abzuziehen. Der Taschengeldanspruch belaufe sich demnach nur auf 100 €. Rein vorsorglich wird das Schwiegerkind auch im Hinblick auf Art 6 GG **Vollstreckungsgegenklage** einreichen. Ob der Taschengeldanspruch tatsächlich vom Sozialhilfeträger gepfändet werden kann, obwohl dies ein ehegefährdender Eingriff des Sozialhilfeträgers in die bestehende Ehe darstellt, ist bislang nicht entschieden. Offenbar haben die Sozialhilfeträger bislang auf Vollstreckung aus solchen Titel gegen den Taschengeldschuldner verzichtet.
- Bislang ist auch nicht erörtert, ob § 94 Abs. 3 Nr. 2 SGB XII nicht als Sperre beim Taschengeld einen Übergang des Unterhaltsanspruchs auf den Sozialhilfeträger verhindert. Danach geht ein Unterhaltsan-

---

275 BGH v. 23.7.2014 – XII ZB 489/13, FamRZ 2014, 1540.
276 BGH v. 5.2.2014 – XII ZB 25/13, FamRZ 2014, 538.

spruch auf den Sozialhilfeträger nicht über, *‚soweit der Übergang des Anspruchs eine unbillige Härte'* bedeuten würde, Eine unbillige Härte im Sinne dieser Norm liegt vor, wenn die Inanspruchnahme des Verpflichteten aus Sicht des Sozialhilferechts soziale Belange vernachlässigen würde[277], was nach den ‚Anschauungen der Gesellschaft'[278] zu beurteilen ist. Zu den in die Abwägung einzubeziehenden Faktoren gehört nach h.M. auch die Frage, ob die *‚Höhe des Heranziehungsbetrages im Verhältnis zu einer zu befürchtenden nachhaltigen Störung des Familienfriedens'*[279] steht[280]. Angesichts der meist nur äußerst geringfügigen unterhaltsrechtlichen Inanspruchnahme aus Taschengeld, dürfte im Verhältnis zu der durch eine mögliche Vollstreckung beim Taschengeldpflichtigen drohenden Störung des Familienfriedens ein eklatantes Missverhältnis vorliegen. Der Sozialhilfeträger ist an Art. 6 GG gebunden und kann nicht sehenden Auges aus dem Taschengeldanspruch des unterhaltspflichtigen Kindes gegen dessen Gatten Vollstrecken.

324 **Praxistipp:**

Wegen der spezifischen Berechnungsmethode des Elternunterhalts und der vom BGH[281] geforderten Mindestleistung aus Taschengeld setzt eine Leistungsfähigkeit der unterhaltspflichtigen Person **aus eigenem Einkommen** unabhängig von der Höhe des Selbstbehalts erst ein, wenn das bereinigte Nettoeinkommen der unterhaltspflichtigen Person bei einem Taschengeldanspruch in Höhe von 5% den Betrag von 4,55% des Familiengesamteinkommens überschreitet.

Man kann daher die Doppelberechnung leicht vermeiden, indem man lediglich prüft, ob das Einkommen des unterhaltspflichtigen Kindes die oben genannten Sätze am Familieneinkommen überschreitet. Ist dies nicht der Fall, berechnet sich der zu leistende Unterhalt nach der Taschengeldformel (Rn. 317).

---

277 NK-SGB XII/*Münder*, § 94, Rn. 46.
278 BVerwG v. 12.7.1979 – 5 C 35/78, BVerwGE 58, 212.
279 OLG Köln v. 15.3.1996 – 25 UF 209/95, FamRZ 1997, 53; OVG Lüneburg v. 17.5.1994 – 4 L 765/93, FamRZ 1994, 1431.
280 OLG Hamm v. 6.8.2009 – 2 UF 241/08, FamRZ 2010, 303, Rn. 97.
281 BGH v. 23.7.2014 – XII ZB 489/13, FamRZ 2014, 1540.

Die **Taschengeldrechtsprechung** ist unbefriedigend[282]. Kann sie beim 325
Minderjährigenunterhalt und beim Volljährigenunterhalt noch aus der
Dringlichkeit des Bedarfs des unterhaltsberechtigten Kindes gerechtfertigt
werden, die dem taschengeldberechtigten Elternteil abverlangt, einen Taschengeldanspruch gegen seinen Gatten geltend zu machen, versagt diese Argumentation beim Elternunterhalt. In vielen Ehen wird der nicht verdienende Gatte kein Taschengeld ausgewiesenen bekommen. Seinen Bedarf befriedigt er ‚vom gemeinsamen Konto', also gewissermaßen aus dem Familienunterhalt. Die Verwendung eines Teils der dafür zur Verfügung stehenden Einkünfte für den familienfremden Zweck des Elternunterhaltes dürfte nicht immer auf ungeteilte Zustimmung des das Einkommen erzielenden Ehegatten stoßen. Dieser könnte der Verwendung der als ‚**Haushaltsgeld**' auf das Verfügungskonto fließenden Mittel für den Elternunterhalt widersprechen. Besteht in diesen Fällen tatsächlich eine Obliegenheit des einkommenslosen Ehegatten, den Taschengeldanspruch ggf. klagweise gegen den Einkommensbezieher geltend zu machen[283]? Im Hinblick auf den vorrangigen Schutz von Ehe und Familie nach Art. 6 GG muss das bezweifelt werden. Dementsprechend wäre es vorzugswürdig, auf eine Haftung aus Taschengeld vollständig zu verzichten[284].

**Praxistipp (für Unterhaltspflichtige):** 326

In der Praxis lässt sich bei einem dokumentierten Widerspruch des das Einkommen erzielenden Ehegatten gegen die Verwendung des Familieneinkommens zu Unterhaltszwecken ein gewichtiges Argument gegen die Taschengeldheranziehung ableiten. Ebenso wird jedoch das Problem dadurch relativiert, dass nach der Rechtsprechung des BGH in jedem Fall der ‚**angemessene Selbstbehalt**' **des unterhaltspflichtigen Kindes gewahrt** sein muss, bevor aus dem Taschengeld Unterhaltsansprüche zu befriedigen sind. Dies bedeutet in der Praxis, dass eine Heranziehung **nur bei guten oder besser noch sehr guten Einkommensverhältnissen** erfolgen kann.

---

282 Kritisch jetzt auch *Holzwarth/Wagenitz*, in Höland/Sethe/Notarkammer Sachsen-Anhalt (Hrsg.), Elternunterhalt, S. 18; *Schürmann*, FS Brudermüller 2014, S. 703, 712; *Braun*, NJW 2000, 97; *Born*, MDR 2005, 194, 200.
283 Das AG Stuttgart verweigert aus diesem Grund auch die Pfändbarkeit des Taschengeldanspruchs, AG Stuttgart v. 22.6.2009 – 2 M 5279/08, JurBüro 2009, 610.
284 *Schürmann*, FS Brudermüller 2014, S. 703, 712 m.w.N. in Fn. 69; kritisch wohl auch Wendl/Dose § 1 Rn. 724, vgl. aber *Dose*, FamRZ 2013, 993, für den Elternunterhalt.

327 **Praxistipp (für Sozialhilfeträger):**[285]

> In der Verwaltungspraxis sollte die Taschengeldhaftung nicht überdehnt werden. Verwaltungspraxis bedarf immer auch eine grundlegende Akzeptanz durch die Betroffenen. Diese wird durch Rigidität in der Taschengeldfrage gefährdet, weil die einkommenslosen Betroffenen dies als **Schwiegerkindhaftung** verstehen und die rechtsdogmatische Ableitung aus dem Familienunterhalt[286] nicht nachvollziehen können. Soweit sich die Verwaltung auf Taschengeldhaftung festlegt, sollten die Sätze für die Betroffenen nachvollziehbar dokumentiert werden.

### 13. Einkommen aus überobligatorischer Tätigkeit (BGH v. 13.4.2005 – XII ZR 273/02)[286]

328  Lediglich bei so genannten Einkünften aus überobligatorischen Tätigkeiten sind Differenzierungen zum Deszendentenunterhalt erforderlich (zu Überstunden vgl. Rn. 211 ff. Der Umfang der geschuldeten Erwerbsobliegenheit ist nämlich abhängig davon, wem gegenüber die zu erfüllende Unterhaltsverpflichtung besteht.

329  Eine extreme Verschärfung der im Rahmen jeder Obliegenheitsprüfung erforderlichen Zumutbarkeitsabwägung besteht lediglich beim Unterhaltsanspruchs minderjähriger Kinder (§ 1603 Abs. 2 Satz 1 BGB). Diesen gegenüber besteht eine gesteigerte **Unterhaltsverpflichtung**, die mit einer gesteigerten **Erwerbsobliegenheit** einhergeht. Da Obliegenheiten stets nur im Rahmen von Treu und Glauben geschuldet sind, ist die unterhaltsrechtliche Rangfolge des Elternunterhaltes und seine schwache Stellung innerhalb des unterhaltsrechtlichen Systems (vgl. Rn. 14) auch dafür verantwortlich, dass die Erwerbsobliegenheit des unterhaltspflichtigen Kindes sich reduziert und insbesondere im Lichte der im Elternunterhalt geltenden Lebensstandardgarantie[287] zu sehen ist. Selbst wenn man davon ausginge, dass generell berufstypische Mehrarbeiten (z.B. Gutachtenerstellung bei Oberärzten und Chefärzten) im Verhältnis zu Unterhaltsansprüchen von minderjährigen Kindern als nicht überobligatorisch zu werten sind, wären derartige Einkünfte, die generell eine erhebliche Ausweitung des Arbeitstages mit sich bringen, im Bereich des Elternunterhaltes als überobligatorisch anzusehen.

---

285 Dazu ausführlich Wendl/*Dose* § 1 Rn. 724.
286 BGH v. 13.4.2005 – XII ZR 273/02, FamRZ 2005, 1154 m. Anm. *Gerhardt*.
287 BGH v. 23.10.2002 – XII ZR 266/99, FamRZ 2002, 1698.

In der grundsätzlichen Entscheidung v. 13.4.2005 hat der BGH[288] für 330
den Ehegattenunterhalt entschieden, dass Einkünfte aus überobligatorischer Tätigkeit des unterhaltsberechtigten Gatten dessen Bedarf nicht beeinflussen, sondern unterhaltsrechtlich nur eine begrenzte Rolle spielen und stets nur in angemessenem Umfang unter Abwägung aller Umstände des Einzelfalls zu berücksichtigen sind.

Es stellt sich demnach für den Elternunterhalt die Frage, ob **Einkünfte** 331
**aus überobligatorischer Tätigkeit** die Leistungsfähigkeit des Unterhaltspflichtigen für Elternunterhalt beeinflussen. Dies ist zu bejahen. Genau wie auch sonst im Unterhaltsrecht sind für die Berechnung der Leistungsfähigkeit alle erzielten Einkünfte heranzuziehen[289]. Es ist Sache des Unterhaltsschuldners Umstände darzulegen, aus denen sich etwas anderes ergibt. Da im Elternunterhalt grundsätzlich nicht von einer gesteigerten Erwerbsobliegenheit auszugehen ist, ist die Anrechnung der überobligatorischen Tätigkeit stets nach § 242 BGB vorzunehmen, wobei alle Umstände des Einzelfalls zu berücksichtigen sind[290]. Dabei ist für die erforderliche Abwägung der wechselseitigen Interessen zu beachten, dass anders als im Kindes- oder Gattenunterhalt die Höhe des Bedarfs der Eltern nicht durch die überobligatorischen Einkünfte beeinflusst wird. Die Höhe des Bedarfs wird durch die Pflegekosten definiert. Deshalb stellt es auch kein Gerechtigkeitsproblem dar, diese Einkünfte zur Bestimmung der Leistungsfähigkeit grundsätzlich heranzuziehen. Werden derartige Einkünfte erzielt, sind sie bei der Berechnung der unterhaltsrechtlichen Leistungsfähigkeit des unterhaltspflichtigen Kindes zu berücksichtigen. Wird die überobligatorische Tätigkeit eingestellt, bleibt dies sanktionslos, da eine Obliegenheit zur Aufrechterhaltung überobligatorischer Tätigkeit nicht besteht.

Anders sollte indessen dann zu entscheiden sein, wenn eine **Erwerbs-** 332
**obliegenheit** nicht mehr besteht, das unterhaltspflichtige Kind jedoch gleichwohl noch einer Erwerbstätigkeit nachgeht. Diese Fälle treten auf, wenn Rentner noch jenseits der Altersgrenze arbeiten. In diesen Fällen halte ich die unterhaltsrechtliche Heranziehung der so erworbenen Einkünfte für unbillig. Sowohl den Unterhaltsberechtigten als auch den Unterhaltspflichtigen trifft in diesem Fall keine Erwerbsobliegenheit mehr. Aus der völlig freiwillig erbrachten Weiterarbeit des unterhaltspflichtigen Kindes kann der unterhaltsberechtigte Elternteil m.E. keinen Vorteil ziehen. Dies gilt umso mehr, wenn es um die anteilige Haftung unterhaltspflichtiger Geschwister ihren Eltern gegenüber geht. In deren Verhältnis zueinander

---

288 BGH v. 13.4.2005 – XII ZR 273/02, FamRZ 2005, 1154 m. Anm. *Gerhardt*.
289 BGH v. 25.6.2003 – XII ZR 63/00, FamRZ 2004, 186.
290 Vgl. die Darstellung bei Büttner/Niepmann/*Schwamb*, Rn. 823 ff.

können überobligatorische Einkünfte eines gleichrangig haftenden Kindes keine Rolle spielen und sind daher zu eliminieren.

333 Einkünfte aus **überobligatorischer Erwerbstätigkeit** des **Schwiegerkindes** können dagegen m.E. nicht zur Begründung einer gesteigerten Leistungsfähigkeit des Kindes herangezogen werden. Zwar beeinflussen auch solche Einkünfte das Familieneinkommen und würden im Rahmen der Ermittlung des Familieneinkommens zu einer Steigerung der unterhaltsrechtlichen Leistungsfähigkeit des Kindes führen (zu den Berechnungsmethoden vgl. Rn. 572 ff.). Wenn allerdings das Schwiegerkind bereits im Verhältnis zum Kind die Tätigkeit jederzeit einstellen kann, dann muss das umso mehr für das Verhältnis zu den Schwiegereltern gelten. Das Schwiegerkind erbringt überobligatorische Leistungen im Hinblick auf die Hebung des Lebensstandards seiner Familie. Dazu ist das Schwiegerkind nach § 1360 BGB verpflichtet. Eine Erwerbsobliegenheit besteht mithin zwischen den Ehegatten, nicht aber zwischen Schwiegereltern und Schwiegerkind. Die Abschöpfung einer durch überobligatorische Tätigkeit des Schwiegerkindes begründete Leistungsfähigkeit ist daher m.E. nicht gerechtfertigt. Aus diesem Grund ist ein Erwerbseinkommen des Schwiegerkindes, das dieses nach Erreichen der **Regelaltersgrenze** erzielt grundsätzlich unterhaltsrechtlich im Verhältnis zu den bedürftigen Schwiegereltern unbeachtlich.

## IV. Abzüge vom anrechenbaren Einkommen

334 Abzüge sind im Bereich des Elternunterhaltes vom Einkommen im Rahmen des üblichen unterhaltsrechtlichen Niveaus vorzunehmen. Aus diesem Grund wird an dieser Stelle auf die unterhaltsrechtliche Literatur verwiesen. Die nachfolgende Aufstellung enthält insoweit nur Hinweise auf Besonderheiten beim Elternunterhalt.

### 1. Altersversorgung

335 Die bisherige Rechtsprechung zum Elternunterhalt hat Altersvorsorge stets in Höhe des Beitrages zur gesetzlichen Rentenversicherung zuzüglich eines zusätzlichen Betrages in Höhe von 5% als angemessen akzeptiert[291]. Konkret bedeutet dies, dass tatsächlich erbrachte **Versorgungsrückstellungen**

---

291 BGH v. 14.1.2004 – XII ZR 149/01, FamRZ 2004, 792.

- **bei sozialversicherungspflichtig Beschäftigten** bis zur Beitragsbemessungsgrenze[292] in Höhe von 5% und darüber hinaus von 5% zuzüglich des vollen Beitragssatzes zur gesetzlichen Rentenversicherung und
- **bei nicht sozialversicherungspflichtig Erwerbstätigen** insgesamt 5% zzgl. des vollen Beitragssatzes zur gesetzlichen Rentenversicherung[293] unterhaltsrechtlich vom anrechenbaren Einkommen des Unterhaltspflichtigen abzuziehen sind. Voraussetzung für diese Altersvorsorge ist jedoch, dass sie tatsächlich erfolgt. Wie sie erfolgt, also auf welche Art und Weise die Altersvorsorgevermögensanlage vorgenommen wird, ist dabei Sache des Unterhaltspflichtigen[294].

In der Entscheidung des BVerfG vom 7.6.2005[295] wird ausgeführt, dass die Unterhaltsverpflichtung des unterhaltspflichtigen Kindes nur so weit geht, als dieses ohne Gefährdung seines angemessenen Unterhaltes den Unterhalt zu gewähren in der Lage ist. Das BVerfG führt an dieser Stelle aus, dass damit auch der **angemessene zukünftige Unterhalt**, also der Unterhalt im Alter gemeint ist und begründet dies damit, dass der Gesetzgeber angesichts der Schwächephase der gesetzlichen Rentenversicherungssysteme die private Altersvorsorge zwar nicht gesetzlich zwingend vorgeschrieben habe. Sie sei aber unter Aspekten der Eigenverantwortlichkeit obligatorisch[296].

336

### a) Fiktive Zurechnung von Altersvorsorgeaufwendungen?

Altersvorsorgeaufwendungen können nur konkret zugerechnet und vom Einkommen des Unterhaltspflichtigen oder seines Gatten vorab abgezogen werden. Eine Berücksichtigung **fiktiver Altersvorsorgeaufwendungen** würde dem Prinzip widersprechen, dass Eigen- vor Fremdvorsorge geht. Eine fiktive Eigenvorsorge wäre aber unterhaltsrechtlich ein Widerspruch in sich und daher nicht zu akzeptieren[297].

337

### b) Gesetzliche Altersversorgung

Bei Unterhaltspflichtigen, die in der gesetzlichen Rentenversicherung versichert sind, sind die Pflichtbeiträge zur gesetzlichen Rentenversiche-

338

---
292 Im Jahr 2015 liegt diese bei 72.600 € (West) und 62.400 € (Ost) pro Jahr = 6.050 € / 5.200 € pro Monat.
293 FA-FamR/*Gerhardt*, 7. Aufl., Kap. 6, Rn. 155 ff.
294 BGH v. 30.8.2006 – XII ZR 98/04, FamRZ 2006, 1511; BGH v. 19.2.2003 – XII ZR 67/00, FamRZ 2003, 860.
295 BVerfG v. 7.6.2005 – 1 BvR 1508/96, FamRZ 2005, 1051.
296 So auch BGH v. 19.2.2003 – XII ZR 67/00, FamRZ 2003, 860.
297 *Büttner*, FamRZ 2004, 1918.

rung ohnehin vom anrechenbaren Einkommen des Unterhaltspflichtigen abzuziehen. Da die Aufwendungen zur gesetzlichen Rentenversicherung durch die Beitragsbemessungsgrenze limitiert werden, wird für Einkünfte jenseits der Beitragsbemessungsgrenzen mindestens ebenfalls Altersvorsorge in Höhe des Beitragssatzes zur gesetzlichen Rentenversicherung von derzeit 18,7 % zugelassen[298].

> **BGH v. 19.2.2003 – XII ZR 67/00, FamRZ 2003, 860**
>
> LS: Einem nicht sozialversicherungspflichtig beschäftigten Unterhaltspflichtigen ist bei der Inanspruchnahme auf Elternunterhalt grundsätzlich zuzubilligen, einen Anteil von rund 20 % seines Bruttoeinkommens für seine (primäre) Altersversorgung einzusetzen; dabei steht ihm grundsätzlich frei, in welcher Weise er Vorsorge für sein Alter trifft.

339     Die Beitragsbemessungsgrenze beträgt im Jahr 2014 den Betrag von 72.600 € pro Jahr (6.050 € / Monat) (Ost: 62.400 € / 5.200 €). Verdient ein Kind aus sozialversicherungspflichtiger Beschäftigung z.B. 76.000 € brutto im Jahr (West), werden bis zur Beitragsbemessungsgrenze Altersvorsorgebeiträge abgezogen. Jenseits der Beitragsbemessungsgrenze können von diesem Kind zusätzliche Versorgungsaufwendungen in Höhe des Beitragssatzes der gesetzlichen Rentenversicherung vorab vom Einkommen abgezogen werden, wenn diese Beträge tatsächlich für eine Altersvorsorge aufgewendet werden. Es bliebe mithin ein Vorsorgepotenzial von 18,7 % aus 3.400 € = 685,80 €.

340     Es ist zu begrüßen, dass im Bereich der Altersvorsorgerückstellungen ein großzügiger Maßstab angewendet wird und trotz ansonsten teils kleinlich buchhalterischer Berechnungen der Beitragssatz der gesetzlichen Rentenversicherung trotz seiner zwischenzeitlich erfolgten Absenkung unterhaltsrechtlich mit pauschal 20 % bewertet wird.

### c) Private Altersvorsorge

341     Im Hinblick auf die **Riesterrente** und das **Altersvermögensgesetz** und die Ausführungen des BVerfG in der bereits mehrfach zitierten Entscheidung zur Bedeutung der privaten Altersvorsorge[299] kann der Unterhaltspflichtige über die Beiträge zur gesetzlichen Rentenversicherung hinaus eine weitere monatliche Vorsorge bis zu 5 % des Bruttoeinkommens betreiben. Dies entspricht auch der Rechtsprechung des BGH:

---

298 BGH v. 29.1.2003 – XII ZR 92/01, FamRZ 2003, 590; OLG München v. 8.3.1999 – 12 UF 1739/98, FamRZ 2000, 26; Wendl/Dose/*Gerhardt*, § 1, Rn. 1033.
299 BVerfG v. 7.6.2005 – 1 BvR 1508/96, FamRZ 2005, 1051.

> **BGH v. 14.1.2004 – XII ZR 149/01, FamRZ 2004, 792**
>
> LS: Einem Unterhaltspflichtigen ist bei der Inanspruchnahme auf Elternunterhalt grundsätzlich zuzubilligen, etwa 5 % seines Bruttoeinkommens für eine – über die primäre Altersversicherung hinaus betriebene – zusätzliche Altersvorsorge einzusetzen.

Bei einem Einkommen von 70.000 € bedeutet dies ein zusätzliches Vorsorgepotenzial von 3.500 €, wenn der Betrag tatsächlich für die Altersversorgung angelegt wird. 342

#### d) Altersvorsorge jenseits der Beitragsbemessungsgrenze

Personen, die Erwerbseinkünfte erzielen, für die keine gesetzliche Beitragspflicht in Regelversorgungssystemen besteht, haben die Möglichkeit, 25 % der nicht beitragspflichtigen Erwerbseinkünfte für die ‚sekundäre Altersversorgung' zu reservieren. Dies betrifft: 343

- **Freiberufler** und **Selbständige** für die keine berufsständische Pflichtversorgung besteht,
- Alle Erwerbseinkünfte, die die Beitragsbemessungsgrenze in der gesetzlichen und berufsständischen Versorgung übersteigen,

Dagegen ist die sekundäre Altersversorgung für **Beamte** regelmäßig auf 5 % des Einkommens beschränkt, weil die Beamtenversorgung auf alle ruhegehaltsfähigen Einkünfte des Beamten pro Dienstjahr 1,79375 % Altersversorgung gewährt. 344

#### e) Altersversorgung für Nichterwerbseinkünfte

Grundsätzlich kann eine Altersvorsorgerücklage auf alle den Lebensstandard der unterhaltspflichtigen Person prägenden Einkünfte berechnet werden, die zur Sicherung des Lebensstandards der unterhaltspflichtigen Person im Alter nicht mehr zur Verfügung stehen. Auf **Miet- und Kapitaleinkünfte** kann daher eine Altersvorsorgerücklage nicht gebildet werden, wenn die Quelle der Einkünfte auch im Alter zur Verfügung steht. Sofern aber zeitlich limitierte Nutzungsrechte (Nießbrauch oder Wohnrecht) nicht mehr nach Abschluss der Erwerbsphase zur Verfügung stehen, wäre auch auf die daraus erzielten Einkünfte oder angemessenen Nutzungsvorteile eine Altersvorsorge abzugsfähig. 345

#### f) Was ist ‚angemessenes' Alterseinkommen?

346   Soweit in § 1603 BGB vom angemessenen eigenen Unterhalt die Rede ist, steht aufgrund der Entscheidung des BVerfG[300] sowie der bisherigen Rechtsprechung des BGH fest, dass es sich dabei auch um die **Sicherung des angemessenen zukünftigen Altersbedarfs** handelt. Es ist daher Angelegenheit des unterhaltspflichtigen erwachsenen Kindes Vorkehrungen dafür zu treffen, dass es im Alter über ein angemessenes eigenes Einkommen verfügt und seinen Kindern oder der Allgemeinheit durch Unterhaltsbedürftigkeit nicht zur Last fällt. Eine gesetzliche Definition dessen, was ‚**angemessenes Alterseinkommen**' ist, fehlt.

347   Vielfach wird der Begriff der Angemessenheit in Rechtsprechung und Literatur so verstanden, dass angemessene Beiträge[301] vom Erwerbseinkommen für den Altersunterhalt zurückgelegt werden und die Angemessenheit insoweit mit dem Beitragssatz zur gesetzlichen Rentenversicherung zzgl. eines 5 %igen Zuschlages bestimmt wird. Diese Sichtweise liegt auch der Rechtsprechung des BGH zu Grunde[302].

348   Weitergehend ist teilweise vertreten worden, bei abhängig Beschäftigten führe die gesetzliche Rentenversicherung bereits zu einer angemessenen Altersversorgung[303]. Diese Auffassung ist im Hinblick auf die zuvor referierte Rechtsprechung des BGH als überholt anzusehen, entbehrt aber auch sonst der Berechtigung, da selbst wenn man die Renten der gesetzlichen Rentenversicherung und die Beamtenversorgung als eine generell angemessene Versorgung ansehen würde, es immer auf den Einzelfall – also die konkrete Erwerbs- und **Versorgungsbiografie** – ankommt. Brüche und Lücken in einer Versorgungsbiografie führen immer zu Versorgungsverminderungen, die aufzufüllen der Unterhaltsberechtigte regelmäßig berechtigt sein muss.

349   Wie auch im sonstigen Unterhaltsrecht muss der Begriff der Angemessenheit der Altersversorgung aus der Intensität des Unterhaltsverhältnisses heraus bestimmt werden. Was eine angemessene Altersversorgung ist, kann nicht nach einheitlichen Maßstäben entschieden werden.

350   Jedenfalls aber kann der Begriff der **Angemessenheit des Alterseinkommens** vom ‚unteren Ende' eindeutig negativ definiert werden. Ein ‚angemessenes Alterseinkommen' liegt nicht vor, wenn das unterhaltspflichtige Kind selbst über so geringes Alterseinkommen verfügt, dass ein sozialhilfefreies Leben im Alter nicht möglich ist (vgl. Rn. 352 ff.).

---

300  BVerfG v. 7.6.2005 – 1 BvR 1508/96, FamRZ 2005, 1051.
301  FA-FamR/*Gerhardt*, Kap. 6, Rn. 155; Wendl/Dose/*Gerhardt*, § 1, Rn. 1034.
302  BGH v. 14.1.2004 – XII ZR 149/01, FamRZ 2004, 792.
303  AG Detmold v. 12.3.2002 – 16 F 373/01, FamRZ 2003, 472.

## g) Von der Beitragsangemessenheit zur Ergebnisangemessenheit

Für die Prüfung der Angemessenheit künftigen Alterseinkommens des unterhaltspflichtigen Kindes kann im Bereich des Elternunterhaltes nicht ausschließlich auf die **Höhe der Beiträge zur Altersvorsorge** abgestellt werden. Die Angemessenheit eines Alterseinkommens bemisst sich nicht nach den gegenwärtigen vorkehrenden Beiträgen zur Ansparung einer Altersversorgung, sondern bemisst sich an der Höhe der zu erwartenden tatsächlichen Altersversorgung[304]. Die Bestimmung dieser Höhe ist nie sicher vorzunehmen, da heute nicht absehbar ist, welches Kapital in Zukunft erforderlich sein wird, um eine bestimmte Rendite und Altersversorgung zu ermöglichen. Für die Frage der Angemessenheit der Altersversorgung ist daher auf keinen Fall ausschließlich auf die Beiträge zur Versorgung, sondern auf die zu erwartende Höhe der Altersversorgung abzustellen.

### (1) Sozialhilfeniveau als unterste Auffangebene

Nimmt eine Partei Prozesskostenhilfe in Anspruch, hat die Rechtsprechung die Angemessenheit der Altersversorgung an sozialhilferechtlichen Maßstäben orientiert:

> **OLG Karlsruhe v. 27.6.2003 – 16 WF 76/03, FamRZ 2004, 1122**
>
> LS: Die angemessene Altersversorgung einer um Prozesskostenhilfe nachsuchenden Partei ist dann gefährdet, wenn eine unter Einbeziehung des für die Prozesskosten zu verwendenden Kapitals von der Sozialhilfe unabhängige Altersversorgung existiert und die anderweitige Verwendung dieses Kapitals ursächlich dazu führt, dass die Partei in Zukunft ihre Altersversorgung zumindest teilweise auch durch die Inanspruchnahme von ergänzender Hilfe zum Lebensunterhalt wird bestreiten müssen.

Die Bestimmung des Sozialhilfeniveaus als Angemessenheitsgrenze ist in diesen Fällen dadurch begründet, dass die Partei schließlich über die Prozesskostenhilfe selbst Sozialleistungen in Anspruch nimmt. Insoweit ist es konsequent, die Angemessenheit der Altersversorgung einer um Prozesskostenhilfe nachsuchenden Partei auch nach sozialhilferechtlichen Kriterien zu beurteilen.

Für den Elternunterhalt kann das nicht gelten. **Das Sozialhilfeniveau markiert vielmehr die unterste Grenze einer notwendigen Altersvorsorge**, die selbst dann noch gesichert sein muss, wenn zur Finanzierung privater Rechtsstreitigkeiten öffentliche Hilfe in Form von Prozesskostenhilfe in Anspruch genommen werden muss. Im Bereich des Elternunterhaltes hat

---

304 Göppinger/Wax/*Strohal*, Rn. 671.

daher die Grenze der Angemessenheit einer Altersvorsorge deutlich oberhalb dieses Betrages zu liegen.

**(2) Angemessenheitsmaßstab des § 851c ZPO**

355 Der Gesetzgeber hat im Jahr 2007 mit Einführung des § 851c ZPO (Pfändungsschutz bei Altersrenten)[305] einen weiteren Anhaltspunkt für die Höhe einer ‚angemessenen Altersversorgung' gegeben. § 851c ZPO stellt Vermögen eines Schuldners, das in einer ausschließlich eine Altersrente gewährenden privaten Altersversorgung angelegt ist, pfändungsfrei. Lediglich die aus dem Vermögen fließenden Rentenbeträge unterliegen danach der für Arbeitseinkommen geltenden Pfändungsregelung. Danach erachtet der Gesetzgeber mithin die **Pfändungsfreigrenzen als schützenswert**. Sofern der Unterhaltsschuldner einem den Eltern vorgehenden Gatten gegenüber unterhaltspflichtig ist, bedeutet dies, dass die unterste Grenze des angemessenen Alterseinkommens die **Pfändungsfreigrenze** des familienunterhaltspflichtigen Schuldners darstellt.

356 Dabei ist darauf hinzuweisen, dass der Unterhaltspflichtige die Höhe seiner zu erwartenden Altersversorgung gegebenenfalls durch Vorlage der **Rentenauskunft** des Versorgungsträgers darzulegen hat. Da aus den Rentenauskünften sich auch die im Versorgungsfall für den Versicherten ergebende Versorgung ergibt, ist eine gesicherte Prognose der zukünftigen Alterseinkünfte des Unterhaltspflichtigen möglich. Überschreitet danach das Alterseinkommen des Unterhaltspflichtigen nicht die **Pfändungsfreigrenze**, liegt ein angemessenes Alterseinkommen nicht vor. Da die Pfändungsfreigrenze oberhalb des Sozialhilfeniveaus liegt, steht damit fest, dass als unterste Grenze eines angemessenen Alterseinkommens das Sozialhilfeniveau nicht gelten kann. Dabei ist zu beachten, dass eine Versteuerung von Einkünften unterhalb der Pfändungsfreigrenze auch zukünftig nicht in Betracht kommt. **Krankenversicherungsbeiträge** müssen jedoch gegebenenfalls dem Renteneinkommen hinzugerechnet werden.

357 Weder die Pfändungsfreigrenze noch die Sozialhilfesätze markieren indessen die Grenze eines angemessenen Alterseinkommens. Die Sozialhilfe markiert die Grenze zum Existenzminimum, die geringfügig oberhalb der Sozialhilfe rangierenden Sätze der Pfändungsfreigrenze dienen einem ausgewogenen Ausgleich zwischen Gläubigern und Schuldner, der jedoch dadurch gekennzeichnet ist, dass die Verbindlichkeiten bereits begründet worden sind. Im Unterhaltsrecht dient die Bestimmung der Leistungsfähigkeit eines Unterhaltsschuldners aber der Begründung von (unterhaltsrechtlichen) Verbindlichkeiten. Die unterhaltsrechtliche Leistungsfähigkeit ist daher von

---

305 Gesetz v. 26.3.2007, BGBl I S. 368. Vergleiche zur familienrechtlichen Problematik *Hauß*, FamRB 2007, 147; *ders.*, FPR 2007, 190; *Kogel*, FamRZ 2007, 870 ff.

der vollstreckungsrechtlichen Leistungsfähigkeit strikt zu abzugrenzen. Die vollstreckungsrechtliche Leistungsfähigkeit ist weit strenger zu beurteilen, als die unterhaltsrechtliche Leistungsfähigkeit. Dies wird auf der Basis der Leitlinien der OLG zum Unterhaltsrecht deutlich. Diese sehen in Ziff. 21.3.3 erst ab einem 1.800 € übersteigenden anrechenbaren Einkommen des unterhaltspflichtigen Kindes eine unterhaltsrechtliche Leistungsfähigkeit gegenüber einem Elternteil gegeben. Pfändungsrechtlich könnte bei einem Einkommen von 1.800 € bereits ein Betrag von 528 € herangezogen werden.

**(3) Leitlinienselbstbehalt als Angemessenheitsgrenze**

Die Leitlinien der OLG haben dem unterhaltspflichtigen Kind einen Selbstbehalt in Höhe von 1.800 € zzgl. ½ des darüber hinausgehenden Einkommens zugebilligt. Diese Grenze ist auch die untere Grenze der Angemessenheit des eigenen Alterseinkommens. In den Leitlinien der OLG wird nicht differenziert, ob das Einkommen des Unterhaltspflichtigen im Elternunterhalt aus Erwerbstätigkeit oder anderen Quellen stammt. **Demnach liegt ein angemessenes Alterseinkommen erst dann vor, wenn dieses die in den Leitlinien für den Elternunterhalt festgesetzte Mindestgrenze von 1.800 € erreicht.**

Dies bedeutet aber gleichzeitig, dass der statistische Durchschnittsverdiener, der also 40 Jahre lang immer das Durchschnittseinkommen erzielt hat, im Verhältnis zu seinen Eltern über kein angemessenes Alterseinkommen verfügen wird. Ihm wird nur eine Rente von 1.144,40 € (40 × 28,61 €[306]) abzüglich Kranken- und Pflegeversicherungsbeiträge gezahlt. Er hätte mithin einen **zusätzlichen Versorgungsbedarf** von ca. 750 € pro Monat. Im ‚klassischen Alter', in dem man auf Elternunterhalt in Anspruch genommen wird, benötigt man zur Finanzierung eines solchen Rentenfehlbetrages im Alter von 55 Jahren einen Betrag von mindestens 80.000 €.

Nimmt man die im Elternunterhalt geltenden Selbstbehalte aus den Leitlinien der Oberlandesgerichte daher ernst, ergibt sich auch die Dimension eines für Ehepaare geltenden angemessenen Alterseinkommens. Dieses ist die Summe aus dem Selbstbehalt des unterhaltspflichtigen Kindes und dem Selbstbehalt des mit ihm zusammenlebenden Ehegatten.

Danach ergäbe sich derzeit das Niveau einer **angemessenen Altersversorgung** wie folgt:

| | |
|---|---:|
| Unterhaltpflichtiger (Leitlinien Nr. 21.3.2) | 1.800,00 € |
| Gatte d. Unterhaltspflichtigen (Leitlinien Nr. 22.3) | 1.440,00 € |
| Gesamtnettoversorgung | 3.240,00 € |

---

306 Der Durchschnittsverdiener erwirbt pro Jahr einen Entgeltpunkt in der gesetzlichen Rentenversicherung, der Rentenwert eines Entgeltpunktes beträgt im Jahr 2014 28,61 €.

362  Es muss betont werden, dass es sich bei diesen Beträgen um Nettobeträge handelt. Falls insbesondere zusätzliche **Kranken- und Pflegeversicherungsbeiträge** anfallen, sind diese zusätzlich zu berücksichtigen. Der Systematik der bisherigen Rechtsprechung zum Elternunterhalt folgend, wären Steuern und auch **Kreditverbindlichkeiten**, soweit diese noch im Versorgungszeitpunkt zu bedienen sind, einkommenserhöhend zu berücksichtigen (vgl. Rn. 478).

363  Besonders zu beachten ist in diesem Zusammenhang die **Steuerlast auf Renten- und Versorgungsleistungen**. Durch das Alterseinkünftegesetz werden Versorgungsleistungen aus den gesetzlichen Rentenversicherungen ab dem Jahr 2005 beginnend mit 50% einkommensteuerpflichtig. Der steuerpflichtige Anteil der Rentenleistungen wird dann jährlich um 2% erhöht, bis schließlich im Jahr 2030 die gesamten Rentenleistungen zu versteuern sind. Diesem Umstand ist auch im Zusammenhang mit der hier interessierenden Angemessenheitsprüfung Rechnung zu tragen. Derzeit wäre eine Rente in Höhe des im Elternunterhalt maßgeblichen Nettoselbstbehaltes noch steuerfrei. Legt man die heutigen steuerlichen Parameter zugrunde, setzte in etwa ab dem Jahr 2018 eine zunächst nur geringe Steuerpflicht ein, wenn dann 76% der Rentenbezüge zu versteuern wären. Die heutige Generation der auf Elternunterhalt in Anspruch Genommenen muss sich daher darauf einstellen, dass auch Versorgungsleistungen im Umfang der derzeit geltenden Selbstbehaltssätze steuerpflichtig werden. Allein dadurch wird der Altersvorsorgebedarf nochmals angehoben.

364  Angesichts der Tatsache, dass die derzeitigen Selbstbehaltssätze im Elternunterhalt richtigerweise nicht zwischen Erwerbstätigkeit und Nichterwerbstätigkeit des Unterhaltspflichtigen differenzieren, ist das durch diese Selbstbehaltssätze definierte Versorgungsniveau als gesicherte Bastion einer angemessenen Altersversorgung zu bezeichnen. Erreicht die tatsächliche oder voraussichtliche Altersversorgung eines unterhaltspflichtigen Kindes nicht das Nettoniveau der derzeit geltenden Selbstbehaltssätze, wird es nicht zweifelhaft sein können, dass ein unterhaltspflichtiges Kind zusätzliche Altersversorgungsrücklagen tatsächlich bilden kann, um die eigene Altersversorgung auf das durch die Selbstbehaltssätze der unterhaltsrechtlichen Leitlinien skizzierte Niveau zu heben.

### (4) Beamtenversorgung als Angemessenheitsmaßstab

365  Ob jedoch die statische Festlegung des Angemessenheitsmaßstabs für die Altersversorgung zutreffend ist (vgl. Rn. 364), erscheint fragwürdig. Das Gesetz gibt ausreichend Hinweise, was der Gesetzgeber als eine **angemessene Altersversorgung** betrachtet. Bis zur Reduzierung der Beamtenpension (allein aus fiskalischen Gründen) galt ein Einkommenssatz von 75% des letzten Einkommens des Rentners bzw. Ruheständlers als

angemessen[307]. An dieser Angemessenheitsgrenze von 75 % des letzten Einkommens hat sich auch durch die Reduktion des Versorgungshöchstsatzes in der Beamtenversorgung auf 71,75 % oder die Verminderung der Rentenleistungen aus der gesetzlichen Rentenversicherung nichts geändert. Vielmehr hat der Gesetzgeber durch entsprechende Fördermaßnahmen sichergestellt, dass der Ruhegeldbezug von den Bürgern durch private Vorkehrungsmaßnahmen auf dieses Niveau angehoben werden kann (Riesterrente und Alterseinkünftegesetz). Damit hat der Gesetzgeber selbst deutlich gemacht, dass ein angemessenes Alterseinkommen dann gegeben ist, wenn **75 % des letzten Gehaltes** im Alter bezogen worden sind. Soweit demgegenüber auf die monatlichen Versorgungsbeiträge abgestellt wird[308], ist dies eine Sichtweise, die insbesondere den in der Entscheidung des BVerfG vom 7.6.2005[309] geäußerten Versorgungsaspekten nicht genügt.

**Büttner, FamRZ 2004, 1918**

… Vielfach wird gesagt: Angemessen ist die Altersversorgung, die den ehelichen Lebensverhältnissen entspricht. Danach kommt es – soweit die ehelichen Lebensverhältnisse maßgebend sind – auf die in der Ehe übliche Praxis der Rücklagen für die Altersversorgung an. Wenn aber wegen der Änderungen in der Altersstruktur der Bevölkerung eine Änderung des Vorsorgeverhaltens geboten ist, muss dies auch dann möglich sein, wenn bisher die Rücklagen für das Alter nicht ausreichend waren. Umgekehrt ist anerkannt, dass eine zu großzügige Vorsorge jedenfalls bei steigendem Bedarf der Berechtigten zurückzufahren ist (BGH, FamRZ 1992, 1045, 1048). Insgesamt ergibt sich daher, dass der Umfang der Altersvorsorge nur dann „angemessen" ist, wenn er den heute üblichen Umfang hat, also die gesetzliche Vorsorge zuzüglich (ab 2008) 4 % privater Vorsorge (Vgl. auch BGH, FamRZ 2003, 1179, m. Anm. Klinkhammer (ergänzende Altersvorsorge wohl abzugsfähig); anders AmtsG Blomberg, FamRZ 2004, 1598, das von Schließung der Versorgungslücke bis zur Höhe des aktiven Nettoeinkommen ausgeht). Da die Rentenversicherungsbeiträge 19,5 % betragen, dürfte ein Gesamtbetrag von 20 % auch in den Fällen, in denen das Einkommen über der Beitragsbemessungsgrenze liegt, zu niedrig sein, wenn anderweitige Vorsorge für das Alter (z. B. Immobilien) nicht getroffen wurde (anders OLG München, FamRZ 2000, 26 [LS.], und Wendl/Gerhardt, Das Unterhaltsrecht in der familienrichterlichen Praxis, 6 Aufl., § 1 Rn. 597a, der auch in diesen Fällen nur 20 % des Bruttoeinkommens für die Gesamtversorgung im Alter berücksichtigen will, in Rn. 597b aber einen großzügigeren Maßstab fordert). Es fragt sich, ob im Unterhaltsrecht nicht mit einem festen Betrag der zusätzlichen privaten Alterssicherung gerechnet werden muss, um Komplizierungen zu vermeiden. Es wird daher vorgeschlagen, in allen Unterhaltsrechtsverhältnissen insgesamt (also gesetzliche zuzüglich der privaten Vorsorge) einen Vorsorgebedarf von 22 % des sozialversicherungspflichtigen Einkommens als eheangemessen anzusehen, gegenüber dem Elternunterhalt aus den Gründen des BGH (BGH, FamRZ 2004, 792, m. Anm. Borth) jedoch insgesamt 27 %. Dieser Betrag liegt etwas höher als der vom BGH angenommene Betrag von 25 % – Aus-

---

307 Göppinger/Wax/*Strohal*, Rn. 669.
308 Vgl. *Büttner*, FamRZ 2004, 1918.
309 BVerfG v. 7.6.2005 – 1 BvR 1508/96, FamRZ 2005, 1051.

> gangspunkt der BGH-Berechnung war jedoch ein sonst bestehender Vorsorgebedarf von ca. 20 %. Diese Werte sollten auch maßgebend sein, wenn es nicht auf die ehelichen Lebensverhältnisse, sondern auf die Lebensstellung ankommt, denn in beiden Fällen ist der geänderte Vorsorgebedarf für die Zukunft zu beachten. ...

366 In der Rechtsprechung und Literatur ist bislang auf die **Angemessenheit der Aufwendungen** des Unterhaltspflichtigen zu seiner Altersversorgung aus der **Angemessenheit der Beiträge zur Altersversorgung** im Verhältnis zum Einkommen des Unterhaltspflichtigen geschlossen worden. Orientierte sich die Höhe der monatlichen Aufwendungen an der Höhe der Beiträge zur gesetzlichen Rentenversicherung wurde eine Angemessenheit der Altersversorgungsrücklage unterstellt.

367 Der **Blick auf die Beiträge** zur Altersversorgung ist jedoch heute nur noch bei selten anzutreffenden verstetigten Vorsorgebiografien berechtigt und ausreichend. Solch verstetigte Vorsorgebiografien sind dann gegeben, wenn ein Unterhaltspflichtiger eine bruchlose Altersvorsorgebiografie aufweist. Zeiten der Arbeitslosigkeit, einer länger als drei Jahre dauernden Ausbildung und länger als drei Jahre andauernde Kindererziehungszeiten je Kind, in denen keine Beiträge in Altersvorsorgesysteme geleistet wurden, sowie Zeiten selbständiger Tätigkeit, in denen Altersvorsorgebeiträge nicht oder unzureichend erbracht wurden, sind Störfaktoren einer Versorgungsbiografie. Derartige Zeiten führen i.d.R. zu Versorgungsverlusten und im Ergebnis zu einer späteren Altersversorgung, die bezogen auf das letzte Einkommen vor dem Ruhestand nur als unangemessen niedrig bezeichnet werden kann.

368 **Hauptstörfaktor einer angemessenen Altersversorgung ist der Versorgungsausgleich.** Durch ihn werden teilweise erhebliche Lücken in die Altersversorgung gerissen. Im Versorgungsausgleich findet ein Versorgungstransfer zu Gunsten des weniger gut versorgten Gatten statt. Im schlimmsten (heute anachronistischen) Fall einer rein kinderlosen Hausfrauenehe halbiert sich die Altersversorgung des verdienenden Gatten. Elternunterhalt wird meist erst dann geltend gemacht, wenn das unterhaltspflichtige Kind einen großen Teil seines Erwerbslebens bereits hinter sich und in der Regel den Hauptteil der Altersversorgung bereits aufgebaut hat. Die Durchführung des Versorgungsausgleichs führt insbesondere bei langer Ehedauer sehr oft zu völlig unangemessen niedrigen Versorgungen. Verwehrte man in diesen Fällen einem Pflichtigen die Auffüllung einer durch den Versorgungsausgleich gerissenen Versorgungslücke, würde dies konsequent zu späterer Altersarmut des unterhaltspflichtigen Kindes führen. Die Auffüllung einer durch den Versorgungsausgleich entstandenen Versorgungslücke geschieht daher i.d.R. selbst dann mit angemessenen Beiträgen, wenn diese im Verhältnis zum Einkommen des unterhaltspflichtigen Kindes unverhältnismäßig hoch sind, also die 25 %-Grenze übersteigen.

Die Stringenz dieser Überlegung kann auch folgendermaßen untermauert werden: würden Gatten im Rahmen eines Scheidungsverfahrens eine Vereinbarung zum Versorgungsausgleich nach §§ 6 ff. VersAusglG schließen, wonach sich der im Versorgungsausgleich ausgleichspflichtige Gatte verpflichtet, dem ausgleichsberechtigten Gatten zur Vermeidung des Versorgungsausgleichs eine private Rentenversicherung zu finanzieren, deren Höhe im Versorgungsfall der Höhe der im Versorgungsausgleich zu übertragenden Versorgung entspricht, wären die monatlich zu entrichtenden Beiträge fraglos gegenüber dem Elternunterhalt vorrangig und vom anrechenbaren Einkommen des unterhaltspflichtigen Kindes vorab abzuziehen. In einem solchen Fall würde das unterhaltspflichtige Kind seine eigene Versorgung ungeschmälert erhalten und den Aufbau einer angemessenen Versorgung seines Gatten zu Lasten des Elternunterhaltes finanzieren können. Diese Situation ist aber wirtschaftlich identisch mit der Vorfinanzierung einer angemessenen Versorgung für den Ehegatten im Versorgungsausgleich und der nachträglichen Auffüllung der dadurch gerissenen Versorgungslücke durch das unterhaltspflichtige Kind. 369

Diese Überlegung eröffnet auch den Zugang zur Frage, ob nicht neben der angemessenen Altersversorgung des unterhaltspflichtigen Kindes nicht auch der angemessene Altersversorgungsanspruch des Gatten des Kindes zu sichern ist. Dies dürfte unstreitig sein, wenn der Unterhaltspflichtige von seinem Gatten getrennt lebt und ein Scheidungsverfahren anhängig ist. In diesem Fall schuldet das unterhaltspflichtige Kind neben dem Elementarunterhalt auch Vorsorgeunterhalt, der nach der Bremer Tabelle berechnet wird. Dieser Unterhaltsanspruch des Gatten besteht auch im Fall der Scheidung. Daraus folgt, dass, stellt man ausschließlich auf die Angemessenheit der Beiträge zur Versorgung ab, ohne das Volumen der Altersversorgung zu fokussieren, die Trennung der Ehegatten und ggf. ihre Scheidung dazu führen würde, dass deutlich höhere Versorgungsrückstellungen von laufenden Einkünften erfolgen können als bei Aufrechterhaltung der Ehe. Dies allerdings wäre unter dem Gesichtspunkt des Art. 6 GG problematisch. 370

**(5) Definition der Höhe einer ‚angemessenen' Altersversorgung**

Unter diesen Vorgaben würde sich die Höhe einer ‚angemessenen' Altersversorgung im Elternunterhalt wie folgt definieren lassen: ein angemessenes Alterseinkommen des Unterhaltspflichtigen und des mit ihm zusammen lebenden Gatten liegt vor, wenn dieses einschließlich alles Nebeneinkünfte und geldwerter Vorteile 75 % des letzten, den Lebensstandard prägenden Einkommens (Familieneinkommens) beträgt, wobei die Basis von der aus die Angemessenheit berechnet wird, nicht nur das Erwerbseinkommen, sondern alle Einkünfte einschließlich geldwerter Vorteile darstellt. Die Höhe einer im Rahmen des Elternunterhaltes zu bestimmenden angemessenen Altersversorgung beträgt jedoch **mindestens die Höhe der angemessenen Selbstbehalte**. 371

**372** Um dies an einem Beispiel zu erläutern:

|  | Mann | Frau |
|---|---|---|
| Erwerbseinkommen (brutto) | 1.850,00 € | 5.700,00 € |
| Wohnvorteil | 350,00 € | 350,00 € |
| Gesamteinkommen | 2.200,00 € | 6.050,00 € |
| Familieneinkommen | 8.250,00 € | |
| angemessenes Alterseinkommen: 75% | 6.187,50 € | |
| darauf anzurechnen: | | |
| ./. Rente | – 734,40 € | – 2.355,00 € |
| ./. Betriebsrente | – 125,00 € | – 488,00 € |
| ./. Riesterrente | – 55,00 € | – 123,00 € |
| Wohnvorteil | – 350,00 € | – 350,00 € |
| Summen | – 1.264,40 € | – 3.316,00 € |
| Summe anzurechnen: | – 4.580,40 € | |
| **Versorgungslücke: 6.127,50 – 4.580,40 =** | 1.607,10 € | |

**373** Deutlich wird an diesem Beispiel, dass auch der Wohnvorteil als ‚geldwerter Nutzungsvorteil' in die Altersversorgungsbilanz einzubeziehen ist.

**(6) Private Altersvorsorge zur Abdeckung einer Versorgungslücke im Alter**

**374** Bei der Bildung von Versorgungsrücklagen wird im Zusammenhang mit dem Elternunterhalt abzustellen sein auf das zu erreichende Versorgungsniveau. Nahezu alle modernen Erwerbsbiografien weisen Lücken auf. Als **Versorgungslücken** reißende Lebensphasen kommen in Betracht:

- Zeiten der **Kindererziehung** (über drei Jahre hinaus);
- Zeiten der **Arbeitslosigkeit** oder Krankheit;
- Zeiten der **Zurückstellung** der eigenen **Erwerbskarriere** aus familiären Gründen;
- Zeiten schlechter oder verminderter Verdienstmöglichkeiten;
- **Versorgungsverluste** durch Scheidung (Versorgungsausgleich);
- **Versorgungsverluste** durch wirtschaftliche Ereignisse (Aktienentwertung etc.).

**375** Da gerade in jungen Familien oft nicht die Liquidität besteht, zusätzliche Mittel für die Altersversorgung einzusetzen, besteht bei älteren noch im Erwerbsleben stehenden Menschen die Möglichkeit und auch die Bereitschaft, höhere Aufwendungen zur Bildung angemessener Alterseinkünfte zu betreiben. Selbst wenn jedoch keine Familie zu alimentieren war, ist die Lebensplanung auch eines unterhaltspflichtigen Kindes nicht gesetzlich oder rechtlich zu patronieren. Wer als junger Mensch gerne reist, um später im Alter Altersvorsorgerückstellung zu bilden, mag dies tun. Dies ist die Verwirklichung seines Lebensentwurfes (Art. 2 Abs. 1 GG), den er auch mit Rücksicht auf die Gefahr, auf Elternunterhalt in Anspruch genommen zu werden, nicht ändern muss.

Darüber hinaus ist bekannt, dass mehr als 1/3 aller Ehen geschieden werden[310]. In diesen Ehen wird im Regelfall der Versorgungsausgleich durchgeführt, wodurch eine empfindliche Versorgungslücke beim ausgleichspflichtigen Ehegatten entstehen kann, die aufzufüllen der ausgleichsberechtigte Ehegatte selbstverständlich berechtigt ist (vgl. Rn. 368). 376

Es besteht mithin weder eine rechtliche noch eine moralische Verpflichtung zu einem kontinuierlichen Versorgungsaufbau, vielmehr ist es Angelegenheit des Unterhaltspflichtigen, die Frage selbst zu entscheiden, wie und wann er seine Altersversorgung aufbaut. 377

Auch ein **diskontinuierlicher Aufbau einer angemessenen Altersversorgung** ist von der Rechtsordnung unterhaltsrechtlich zu billigen. Unter diskontinuierlichem Aufbau wird beispielsweise die Fallkonstellation verstanden, in der das unterhaltspflichtige Kind beabsichtigt, gegen Ende seiner Erwerbsbiografie höhere Rücklagen für ein angemessenes Alterseinkommen zu bilden als in der Frühphase seiner Erwerbsbiografie. 378

**BGH v. 19.2.2003 – XII ZR 67/00, FamRZ 2003, 860**

LS: Einem nicht sozialversicherungspflichtig beschäftigten Unterhaltspflichtigen ist bei der Inanspruchnahme auf Elternunterhalt grundsätzlich zuzubilligen, einen Anteil von rund 20 % seines Bruttoeinkommens für seine (primäre) Altersvorsorgung einzusetzen; dabei steht ihm grundsätzlich frei, in welcher Weise er Vorsorge für sein Alter trifft.

... Es stellt sich deshalb die Frage, ob derartige vermögensbildende Aufwendungen, wie sie etwa auch der Erwerb von Immobilien, Wertpapieren oder Fondsbeteiligungen darstellen, ebenfalls als angemessene Art der Altersvorsorge anzuerkennen sind. Dabei muss Ausgangspunkt der Überlegung sein, dass es dem Unterhaltspflichtigen grundsätzlich freisteht, in welcher Weise er – etwa jenseits der ges. RV – Vorsorge für sein Alter trifft. Wenn er sich angesichts der unsicheren Entwicklung der herkömmlichen Altersversorgungen für den Abschluss von Lebensversicherungen entscheidet, muss dieser Entschluss unterhaltsrechtlich im Allgemeinen akzeptiert werden. Nach Auffassung des Senats kann der Abschluss von Lebensversicherungen aber nicht die einzige Alternative für eine private Altersversorgung sein. Vielmehr müssen grundsätzlich auch sonstige vermögensbildende Investitionen als angemessene Art der Altersversorgung gebilligt werden (ebenso Wendl/Gerhardt, a.a.O., Rn. 498), soweit sie geeignet erscheinen, diesen Zweck zu erreichen. Da insoweit der

---

310 Im Jahr 2011 sind 377.816 Ehen geschlossen und 187.640 Ehen geschieden worden, Quelle: Statistisches Bundesamt.

> Erwerb etwa von Wertpapieren oder Fondsbeteiligungen wegen der damit teilweise verbundenen Risiken nicht zwingend in Betracht zu ziehen ist, kann im Einzelfall auch die Anlage eines bloßen Sparvermögens als anzuerkennende Art der Altersvorsorge bewertet werden. ...

### (7) Höhe des Altersvorsorgekapitals in der gRV

**379** Damit stellt sich das Problem der **Berechnung der Höhe** des notwendigen und damit auch **angemessenen Altersvorsorgekapitals**. Dieses kann entweder individuell aufgrund eines Angebotes eines privaten Versorgers oder aber generalisierend und damit nach diesseitiger Auffassung zutreffend aufgrund der hypothetischen Beiträge bemessen werden, die erforderlich sind, um eine entsprechende Versorgung in der gesetzlichen Rentenversicherung zu erwerben. Die dafür erforderlichen Berechnungsschritte sind dem Familienrechtler aus dem Versorgungsausgleich bekannt und werden in der nachfolgenden Tabelle wiedergegeben:

| Versorgungslücke | 250,00 € |
|---|---|
| aktueller Rentenwert (aktRW) | 28,61 € |
| Entgeltpunkte = Versorgungslücke / aktRW | 8,7382 |
| Beitragskosten für 1 Entgeltpunkt | 6.359,41 € |
| Barwert = Entgeltpunkte x Beitragskosten | 57.875,96 € |

### (8) Höhe der Altersversorgungsrücklagen nach finanzmathematischen Grundsätzen

**380** Die oben (Rn. 379) dargestellte Berechnung der zur Deckung einer Versorgungslücke erforderlichen Beträge ist leicht nachvollziehbar und für jeden Familienrechtler ‚vertrautes Terrain'. Dieser Berechnungsmethode steht der Einwand entgegen, dass der Erwerb einer Altersversorgung im System der gesetzlichen Rentenversicherung mit erheblich höheren Aufwendungen verbunden ist, als dies in der privaten Finanz- und Versicherungswirtschaft erforderlich wäre. Dies ist größtenteils ein stabiles, nahezu unausrottbares Gerücht. Prozessual lässt sich dem jedoch dadurch vorbauen, dass von privaten Unternehmen der Versicherungswirtschaft konkrete Angebote zur Deckung einer Versorgungslücke einholt und dem Gericht diese Angebote präsentiert werden. Gerichte sind mit finanzmathematischen Berechnungen ansonsten meist überfordert.

**381** Teilweise bieten jedoch bereits heute familienrechtliche Expertenprogramme[311] Module zur Berechnung des Deckungskapitals für eine Ver-

---

311 Z.B. ADVOexpert – Familienrecht – Version 29, Verlag Dr. Otto Schmidt, Köln, Autor *Jörn Hauß*.

sorgungslücke an. Die Berechnung mit diesen Programmen erfolgt ausschließlich nach finanzmathematischen Grundsätzen. Die Kalkulation der erforderlichen Beträge erfolgt daher dabei ohne Berücksichtigung der Verwaltungskosten und Gewinne der Versicherungen.

Die Berechnung der zur Deckung einer Versorgungslücke notwendigen Schritte soll an einem Beispiel erläutert Wählt man das unter Rn. 379 gegebene Beispiel einer Versorgungslücke von 250 € für eine 55 Jahre alte Frau, zeigt sich, dass das Vorurteil, die gesetzliche Rentenversicherung sei stets ungünstig, falsch ist: **382**

1. Lebenserwartung*) ab Renteneintrittsalter 65,0: 23,6
2. Barwertfaktor[312] für die Laufzeit der Versorgung von 23,6 Jahren
   (Zins 0,0 %): 283,2000
3. Wertsteigernde Leistungsmerkmale:
   Zuschlag für Hinterbliebenen- und Invaliditätsschutz 8,96 %
4. Summe des Barwertfaktors: 283,2 × 109,0 % = 308,56132
5. Vorversterbensrisiko[313] zwischen Alter im Ehezeitende
   und Rentenzeitunkt: 0,95982
6. Barwertfaktor ab Versorgungseintritt: 308,5613 × 0,95982 = 296,1640
7. Abzinsungsfaktor[314] zum Ehezeitende über 10,08 Jahre
   (Rechnungszins 0,0 %): 1,00000
8. Bestimmung des Rentenfaktors: 296,164 × 1,0 = 296,16
9. **Monatliche Rente:** **250,00 €**
10. **Versorgungswert zum Ehezeitende 250,00 € × 296,164 =** **74.041,01 €**

### h) Pauschalierte Berechnung der Altersvorsorgerückstellungen nach BGH

Der BGH hat in seiner Entscheidung vom 30.8.2006[315] die Berechnung des **Altersvorsorgeschonvermögens** pauschaliert und erklärt, wenn nach der gefestigten Rechtsprechung 5 % des sozialversicherungspflichtigen (und 25 % des nicht sozialversicherungspflichtigen[316]) Bruttoeinkommens als zusätzliche Altersvorsorgerückstellung vom anrechenbaren unterhaltspflichtigen Einkommen abzuziehen sei, dann müsse eine so privilegierte Altersversorgung auch als Schonvermögen qualifiziert werden. Im Bedarfsfall könne daher von einem unterhaltspflichtigen Kind nicht erwartet werden, eine derartige Altersvorsorgerückstellung zum Zwecke der Leistung von Elternunterhalt aufzulösen. Vielmehr seien die so gebildeten Rückstellungen mit 4 % verzinst als Altersvorsorgeschonvermögen zu betrachten. **383**

---

312 Barwert= Monatsrente/Zinssatz in % × (1–1/(1+Zinssatz in %)^Leistungszeit).
313 Berechnet anteilig nach Generationensterbetafeln V2.
314 Barwert= zukünftige Forderung/(1+Zinssatz in %) Anwartschaftszeit.
315 BGH v. 30.8.2006 – XII ZR 98/04, FamRZ 2006, 1511.
316 FA-FamR/*Gerhardt*, Kap. 6, Rn. 154 ff.; *Holzwarth/Wagenitz* in Höland/Sethe/Notarkammer Sachsen-Anhalt (Hrsg.), Elternunterhalt, S. 19.

**384** Diese **pauschalierte Methode hat den Vorteil einfacher Handhabung.** Auch die **Bestimmung der zurückgelegten Lebensarbeitszeit** bereitet in der Regel keine Probleme. Allenfalls könnte man streiten, ob die individuelle oder ebenfalls eine pauschalierte Lebensarbeitszeit zugrunde zu legen ist. Der BGH hat dies offen lassen können. Richtigerweise ist jedoch auch insoweit eine Pauschalierung der Lebensarbeitszeit vorzunehmen. Wer erst mit 32 Jahren in den Erwerbsprozess einsteigt und mit 45 Jahren zur Zahlung von Elternunterhalt herangezogen wird, hat i.d.R. eine so gravierende Versorgungslücke, dass ihm die Bildung zusätzlichen Schonvermögens möglich sein muss und mithin wegen des besonderen Bedarfs eine individuelle Ermittlung des Altersvorsorgevermögens erforderlich ist (vgl. dazu Rn. 389). Als sinnvoller Beginn der Berechnung ist die Vollendung des 18. Lebensjahres durch den Unterhaltspflichtigen anzusehen. Dieser Zeitpunkt markiert in der Regel den Abschluss der Schulausbildung (eines Abiturienten) bzw. den Abschluss der Lehre. Die rentenrechtliche Beschneidung von Ausbildungs- und Studiumszeiten durch Rückbauung des öffentlich-rechtlichen Rentensystems in den vergangenen Jahren macht es versorgungsrechtlich erforderlich, zum frühestmöglichen Zeitpunkt den Einstieg in eine private Altersversorgung zu finden. Demnach wird hier vorgeschlagen, bei einer pauschalierten Berechnung der Altersvorsorgerückstellungen stets die Zeit zwischen der Vollendung des 18. Lebensjahres und den Zeitpunkt der Inanspruchnahme auf Elternunterhalt zugrunde zu legen. Damit schlösse man sich auch der **Wertung von § 851c ZPO** an, der ebenfalls ab Vollendung des 18. Lebensjahres die Bildung geschützten Altersvorsorgevermögens zulässt (vgl. Rn. 1140). Hat das unterhaltspflichtige Kind die Erwerbstätigkeit des 18. Lebensjahres vorgenommen, ist nach BGH (v. 7.8.2013 – XII ZB 269/12, FamRZ 2013, 1554) auf den tatsächlichen Beginn der Erwerbstätigkeit abzustellen.

**385** Das sich bei dieser pauschalierten Berechnung der Altersvorsorgerückstellung ergebende Altersvorsorgeschonvermögen ist erheblich. Ein 45 Jahre alter Unterhaltspflichtiger mit einem Einkommen von 6.000 € (brutto) pro Monat wäre danach in der Lage, Rückstellungen wie folgt zu bilden:

| | |
|---|---|
| Einkommen | 6.000,00 € |
| Beitragsbemessungsgrenze | 5.500,00 € |
| nicht sozialversicherungspflichtiges Einkommen | 500,00 € |
| monatliche Rückstellung 5 % × 5.500 × | 275,00 € |
| monatliche Rückstellung 25 % × 500 × | 125,00 € |
| **monatliche Gesamt**rückstellung | **400,00 €** |
| Alter des Unterhaltspflichtigen | 45 |
| Beginn der Rückstellungsberechnung | 18 |
| Aufzinsungszeit in Jahren | 27 |
| Aufzinsungszeit in Monaten | 324 |
| Zinssatz der Aufzinsungsberechnung | 4 % |
| Altersvorsorgeschonvermögen | 232.727,00 € |

Dieses **Vorsorgeschonvermögen** kann **neben dem selbstgenutzten** 386
**Immobilienvermögen** gebildet werden[317]. Selbstgenutztes Immobilienvermögen ist deswegen als Schonvermögen klassifiziert, weil seine Verwertung wegen der konkreten Nutzungsart unzumutbar ist (vgl. dazu Rn. 666). Der ‚Ertrag' der selbstgenutzten Immobilie fließt dem Unterhaltspflichtigen über den Wohnvorteil zu. Auch wenn dieser Mittelzufluss limitiert ist (vgl. Rn. 269 f.), können auch die in den Immobilienlasten enthaltenen **Tilgungsraten** zusätzlich zu den Altersvorsorgerückstellungen gebildet werden.

Ist der Unterhaltspflichtige verheiratet, kann auch sein Gatte in gleicher Weise Altersversorgungsrückstellungen bilden. Da das Vermögen des Gatten des Unterhaltspflichtigen grundsätzlich nie für Unterhaltszwecke zugunsten der Schwiegereltern verwendet werden kann, kann der Gatte auch deutlich höheres Vermögen ansammeln. Dabei ist jedoch zu berücksichtigen, dass aus dem Vermögen des Gatten fließende Vermögenserträge, wenn sie in den Familienhaushalt einfließen und nicht thesauriert werden, dem Familieneinkommen hinzuzurechnen sind (vgl. Rn. 398). 387

Man kann die Berechnung des Altersvorsorgeschonvermögens vereinfachen, indem man die Aufzinsungsfaktoren für sozialversicherungspflichtiges und nicht sozialversicherungspflichtiges Einkommen berechnet. In den Tabellen (vgl. Rn. 1139) ist dies auf Jahresbasis geschehen. Diese Tabellen können in der Praxis leicht angewendet werden. 388

### i) Individuelle Berechnung des Altersvorsorgeschonvermögens ohne Obergrenze

Vielfach vertreten Sozialhilfeträger in der Praxis trotz der Entscheidung des BGH v. 30.8.2006[318] noch die Auffassung, es bestehe eine feste Obergrenze des Altersvorsorgeschonvermögens. Diese wird teilweise mit 100.000 € (offenbar der Entscheidung des BGH entnommen), teilweise aber auch mit deutlich darunter liegenden Beträgen angenommen[319]. Die Höhe des Altersvorsorgevermögens ist stets individuell zu bestimmen anhand der letzten Bruttoeinkünfte der Unterhaltspflichtigen. Ober- oder Untergrenzen des Schonvermögens bestehen nicht[320]. 389

---

**OLG Hamm v. 25.8.2009 – II-13-UF 201/08 (nicht veröffentlicht)**

... II. Der Beklagte ist entgegen der Ansicht der Klägerin auch nicht verpflichtet, Zahlungen aus seinem Vermögen zu erbringen. Unter Berücksichtigung der jünge-

---

317 BGH v. 7.8.2013 – XII ZB 269/12, FamRZ 2013, 1554.
318 XII ZR 98/04, FamRZ 2006, 1511.
319 In einem dem *Verfasser* bekannten Fall argumentierte ein Sozialamt gegenüber den Unterhaltspflichtigen selbst mit einem Schonvermögensoberbetrag von 25.000 €.
320 AG Pankow-Weißensee v. 5.11.2008 – 17 F 4142/08, FamRZ 2009, 1056.

ren Rechtsprechung des Bundesgerichtshof zur Altersvorsorge im Rahmen des Elternunterhalts (siehe hierzu: BGH, Urteil v. 30.8.2006 – XII ZR 98/04, abgedruckt in FamRZ 2006, 1511 ff.; BGH, Urteil v. 14.1.2004 – XII ZR 149/01 – abgedruckt in FamRZ 2004, 792 ff; BGH, Urteil v. 19.2.1003 XII ZR 67/00, FamRZ 2003, 860 ff.) sind keine Vermögenswerte oberhalb des ihm zu belassenden Schonvermögens vorhanden.

Der Unterhaltsschuldner hat zwar grundsätzlich auch den Stamm seines Vermögens einzusetzen, soweit die Verwertung ihn nicht von eigenen Einkünften abschneiden würde oder er das Vermögen zum Bestreiten des eigenen Unterhalts benötigt (BGH, FamRZ 2006, 1511 ff. – juris Rn. 26 f.). Bei der Bemessung des Altersvorsorgeschonvermögens ist neben der schwachen Stellung des Elternunterhalts aber zu berücksichtigen, dass ein unterhaltsverpflichtetes Kind seine Vermögenspositionen regelmäßig in Zeiten getroffen hat, in denen Elternunterhalt nicht geschuldet wurde und seine Lebensverhältnisse auf die vorhandenen Einkünfte und Vermögenswerte eingerichtet hat. Dies gilt jedenfalls soweit der Unterhaltsschuldner seine Vermögenswerte als Alterssicherung vorgesehen und deswegen seine Lebensplanung auf diese Beträge eingestellt hat (BGH, FamRZ 2006, 1511 ff. – juris Rn. 28). Einem nicht sozialversicherungspflichtigen Beschäftigten ist hiernach, da bei ihm keine gesetzliche (primär) Altersversorgung in Höhe von rund 20 % des Bruttoeinkommens erfolgt, regelmäßig ein Anteil von rund 20 % seines Bruttoeinkommens für seine primäre Altersversorgung zuzubilligen, soweit er die Altersvorsorge auch tatsächlich betreibt, wobei auch der Erwerb von Immobilien, Wertpapieren oder Fondsbeteiligungen neben Lebensversicherungen als vermögensbildende Aufwendung anzuerkennen ist, da maßgeblich lediglich die Eignung als angemessene Art der Altersvorsorge ist (BGH, FamRZ 2003, 860 ff. – juris Rn. 25 ff.). Zudem sind bei der Bemessung der individuellen Vermögensfreigrenzen die Besonderheiten des Einzelfalls zu berücksichtigen, ohne dass dies einer Pauschalierung für den Regelfall entgegensteht (BGH, FamRZ 2006, 1511 ff. – juris Rn. 36). Ausgehend hiervon ist auf Seiten des Beklagten im Anspruchszeitraum kein Vermögen oberhalb dieser individuell zu bestimmenden Vermögensfreigrenze vorhanden.

Dem Beklagten steht ein Schonvermögen im Hinblick auf die zuzubilligende primäre Altersvorsorge aus seinen bisherigen Einkünften sowie der sekundären Altersvorsorge nur aus Einkünften aus sozialversicherungspflichtiger Beschäftigung von jedenfalls rund 380.000,00 € zu.

a) Die Parteien legen – auf Grundlage einer Berechnung der Klägerin – ein Einkommen des Beklagten aus seiner 20-jährigen nicht sozialversicherungspflichtigen Tätigkeit seit dem Jahr 1984 in Höhe von insgesamt 1.080,00 € mit jährlich 10.800,00 € zu einem Schonvermögen hinsichtlich der primären Altersvorsorge von 216.000,00 €. Soweit dem Beklagten für die sekundäre Altersvorsorge – wie bei einem abhängig Beschäftigten – weitere 5 % des Bruttoeinkommens zugebilligt werden (ausdrücklich: Wendl/Staudigl-Pauling, Das Unterhaltsrecht in der familienrechtlichen Praxis, 7. Auflage, § 2 Rn. 628), ergeben sich jährlich weitere 2.700,00 €, also insgesamt nochmals 54.000,00 €.

Weiterhin ist die Verzinsung dieser 270.000,00 € zu berücksichtigen. Die Berechnung der Klägerin, wonach auf den Gesamtbetrag 4 % Zinsen angerechnet werden, entspricht bereits nicht der Berechnung des Bundesgerichtshofs, wonach im Rahmen der Altersvorsorge eine Berechnung mit 4 % und Zinseszins zu erfolgen hat (siehe die Berechnung des BGH in FamRZ 2006, 1511 ff., wonach bei monatlich 107,15 € und 35 Berufsjahren insgesamt 100.000,00 € angenommen worden sind). Mit Zins und Zinseszins ergibt sich aber bei einem 20-jährigen Ansparen auf Grundlage der primären Altersvorsorge von monatlich 900,00 € (bei 10.800,00 € jährlich) und der sekundären Altersvorsorge von monatlich 225,00 € (bei jährlich 2.700,00 €) ein Endkapital von rund 328.570,00 € hinsichtlich der primären und weiteren rund 82.140,00 € hinsichtlich der sekundären Altersvorsorge.

Da die Frage eines Unterhaltsanspruchs nach § 1601 BGB danach zu beurteilen, ob der während der gleichen Zeit der Unterhaltsberechtigte bedürftig und der Unterhaltspflichtige leistungsfähig ist (BGH, FamRZ 2006, 1511 ff. – juris Rn. 17), ist in jedem Fall noch der zwischenzeitliche Zinszuwachs von weiteren 2 Jahren aus dem vorgenannten Endkapital zu berücksichtigen, was zu einem Anwachsen des Altersvorsorgeschonvermögens (Kapital und Zinsen) auf rund 355.380,00 € hinsichtlich der primären und auf rund 88.840,00 € hinsichtlich der sekundären Altersvorsorge führt. ...

### j) Beginn des Aufbaus einer Altersvorsorgerückstellung

Da die Rückstellung von Altersvorsorgebeiträgen und die Bildung von Altersvorsorgevermögen auch jenseits der Zahlung von Beiträgen zur gesetzlichen Rentenversicherung Teil einer gebotenen Eigenvorsorge des Unterhaltspflichtigen ist, kann er jederzeit mit der Rückstellung von Einkommen für die Alterssicherung beginnen. Dies gilt auch dann, wenn er zuvor keine oder nur unzureichende Altersvorsorge gebildet hat. Der **Einsatzzeitpunkt für die Bildung derartiger Rückstellungen kann auch noch nach der Kenntnis des Unterhaltsbedarfs des pflegebedürftigen Elternteils liegen**[321]. 390

Dagegen kann nicht eingewendet werden, nach der Kenntnis der Unterhaltsbedürftigkeit eines Verwandten sei die Aufnahme von Verbindlichkeiten unzulässig, sofern deren Bedienung das anrechenbare Einkommen minderten. **Altersvorsorgerückstellungen sind keine Verbindlichkeiten'**, sondern Rückstellungen, deren Auflösung und Verwertung aufgrund des anzunehmenden zukünftigen Bedarfs nicht zuzumuten ist. 391

### (1) Auflösung von Altersvorsorgerückstellungen

**Altersvorsorgerückstellungen** bewirken eine Verminderung der unterhaltsrechtlichen Leistungsfähigkeit für Elternunterhalt. Fällt die Unterhaltsverpflichtung durch Tod des Elternteils oder auf andere Weise später weg, fragt sich, ob der Unterhaltspflichtige die für die Altersvorsorge gebildeten Rückstellungen auflösen und verkonsumieren kann, ohne auf Elternunterhalt (nachträglich) in Anspruch genommen werden zu können. 392

---

321 So auch *Büttner*, FamRZ 2004, 1918; Empfehlungen des Arbeitskreises 2 des 17. Deutschen Familiengerichtstages 2007, Brühler Schriften, Band 15, 2008, S. 139 ff.

393 Dies dürfte uneingeschränkt zu bejahen sein. Ähnlich wie der lediglich teilzeitig berufstätige Unterhaltspflichtige nach dem Ende eines ggf. von ihm zu befriedigenden Unterhaltsbedarfs eine vollschichtige Tätigkeit aufnimmt, ohne die Unterhaltsforderung nachträglich befriedigen zu müssen, kann auch die nachalimentäre Auflösung von Altersvorsorgerückstellungen nicht sanktioniert werden. Das BVerfG hat in der Entscheidung v. 7.6.2005[322] das Prinzip der Gleichzeitigkeit von unterhaltsrechtlicher Bedürftigkeit und unterhaltsrechtlicher Leistungsfähigkeit als einen das Unterhaltsrecht prägenden Grundsatz herausgearbeitet[323]. Die Entstehung von Leistungsfähigkeit eines Unterhaltspflichtigen nach dem Ende der Unterhaltsbedürftigkeit führt nie zu nachgelagerter Heranziehung des Unterhaltspflichtigen.

394 **Praxistipp:**

> Wird einem Unterhaltspflichtigen empfohlen, aus Gründen der Verminderung seiner Leistungsfähigkeit überproportionale Rückstellungen für die Altersvorsorge zu bilden, ist dafür Sorge zu tragen, dass die Auflösung dieser Rückstellungen nicht mit erheblichen finanziellen Verlusten verbunden ist, falls
> 
> - die Rückstellung nicht als einkommensmindernder Aufwand anerkannt oder
> - zur Finanzierung des allgemeinen Lebensbedarfs nach dem Ende der Unterhaltsverpflichtung die Auflösung der Rückstellung notwendig wird.

**(2) Ende von Altersvorsorgerückstellungen**

395 Ein Unterhaltspflichtiger kann nur so lange Altersvorsorgerückstellungen bilden, solange er noch nicht selbst Versorgungsbezieher ist[324] und die Regelaltersgrenze erreicht hat[325]. Ausnahmen von diesem Grundsatz können dann jedoch vorliegen, wenn die Altersversorgung des Unterhaltspflichtigen nicht angemessen ist und aus temporär den Unterhaltspflichtigen zufließenden Mitteln (z.B. einer Abfindung oder Überbrückungsleistung) ein weiterer Altersversorgungsaufbau vorgenommen werden kann. Das Ende der Möglichkeit zum unterhaltsschädlichen Altersvorsorgeaufbau ist jedoch erst dann erreicht, wenn der Verpflichtete tatsächlich Versorgungsbezieher ist. Ein Ende der Erwerbsphase als Vorruheständler, Al-

---

322 BVerfG v. 7.6.2005 – 1 BvR 1508/96, FamRZ 2005, 1051.
323 Vgl. dazu *Schürmann*, FF 2005, 187.
324 OLG Brandenburg v. 26.1.2010 – 10 UF 105/09, FamRZ 2011, 228.
325 BGH v. 28.7.2010 – XII ZR 140/07 FamRZ 2010, 1535 m. Anm. *Hauß*.

tersteilzeitler oder Alterserwerbsloser reicht dazu nicht aus[326], da gerade bei einem vorzeitigen Ausscheiden aus dem Erwerbsleben meist eine erhebliche Versorgungslücke besteht, deren Schließung das unterhaltspflichtige Kind berechtigter Weise vornehmen kann. Regelmäßig endet daher das Recht zum Altersversorgungsaufbau mit **Erreichen der Regelaltersgrenze.**

Wird über die **Regelaltersgrenze** hinaus Erwerbseinkommen erzielt, kann auch dieses m.E. der Versorgungsrücklage zugeführt werden. Allerdings bedarf dies der besonderen Begründung. Berechtigt ist ein solch zusätzlicher Versorgungsaufbau, wenn die bis dahin erreichte Altersversorgung notleidend oder unangemessen niedrig ist. Letztendlich ist es meist ein Indiz für mangelnde Altersversorgung, wenn über das Ende der Regelaltersgrenze hinaus Erwerbstätigkeit erbracht wird. Dieses Indiz ist indessen widerlegbar. Wer aus ‚Freude an Arbeit' weit über die Regelaltersgrenze hinaus erwerbstätig ist, kann nicht zu Lasten eines Unterhaltsanspruchs weiteres Vorsorgevermögen bilden.

396

Allerdings ist auch zu berücksichtigen, dass Erwerbseinkommen, das jenseits der **Regelaltersgrenze** erzielt wird, immer überobligatorisch ist. Ohne irgendeine unterhaltsrechtliche Sanktion wäre der Unterhaltsschuldner berechtigt, seine Erwerbstätigkeit aufzugeben. Die Anrechnung derartiger überobligatorischer Einkünfte im Rahmen des Elternunterhaltes kann daher – wie auch sonst im Unterhaltsrecht – allenfalls **nach Billigkeit** erfolgen, **im Regelfall** sind derartige Einkünfte unterhaltsrechtlich nicht zu berücksichtigen[327].

397

> **OLG Düsseldorf v. 20.12.2006 – 8 UF 136/06, FamRZ 2007, 1817**
>
> Grundsätzlich gilt, dass jedenfalls für abhängig Beschäftigte nach Erreichen des 65. Lebensjahres die Verpflichtung zu weiterer Erwerbstätigkeit entfällt (vgl. Wendl/Staudigl, Das Unterhaltsrecht in der familienrechtlichen Praxis, 6. Aufl. 2004, § 1 Rdnr. 554 ff. m. w. N.). Derjenige, der eine solche Tätigkeit ausübt, ist unterhaltsrechtlich nicht gehindert, sie jederzeit zu beenden. Für den Zusatzverdienst eines Pensionärs oder Rentners ist daher anerkannt, dass die Mehrarbeit in der Regel unzumutbar und der Verdienst hieraus nicht anrechenbar ist.
>
> Bei Freiberuflern, wie Ärzten, Rechtsanwälten und Kaufleuten wird zum Teil eine abweichende Auffassung vertreten (vgl. OLG Hamburg FamRZ 1985, 394, 396). Tatsächlich erzielte Einkünfte von Freiberuflern, die auch bei fortgesetzter Ehe nach Erreichen des 65. Lebensjahres aller Wahrscheinlichkeit nach weiter gearbeitet hätten, sind nach dieser Auffassung nach Treu und Glauben unter besonderer Berücksichtigung des Einzelfalles anzurechnen, da davon ausgegangen werden kann, dass die weitere Berufstätigkeit durchaus den ehelichen Lebensverhältnissen entspricht, wenn die Ehepartner sich aufgrund einer nur geringen sonstigen Alters-

---

326 BGH v. 28.7.2010 – XII ZR 140/07, FamRZ 2010, 1535 m. Anm. *Hauß.*
327 OLG Düsseldorf v. 20.12.2006 – 8 UF 136/06, FamRZ 2007, 1817.

> vorsorge darauf eingestellt haben, dass die Tätigkeit über die übliche Altersgrenze hinaus solange wie möglich ausgeübt wird und die weitere Tätigkeit auf der Entscheidungsfreiheit des Freiberuflers beruht.

### k) Altersvorsorge des Schwiegerkindes

398 Das Schwiegerkind ist am Unterhaltsverhältnis nicht beteiligt. Das Schwiegerkind ist daher grundsätzlich in der Verwendung seiner Einkünfte frei[328], soweit die konkrete Verwendungsart nicht objektiv unvernünftig ist[329]. Objektiv unvernünftig wäre es sicherlich, wenn ein Schwiegerkind Altersvorsorge bis zur Höhe seiner Einkünfte betreibt. Wird allerdings bei nachweisbarer Altersbedarfssituation ein über die Grenzen von 5 % bzw. 25 % hinausgehender Altersvorsorgebedarf betrieben, ist dies nicht zu beanstanden[330] und unterhaltsrechtlich durch Nichtberücksichtigung der für die Altersvorsorge reservierten Einkommensbestandteile realisiert. Auch insoweit gilt allerdings, dass das Schwiegerkind die Altersvorsorgerückstellungen tatsächlich vorzunehmen hat.

399 **Praxistipp (für Sozialhilfeträger):**

> Vor dem Hintergrund der Rechtsprechung des BGH zur grundsätzlichen Verwendungsfreiheit der Einkünfte des Schwiegerkindes und der gefestigten Rechtsprechung, dass dem Schwiegerkind ein über die Pauschalen hinausgehender erhöhter Altersvorsorgeabzug zusteht, setzt sich der Sozialhilfeträger ggfls. einem bereicherungsrechtlich gestützten Unterhaltsrückforderungsbegehren (**Sozialamtsregress**) des unterhaltspflichtigen Kindes aus, wenn die (falsche) Unterhaltsforderung des Sozialhilfeträgers vom Kind akzeptiert wurde (vgl. Rn. 748 ff.)

### l) Anlagefreiheit der Altersvorsorgerückstellungen

400 Der BGH hat betont, dass die unterhaltspflichtigen Personen bei der Wahl der Anlageform der Altersversorgung grundsätzlich frei sind[331]. Dies ist auch nachvollziehbar, weil die unterhaltspflichtigen Kinder in der Regel in einem Alter sind, in dem die Bildung einer Altersvorsorge in den klassischen Altersvorsorgesystemen nicht mehr sinnvoll ist. Die Regelaltersvorsorgesysteme (gesetzliche Rentenversicherung, Beamtenversorgung und berufsständische Versorgung) akzeptieren nahezu durchweg keine freiwil-

---

328 OLG Düsseldorf v. 8.2.2007 – 9 UF 72/06, FamRZ 2007, 1684; OLG Hamm v. 21.11.2007 – 13 UF 134/07, FamRZ 2008, 1650.
329 BGH v. 12.12.2012 – XII ZR 43/11, FamRZ 2013, 363.
330 OLG Zweibrücken, v. 6.6.2014 – 2 UF 176/12 (nicht veröffentlicht).
331 BGH v. 19.2.2003 – XII ZR 67/00, FamRZ 2003, 860.

lige Beitragszahlung. Betriebliche Altersversorgungssysteme akzeptieren in der renditestarken Pflichtversorgung meist ebenfalls keine freiwilligen Beiträge. Zwar räumt § 1a BetrAVG dem Arbeitnehmer das Recht ein, vom Arbeitgeber die Einrichtung einer betrieblichen Altersversorgung durch Entgeltumwandlung zu verlangen. Existiert aber kein Pensionsfonds oder keine Pensionskasse, die als relativ renditestarke Versorgungseinrichtungen in Betracht kommen, bliebe nur der Weg über eine Direktversicherung, die wie alle Versorgungsprodukte des privaten Versicherungssektors keine oder nur eine minimale Rendite gewährleistet. Die ihren Eltern gegenüber unterhaltspflichtigen Kinder befinden sich ohnehin meist in fortgeschrittenem Alter (Ü50). Die bei Abschluss einer privaten Altersversorgung notwendigerweise entstehenden Abschlusskosten stehen in keinem vernünftigen Verhältnis zur Laufzeit der Versorgung und mindern zusätzlich die Rendite der Versorgung, die dadurch teilweise ins Negative fällt.

Es mag – theoretisch – hoch spekulative Anlageformen geben, die zur Bildung des Altersvorsorgevermögens ungeeignet sind. Alle anderen Formen, vom Sparbuch bis zum Festgeldkonto, vom indexorientierten Aktiendepot bis zum Fondsparen, vom Edelmetalldepot bis zur Unternehmensanleihe, vom Investment in wertvolle Oldtimer[332] bis zur Grundstücks- und Immobilieninvestition sind von den Sozialhilfeträgern zu akzeptieren. Dabei kommt es für die Eignung als Altersvorsorgeanlage nicht darauf an, dass die angelegten Mittel dem Zugriff des unterhaltspflichtigen Kindes bis zur Regelaltersgrenze (oder einer anderen Altersgrenze) entzogen bleiben. Auch ist es nicht versorgungsschädlich, wenn Mittel umgeschichtet von einer in eine andere Anlageform werden. Maßgeblich ist der Vermögensaufbau. Das unterhaltspflichtige Kind und auch das Schwiegerkind haben indessen nachzuweisen, dass die einkommensmindernd berücksichtigten Altersvorsorgerückstellungen nicht konsumiert werden. Dies kann durch Einforderung einer stichtagsbezogenen Vermögensauskunft bei der nächsten Prüfung der unterhaltsrechtlichen Leistungsfähigkeit geschehen.

**Praxistipp (für Sozialhilfeträger):**

Beharren Sozialhilfeträger darauf, dass nur versorgungsgeeignete Geldanlagen unterhaltsrechtlich berücksichtigt werden, verursachen sie unnötige Streitigkeiten. Verlieren die unterhaltspflichtigen Personen aufgrund der Entscheidung zugunsten einer unattraktiven Anlageform, in die sie der Sozialhilfeträger drängt, Versorgungsvermögen und Versorgung, kann die Falschpositionierung, neben bereicherungsrechtlichen Regressansprüchen u.U. auch Schadenersatzansprüche auslösen.

---

332 Ob eine Uhrensammlung akzeptiert werden muss, erscheint angesichts der blasenartigen Marktpreisbildung derzeit fraglich.

> Sozialhilfeträger sollten sich regelmäßig bei den periodisch wiederkehrenden Prüfungen der Leistungsfähigkeit ein **Vermögensstatut** der unterhaltspflichtigen Personen vorlegen lassen, wenn Altersvorsorgeaufwendungen unterhaltsmindernd in Abzug gebracht wurden.

403 **Praxistipp (für Unterhaltspflichtige):**

> Das Altersvorsorgevermögen stellt nur einen Teil des geschützten Vermögens dar. Daneben steht noch das sogenannte **Notbedarfsvermögen** (vgl. Rn. 651 ff.). Bei einem Liquiditätsengpass – gleich aus welchem Grund – kann auf dieses Vermögen zugegriffen werden.

### m) Zusammenfassung Altersvorsorge

404 Zusammenfassend kann gesagt werden, dass

- **Altersvorsorgeabzüge** immer nur dann vorzunehmen sind, wenn **Altersvorsorge auch tatsächlich betrieben** wird[333], eine ‚fiktive Altersvorsorge' ist nicht anzuerkennen[334] (vgl. Rn. 337) ;
- Mit der zusätzlichen (sekundären) **Altersvorsorge zu jedem beliebigen Zeitpunkt begonnen** werden kann, also auch dann noch, wenn ein zusätzlicher Unterhaltsbedarf entstanden ist, selbst dann noch, wenn die Rechtswahrungsanzeige des Sozialhilfeträgers oder auch schon dessen Unterhaltsberechnung vorliegt (vgl. Rn. 390);
- Die **Art der sekundären Altersvorsorge unerheblich** ist, also keine klassischen Altersvorsorgeprodukte der Finanz- und Versicherungswirtschaft erworben werden müssen, sondern auch klassische Sparanlagen von der Rechtsprechung akzeptiert werden[335] (**Anlagefreiheit**), rein spekulative und hoch risikoreiche Anlagen sind indessen zu vermeiden (vgl. Rn. 400);
- Die **selbst bewohnte Immobilie nicht zum Altersvorsorgeschonvermögen**[336] zu rechnen ist, weil sie allenfalls durch den aus ihr im Alter fließenden Wohnvorteil einen Nutzungsvorteil gewährt, wegen der im Elternunterhalt jedoch geltenden Lebensstandardgarantie[337] eine Ver-

---

333 BGH v. 19.2.2003 – XII ZR 67/00, FamRZ 2003, 860; v. 5.3.2008 – XII ZR 22/06, 2008, 963.
334 *Büttner*, FamRZ 2004, 1918.
335 BGH v. 19.2.2003 – XII ZR 67/00, FamRZ 2003, 860; v. 11.5.2005 – XII ZR 211/02, FamRZ 2005, 1817; v. 28.2.2007 – XII ZR 37/05, FamRZ 2007, 793; v. 5.3.2008 – XII ZR 22/06, 2008, 963; v. 16.7.2008 – XII ZR 109/05, FamRZ 2008, 1739.
336 BGH v. 7.8.2013 – XII ZB 269/12, FamRZ 2013, 1554.
337 BGH v. 23.10.2002 – XII ZR 266/99, FamRZ 2002, 1698.

äußerung der selbst genutzten Immobilie nicht gefordert werden kann (vgl. Rn. 575);
- Die Höhe der **Altersvorsorgeaufwendungen pauschal**, also ohne irgendeine besondere Begründung auf 5 % der Bruttoeinkünfte aus sozialversicherungspflichtigem und 25 % der Bruttoeinkünfte aus nicht sozialversicherungspflichtigem Einkommen festgesetzt ist (vgl. Rn. 383 ff.);
- **Höhere Altersvorsorgeaufwendungen als die Pauschale** dann gerechtfertigt sein kann, wenn eine Prognose des Alterseinkommens des unterhaltspflichtigen Kindes unter Einschluss der bis zum Ruhestand noch erreichbaren Altersvorsorgeanwartschaften zu einem unangemessen niedrigen Einkommen des Kindes führt;
- **Altersvorsorgeaufwendungen** können jedenfalls **bis zum Erreichen der Regelaltersgrenze** abgezogen werden[338], ob darüber hinaus bei Fortführung einer Erwerbstätigkeit auch Altersvorsorgeabzüge zu berücksichtigen sind (vgl. dazu Rn. 396) ist noch nicht abschließend entschieden;
- **Altersvorsorgeaufwendungen** müssen auch **für den Ehegatten oder Lebenspartner**[339] akzeptiert werden, falls diese über keine eigene Altersversorgung verfügen, wobei insoweit in der Rechtsprechung noch keine abschließenden Konturen erkennbar sind;
- **Altersvorsorgeaufwendungen des** nicht unterhaltspflichtigen **Schwiegerkindes** sind auch jenseits der pauschal bestimmten Grenzen zulässig[340], da es keine Verpflichtung der Ehegatten gegeneinander geben kann, eine unterhaltsrechtliche Leistungsfähigkeit zugunsten des Elternteils zu optimieren (vgl. Rn. 398).

## 2. Krankenversicherung / Pflegeversicherung

Da es dem auf Zahlung von Elternunterhalt in Anspruch genommenen unterhaltspflichtigen Kind nach der Rechtsprechung des BGH nicht zugemutet werden kann, dauerhafte Einschränkungen seines Lebensniveaus hinzunehmen[341], ist die Aufrechterhaltung des bis zur unterhaltsrechtlichen Inanspruchnahme genossenen **Krankenversicherungsschutzes** für den Unterhaltspflichtigen und dessen Familie völlig unproblematisch. Wichtig ist es dabei, die Krankenversicherungskosten vom Einkommen desjenigen

---
338 BGH v. 28.7.2010 – XII ZR 140/07, FamRZ 2010, 1535 m. Anm. *Hauß.*
339 Hier aber nur Lebenspartner nach dem Lebenspartnergesetz.
340 Soweit erkennbar ist dies bislang noch nicht entschieden worden.
341 BGH v. 15.10.2003 – XII ZR 122/00, FamRZ 2004, 366.

154 Elternunterhalt in der Praxis

abzuziehen, der versichert ist und nicht vom Familieneinkommen (vgl. dazu auch Rn. 268).

### a) Krankenversicherungskosten in der gesetzlichen Krankenversicherung

406 Ist der Unterhaltspflichtige Mitglied in der **gesetzlichen Krankenversicherung**, sind die dafür geleisteten Pflichtbeiträge vom anrechenbaren Einkommen des Unterhaltspflichtigen vorab abzuziehen. Auch die gesetzliche Krankenversicherung gewährt jedoch keinen Rund-um-Schutz mehr. Hat der Unterhaltspflichtige über Zusatzversicherungen die nicht abgedeckten Risiken der gesetzlichen Krankenversicherung abgesichert, sind auch diese Beiträge für den Unterhaltspflichtigen und die vorrangig Unterhaltsberechtigten vom anrechenbaren Einkommen abzuziehen.

### b) Krankenversicherungskosten in der privaten Versicherung

407 Ist der Unterhaltspflichtige nicht sozialversicherungspflichtig beschäftigt und in einer **privaten Krankenversicherung** versichert, müssen deren Beiträge vom anrechenbaren Einkommen des Unterhaltspflichtigen abgezogen werden. Dies gilt bei Privatversicherten auch für die Kosten einer **Krankentagegeldversicherung**[342] oder von Beiträgen zu einer **Betriebsausfallversicherung**, die vielfach zur Finanzierung des Betriebes oder eines Vertreters bei krankheitsbedingten Ausfalls eines Praxis- oder Gewerbeinhabers abgeschlossen wird.

408 Ob bei sozialversicherungspflichtig Beschäftigten, die in der gesetzlichen Krankenversicherung oder einer Ersatzkasse versichert sind, private **Krankenzusatzversicherungskosten** vom Einkommen abzuziehen oder aus dem Selbstbehalt zu finanzieren sind, kann fraglich sein. Für die Einordnung derartiger Kosten in den Selbstbehalt[343] spricht, dass der Pflichtige durch Mitgliedschaft in der gesetzlichen Krankenversicherung bereits seinen Krankenversicherungsbedarf befriedigt hat.

409 Allerdings prägt eine vor der Entstehung der Unterhaltspflicht begründete private Zusatzkrankenversicherung den Lebensstil und -bedarf des Pflichtigen genauso wie der PKW und die luxuriöse Wohnung etc. Soll der Unterhaltspflichtige im Rahmen des Elternunterhaltes eine nachhaltige Verringerung seines Lebenszuschnitts nicht hinzunehmen haben[344], werden auch diese Kosten konsequenterweise vom anrechenbaren Einkommen

---

342 Dazu OLG Hamm v. 27.5.2004 – 6 UF 239/03, OLGR 2004, 340; OLG Hamm v. 27.5.2007 – 6 UF 239/03, OLGR 2004, 340.
343 Diese Auffassung wird teilweise heute noch von Sozialhilfeträgern vertreten.
344 BGH v. 23.10.2002 – XII ZR 266/99, FamRZ 2002, 1698, 1700 ff.

des Unterhaltspflichtigen abzuziehen sein. Dies gilt umso mehr, als ein geringverdienender Selbständiger fraglos den gesamten privaten Krankenversicherungsaufwand vom anrechenbaren Einkommen absetzen kann. Es führt daher zu logischen Brüchen, wollte man dem Mitglied in der gesetzlichen Krankenversicherung eine Zusatzversicherung nicht zubilligen.

In der Regel ist auch der Versicherungsschutz in einer privaten Krankenversicherung kein Rundum-Sorglos-Paket. Gerade in der privaten Krankenversicherung sind seit langem Beitragsreduktionen gegen eine **Eigenbeteiligung** möglich und werden von den Versicherten vielfach gewählt, um die Beitragslast zu verringern. Bei Inanspruchnahme auf Elternunterhalt besteht für dererlei Rücksichtnahme auf die eigene Liquidität keinerlei Bedarf und auch keine Berechtigung. Da das den Selbstbehalt übersteigende Einkommen des Unterhaltspflichtigen zu 1/2 dem unterhaltsberechtigten Elternteil zufließt und damit den Träger der Sozialhilfe entlastet, ist der Unterhaltspflichtige gut beraten, Eigenbeteiligungen tariflich zu reduzieren. Derartige Reduktionen, die zu einer Steigerung der Beiträge führen, sind auch dann noch möglich, wenn das unterhaltspflichtige Kind mit einer Unterhaltsforderung der Eltern konfrontiert wird. In diesem Fall ist nämlich eine finanzielle Neuaufstellung des Unterhaltspflichtigen erforderlich. Seine Liquidität sinkt durch die zu erwartenden Unterhaltskosten deutlich ab. Im Rahmen einer verantwortungsvollen Liquiditätsplanung und -sicherung kann es daher dem Unterhaltspflichtigen nicht verwehrt werden, Maßnahmen zu einer Risikoreduktion einzuleiten, die seiner zukünftigen Liquiditätslage entsprechen. Ebenso können in der privaten Krankenversicherung verschiedene erhöhte Tarife abgewählt werden, um den starken Tarifanstieg im Alter abzudämpfen.

410

Ist aber eine **Eigenbeteiligung an Krankenbehandlungs- und Medikamentenkosten** tatsächlich gegeben und vom Unterhaltspflichtigen geleistet worden, ist die Eigenbeteiligung auch tatsächlich vom anrechenbaren Einkommen des unterhaltspflichtigen Kindes abzuziehen. Das gilt auch für die sogenannte **Kostendämpfungspauschale**[345] und die **Praxisgebühr**[346].

411

### c) Pflegezusatzversicherung, private Pflegeversicherung

Die zunehmende Pflegebedürftigkeit alter Menschen und die ständige Erhöhung der Lebenserwartung haben auch zu neuen Versicherungsformen ge-

412

---

345 OLG Düsseldorf v. 14.1.2009 – II-8 UF 172/08, FamRZ 2009, 1077; OLG Hamm v. 18.6.2009 – II-2 UF 6/09, OLGR Hamm 2009, 834; OLG Zweibrücken v. 14.3.2008 – 2 UF 197/07, FuR 2009, 60; a.A. OLG Hamm v. 12.3.2008 – 8 UF 148/07, FamRZ 2008, 1446.
346 OLG Karlsruhe v. 13.2.2008 – 2 WF 5/08, FamRZ 2008, 2120; OLG Naumburg v. 15.1.2008 – 8 UF 141/07, OLGR Naumburg 2008, 544; OLG Hamm v. 27.11.2007 – 1 UF 50/07, FamRZ 2008, 450.

führt. Als Ergänzung zur gesetzlichen und privaten Pflegeversicherung haben sich **private Pflegezusatzversicherungen** etabliert, die das Risiko einer Pflegebedürftigkeit abdecken und dem Pflegebedürftigen zusätzliche Leistungen im Fall der Pflegebedürftigkeit versprechen. In Abhängigkeit vom Alter des Versicherten bei Leistungsbeginn sind die Beiträge gestaffelt. Es handelt sich bei dieser Versicherungsform um eine reine Risikoversicherung. Die eingezahlten Beiträge sind verloren, soweit keine Pflegebedürftigkeit eintritt.

413 Da eine derartige Zusatzversicherung dem Versicherten im Pflegefall den Rückgriff auf Sozialhilfe oder Unterstützungsleistungen seiner Kinder erspart, ist sie als **Daseinsvorsorge** unterhaltsrechtlich als Abzugsposten vom Einkommen zu berücksichtigen. Wie auch bei der Tarifumstellung von Krankenversicherungen auf eine geringere Eigenbeteiligung (vgl. Rn. 410) ist es unterhaltsrechtlich nicht zu beanstanden, wenn das unterhaltspflichtige Kind auch nach Bekanntwerden der Unterhaltsverpflichtung eine private Pflegezusatzversicherung abschließt, um alle Eventualitäten auszuschließen, den eigenen Lebensbedarf nicht aus eigenen Mitteln finanzieren zu können[347].

414 Die Versicherungswirtschaft bietet inzwischen private Zusatzpflegeversicherungen an, die neben monatlichen Prämienzahlungen auch Einmaleinlagen zulassen. Genau wie das zusätzliche Altersvorsorgeschonvermögen kann es einem Unterhaltspflichtigen nicht verwehrt sein, sein Vermögen in eine derartige Versicherung einzubringen und damit der unterhaltsrechtlichen Verwertung zu entziehen.

415 Die Kosten einer privaten **Unfallversicherung** sind jedoch als Abzugsposten vom Einkommen des Unterhaltspflichtigen nur teilweise anerkannt[348]. Der BGH hat eine neue Entscheidung vom 2.7.2009[349] die Kosten privaten Berufsunfähigkeitsversicherung dem Selbstbehalt zugewiesen.

### d) Zuzahlungen, Praxisgebühr, Eigenanteile

416 Ob auch **Zuzahlungen zur Krankenbehandlung**, der Eigenanteil an den Medikamenten- oder Krankenhauskosten und die **Praxisgebühr** als Abzugsposten vom Einkommen des Unterhaltspflichtigen anzuerkennen sind, muss fraglich sein[350]. Sozialhilfeberechtigte haben diese Zusatzkosten bis zur gesetzlichen Belastungsgrenze aus dem Regelsatz zu bestreiten[351]. Die unterhaltsrechtliche Schwierigkeit derartiger Kosten liegt darin, dass

---

347 So auch *Ehinger*, FPR 2003, 860, zweifelnd Eschenbruch/*Klinkhammer*, Rn. 2.67.
348 OLG Hamm v. 16.12.2005 – 11 UF 118/05, OLGR Hamm 2006, 361.
349 XII ZR 111/08, FamRZ 2009, 1207.
350 Für Anerkennung aber wohl eher beiläufig BGH v. 19.3.1986 – IVb ZR 19/85, FamRZ 1986, 661.
351 Hess. VGH v. 20.4.2004 – 10 TG 532/04, FamRZ 2004, 1826.

sie unkalkulierbar auftreten. Ist ihr Anfall dagegen abzusehen, wie beispielsweise Zuzahlungen zu einer kieferorthopädischen Behandlung eines unterhaltsberechtigten Kindes, ist beim Vorwegabzug des Unterhaltsbedarfs des vorrangigen Kindes der vom Unterhaltspflichtigen zu zahlende Eigenanteil an den Krankenbehandlungskosten vorab vom anrechenbaren Einkommen des Unterhaltspflichtigen abzuziehen. Das gleiche muss für regelmäßig anfallende Zuzahlungen zu Medikamenten bei chronisch Kranken gelten (vgl. Rn. 407 ff.).

Ein unkalkulierbarer Kostenfaktor für die Gesundheitsvorsorge wird jedoch nicht als regelmäßige Belastung vom Einkommen des Unterhaltspflichtigen abgezogen werden können. Derartige Aufwendungen sind aus einer allgemein anzuerkennenden allgemeinen Rücklage zu finanzieren (vgl. Rn. 651 ff.), deren Bildung durch monatlich regelmäßige **Ansparungen für größere Anschaffungen**, Reparaturen oder Zuzahlungen zur Heilbehandlung als Abzugsposten anerkannt ist[352]. Dabei ist jedoch zu berücksichtigen, dass die zitierte Entscheidung des OLG Oldenburg noch vor der Etablierung des dynamischen Selbstbehaltes erging. Ob die Bildung einer Ansparrücklage für derartige Eventualitäten auch dann noch unterhaltsrechtlich zu akzeptieren ist, wenn man dem Unterhaltspflichtigen die Hälfte des seinen im Verhältnis zu den unterhaltsberechtigten Eltern geltenden Selbstbehalt[353] übersteigenden Einkommens belässt, muss ggf. ausgeurteilt werden. Es wird auch hier auf den Einzelfall ankommen. Wer nur wenige vorrangige Unterhaltspflichten zu erfüllen hat, kann möglicherweise eher aus der Selbstbehaltsanwachsung einen derartigen Sonderbedarf befriedigen als jemand, der fünf Kindern und einem Gatten gegenüber unterhaltspflichtig ist.

417

## 3. Steuern und Steuerrücklagen, Steuerklassenwahl

**Steuern** sind vom Einkommen des Unterhaltspflichtigen vorab leistungsmindernd abzuziehen. Dies gilt sowohl für die von Einkünften aus abhängiger Beschäftigung zu entrichtenden Lohnsteuern als auch für die aus nicht abhängiger Beschäftigung resultierenden Einkommensteuervorauszahlungen[354].

418

**Bei Selbständigen** werden die Steuern im Wege des **Vorauszahlungsbescheides** erhoben. Die Höhe der Steuervorauszahlungen ist abhängig von den Einkommensverhältnissen des Steuerpflichtigen im vorangegan-

419

---
352 OLG Oldenburg v. 27.7.1999 – 12 UF 79/99, FamRZ 2000, 1174.
353 Beachte jedoch zur Frage der Höhe des Selbstbehaltes die hier vertretene Position Rn. 532.
354 BGH v. 16.6.1982 – IVb ZR 727/80, FamRZ 1983, 152.

genen Veranlagungszeitraum. Aufgrund der bei Selbständigen häufig anzutreffenden Einnahmeschwankungen sagen die Einkommensverhältnisse des vorangehenden Veranlagungszeitraums jedoch oft nichts über die steuerliche Belastung im jeweils laufenden Zeitraum aus.

420 Grundsätzlich gilt, dass die sich aus den jeweiligen Steuerbescheiden ergebenden Belastungen auch unterhaltsrechtlich zu berücksichtigen sind (In-Prinzip)[355]. Unterhaltspflichtige, die Einkünfte aus selbständiger Tätigkeit erzielen, müssen daher im Fall der Inanspruchnahme auf Unterhalt in jedem Fall dafür sorgen, die steuerliche Belastung mit Vorauszahlungen der wirtschaftlichen Realität anzupassen und ggf. unter Verzicht auf aktuelle Liquidität die Vorauszahlungen aufzustocken. Ob **Ansparungen auf eine mögliche Steuernachzahlung** aus laufenden Einkünften unterhaltsrechtlich zu akzeptieren sind, muss bezweifelt werden. Rücklagenbildungen für Steuernachforderungen werden i.d.R. unterhaltsrechtlich nicht privilegiert werden können, was auch unproblematisch ist, weil dem Unterhaltspflichtigen die Möglichkeit zusteht, durch den Antrag auf Heraufsetzung seiner Steuervorauszahlungen eine rechtlich gesicherte Position hinsichtlich dieser Abzüge zu erlangen.

421 Ob die **Steuerklassenwahl** oder die Frage der Veranlagungsart (getrennte oder gemeinsame Veranlagung) Einfluss auf die Unterhaltspflicht im Verhältnis zu den Eltern haben kann, ist bislang kaum problematisiert worden. Generell besteht die Obliegenheit von Unterhaltspflichtigen, ihre Liquidität auch durch die Steuerklassenwahl so günstig wie möglich zu gestalten. Aus diesem Grund hat der BGH[356] in einem Fall des Elternunterhaltes die Wahl der Steuerklasse V durch den Unterhaltspflichtigen beanstandet und diese Wahl durch einen geschätzten Zuschlag korrigiert. Ob dieser Grundsatz, der im Bereich des Kindes- oder Gattenunterhaltes eine unbestrittene Obliegenheit darstellt, auch im Elternunterhalt uneingeschränkt gilt, muss indessen bezweifelt werden. Es kann Gründe geben, die die Ehegatten veranlassen können, eine vordergründig ungünstige Steuerklassenwahl zu treffen. Dies können sozialrechtliche Gründe sein (z.B. Leistungsbemessung beim Arbeitslosengeld im Fall einer bevorstehenden Arbeitslosigkeit). Dies können aber auch binnenfamiliäre Gründe sein. Eine **Korrektur der Steuerklasse** durch Zurechnung fiktiver Einkünfte kann daher ohne Vorliegen besonderer Gründe lediglich von Steuerklasse 5/3 auf 4/4 verlangt werden, nicht aber von Steuerklasse 5/3 auf Steuerklasse 3/5 oder von Steuerklasse 4/4 auf Steuerklasse 3/5. Dies hängt auch damit zusammen, dass das BVerfG[357] den aus der Steuerklasse 3 fließenden Split-

---

355 Vgl. die Darstellung bei Wendl/Dose/*Gerhardt*, § 1, Rn. 1009 ff.
356 BGH v. 14.1.2004 – XII ZR 69/01, FamRZ 2004, 443.
357 BVerfG v. 7.10.2003 – 1 BvR 246/93, FamRZ 2003, 1821 m. Anm. *Schürmann*.

tingvorteil dem Gatten zugeordnet hat, nicht aber nachrangigen Unterhaltsberechtigten. Es ist daher Verheirateten zu empfehlen, im Fall der Inanspruchnahme eines Gatten auf Elternunterhalt einen **Steuerklassenwechsel** des unterhaltspflichtigen Gatten von Steuerklasse 3 in Steuerklasse 4 vorzunehmen (vgl. auch Rn. 306 ff.). Der dadurch entstehende Liquiditätsverlust wird im Rahmen der jährlichen **Steuerveranlagung** korrigiert[358].

## 4. Unterhalt

Der Anspruch auf Elternunterhalt geht nach § 1609 Nr. 6 BGB allen anderen Unterhaltsansprüchen nach. Gleichwohl können Unterhaltsansprüche der Eltern die Unterhaltsansprüche nachrangiger Berechtigter beeinflussen. Dies gilt z.B., wenn die ehelichen Lebensverhältnisse durch bereits bestehende oder latente Unterhaltsansprüche von Eltern geprägt wurden[359]. 422

Unter einem **latenten Unterhaltsanspruch** versteht der BGH dabei die absehbare Inanspruchnahme auf Elternunterhalt. Diese sei umso größer, je vorhersehbarer der zukünftige Bedarf sei[360]. Aus diesem Grund sei auch der aufgrund unzureichender Einkünfte sich abzeichnende Bedarf eines Elternteils eher als die ehelichen Lebensverhältnisse bestimmend einzuschätzen, als dies im Fall des Elternpflegebedarfs der Fall ist. Der aufgrund mangelnder Alterseinkünfte sich abzeichnende Bedarf sei aus der Biografie des Elternteils folgend stets transparent, während der Pflegeunterhaltsbedarf plötzlich und unverhofft entstehe. Deswegen sei beim zu erwartenden Altersunterhaltsbedarf eines Elternteils eher davon auszugehen, dass dieser die ehelichen Verhältnisse des Unterhaltspflichtigen als latenter Unterhaltsbedarf geprägt hat[361]. 423

Die Rechtsfigur des ‚latenten Unterhaltsbedarfs' der Eltern ist m.E. sehr brüchig. Vielfach haben die Kinder keinerlei konkrete Vorstellung über das Alterseinkommen und Altersvermögen der Eltern. Selbst wenn jedoch insuffiziente Einkommens- und Vermögensverhältnisse bekannt und aus der Erwerbsbiografie ablesbar sind, ist die Vorstellung, seine Lebensverhältnisse auf eine ungewisse Inanspruchnahme auf Elternunterhalt einzurichten absurd. Denn die Notwendigkeit, Elternunterhalt zu zahlen ist nicht insuffizienten Einkommensverhältnissen der Eltern geschuldet. Diese auszugleichen ist Aufgabe der **Grundsicherung.** Diese aber wird rückgriffsfrei geleistet (§ 43 SGB Abs. 2 XII), so dass Kinder gerade nicht mit einer 424

---
358 Zur Verteilung der Steuererstattung nach § 270 AO vgl. OLG Hamm FamRZ 2013, 1146.
359 BGH v. 25.6.2003 – XII ZR 63/00, FamRZ 2004, 186.
360 Grundsätzlich BGH v. 19.2.2003 – XII ZR 67/00, FamRZ 2003, 860.
361 Kritisch dazu *Brudermüller*, NJW 2004, 633.

Inanspruchnahme auf Elternunterhalt zu rechnen haben. Eine signifikante Steigerung der Pflegewahrscheinlichkeit tritt bei Frauen ab dem achzigsten Lebensjahr und bei Männern nach dem fünfundachzigsten Lebensjahr auf:

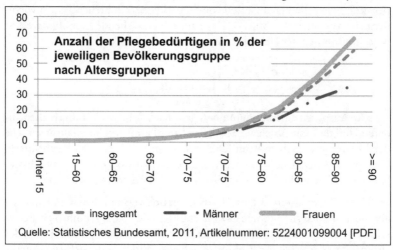

Quelle: Statistisches Bundesamt, 2011, Artikelnummer: 5224001099004 [PDF]

425  Es kann kaum angenommen werden, dass bei derart ungewisser Inanspruchnahme ein Kind seinen Lebenszuschnitt auf Elternunterhalt einzustellen hat, zumal der Eintritt der Pflegebedürftigkeit völlig ungewiss und die Einkommens- und Vermögensverhältnisse sowie die konkrete Lebenserwartung der Eltern unbekannt sind. Die Annahme einer latenten Unterhaltsgefahr müsste demnach lebenslang das ökonomische Verhalten der Kinder prägen. Das aber würde eine nicht hinzunehmende Beeinträchtigung der Handlungsfreiheit bedingen.

426  In der Praxis hat sich weder der Begriff noch der Gedanke der durch die latenten Unterhaltslast den Eltern gegenüber geprägten Lebensverhältnisse durchgesetzt. Vielmehr wird allgemein auf den Stichtag der **Zustellung der Rechtswahrungsanzeige** als für die Bewertung der Unterhaltsverhältnisse maßgeblichen **Stichtag** abgestellt. Bis dahin kann sich das unterhaltspflichtige Kind ökonomisch so verhalten, als sei kein Elternunterhalt zu zahlen. Erst danach hat das Kind Kenntnis vom Risikounterhaltsanspruch Elternunterhalt.

427  **Praxistipp:**

> Um zu vermeiden, dass Elternunterhalt als die ehelichen Lebensverhältnisse prägend angesehen wird, kann sich ein unterhaltspflichtiges Kind darauf berufen, keine Kenntnis von der wirtschaftlichen Vorsorge für das Alter eines Elternteils zu haben.

## a) Vorrangige Unterhaltsansprüche Erwachsener

Der Unterhaltsanspruch eines geschiedenen oder getrennt lebenden Gatten oder der Mutter eines nichtehelichen Kindes nach § 1615l Abs. 1 BGB gehen nach § 1609 Nr. 2 BGB im Rang dem Elternunterhaltsanspruch vor. Unterhaltsansprüche sind daher stets vorab vom anrechenbaren Einkommen des Unterhaltspflichtigen abzuziehen.

**428**

## b) Familienunterhalt

Unter Familienunterhalt versteht man den nach §§ 1360 ff. BGB geschuldeten Unterhalt bei bestehender ehelicher Lebensgemeinschaft[362]. Eine häusliche Gemeinschaft ist nicht erforderlich, was z.B. in Fällen beruflicher Notwendigkeiten Bedeutung bekommen kann. Der Anspruch auf Familienunterhalt umfasst den Bedarf der häuslichen Gemeinschaft der Ehegatten (nicht der Kinder) und deckt den täglichen Lebensbedarf ab[363]. Der Familienunterhalt besteht nicht als Barunterhaltsanspruch.

**429**

### (1) Grundlagen

Der **Familienunterhalt** deckt den gesamten Lebensbedarf der Familie ab[364], also

**430**

- Aufwendungen für das Wohnen (einschließlich aller Nebenkosten, Tilgungs- und Zinsleistungen),
- Haushaltskosten,
- Kosten für Urlaub und Erholung,
- Kosten zur Teilhabe an Kultur und Gesellschaft,
- Alters-, Kranken-[365] und Pflegevorsorge,
- sonstige Vorsorgekosten, insbesondere Pflicht- und freiwillige Versicherungsprämien,
- Aufwendungen für persönliche Bedürfnisse, Sport und Hobbys und
- Schulden mindern den Familienunterhalt, gleichgültig, ob sie vor oder während der Ehe entstanden sind[366].

Aus dem Familienunterhalt sind nicht Unterhaltsansprüche Dritter gegen ein Familienmitglied zu finanzieren. **Demgemäß gehören Unterhaltsansprüche von Eltern gegen ein Familienmitglied nicht zum Familienunterhalt.** Durch Unterhaltsansprüche Dritter kann nur die binnenfamiliäre Pflicht begründet werden, das unterhaltspflichtige Fami-

**431**

---

362 Wendl/Dose/*Scholz*, § 3, Rn. 7.
363 KK-FamR/*Klein*, vor §§ 1360 bis 1360b, Rn. 47.
364 Wendl/Dose/*Scholz*, § 3, Rn. 325.
365 BGH v. 29.1.2003 – XII ZR 92/01, FamRZ 1992, 291.
366 Wendl/Dose/*Scholz*, § 3, Rn. 341.

lienmitglied im Rahmen der familiären Möglichkeiten von der Familienarbeit freizustellen, um ihm die Möglichkeit der Erwirtschaftung eigenen Einkommens zur Befriedigung von Verwandtenunterhalt zu verschaffen[367].

432 Die Gesamtheit der zur Verfügung stehenden Einkünfte stellt i.d.R. die Obergrenze des Familienunterhaltes dar.

433 Übersteigen jedoch die Einkünfte der Eheleute den zur Lebensführung angemessenen und erforderlichen Bedarf, steht der unverbrauchte Rest demjenigen zu, der die Einkünfte erzielt.

434 **Erzielt nur einer der Ehegatten Einkommen**, steht der den Familienunterhalt übersteigende Einkommensteil ausschließlich dem Einkommen erzielenden Gatten zu. In der Regel trägt der andere Gatte in diesen Fällen zum Familienunterhalt durch Haushaltsführung und Kindererziehung bei. Wegen der in § 1360 S. 2 BGB verankerten Gleichwertigkeitsvermutung von Erwerbs- und Hausarbeit tragen auch in diesen Fällen die beiden Gatten gleichermaßen zum Familienunterhalt bei.

435 **Erzielen beide Gatten Einkommen** und ist das Familieneinkommen höher als der angemessene Familienbedarf, sind sie im Regelfall mangels Vorliegens anderer Vereinbarungen oder Anhaltspunkte verpflichtet, zum Familienunterhalt anteilig entsprechend der Höhe ihrer Einkünfte beizutragen[368].

**Beispiel:** Einkommen F: 2.400 €, M: 4.000 €. Unterhaltspflichtig ist F. Familienbedarf: 1.800 € + 1.440 € = 3.240 € zzgl. 1/2 des diesen Betrag übersteigenden Einkommens (1.580 €) = 4.820 €. Anteil F am Familieneinkommen: 2.400 €/ (2.400 € + 4.000 €) = 37,5 %. F hat daher vom Familienbedarf 4.820 € × 37,5 % = 1.807,50 € zu zahlen und mithin 2.400 € – 1.807,50 € = 592,50 € für Unterhalts- oder andere Zwecke einzusetzen.

436 **Erzielen beide Gatten Einkommen**, resultiert aber das Einkommen des einen Gatten aus überobligatorischer Tätigkeit, errechnet sich der Familienunterhalt lediglich aus obligatorischem Einkommen. Das aus überobligatorischer Tätigkeit erzielte Einkommen prägt die ehelichen Lebensverhältnisse nicht[369]. Dies resultiert daraus, dass der überobligatorisch Berufstätige die Erwerbstätigkeit jederzeit aufgeben und das damit verbundene Einkommen verlieren kann. Der aus überobligatorischen Einkünften abgeleitete Unterhaltsanspruch von Eltern ist daher sehr fragil.

> **BGH v. 28.1.2004 – XII ZR 218/01, FamRZ 2004, 795**
>
> LS: Setzt ein haushaltsführender Ehegatte Einkommen aus einer Nebentätigkeit zum Familienunterhalt ein, so kann er dies seinen unterhaltsberechtigten Eltern

---

367 BGH v. 18.10.2000 – XII ZR 191/98, FamRZ 2001, 1065 m. Anm. *Büttner*.
368 BGH v. 25.4.1967 – VI ZR 195/65, FamRZ 1967, 380.
369 BGH v. 13.4.2005 – XII ZR 273/02, FamRZ 2005, 1154 m. Anm. *Gerhardt*.

> nur insoweit entgegenhalten, als er hierzu rechtlich verpflichtet ist. Letzteres ist dann nicht der Fall, wenn seine Haushaltsführung zusammen mit seiner Erwerbstätigkeit überobligatorisch ist und sich hierdurch im Verhältnis zu seinem Ehegatten ein erhebliches Missverhältnis in den beiderseitigen Beiträgen zum Familienunterhalt ergibt.

## (2) Kindesunterhalt im Familienunterhalt

Der Familienunterhalt dient der Sicherung und Fortführung des Lebensunterhaltes der eigenen durch Art. 6 GG geschützten Familie. Er setzt sich im Prinzip zusammen aus dem **Eigenbedarf des Unterhaltspflichtigen**, dem **Bedarf seines Gatten** und dem **Bedarf eventuell noch vorhandener unterhaltsberechtigter Kinder**. Derzeit spielen sich die Fälle des Elternunterhaltes in der Regel zu einem Zeitpunkt ab, in der Unterhaltspflichten für Kinder die ehelichen Lebensverhältnisse nicht mehr dominant belasten. Dies wird sich jedoch ändern. Je später in einer Beziehung Kinder geboren werden, je länger deren Ausbildung dauert und je häufiger alternde Männer dem Reiz einer Beziehung zu einer jüngeren Frau auch reproduktiven Charme abgewinnen können und somit Vater im biologischen Großvateralter werden und je mehr die Lebenserwartung alter Menschen wächst, umso häufiger werden Unterhaltsansprüche pflegebedürftiger Eltern in Konkurrenz zu Unterhaltsansprüchen voll- und auch minderjähriger Kinder treten. 437

Der **Bedarf der Kinder** ist im Elternunterhalt vom BGH an den **Tabellensätzen** bemessen worden[370]. 438

Diese Auffassung kann nur vordergründig überzeugen und ist nachhaltig in den praktisch relevanten Fällen des Elternunterhaltes einer Überprüfung zu unterziehen. Die **Tabellenunterhaltssätze der Düsseldorfer Tabelle** sind zugeschnitten auf den Bedarf einer auseinander gebrochenen Familie. In einer intakten Familie kann der Bedarf unterhaltsberechtigter Kinder erheblich über den Tabellensätzen liegen. Der **Tabellensatz der Düsseldorfer Tabelle bildet daher lediglich die Untergrenze des Bedarfs**[371]. Nimmt ein Kind Reit- oder Musikunterricht, werden erhebliche Aufwendungen für die sportliche Betätigung des Kindes, für dessen sprachliche oder sonstige Ausbildung aufgebracht, ist dieser Aufwand auch gegenüber den unterhaltsbedürftigen Eltern unterhaltsrechtlich relevant. Genau wie die unterhaltspflichtigen Kinder der Unterhaltsberechtigten keine spürbare und dauerhafte Senkung ihrer Lebensverhältnisse hinzunehmen haben[372], müssen sich auch deren Enkelkinder nicht übermäßig 439

---

370 BGH v. 17.12.2003 – XII ZR 224/00, FamRZ 2004, 370.
371 So auch *Brudermüller*, NJW 2004, 633.
372 BGH v. 23.10.2002 – XII ZR 266/99, FamRZ 2002, 1698.

einschränken. Daraus folgt, dass die für die Kinder des Unterhaltspflichtigen in den Familienunterhalt einzustellenden Beträge grundsätzlich großzügiger zu bemessen sind als in den Fällen einer auseinander gebrochenen Familie. Ein **Zuschlag von 10 %** auf den **Tabellenunterhaltsbedarf** erscheint jedenfalls angemessen[373]. Sonderbedarf und Mehrbedarf von Kindern ist daher in jedem Fall zusätzlich zum Tabellenunterhalt großzügig zu bemessen.

440  Von den in der **Düsseldorfer Tabelle** ausgewiesenen Bedarfssätzen ist bei **minderjährigen Kindern** das **Kindergeld** zu ½ auf den Bedarf anzurechnen (§ 1612b Abs. 1 Nr. 1 BGB). Bei **volljährigen Kindern** wird das Kindergeld vom Tabellenbedarfssatz des Kindes voll abgezogen (§ 1612b Abs. 1 Nr. 2 BGB). Vielfach reduzieren die Sozialhilfeträger die Tabellensätze der Düsseldorfer Tabelle auch bei minderjährigen Kindern um das volle Kindergeld. Dies ist nicht berechtigt. Das Kindergeld wird nach der dem Gesetz zugrunde liegenden Konzeption der **Gleichrangigkeit von Betreuungs- und Barunterhaltspflicht** (§ 1606 Abs. 3 S. 2 BGB) bei minderjährigen Kindern nach § 1612b Abs. 1 Nr. 1 BGB zu je ½ auf den bar- und betreuungsunterhaltspflichtigen Elternteil verteilt. Diese Aufteilung wird nicht dadurch obsolet, dass bei zusammen lebenden Elternteilen eine ‚Barunterhaltspflicht' nicht besteht, weil der Bedarf des Kindes aus dem Familienunterhalt finanziert wird. Da auch dann, wenn beide Eltern eines minderjährigen Kindes berufstätig sind, ein Betreuungsbedarf des Kindes besteht, ist der zur Abdeckung des Betreuungsbedarfs vorgesehene Teil des Kindergeldes nicht monetarisierend auf dessen Barbedarf anzurechnen. Es bleibt daher auch in diesen Fällen bei der **Halbanrechnung des Kindergeldes**[374] auf den Tabellenbetrag des Kindes[375].

441  Der Barbedarf der Kinder ist bei **Doppelverdienerehen** aus dem zusammengerechneten Einkommen der Eltern zu bemessen ist. In Doppelverdienerbeziehungen kann der Bedarfssatz für Kinder in der Regel auch um eine Einkommensstufe erhöht werden, weil die Tabellensätze der Düsseldorfer Tabelle auf die Unterhaltspflicht gegenüber zwei Personen zugeschnitten sind.

442  Die **Höhe** des in Ansatz zu bringenden **Kindesunterhalts** ist nicht auf die Höchstsätze der Düsseldorfer Tabelle begrenzt. Übersteigt das Einkommen der Eltern die Höchstsätze der Düsseldorfer Tabelle, kann eine angemessene Heraufsetzung der Bedarfssätze des Kindesunterhaltes ange-

---

373 *Gutdeutsch*, FamRZ 2014, 1969 (1971); Heiß/Born/*Hußmann* 13.65; BGH v. 22.1.1985 – VI ZR 71/83, FamRZ 1985, 466 (468); OLG Oldenburg v. 12.3.1991 – 12 UF 141/90, FamRZ 1991, 1347 (1348).
374 Eschenbruch/*Klinkhammer*, Rn. 3.98; Wendl/Dose/*Scholz*, § 2, Rn. 718.
375 Palandt/*Brudermüller*, § 1612b Rn. 10.

zeigt sein. Gleichfalls ist zu beachten, dass die Bedarfssätze der Düsseldorfer Tabelle ab 1.1.2010 auf eine 2 Personen gegenüber bestehende Unterhaltspflicht zugeschnitten sind. Bei einer geringeren oder höheren Zahl von Unterhaltsberechtigten kann es angemessen sein, diese Bedarfssätze zu erhöhen oder zu vermindern.

**Sonderbedarf der Kinder**[376] ist unterhaltsrechtlich unverhofft auftretender zusätzlicher Bedarf und daher unterhaltsrechtlich zusätzlich vom anrechenbaren Einkommen abzuziehen. Zum unterhaltsrechtlichen Sonderbedarf der Kinder zählt: 443

- **unvorhergesehene Krankheitskosten**[377] und **Kosten einer kieferorthopädischen Behandlung**[378], sofern diese nicht von der Krankenversicherung übernommen werden;
- Kosten einer **Erstausstattung** für einen Säugling[379];
- Anschaffung von **teuren Musikinstrumenten**[380]

**Mehrbedarf der Kinder**[381] ist regelmäßig auftretender und aus dem Tabellensatz der Düsseldorfer Tabelle nicht zu befriedigender Bedarf. Dazu zählt: 444

- **Schulgeld, Internatskosten**[382] und **Kinderbetreuungskosten** in Kindergarten und Kindertagesstätten[383] oder durch **Pflegepersonen**[384];
- **Hobby- und Sportkosten**, soweit diese nicht aus den Tabellensätzen befriedigt werden können, z.B. **Reiten**[385], **Hundehaltung**[386]. Dabei ist indessen zu berücksichtigen, dass die Selbstbehalte Kosten für Hobbys und Freizeitgestaltung enthalten. Die Kosten der Mitgliedschaft in einem Sportverein sind daher meist in den Tabellensätzen abgebil-

---

376 Zusammenstellung bei Wendl/Dose/*Scholz* § 6 Rn. 14 ff.
377 BGH v. 6.10.1982 – IV b ZR 307/81, FamRZ 1983, 29.
378 OLG Celle v. 4.12.2007 – 10 UF 166/07, FamRZ 2008, 1884.
379 BVerfG v. 17.6.1999 – III ZR 248/98, FamRZ 1999, 1342; OLG Koblenz v. 12.5.2009 – 11 UF 24/09, FamRZ 2009, 2098.
380 BGH v. 11.4.2001 – XII ZR 152/99, FamRZ 2001, 1603.
381 Zusammenstellung bei Wendl/Dose/*Klinkhammer* § 2 Rn. 232, 451.
382 BGH v. 26.11.2008 – XII ZR 65/07, FamRZ 2009, 962; v. 5.6.1985 – IV b ZR 24/84, FamRZ 1985, 917; Wendl/Dose/*Klinkhammer*, § 2 Rn. 451 ff.
383 BGH v. 26.11.2008 – XII ZR 65/07, FamRZ 2009, 962.
384 OLG Düsseldorf v. 8.7.2005 – II-3 UF 21/05, NJW-RR 2005, 1529; OLG Hamm v. 22.5.2006 – 6 WF 302/05, FamRZ 2007, 77; OLG Köln v. 29.10.1998 – 14 WF 157/98, NJW 1999, 295; vgl. auch OLG Zweibrücken v. 6.5.1993 – 5 UF 124/91, FamRZ 1994, 770, 771.
385 BGH v. 5.2.2014 – XI ZR 25/13, FamRZ 2014, 538; kritisch: *Schürmann* in jurisPR-FamR 14/2014 Anm. 6; BGH v. 13.6.2001 – XII ZR 343/99, FamRZ 2001, 986 m. Anm. *Luthin*, FamRZ 2001, 1061; OLG Naumburg v. 26.4.2007 – 3 UF 26/07, FamRZ 2008, 177; OLG Karlsruhe v. 3.8.2004 – 18 UF 248/02, FamRZ 2005, 233.
386 OLG Bremen v. 29.4.2010 – 4 WF 41/10, FamRZ 2011, 43.

det. Bei Musikunterricht dürfte das in der Regel nicht der Fall sein. Es ist zu berücksichtigen, dass ca. 11 % der privaten Konsumausgaben für Hobby und Freizeit erfolgen[387]. Diese Größenordnung kann auch in den mittleren Einkommensgruppen der Düsseldorfer Tabelle angenommen werden. Liegen die Kosten für Hobby und Freizeitgestaltung eines Kindes deutlich über diesen Werten, wären sie im Elternunterhalt gesondert auf die Bedarfssätze aufzuschlagen. Dazu bedarf es indessen konkreten Sachvortrags.

- **Nachhilfekosten**[388], Kosten einer **Musikausbildung**[389]

445 In den Tabellenunterhaltssätzen der Düsseldorfer Tabelle sind die ‚**Kosten des Wohnens**' mit 20 % der Tabellensätze enthalten[390].

446 **Praxistipp:**

Da die Frage, in welchem Umfang Kindesunterhalt beim Familienunterhalt zu berücksichtigen ist, bislang noch nicht ausreichende Konturen gewonnen hat, ist bei der Verteidigung gegen Elternunterhaltsansprüche in jedem Fall der Bedarf der Kinder konkret zu belegen, soweit die Tabellenunterhaltssätze der Düsseldorfer Tabelle nicht ausreichend sind. In der anwaltlichen Praxis ist der unterhaltsrechtliche Mehrbedarf der Kinder konkret darzulegen.

### c) Prägender Elternunterhalt und Gattenunterhalt

447 In einigen Fällen kann der **Elternunterhalt** bereits die **ehelichen Lebensverhältnisse** geprägt haben. Dies ist dann der Fall, wenn bereits bei Eheschließung der Unterhaltspflichtige einem Elternteil gegenüber unterhaltspflichtig gewesen ist und bei dauerhaften Unterhaltszahlungen an einen Elternteil die ehelichen Lebensverhältnisse durch Unterhaltsansprüche der Eltern geprägt gewesen sein können[391]. Der BGH hat für diese Fälle eine konkrete Berechnung des sich dann errechnenden Familien- und Trennungs- oder nachehelichen Unterhaltsanspruchs nicht vorgeschrieben, sondern auf die übliche Berechnungsmethode verwiesen.

448 Da danach dem unterhaltsberechtigten Gatten ein Anteil in Höhe seiner Unterhaltsquote vom Einkommen des Unterhaltspflichtigen zusteht,

---

387 Jahrbuch des Statistischen Bundesamtes 2013, 167.
388 OLG Düsseldorf v. 8.2.2007 – 9 UF 72/06, FamRZ 2007, 1684; OLG Düsseldorf v. 8.7.2005 – II-3 UF 21/05, NJW-RR 2005, 1529.
389 Wendl/Dose/*Klinkhammer*, § 6 Rn. 17.
390 Süddeutsche Leitlinien (s.www.famrz.de) Ziff. 21.5.2.; Wendl/Dose/*Gerhardt*, § 1 Rn. 469.
391 BGH v. 19.2.2003 – XII ZR 67/00, FamRZ 2003, 860.

würde dies für den Unterhaltsanspruch des Elternteils konsequenterweise bedeuten, dass dieser zweistufig zu berechnen wäre: In einer ersten Berechnungsstufe wäre der Elternunterhalt entweder unter vorrangiger Berücksichtigung des Familienunterhaltes oder – im Fall der Trennung – des Gattenunterhaltes zu bestimmen.

In einer zweiten Berechnungsstufe wäre sodann der Elternunterhalt durch einen Zuschlag in Höhe der Unterhaltsquote für den Gatten zu erhöhen und der Gattenunterhalt entsprechend zu vermindern. 449

Im nachfolgenden Beispiel wird der Eltern- und Gattenunterhalt berechnet, wenn die Elternunterhaltspflicht bereits die ehelichen Lebensverhältnisse geprägt hat. 450

Leben die Ehegatten bereits getrennt, ist der Elternunterhalt nachrangig zu ermitteln: 451

| Konkurrenzberechnung: Elternunterhalt ./. Familienunterhalt | | |
|---|---|---|
| **1. Stufe: Bestimmung des Elternunterhalts:** | | |
| | Mann | Frau |
| anrechenbares bereinigtes Einkommen | 4.000,00 € | 0,00 € |
| Familieneinkommen | 4.000,00 € | |
| Anteile: | 100 % | 0 % |
| Sockelselbstbehalt | 3.240,00 € | |
| Einkommen > Sockelselbstbehalt | 760,00 € | |
| Zuschlag auf Sockelselbstbehalt 45 % | 342,00 € | |
| Familienselbstbehalt | 3.582,00 € | |
| Anteil | 3.582,00 € | |
| **Unterhaltsrechtl. Leistungsfähigkeit** | **418,00 €** | |
| **2. Stufe: Bestimmung des Gattenunterhalts:** | | |
| anrechenbares Einkommen | 4.000,00 € | |
| ./. Elternunterhalt | – 418,00 € | |
| prägendes Einkommen | 3.582,00 € | |
| **Gattenunterhalt: 3/7 von 3.582,00** | **1.535,14 €** | |
| Resteinkommen: 3.582,00 – 1.535,14 | 2.046,86 € | |

| Konkurrenzberechnung: Elternunterhalt ./. Gattenunterhalt ||| 
|---|---|---|
| **1. Stufe: Bestimmung des Gattenunterhalts:** |||
|  | Mann | Frau |
| anrechenbares Einkommen | 4.000,00 € | 0,00 € |
| Gattenunterhalt: 3/7 von 4.000,00 | 1.714,29 € | |
| anrechenbares bereinigtes Einkommen | 2.285,71 € | |
| **2. Stufe: Bestimmung des Elternunterhalts:** |||
| anrechenbares bereinigtes Einkommen | 2.285,71 € | |
| Sockelselbstbehalt | 1.800,00 € | |
| Einkommen > Sockelselbstbehalt | 485,71 € | |
| Zuschlag auf Sockelselbstbehalt 50 % | 242,86 € | |
| individueller Selbstbehalt | 2.042,86 € | |
| **Elternunterhalt: 2.285,71 – 2.042,86** | 242,86 € | |
| Resteinkommen: 2.285,71 – 242,86 | 2.042,85 € | |

**452** Durch diese zweistufige Berechnung wäre einerseits der Vorrang des Gattenunterhaltes sichergestellt und zum anderen dem Umstand Rechnung getragen, dass der Elternunterhalt bereits die ehelichen Lebensverhältnisse geprägt hat. Selbstverständlich muss in diesen Fällen das Ergebnis auf seine Angemessenheit hin überprüft werden.

**d) Vertragliche Unterhaltsansprüche und Unterstützungsleistungen**

**453** Da Elternunterhalt meist im fortgeschrittenen Alter der Unterhaltspflichtigen auftritt, sind Fälle nicht selten, in denen Eltern ihren Kindern – oder auch Stiefkindern oder Dritten – eine Ausbildung, einen PKW, eine Wohnung oder andere Bedarfsgegenstände finanzieren, obwohl eine gesetzliche Unterhaltspflicht bereits erfüllt ist (z.B. es wurde bereits eine berufsqualifizierende Ausbildung finanziert) oder nie bestanden hat (Unterhalt für Stiefkind). Auch unterstützen viele Eltern ihre Kinder auch in fortgeschrittenem Alter durch Beiträge zur Wohnungsfinanzierung, Übernahme von PKW-Kosten etc. Hintergrund solcher Leistungen ist oftmals schlichte Freigiebigkeit **ohne Rechtsbindungswillen**. Solche Leistungen können jederzeit eingestellt werden, weil der Begünstigte keinen Rechtsanspruch auf sie hat und die begünstigte Person keinen Vertrauensschutz genießt.

Es kann aber auch anders sein. Sagen Eltern einem Kind z.B. die Übernahme der Kosten einer **Zweitausbildung** zu, so wird sich das Kind in seiner Lebensplanung darauf einstellen und die Zweitausbildung – gestützt auf die Kostenübernahme oder Beteiligungserklärung der Eltern – beginnen und fortführen wollen. Eine derartig den Lebensweg und Lebensstandard prägende Vereinbarung kann nur **mit Rechtsbindungswillen** auf beiden Seiten angenommen werden. Dies hat zur Folge, dass der Versprechende sich nicht einseitig von der Vereinbarung lösen kann. Trotz Freigiebigkeit und Freiwilligkeit unterliegt einer solchen Zusage ein rechtsgeschäftlicher Bindungswille, der vom Begünstigten gegebenenfalls auch eingeklagt werden könnte. Ähnlich ist es, wenn sich Personen an **Mietkosten** Dritter beteiligen und diese deswegen eine Wohnung größeren Zuschnitts wählen, als es die eigenen Einkommens- und Vermögensverhältnisse zuließen. Auch in diesen Fällen kann sich der Leistende nicht einseitig aus dem Vertrag lösen. Dass ein solcher Vertrag meist nicht schriftlich fixiert ist, ist unbedenklich. Zwar ist die Verpflichtung zur Leistung freiwillig und unentgeltlich und damit möglicherweise eine **Schenkung** nach § 516 BGB[392]. Der Mangel der notariellen Form nach § 518 BGB wird allerdings durch die Aufnahme der regelmäßigen Zahlungen nach § 518 Abs. 2 BGB geheilt. Die Unterstützungsleistung ist dabei keine Kette einzelner Schenkungen. Vielmehr ist der Schenkungsgegenstand die ‚Ausbildungsfinanzierung' oder ‚Unterstützung zur Wohnungsfinanzierung'. Mit der ersten Zahlung wird die versprochene Leistung ‚bewirkt' und damit der Mangel der Form geheilt.

454

Aus dem Familienrecht ist die ‚**ehebezogene Zuwendung**'[393] bekannt, die nicht als Schenkung zu qualifizieren ist. Der BGH hat in einer Entscheidung vom 19.9.2012[394] auf seine langjährige Rechtsprechung[395] Bezug genommen und festgestellt:

455

> „Eine **ehebezogene (unbenannte) Zuwendung** liegt vor, wenn ein Ehegatte dem anderen einen Vermögenswert **um der Ehe** willen und als Beitrag zur Verwirklichung und Ausgestaltung, Erhaltung oder Sicherung der ehelichen Lebensgemeinschaft zukommen lässt, wobei er die Vorstellung oder Erwartung hegt, dass die **eheliche Lebensgemeinschaft Bestand haben und er innerhalb dieser Gemeinschaft am Vermögenswert und dessen Früchten weiter teilhaben** werde. Darin liegt die **Geschäftsgrundlage der Zuwendung**."

Dieser Gedanke ist auch für die Fälle einer gesetzlich nicht geschuldeten Leistung an Familienangehörige zu verwerten. Die Rechtsfigur einer

456

---

392 BFH v. 12.8.1960 – VI 82/60 U, BB 1960, 1122.
393 *Waas*, FamRZ 2000, 453; *Seif,* FamRZ 2000, 1193; *Löhnig*, FamRZ 2003, 1521; *Winklmair*, FamRZ 2006, 1650; vgl. auch die Darstellung in *Schulz/Hauß*, Vermögensrecht, Kap. 6, 3. Abschnitt.
394 BGH v. 19.9.2012 – XII ZR 136/10, FamRZ 2012, 1789 (m. Anm. *Hoppenz*) = FF 2012, 498 (m. Anm. *Schulz*).
395 BGH v. 30.6.1999 – XII ZR 230/96; v. 23.4.1997 – XII ZR 20/95, FamRZ 1997, 933.

**familienbezogenen Zuwendung** wäre in Anlehnung an die ehebedingte Zuwendung geeignet, solche Leistungen aus der Volatilität einer Schenkung zu lösen und ihnen unterhaltsrechtliches Gewicht und Beachtung zu verschaffen. Dabei wäre nicht jede an einen Familienangehörigen erbrachte Leistung auch unterhaltsrechtlich beachtlich. Maßgeblich wäre, ob der Leistungsempfänger

- auf die Fortzahlung der Leistung vertrauen durfte und
- sich in seinem Lebenszuschnitt auf den Fortbestand der Leistung eingerichtet hat und es ihm – auch vor dem Hintergrund des hinzutretenden Unterhaltsbedarfs der Eltern des Leistenden – nicht zugemutet werden kann, auf die Leistung zu verzichten.

457   Legt man diese Kriterien an, wären gesetzlich nicht geschuldete Beiträge zur Ausbildung eines Kindes, zur Verbesserung seiner Wohn- und Lebenssituation (Mietunterstützung, Übernahme von Immobiliendarlehen) geschützt, soweit bei Wegfall der Leistungsempfänger seine konkrete Lebenssituation zu verändern hätte und diese Veränderung nicht zumutbar ist. Ein Ausbildungsabbruch oder ein Umzug mit der Familie ist sicher nicht zumutbar. Der Umstieg auf ein kleineres Auto, der Verzicht auf eine Urlaubsreise, Theater- und Restaurantbesuche wären dem Leistungsempfänger dagegen ohne weiteres zuzumuten. Sein Lebensstandard wird von der Lebensstandardgarantie des Elternunterhalts nicht erfasst, wenn eine wirtschaftlich selbständige Lebensstellung erreicht war.

458   **Praxistipp:**

> Ob die oben dargestellte Wirksamkeit des Unterstützungsversprechens tatsächlich vor der Rechtsprechung Bestand hat, muss abgewartet werden. Betroffenen ist in jedem Fall zu empfehlen, eine entsprechende Unterstützungsvereinbarung in notarieller Form abzugeben.

**(1) Vertraglicher Unterhalt als Schenkung**

459   Problematisch ist, dass der Zuwendende – sofern man das Unterstützungsversprechen als **Schenkung** qualifiziert – dieses nach § 519 Abs. 1 BGB kondizieren kann, wenn er durch das Versprechen an der Erfüllung seiner ihm gesetzlich obliegenden Unterhaltspflichten gehindert ist. Bedarf der Begünstigte allerdings die Zuwendung um seinen Lebensunterhalt oder den der ihm gegenüber unterhaltsberechtigten Personen zu erfüllen, kann er die Herausgabe des Geschenks verweigern (§ 529 Abs. 2 BGB) (Rn. 993 ff.). Für die geleisteten Unterhaltsraten wird der Begünstigte ‚Verbrauch' und damit Entreicherung einwenden. Die laufenden und zukünftigen Zahlungen könnten indessen dann eingestellt werden, wenn man entgegen der hier vertretenen Meinung die einzelnen Unterstützungs-

leistungen als konsekutive unentgeltliche Zuwendungen begriffe und nicht als Leistungen eines einheitlich gegebenen Unterstützungsversprechens. Soweit ersichtlich ist bislang dazu noch keine Rechtsprechung ergangen. Es bliebe daher abzuwarten, wie die Rechtsprechung im konkreten Fall reagiert. In der Auseinandersetzung mit einzelnen Sozialhilfeträgern hat der Autor positive Erfahrungen gemacht.

**(2) Vertraglicher Unterhalt als ‚Ausstattung'**

Ein ‚vertragliches **Unterhaltsversprechen**' kann auch als ‚**Ausstattung**' i.S.d. § 1624 BGB angesehen werden (vgl. auch Rn. 1006 ff.). Grundsätzlich kann Gegenstand einer Ausstattung nahezu jede Vermögenszuwendung sein. Dazu zählen[396] fortlaufende Zahlungen, Renten[397] und auch Naturalleistungen, zu denen z.b. Aufnahme in den Haushalt und Verköstigung im Rahmen einer unterhaltsrechtlich nicht geschuldeten Aus- oder Fortbildung[398]. Auch in dem Fall, dass man eine ‚vertragliche Unterhaltsleistung' als Ausstattung ansieht, bleibt indessen die Schwierigkeit bestehen, ob man das Unterhaltsversprechen oder die einzelnen Leistungen als Gegenstand der Ausstattung ansieht. Kann nämlich der Unterhaltsbedarf der pflegebedürftig gewordenen Eltern unterhaltsrechtlich durch das Kind nicht abgedeckt werden, könnte sich, wenn man jede einzelne Zahlung als Ausstattung begriffe, die Ausstattung unter dem Aspekt des Verstoßes gegen das Übermaßgebot (vgl. Rn. 1008) wiederum als Schenkung zu klassifizieren sein, die der Revokation unterläge. Gerade aber bei Annahme einer Ausstattung, die nach dem Normwortlaut ‚zur Erhaltung der Wirtschaft oder der Lebensstellung' des Begünstigten erfolgt, wäre dieser Ansatz unbrauchbar. ‚Lebensstellung' ist etwas Dauerhaftes. Die Verpflichtung zu gesetzlich nicht geschuldeten Unterhaltsleistungen hat einen zeitlichen Aspekt und kann daher nicht eine Kette unzusammenhängender Zuwendungen sondern nur als einheitlicher Zuwendungsakt angesehen werden.

460

**(3) Vertraglicher Unterhalt als Schuldversprechen**

Die verpflichtende Anerkennung eines gesetzlich nicht geschuldeten Unterhaltsanspruchs kann nicht als Schuldversprechen i.S.d. § 780 BGB zu sehen sein. Ein solches setzt vielmehr auch in Form des abstrakten Schuldversprechens das Bestehen einer Schuld voraus, bedarf mithin einer Grundverpflichtung[399]. Zu beachten ist das Schrifterfordernis beim Schuldversprechen, das aber bereits dann erfüllt ist, eine Unterzeichnete schriftliche (nicht elektronische) Erklärung vorliegt (§ 126 BGB). Notarielle Form ist

461

---
396 Vgl. die Zusammenfassung bei Erman/*Michalski/Döll*, § 1624 Rn. 4.
397 NK-BGB/*Czeghun*, § 1624 Rn. 3; FA-Komm-FamR/*Büte*, § 1624, Rn. 2.
398 JURIS-PK FamR/*Kerscher*, § 1624 Rn. 56.
399 Erman/*Wilhelmi*, Vor § 780 Rn. 2.

nicht erforderlich. Auch die Aufnahme der Verpflichtung in einem gerichtlich protokollierten Vergleich (§ 126a BGB) ist ausreichend[400]. Die rechtliche Wertung eines Unterhaltsversprechens als Ausstattung (vgl. Rn. 460) wird dem Parteiwillen wohl am ehesten gerecht.

462 **Praxistipp:**

Zur Vermeidung von Beweisschwierigkeiten und zur Beseitigung eventueller Formmängel für den Fall, dass nicht Kinder über § 1624 BGB begünstigt werden sollen, sondern die Vereinbarung als ‚Schenkung' zu qualifizieren ist, wird dringend die Abgabe des Versprechens in notarieller Form (§ 518 BGB) empfohlen. Wenn die Beteiligten dies vermeiden wollen, sollte jedenfalls Schriftform gewählt werden.

463 Beruft sich ein unterhaltspflichtiges Kind auf die die unterhaltsrechtliche Leistungsfähigkeit gegen den Elternunterhaltsanspruch beeinflussende vertragliche Unterhaltsverpflichtung, trägt es zur Glaubhaftigkeit der eingegangenen Verpflichtung bei, wenn die Zahlungen belegt und die Umstände der Verpflichtung gegenüber dem Unterhalt begehrenden Elternteil gut dokumentiert und dargestellt werden können. Vertragliche Unterhaltsverpflichtungen ‚in letzter Minute' vor der Inanspruchnahme auf Elternunterhalt einzugehen, wird in der Regel nicht nur Argwohn, sondern auch rechtliche Widerstände mobilisieren.

**(4) Sonstige tatsächliche Leistungen für Dritte**

464 Die sich mehr und mehr aus der Ehezentriertheit lösenden Lebensverhältnisse führen dazu, dass immer mehr Nichtverheiratete zusammenleben und wechselseitige Verpflichtungen füreinander eingehen. Lebt z.B. ein nicht verheiratetes Paar zusammen und erzielt nur einer der beiden Einkommen, fragt sich, ob Beiträge des den Eltern gegenüber unterhaltspflichtigen Kindes an den Lebensgefährten zu Finanzierung seines Unterhaltsbedarfs bei der Berechnung der unterhaltsrechtlichen Leistungsfähigkeit den Eltern gegenüber berücksichtigungsfähig sind. Anders als in den Fällen familienbezogener Zuwendungen (vgl. Rn. 453 ff.) kann in diesen Fällen nicht immer das Argument des Familienschutzes aus Art. 6 GG aktiviert werden. Unter Familie wird das ‚Zusammenleben von mehr als einer Generation unter einem Dach'[401] begriffen. Dieser Schutz griffe, wenn noch Kinder eines der beiden Lebensgefährten in den Patchwork-Verbund ein-

---

400 Palandt/*Sprau*, § 780 Rn. 6.
401 BVerfG v. 14.11.1973 – 1 BvR 719/69, FamRZ 1974, 122; Maunz/Dürig/Herzog/*Badura*, Art. 6 GG Rn. 3.

bezogen wären[402]. Ist das nicht der Fall, können Leistungen des unterhaltspflichtigen Kindes an einen **Lebensgefährten** solange nicht unter dem Aspekt des ‚Familienschutzes' abzugsfähig sein, solange man die von den Lebensgefährten abgelehnte rechtliche Verstetigung ihrer Beziehung auch auf Unterhaltsansprüche von außerhalb dieser Beziehung stehenden Personen erstreckt. Selbstverständlich können die Lebensgefährten die unterhaltsrechtliche Anerkennung ihrer Verbindung durch Heirat herbeiführen. Dann wären die ehelichen Lebensverhältnisse indessen bereits durch den Elternunterhalt geprägt (vgl. Rn. 447 ff.) und der Familienunterhalt eingeschränkt.

Allerdings gilt im Elternunterhalt die **Lebensstandardgarantie**[403]. Zum Lebensstandard des unterhaltspflichtigen Kindes gehört das Zusammenleben mit dem Gefährten. Die unterhaltsrechtliche Inanspruchnahme darf daher eine Beeinträchtigung dieses Lebensniveaus nicht verursachen, was aber regelmäßig anzunehmen wäre, wenn eventuelle Unterstützungsleistungen für den Lebensgefährten unterhaltsrechtlich unbeachtet blieben. Dabei dürfen nicht die gleichen Maßstäbe des ehelichen Unterhaltsrechts auf die nichteheliche Lebensgemeinschaft übertragen werden. Die Leistungen für den Lebensgefährten können daher nicht im Umfang des ‚Familienunterhalts' anerkannt werden, sondern es müssen andere Kriterien gefunden werden. Dies hat nicht den Grund ein verfassungsrechtlich nicht gebotenes ‚**Abstandsgebot**[404]' zwischen Ehe und Lebensgemeinschaft zu verwirklichen sondern folgt ganz eigenen Grundsätzen der Lebensstandardsicherung des unterhaltspflichtigen Kindes, die dem sonstigen Unterhaltsrecht nur als Anspruch (Gattenunterhalt nach den ‚ehelichen Lebensverhältnissen', § 1578 BGB) bekannt ist, deren Verwirklichung indessen stets an mangelnder Leistungsfähigkeit scheitert. Die für das Kind geltende Lebensstandardgarantie kann nicht als Expander auch für den Lebensstandard des Lebensgefährten missbraucht werden, weshalb dessen Bedarf – soweit er nicht aus eigenen Einkünften abgedeckt ist nur moderat oberhalb des Existenzminimums anzunehmen ist. Anhaltspunkte für die Höhe der angemessenen Unterstützungsleistungen für den Lebensgefährten liefert die **Hausmannsrechtsprechung**[405]. Führt der nicht vollerwerbstätige Lebensgefährte des unterhaltspflichtigen Kindes dessen Haushalt, können die dafür erforderlichen Aufwendungen vom Einkommen der unterhaltspflichtigen Person abgezogen werden. Dies ist ein Betrag von ca. 800 €, der auch den gesamten Lebensbedarf des einkommenslosen Lebenspartners (einschließlich der **Krankenversicherungskosten**) abdeckt. Die **Wohn-**

465

---

402 BVerfG v. 14.12.2006 – 1 BvR 2236/06, FamRZ 2007, 273.
403 BGH v. 23.10.2002 – XII ZR 266/99, FamRZ 2002, 1698.
404 BVerfG v. 17.7.2002 – 1 BvF 1/01, FamRZ 2002, 1169.
405 BGH v. 21.2.2001 – XII ZR 308/98, FamRZ 2001, 614.

kosten des einkommenslosen Lebensgefährten werden über die Lebensstandardgarantie für das unterhaltspflichtige Kind abgesichert.

466 Wohnen Lebensgefährten gemeinsam in einer ihnen zu je ½ gehörenden Immobilie und ist einer von ihnen einkommensschwach oder einkommenslos, werden die Tilgungsleistungen für die Immobilie entweder ganz oder zumindest teilweise vom einkommensstärkeren Gefährten erbracht. Die Übernahme der Tilgungsleistungen führt daher zu einer Bereicherung Dritter, die am Elternunterhaltsverhältnis nicht beteiligt sind. Unterhaltsrechtlich sind auch solche **Tilgungsleistungen** ‚für fremde Rechnung' zu berücksichtigen, wenn ansonsten die Immobilie nicht gehalten werden könnte oder der Lebensstandard nachhaltig und dauerhaft gesenkt werden müsste. Dieses Ergebnis führt bei Sozialhilfeträgern oftmals zu Verständnisschwierigkeiten. Diese sehen in der Tilgung der Immobilienverbindlichkeit eine ‚freigiebige Bereicherung' des Lebensgefährten, die dem gesetzlichen Unterhaltsanspruch des Elternteils nicht zum Nachteil der öffentlichen Finanzen entgegengehalten werden könnten. Diese Sichtweise verkennt jedoch die tiefe Dimension der Lebensstandardgarantie einerseits und die Konsequenzen des Alternativverhaltens der unterhaltspflichtigen Person. Würde das unterhaltspflichtige Kind die Immobilienhälfte des Lebensgefährten übernehmen, wären Zins- und Tilgungsleistungen im Rahmen der Lebensstandardgarantie vollständig im Rahmen der Kosten des Wohnens zu berücksichtigen. Die ‚Überversorgung' mit Wohnraum würde sich materiell nicht niederschlagen, da als Wohnvorteil nur der ‚angemessene **Wohnvorteil** ' berücksichtigt werden könnte (vgl. Rn. 269). Auch die Mehrung ‚fremden Vermögens' ist damit unterhaltsrechtlich hinzunehmen, weil die unterhaltsrechtliche Verwertung dieses Vermögens nicht in Betracht komm. Die selbst bewohnte Immobilie ist immer vor Verwertung im Elternunterhalt geschützt und stellt kein Altersvorsorgevermögen dar[406].

467 Leistungen an Dritte, die keinen Bezug zum Lebensstandard des unterhaltspflichtigen Kindes haben (wie z.B. **Spenden** und karitative **Patenschaften**) können indessen unterhaltsrechtlich nicht gesondert berücksichtigt werden sondern sind aus dem Selbstbehalt zu finanzieren.

### e) Probleme und Chancen des vorrangigen Unterhaltes

468 Da alle anderen Unterhaltsansprüche dem Elternunterhalt vorgehen, bietet der Unterhalt ein weites Feld zur Beeinflussung der Leistungsfähigkeit des Unterhaltspflichtigen. Im Kindesunterhalt bietet die Düsseldorfer Tabelle allenfalls einen Anhaltspunkt, den Barunterhaltsbedarf eines Kindes zu ermitteln. Die Unterhaltssätze der Düsseldorfer Tabelle sind nämlich nicht auf die Festlegung eines Unterhaltsbedarfs gegenüber nachrangig

---

406 BGH v. 7.8.2013 – XII ZB 269/12, FamRZ 2013, 1554.

Unterhaltsberechtigten zugeschnitten, sondern sollen Anhaltspunkte für den Unterhaltsbedarf einer auseinander gebrochenen Familie geben. In der Familie ist jedoch zumeist der Unterhaltsbedarf gleichrangiger Unterhaltsberechtigter in Konkurrenz zueinander zu beurteilen. Außerdem sind die Bedarfssätze der Düsseldorfer Tabelle keine gesetzgeberische Festlegung des Barbedarfs. Im Verhältnis zu den Eltern des Unterhaltspflichtigen markieren die **Bedarfssätze der Düsseldorfer Tabelle** daher allenfalls die unterste Grenze. Eine pauschale Aufstockung der Tabellensätze erscheint zur Aufrechterhaltung des Lebensstandards der Familie der unterhaltspflichtigen Person angezeigt (vgl. Rn. 439). Im Streitfall muss der Unterhaltspflichtige ggf. den Bedarf des Kindes konkret bestimmen. Lebt das Kind noch im Haushalt des Unterhaltspflichtigen, sind die Wohnkosten des Kindes in den vorab vom anrechenbaren Einkommen des Pflichtigen abzuziehenden Wohnkosten des Unterhaltspflichtigen enthalten (vgl. Rn. 550 ff.). Nicht enthalten sind jedoch alle Mehrkosten, die das Kind verursacht. Diese fangen bei kostspieligen Freizeitaktivitäten des Kindes an, gehen über Nachhilfe- und Musikunterricht sowie sportliche Aktivitäten bis hin zu in diesem Zusammenhang als Sonderbedarf zu begreifende schulische Aktivitäten wie Klassenfahrten, Auslandsaufenthalte u.Ä.

Bei nicht mehr im elterlichen Haushalt lebenden Kindern ist zu deren Barbedarf neben den ggf. anfallenden Krankenversicherungskosten auch der Versorgungsbedarf zu rechnen. Als Versorgungsbedarf gelten z.B. die von den Eltern zusätzlich zum regelmäßigen Bedarf finanzierten Heimfahrten, Aufwendungen für Kleidung, die Wäschepflege und Naturalsubventionen in Form von Nahrungsmitteln. Die vielfach vorhandene Subventionierung des Studenten-Pkw durch die Eltern ist ebenfalls im Rahmen des Elternunterhaltes zu berücksichtigen. Gleichgültig ist dabei, ob nur Versicherungs- und Steuerkosten von den Eltern abgedeckt werden oder auch die Kosten des laufenden Betriebes. In den Tabellenunterhaltssätzen für einen Volljährigen sind PKW-Kosten nicht erfasst. Sie können allerdings angesichts des hohen Motorisierungsgrades der Studenten und Jugendlichen nicht als Luxus begriffen werden. Bei realistischer Betrachtungsweise können derartige Aufwendungen eine überraschende Höhe annehmen. **469**

**Praxistipp:** **470**

Da in der Auseinandersetzung mit den Trägern der Sozialhilfe der Kindesunterhalt bei auswärtig untergebrachten Kindern regelmäßig nach den Tabellensätzen der unterhaltsrechtlichen Leitlinien der OLG bestimmt wird, empfiehlt es sich, mit dem aushäusig untergebrachten Kind Unterhaltsvereinbarungen vertraglich zu fixieren, um sie dem Träger der Sozialhilfe vorlegen zu können. Aus familienrechtlichen Grundsätzen kann eine Elternunterhaltsverpflichtung nicht zu einer Abänderungsklage bezüglich des Kindesunterhaltes zwingen. Darüber hinaus veröffentlicht das Deutsche Studentenwerk regelmäßig die tatsächliche Höhe des Lebensbedarfs eines Studenten, die nicht nur die BAföG-Sätze sondern auch die Sätze der Düsseldorfer Tabelle regelmäßig übersteigen.

## 5. Berufsbedingte Aufwendungen

### a) Fahrzeugkosten

471 Für den Abzug **berufsbedingter Aufwendungen** vom Einkommen des Unterhaltspflichtigen gelten keine Besonderheiten. Es gilt der in den Leitlinien der Oberlandesgerichte verankerte Grundsatz, dass diese entweder konkret belegt werden müssen[407] und dann in Höhe ihres tatsächlichen Anfalls abzugsfähig sind, oder aber eine Pauschale in Höhe von 5 % entweder mit oder ohne Ober- und Untergrenzen gilt[408].

472 Das gleiche gilt auch für die **Fahrtkosten** zur Erreichung der Arbeitsstelle[409]. Diese werden – regional unterschiedlich – mit ca. 0,30 € für jeden gefahrenen Kilometer in Ansatz gebracht. Einige OLGe nehmen bei längeren beruflich veranlassten Fahrstrecken ab einer bestimmten Entfernung (meist 30 Km) einen niedrigeren Kilometersatz an[410]. Es ist darauf hinzuweisen, dass in den berücksichtigten Kosten für Entfernungskilometer alle Fahrzeugkosten (einschließlich Anschaffungskosten) enthalten sind. Dies führt dazu, dass i.d.R. neben der beruflich bedingten Fahrtkostenpauschale **PKW-Anschaffungskosten** (Kreditraten) nicht abzugsfähig sein sollen. Dies ist in dieser Absolutheit nicht zutreffend. Wer einen PKW für die Fahrt zur Arbeitsstelle benötigt und nur eine kurze Wegstrecke zu bewältigen hat, kann eine Kreditrate für das Fahrzeug nicht aus den berufsbedingten Aufwendungen von 0,30 € pro gefahrenen Kilometer finanzieren. Sinnvoll wäre es, in diesen Fällen im Unterhaltsrecht so vorzugehen, wie im JVEG[411]. Da-

---

407 Unterhaltsrechtliche Leitlinien der OLGe (s. www.famrz.de), Nr. 10.2.: Bremen, Hamburg, Hamm, Köln, Rostock, Schleswig fordern konkrete Darlegung der berufsbedingten Aufwendungen.
408 Unterhaltsrechtliche Leitlinien der OLGe (s. www.famrz.de), Nr. 10.2.1. alle übrigen OLGe (mit Ausnahme der vorherigen Fn. genannten) lassen einen pauschalen Abzug zu.
409 Unterhaltsrechtliche Leitlinien der OLGe (s. www.famrz.de), Nr. 10.2.2.
410 OLG Bamberg, Bremen, Dresden, Düsseldorf, Frankfurt, Hamburg, Hamm, Karlsruhe, Köln, München, Nürnberg, Saarbrücken, Schleswig, Stuttgart, Zweibrücken.
411 Gesetz über die Vergütung von Sachverständigen, Dolmetscherinnen, Dolmetschern, Übersetzerinnen und Übersetzern sowie die Entschädigung von ehrenamtlichen Richterinnen, ehrenamtlichen Richtern, Zeuginnen, Zeugen und Dritten.

nach werden Zeugen mit einer Kilometerpauschale von 0,25 € pro Kilometer und Sachverständige mit einem Kilometersatz von 0,30 € entschädigt. Einziger Differenzierungsgrund sind die ‚Anschaffungskosten', die in der Kilometerpauschale für Sachverständige enthalten ist:

**§ 5 JVEG Fahrtkostenersatz**

(1) Bei Benutzung von öffentlichen, regelmäßig verkehrenden Beförderungsmitteln werden die tatsächlich entstandenen Auslagen bis zur Höhe der entsprechenden Kosten für die Benutzung der ersten Wagenklasse der Bahn einschließlich der Auslagen für Platzreservierung und Beförderung des notwendigen Gepäcks ersetzt.

(2) Bei Benutzung eines eigenen oder unentgeltlich zur Nutzung überlassenen Kraftfahrzeugs werden

1. dem Zeugen oder dem Dritten (§ 23) zur Abgeltung der Betriebskosten sowie zur Abgeltung der Abnutzung des Kraftfahrzeugs 0,25 Euro,

2. den in § 1 Abs. 1 Satz 1 Nr. 1 und 2 genannten Anspruchsberechtigten zur Abgeltung der Anschaffungs-, Unterhaltungs- und Betriebskosten sowie zur Abgeltung der Abnutzung des Kraftfahrzeugs 0,30 Euro für jeden gefahrenen Kilometer ersetzt zuzüglich der durch die Benutzung des Kraftfahrzeugs aus Anlass der Reise regelmäßig anfallenden baren Auslagen, insbesondere der Parkentgelte. Bei der Benutzung durch mehrere Personen kann die Pauschale nur einmal geltend gemacht werden.

Diese gesetzgeberische Entscheidung kann auch im Elternunterhalt herangezogen werden. 473

Im Unterschied zum Deszententenunterhalt kann das unterhaltspflichtige Kind beim Elternunterhalt auch nicht darauf verwiesen werden, statt des eigenen PKW öffentliche Verkehrsmittel zu nutzen. Die grundsätzlich im Elternunterhalt geltende Lebensstandardgarantie[412] berechtigt das unterhaltspflichtige Kind trotz der entstehenden Unterhaltsbedürftigkeit eines Elternteils den Arbeitsplatz in gleicher Weise wie vor dem Entstehen der neuen Unterhaltsverpflichtung aufzusuchen. In eindeutigen Missbrauchsfällen mag eine Korrektur angebracht sein, grundsätzlich muss indessen gelten, dass der einmal erreichte Lebenszuschnitt fortgesetzt werden kann. 474

---

412 BGH v. 23.10.2002 – XII ZR 266/99, FamRZ 2002, 1698.

475 **Praxistipps:**

> **PKW-Anschaffung und Finanzierung:** Anschaffungskosten eines PKWs sind stets eine große wirtschaftliche Belastung für die Unterhaltspflichtigen und deren Familie. Sie sind daher grundsätzlich unterhaltsrechtlich beachtlich.
>
> Ist in **PKW vor Entstehen der Elternunterhaltspflicht** erworben worden, sind eventuelle Kreditraten vom anrechenbaren Einkommen abzuziehen. Ist das Fahrzeug bar (aus dem Vermögen) erworben worden, können ‚fiktive' Darlehensraten nicht berücksichtigt werden.
>
> Ist der **PKW nach Entstehen der Elternunterhaltspflicht** erworben worden, können Tilgungsraten nur insoweit vom anrechenbaren Einkommen abgezogen werden, als der PKW angemessener Ersatz für ein vorhandenes Fahrzeug darstellt. Ein altersschwacher Kompaktwagen kann daher nicht durch einen fabrikneuen hochwertigen Mittelklassewagen zu Lasten der unterhaltsberechtigten Person ersetzt werden. Wird erstmals nach Entstehen der Unterhaltsverpflichtung ein Fahrzeug angeschafft, ist dies ggfls. zu begründen. Familiäre, berufliche Gründe können eine solche Belastung rechtfertigen. Auch wenn die unterhaltspflichtige Person die Anschaffung mit dem Bedürfnis begründet, die pflegebedürftige Person dadurch besuchen und unterstützen zu können, kann eine solche Aufwendung gerechtfertigt sein.
>
> Da in der Regel die Unterhaltspflichtigen nicht über ein die Schonvermögensgrenze übersteigendes Vermögen verfügen, ist es bei Gefahr der Entstehung einer Elternunterhaltspflicht und auch danach stets ratsam, die **Fahrzeuganschaffung** zu **kreditieren**.

#### b) Zweitwohnung

Zu den ‚berufsbedingten Aufwendungen' gehören auch die Kosten einer arbeitsplatznah gelegenen **Zweitwohnung** und gegebenenfalls Verpflegungsmehraufwendungen, wenn diese am Arbeitsort anfallen, weil eine Zweitwohnung keine hinreichende Möglichkeit bietet, Speisen zuzubereiten. Solche Mehraufwendungen sind plausibel zu begründen und substantiiert zu dokumentieren. Geschieht dies allerdings durch Vorlage von Restaurantrechnungen oder ähnlichen Nachweisen, kann der unterhaltsberechtigte Elternteil sich nicht darauf berufen, Speisen könnten auch behelfsmäßig mit Kochplatte oder Tauchsieder zubereitet werden, wenn die Wohnung keine Küche enthält. Das unterhaltspflichtige Kind wäre berechtigt, am Arbeitsort eine vollausgestattete Wohnung anzumieten, wenn die Entfernung zwischen Arbeits- und Wohnort eine tägliche Arbeitsanreise unzumutbar erscheinen lässt oder vor Entstehung der Unterhaltspflicht die Zweitwohnung bereits angemietet war[413].

### c) Sonstige Positionen

Auch darüber hinaus können berufsbedingte Aufwendungen zu berücksichtigen sein. So können **Gewerkschaftsbeiträge**[414], Berufshaftpflichtversicherungsbeiträge[415] und Hausratsversicherungsprämien[416] vom anrechenbaren Einkommen des Unterhaltspflichtigen abgezogen werden und mindern daher dessen unterhaltsrechtliche Leistungsfähigkeit.

476

**Praxistipp:**

477

**Berufsbedingte Aufwendungen:** In der Praxis werden dabei große regionale Unterschiede in der Abzugsfähigkeit gerade bei beruflich veranlassten Aufwendungen gemacht. Es kann daher nur empfohlen werden, alle denkbaren Abzugspositionen bei der Ermittlung des anrechenbaren Einkommens anzugeben.

### 6. Kreditbelastungen (Zins- und Tilgungsleistungen)

Im Unterschied zum Gatten- und Kindesunterhaltsrecht besteht Einigkeit, dass für die unterhaltsrechtliche Berücksichtigung von Kreditverbindlichkeiten des Unterhaltspflichtigen beim Elternunterhalt ein großzügiger Maßstab anzulegen ist[417]. Dies ist damit zu begründen, dass anders als im Fall des Kindesunterhaltes der Unterhaltspflichtige sich auf die Inanspruchnahme durch seine Eltern nicht einstellen kann[418] und es daher eine nur schwer zumutbare Beschränkung seiner wirtschaftlichen Handlungsfreiheit bedeuten würde, wenn man seine in der Vergangenheit getroffenen wirtschaftlichen Dispositionen nicht akzeptierte.

478

Wie im sonstigen Unterhaltsrecht auch wird man aber im Einzelfall ggf. **Verbindlichkeiten auf ihren Zweck, ihre Dringlichkeit und insbesondere den Zeitpunkt ihrer Entstehung** sowie die Möglichkeit zur Wiederherstellung der Leistungsfähigkeit, also zur Ent- oder Umschuldung

479

---

413 Diese Argumentation wird insbesondere bei BGH-Richtern auf Verständnis stoßen, die vielfach am Arbeitsort lediglich eine kleine Zweitwohnung für die Zeit ihrer Präsenz am Gericht bewohnen.
414 OLG Hamm v. 6.8.2009 – 2 UF 241/08, FamRZ 2010, 303.
415 OLG Köln v. 5.7.2001 – 14 UF 13/01, FamRZ 2002, 572.
416 OLG Düsseldorf v. 17.9.2007 – II-2 UF 61/07, FamRZ 2008, 438.
417 FA-FamR/*Gerhardt*, Kap. 6, Rn. 377.
418 Wendl/Dose/*Wönne*, § 2, Rn. 930.

zu prüfen haben[419]. Auch im Fall der Inanspruchnahme auf Elternunterhalt muss daher der Unterhaltspflichtige die Gründe, die für einen Vorwegabzug der Zins- und Tilgungsleistungen sprechen, darlegen und auch vortragen, aus welchen Gründen eine Um- oder Entschuldung nicht möglich ist.

480  Kredite können grob in **Investitions-** und **Konsumkredite** unterteilt werden.

481  Ein **Investitionskredit** liegt vor, wenn mit dem Kredit ein Wert geschaffen oder angeschafft wurde, der auch noch dann existiert, wenn der Kredit – planmäßige Bedienung unterstellt – bereits abgetragen ist. Ein **Investitionskredit schafft daher Vermögensbildung.** Die Absetzung von Zins- und Tilgungsraten eines derartigen Kredites vom unterhaltsrechtlich anrechenbaren Einkommen des Unterhaltspflichtigen führt demgemäß dazu, dass zu Lasten der Unterhaltsansprüche des Berechtigten Vermögensbildung beim Unterhaltspflichtigen erfolgt. Dies ist im Bereich des Gatten- und Kindesunterhaltes stets fragwürdig. Für den Bereich des Elternunterhaltes gelten insoweit – von Ausnahmen abgesehen – keine Beschränkungen. Sowohl Zins- als auch Tilgungsleistungen können einkommensmindernd vom anrechenbaren Einkommen abgezogen werden[420].

### a) Zeitpunkt der Eingehung der Verbindlichkeit

482  Dem **Zeitpunkt der Eingehung der Verbindlichkeit** kommt dabei eine besondere Bedeutung zu. Hat der Unterhaltspflichtige seine Liquidität durch Zins- und Tilgungsleistungen belastende Verbindlichkeiten zu einem Zeitpunkt aufgenommen, zu dem er mit der Inanspruchnahme auf Unterhalt durch einen Elternteil oder den Sozialhilfeträger rechnen konnte, kann der Vorwegabzug der Kreditbelastung fraglich sein. Es wird daher vertreten, dass positive Kenntnis der Unterhaltsbedürftigkeit oder die Kenntnis einer ‚potenziellen Inanspruchnahme' auf Elternunterhalt[421] die wirtschaftliche Bewegungsfreiheit des Unterhaltspflichtigen begrenzen.[422]

483  Dieser Auffassung ist indessen nicht zu folgen. Eine ‚latente Gefahr', auf Elternunterhalt in Anspruch genommen zu werden, besteht, solange die Eltern leben und das ggf. unterhaltsberechtigte Kind nicht zuverlässig Kenntnis davon hat, dass die wirtschaftlichen Verhältnisse der Eltern ausreichen, die finanziellen Folgen des Pflegefalleintritts beider Eltern zu meistern. Da jedoch der Pflegefall und damit der Regelfall des Eintritts eines Unterhalts-

---

419 BGH v. 19.3.2003 – XII ZR 123/00, FamRZ 2003, 1179; v. 15.11.1995 – XII ZR 231/94, FamRZ 1996, 345.
420 OLG Hamm v. 22.11.2004 – 8 UF 411/00, FamRZ 2005, 1193.
421 BGH v. 25.6.2003 – XII ZR 63/00, FamRZ 2004, 186.
422 Eschenbruch/*Klinkhammer*, Rn. 2.68; *Hußmann*, Elternunterhalt, S. 32; *Born*, FamRB 2004, 193.

bedarfs immer überraschend kommt, kann auf einen ‚latenten Bedarfsfall' nicht abgestellt werden.

Im Regelfall ist eine **Kreditaufnahme** und die daraus folgende Kreditbelastung nur dann unterhaltsrechtlich unbeachtlich, wenn der Unterhaltspflichtige positive Kenntnis vom Bedarfsfall hat. Im Fall des Elternunterhaltes ist dies spätestens mit der Überleitungsanzeige bzw. dem Auskunftsverlagen des Sozialhilfeträgers der Fall und frühestens von dem Zeitpunkt an, in dem der Unterhaltspflichtige Kenntnis vom Pflegebedarf und der Tatsache erhält, dass die Eigeneinkünfte des Unterhaltsberechtigten zzgl. der Leistungen der Pflegeversicherung nicht ausreichen, den Bedarf des Berechtigten zu sichern. In der Regel entfaltet erst die Überleitungsanzeige des Trägers der Sozialhilfe die **Warnfunktion**, leistungsvermindernde Verbindlichkeiten nicht ohne weiteres mehr eingehen zu können. Erst von diesem Zeitpunkt an muss der Unterhaltspflichtige die Eingehung von Verbindlichkeiten auf ihre unterhaltsrechtliche Konformität prüfen. 484

Das betrifft aber nur die Kreditverbindlichkeiten des Unterhaltspflichtigen. Wenn dessen Gatte – gegebenenfalls auch noch nach Kenntnis der Unterhaltspflicht – mit dem eigenen Einkommen Kreditverbindlichkeiten begründet, sind diese unterhaltsrechtlich anzuerkennen. Erwirbt der Gatte daher z.B. einen PKW durch Kreditaufnahme, tätigt er sonstige eigen- oder familiennützige Ausgaben, kann der Sozialhilfeträger diese unterhaltsrechtlich nicht ignorieren, weil **der Gatte des Unterhaltspflichtige**n durch die Unterhaltspflicht in seiner freien Verfügungsgewalt über sein Vermögen nicht beschränkt ist. Er steht in keinerlei Unterhaltsverhältnis zum unterhaltsberechtigten Elternteil und unterliegt daher – von § 1365 BGB abgesehen – auch keinerlei **Verfügungsbeschränkung.** 485

In der Praxis löst die Mitteilung des Sozialhilfeträgers an die Unterhaltspflichtigen, nach Entstehung der Unterhaltspflicht würden neue Kreditverbindlichkeiten nicht mehr einkommensmindernd anerkannt, bei den Betroffenen meist Irritationen aus. Selbstverständlich können auch nach Entstehen der Unterhaltspflicht Kredite berücksichtigt werden, wenn ihre Aufnahme auch unterhaltsrechtlich zu billigen ist. Ein defektes Auto darf (und muss) gegebenenfalls unter Kreditaufnahme repariert oder ersetzt werden, ein defektes Dach darf repariert werden. Dazu müssen auch keine Altersvorsorgerücklagen angegriffen werden. Solange eine notwendige Investition nicht aus laufenden Einkünften zu finanzieren und neben dem Altersvorsorgevermögen ausreichendes Vermögen nicht vorhanden ist, können und müssen notwendige **Erhaltungs- oder Ersatzinvestitionen** über eine Kreditaufnahme finanziert werden. Daran ändert auch ein teils martialischer und obrigkeitsstaatlicher Sprachstil einiger Sozialämter nichts. 486

## b) Elternunterhalt und Verbraucherinsolvenz

**487** Der BGH[423] hat im Verhältnis zum minderjährigen Kind einen Unterhaltspflichtigen gehalten gesehen, sich gegenüber seinen anderen Gläubigern auf die Pfändungsfreigrenzen zu berufen, um vorrangig den Bedarf des minderjährigen Kindes sicherzustellen. Zur Vermeidung eines dauerhaften Anstiegs seiner Verbindlichkeiten durch Zinslasten könne sich der Unterhaltspflichtige in einem Verbraucherinsolvenzverfahren entschulden. Die Entscheidung des BGH betrifft Unterhaltsansprüche minderjähriger Kinder. Ob auch im Verhältnis zu Unterhaltsansprüchen volljähriger Kinder oder des Ehegatten eine Obliegenheit zur Berufung des Unterhaltspflichtigen auf die Pfändungsfreigrenzen und zur Einleitung einer Verbraucherinsolvenz besteht[424], hat der BGH in der Entscheidung offengelassen.

**488** Der BGH hat in der zitierten Entscheidung vom 23.2.2005 eine Obliegenheit zur Einleitung eines Verbraucherinsolvenzverfahrens angenommen[425]. Obliegenheiten bestehen stets nur nach Treu und Glauben. Ihre Annahme setzt stets eine Abwägung zwischen den verschiedenen Belangen der Parteien voraus. Nach § 1603 Abs. 2 BGB ist das Unterhaltsrechtsverhältnis zu einem minderjährigen Kind ein besonders enges Unterhaltsverhältnis. Ihm gegenüber schulden Eltern erhebliche Beschneidungen ihrer wirtschaftlichen Bewegungsfreiheit, sie haben mit dem minderjährigen Kind ‚ihr letztes Hemd' zu teilen. Aus diesem Grund sind einem Unterhaltspflichtigen in einem derartigen Unterhaltsverhältnis besondere Belastungen zuzumuten.

**489** Demgegenüber handelt es sich beim Elternunterhalt um einen schwach ausgestatteten Unterhaltsanspruch[426], dessen Dauer in der Regel kürzerer Natur und dessen Ende nie absehbar ist. Die Berufung auf Pfändungsfreigrenzen und die Einleitung eines Verbraucherinsolvenzverfahrens kann einem Unterhaltspflichtigen aber nur dann obliegen, wenn die damit verbundene Beeinträchtigung der wirtschaftlichen Bewegungsfreiheit zumutbar ist. Beim Elternunterhalt ist das schon deswegen nicht der Fall, weil in der Verbraucherinsolvenz das Einkommen des Unterhaltspflichtigen auf die Pfändungsfreigrenze nach §§ 850 ff. ZPO reduziert wird (§ 287 Abs. 2 InsO). Diese liegt aber deutlich unterhalb des den Eltern gegenüber geltenden Selbstbehaltes von 1.800 €.

---

423 BGH v. 23.2.2005 – XII ZR 183/02, FamRZ 2005, 608.
424 Bejahend insoweit *Melchers/Hauß*, Rn. 260 ff., anders OLG Celle v. 9.2.2006 – 19 UF 209/05 für den Trennungsunterhalt, FamRZ 2006, 1536.
425 Vgl. zur Kritik an diesem dogmatischen Ansatz *Hauß*, FamRZ 2006, 306.
426 BVerfG v. 7.6.2005 – 1 BvR 1508/96, FamRZ 2005, 1051.

## c) Kredite zur Finanzierung von Luxusaufwendungen

Die ständig wiederkehrende Formulierung in der Rechtsprechung des BGH, wonach der Unterhaltspflichtige durch den Elternunterhalt ‚eine spürbare und dauerhafte Senkung seines berufs- und einkommenstypischen Unterhaltsniveaus nicht hinzunehmen brauche, sofern er nicht einen nach den Verhältnissen unangemessenen Aufwand betreibe oder ein Leben in Luxus führe'[427], macht die Grenze für die Berücksichtigung von Kreditaufwendungen deutlich. In den Fällen, in denen sich der Unterhaltspflichtige einen durch seine Einkommensverhältnisse nicht mehr gerechtfertigten Lebensaufwand kreditieren lässt, muss ihm der Vorwegabzug derartiger Aufwendungen versagt bleiben.

490

Konkret bedeutet das:

491

- Die kreditierte Ersetzung eines altersschwachen Golfs durch einen Mittelklasse-Mercedes dürfte unproblematisch, der Ersatz durch einen Maybach dagegen problematisch sein.
- Der kreditierte Umbau des Einfamilienhauses in ein alters- und behindertengerechtes Wohnhaus ist unterhaltsrechtlich nicht zu beanstanden, die Ausstattung mit einer Indoor-Tennisanlage dagegen wohl, weil dies als Luxus-Aufwendung anzusehen wäre. Allerdings könnte auch insoweit bei einem passionierten Tennisspieler, der lange vor der Inanspruchnahme auf Elternunterhalt eine derartige Investition tätigt, eine andere Sichtweise geboten sein.

## d) Immobilienkredite und Aufwendungen für den Unterhalt und Erhalt einer Immobilie

Es wird nicht bezweifelt, dass **Kreditbelastungen** für den Erwerb einer selbstgenutzten Immobilie sowohl in ihrem Zins- als auch in ihrem Tilgungsanteil vom Einkommen des Unterhaltspflichtigen abzuziehen sind. Meist sind Eheleute zu je ½ Eigentümer der von ihnen selbst genutzten Immobilie. Als Gesamtschuldner sind sie nach § 426 Abs. 1 S. 1 BGB im Zweifel im Verhältnis zueinander zu gleichen Teilen zur Begleichung der Kredite verpflichtet. Unter Missachtung dieser gesetzlichen Vermutung teilen Sozialhilfeträger bei der Bestimmung der unterhaltsrechtlichen Leistungsfähigkeit die gesamtschuldnerischen Verbindlichkeiten vielfach zwischen den Eheleuten nach dem Verhältnis ihrer Einkünfte auf. Dies ist von den Betroffenen nicht hinzunehmen (vgl. auch Rn. 1057). Insbesondere bei vermögensbildenden Krediten (**Immobiliendarlehen**) ist einer gesamtschuldnerischen Haftung der Eheleute auch regelmäßig dadurch Rechnung zu tragen, dass die Belastung bei beiden Ehegatten zu je ½ berücksichtigt

492

---

427 BGH v. 15.10.2003 – XII ZR 122/00, FamRZ 2004, 441.

wird. Für die Bestimmung der unterhaltsrechtlichen Leistungsfähigkeit spielt die Zuordnung von Verbindlichkeiten eine Rolle. In jedem Fall gilt: Je geringer das anrechenbare Einkommen des unterhaltspflichtigen Gatten ist, desto geringer ist auch seine unterhaltsrechtliche Leistungsfähigkeit.

493 **Für die Anwaltschaft** ergibt sich daher die Verpflichtung, je nach Fallkonstellation bei gesamtschuldnerischen Verbindlichkeiten die für die Berechnung der Leistungsfähigkeit des unterhaltspflichtigen Kindes günstigste Verteilung der Gesamtschulden unter den Gatten zu finden. Neben der generell geltenden Vermutung gleichteiliger Tilgung, kann auch die Verteilung nach dem Verhältnis der Einkünfte der Gatten gewählt werden, wenn dadurch das Ergebnis optimiert wird. Insoweit wäre eine Vereinbarung der Gatten über die Verteilung einer Gesamtschuld zwischen ihnen herbeizuführen.

494 **Praxistipp:**

**Zur Ausgabenverteilung:** Nach der vom BGH[428] gebilligten Berechnungsmethode (vgl. Rn. 577) wird das Einkommen des unterhaltspflichtigen Kindes stets stärker zum Elternunterhalt herangezogen als das Einkommen des Schwiegerkindes. Deswegen ist es immer günstig und leistungsmindernd, Ausgaben beim unterhaltspflichtigen Kind zu verbuchen.

495 Ob **neben den Immobilienverbindlichkeiten auch Rücklagen für eventuell anfallende Reparaturen** an einer Immobilie zu berücksichtigen sind, ist fraglich. Überwiegend wird dies abgelehnt. Indessen ist zu berücksichtigen, dass das bei Eigentumswohnungen vom Eigentümer zu zahlende **Hausgeld** fraglos als Immobilienbelastung einkommensmindernd in Abzug gebracht wird[429]. Das Hausgeld enthält jedoch auch Bestandteile, die keinen unmittelbaren Verbrauch abdecken, sondern Rücklagen für allfällige **Immobilienreparaturen** am Gemeinschaftseigentum darstellen. Wenn im Fall einer Eigentumswohnung derartige Rücklagen berücksichtigungsfähig sind, müssen sie jedoch auch bei einem selbstgenutzten Einfamilienhaus berücksichtigt werden. In welcher Höhe derartige Rücklagen unterhaltsrechtlich zu berücksichtigen sind, kann fraglich sein. Einer ordnungsgemäßen Immobilienbewirtschaftung wird es entsprechen, wenn Rücklagen für Reparaturen in Höhe von 4% bis 5% des Immobilienwertes gebildet werden[430].

---

428 BGH v. 28.7.2010 – XII ZR 140/07, FamRZ 2010, 1535.
429 BGH v. 5.2.2014 – XII ZB 25/13, FamRZ 2014, 538; BGH v. 14.1.2004 – XII ZR 149/01, FamRZ 2004, 792; OLG Hamm v. 7.6.1989 – 8 UF 475/87, FamRZ 1989, 871.
430 Ähnlich *Person/Gühlstorf*, ZfF 2009, 73 (79).

Folgt man bei der Bestimmung des Wohnvorteils der Rechtsprechung des BGH[431], wonach der Wohnvorteil wie Einkommen zu behandeln und nur um die auf die Mieter nicht umlegbaren Zins- und Tilgungsleistungen zu mindern ist (vgl. Rn. 265), wären alle **Verbrauchskosten** aus dem **Hausgeld** zu eliminieren.

496

**Praxistipp (für Anwälte):**

497

**Immobilienrücklagen:** Der Anwaltschaft ist zu empfehlen, nicht darauf zu vertrauen, dass Gerichte und Behörden eine allgemeine Reparaturrücklage unterhaltsrechtlich akzeptieren. Vielmehr sollte in den Fällen stets konkret vorgetragen werden,

- aus welchem Jahr die Immobilie stammt,
- wie ihr Erhaltungszustand ist,
- welche konkreten Reparaturmaßnahmen erforderlich und geplant sind,
- welche Kosten dafür zu veranschlagen sind und diese gegebenenfalls durch Kostenvoranschlag nachzuweisen.

Gerade bei Sanierung- und Renovierungsaufwendungen für Immobilien kann der Praxis nur dringend empfohlen werden, diese über lange Zeiträume zu dokumentieren und in das Verfahren einzubringen.

Es empfiehlt sich stets, Rücklagen für eine Immobilie einen sehr konkret zu bezeichnenden Verwendungszweck zuzuschreiben und diesen Verwendungszweck mit einem gegebenenfalls vorhandenen Miteigentümer vertraglich zu fixieren. In der Praxis akzeptieren die Träger der Sozialhilfe Reparaturrücklagenbildung dann, wenn z.B. durch Kostenvoranschläge die Sanierungsbedürftigkeit und die Kosten der Sanierung bestätigt werden.

498

**Tatsächlich anfallende Immobiliensanierungen und -reparaturen** werden von den meisten Sozialhilfeträgern auf eine angemessene Zeitspanne verteilt. Ist z.B. eine Dachreparatur im Jahr 2008 für 10.000 € durchgeführt worden, kann dieses Investitionsvolumen – auch wenn es nicht kreditfinanziert war – über einen Zeitraum von 5 bis 10 Jahre verteilt werden. Das kann zu Kumulation von Instandhaltungskosten führen, wenn z.B. im vorangehenden Jahr die Fenster ebenfalls für 10.000 € in Stand gesetzt wurden. Die Sozialhilfeträger beginnen mit derartigen zeitlich gestreckten Instandhaltungskosten stets erst im Jahr der einsetzenden Unterhaltsverpflichtung. Tatsächlich sind jedoch übertragene Instandhaltungskosten auch aus den dem Einsatz der Unterhaltsverpflichtung voraus-

499

---

431 BGH v. 5.2.2014 – XII ZR 25/13, FamRZ 2014, 538.

gehenden Zeiträumen in den Unterhaltszeitraum hineinzurechnen, sofern tatsächlich derartige Investitionen nachgewiesen werden.

500 Der Abzug von Zins- und **Tilgungsleistungen** für selbst bewohnte Immobilien ist allerdings immer nur dann völlig unproblematisch, wenn die Verbindlichkeit vor Entstehen der Unterhaltsverpflichtung eingegangen wurde, weil sie dann durch die **Lebensstandardgarantie**[432] gedeckt ist. Da die selbst bewohnte Immobilie selbst kein Altersvorsorgeschonvermögen ist[433], sind auch die Tilgungsleistungen nicht der Altersvorsorgerücklage zuzurechnen (vgl. Rn. 666 ff.). **Sondertilgungen**, die keine vertragliche Verpflichtung sind, können allerdings unterhaltsrechtlich nicht berücksichtigt werden. Auch kann das unterhaltspflichtige Kind nach Entstehung der Unterhaltspflicht keine Kreditverträge mit unangemessen hohen Tilgungsraten abschließen. Vielmehr wäre bei einem Auslaufen der Zinsbindung für einen Immobilienkredit von der unterhaltspflichtigen Person zu verlangen, eine Tilgungsform zu wählen, die z.B. mit Erreichen der Altersgrenze eine Entschuldung der Immobilie erreicht. Es kann auch die Obliegenheit zur unterhaltsfreundlichen Umschuldung bestehen, wenn dies zumutbar ist.

### e) Unterhaltsrechtliche Berücksichtigung von Ansparungen

501 Lässt man zu Lasten des Unterhaltsberechtigten Kredittilgungen zu, wären generell auch jenseits der Altersvorsorgeaufwendungen Ansparungen für allfällige Ersatz- oder Neuinvestitionen zuzulassen. Es kann letztendlich keinen Unterschied machen, ob man einen PKW erwirbt und den Kaufpreis kreditiert, oder aber den Kaufpreis vor dem Erwerb anspart. Gleichwohl akzeptieren Sozialhilfeträger Ansparungen für künftige Investitionen meist nicht und auch die Rechtsprechung verweigert Ansparungen meist die unterhaltsrechtliche Anerkennung (vgl. aber Rn. 417 ff.). Dies ist m.E. nur damit zu rechtfertigen, dass ein hohes Manipulationspotenzial entstünde, wenn den Unterhaltspflichtigen – jenseits von der Bildung von Altersvorsorgerücklagen – Vermögensbildung gestattet würde, deren spätere Verwendung ungewiss ist.

502 **Praxistipp:**

Ist der Unterhaltspflichtige verheiratet und bezieht sich das Sparziel auf einen im Miteigentum mit seinem Gatten anzuschaffenden Gegenstand, kann zwischen den Gatten eine vertragliche Vereinbarung über die Anschaffung des Gegenstandes und den Umfang der gemeinsamen Ansparleistung geschlossen werden. Ein solcher Vertrag bindet

---

432 BGH v. 23.10.2002 – XII ZR 266/99, FamRZ 2002, 1698.
433 BGH v. 7.8.2013 – XII ZB 269/12, FamRZ 2013, 1554.

beide Ehegatten (wie ein Kreditvertrag). Seine Auflösung griffe in das
Binnenverhältnis der Gatten ein und damit in einen grundrechtlich
geschützten Raum (Art. 6 GG). Ob Gerichte und Verwaltungen einer
solchen Argumentation folgen, bliebe auszutesten.

## 7. Aufwendungen zur Vermögensbildung des Unterhaltspflichtigen

Aufwendungen des Unterhaltspflichtigen für die **allgemeine Vermögensbildung** können nur dann zu Lasten des Unterhaltsanspruchs des Berechtigten anerkannt werden, wenn sie bereits zum Zeitpunkt der Kenntnis der Unterhaltsforderung begründet waren und nur unter unzumutbaren Nachteilen zum Zwecke der Erfüllung der Unterhaltsforderung aufgelöst werden könnten (zum Altersvorsorgevermögensaufbau vgl. Rn. 341 ff.). 503

**OLG München v. 14.6.1999 – 26 UF 617/99, FamRZ 2000, 307**

1. Ein Unterhaltspflichtiger darf zu Lasten des Unterhaltsanspruchs eines Unterhaltsberechtigten weder eine Vermögensbildung beginnen noch eine solche aufrechterhalten.

2. Hat er eine vermögensbildende Maßnahme begonnen, bevor er mit der Inanspruchnahme hatte rechnen müssen, so kann eine mit Verlusten verbundene Lösung dieses Engagements unzumutbar sein. In diesem Falle wird keine Vermögensbildung zu Lasten des Unterhaltsgläubigers aufrechterhalten. Vielmehr dienen die Aufwendungen der Vermögenserhaltung.

Dabei muss ggf. nach dem **Zweck der Vermögensbildung** differenziert werden (vgl. dazu Rn. 606). Es ist auch scharf zu trennen zwischen Aufwendungen zur Vermögensbildung, die die Leistungsfähigkeit mindern und Vermögen, das ggf. nicht ohne weiteres zum Unterhalt pflegebedürftiger Menschen eingesetzt werden kann. Auch wenn ein unterhaltspflichtiges Kind bereits auf Elternunterhalt in Anspruch genommen wird, müssen vermögensbildenden Aufwendungen, die der Bildung eines angemessenen Altersvorsorgevermögens dienen, vom anrechenbaren Einkommen des Unterhaltspflichtigen abgezogen werden, wenn sonst seine eigene Altersvorsorge nicht angemessen und ausreichend wäre (vgl. Rn. 346 ff.). 504

## 8. Kosten des Besuchs beim Unterhaltsberechtigten

Teilweise bestehen zwischen Kindern und ihren unterhaltsbedürftigen Eltern trotz des erbittert geführten Streits mit dem Sozialamt um den El- 505 ternunterhalt gute persönlich geführte Kontakte. Ob die damit verbundenen Aufwendungen (**Fahrtkosten, Kosten für kleine Aufmerksamkeiten etc.**) des unterhaltspflichtigen Kindes einkommens- und damit leistungsmindernd berücksichtigt werden können, kann nach der Entscheidung des BGH[434] nicht mehr fraglich sein.

> **BGH v. 17.10.2012 – XII ZR 17/11, FamRZ 2013, 868**
>
> LS.: 1. Angemessene Aufwendungen, die dem Unterhaltspflichtigen für Besuche eines unterhaltsberechtigten Elternteils im Heim entstehen, mindern grundsätzlich die Leistungsfähigkeit. (Rn. 30)
>
> ...Rn. 30: Die Besuche dienen der Aufrechterhaltung der familiären Beziehungen, die durch Art. 6 Abs. 1 GG verfassungsrechtlich geschützt sind. Sie entsprechen zudem dem Bedürfnis, der Mutter auch im Heim und trotz der Entfernung zum Wohnort der Beklagten Fürsorge zuteil werden zu lassen, sich von ihrem Wohlergehen zu überzeugen sowie eventuelle Wünsche der Mutter zu erfragen. Der Zweck der Aufwendungen beruht deshalb auf einer unterhaltsrechtlich anzuerkennenden sittlichen Verpflichtung gegenüber der Mutter. Insofern stehen die Interessen von Unterhaltsberechtigtem und Unterhaltspflichtigem auch nicht im Widerstreit; vielmehr entsprechen solche Besuche grundsätzlich dem wechselseitigen Bedürfnis auf Pflege der familiären Verbundenheit. Selbst wenn der Beklagten die Möglichkeit der Inanspruchnahme auf Elternunterhalt bekannt war, brauchte sie von den Kosten verursachenden Besuchen bei ihrer Mutter deshalb nicht abzusehen. Denn das Unterhaltsrecht darf dem Unterhaltspflichtigen finanziell nicht die Möglichkeit nehmen, seinen Umgang zur Erhaltung der Eltern-Kind-Beziehung auszuüben (BVerfG FamRZ 2003, 1370, 1377 zum Umgangsrecht mit minderjährigen Kindern). Darin liegt keine Ungleichbehandlung mit denjenigen Abkömmlingen, die mangels ausreichender Mittel solche Kosten aus dem Selbstbehalt bestreiten müssen. Dieses Ergebnis ist nicht Folge einer Ungleichbehandlung, sondern bedingt durch die unterschiedlichen Lebens- und Einkommenslagen, die entsprechend auch zu unterschiedlichen Belastungen von Unterhaltspflichtigen führen (BVerfG FamRZ 2003, 1370, 1373).

**506** Von den Trägern der Sozialhilfe wird diese Entscheidung teilweise nur widerstrebend akzeptiert. Diese sind der Auffassung, es handele sich bei den Besuchskontakten um eine sittlich moralisch geschuldete Pflicht des Kindes. Die damit im Zusammenhang stehenden Kosten seien aus dem erhöhten Selbstbehalt des Unterhaltspflichtigen zu zahlen. Deswegen wird von den Sozialhilfeträgern häufig die ‚Angemessenheit' der Besuchskosten in Zweifel gezogen, wobei oftmals familienfeindliche Kleinlichkeit dominiert. Grundsätzlich ist es indessen Sache des Kindes zu entscheiden, wie häufig es seine Eltern besuchen möchte. Auch kann aus der **Besuchsfre-**

---

[434] BGH v. 17.10.2012 – XII ZR 17/11, FamRZ 2013, 868; OLG Hamm v. 2.11.2004 – 3 UF 263/00, FamRZ 2005, 1193; OLG Köln v. 5.7.2001 – 14 UF 13/01, FamRZ 2002, 572; OLG Düsseldorf v. 14.1.2009 – II-8 UF 172/08, FamRZ 2009, 1077.

quenz vor Entstehen der Pflegebedürftigkeit nicht auf die nach Eintreten der Pflegebedürftigkeit vom Kind für angemessen gehaltene Besuchsfrequenz geschlossen werden. Unangemessen häufige oder unangemessen teure Besuchsfahrten werden daher selten anzutreffen sein.

**Praxistipp:** 507

Zu den **Besuchskosten**:

**Sozialhilfeträger** sollten die Entscheidung des BGH zur Abzugsfähigkeit von Besuchskosten nicht dadurch entwerten, dass sie kleinliche Maßstäbe an Frequenz und Aufwand stellen. Vor dem Hintergrund des sie bindenden Art. 6 GG ist eine solche Position wenig überzeugend.

**Unterhaltspflichtige** sollten Frequenz und Aufwand für Besuche beim Elternteil versuchen zu dokumentieren und ggfls Aufwendungsbelege (zu denen auch Übernachtungsnachweise gehören) aufzubewahren.

**Der Nachweis** der Besuche kann auch durch Zeugenbeweis geführt werden. Die Ehegatten und Freunde kommen als Zeugen dafür in Betracht.

**Besuchskosten** treten aber nicht nur beim unterhaltspflichtigen Kind 508
auf. Besucht das Schwiegerkind seine Eltern regelmäßig, sind auch diese Kosten vom Einkommen des Schwiegerkindes abzusetzen. Ihm können nicht geringere Rechte den eigenen Eltern gegenüber eingeräumt werden, als dem unterhaltspflichtigen Kind. Rechtsprechung und Rechtspraxis bestehen zu dieser Frage – soweit erkennbar – bislang allerdings nicht.

**Besuchskosten** entstehen – bei getrennt lebenden Eltern – auch nicht 509
nur beim unterhalts- und pflegebedürftigen Elternteil, sondern auch beim anderen. Auch insoweit sind die zur Pflege der persönlichen Kontakte erforderlichen angemessenen Kosten vom unterhaltspflichtigen Einkommen abzuziehen.

Zur **Berechnung der Besuchskosten** kann auf die Regeln zurückgegrif- 510
fen werden, die für die Kosten der Fahrt zur Arbeit entwickelt wurden (vgl. Rn. 472). Das bedeutet, **pro gefahrenen Kilometer** werden 0,30 € bzw. ab einer in den jeweiligen Leitlinien der OLG definierten Entfernung[435] wird der Satz auf 0,20 € pro Kilometer abgesenkt. Diese Absenkung wird beim den Besuchskosten von vielen Sozialhilfeträgern nicht nachvollzogen, was auch gerechtfertigt ist, weil die abgesenkte Kilometerpauschale die tatsäch-

---

435 Unterhaltsrechtliche Leitlinien (s. www.famrz.de), Ziff. 10.2.2.

lichen Kosten nicht deckt. Auch insoweit wäre es sinnvoll, die Sätze von § 5 JEVG (vgl. Rn. 472) anzuwenden. Werden die PKW-Anschaffungskosten unterhaltsrechtlich als Abzugsposten berücksichtigt, wäre nach § 5 JEVG ein Kilometersatz von 0,25 € pro gefahrenen Kilometer zu berücksichtigen.

511 Übernachtungskosten sind unterhaltsrechtlich ebenfalls zu berücksichtigen, soweit sie angemessen und tatsächlich angefallen sind.

512 **Praxistipp:**

**Besuchskosten:** Oftmals akzeptieren Sozialhilfeträger diese Kosten nicht, wenn sie nicht nachgewiesen werden können, weil entsprechende Belege aus der Zeit vor Entstehung der Unterhaltsverpflichtung nicht existieren. Auch in diesen Fällen kann Beweis durch Zeugnis des Gatten angetreten werden. Oft hilft auch eine ‚eidesstattliche Versicherung'.

513 **Blumengeschenke** und andere kleine Aufmerksamkeiten und Mitbringsel für die besuchte Person sind indessen genau wie sonstige Präsente aus dem Selbstbehalt zu finanzieren.

## 9. Kosten des Wohnens

### a) Wohnen zur Miete

514 Wohnen das unterhaltspflichtige Kind und ggfs. seine Familie zur Miete, sind die **Kosten des Wohnens** Teil seines Lebensbedarfs. Die in den Leitlinien der OLG definierten Selbstbehaltssätze enthalten ‚Kosten des Wohnens'[436]. Diese sind mit 480 € (**Warmmiete** einschließlich alles Nebenkosten) für den Alleinstehenden und mit 860 € verheiratete und verpartnerte Unterhaltspflichtige im Familiensockelselbstbehalt enthalten.

515 **Unterschreiten** die tatsächlichen ‚Kosten des Wohnens' diese Werte, erfolgt keine Absenkung der Selbstbehaltssätze, da der unterhaltsberechtigte Elternteil keinen Vorteil aus einer besonders sparsamen Lebensführung des unterhaltspflichtigen Kindes ziehen soll[437].

516 **Überschreiten** die ‚Kosten des Wohnens' die in den Selbstbehalten enthaltenen Wohnkostenansätze von 480 € bzw. 860 €, ist im Elternunterhalt eine **Erhöhung der Selbstbehaltssätze** die Konsequenz. Anders als im Deszendentenunterhalt spielt es keine Rolle, ob billigerer Wohnraum zu

---

436 Unterhaltsrechtliche Leitlinien (s. www.famrz.de), Ziff. 21.3.3. und 22.3.
437 BGH v. 17.12.2003 – XII ZR 224/00, FamRZ 2004, 370; v. 3.12.2008 – XII ZR 182/06, FamRZ 2009, 314; dagegen: Wendl/Dose/*Gerhardt*, § 1 Rn. 469.

finden war. Wegen der im Elternunterhalt geltenden Lebensstandardgarantie (vgl. Rn. 526) ist es dem unterhaltspflichtigen Kind nicht zuzumuten, in eine billigere Wohnung umzuziehen. Die Unzumutbarkeit resultiert auch aus dem Umstand, dass der Umzug in eine andere Wohnung irreversibel ist. Obgleich die Lebenserwartung der pflegebedürftigen Menschen meist nur gering ist, würde durch einen Umzug eine dauerhafte negative Veränderung der Lebensverhältnisse geschaffen.

Lebt das unterhaltspflichtige Kind **mit Kindern in der Familienwohnung** zusammen, wird deren unterhaltsrechtlicher Bedarf in Höhe der Tabellensätze der Düsseldorfer Tabelle, vermindert um das hälftige Kindergeld vorab vom Einkommen des Unterhaltspflichtigen und des mit ihm zusammenlebenden Gatten oder Partners abgezogen (vgl. Rn. 445). Die Kosten des Wohnens sind daher um **20 % der Tabellenbeträge**[438] zu mindern, da insoweit bereits beim Vorwegabzug des Kindesunterhalts im Zuge der Einkommensbereinigung (vgl. Rn. 437 ff.) die auf die Kinder entfallenden Wohnkosten berücksichtigt wurden.

517

### b) Wohnen in eigener Immobilie

Wohnt das unterhaltspflichtige Kind allein oder mit seiner Familie in einem Eigenheim, entstehen ebenso ‚Kosten des Wohnens'. Diese bestehen aus den Zins- und Tilgungsleistungen für eventuell noch valutierende Immobilienverbindlichkeiten (vgl. Rn. 478 ff.) und den Nebenkosten, einschließlich der Heizkosten. Soweit die so berechneten Kosten des Wohnens die in den Selbstbehalten enthaltenen ‚Kosten des Wohnens'[439] übersteigen, ist dies durch Erhöhung des Sockelselbstbehalts zu kompensieren.

518

Es wäre fehlerhaft, diese Mehrkosten als Abzugsposten bei jedem Gatten zu ½ zu berücksichtigen, weil im Rahmen des Familienunterhalts davon auszugehen ist, dass gerade die ‚Kosten des gemeinsamen Wohnens' trotz einer hälftigen Verpflichtung gegenüber den Kreditgebern im Außenverhältnis, im binnenfamiliären Verhältnis nach dem Verhältnis der Einkommen zueinander geschuldet werden. Nur durch Heraufsetzen des Sockelselbstbehalts ist auch gewährleistet, dass bei geringverdienenden Kindern in diesen Fällen unterhaltsrechtliche Leistungsfähigkeit besteht. Anderenfalls würde der geringverdienende Mann, der die Kinder versorgt und ein Einkommen von lediglich 600 € erzielt, aber zu ½ Miteigentümer der gemeinsam bewohnten Immobilie ist, für die monatlich Zins- und Tilgungsleistungen in Höhe von 1.200 € aufzubringen sind, trotz eines überragenden Verdienstes seiner Frau von 6.000 € zu Unterhalt nicht herangezogen werden können, weil sein Einkommen durch die Immobilien-

519

---

438 Süddeutsche Leitlinien Ziff. 21.5.2.; Wendl/Dose/*Gerhardt*, § 1 Rn. 469.
439 450 € für Alleinstehende und 800 € bei Zusammenleben.

verbindlichkeiten vollständig verzehrt würde. Nur durch die Anhebung des **Sockelselbstbehalts** um 400 € ist in einem solchen Fall unterhaltsrechtliche Leistungsfähigkeit zu generieren (vgl. Rn. 282 ff.)

520  Die Kehrseite dieser Berechnungsgrundsätze ist die **Absenkung der Selbstbehaltssätze**, soweit die ‚Kosten des Wohnens' im Eigenheim die in den Selbstbehaltssätzen enthaltenen Kosten des Wohnens unterschreiten (vgl. Rn. 282 ff.).

## 10. Aufwendungen für den Unterhaltsberechtigten

521  Vielfach wird von Angehörigen eines pflegebedürftigen alten Menschen, selbst wenn dieser im Pflegeheim untergebracht ist, **Naturalunterhalt** in Form von Wäschepflege, ergänzender Ernährung, Geschenken für Pflegepersonal, Verwandte und Freunde und andere Aufmerksamkeiten erbracht. Derartige Aufwendungen können vom anrechenbaren Einkommen des Pflichtigen abgezogen werden[440]. Beruft sich der Unterhaltspflichtige auf solche Aufwendungen, sind sie jedoch konkret darzulegen. Pauschalen können nur dann geltend gemacht werden, wenn es sich um periodisch wiederkehrende Aufwendungen handelt, wie z.B. die Wäschepflege.

> **OLG Hamm v. 2.11.2004 – 3 UF 263/00, MDR 2005, 217**
>
> ... Wenn das unterhaltspflichtige Kind für den in einem Heim lebenden Elternteil freiwillig zusätzliche Ausgaben trägt wie z.B. für Wäsche, Radiogebühren, Geschenke für Heimbewohner, Freunde und Verwandte, Aufmerksamkeiten für das Pflegepersonal, mindern diese Ausgaben das zur Verfügung stehende Einkommen, selbst wenn es sich um Sonderbedarf handelt ...

## 11. Freigiebige Leistungen der unterhaltspflichtigen Person

522  Freigiebige Leistungen einer Unterhaltspflichtigen Person, denen keine vertragliche Verpflichtung zugrunde liegt und die auch nicht als verbindliche **familienbezogene Zuwendung** zu klassifizieren sind (vgl. Rn. 456), sind aus dem Selbstbehalt zu finanzieren und unterhaltsrechtlich nicht abzugsfähig. Dazu gehören **Ausbildungsversicherungen** für die eigenen Kinder und die Kinder von Dritten, **Patenschaftskosten** für religiöse oder karitative Patenschaften, **Vermögensbildungskosten** für eigene Kinder oder für Dritte, **Spenden** an karitative oder politische Organisationen. Bei letzteren ist allerdings der **Steuerspareffekt** zu beachten. Spenden führen

---

440 OLG Hamm v. 2.11.2004 – 3 UF 263/00, FamRZ 2005, 1193.

in bestimmten Fällen zur steuerlichen Abzugsfähigkeit. Wird die Spende unterhaltsrechtlich nicht als Einkommensabzug berücksichtigt, darf die aus der Spende resultierende Steuerersparnis ebenfalls nicht berücksichtigt werden. Es ist daher eine **fiktive Steuerberechnung** durchzuführen. Spenden an politische Parteien sind jedoch auch unterhaltsrechtlich zu berücksichtigen[441]. Im Einzelfall kann die Abgrenzung zwischen zu berücksichtigenden und nicht zu berücksichtigenden freigiebigen Leistungen schwierig sein. Sind die Spenden für die spendende Person folgenlos einzustellen, kann das unterhaltsrechtlich relevante Einkommen nicht um die Spende verkürzt werden. Allerdings ist eine Spende zu berücksichtigen, wenn die Nichtleistung zu Konsequenzen in der Lebensführung der unterhaltspflichtigen Person führt. Mitglieder politischer Parteien und Gewerkschafter haben nach einem Verhaltenskodex Einkünfte aus politischen oder wirtschaftlichen Mandaten (z.B. **Aufsichtsratsposten**) vollständig oder teilweise an politische oder gesellschaftliche Stiftungen abzuführen oder als Parteispende zurückzuführen. Genügt der Mandatsträger dieser Verpflichtung nicht, wird dies bei nächster Wahl- oder Mandatsperiode in der Regel mit dem Verlust des Mandats sanktioniert. Das aber ist eine von der unterhaltspflichtigen Person nicht hinzunehmende Konsequenz, weil diese ‚**ethisch gebundenen**' **Spenden** zu Aufrechterhaltung des konkreten Lebensstils erforderlich sind.

**Parteibeiträge** sind unterhaltsrechtlich abzugsfähig[442]. Mit der im Elternunterhalt geltenden Lebensstandardgarantie[443] und der überragenden Rolle der politischen Parteien im gesellschaftlichen und verfassungsrechtlichen Kontext wäre eine andere Sichtweise fehlerhaft. Entscheidend ist die Beitragspflicht. Freiwillige Mehrbeiträge und Parteispenden, deren Nichtleistung keinerlei Konsequenzen für die Lebensführung des Spendenden haben, bleiben unterhaltsrechtlich unbeachtlich.

523

## V. Leistungsfähigkeit des Unterhaltspflichtigen

### 1. Gleichzeitigkeit von Bedarf und Leistungsfähigkeit

Aus dem Einkommen des Unterhaltspflichtigen, den Abzügen für den eigenen und den vorrangigen Unterhalt ergibt sich die unterhaltsrechtliche Leistungsfähigkeit des Unterhaltspflichtigen.

524

---
441 OLG Hamm v. 26.3.2010 – 7 UF 118/09, FamRZ 2010, 1914 (nur LS); OLG Celle v. 11.3.2010 – 17 UF 159/09, FamRZ 2010, 1673; a.A. OLG Stuttgart v. 11.11.1993 – 16 UF 235/93, FamRZ 1994, 1251.
442 OLG Frankfurt v. 11.2.2010 – 2 UF 100/09, juris; *Roll*, FamRZ 1980, 111.
443 BGH v. 23.10.2002 – XII ZR 266/99, FamRZ 2002, 1698.

**525** Nur dann, wenn Leistungsfähigkeit des unterhaltspflichtigen Kindes im Zeitpunkt des unterhaltsrechtlichen Bedarfs vorliegt, besteht auch tatsächlich eine Unterhaltspflicht[444].

## 2. Die Lebensstandardgarantie

**526** In einem der ersten Urteile zum Elternunterhalt[445] hat der BGH aus der unverschuldeten und unverhofften Inanspruchnahme auf Elternunterhalt die Konsequenz gezogen, dass dem Unterhaltpflichtigen eine nachhaltige Verschlechterung seines Lebensniveaus durch Inanspruchnahme auf Elternunterhalt nicht zuzumuten sei.

> **BGH v. 23.10.2002 – XII ZR 266/99, FamRZ 2002, 1698**
>
> ... d) Was der Unterhaltsverpflichtete im Verhältnis zu seinen Eltern für seinen eigenen angemessenen Unterhalt benötigt, muß nach den Grundsätzen bemessen werden, die auch für die Unterhaltspflicht gelten. Maßgebend ist deshalb die Lebensstellung, die dem Einkommen, Vermögen und sozialen Rang des Verpflichteten entspricht; hiervon ausgehend wird der gesamte Lebensbedarf einschließlich einer angemessenen Altersversorgung umfaßt. Daraus folgt, daß der angemessene Eigenbedarf nicht losgelöst von dem im Einzelfall vorhandenen Einkommen bestimmt werden kann. Er richtet sich somit nicht an einer festen Größe aus, sondern ist entsprechend den Umständen des Einzelfalles veränderlich (Senatsurteil vom 7. Dezember 1988 aaO; Schwab Familiäre Solidarität – Beiträge zum europäischen Familienrecht – Bd. 5 S. 52; Günther FF 1999, 172, 174 sowie FuR 1995, 1, 5; Menter FamRZ 1997, 919, 922; Büttner Festschrift für Dieter Henrich S. 53; Künkel FamRZ 1991, 14, 22; Dieckmann DAV 1979, 553, 562; Staudinger/Engler/Kaiser aaO § 1603 Rdn. 136; OLG Hamm – 1. Familiensenat – FamRZ 1999, 1533; OLG Oldenburg FamRZ 2000, 1174, 1175; OLG Stuttgart OLG-Report 2000, 245, 246; OLG Frankfurt OLG-Report 2001, 264, 265). **Eine spürbare und dauerhafte Senkung seines berufs- und einkommenstypischen Unterhaltsniveaus braucht der Unterhaltsverpflichtete jedenfalls insoweit nicht hinzunehmen, als er nicht einen nach den Verhältnissen unangemessenen Aufwand betreibt oder ein Leben im Luxus führt.** Das gilt insbesondere vor dem Hintergrund, daß eine Inanspruchnahme für den Unterhalt von Eltern in der Regel erst stattfindet, wenn der Unterhaltsverpflichtete sich selbst bereits in einem höheren Lebensalter befindet, seine Lebensverhältnisse demzufolge bereits längerfristig seinem Einkommensniveau angepaßt hat, Vorsorge für sein eigenes Alter treffen möchte und dann unerwartet der Forderung ausgesetzt wird, sich an den für seine Eltern aufgrund deren Hilfs- oder Pflegebedürftigkeit anfallenden Kosten zu beteiligen. Wenn in dieser Situation sogar von ihm verlangt wird, mehr von seinem Einkommen für den Unterhalt der Eltern einzusetzen, als ihm selbst verbleibt, wird die Grenze des dem Unterhaltsverpflichteten Zumutbaren in der Regel überschritten (im Gegensatz zu

---

444 BVerfG v. 7.6.2005 – 1 BvR 1508/96, FamRZ 2005, 1051.
445 BGH v. 23.10.2002 – XII ZR 266/99, FamRZ 2002, 1698.

der Rechtslage bei der Inanspruchnahme auf Unterhalt für ein volljähriges behindertes Kind, vgl. Senatsurteil vom 23. Oktober 1985 aaO S. 49).

e) Eine derartige Schmälerung des eigenen angemessenen Bedarfs wäre auch mit dem Gesetz nicht in Einklang zu bringen. Den Eltern des Unterhaltsverpflichteten gehen seine unverheirateten minderjährigen und seine unverheirateten privilegierten volljährigen Kinder, sein Ehegatte oder geschiedener Ehegatte, die nach § 1615 l BGB Unterhaltsberechtigten, seine verheirateten minderjährigen und nicht privilegierten volljährigen Kinder sowie seine Enkel und weiter entfernte Abkömmlinge im Rang vor (§§ 1609 Abs. 1 und 2, 1615 l Abs. 3 Satz 3 Halbs. 2 BGB). Daran zeigt sich, daß der Unterhaltsanspruch der Eltern rechtlich vergleichsweise schwach ausgestaltet ist. Seinem Ehegatten gegenüber wäre der von dem Unterhaltsverpflichteten zu leistende Unterhalt so zu bemessen, daß beide Ehegatten in gleicher Weise an dem ehelichen Lebensstandard teilhaben, weshalb grundsätzlich jedem die Hälfte des verteilungsfähigen Einkommens zuzubilligen ist (st.Rspr., vgl. Senatsurteil vom 16. Dezember 1987 – IVb ZR 102/86 – FamRZ 1988, 265, 267). Würde der einem Elternteil geschuldete Unterhalt demgegenüber mit einem höheren Betrag bemessen, so würde dies der gesetzlichen Rangfolge nicht entsprechen. Das wird zusätzlich daraus ersichtlich, daß auch der Ehegatte des Elternteils für diesen allenfalls Unterhalt in Höhe der Hälfte seines Einkommens aufzubringen hätte, obwohl er vor dem Kind haftet (vgl. hierzu auch Günther Münchener Anwaltshandbuch Familienrecht § 12 Rdn. 1, 34; Büttner aaO S. 53; Eschenbruch Unterhaltsprozeß 2. Aufl. Rdn. 2021; Heiß/Hußmann Unterhaltsrecht 13. Kap. Rdn. 58 f.).

In tatsächlicher Hinsicht würde die Notwendigkeit, erhebliche Abstriche von dem erlangten Lebenszuschnitt vornehmen zu müssen, auch auf eine übermäßige Belastung der Unterhaltsverpflichteten hinauslaufen. Wie der Senat bereits in seiner Entscheidung vom 26. Februar 1992 (aaO S. 797) ausgeführt hat, haben die auf Zahlung von Elternunterhalt in Anspruch genommenen Kinder in der Regel bereits ohne derartige Leistungen erhebliche Aufwendungen zur Erfüllung des Generationenvertrages erbracht, indem sie ihre eigenen Kinder großgezogen und deren Ausbildung finanziert haben und zugleich durch ihre Sozialversicherungsabgaben, zu denen inzwischen noch die Beiträge zur Pflegeversicherung hinzugekommen sind, dazu beigetragen haben, daß die Elterngeneration insgesamt im Alter versorgt wird (so auch Günther aaO Rdn. 34).

f) Diesem Gesichtspunkt trägt letztlich auch das zum 1. Januar 2003 in Kraft tretende Gesetz über eine bedarfsorientierte Grundsicherung im Alter und bei Erwerbsminderung (GSiG) vom 26. Juni 2001 (BGBl. I 1310, 1335 ff.) in der Fassung des Gesetzes zur Verlängerung von Übergangsregelungen im Bundessozialhilfegesetz vom 27. April 2002 (BGBl. I 1462, 1463) Rechnung. Danach können u.a. Personen, die das 65. Lebensjahr vollendet und ihren gewöhnlichen Aufenthalt in der Bundesrepublik Deutschland haben, auf Antrag Leistungen der beitragsunabhängigen, bedarfsorientierten Grundsicherung erhalten, soweit sie ihren Unterhalt nicht durch ihr nach sozialhilferechtlichen Grundsätzen ermitteltes Einkommen und Vermögen decken können und ihre Bedürftigkeit nicht in den letzten zehn Jahren vorsätzlich oder grob fahrlässig herbeigeführt haben (§§ 1, 2 GSiG). Die Grundsicherung umfaßt den für den Anspruchsteller maßgeblichen sozialhilferechtlichen Regelsatz zuzüglich 15 % des Regelsatzes eines Haushaltungsvorstandes. Hinzu kommen u.a. die angemessenen tatsächlichen Aufwendungen für Unterkunft und Heizung sowie die Kosten der Kranken- und Pflegeversicherung (§ 3 Abs. 1 GSiG). Bei der Einkommens- und Vermögensermittlung bleiben Unterhaltsansprüche des Antragsberechtigten gegenüber seinen Kindern und Eltern unberücksichtigt, sofern deren jährliches Gesamteinkommen im Sinne des § 16 SGB IV unter einem Betrag von 100.000 € liegt (§ 2 Abs. 1 Satz 3 GSiG). In dem Bericht des Ausschusses für Arbeit und Sozialordnung (BT-Drucks. 14/5150 S. 48) wird hierzu ausgeführt, der Zweck des Gesetzes bestehe darin, u.a. für alte Menschen eine eigenständige soziale Leistung vorzusehen, die den grundlegenden Bedarf für den Lebensunterhalt sicherstelle; durch diese Leistung solle im Regelfall die Notwendigkeit der Gewährung von Sozialhilfe vermieden werden; außerdem habe vor allem ältere Menschen die Furcht vor dem Unterhaltsrückgriff auf ihre Kinder oftmals von dem Gang zum Sozialamt abgehalten; eine dem sozialen Gedanken verpflichtete Lösung müsse hier einen gesamtgesellschaftlichen Ansatz wählen, der eine würdige und unabhängige Existenz sichere.

Hieraus wird deutlich, daß – von besonders günstigen wirtschaftlichen Verhältnissen der Unterhaltsverpflichteten abgesehen – zu Lasten öffentlicher Mittel auf einen Unterhaltsregreß verzichtet worden ist, weil dieser von älteren Menschen vielfach als unangemessen und unzumutbar empfunden wird und dieser Umstand Berücksichtigung finden soll.

g) Nach alledem ist davon auszugehen, daß der angemessene Eigenbedarf nicht durchgängig mit einem bestimmten festen Betrag angesetzt werden kann, sondern anhand der konkreten Umstände des Einzelfalles und unter Berücksichtigung der besonderen Lebensverhältnisse, die bei der Inanspruchnahme auf Elternunterhalt vorliegen, zu ermitteln ist. Diesem Gesichtspunkt tragen inzwischen die meisten Tabellen und Leitlinien der Oberlandesgerichte insoweit Rechnung, als sie als Selbstbehalt des Kindes nur einen Mindestbetrag angeben (vgl. etwa die Zusammenstellung bei Günther Münchener Anwaltshandbuch aaO Rdn. 31). Unter welchen Voraussetzungen diese Mindestbeträge zu erhöhen sind, wird in der Rechtsprechung der Land- und Oberlandesgerichte und im Schrifttum nicht einheitlich beantwortet (vgl. dazu etwa die Übersichten von Menter aaO und Miesen FF 2000, 199). Ebensowenig besteht Einigkeit darüber, ob den Kindern gegenüber ihren Eltern von dem den Freibetrag übersteigenden Einkommen ein bestimmter Anteil zusätzlich zu belassen ist, wie dies etwa in den Empfehlungen des Deutschen Vereins für öffentliche und private Fürsorge (vgl. FamRZ 2000, 788, 796 unter Nr. 121) und in denjenigen des 11. und des 13. Deutschen Familiengerichtstages (FamRZ 1996, 337, 338 unter I 4.2 und 2000, 273, 274 unter I 4 a) vorgeschlagen worden ist. Ob hierdurch im Einzelfall ein angemessenes Ergebnis erreicht werden kann, unterliegt letztlich der verantwortlichen Beurteilung des Tatrichters. Insofern wird es allerdings nicht grundsätzlich als rechtsfehlerhaft angesehen werden können, wenn bei der Ermittlung des für den Elternunterhalt einzusetzenden bereinigten Einkommens allenfalls auf einen – etwa hälftigen – Anteil des Betrages abgestellt wird, der den an sich vorgesehenen Mindestselbstbehalt übersteigt. Vielmehr kann durch eine solche Handhabung im Einzelfall ein angemessener Ausgleich zwischen dem Unterhaltsinteresse der Eltern einerseits und dem Interesse des Unterhaltsverpflichteten an der Wahrung seines angemessenen Selbstbehalts andererseits zu bewirken sein. Zugleich kann eine ungerechtfertigte Nivellierung unterschiedlicher Verhältnisse vermieden werden. Überdies hätte eine derartige Verfahrensweise den Vorteil der Rechtssicherheit und Praktikabilität für sich (ebenso Günther Münchener Anwaltshandbuch aaO Rdn. 35; Büttner aaO; Kalthoener/Büttner/Niepmann Die Rechtsprechung zur Höhe des Unterhalts 8. Aufl. Rdn. 188 a; Heiß/Hußmann aaO Rdn. 58; Eschenbruch Rdn. 2021; Staudinger/Engler/Kaiser aaO § 1603 Rdn. 138;

> OLG Hamm – 1. Familiensenat – aaO; OLG Hamm – 4. Familiensenat – FamRZ 2002, 123, 124; OLG Frankfurt aaO; vgl. auch die Nachweise bei Duderstadt Erwachsenenunterhalt Anm. 3.4.1.2; a.A. Luthin/Seidel Handbuch des Unterhaltsrechts 9. Aufl. Rdn. 5070; Wendl/Pauling Das Unterhaltsrecht in der familiengerichtlichen Praxis 5. Aufl. § 2 Rdn. 619 f., 639; Steymans FuR 2000, 361, 363).

Aus dieser Lebensstandardgarantie folgt im Elternunterhalt dass nahezu alle belastenden Aufwendungen vom Einkommen abzugsfähig sind, sofern sie nicht üblicherweise aus dem Selbstbehalt zu finanzieren sind. Das betrifft neben den Kreditverbindlichkeiten (vgl. Rn. 478 ff.) auch Aufwendungen für teure Hobbys (vgl. Rn. 444). Dabei ist vielfach bei den Verwaltungen und Gerichten eine moralische Wertung der abzugsfähigen Aufwendungen zu beobachten. Während PKW-, Immobilien- und Möbelanschaffungskredite ohne weiteres akzeptiert werden, werden individuell als ‚Luxus' empfundene Aufwendungen oftmals nicht oder nur nach zäher Erörterung als Abzugsposten anerkannt. Das ist inkonsequent. Wer einen hochwertigen PKW least oder kreditfinanziert erwirbt stößt leichter auf unterhaltsrechtliche Akzeptanz als derjenige, der ein Pferd (vgl. Rn. 444) hält und die Kosten (von z.B. 350 € pro Monat) unterhaltsrechtlich anerkannt wissen will. Der BGH neigt offenbar azu, Ausgaben für Hobbies, auch wenn die erheblich sind, dem Lebensunterhalt zuzurechnen[446]. 527

Für die Gewohnheit, aufwendige **Ferienreisen** auch in der Form von **Bildungsreisen** zu unternehmen und dafür besondere Rücklagen zu bilden gilt die unterhaltsrechtliche Abzugsfähigkeit und die Lebensstandardgarantie indessen nicht. Der Verzicht auf die jährliche Bildungsreise zu den römischen Ausgrabungen ist auch für den Altphilologen zumutbar, wenn diese Reise zu Lasten des unterhaltsberechtigten Elternteils finanziert werden müsste. Anders als die Abschaffung eines Pferdes oder der Umzug in ein billigeres Haus, ist der temporäre Verzicht auf Vergnügen nicht irreversibel, so dass ausgiebige und teure Reiseaktivitäten nicht zur Lebensstandardgarantie gerechnet werden können. 528

### 3. Mangelnde Leistungsfähigkeit bei vollständigem Einkommensverzehr

Grundsätzlich besteht Leistungsfähigkeit eines unterhaltspflichtigen Kindes im Rahmen von Elternunterhalt nur dann, wenn das Einkommen des Kindes nicht vollständig für den Lebensbedarf des Kindes verbraucht wird. Legt das unterhaltspflichtige Kind dar, dass auch vor Inanspruch- 529

---

446 BGH v. 5.2.2014 – XII ZB 25/13, FamRZ 2019, 538.

nahme auf Elternunterhalt keinerlei Vermögensbildung betrieben wurde, ist für Elternunterhalt von mangelnder Leistungsfähigkeit auszugehen[447].

> **OLG Hamm v. 22.11.2004 – 8 UF 411/00, OLGR Hamm 2005, 201**
>
> 1. Ein grundsätzlich zum Elternunterhalt verpflichtetes Kind verfügt nicht über einzusetzendes Einkommen, wenn es darlegt, dass die Ausgaben der Familie insgesamt so hoch gewesen sind, dass keine Vermögensbildung betrieben worden ist. Das Kind ist daher nicht gehalten, sein Einkommen ganz oder teilweise für den Unterhalt des Elternteils zur Verfügung zu stellen; es ist vielmehr berechtigt, dieses Einkommen vollständig für den Familienunterhalt einzusetzen (Anschluss BGH, 28.1.2004, XII ZR 218/01, NJW-RR 2004, 721).
>
> 2. Eine Rückführung von Krediten ist grundsätzlich nicht als Vermögensbildung zu qualifizieren. Anders ist es zu beurteilen, wenn mit dem Kredit Vermögensgegenstände angeschafft worden sind, die wirtschaftlich mit fortschreitender Tilgung immer mehr dem Vermögen des Unterhaltspflichtigen oder seines Ehegatten zuwachsen. Dies ist nicht der Fall, wenn die Kredite Geschäftsschulden des Ehemannes sowie die Finanzierung des Studiums eines Kindes betreffen.

530    Allerdings liegt die **volle Darlegungslast beim unterhaltspflichtigen Kind**[448]. Dieses muss ggf. im Einzelnen darlegen, welche Aufwendungen aus dem Einkommen bestritten wurden. Das gilt insbesondere auch dann, wenn das Einkommen des unterhaltspflichtigen Kindes oder das Familieneinkommen oberhalb der Selbstbehalte liegt, aber dieses Einkommen durch den Familienbedarf vollständig aufgezehrt wird[449]. Die in der Kredittilgung liegende Ansparleistung bleibt dabei i.d.R. unbeachtet[450].

> **OLG Hamm v. 21.11.2012 – II-8 UF 14/12, FamRZ 2013, 1051**
>
> 1. Macht der Unterhaltspflichtige geltend, er könne den Unterhaltsbedarf des Unterhaltsberechtigten ohne Gefährdung des eigenen angemessenen Lebensbedarfs nicht bestreiten, hat er die Voraussetzungen einer unterhaltsrechtlich relevanten Einschränkung seiner Leistungsfähigkeit darzulegen und zu beweisen. Dies gilt auch, wenn der Unterhalt aus übergegangenem Recht von öffentlichen Leistungsträgern geltend gemacht wird. (Rn. 53) (Rn. 54)
>
> 2. Beim Elternunterhalt muss ein verheirateten Unterhaltspflichtiger neben seinem eigenen Einkommen das Einkommen der anderen Familienmitglieder, den vollständigen Bedarf der Familie und seinen eigenen Beitrag dazu substantiiert darlegen, wenn er einen über die pauschalen Mindestsätze hinausgehenden Verbrauch geltend machen und eine Begrenzung seiner Leistungsfähigkeit nach Maßgabe pauschaler Mindestsätze für den Selbstbehalt vermeiden will. (Rn. 57)

---

447 OLG Hamm v. 22.11.2004 – 8 UF 411/00, FamRZ 2005, 1193.
448 OLG Hamm v.21.11.2012 – 8 UF 14/12, FamRZ 2013, 1051.
449 BGH v. 28.1.2004 – XII ZR 218/01, MDR 2004, 753 = BGHReport 2004, 879 m. Anm. *Born* = FamRZ 2004, 795 m. Anm. *Strohal*.
450 OLG Hamm v. 22.11.2004 – 8 UF 411/00, FamRZ 2005, 1193.

Ob allerdings die Linie der oben zitierten Entscheidung des OLG  531
Hamm sich durchsetzt, muss bezweifelt werden. In dem vom OLG Hamm
zu entscheidenden Fall war der Gatte des unterhaltspflichtigen Kindes
praktisch Alleinverdiener. Das unterhaltspflichtige Kind erzielte lediglich
ein Einkommen von ca. 500 DM (1998/1999). Da mithin eine unterhaltsrechtliche Leistungsfähigkeit allein aus dem Einkommen des Ehemannes
zu generieren gewesen wäre und dieser in keinem Unterhaltsrechtsverhältnis zum unterhaltsberechtigten Elternteil steht, lag insoweit eine Sondersi-
tuation vor. Es ist davon auszugehen, dass bei gut verdienenden Unterhaltspflichtigen eine Berufung auf ‚vollständigen Einkommensverzehr' von der
Rechtspraxis nicht anerkannt werden wird.

**Praxistipp:**  532

Die Berufung auf mangelnde Sparleistung in der Vergangenheit ist
aus anwaltlicher Sicht stets die erste Verteidigungslinie bei der Inanspruchnahme auf Elternunterhalt. Kann nachgewiesen werden,
dass das gesamte Einkommen des Pflichtigen und ggf. das gesamte
Familieneinkommen für den laufenden Lebensunterhalt verwendet
wurde und Sparleistungen nicht geleistet werden konnten, ist eine
unterhaltsrechtliche Leistungsfähigkeit für Elternunterhalt nicht gegeben. Dazu sind in der Praxis umfangreiche Nachweise zu liefern.
Es empfiehlt sich immer, vorbehaltlos die Kontenstände über einen
längeren Zeitraum hinweg zu dokumentieren. Es muss aber davor
gewarnt werden, sich „arm zu rechnen". Wer ein Einkommen von
150.000 € im Jahr hat und behauptet, nicht leistungsfähig zu sein,
riskiert nicht ernst genommen zu werden.

### 4. Selbstbehalt

Es besteht weitgehend Einigkeit, dass der dem Unterhaltspflichtigen  533
und seiner Familie zu verbleibende Betrag der Schwäche und Nachrangigkeit des Aszendentenunterhaltes zu entsprechen hat. Gleichzeitig wird
spätestens seit der Entscheidung des BGH v. 23.10.2002[451] allgemein akzeptiert, dass der **Selbstbehalt des Pflichtigen** im Verhältnis zu seinen
Eltern nicht statisch, sondern **dynamisch** zu gestalten ist. Je höher das
Einkommen des Unterhaltspflichtigen ist, umso mehr ist ihm als Selbstbehalt zu belassen, weil ihm im Verhältnis zu seinen Eltern eine spürbare
und dauerhafte Senkung seines berufs- und einkommenstypischen Unterhaltsniveaus jedenfalls insoweit nicht zuzumuten ist, als er nicht einen

---

451 BGH v. 23.10.2002 – XII ZR 266/99, FamRZ 2002, 1698.

nach den Verhältnissen unangemessenen Aufwand betreibt oder ein Leben im Luxus führt. Dementsprechend belässt die Rechtsprechung dem Unterhaltspflichtigen stets die **Hälfte der den Selbstbehalt übersteigenden Einkünfte** (vgl. die unter Rn. 526 wiedergegebene Entscheidung des BGH).

534 Die Ausführungen des BGH in diese Entscheidung werden vielfach so verstanden, dass damit die in den Leitlinien der OLG festgelegten Selbstbehalte jeglicher Diskussion entzogen und von den Gerichten anzuwenden seien. Dabei lässt sich oft der Eindruck gewinnen, Rechtsprechung und Literatur bemühten sich in sehr kreativer Weise, die durch nichts begründete Selbstbindung an diese Selbstbehalte dadurch zu unterlaufen, dass vom Einkommen des unterhaltspflichtigen Kindes Abzüge vorgenommen werden, die in der unterhaltsrechtlichen Dogmatik normalerweise den aus dem Selbstbehalt zu finanzierenden allgemeinen Lebenshaltungskosten zuzuordnen sind[452]. So werden in einigen Regionen – entsprechend den Regelungen im Sozialhilferecht – alle Pflichtversicherungen (also auch die Kfz-Haftpflichtversicherung) vom Einkommen des Unterhaltspflichtigen vorab abgezogen. Teilweise werden auch Privathaftpflichtversicherungskosten, Rechtsschutzversicherungen, Kindergarten- oder Schul**verpflegungskosten** etc. als Abzüge vom Einkommen akzeptiert. Viele dieser Kosten sind der **allgemeinen Lebensführung** zuzuordnen und eigentlich **aus dem Selbstbehalt zu finanzieren**. Wenn gleichwohl in der Praxis ein unsystematischer Abzugswildwuchs herrscht, wird mit dieser Scheinmathematisierung einzig und allein kaschiert, dass die Frage, welcher Selbstbehalt für den Unterhaltspflichtigen zugrunde zu legen ist, eine Wertungsfrage ist. Nach § 1603 Abs. 1 BGB ist unterhaltspflichtig nur derjenige, der **ohne Gefährdung seines eigenen angemessenen Unterhaltes** zu Unterhaltsleistungen an seine Verwandten im Stande ist. Es geht mithin um die Bestimmung der Angemessenheit des eigenen Bedarfs. Dies ist eine juristisch wertende Entscheidung, die durch eine Tabelle ebenso wenig wie durch eine Kristallkugel ersetzt werden kann. Die Angemessenheit des Eigenbedarfs ist in jedem Fall konkret zu prüfen.

535 Dabei ist festzustellen, dass es dem Unterhaltspflichtigen obliegt, zur **Angemessenheit seines Eigenbedarfs** vorzutragen. Dazu reichen formelhafte Bezugnahmen auf den Lebensstil nicht aus. Vielmehr ist darzulegen, wofür die Einkünfte des Unterhaltspflichtigen verwandt wurden. Wer nachweist, keine Sparleistungen in der Vergangenheit erbracht zu haben und dazu konkret darlegt sowie belegt, wie das Einkommen in der Vergangenheit verwendet wurde, wird – sofern er nicht im Luxus lebt – zu El-

---

452 So auch *Hußmann*, S. 31, der die Abzugspraxis ‚großzügig' nennt.

ternunterhalt auch dann nicht herangezogen werden können[453], wenn sein Einkommen auch nach Berücksichtigung großzügig bemessener Abzüge deutlich oberhalb der Leitlinienselbstbehalte liegt[454] (vgl. Rn. 529). Allerdings sollte man nicht allzusehr auf den Fortbestand der Rechtsprechung des OLG Hamm zum Wegfall der unterhaltsrechtlichen Leistungspflicht bei vollständigem Einkommensverzehr vertrauen. Die Entscheidung ist vor der grundlegenden Berechnungsentscheidung des BGH v. 28.7.2010 zur Berechnungsmethode beim Elternunterhalt ergangen[455]. Mit dieser Entscheidung ist eine recht großzügige Bemessung des Selbstbehalts erfolgt. Die Lebensstandardgarantie schützt kein verschwenderisches Verhalten.

Aus dem **Selbstbehalt** sind danach bei Inanspruchnahme auf Elternunterhalt zu finanzieren: 536

- Lebensmittel, Getränke und Tabakwaren,
- Kleidung, Hygiene- und Kosmetikartikel, soweit es sich nicht um krankheitsbedingten Mehrbedarf handelt,
- Transport- und Verkehrskosten, soweit es sich nicht um berufsbedingte Wegekosten handelt,
- Urlaubs- und **Erholungsreisen**, Freizeit und Unterhaltungsausgaben,
- Kosten des Wohnens, soweit sie einkommenstypisch sind (vgl. Rn. 514 ff.),
- Ausstattung der Wohnung mit Möbeln, Einrichtungsgegenständen und Haushaltsgeräten,
- Teilhabe am kulturellen Leben.

Aus dem **Selbstbehalt** ist nicht zu finanzieren: 537

- **Zins- und Tilgungsleistungen** für vor Entstehen der Elternunterhaltspflicht aufgenommene Darlehen,
- **krankheitsbedingter Mehrbedarf**,
- erhöhter **Instandhaltungs- und Reparaturbedarf**, soweit er aus den Selbstbehalten nicht zumutbar finanziert werden kann. Dabei liegt die Zumutbarkeitsgrenze in dem Bereich, der vom statistischen Bundesamt als Durchschnitt der konsumptiven Ausgaben anerkannt ist (vgl. Rn. 1141).
- **Freizeit- und Hobbyaufwendungen**, soweit sie die in den Selbstbehaltenen enthaltenen Kosten (Grafik Rn. 538) übersteigen und nicht zumutbar zu verringern sind[456];

---

453 OLG Hamm v. 22.11.2004 – 8 UF 411/00, FamRZ 2005, 1193.
454 BGH v. 14.1.2004 – XII ZR 224/00, FamRZ, 2004, 370.
455 BGH v. 5.2.2014 – XII ZB 25/13, FamRZ 2014, 538.
456 Vgl. aber BGH v. 5.2.2014 – XII ZB 25/13, FamRZ 2014, 538.

**538** Die vom statistischen Bundesamt ermittelte Ausgabenstruktur der Haushalte gibt in der Regel sichere Hinweise dafür, was aus dem Selbstbehalt zu finanzieren ist, und welche Ausgaben besonders zu berücksichtigen sind und zu einer Erhöhung des Selbstbehalts führen müssen, wenn der erworbene Lebensstandard gehalten werden soll.

**539** Die weitere Analyse der Konsumausgaben privater Haushalte macht deutlich, dass die Dynamisierung der Selbstbehalte eine fast perfekte Wiedergabe der Konsumgewohnheiten in Deutschland sind. Vergleicht man für das Jahr 2011[457] die Konsumausgaben für die im Elternunterhalt aktiven Haushaltstypen, ergibt sich, dass die Lebensstandardgarantie tatsächlich eingelöst wird, weil die im Elternunterhalt geschützten konsumptiven Ausgaben, die im Selbstbehalt geschützt sind, mit den tatsächlich von DESTATIS ermittelten Konsumausgaben harmonisieren (siehe Grafik Rn. 540 auf der gegenüberliegenden Seite):

**540** Mit diesem Verständnis der Selbstbehalte sind angemessene Ergebnisse zu erzielen. So könnte eine unterhaltspflichtige Person keine Erhöhung der Selbstbehaltssätze verlangen, weil sie in den vergangenen Jahren stets aufwändige Reisen durchgeführt hat, die zu ihrem Lebensstandard gehörten. Sind für solche Reisen in der Vergangenheit Kredite aufgenommen worden, ist deren Tilgung einkommensmindernd zu berücksichtigen, nicht aber eine Ausgaben für eine nach Kenntnis der Unterhaltsverpflichtung (Zugang der Rechtswahrungsanzeige) gebuchte teure Urlaubsreise. Deren Verschiebung ist zumutbar. Ebenso wäre eine Dauer-Logen-Sitzplatzkarte

---

457 Jüngere belastbare Daten liegen nicht vor.

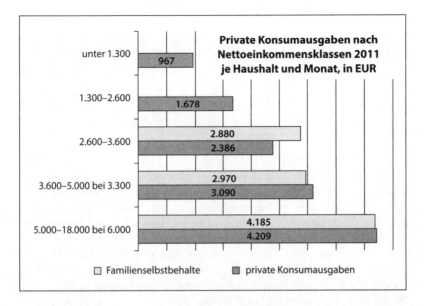

eines Fußballvereins unterhaltsrechtlich zu berücksichtigen. Derartiger Aufwand ist aus dem Selbstbehalt zu finanzieren oder kann für die Zeit der Unterhaltsverpflichtung aufgegeben werden.

Ausnahmen sind dort zu machen, wo Freizeit- und **Hobbykosten** einer unterhaltspflichtigen Person die in den Selbstbehalten enthaltenen Sätze deutlich überschreiten und ein Verzicht auf die Ausübung des Hobbys oder dessen Aussetzen nicht zumutbar ist. Solche Situationen können entstehen, wenn die Unterbrechung der Freizeitaktivität mit deren dauerhaften Beendigung einherginge. Aus diesem Grund erscheint die rigorose Entscheidung des BGH zu den **Pferdehaltungskosten** (vgl. Rn. 527) wenig überzeugend. Die Abschaffung des 23 Jahre alten Pferdes war der unterhaltspflichtigen Person sicher nicht zuzumuten. Dies gilt besonders vor dem Hintergrund, dass zu teure selbst bewohnte Immobilien oder PKWs die Unterhaltslast anerkanntermaßen reduzieren können.

541

## 5. Leitlinienselbstbehalte

Die Höhe der nach den Leitlinien[458] dem Unterhaltspflichtigen verbleibenden **Sockel-Selbstbehalte** sind von der Rechtsprechung und dem Schrifttum oberhalb des Kindern und Gatten gegenüber für angemessen erachteten Selbstbehalts festgelegt worden.

542

---

458 Unterhaltsrechtlichen Leitlinien der OLGe (s. www.famrz.de), Ziff. 22.3.

| Selbstbehalte im Elternunterhalt | Sockelselbstbehalt Kind | darin Kosten des Wohnens | Sockelselbstbehalt Schwiegerkind | darin Kosten des Wohnens |
|---|---|---|---|---|
| 2005 bis 2010 | 1.400,00 € | 450,00 € | 1.050,00 € | 350,00 € |
| 2011 bis 2012 | 1.500,00 € | 450,00 € | 1.200,00 € | 350,00 € |
| 2013 bis 2014 | 1.600,00 € | 450,00 € | 1.280,00 € | 350,00 € |
| ab 2015 | 1.800,00 € | 480,00 € | 1.440,00 € | 380,00 € |

543 Der in den Leitlinien ausgewiesene **Selbstbehalt ist dynamisch konzipiert**. Die Hälfte des den Sockelselbstbehalt (derzeit 1.800 €) übersteigenden Einkommens bei alleinstehenden Unterhaltsschuldnern und 45 % des den Sockelselbstbehalt von zusammenlebenden Verheirateten (derzeit 3.240 €) übersteigenden Einkommens stehen dem unterhaltspflichtigen Kind bzw. seiner Familie als **individueller Selbstbehalt** zu. Diese Dynamisierung des Selbstbehaltes ist von der Rechtsprechung des BGH ausdrücklich gefordert und gebilligt[459] und in eine allgemein akzeptierte Berechnungsmethode umgesetzt worden[460].

544 Die Festlegung von Selbstbehalten ist problematisch. Auch wenn derartige **Selbstbehalte** von der Rechtsprechung des BGH gebilligt worden sind, sollten sie nicht darüber hinwegtäuschen, dass sie **keine Rechtsnorm** darstellen und im Einzelfall zu unbilligen Ergebnissen führen.

### a) Kritik an Höhe der Selbstbehalte

545 Teilweise werden die **Selbstbehaltssätze** als zu hoch angesehen. Diese Kritik ist nur dann nachvollziehbar, wenn man die spezifische Systematik des Elternunterhalts verkennt. Wenn die Lebensstandardgarantie für den Elternunterhalt ernst genommen wird, ist dem Unterhaltspflichtigen von seinem Einkommen so viel zu belassen wie bis zum Entstehen der Elternunterhaltspflicht für die allgemeine Lebensführung verausgabt wurde. Im Ehegattenunterhaltsrecht ist diese Grenze definiert. Bis zu einem unterhaltspflichtigen Einkommen von 5.100 € (entsprechend der obersten Einkommensstufe der Düsseldorfer Tabelle) gehen Rechtsprechung[461] und

---

459 BGH v. 23.10.2002 – XII ZR 266/99, FamRZ 2002, 1698 = NJW 2003, 128; BGH v. 19.3.2003 – XII ZR 123/00, FamRZ 2003, 1179 (m. Anm. *Klinkhammer*) = NJW 2003, 2306.

460 BGH v. 28.7.2010 – XII ZR 140/07, FamRZ 2010, 1535; BGH v. 5.2.2014 – XII ZB 25/13, FamRZ 2014, 538.

461 Z.B. BGH v. 30.11.2011 – XII ZR 35/09, FamRZ 2012, 945; v. 11.8.2010 – XII ZR 102/09, FamRZ 2010, 1637; OLG Hamm v. 10.2.2006 – 5 UF 104/05, FamRZ 2006, 1603; OLG Köln v. 9.5.2001 – 27 UF 136/99, FamRZ 2002, 326; OLG Karlsruhe v.

Schrifttum[462] von einem vollständigen Einkommensverzehr der Ehegatten aus, weswegen bis zu dieser Grenze die quotale Berechnung des Ehegatten- und Nachscheidungsunterhalts für angemessen gehalten wird. Wenn eine quotale Zumessung (**Quotenunterhalt**) des Unterhaltsbedarfs ab einem Einkommen von 5.100 € und damit einem Unterhalt von 2.186 € (bei 3/7-Methode) bzw. 2.295 € (bei 4,5/10-Methode) nicht mehr möglich ist, weil unangemessen hohe Unterhaltsbeträge daraus resultierten, ist im Umkehrschluss festzuhalten, dass bis zu dieser Grenze ein Selbstbehalt angemessen wäre und davon auszugehen ist, dass ein Einkommen in dieser Höhe in der Regel vollständig konsumiert wird. Das aber führt logischerweise dazu, erst jenseits einer Grenze von etwa 2.200 € Einkommen des unterhaltspflichtigen Kindes davon auszugehen, dass das Einkommen nicht angemessen ist, um den Lebensstandard der unterhaltspflichtigen Person zu wahren. Abgeleitet aus dieser Überlegung wären mithin noch deutlich höhere Selbstbehalte im Elternunterhalt gerechtfertigt.

### b) Notwendige Erhöhung der Selbstbehalte

#### (1) Kosten des Wohnens

Bereits die Anmerkungen zur ,**Düsseldorfer Tabelle**' weisen darauf hin, dass die Selbstbehaltssätze durch die Wohnkosten beeinflusst werden. In den Selbstbehaltssätzen sind für Alleinstehende 480 € und für Zusammenlebende 860 € ,Kosten des Wohnens' enthalten. In den meisten Regionen Deutschlands können diese Wohnkosten als angemessen angesehen werden, weil sie der durchschnittlichen Wohnkostenbelastung in dieser Einkommensgruppe von 1.800 € bzw. 3.240 € mit ca. 27 % entsprechen.

546

#### (2) Fallbezogene Angemessenheit

In einigen Fällen sind die **Selbstbehalte** auch zu niedrig festgesetzt. Eine Überprüfung meiner letzten 600 Beratungsfälle hat ergeben, dass das Durchschnittsalter der auf Elternunterhalt in Anspruch genommenen Personen bei ca. 55 Jahren liegt[463]. Diese Erfahrung harmonisier mit der Entwicklung der Pflegewahrscheinlichkeit (vgl. Rn. 981). Wer in diesem Alter mit einer Elternunterhaltspflicht konfrontiert wird, hat seinen Lebensstandard entwickelt, hat in der Regel ,Haus und Hof' in Ordnung, einen Mittelklassewagen und (meist für die Gattin) einen älteren Zweit-

547

---

26.8.1999 – 2 UF 228/98, FamRZ 2000, 1366; OLG Düsseldorf v. 9.2.1996 – 6 UF 38/95, FamRZ 1996, 1418; OLG Frankfurt v. 13.8.1996 – 3 UF 8/96, FamRZ 1997, 353; vgl. auch Leitlinien der OLG zum Unterhalt (s. www.famrz.de), Nr. 15.3.
462 Wendl/Dose/*Gerhardt*, § 4 Rn. 763 ff.; Eschenbruch/*Schürmann*/Menne, Kap. 1 Rn. 1045 ff.
463 Der jüngste Ratsuchende war 21 Jahre alt, der älteste 75.

wagen, die Kinder mehr oder weniger erfolgreich in die Selbständigkeit entlassen und für ein Alterseinkommen vorgesorgt. Auch dies kommt in der Beratungsstatistik zum Ausdruck. Von den 600 zuletzt erfassten Fällen hatten 220 der Unterhaltspflichtigen neben der selbst bewohnten Immobilie Vermögen in Höhe von durchschnittlich 140.000 €. In dieses Vermögen ist das in betrieblichen und privaten Altersversorgungen gesammelte Vermögen nicht eingerechnet. Die durchschnittliche Leistungsfähigkeit der unterhaltspflichtigen Personen beträgt nach dieser Auswertung ca. 300 € pro Monat. All diese Werte sind beruhigend. Sie belegen, dass der Elternunterhalt nur bei arrivierten Einkommensverhältnissen eingreift und in der Regel – auch das lehrt die Beratungserfahrung – nur die neben der Altersvorsorge betriebene Sparquote abgreift. Nur selten muss die unterhaltspflichtige Person die Lebensverhältnisse einschränken.

548 Diese Balance gelingt indessen nicht in den Fällen, in denen junge Unterhaltspflichtige, die nach ihrer Berufsausbildung ihre berufliche und familiäre Laufbahn beginnen mit einer Elternunterhaltsforderung konfrontiert werden. Sie hatten noch keine Gelegenheit, einen kreditierten Lebensstandard zu erwerben, haben noch kein Haus, Auto und Pferd erworben, noch nicht geheiratet und keine Kinder. Wenn ihre Eltern z.B. als Folge einer **psychischen Erkrankung** pflegebedürftig werden, sind sie trotz im Allgemeinen großzügiger Selbstbehalte in ihrer Lebensentfaltung stark beschnitten. Wer z.B. mit 28 Jahren 3.300 € netto verdient, könnte neben berufsbedingten Aufwendungen (150 €) noch ca. 350 € für die Altersvorsorge sparen. Er müsste ca. 500 € Unterhalt zahlen, so dass dann gerade 2.300 € noch zur Verfügung stünden. Davon sind in großstädtischen Ballungsräumen der Erwerb einer Immobilie und auch die Familiengründung bei Aufrechterhaltung eines angemessenen Lebensstils nicht mehr möglich. Da diese unterhaltspflichtigen Personen in der Regel auch noch über einen voraussichtlich langen Zeitraum unterhaltspflichtig bleiben, ist in diesen Fällen eine Anhebung des Selbstbehalts auf das Niveau vorzunehmen, das im Gattenunterhaltsrecht als Grenze zwischen quotaler und konkreter Bedarfsberechnung definiert wird (vgl. Rn. 545).

549 Diese Selbstbehaltserhöhung ist m.E. nicht erforderlich, wenn die psychische Erkrankung, die zur Pflegebedürftigkeit führt, drogenindiziert oder Resultat einer Suchterkrankung ist. In diesen Fällen kann den betroffenen Kindern über die Verwirkung nach § 1611 BGB geholfen werden, weil jede die Bedürftigkeit herbeiführende Suchtmittelmissbrauchskarriere ein ‚sittliches Verschulden' i.S.v. § 1611 S. 1 BGB darstellt (vgl. Rn. 881).

## 6. Leitliniengerechte Erhöhung der Selbstbehalte (Wohnkosten)

Um gerechte Ergebnisse in Einzelfällen zu erhalten, kann es sinnvoll 550
sein, Änderungen der Selbstbehalte zu berechnen.

Das ist immer dann der Fall, wenn die **tatsächliche Mietbelastung** die 551
in den Leitlinien einkalkulierte Mietbelastung von 480 € bzw. 860 € (vgl.
Rn. 542) übersteigt. In diesen Fällen ist der Selbstbehalt um einen Wohnmehrbedarfszuschlag zu erhöhen, dessen Höhe in der Differenz der tatsächlichen Wohn- bzw. Mietkosten zu den in den Leitlinien angenommenen Wohn- oder Mietkosten besteht. Andererseits findet eine Verminderung des Selbstbehaltes nicht statt, wenn die **Mietbelastung** geringer als in den Leitlinien angenommen ausfällt[464].

> **BGH v. 17.12.2003 – XII ZR 224/00, FamRZ 2004, 370**
>
> ... Es unterliegt grundsätzlich der freien Disposition des Unterhaltspflichtigen, wie er die ihm zu belassenden Mittel nutzt. Ihm ist es deshalb nicht verwehrt, seine Bedürfnisse anders als in den Unterhaltstabellen zu gewichten und sich zum Beispiel mit einer preiswerteren Wohnung zu begnügen, um zusätzliche Mittel für andere Zwecke einsetzen zu können (Senatsurteil v. 25.6.2003 – XII ZR 63/00 –, FamRZ 2004, 186, m. Anm. Schürmann, S. 189). Eine Herabsetzung des der Bekl. zuzubilligenden Selbstbehalts ist deshalb nicht veranlasst. ...

Teilweise werden erhöhte Kosten des Wohnens dann nicht zu einer Erhöhung des Selbstbehaltes herangezogen, wenn der ‚individuelle Selbstbehalt' höher als der Sockelselbstbehalt ist. Der Wohnkostenansatz von 480 € im Selbstbehalt von 1.800 € bzw. 860 € im Familiensockelselbstbehalt von 3.240 € entspricht einem Wohnkostenanteil von ca. 27 % des verfügbaren Familieneinkommens. Verbleibt dem Unterhaltspflichtigen mehr als der Sockelselbstbehalt, so soll auch der Wohnkostenanteil sich entsprechend erhöhen[465]. Indessen verkennt diese Position, dass die im Elternunterhalt geltende Lebensstandardgarantie[466] dazu führt, dass dem Pflichtigen eine Änderung seiner Lebensverhältnisse nicht zuzumuten ist. Berücksichtige man höhere Wohnkosten nicht durch eine entsprechende Anhebung der Selbstbehalte, baute man einen Umzugsdruck auf, der dieser Lebensstandardgarantie widerspräche. 552

Soweit die **erhöhten Mietkosten** aus erhöhtem Wohnbedarf wegen gemeinsamen Wohnens mit Kindern resultieren, kann fraglich sein, ob dies zu einer Erhöhung des Selbstbehalts führt. In den vorab vom Einkommen 553

---
464 BGH v. 25.6.2003 – XII ZR 63/00, FamRZ 2004, 186.
465 So ausdrücklich OLG Karlsruhe v. 28.7.2010 – 16 F 65/10.
466 BGH v. 23.10.2002 – XII ZR 266/99, FamRZ 2002, 1698.

des Unterhaltspflichtigen abgezogenen Unterhaltsbeträgen für Kinder sind in der Regel auch die **Kosten des Wohnens für die Kinder** mit ca. 20 % des in der ‚Düsseldorfer Tabelle' ausgewiesenen Bedarfs enthalten, so dass eine nochmalige Berücksichtigung dieser Kosten durch eine Selbstbehaltserhöhung zu einer Doppelberücksichtigung der Wohnkosten der Kinder führt. Dies wird jedoch von den Trägern der Sozialhilfe in der Regel nicht moniert und hängt insoweit auch damit zusammen, dass die Berücksichtigung der Unterhaltsbeträge für die Kinder nach den Tabellensätzen der Düsseldorfer zu unangemessen niedrigen Kindesunterhaltsbeträgen führt.

554 Mit dem **Selbstbehalt** soll der gesamte Lebensbedarf, Nahrung, Kleidung, Körperpflege, Urlaub, Kultur, Gesundheit, Bildung, Freizeit etc. abgedeckt werden. Es kann ratsam sein, den Bedarf konkret zu bestimmen (konkrete **Bedarfsberechnung**). Das ist immer dann zu empfehlen, wenn der konkrete Lebenszuschnitt des Unterhaltspflichtigen und seiner Familie trotz hoher Einkünfte so organisiert ist, dass Rücklagen nicht gebildet werden, sondern das Einkommen weitgehend konsumiert wird (vgl. Rn. 529).

555 Die Frage, ob es einem Unterhaltspflichtigen zuzumuten ist, eine selbst genutzte **Feriendauerwohnung** oder die Mitgliedschaft in einem **Golfclub** zu kündigen, ist zu verneinen. Anderenfalls würde man den den Elternunterhalt überlagernden Grundsatz vernachlässigen, dass der Unterhaltsschuldner eine spürbare und dauerhafte Senkung seines berufs- und einkommenstypischen Unterhaltsniveaus jedenfalls insoweit nicht hinzunehmen hat, als er nicht einen nach den Verhältnissen unangemessenen Aufwand betreibt oder ein Leben im Luxus führt[467].

556 **Leitlinien sind keine Gesetze.** Elternunterhalt ist aufgrund der weitgehend abgeschlossenen und konkretisierten Lebensplanung der Unterhaltspflichtigen noch weniger in das Korsett streng gegliederter Leitlinien zu schnüren als sonstige Unterhaltstatbestände. Es wird daher immer zu prüfen sein, ob der dem Unterhaltspflichtigen tatsächlich verbleibende Selbstbehalt angemessen ist. Dabei ist es aus anwaltlicher Sicht stets ratsam, den Lebenszuschnitt der Unterhaltspflichtigen sehr konkret darzustellen. Vor vorschnellen Verweisungen bestimmter Aufwendungen der Unterhaltspflichtigen in den allgemeinen aus dem Selbstbehalt zu deckenden Bedarf muss gewarnt werden. Die entscheidende Debatte um die Höhe des Selbstbehaltes wird letztendlich im Bereich der vom Nettoeinkommen des Pflichtigen und seines Gatten vorzunehmenden Abzügen geführt (vgl. Rn. 334 ff.). Gleichwohl bleibt eine abschließende Betrachtung der Angemessenheit des der Berechnung zugrunde gelegten Selbstbehaltes stets erforderlich.

---

467 BGH v. 23.10.2002 – XII ZR 266/99, FamRZ 2002, 1698.

## 7. Selbstbehalt nach BVerfG v. 7.6.2005 – 1 BvR 1508/96: 100.000 €?

Die Entscheidung des BVerfG vom 7.6.2005[468] betont gegenüber der bisherigen Rechtsprechung eine weitere Schwäche des Elternunterhaltes. Das BVerfG bestimmt dabei die Angemessenheit des Betrages, der dem Unterhaltspflichtigen zu verbleiben hat, maßgeblich unter dem Gesichtspunkt der vom Unterhaltspflichtigen hinzunehmenden Belastungen. Dieser sei durch die Unterhaltspflicht für seine Familie und die Verpflichtung, eine eigene angemessene Altersversorgung aufzubauen, stark belastet.

557

In diesem Zusammenhang verweist die Urteilsbegründung wie schon zuvor der BGH[469] auf die Gesetzgebung zum Grundsicherungsgesetz. Während der BGH jedoch die Rückgriffsbeschränkung auf Unterhaltsansprüche von Eltern gegen Kinder auf die Fälle, in denen die Kinder ein 100.000 € übersteigendes Einkommen haben, damit begründete, der Gesetzgeber habe diese hohe Rückgriffsschwelle aufgebaut, um bedürftigen älteren Menschen das Verharren in ‚verschämter Armut' zu ersparen[470], wendet das Verfassungsgericht die nunmehr in § 43 Abs. 2 SGB XII enthaltene Rückgriffsschwelle offensiv zur Begründung eines hohen Selbstbehaltes für den auf Elternunterhalt in Anspruch genommenen Unterhaltspflichtigen an:

558

> **BVerfG v. 7.6.2005 – 1 BvR 1508/96, FamRZ 2005, 1051**
>
> … Auch hieraus wird die Intention des Gesetzgebers deutlich, Kinder gegenüber ihren Eltern zwar nicht aus der Pflicht zur Unterhaltsgewährung gänzlich zu entlassen, bei der Frage aber, ob ein Unterhaltsanspruch gegen sie besteht, die Nachrangigkeit des Anspruchs ebenso wie die besondere Belastungssituation des Unterhaltspflichtigen zu beachten. …

Während der BGH somit den Bezug auf die Einkommensgrenze des § 43 Abs. 2 SGB XII noch damit rechtfertigt, dass es bei dieser Grenze gar nicht um den Schutz des Unterhaltspflichtigen vor einer zu hohen Inanspruchnahme auf Unterhalt und vor übermäßiger Belastung geht, ist der Bezug des BVerfG auf den ‚angemessenen Selbstbehalt des Unterhaltspflichtigen' unverkennbar[471].

559

Auch anders lässt sich mit Hilfe der Rückgriffsnormen der Grundsicherung ein Plädoyer für eine deutliche Heraufsetzung der Freibetragsgrenzen beim Elternunterhalt begründen. Was ‚angemessener eigener Un-

560

---

468 BVerfG v. 7.6.2005 – 1 BvR 1508/96, FamRZ 2005, 1051.
469 BGH v. 23.10.2002 – XII ZR 266/99, FamRZ 2002, 1698.
470 So auch *Klinkhammer*, FamRZ 2003, 1793.
471 S. auch *Schürmann*, FF 2005, 187.

terhalt' im Sinne von § 1603 Abs. 1 BGB ist, steht nie monolitisch fest. Dass minderjährigen Kindern die Teilung des ‚letzten Hemdes' geschuldet wird, hängt damit zusammen, dass sie noch keinen eigenen Beitrag zu ihrem Unterhalt leisten können. Volljährige Kinder können dies ebenso wie geschiedene Gatten, denen gegenüber der angemessene Eigenbedarf die Leistungsgrenze des Unterhaltspflichtigen markiert. Alle diese Unterhaltsansprüche sind jedoch kalkulierbar. Die Eigentümlichkeit des Elternunterhaltes ist es jedoch, dass er meist ‚aus heiterem Himmel' zuschlägt. Da durch die Einführung der Grundsicherung der tägliche Lebensbedarf alter Menschen befriedigt wird und die Leistungen nach den §§ 41 ff. SGB XII bedarfsdeckende Funktion haben, spielt der zur Deckung des allgemeinen Lebensbedarfs zu zahlende Elternunterhalt praktisch keine Rolle mehr. Der – weniger als 100.000 € verdienende – Unterhaltspflichtige wird sich zur Abwehr eines Anspruchs auf Elternunterhalt stets darauf berufen, es bestehe die Obliegenheit des Unterhaltberechtigten, seinen Bedarf anderweitig, nämlich beim Grundsicherungsträger, zu decken. Deren Höhe ist in diesen Fällen auch angemessen, weil der Bedarf ja in diesen Fällen nicht von der Lebensstellung des Unterhaltspflichtigen abgeleitet, sondern von der Lebensstellung des Bedürftigen (§ 1610 Abs. 1 BGB) bestimmt wird (vgl. Rn. 42 ff.).

561 Der über die Grundsicherung gedeckte Unterhaltsbedarf ist jedoch im Unterschied zum die Diskussion um Elternunterhalt prägenden Pflegeunterhaltsbedarf nicht nur geringer, sondern auch absehbarer. Das unterhaltspflichtige Kind kennt zwar möglicherweise nicht die konkrete Höhe der Einkünfte seiner Eltern, kennt jedoch deren berufliche Biografie und damit auch die ungefähre Höhe der Alterseinkünfte der Eltern. Während der **Pflegeunterhalt immer unverhofft** entsteht, weil Pflege immer noch die Ausnahme und nicht die Regel ist, ist Altersarmut kein Zufall. Diese zeichnet sich vielmehr in der Biografie des Bedürftigen lange ab und ist auch für fern stehende Außenstehende ohne weiteres erkennbar. Der Unterhaltspflichtige hätte daher die Möglichkeit, sich auf eine Inanspruchnahme auf Unterhalt einzustellen. Die langfristige Absehbarkeit des Bedarfs begründet daher den gegen ihn gerichteten Anspruch, sich langfristig auf eine Inanspruchnahme auf Unterhalt einzustellen. Ein Argument, den Unterhaltspflichtigen vor der Inanspruchnahme auf Elternunterhalt in diesen Fällen zu schonen und dem unterhaltspflichtigen Kind einen hohen Lebensstandard zu sichern sowie seine Heranziehung zum Wohlhabendenprivileg zu machen, ist mithin nicht gegeben.

562 Die Unabsehbarkeit des aus Pflegekosten resultierenden Elternunterhaltes wird aber von der Rechtsprechung und dem Schrifttum immer wieder als Argument herangezogen, den Selbstbehalt des unterhaltspflichtigen Kindes gegenüber anderen Unterhaltstatbeständen deutlich zu erhöhen.

Hintergrund dessen ist, dass es dem Unterhaltspflichtigen nicht zuzumuten ist, seinen ökonomischen Lebenszuschnitt auf eine latent existierende[472] Unterhaltspflicht einzustellen, um im unabsehbaren Bedarfsfall leistungsfähig zu sein. Bislang ist die Rechtsprechung dieser Argumentation jedoch nicht gefolgt[473]. Es gibt auch keine Anzeichen dafür, dass sich das ändern wird.

## 8. Zurechnung fiktiven Einkommens

### a) Erwerbsobliegenheit zu Gunsten des Elternunterhaltes?

Ob Kinder im Verhältnis zu ihren Eltern eine **Erwerbsobliegenheit** trifft, ist bislang vom BGH nicht entschieden worden. In der Literatur wird dies teilweise bejaht[474]. Dabei wird bereits einschränkend angenommen, dass eine Erwerbsobliegenheit nur für unverheiratete Kinder anzunehmen sei, da nicht erwerbstätige verheiratete Kinder ihre ehelichen Pflichten als Hausmann/Hausfrau gem. § 1360 S. 2 BGB erfüllten[475] und diese Situation daher der Annahme einer Erwerbstätigkeit widerstünde.

563

> **OLG Karlsruhe v. 28.7.2010 – 16 UF 65/10, FamRZ 2010, 2082**
> 
> ... 5. Auch beim Elternunterhalt kann fiktives Einkommen berücksichtigt werden. Allerdings ist die Zumutbarkeitsschwelle für die Berücksichtigung fiktiver Einkünfte wegen Verletzung einer Erwerbsobliegenheit hoch anzusetzen. Gleichwohl ist das unterhaltspflichtige Kind nicht berechtigt, ohne zwingenden Grund eine bereits ausgeübte Erwerbstätigkeit aufzugeben, um sich so vor der drohenden Inanspruchnahme von Elternunterhalt zu schützen. Die Darlegungs- und Beweislast für eine krankheitsbedingte Erwerbsminderung oder Erwerbsunfähigkeit trifft das unterhaltspflichtige Kind (Rn. 113) (Rn. 124).

Jede unterhaltsrechtliche Obliegenheit steht unter dem Vorbehalt ihrer nach Treu und Glauben zu beurteilenden Zumutbarkeit. Die rechtliche Schwäche des Elternunterhaltes hat dabei Auswirkungen auch auf die Annahme der Zumutbarkeit einer Erwerbstätigkeit des Kindes. Die Elternunterhaltspflicht tritt in der Regel in einem Alter ein, in dem das unterhalts-

564

---

472 BGH v. 19.2.2003 – XII ZR 67/00, FamRZ 2003, 860.
473 Anders vermutet *Frank*, FamRZ 2009, 649, eine Inanspruchnahme von Kindern auf Elternunterhalt sei erst jenseits eines Einkommens von 100.000 € möglich, was aber der Realität nicht entspricht.
474 *Herr*, FamRZ 2005, 1019, 1025; *Hußmann*, S. 24; *Günther*, FuR 1995, 1, 7; *Ehinger*, FPR 2003, 623, 628; *Strohal*, Anm. zu BGH v. 28.1.2004 – XII ZR 218/01, FamRZ 2004, 795.
475 Koch/*Wellenhofer*, Rn. 5026; anders Eschenbruch/*Klinkhammer*, Rn. 2.102, für den Fall einer kinderlosen Ehe.

pflichtige Kind sich bereits im Leben eingerichtet und seinen spezifischen Lebensstil gefunden hat. Wenn ein kinderloser Erwachsener z.B. lediglich teilzeitig berufstätig ist, weil das seiner Persönlichkeit am besten entspricht, ist nur schwer nachvollziehbar, dass diese die Ausnutzung der eigenen Erwerbstätigkeit betreffende Lebensentscheidung trotz der Schwäche des Elternunterhaltes nicht zu akzeptieren wäre, während andererseits der vom Unterhaltspflichtigen betriebene lebensstandardprägende Verzehr erarbeiteter Ressourcen (großzügige Lebensweise) beim Elternunterhalt akzeptiert wird[476].

565   Wenn Schulden, die zur Finanzierung auch von Vermögenswerten aufgenommen worden sind, einschließlich Zins- und Tilgungsleistungen nach inzwischen einhelliger Auffassung vom für Unterhaltszwecke anrechenbaren Einkommen des Unterhaltspflichtigen abgezogen werden, steht die Annahme, der Unterhaltspflichtige sei zur Finanzierung von Elternunterhalt gehalten, seine Arbeitskraft voll einzusetzen, in keinem nachvollziehbaren Begründungszusammenhang.

566   Anders könnte man nur entscheiden, wenn man die Maxime einer kapitalistischen Konsumgesellschaft, wonach die Verminderung des verfügbaren Einkommens durch kreditierten Konsum volkswirtschaftlich erwünscht ist, während die Verminderung des verfügbaren Einkommens durch Nichtausnützung der vollen Arbeitskraft zu sanktionieren sei, zu einem auch rechtlich gültigen Prinzips des Unterhaltsrechts zu machen. Das aber wäre nicht nachvollziehbar.

567   Anders als im Deszendenten und Gattenunterhaltsrecht kann es für die Berücksichtigung von Verbindlichkeiten nicht darauf ankommen, ob diese ‚schadlos' zurückgefahren werden können. Wäre die Irreversibilität der Belastung Grund für deren Berücksichtigung im Elternunterhalt, bestünde – wie beim Kindes- und Gattenunterhalt – die vorrangige Obliegenheit des Unterhaltspflichtigen, eine Reduktion der Belastung herbeizuführen. Erst wenn nachgewiesen ist, dass eine Reduktion nicht möglich ist, könnte die Verbindlichkeit mit Zins- und Tilgungsleistungen dem Elternunterhalt entgegengestellt werden. Das ist aber nicht der Fall. Der BGH sieht vielmehr den Grund für die Berücksichtigung der ökonomischen Disposition des Unterhaltspflichtigen in der Tatsache, dass dieser im Verhältnis zum schwachen Elternunterhalt nicht verpflichtet sei, eine spürbare Senkung des berufs- und einkommenstypischen Bedarfsniveaus hinzunehmen[477].

568   **Freizeit gehört aber auch zum Lebensbedarf und zum Lebensniveau.** Wer davon viel braucht, oder wer meint, viel zu brauchen oder sich zu

---

476 Im Ergebnis so auch Wendl/Dose/*Wönne*, § 2 Rn. 949.
477 BGH v. 19.3.2003 – XII ZR 123/00, FamRZ 2003, 1179.

leisten, muss sich im Verhältnis zum Bedarf seiner Eltern nicht beschränken. Alles andere liefe darauf hinaus, die ökonomische Maxime der herrschenden Wirtschaftsform zur Messlatte des Unterhaltsrechts zu machen.

Dementsprechend ist festzustellen, dass für einen seinen Eltern gegenüber Unterhaltspflichtigen keine Obliegenheit zur Aufnahme einer Erwerbstätigkeit besteht, wenn bis zum Entstehen der Unterhaltspflicht eine Erwerbstätigkeit nicht ausgeübt wurde[478]. Das Entstehen einer Unterhaltspflicht macht aber eine bereits ausgeübte Erwerbstätigkeit nicht überobligatorisch. Der erwerbstätige Unterhaltspflichtige kann sich mit einer Aufgabe der Erwerbstätigkeit nicht gegen eine Heranziehung zum Unterhalt verteidigen, weil die nach Treu und Glauben zu beurteilende Obliegenheit nicht losgelöst von den konkreten Lebensverhältnissen steht. Ist eine Unterhaltsverpflichtung entstanden oder droht ihre Entstehung, wäre es angesichts der rechtlichen Existenz der Unterhaltszumutung nicht hinnehmbar, wollte man dem Unterhaltspflichtigen mit der Aufgabe der Erwerbstätigkeit die ‚Flucht aus dem Elternunterhalt' eröffnen.

569

**BGH v. 19.3.2003 – XII ZR 123/00, FamRZ 2003, 1179**

... In welcher Höhe dieser Bedarf [des Unterhaltspflichtigen, der Verf.] zu bemessen ist, hängt von der Lebensstellung des Unterhaltsverpflichteten ab, die sich aus seinem Einkommen, Vermögen und sozialen Rang ergibt. Denn es entspricht der Erfahrung, dass die Lebensstellung an die zur Verfügung stehenden Mittel angepasst wird. Mit Rücksicht darauf kann der angemessene Eigenbedarf unabhängig von dem im Einzelfall vorhandenen Einkommen bestimmt werden; er ist entsprechend den Umständen des Einzelfalles veränderlich. Wie der Senat inzwischen entschieden hat, braucht der Unterhaltsverpflichtete bei einer Inanspruchnahme auf Unterhalt für einen Elternteil eine spürbare und dauerhafte Senkung seines berufs- und einkommenstypischen Unterhaltsniveaus jedenfalls insoweit nicht hinzunehmen, als er nicht einen nach den Verhältnissen unangemessenen Aufwand betreibt. Eine derartige Schmälerung des eigenen angemessenen Bedarfs wäre mit dem Gesetz nicht in Einklang zu bringen, das den Unterhaltsanspruch der Eltern rechtlich vergleichsweise schwach ausgestaltet hat (Senatsurteil v. 23.10.2002 – XII ZR 266/99 –, FamRZ 2002, 1698, 1700f.). ...

**OLG Köln v. 5.7.2001 – 14 UF 13/01, FamRZ 2002, 572**

LS: Im Elternunterhalt ist fiktives Einkommen nur in Ausnahmefällen anzusetzen.

... Ein fiktives Einkommen ist im abgeschwächten Unterhaltsverhältnis nicht zu berücksichtigen (vgl. OLG Köln, FamRZ 2001, 437 = OLG-Report 2000, 67, m.w.N.). ...

---

478 *Schäfer*, S. 155.

### b) Erwerbsobliegenheit zu Gunsten des familienrechtlichen Ausgleichsanspruchs?

570 Demgegenüber ist zu unterscheiden, ob möglicherweise eine Erwerbsobliegenheit im Verhältnis zu dem auf Elternunterhalt tatsächlich in Anspruch genommenen Kind besteht. Diese Überlegung drängt sich auf, obzwar keine Unterhaltsbeziehung zwischen Geschwistern besteht. Diese existiert vielmehr nur in Beziehung auf die gemeinsamen Eltern. Es könnte demnach bei Annahme einer Erwerbsobliegenheit gegenüber dem Kind eine anteilige Inanspruchnahme des den Unterhalt zahlenden Kindes gegenüber dem nicht erwerbstätigen und einkommenslosen Kind aus dem Gesichtspunkt des **familienrechtlichen Ausgleichsanspruchs** in einer besonderen Ausprägung gegeben sein.

571 Dazu liegt, soweit erkennbar, bislang keine Rechtsprechung vor. Es gilt, derartige Rechtsprechung zu produzieren. Dabei wird nicht verkannt, dass es sich um eine „gewagte" Konstruktion handelt. Diese Konstruktion macht jedoch deutlich, auf welch schlüpfriges Gebiet der gesamte Bereich des Elternunterhaltes führt.

### 9. Berechnung der Leistungsfähigkeit des unterhaltspflichtigen Kindes

572 Die Berechnung der konkreten unterhaltsrechtlichen Haftung eines Unterhaltspflichtigen kann, wie bereits dargelegt, nur dann ohne Berücksichtigung seines familiären Umfeldes erfolgen, wenn das unterhaltspflichtige Kind keinen anderen vorrangigen Unterhaltspflichten ausgesetzt ist und nicht selbst ggf. über den Familienunterhalt eigene Unterhaltsansprüche hat.

### a) Lebensstandardgarantie

573 Zentrale Bedeutung für die Bestimmung der unterhaltsrechtlichen Leistungsfähigkeit im Elternunterhalt hat der Begriff der **Lebensstandardgarantie**. Dabei handelt es sich um eine Besonderheit, die im sonstigen Unterhaltsrecht nur in den Fällen gilt, in denen die unterhaltspflichtige Person sich auf das Entstehen des Unterhaltsanspruchs nicht einstellen kann, weil ein solcher unverhofft entsteht. Für den Unterhaltsanspruch eines volljährigen Kindes gegen seine Eltern, wenn das Kind bereits eine wirtschaftlich selbständige Stellung erreicht hat[479] hat der BGH daher die gleichen Berechnungsgrundsätze entwickelt.

---

479 BGH v. 18.7.2012 – XII ZR 91/10, FamRZ 2012, 1553.

> **BGH v. 18.7.2012 – XII ZR 91/10, FamRZ 2012, 1553**
>
> 1. Wird der Unterhaltspflichtige von seinem erwachsenen Kind, das seine bereits erlangte wirtschaftliche Selbständigkeit wieder verloren hat, auf Unterhalt in Anspruch genommen, ist es nicht zu beanstanden, wenn der Tatrichter ihm und seiner Ehefrau im Regelfall einen Familienselbstbehalt zubilligt, wie ihn die Düsseldorfer Tabelle und die Unterhaltsrechtlichen Leitlinien für den Elternunterhalt vorsehen (im Anschluss an Senatsurteil vom 18. Januar 2012, XII ZR 15/10, FamRZ 2012, 530). (Rn. 16) …

Weil die unterhaltspflichtige Person sich auch bei Inanspruchnahme auf Enkelunterhalt nicht darauf einstellen kann, gelt auch insoweit die gleichen Grundsätze: 574

> **BGH v. 20.12.2006 – XII ZR 137/04, FamRZ 2007, 375**
>
> Großeltern sind im Fall der Inanspruchnahme auf Unterhalt für ihre Enkel zumindest die höheren Selbstbehaltsbeträge zuzubilligen, die auch erwachsene Kinder gegenüber ihren unterhaltsbedürftigen Eltern verteidigen können. Das gilt auch gegenüber minderjährigen Enkeln. Für Großeltern besteht keine gesteigerte Unterhaltspflicht, sie haften allein unter Berücksichtigung ihres angemessenen Eigenbedarfs, und zwar nachrangig. Das rechtfertigt es, ihnen generell die erhöhten Selbstbehaltsbeträge, wie sie auch im Rahmen des Elternunterhalts gelten, zuzubilligen (Festhaltung BGH, 8. Juni 2005, XII ZR 75/04, FamRZ 2006, 26, 28 und BGH, 3. Mai 2006, XII ZR 35/04, FamRZ 2006, 1099) (Rn. 10).

Aus der **Lebensstandardgarantie** in den Fällen des **Unverhofftunterhalts** folgen aber nicht nur höhere und dynamische **Selbstbehaltssätze**, indem dem Sockelselbstbehalt die Hälfte oder 45 % des den Sockelselbstbehalt übersteigenden Einkommens hinzugerechnet wird (vgl. Rn. 572 ff.). Die **Unantastbarkeit** der selbstbewohnten **Immobilie**, die Abzugsfähigkeit **von Zins- und Tilgungsleistungen**[480] insbesondere von Krediten für die selbstbewohnte Immobilie folgen dieser Lebensstandardgarantie. Nach ihr soll ein seinen Eltern gegenüber unterhaltspflichtiges Kind keine spürbare und dauerhafte Senkung seiner Lebensverhältnisse hinzunehmen, es sei denn, es lebe im Luxus[481]. Der Schutz des erreichten Lebensstandards ist die Konsequenz der schwachen Rangstellung des Elternunterhalts und seiner mangelnden rechtethischen Rechtfertigung (vgl. dazu Rn. 7). 575

---

480 BGH v. 19.5.2004 – XII ZR 304/02, FamRZ 2004, 1559; v. 19.3.2003 – XII ZR 123/00, FamRZ 2003, 1179.
481 BGH v. 23.10.2002 – XII ZR 266/99, FamRZ 2002, 1698.

## b) Alleinstehendes oder getrennt lebendes unterhaltspflichtiges Kind

576 Wie in jedem Unterhaltsfall ist Basis der Leistungsfähigkeit eines unterhaltspflichtigen Kindes sein anrechenbares Einkommen, das im Fall der Heranziehung zum Elternunterhalt großzügig um Abzugspositionen und den dynamischen Selbstbehalt (1/2 des den Selbstbehalt nach den Leitlinien der OLG übersteigenden Einkommens) vermindert wird. Das nicht verheiratete oder getrennt lebende unterhaltspflichtige Kind haftet daher ausschließlich nach seinen eigenen Einkünften, zu denen ggf. auch Unterhaltszahlungen gehören. Eine Haftung des alleinstehenden oder getrennt lebenden Kindes kommt daher aus Einkommen nur in Betracht, wenn dieses die jeweiligen Selbstbehaltsätze (ab dem Jahr 2015 1.800 €) übersteigt.

## c) Verheiratetes unterhaltspflichtiges Kind, mit Gatten zusammenlebend

577 Im Fall eines **verheirateten und mit seinem Gatten zusammenlebenden unterhaltspflichtigen Kindes** ist im Hinblick auf den Familienunterhalt (dazu Rn. 429 ff.) für die Leistungsfähigkeit des Kindes auch das Einkommen des mit ihm zusammenlebenden Gatten maßgeblich. Ein mit seinem Gatten zusammenlebendes verheiratetes Kind kann daher auch dann auf Zahlung von Elternunterhalt in Anspruch genommen werden, wenn sein Einkommen unterhalb des Selbstbehaltsatzes liegt, weil sein Lebensunterhalt durch den Familienunterhalt sichergestellt ist.

**(1) Berechnungsmethode nach BGH v. 28.7.2010[482] und 5.2.2014[483]**

578 In seiner Entscheidung vom 28.7.2010 (XII ZR 140/07) hat der BGH zu den unterschiedlichen Berechnungsmethoden Stellung bezogen und folgende Grundsätze aufgestellt:

579 Von dem zusammengerechneten um unterhaltsrechtlich relevante Abzüge der Gatten bereinigten Einkommen der Ehegatten (**Familieneinkommen**) wird der **Familiensockelselbstbehalt** in Abzug gebracht. Das verbleibende Einkommen wird zur Ermittlung des für den individuellen Familienbedarf benötigten Betrages um eine in der Regel mit 10 % zu bemessende **Haushaltsersparnis** vermindert. Die Hälfte des sich ergebenden Betrages kommt zuzüglich des Familienselbstbehalts dem Familienunterhalt zugute. Zu dem so bemessenen **individuellen Familienbedarf** hat der Unterhaltspflichtige entsprechend dem Verhältnis der Einkünfte der Ehegatten beizutragen. Für den Elternunterhalt kann der Unterhalts-

---

482 BGH v. 28.7.2010 – XII ZR 140/07 , FamRZ 2010, 1535.
483 BGH v. 5.2.2014 – XII ZB 25/13, FamRZ 2014, 538.

pflichtige die Differenz zwischen seinem Einkommen und seinem Anteil am Familienunterhalt einsetzen.

Der **Selbstbehalt** des **Alleinstehenden** berechnet sich nach dieser Entscheidung aus dem Sockelselbstbehalt zuzüglich der Hälfte des darüber hinausgehenden Einkommens. 580

Der BGH[484] leitet die **Höhe der häuslichen Ersparnis** von 10% aus dem Sozialrecht (§ 20 Abs. 3 SGB II) ab. 581

Gleichzeitig billigt der BGH in dieser Entscheidung einem unterhaltspflichtigen Kind **Altersvorsorgeaufwendungen** auch in den Fällen zu, in denen bereits Rente bezogen wird, die Regelaltersgrenze aber noch nicht erreicht ist. Auch in diesen Fällen sei der Aufbau einer privaten Altersversorgung in Höhe von 5% des Bruttoeinkommens unterhaltsrechtlich zu akzeptieren, weil durch den vorzeitigen Rentenbeginn in der Regel eine Verminderung der Versorgungshöhe eintrete, die das unterhaltspflichtige Kind durch Auf- und Ausbau einer privaten Altersversorgung – jedenfalls bis zur Regelaltersgrenze – kompensieren dürfe. 582

Der BGH hat diese Berechnungsmethode ausdrücklich zunächst für die Fälle als angemessen bezeichnet, in denen das Einkommen des unterhaltspflichtigen Kindes das seines Gatten überstieg. Nach der vom BGH entwickelten Berechnungsmethode wäre unter Zugrundelegung der ab 2015 geltenden Selbstbehaltssätze (vgl. Rn. 542) wie folgt zu rechnen: 583

Übersteigendes Einkommen des Kindes:

| anrechenbares bereinigtes Einkommen | 3.000,00 € | 4.000,00 € | 1.000,00 € |
|---|---|---|---|
| nach BGH v. 28.7.2010 – XII ZR 140/07, FamRZ 2010, 1535 | | | |
| Anteile am Gesamteinkommen in % | 75,00% | 4.000,00 € | 25,00% |
| ./. Familiensockelselbstbehalt: 1.800 + 1.440 = | | –3.240,00 € | |
| Resteinkommen: 4.000,00 € – 3.240,00 € = | | 760,00 € | |
| ./. Haushaltsersparnis 10% des Resteinkommens von: 760,00 € = | | –76,00 € | |
| Einkommen > Familiensockelselbstbehalt: 760,00 € – 76,00 € = | | 684,00 € | |
| 1/2 des Einkommens > Familiensockel-SB: 684,00 € / 2 = | | 342,00 € | |
| + Familiensockelselbstbehalt | | 3.240,00 € | |
| **individueller Familienselbstbehalt: 3.240,00 € + 342,00 € =** | | **3.582,00 €** | |
| vom Pflichtigen zu deckender Selbstbehalt: 3.582,00 € × 75,00% = | 2.686,50 € | | |
| **Elternunterhalt: 3.000,00 € – 2.686,50 € = 313,50 € =** | **314,00 €** | | |

---

484 BGH v. 5.2.2014 – XII ZB 25/13, FamRZ 2014, 538.

Übersteigendes Einkommen des Schwiegerkindes[485]:

| anrechenbares bereinigtes Einkommen | 1.000,00 € | 4.000,00 € | 3.000,00 € |
|---|---|---|---|
| nach BGH v. 28.7.2010 – XII ZR 140/07, FamRZ 2010, 1535 | | | |
| Anteile am Gesamteinkommen in % | 25,00 % | 4.000,00 € | 75,00 % |
| ./. Familiensockelselbstbehalt: 1.800 + 1.440 = | | – 3.240,00 € | |
| Resteinkommen: 4.000,00 € – 3.240,00 € = | | 760,00 € | |
| ./. Haushaltsersparnis 10 % des Resteinkommens von: 760,00 € = | | – 76,00 € | |
| Einkommen > Familiensockelselbstbehalt: 760,00 € – 76,00 € = | | 684,00 € | |
| 1/2 des Einkommens > Familiensockel-SB: 684,00 € / 2 = | | 342,00 € | |
| + Familiensockelselbstbehalt | | 3.240,00 € | |
| individueller Familienselbstbehalt: 3.240,00 € + 342,00 € = | | 3.582,00 € | |
| vom Pflichtigen zu deckender Selbstbehalt: 3.582,00 € x 25,0 % = | 895,50 € | | |
| Elternunterhalt: 1.000,00 € – 895,50 € = 104,50 € = | 105,00 € | | |

**BGH v. 28.7.2010 – XII ZR 170/07, FamRZ 2010, 1535**

... c) Die Kosten einer **zusätzlichen Altersvorsorge** hat das Berufungsgericht dagegen zu Recht als abzugsfähig anerkannt. Das Gesetz erlaubt bei der Bestimmung der Leistungsfähigkeit eines auf Verwandtenunterhalt in Anspruch genommenen Unterhaltspflichtigen ausdrücklich die Berücksichtigung sonstiger Verpflichtungen (§ 1603 Abs. 1 BGB). Im Unterschied zu dem unterhaltsberechtigten Elternteil besteht bei ihm in der Regel noch länger die Notwendigkeit, sich und seine Familie gegen die Unwägbarkeiten des Lebens abzusichern und für die Zukunft vorzusorgen. Im Hinblick darauf muss dem Unterhaltspflichtigen ermöglicht werden, eine angemessene Altersversorgung aufzubauen (Senatsurteil vom 19. Februar 2003 – XII ZR 67/00, FamRZ 2003, 860, 862 f.). Nach ständiger Rechtsprechung des Senats darf einem Unterhaltspflichtigen auch nicht mit dem Hinweis auf eine Beeinträchtigung seiner unterhaltsrechtlichen Leistungsfähigkeit die Möglichkeit genommen werden, über die primäre Altersvorsorge hinaus, wie sie etwa durch die gesetzliche Rentenversicherung oder die Beamtenversorgung erfolgt, zusätzliche Altersvorsorge zu treffen. Denn seit einigen Jahren hat sich die Erkenntnis durchgesetzt, dass die primäre Vorsorge in Zukunft nicht mehr für eine angemessene Altersversorgung ausreichen wird, sondern zusätzlich private Vorsorge zu treffen ist. Die eigene angemessene Altersvorsorge geht der Sorge für den Unterhaltsberechtigten aber grundsätzlich vor; das gilt jedenfalls dann, wenn dem Unterhaltspflichtigen wie bei der Inanspruchnahme auf Elternunterhalt vorrangig die Sicherung seines eigenen angemessen Unterhalts gewährleistet wird (Senatsurteile vom 14. Januar 2004 – XII ZR 149/01, FamRZ 2004, 792, 793 und BGHZ 169, 59, Tz. 29 f. = FamRZ 2006, 1511, 1514).

Allerdings ist der Beklagte zum 1. Juli 2004 aus dem Erwerbsleben ausgeschieden, so dass sich die vom Berufungsgericht auch aufgeworfene Frage stellt, ob ihm gleichwohl zugebilligt werden kann, seine zusätzlichen Altersvorsorgemaßnahmen fortzusetzen. Regelmäßig ist mit dem Eintritt in das Rentenalter der Lebens-

---

485 BGH v. 5.2.2014 – XII ZB 25/13, FamRZ 2014, 538.

abschnitt erreicht, für den mit Rücksicht auf die sinkenden Einkünfte Vorsorge getroffen worden ist. Dass trotzdem zu Lasten der unterhaltsrechtlichen Leistungsfähigkeit weiterhin Versorgungsrücklagen gebildet werden können, dürfte grundsätzlich dann zu verneinen sein, wenn ein nicht selbständig Erwerbstätiger mit Erreichen der gesetzlichen Altersgrenze, auf die die Vorsorgemaßnahmen häufig auch ausgelegt sein dürften, in den Ruhestand tritt. Das kann hier aber dahinstehen. Der Beklagte hat seine Erwerbstätigkeit im Alter von 60 Jahren beendet, ohne dass der Kläger ihm einen Verstoß gegen eine Erwerbsobliegenheit angelastet hätte. Im Hinblick auf das Ausscheiden aus dem Dienstverhältnis kann er keine weiter gehende primäre Altersversorgung erlangen. Dann kann ihm aber nicht verwehrt werden, jedenfalls seine zusätzliche Altersvorsorge bis zum Erreichen der gesetzlichen Altersgrenze auszubauen. Hinzu kommt, dass bei der Ehefrau des Beklagten offensichtlich eine erhebliche Versorgungslücke vorliegt, da sie seit dem 1. Januar 2006 Altersrente für Frauen von nur 237,52 € monatlich bezieht. Auch dieser Umstand verdeutlicht einen zusätzlichen Vorsorgebedarf.

Die Höhe der Vorsorgeaufwendungen übersteigen mit 74,03 € monatlich den für die Zusatzvorsorge maßgeblichen Umfang von 5 % des Jahresbruttoeinkommens des Beklagten (rund 28.000 €) nicht, so dass gegen die unterhaltsrechtliche Anerkennung keine Bedenken bestehen (vgl. Senatsurteil vom 14. Januar 2004 XII ZR 149/01 FamRZ 2004, 792, 793). Gegen die Beurteilung des Berufungsgerichts, der Beklagte sei nicht bereits durch die im Miteigentum der Ehegatten stehende Eigentumswohnung hinreichend gesichert, bestehen ebenfalls keine rechtlichen Bedenken. Die (unbelastete) Eigentumswohnung hat eine Größe von nur 69 m². Das Miteigentum hieran lässt die monatliche Zahlung von 74,03 € nicht wegen anderweit bereits bestehender Absicherung als Maßnahme der Vermögensbildung erscheinen (vgl. Senatsurteile vom 23. November 2005 – XII ZR 51/03, FamRZ 2006, 387, 388 und vom 14. Januar 2004 – XII ZR 149/01, FamRZ 2004, 772, 773).

...

5. Dem monatlichen Nettoeinkommen des Beklagten hat das Berufungsgericht den hälftigen Wohnvorteil der Ehewohnung hinzugerechnet. Dessen Bemessung hat es nicht die bei einer Fremdvermietung erzielbare objektive Marktmiete zugrunde gelegt, sondern auf die unter den gegebenen Verhältnissen ersparte Miete abgestellt. Das steht mit der Rechtsprechung des Senats in Einklang (vgl. Senatsurteil vom 19. März 2003 – XII ZR 123/00, FamRZ 2003, 1179, 1180 f.) und wird auch von der Revision nicht beanstandet. Unter Zugrundelegung einer Miete von 5,80 € pro Quadratmeter und nach Abzug der mit dem Wohneigentum verbundenen Kosten ist danach ein Wohnvorteil von 406,66 € monatlich ermittelt worden, der in Höhe von ½ (203,33 €) das unterhaltsrelevante Einkommen des Beklagten erhöht.

6. a) Zu den zu berücksichtigenden sonstigen Verpflichtungen des Beklagten gehört auch die Unterhaltspflicht gegenüber seiner Ehefrau, da diese kein ihren Unterhaltsbedarf deckendes Einkommen erzielt. Der Beklagte schuldet ihr deshalb Familienunterhalt nach den §§ 1360, 1360 a BGB. Auch wenn dieser Unterhaltsanspruch nur nach Weiterem nach den bei Trennung und Scheidung entwickelten Grundsätzen bemessen werden kann, weil er nicht auf die Gewährung einer frei verfügbaren Geldrente, sondern darauf gerichtet ist, dass jeder Ehegatte seinen Beitrag zum Familienunterhalt entsprechend der in der Ehe übernommenen Funktion leistet, ist es rechtlich unbedenklich, den Anspruch im Fall der Konkurrenz mit anderen Ansprüchen auf die einzelnen Familienmitglieder aufzuteilen und in Geld zu veranschlagen. Denn das Maß des Familienunterhalts bestimmt sich nach den ehelichen Lebensverhältnissen, so dass § 1578 BGB als Orientierungshilfe herange-

zogen und der anzusetzende Betrag insoweit in gleicher Weise wie der Unterhaltsbedarf eines getrennt lebenden oder geschiedenen Ehegatten ermittelt werden kann (Senatsurteile vom 19. Februar 2003 – XII ZR 67/00, FamRZ 2003, 860, 864; vom 22. Januar 2003 – XII ZR 2/00, FamRZ 2003, 363, 366 f.; vom 20. März 2002 – XII ZR 216/00, FamRZ 2002, 742; vom 18. Oktober 2000 – XII ZR 191/98, FamRZ 2001, 1065, 1066 und vom 25. Juni 2003 – XII ZR 63/00, FamRZ 2004, 186, 187). Die Berechnung darf sich dabei nicht auf einen bestimmten Mindestbedarf beschränken, sondern hat von den individuell ermittelten Lebens-, Einkommens- und Vermögensverhältnissen auszugehen. Auf die – Veränderungen unterliegenden – Lebensverhältnisse können sich auch Unterhaltsansprüche nachrangig Berechtigter auswirken und zu einer Einschränkung des Bedarfs der Ehegatten führen. Insofern wird allerdings zu Recht darauf hingewiesen, dass ein Vorwegabzug des Elternunterhalts in unteren und mittleren Einkommensbereichen des Unterhaltspflichtigen, bei denen eine Quotenberechnung in Betracht kommt, unterbleiben kann, denn andernfalls kann das vorrangige Ziel, den angemessenen Unterhalt des Ehegatten zu gewährleisten, nicht erreicht werden (Eschenbruch/Klinkhammer aaO Kap. 2 Rdn. 82 a. E.).

Bei der Unterhaltsbemessung ist die durch die gemeinsame Haushaltsführung der Ehegatten eintretende Ersparnis zu berücksichtigen, die mit wachsendem Lebensstandard in der Regel steigt (vgl. Senatsurteil vom 14. Januar 2004 – XII ZR 149/01, FamRZ 2004, 792, 793).

b) Das Berufungsgericht hat zur Bestimmung des Elternunterhalts, der unter Berücksichtigung des die Haushaltsersparnis einbeziehenden, angemessenen Unterhalts der Ehefrau zu ermitteln ist, den folgenden Berechnungsweg gewählt:

Aus den in den Unterhaltstabellen vorgesehenen Selbstbehaltssätzen für den Beklagten als Unterhaltspflichtigen und seine Ehefrau als seine Unterhaltsberechtigte wird ein so genannter Familienselbstbehalt gebildet. Die Haushaltsersparnis wird mit 14 % des Familieneinkommens veranschlagt (= Differenz zwischen dem Selbstbehalt des Unterhaltspflichtigen und dem des Ehegatten, ins Verhältnis gesetzt zu den zusammengerechneten Selbstbehalten der Ehegatten) und von dem Familieneinkommen in Abzug gebracht. Der verbleibende Betrag wird zwischen den Ehegatten aufgeteilt. Sodann wird dem Anteil des Unterhaltspflichtigen der seinem Anteil am Familieneinkommen entsprechende Anteil an der Haushaltsersparnis zugerechnet. Von dem sich ergebenden Betrag wird der Selbstbehalt des Unterhaltspflichtigen in Abzug gebracht. 50 % der sich ergebenden Differenz stellen die für den Elternunterhalt verfügbaren Mittel dar.

In Zahlen verdeutlicht ergibt sich folgende Berechnung (Beispiel nach Eschenbruch/Klinkhammer aaO 2. Kap. Rdn. 86):

| | |
|---|---:|
| Einkommen des Unterhaltspflichtigen | 3.000 € |
| + Einkommen der unterhaltsberechtigten Ehefrau | 1.000 € |
| Familieneinkommen | 4.000 € |
| Familienbedarf (86 % des Familieneinkommens bei 14 % Haushaltsersparnis, s. oben) | 3.440 € |
| Anteil des Unterhaltspflichtigen (½) | 1.720 € |
| + Haushaltsersparnis aus dem Einkommen des Unterhaltspflichtigen (14 %) 420 € | 2.140 € |
| abzüglich Selbstbehalt des Unterhaltspflichtigen (ab Juli 2005) | 1.400 € |
| verbleiben | 740 € |

½ hiervon = 370 € sind für den Elternunterhalt einsetzbar.

c) Diesem Berechnungsweg ist entgegengehalten worden, dass sich eine deutlich geringere Leistungsfähigkeit ergebe, als wenn nur die in den unterschiedlichen Selbstbehaltsbeträgen zum Ausdruck kommende Haushaltsersparnis berücksichtigt werde. Die Leistungsfähigkeit müsse aber höher sein, weil der Vorteil des Zusammenlebens als linear ansteigend beurteilt werde (OLG Hamm FamRZ 2008, 1650, 1651 f.; dieser Kritik teilweise zustimmend Eschenbruch/Klinkhammer aaO 2. Kap. Rdn. 84: Klinkhammer vertritt die Auffassung, dass die Haushaltsersparnis in den Einkommensbereichen, die nur geringfügig oberhalb des Familienselbstbehalts liegen, nicht oder nicht hinreichend berücksichtigt wird und die Unterhaltspflicht deshalb zu spät einsetzen dürfte; vgl. auch Hauß aaO Rdn. 252 b). Weiterhin ist kritisiert worden, dass die Methode bei gleich hohen Einkünften der Ehegatten zu einem Elternunterhaltsanspruch gelange, der dem gegenüber einem allein stehenden Unterhaltspflichtigen mit gleichem Einkommen entspreche, obwohl dem Alleinstehenden keine Haushaltsersparnis zugute komme (Schausten Elternunterhalt Rdn. 84).

Der Senat teilt die Auffassung, dass das Ergebnis jedenfalls für Einkünfte in der im vorliegenden Fall in Rede stehenden Größenordnung, nämlich bei einem Familieneinkommen von rund 2.900 € bzw. von rund 2.600 €, nicht angemessen ist. Ließe man die erhöhte Haushaltsersparnis außer Betracht, ergäbe sich ein deutlich höherer Unterhalt. Daraus folgt, dass die Haushaltsersparnis, durch die gerade eine Entlastung eintritt, nicht ihrer Bedeutung entsprechend berücksichtigt worden ist. Das zeigt die folgende Berechnung:

| | |
|---|---:|
| Einkommen des Unterhaltspflichtigen | 3.000,00 € |
| + Einkommen der unterhaltsberechtigten Ehefrau | 1.000,00 € |
| Familieneinkommen | 4.000,00 € |
| abzüglich Familienselbstbehalt | 2.450,00 € |
| verbleibendes Einkommen | 1.550,00 € |
| davon ½ | 775,00 € |
| individueller Familienbedarf (2.450 € + 775 €) | 3.225,00 € |
| Einkommen des Unterhaltspflichtigen | 3.000,00 € |
| abzüglich Anteil des Unterhaltspflichtigen am individuellen Familienbedarf (3.225 × 3.000 : 4.000) | 2.418,75 € |
| für den Elternunterhalt einsetzbar | 581,25 € |

Auch im vorliegenden Fall hätten sich bei Außerachtlassung der Haushaltsersparnis, die über die Differenz der Selbstbehaltsbeträge hinausgeht, deutlich höhere für den Unterhalt einzusetzende Beträge ergeben als die vom Berufungsgericht errechneten. Im Hinblick darauf führt die angefochtene Entscheidung nicht zu einer angemessenen Verteilung der für den Unterhalt zur Verfügung stehenden Mittel. Als angemessen kann eine Verteilung nur dann angesehen werden, wenn sie die durch die gemeinsame Haushaltsführung der Ehegatten eintretende Ersparnis, die mit wachsendem Lebensstandard regelmäßig steigt, in einer Weise berücksichtigt, dass hieraus auch eine höhere Leistungsfähigkeit des Unterhaltspflichtigen folgt. Das ist auch der Berechnungsweise des OLG Hamm (FamRZ 2008, 1650, 1651) entgegen zu halten, die eine über die Differenz der Selbstbehaltsbeträge hinausgehende Ersparnis nicht pauschal, sondern nur bei konkreter Feststellung im Einzelfall berücksichtigt. Das vom Berufungsgericht gefundene Ergebnis entspricht den vorgenannten Anforderungen ebenfalls nicht.

7. Das angefochtene Urteil kann deshalb teilweise keinen Bestand haben. Der Senat kann in der Sache jedoch abschließend entscheiden, da weitere tatrichterliche Feststellungen nicht zu erwarten sind.

a) Der Senat hält es in der Regel für angemessen und sachgerecht, bei der Fallgestaltung, in der der Unterhaltspflichtige über höhere Einkünfte verfügt als sein Ehegatte, die Leistungsfähigkeit wie folgt zu ermitteln:

Von dem zusammengerechneten Einkommen der Ehegatten (Familieneinkommen) wird der Familienselbstbehalt in Abzug gebracht. Das verbleibende Einkommen wird zur Ermittlung des für den individuellen Familienbedarf benötigten Betrages um eine in der Regel mit 10 % zu bemessende Haushaltsersparnis vermindert (s. dazu unten 7 b bb). Die Hälfte des sich ergebenden Betrages kommt zuzüglich des Familienselbstbehalts dem Familienunterhalt zugute. Zu dem so bemessenen individuellen Familienbedarf hat der Unterhaltspflichtige entsprechend dem Verhältnis der Einkünfte der Ehegatten beizutragen. Für den Elternunterhalt kann der Unterhaltspflichtige die Differenz zwischen seinem Einkommen und seinem Anteil am Familienunterhalt einsetzen.

An einem Beispiel verdeutlicht ergibt sich folgende Berechnung:

| | |
|---|---:|
| Einkommen des Unterhaltspflichtigen | 3.000,00 € |
| Einkommen der unterhaltsberechtigten Ehefrau | 1.000,00 € |
| Familieneinkommen | 4.000,00 € |
| abzüglich Familienselbstbehalt | 2.450,00 € |
| | 1.550,00 € |
| abzüglich 10 % Haushaltsersparnis | 155,00 € |
| | 1.395,00 € |
| davon 1/2 | 697,50 € |
| + Familienselbstbehalt | 2.450,00 € |
| individueller Familienbedarf | 3.147,50 € |
| Anteil des Unterhaltspflichtigen (75 %) | 2.360,63 € |
| Einkommen des Unterhaltspflichtigen | 3.000,00 € |
| abzüglich | 2.360,63 € |
| für den Elternunterhalt einsetzbar | 637,37 € |

Vereinfachend kann der individuelle Familienbedarf auch durch Addition des Familienselbstbehalts (im Beispiel: 2.450 €) und eines Betrages in Höhe von 45 % des um den Familienselbstbehalt bereinigten Gesamteinkommens der Ehegatten (im obigen Beispiel: 45 % von 1.550 € = 697,50 €) errechnet werden.

b) aa) Durch die Ermittlung der Haushaltsersparnis bezogen auf das den Familienselbstbehalt übersteigende Einkommen der Ehegatten kann gewährleistet werden, dass die mit zunehmenden Einkünften ansteigende Ersparnis bei der Unterhaltsberechnung erfasst wird. In Höhe des Teilbetrages des Familieneinkommens, der dem Familienselbstbehalt entspricht, wird der Haushaltsersparnis bereits durch die unterschiedlichen Selbstbehaltssätze der Ehegatten (bis zum 30. Juni 2005: 1.250 € und 950 €; Differenz: 300 €; ab 1. Juli 2005: 1.400 € und 1.050 €; Differenz 350 €; jeweils gemäß Düsseldorfer Tabelle) Rechnung getragen. Die Berücksichtigung einer Haushaltsersparnis, die die Differenz zwischen den Selbstbehaltsbeträgen übersteigt, von der konkreten Darlegung im Einzelfall abhängig zu machen (so OLG Hamm FamRZ 2008, 1650, 1651), hält der Senat für wenig praktikabel (ebenso Eschenbruch/Klinkhammer aaO 2. Kap. Rdn. 86), zumal die Lebenserfahrung für eine mit steigendem Einkommen wachsende Haushaltsersparnis spricht.

bb) Die Bemessung der Haushaltsersparnis leitet der Senat nicht aus dem Verhältnis der unterschiedlichen Selbstbehaltsbeträge ab. Dieses Verhältnis kann zum einen Veränderungen unterliegen; zum anderen erscheint es in seiner Aussagekraft hinsichtlich des Umfangs der Haushaltsersparnis, die wegen des den Familienselbstbehalt übersteigenden Einkommens eintritt, nicht zwingend. Nahe liegend ist es vielmehr, in Anlehnung an die Regelungen im Sozialrecht auf eine Haushaltsersparnis von 10 % abzustellen.

Nach § 20 Abs. 3 SGB II (i.d.F. des Gesetzes zur Änderung des Zweiten Buches Sozialgesetzbuch und anderer Gesetze vom 24. März 2006, BGBl. I 558) beträgt die Regelleistung zur Sicherung des Lebensunterhalts bei zwei Partnern einer Bedarfsgemeinschaft, die das 18. Lebensjahr vollendet haben, jeweils 90 % der monatlichen Regelleistung nach Absatz 2. § 3 Abs. 3 der Verordnung zur Durchführung des § 28 des Zwölften Buches Sozialgesetzbuch Regelsatzverordnung (i.d.F. der 1. Verordnung zur Änderung der Regelsatzverordnung vom 20. November 2006, BGBl. I 2657) sieht vor, dass der Regelsatz jeweils 90 % des Eckregelsatzes beträgt, wenn Ehegatten oder Lebenspartner zusammenleben (zu einer Gesamtleistung von 180 % bei gemischten Bedarfsgemeinschaften auch vor Änderung von § 3 Abs. 3 Regelsatzverordnung: BSGE 99, 131 Tz. 19 f.). Der vom Bundesverfassungsgericht nicht beanstandeten (BVerfG FamRZ 2010, 429, 435) Reduzierung der Bedarfssätze liegt offensichtlich die Auffassung zugrunde, dass durch das gemeinsame Wirtschaften Aufwendungen erspart werden, die mit jeweils 10 % veranschlagt werden können.

c) Es entspricht der Rechtsprechung des Senats, wenn das unter Berücksichtigung von Familienselbstbehalt und Haushaltsersparnis verbleibende Einkommen des Unterhaltpflichtigen zur Hälfte für den individuellen Familienbedarf und zur anderen Hälfte als für den Elternunterhalt verfügbar in Ansatz gebracht wird. Danach ist es auch aus Gründen der Rechtssicherheit und Praktikabilität grundsätzlich zu billigen, wenn bei der Ermittlung des für den Elternunterhalt einzusetzenden Einkommens allein auf einen etwa hälftigen Anteil des Betrages abgestellt wird, der den Mindestbedarf übersteigt (vgl. 4 b).

8. Unter Heranziehung dieser Grundsätze ergibt sich die folgende Berechnung des Unterhalts, den der Beklagte für seine Mutter aufzubringen hat:

a) Das vom Berufungsgericht zugrunde gelegte Einkommen des Beklagten ist einschließlich des Wohnwerts (1971,11 € + 203, 33 € = 2.174,44 €) um die erfolgten Abzüge für die Kosten der Hausrats- und der Haftpflichtversicherung um monatlich 10,95 € und 4,33 € zu erhöhen. Es beläuft sich deshalb auf 2.189,72 €. Das Einkommen der Ehefrau des Beklagten betrug bis Juni 2005 monatlich 732,71 € und ab Januar 2006 monatlich 407,47 €.

b) Auf dieser Grundlage ist zunächst die Leistungsfähigkeit des Beklagten zu ermitteln: ...

## (2) Unterhaltsberechnung bei Lebensgemeinschaft

584 Lebt das unterhaltspflichtige Kind in einer **Lebensgemeinschaft** mit einer anderen Person, kann der **Selbstbehalt** wie in den Fällen des Familienunterhalts (Rn. 579) um die häusliche Ersparnis (**Haushaltsersparnis**) abgesenkt werden. Das setzt aber voraus, dass die nicht verheirateten Lebensgefährten über ein Familieneinkommen in Höhe des Familiensockelselbstbehalts verfügen. Zwar besteht in diesen Fällen kein Familienunterhaltsanspruch, die Haushaltsersparnis tritt indessen gleichwohl ein.

> **BGH v. 17.10.2012 – XII ZR 17/11, FamRZ 2013, 868**
>
> … Allerdings ist bei der Unterhaltsbemessung die durch eine gemeinsame Haushaltsführung eintretende Ersparnis zu berücksichtigen, da sich die Leistungsfähigkeit des Unterhaltspflichtigen durch eine solche Entlastung erhöht. Dies gilt grundsätzlich unabhängig davon, ob die Partner miteinander verheiratet sind oder nichtehelich zusammenleben (Senatsurteil vom 9. Januar 2008 – XII ZR 170/05 – FamRZ 2008, 595 Rn. 36f.). Nach der Rechtsprechung des Senats wird bei einem verheirateten Unterhaltsschuldner der Haushaltsersparnis in Höhe eines dem Selbstbehalt entsprechenden Teilbetrages des Familieneinkommens im Falle der Inanspruchnahme auf Elternunterhalt aber bereits durch die unterschiedlichen Selbstbehaltssätze der Ehegatten (in dem hier maßgeblichen Zeitraum: 1.400 € und 1.050 €, jeweils gemäß Düsseldorfer Tabelle) Rechnung getragen. Nur bezogen auf das den Familienselbstbehalt übersteigende Einkommen ist die Haushaltsersparnis zusätzlich zu berücksichtigen und mit 10 % dieses Mehreinkommens zu bemessen (Senatsurteil BGHZ 186, 350 = FamRZ 2010, 1535 Rn. 43ff.). Die Grundsätze der Synergie und Haushaltsersparnis sind auf die Lebensverhältnisse nichtehelicher Partner zu übertragen, auch wenn ihnen kein Familienselbstbehalt zukommt. Denn auch nichtehelichen Partnern ist gegenüber der Inanspruchnahme auf Elternunterhalt zuzugestehen, ihre Lebensstellung aufrechtzuerhalten (Senatsurteil BGHZ 152, 217 = FamRZ 2002, 1698, 1700f. für den Unterhaltsschuldner)....

585 In diesen Fällen muss das unterhaltspflichtige Kind zu den Einkommensverhältnissen des **Lebensgefährten** vortragen, falls die Gesamteinkünfte der Lebensgemeinschaft nicht den Familiensockelselbstbehalt (derzeit 3.240 €) übersteigen.

586 Berechnung der Leistungsfähigkeit, wenn der Lebensgefährte kein Einkommen erzielt:

# Leistungsfähigkeit des Unterhaltspflichtigen

|  | Kind | | Lebensgefährte |
|---|---|---|---|
| anrechenbares bereinigtes Einkommen | 1.900,00 € | 1.900,00 € | Kein Einkommen |
| Anteile am Gesamteinkommen in % | 100,00 % | 1.900,00 € | |
| ./. Sockelselbstbehalt | | − 1.800,00 € | |
| Resteinkommen: 1.900,00 € − 1.800,00 € = | | 100,00 € | |
| Einkommen > Sockelselbstbehalt: 100,00 € | | 100,00 € | |
| 1/2 des Einkommens > Sockelselbstbehalt: 100,00 € / 2 = | | 50,00 € | |
| + Sockelselbstbehalt | | 1.800,00 € | |
| individueller Familienselbstbehalt: 1.800,00 € + 50,00 € = | | 1.850,00 € | |
| vom Pflichtigen zu deckender Selbstbehalt: 1.850,00 € × 100,0 % = | 1.850,00 € | | |
| Elternunterhalt: 1.900,00 € − 1.850,00 € = 50,00 € = | 50,00 € | | |

Leistungsfähigkeit, wenn der Lebensgefährte geringe Einkünfte erzielt:  **587**

|  | Kind | | Lebensgefährte |
|---|---|---|---|
| anrechenbares bereinigtes Einkommen | 1.900,00 € | 1.900,00 € | 1.100 € |
| Anteile am Gesamteinkommen in % | 100,00 % | 1.900,00 € | 57,89 % |
| ./. Sockelselbstbehalt | | − 1.800,00 € | |
| Resteinkommen: 1.900,00 € − 1.800,00 € = | | 100,00 € | |
| Einkommen > Sockelselbstbehalt: 100,00 € | | 100,00 € | |
| 1/2 des Einkommens > Sockelselbstbehalt: 100,00 € / 2 = | | 50,00 € | |
| + Sockelselbstbehalt | | 1.800,00 € | |
| individueller Familienselbstbehalt: 1.800,00 € + 50,00 € = | | 1.850,00 € | |
| vom Pflichtigen zu deckender Selbstbehalt: 1.850,00 € × 100,0 % = | 1.850,00 € | | |
| Elternunterhalt: 1.900,00 € − 1.850,00 € = 50,00 € = | 50,00 € | | |

Leistungsfähigkeit, wenn der Lebensgefährte Einkünfte erzielt, die gemeinsam mit dem Einkommen des Kindes den Familiensockelselbstbehalt übersteigen:  **588**

|  | Kind | | Lebensgefährte |
|---|---|---|---|
| anrechenbares bereinigtes Einkommen | 1.900,00 € | 1.900,00 € | 2.100 € |
| Anteile am Gesamteinkommen in % | 100,00 % | 1.900,00 € | 110,53 % |
| ./. Sockelselbstbehalt reduziert um 10 % wegen Zusammenlebens: | | − 1.620,00 € | |
| Resteinkommen: 1.900,00 € − 1.620,00 € = | | 280,00 € | |
| ./. Haushaltsersparnis 10 % des Resteinkommens von 280,00 € | | − 28,00 € | |
| Einkommen > Sockelselbstbehalt: 280 € − 28,00 € = | | 252,00 € | |
| 1/2 des Einkommens > Sockelselbstbehalt: 252,00 € / 2 = | | 126,00 € | |
| + Sockelselbstbehalt | | 1.620,00 € | |
| individueller Familienselbstbehalt: 1.620,00 € + 126,00 € = | | 1.746,50 € | |
| vom Pflichtigen zu deckender Selbstbehalt: 1.746,00 € × 100,0 % = | 1.746,00 € | | |
| Elternunterhalt: 1.900,00 € − 1.746,00 € = 154,00 € = | 154,00 € | | |

### (3) Diskussion der BGH-Berechnungsmethode

589 Unterhaltsrechtlich ist es ‚wünschenswert' eine Berechnungsmethode zu entwickeln, die folgende Zielvorgaben erfüllt:

- der Anstieg des Einkommens eines Unterhaltspflichtigen oder seines Gatten bewirkt eine **kontinuierliche** (nicht unbedingt lineare) **Steigerung der Leistungsfähigkeit** des Unterhaltspflichtigen,
- das Einkommen des **nicht unterhaltspflichtigen Gatten wird weniger stark zum Unterhalt der Schwiegereltern herangezogen** als das Einkommen des Unterhaltspflichtigen,
- bei **höherem Einkommen des Unterhaltspflichtigen steigt dessen Leistungsfähigkeit stärker an, als bei niedrigerem Einkommen**, weil damit die ‚schwache Ausprägung' des Elternunterhaltes[486] Rechnung getragen wird und
- die **Berechnungsmethode ist so einfach, einheitlich und übersichtlich**, dass sie von Laien verstanden und nachvollzogen werden und von Richtern, Anwälten und Behörden auch ohne Berechnungsprogramme angewendet werden kann.

590 Es entspricht einem rechtsstaatlichen Gebot, dass eine Berechnungsmethode **verständlich und nachvollziehbar** zu sein hat. Wenngleich die vom BGH entwickelte Berechnungsmethode rechenintensiv ist, hat sie sich in der Praxis vollständig durchgesetzt. Dies gilt sowohl für den Fall der höheren Einkommens des Kindes als auch den umgekehrten Fall eines höheren Einkommen des Schwiegerkindes. Prüft man die Plausibilität anhand einer Serienberechnung, ergibt sich ein harmonischer Belastungsverlauf.

591 In der nachfolgenden Darstellung wurde in der dunklen Linie markierten Serienberechnung das Einkommen des unterhaltspflichtigen Kindes mit 3.000 € und das Einkommen des Schwiegerkindes in 300-Euro-Schritten von Null ansteigend angenommen. Es ergibt sich, dass ab Gleichstand der Einkünfte aus dem dann zusätzlichen Einkommen des Schwiegerkindes von 6.000 € nur eine Leistungsfähigkeit von ca. 350 € generiert wird. Auch im umgekehrten Fall (Einkommen Schwiegerkind 3.000 € und von Null ansteigendes Einkommen des Kindes) ergibt sich ein harmonischer Belastungsverlauf, der weniger stark ansteigt, solange das Kind geringeres Einkommen als das Schwiegerkind erzielt, weil es insoweit sich stärker am Familienunterhalt zu beteiligen hat und ab Einkommensgleichstand eine Steigerung der Leistungsfähigkeit von 55 % auf je 100 € erbringt.

---

486 BGH v. 30.8.2006 – XII ZR 98/04, FamRZ 2006, 1511.

*Leistungsfähigkeit des Unterhaltspflichtigen* 227

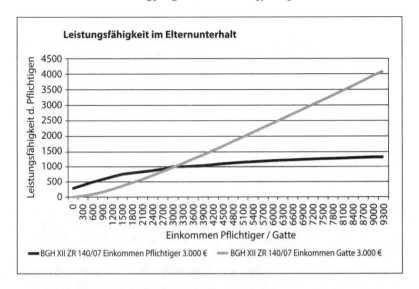

## 10. Kritik an den Berechnungsmethoden und der Schwiegerkindhaftung

Die über den Familienunterhalt vermittelte indirekte **Beteiligung eines** 592
**Schwiegerkindes am Elternunterhalt** wird vielfach als höchst problematisch empfunden. Sie kann nicht damit gerechtfertigt werden, dass durch das Zusammenleben mit einem Gatten Ersparnisse durch die gemeinsame Haushaltsführung entstehen. Diese Einsparungen werden durch die unterschiedliche Höhe der Selbstbehalte (1.800 € + 1.440 €) bereits berücksichtigt. Praktisch kann sich damit die Schwiegerkindberücksichtigung im Elternunterhalt als den Zusammenhalt der Eheleute gefährdendes Element erweisen. Wie die Rechtsprechung reagiert, wenn der Gatte des auf Elternunterhalt in Anspruch genommenen Kindes damit droht, sich zu trennen, falls sein Einkommen zur Berechnung der Leistungsfähigkeit des Kindes herangezogen wird, bleibt abzuwarten.

Insgesamt wird die unterhaltsrechtliche Beteiligung des Schwiegerkin- 593
des nicht nur von Laien[487] als Fremdkörper im unterhaltsrechtlichen Haftungssystem empfunden, der dazu Anlass geben sollte, darüber nachzudenken, diese Rechtsprechung aufzugeben und allein das Einkommen des unterhaltspflichtigen Kindes, soweit es den Selbstbehalt übersteigt, zum Elternunterhalt (mit ½ des den Selbstbehalt von 1.400 € übersteigenden Anteils) heranzuziehen.

---

487 *Gühlstorf*, ZfF 2006, 177.

594  Indessen ist jedoch das ‚gefühlte Unverständnis' der verdeckten Schwiegerkindhaftung gegenüber nicht ganz nachvollziehbar. Nähme man an, ein seinen Eltern gegenüber unterhaltspflichtiges Kind lebte von seinem Gatten getrennt oder sei von diesem geschieden, habe gegen diesen jedoch – aus welchen Gründen auch immer – einen Unterhaltsanspruch, so würde niemand Bedenken dagegen erheben, die durch diesen Unterhaltsanspruch begründete unterhaltsrechtliche Leistungsfähigkeit zu Gunsten des pflegebedürftigen Elternteils abzuschöpfen. Auch in diesem Fall bestünde mithin eine mittelbare Schwiegerkindhaftung für den Unterhalt, ohne dass dies emotionale Empörtheit auslösen würde.

595  **Praxistipp:**

Gerade in der anwaltlichen Beratungspraxis bereitet die Schwiegerkindproblematik oftmals emotionale Verständnisprobleme, die den Zugang zu lösungsorientiertem Arbeiten erschwert. Da die Anwaltschaft auch die Aufgabe hat, Verständnis für die Rechtsordnung statt Empörung darüber zu schaffen, hilft es nach eigener Erfahrung oft, die Alternative der Trennung und Scheidung zu thematisieren. Die meisten Mandanten begreifen unter diesen Umständen die Schwiegerkindhaftung als weniger empörend und deutlich nachvollziehbarer.

## 11. Angemessenheitsprüfung

596  Jede rechnerische Unterhaltsdimensionierung muss einer abschließenden **Angemessenheitsprüfung** standhalten[488]. Welchen Kriterien diese Angemessenheitsprüfung unterliegt ist unscharf. Eine Angemessenheitsprüfung bringt immer subjektive Elemente in eine Unterhaltsforderung. In der anwaltlichen, behördlichen und erstinstanzlichen Praxis dominiert fast flächendeckend die computergestützte Berechnung der unterhaltsrechtlichen Leistungsfähigkeit. Eine wertende Schlussbetrachtung, ob das gefundene Ergebnis auch angemessen ist, fällt meist dem Vertrauen auf den allseitigen Glauben in die ‚Unbestechlichkeit der mathematischen Ergebnisse' zum Opfer. In der Praxis findet der Apell, die errechneten Ergebnisse auf Angemessenheit zu prüfen stets ein konsequenzenloses Echo. Die handelnden Sozialhilfeträger und Juristen sehen den Angemessenheitsmaßstab ausreichend in den Selbstbehalten und pauschalisierten Bedarfen und der Kasuistik berücksichtigt, welche Abzugspositionen aus dem Selbstbehalt zu

---

488  BGH v. 12.12.2012 – XII ZR 43/11, FamRZ 2013, 363.

befriedigen sind und welche vom Einkommen unterhaltsmindern abzuziehen sind.

Eine auf den Einzelfall bezogene Angemessenheit kann aber nicht dadurch realisiert werden, dass flächendeckend einheitliche Selbstbehalte angewendet werden. Die in den Leitlinien der Oberlandesgerichte zum Unterhalt bundeseinheitlich verankerten Selbstbehalte sind ein wichtiger Orientierungspunkt für die Rechtspraxis. Soweit sie den ‚notwendigen Selbstbehalt' bestimmen folgen sie dem unterhaltsrechtlich zwingenden Grundsatz, dass niemand durch die Verpflichtung Unterhalt für jemand anderen zu zahlen, selbst bedürftig werden darf. Einer unterhaltspflichtigen Person muss vielmehr immer das Existenzminimum verbleiben. Dieses ist sozialhilferechtlich und bundeseinheitlich definiert. Wenn sich die Rechtspraxis daran orientiert, ist das nicht zu beanstanden. 597

Die anderen **Selbstbehaltssätze** sind indessen nicht durch den Gesetzgeber vorgegeben. Sie werden auf der Ebene der einzelnen Oberlandesgerichte festgesetzt. Meist folgen die Oberlandesgerichte dabei den Empfehlungen einer Kommission, die sich zusammensetzt aus der **Unterhaltskommission** des Deutschen Familiengerichtstags und den von den Familienrechtlern der einzelnen 26 Oberlandesgerichte bestimmten Richtern. Es ist einleuchtend, dass diese Festlegung informell ist und keinerlei gesetzesgleiche **Bindungskraft** entfaltet. Gleichwohl akzeptiert die Rechtspraxis diese Selbstbehalte nahezu durchweg als Ausdruck einer standardisierten Angemessenheit. Das ist nicht zu beanstanden, solange die juristische Unverbindlichkeit der Selbstbehalte jedem bewusst ist und die mathematische Lösung eines Unterhaltsfalles nicht seiner gerechten Lösung im Wege steht. 598

Bei der Berechnung der unterhaltsrechtlichen Leistungsfähigkeit wird seit der Entscheidung des BGH v. 28.7.2010[489] bundeseinheitlich ein ‚dynamischer' Selbstbehalt angewendet (vgl. Rn. 533 ff.). Dieser sichert im Regelfall angemessene Lebensverhältnisse für die unterhaltspflichtige Person und deren Familie. Dieses Ziel kann aber auch verfehlt werden. In diesen Fällen kann die Angemessenheitsprüfung zu einer Korrektur des gefundenen Ergebnisses führen. 599

Kriterien der **Abgemessenheitsprüfung** können sein: 600

Regional deutlich vom Bundesdurchschnitt abweichende **Lebenshaltungskosten**. Solche Abweichungen treten vor allem im Bereich der **Wohnkosten** auf. Die Kosten des Wohnens machen, wenn sie oberhalb der in den Selbstbehalten verankerten Sätzen liegen einen erheblichen Korrekturbedarf aus. 601

---

489 BGH v. 28.7.2010 – XII ZR 140/07, FamRZ 2010, 1535.

**602** Unangemessen niedrig kann der pauschalierte dynamische Selbstbehalt auch in den Fällen sein, in denen unterhaltspflichtige Kinder am Beginn ihrer beruflichen Karriere (**junge Unterhaltspflichtige**) stehen und noch keinen eigentlich geschützen Lebensstandard erreicht haben. Ihre jungen Eltern haben trotz bestehender (meist) krankheitsbedingten Sozialhilfebedürftigkeit noch eine lange Lebenserwartung. In diesen Fällen kann es ohne weiteres gerechtfertigt sein, die Selbstbehalte zu erhöhen um eine unangemessene Begrenzung der Entwicklungsfähigkeit zu vermeiden. In dem klassischen Alter, in dem die Kinder auf Elternunterhalt in Anspruch genommen werden (> 50 Jahre), habe sie in der Regel einen arrivierten Lebensstandard erreicht, der durch die **Lebensstandardgarantie**[490] des Elternunterhalt auch fortgeführt werden kann. Wer aber seine erste Stelle nach dem Studium aufnimmt und auf Unterhaltsleistungen für die wegen einer Psychose oder Querschnittslähmung der Eltern auf Unterhalt in Anspruch genommen wird, kann eine leistungsgerechte Lebensstellung nicht mehr erreichen. In diesen Fällen bleibt nur übrig, im Wege der **Angemessenheitskontrolle** die mit Hilfe der Berechnungsmethode gefundenen Ergebnisse zu korrigieren. Wer z.B. in München studiert hat und aus seiner Studentenwohnung heraus den ersten Job macht, dem sollte unterhaltsrechtlich nicht auferlegt werden, in der Studentenwohnung zu bleiben, nur weil deren Kosten unter dem Grenzwert der Selbstbehalte (480 €) liegt. Er könnte vielmehr eine seinem tatsächlichen Einkommen entsprechende Wohnung anmieten, ohne befürchten zu müssen, dass ihm diese Ausgaben unterhaltsrechtlich zum Verhängnis werden. Für diese Fälle muss eine **Selbstbehaltserhöhung** erwogen werden, die dazu führen muss, dassdem jungen Unterhaltspflichtigen die ca. 2.200 € verbleiben (vgl. Rn. 545), von denen die Rechtsprechung annimmt, sie würden vollständig konsumiert. Wegen der regional exorbitant von den in den Selbstbehalten abweichenden Kosten einer angemessenen Wohnung kann dieser Betrag auch noch erhöht werden, wenn die Kosten des Wohnens die für diese Einkommensgruppe typische Wohnbelastung mit ca. 25 % des Einkommens[491] übersteigen.

## VI. Vermögensverwertung, Schonvermögen

**603** Reichen die laufenden Einkünfte des Unterhaltspflichtigen nicht aus, den Bedarf des Berechtigten zu decken, stellt sich die Frage, ob der Unterhaltspflichtige gehalten ist, den Bedarf des Berechtigten durch **Vermögensverwertung** zu decken.

---

490 BGH v. 23.10.2002 – XII ZR 266/99, FamRZ 2002, 1698.
491 DESTATIS Fachserie 15/4 2008.

Grundsätzlich ist ein Unterhaltspflichtiger gehalten, zur Erfüllung 604
seiner Unterhaltsverpflichtung nicht nur die **Vermögenserträge**[492] (vgl.
Rn. 296 f.), sondern auch den Stamm seines Vermögens einzusetzen.

> **BGH v. 21.4.2004 – XII ZR 326/01, FamRZ 2004, 1184**[493]
>
> Bei der Beurteilung der Obliegenheit eines Unterhaltspflichtigen, zur Zahlung von Elternunterhalt den Stamm seines Vermögens einzusetzen, sind jedenfalls die insofern für den Deszendentenunterhalt entwickelten Grundsätze heranzuziehen.

Allerdings wird ein **verzehrender Vermögenseinsatz** nur insoweit ge- 605
fordert, als dieser zumutbar ist. Daher wird auch im Unterhaltsrecht in analoger Anwendung des aus dem Sozialhilferecht stammenden Gedankens eines **Schonvermögens** Vermögen von der Verwertungspflicht ausgenommen, das der Unterhaltspflichtige für seine eigene Existenzsicherung oder der vorrangig Unterhaltsberechtigter benötigt.

Es sind vielfältige Vermögensreservationen insoweit denkbar. Dabei be- 606
steht die Schwierigkeit, dass Unterhaltsschuldner nur selten ihr Vermögen nach Elternunterhaltsgesichtspunkten streng je nach dem unterschiedlichen Vermögenszweck gegliedert haben. Für den Elternunterhalt sind folgende **Vermögenszwecke** relevant:

- **Altersvorsorgevermögen**[494] (zur Sicherung der eigenen Altersvorsorge und der Altersversorgung eines vorrangigen Unterhaltsberechtigten) (vgl. Rn. 614);
- **Vorsorgevermögen**[495] (z.B. Ansparungen für konkret zu benennende Immobilieninstandsetzungsmaßnahmen);
- **Notgroschenvermögen** (zur Sicherung vor Notlagen aus unvorhersehbaren Krankheiten, allfälligen Reparaturen und Ersatzbeschaffungen);
- **Ausbildungsvermögen** (zur Sicherung der Ausbildung von Kindern älterer Eltern).

Alle diese Vermögensbestandteile können elternunterhaltsrechtlich 607
unter dem Begriff des Schonvermögens zusammengefasst werden.

Gerade weil der BGH[496] einem Unterhaltspflichtigen bei der Anlage 608
auch seines der Altersvorsorge dienenden Vermögens große Freiheit gelassen hat, ist es in der Praxis wichtig, in den Fällen, in denen eine **Vermögensverwertung** in Betracht kommt, sorgfältig die verschiedenen Vermö-

---
492 Palandt/*Brudermüller*, § 1603 BGB Rn. 3.
493 Vgl. auch Anmerkung *Schürmann*, jurisPR-FamR 11/2004 Anm. 1.
494 BGH v. 30.8.2006 – XII ZR 98/04, FamRZ 2006, 1511.
495 BGH v. 30.8.2006 – XII ZR 98/04, FamRZ 2006, 1511.
496 BGH v. 25.6.2003 – XII ZR 63/00, FamRZ 2004, 186.

genszwecke zu definieren und die den einzelnen Zwecken zugeordneten Vermögensmassen zu quantifizieren.

609 **Vermögensverwertung** kann auf verschiedene Weisen geschehen. Handelt es sich um ein **Forderungsvermögen** gegen einen liquiden Schuldner (z.b. Bankguthaben), kann die Vermögensverwertung dadurch geschehen, dass der monatlich zu leistende Unterhaltsbetrag dem Forderungsvermögen entnommen wird. Laufende monatlich fällig werdende Unterhaltsforderungen werden durch kontinuierliche verzehrende Auflösung des Vermögens erfüllt. Dies lässt sich für kündbare Spareinlagen bei Banken und Sparkassen oder sonstige Vermögensanlagen annehmen, die ohne hohe und unzumutbare Verluste aufgelöst werden können.

610 Denkbar sind aber auch Fälle des **Vermögenseinsatzes durch Beleihung**. Solche Fälle könnten gegeben sein, wenn z.B. nicht privilegiertes Vermögen vorhanden ist, dessen Verwertung auch zuzumuten wäre, der Vermögensinhaber aber statt der unmittelbaren Verwertung aus welchen Gründen auch immer einer ‚**aufgeschobenen Verwertung**' den Vorzug gibt, etwa um abzuwarten, in welcher Höhe er auf Zeit insgesamt in Anspruch genommen wird. Ein derartiger aufgeschobener Vermögenseinsatz setzt nicht voraus, dass der Unterhaltspflichtige in der Lage ist, die Zinsen für den Kredit aus seinen laufenden Einkünften aufzubringen. Weil die Vermögensverwertung zumutbar ist, könnte der Pflichtige durch unmittelbare Veräußerung des Vermögens sich die zur Erfüllung seiner Unterhaltspflicht erforderliche Liquidität selbst schaffen. Solche Lösungsmöglichkeiten werden Unterhaltspflichtige stets nutzen, wenn

- der Vermögenswert starken **Marktschwankungen** unterliegt und der Inhaber auf steigenden Marktwert setzt (Aktien),
- der Inhaber des Vermögenswertes ein persönlich starkes **Affektionsinteresse** an diesem Vermögenswert hat (Erinnerungsstücke, Antiquitäten oder andere Sammlerstücke),
- der Vermögenswert im **Miteigentum** eines anderen steht, der sich der Veräußerung widersetzt und die Veräußerung des Miteigentumsteils unwirtschaftlich wäre (Firmenbeteiligungen, Miteigentum an einer Ferienwohnung oder auch Miteigentumsteile an einer sonstigen Immobilie, deren andere Miteigentümer ihre Anteile nicht veräußern wollen, wodurch der zu veräußernde Teil entwertet wird).

611 Generell gilt, dass Vermögen nur dann verwertet werden muss, wenn es sich nicht um privilegiertes Vermögen im Sinne der nachfolgenden Darstellung handelt.

## 1. Kreditierte Leistungsfähigkeit

Unmissverständlich hat das BVerfG darauf hingewiesen, dass Elternunterhalt nur dann gezahlt werden müsse, wenn der Unterhaltspflichtige im Zeitpunkt der bei einem Elternteil entstehenden Bedürftigkeit auch gleichzeitig leistungsfähig sei[497]. Diese **Leistungsfähigkeit** entsteht entweder **durch laufende Einkünfte des Unterhaltspflichtigen oder durch verzehrenden Vermögenseinsatz**. Reichen die laufenden Einkünfte des Unterhaltspflichtigen nicht aus, kommt es darauf an, ob ein eventuell vorhandenes Vermögen des Unterhaltspflichtigen eingesetzt werden kann, um den Unterhaltsanspruch zu befriedigen. Ein **Einsatz des Vermögens scheidet aus**, wenn dieses nicht veräußert werden kann. Zu einer **Beleihung des Vermögens** kann der Verpflichtete nicht verurteilt werden[498]. Eine **Beleihungsobliegenheit** schüfe zwar unterhaltsrechtlich abschöpfbare Liquidität, nicht aber unterhaltsrechtliche Leistungsfähigkeit. Das BVerfG sieht es als eine Verletzung des Sozialstaatsgebotes an, wenn ein gegenwärtiger Unterhaltsbedarf dem Unterhaltspflichtigen vom Sozialhilfeträger kreditiert würde, weil sich der Staat auf diese Weise der vom Grundgesetz geforderten sozialen Fürsorgepflicht entziehen könne.

612

Wenn gegen diese vom BVerfG sehr stringent vertretene und dogmatisch zutreffend hergeleitete Auffassung argumentiert wird, es ‚erscheine unbillig, wenn die Allgemeinheit zugunsten von Erben belastet' werde[499], dann mag der rechtspolitische Wunsch Vater des Gedankens sein. Eine Stütze im Gesetz oder der Entscheidung des BVerfG findet man für diese Auffassung nicht[500].

613

## 2. Altersvorsorgevermögen

**Altersvorsorgevermögen** des Unterhaltspflichtigen ist dann privilegiertes Vermögen, das zur Finanzierung des Elternunterhaltes nicht eingesetzt werden muss, wenn es zur Sicherung einer ‚angemessenen Altersversorgung' des Unterhaltspflichtigen oder seines Gatten dient (vgl. zur Angemessenheit die Darstellung Rn. 187 ff.).

614

Der **rechtliche Schutz von Altersvorsorgevermögen** hat – bis zur Entscheidung des BGH v. 30.8.2006[501] – nur selten Niederschlag gefunden.

615

---

497 BVerfG v. 7.6.2005 – 1 BvR 1508/96, FamRZ 2005, 1149; vgl. *Mleczko*, ZFE 2005, 260.
498 OLG Köln v. 21.8.2000 – 21 UF 274/99, FamRZ 2001, 1475.
499 *Graba*, Anm. zu BVerfG vom 7.6.2005 – 1 BvR 1508/96, FamRZ 2005, 1149.
500 So auch sehr überzeugend *Schürmann*, FF 2005, 187.
501 BGH v. 30.8.2006 – XII ZR 98/04, FamRZ 2006, 1511.

Das OLG Karlsruhe hat einem volljährigen behinderten Kind eine in einer Immobilie gebundene Altersvorsorgerücklage von ca. 18.000 € belassen[502]. Sozialhilferechtlich ist die Bildung eines Altersvermögens trotz sozialhilferechtlicher Bedürftigkeit nach § 12 Abs. 2 SGB II in nunmehr deutlich höherem Ausmaß als zulässig.

### a) Pauschale Bestimmung der Höhe des Altersvorsorgevermögens

616 In seiner Entscheidung v. 30.8.2006[503] hat der BGH den Weg für eine pauschalierende und generalisierende Berechnung des **Altersvorsorgeschonvermögens** geebnet. Wenn allgemein akzeptiert werde, dass der Unterhaltspflichtige 5 % seines aus sozialversicherungspflichtiger und 25 % des aus nicht sozialversicherungspflichtiger Tätigkeit stammenden Bruttoeinkommens für eine zusätzliche Altersversorgung angespart werden dürfe (vgl. Rn. 380 ff.), dann sei das daraus gebildete Vermögen im Rahmen des Elternunterhaltes nicht zu verwerten, da ansonsten die unterhaltsrechtliche Einkommensreservation unterlaufen werde. Die **Berechnung des so gebildeten Altersvermögens** hat der BGH dadurch erleichtert, dass er als Basiseinkommen nicht auf das tatsächliche Lebenseinkommen bis zum Zeitpunkt der unterhaltsrechtlichen Inanspruchnahme, sondern auf das **letzte Bruttoeinkommen** abgestellt hat. Gleichzeitig hat er eine **Aufzinsung mit 4 %** bezogen auf die bis zum Inanspruchnahmezeitpunkt zurückgelegte Lebensarbeitszeit angenommen.

617 Wie diese **Lebensarbeitszeit** zu berechnen ist, hat der BGH nicht entschieden. In dem von ihm im Jahr 2006 entschiedenen Fall ging es um einen 1955 geborenen Unterhaltspflichtigen. Der BGH ist dabei – ohne besondere Begründung – von einer 35-jährigen Beschäftigung ausgegangen und hat dabei offensichtlich den Beginn der Erwerbstätigkeit und damit auch den Beginn der Altersvorsorgerückstellung auf das Ende der Schulzeit und den Beginn der Berufsausbildung gelegt. Dies ist nachvollziehbar und im Sinne der praktischen Handhabung der Berechnung begrüßenswert. Die Schwäche der Altersvorsorgesysteme beruht nicht nur auf dem demographischen Wandel, der in der immer längeren Lebenserwartung zum Ausdruck kommt. Vielmehr wird durch Verlängerung von Schul- und Ausbildungszeiten die Lebensarbeitszeit kürzer. Ein möglichst frühzeitiger Einsatz eines privaten Altersvorsorgeaufbaus ist daher gesellschaftlich anzustreben und mithin auch unterhaltsrechtlich beachtlich.

618 Es erscheint daher im Sinne einer generalisierenden Betrachtungsweise sinnvoll, den Beginn der Ansparphase für ein Altersvorsorgevermögen mit dem **Eintritt der Volljährigkeit**, also der **Vollendung des achtzehnten**

---

502 OLG Karlsruhe v. 10.11.1999 – 2 UF 229/98, FamRZ 2001, 47.
503 BGH v. 30.8.2006 – XII ZR 98/04, FamRZ 2006, 1511.

**Lebensjahres**, anzunehmen. Dies entspräche auch der Wertung von § 851c ZPO (vgl. Rn. 384). Soweit von Verwaltungsbehörden und teilweise auch von der Rechtsprechung[504] auf den Beginn der tatsächlichen Erwerbstätigkeit abgestellt wird, darf dies nicht dazu führen, bei einer atypischen Erwerbsbiografien und spät einsetzender Erwerbstätigkeit das Niveau der sekundären Altersabsicherung zu weit gesenkt wird. Wenn – wie nach langer Ausbildungszeit regelmäßig – eine späte Aufnahme der Erwerbstätigkeit auch zu einem niedrigen Alterseinkommensniveau führen würde, ist die Bildung überproportional hohen Altersvorsorgevermögens gerechtfertigt. In der Regel wird es daher immer angemessen sein, die Bildung von Altersvorsorgevermögen ab Vollendung des 18. Lebensjahres zu berechnen. Liegt die Aufnahme der Erwerbstätigkeit bereits vor diesem Alter, kann auch von der tatsächlichen Arbeitsaufnahme ausgegangen werden. Das so gebildete Kapital wäre mit 4 % aufzuzinsen.

Soweit neuerdings[505] mit Verweis auf sinkende Renditen am Kapitalmarkt niedrigere Rechnungszinsen verwendet werden, ist dies nicht gerechtfertigt und widerspricht der Intention des Altersvorsorgevermögens. Wenn dieses zur Sicherung eines angemessenen Alterseinkommens zu dienen bestimmt ist, dann muss in Phasen sinkender Renditen am Kapitalmarkt ein höheres Altersvorsorgevermögen gebildet werden, um dessen Zweck erreichen zu können. In dem vom OLG Nürnberg entschiedenen Fall hatte das Gericht eine ‚Lebensarbeitszeit' von ca. 40 Jahren und 3 Monaten zugrunde gelegt und bei einem Rechnungszins von 3 % ein Schonvermögen von 104.767 € ermittelt. Bei einem Rechnungszins von 4 % hätte das Schonvermögen bereits 132.323 € betragen. Legt man aber einen geringeren Rechnungszins für die Phase des Vermögensaufbaus zugrunde, muss dies auch für die Verzehrphase des Vermögens im Ruhestand gelten. Die Verrechnung des Vermögens im Rentenalter führt bei Annahme eines niedrigeren Rechnungszinses zu geringerem Einkommen. Aus den 104.767 €, die das OLG Nürnberg als Schonvermögen für das unterhaltspflichtige Kind errechnet, generiert sich eine Rente ab Vollendung des 67. Lebensjahres von ca. 703 € bei Annahme eines Rechnungszinses von 3 %. Legt man den vom BGH für richtig gehaltenen Zins von 4 % einheitlich für die Aufbau- und die Verbrauchsphase des Altersvorsorgevermögen zugrunde, erzielt das unterhaltspflichtige Kind aus einem Vorsorgevermögen von 132.323 € eine Rente von ca. 957 €. Die Annahme eines niedrigeren Rechnungszinses für die Phase des Vermögensaufbaus führt mithin zu einer Absenkung des Niveaus der sekundären Altersversorgung statt zu dessen Stärkung. Dieser Weg ist daher m.E. ein Irrweg. Nimmt man eine

619

---

504 OLG Nürnberg v. 26.4.2012 – 9 UF 1747/11, FamRZ 2012, 1654 (LS), stellt auf den tatsächlichen Beginn der Erwerbstätigkeit ab.
505 OLG Nürnberg v. 26.4.2012 – 9 UF 1747/11, FamRZ 2012, 1654 (LS).

dauerhafte Senkung der Kapitalerträge bei Altersversorgungen an, wäre es notwendig, die Rücklagen für eine sekundäre Altersversorgung zu erhöhen, also den Rechnungszins in der Aufbauphase anzuheben.

620 Indessen ist es möglicherweise gar nicht gerechtfertigt, einen dauerhaften Niedergang der Kapitalmarktzinsen zu unterstellen. Nach den statistischen Erhebungen der Deutschen Bundesbank, die zur Berechnung des BilMoG-Zinses (§ 253 HGB) angestellt werden[506], kann ein Rechnungszins für die Altersversorgung von 4 % nach wie vor als realistische angenommen werden.

621 Unter der Annahme eines Rechnungszinses von 4 % ergibt sich damit folgende beispielhafte Berechnung des Altersvorsorgevermögens:

Alter im Zeitpunkt der Inanspruchnahme: 55 Jahre

| | |
|---|---|
| Volljährigkeit: | 18 Jahre |
| Versorgungsansparphase: | 37 Jahre |
| Bruttomonatseinkommen im Zeitpunkt der Inanspruchnahme: | 6.300,00 € |
| Beitragsbemessungsgrenze im Zeitpunkt der Inanspruchnahme: | 5.500,00 € |
| sozialversicherungspflichtiges Einkommen: | 5.500,00 € |
| nicht sozialversicherungspflichtiges Einkommen: | 800,00 € |
| monatliche Versorgungsrücklage vom svpfl. Einkommen, 5 % von 5.500 €: | 275,00 € |
| monatl. Versorgungsrücklage vom nicht svpfl. Einkommen, 25 % von 800 €: | 200,00 € |
| monatliche Gesamtrücklage: | 475,00 € |
| Altersversorgungsrücklage, verzinst mit 4 % über 37 × 12 Monate = 444 Monate: | 465.702,00 €[507] |

622 Zur Erleichterung der **pauschalierten Berechnung** des **Vorsorgevermögens** kann man sich der Aufzinsungsfaktoren für eine monatliche Vorsorgerückstellung bei einer Verzinsung von 4 % bedienen:

---

506 http://www.bundesbank.de/statistik/statistik_zinsen.php#abzinsung.
507 Berechnet mit der Excel-Formel: =ZW(4 %;37;475 × 12).

| Jahreswerte ||||||||||
| --- | --- | --- | --- | --- | --- | --- | --- | --- | --- |
| Aufzinsungsfaktoren (Zinssatz 4 %) zur Berechnung des Zukunftswertes einer jährlichen Zahlung von x € über einen Zeitraum von y Jahren ||||||||||
| Jahre | Aufzinsungs-faktor | Jahre | Aufzinsungs-faktor | Jahre | Aufzinsungs-faktor | Jahre | Aufzinsungs-faktor | Jahre | Aufzinsungs-faktor |
| 1 | 1,0000 | 11 | 13,4864 | 21 | 31,9692 | 31 | 59,3283 | 41 | 99,8265 |
| 2 | 2,0400 | 12 | 15,0258 | 22 | 34,2480 | 32 | 62,7015 | 42 | 104,8196 |
| 3 | 3,1216 | 13 | 16,6268 | 23 | 36,6179 | 33 | 66,2095 | 43 | 110,0124 |
| 4 | 4,2465 | 14 | 18,2919 | 24 | 39,0826 | 34 | 69,8579 | 44 | 115,4129 |
| 5 | 5,4163 | 15 | 20,0236 | 25 | 41,6459 | 35 | 73,6522 | 45 | 121,0294 |
| 6 | 6,6330 | 16 | 21,8245 | 26 | 44,3117 | 36 | 77,5983 | 46 | 126,8706 |
| 7 | 7,8983 | 17 | 23,6975 | 27 | 47,0842 | 37 | 81,7022 | 47 | 132,9454 |
| 8 | 9,2142 | 18 | 25,6454 | 28 | 49,9676 | 38 | 85,9703 | 48 | 139,2632 |
| 9 | 10,5828 | 19 | 27,6712 | 29 | 52,9663 | 39 | 90,4091 | 49 | 145,8337 |
| 10 | 12,0061 | 20 | 29,7781 | 30 | 56,0849 | 40 | 95,0255 | 50 | 152,6671 |
| **Beispiel:** Monatliche Zahlung von 150 € = jährliche Zahlung von 1.800 € für einen Zeitraum von 35 Jahren = 73,6522 × 1.800 € = 132.573,96€ ||||||||||

Aus dieser Tabelle errechnet sich der im obigen Beispiel (Rn. 621) berechnete Rückstellungswert: 475 € × 12 × 81,7022 = 465.702 €

Einfacher noch kann man die pauschal berechnete Schonvermögensgrenze für das Altersvorsorgevermögen aus Tabellen (vgl. Rn. 1139) bestimmen, in die bereits die Beitragsbemessungsgrenzen einberechnet sind.

**623**

> **BGH v. 30.8.2006 – XII ZR 98/04, FamRZ 2006, 1511**
>
> ... II. 3. b) Bei der Bemessung einer individuellen Vermögensfreigrenze sind deswegen die Besonderheiten des jeweiligen Einzelfalles zu berücksichtigen, ohne dass dies einer Pauschalierung für den Regelfall entgegenstehen müsste.
>
> aa) Soweit das OLG einen Betrag i. H. von 21.700 € für die Anschaffung eines neuen Pkw unberücksichtigt gelassen hat, wendet sich die Revision dagegen nicht. Insoweit ist die Entscheidung schon deswegen zutreffend, weil der Bekl. seine gegenwärtigen Lebensverhältnisse auf eine Rücklage in dieser Höhe eingestellt hat. Sein Pkw war im Zeitpunkt der mündlichen Verhandlung vor dem OLG 12 Jahre alt und wies eine Laufleistung von mehr als 215.000 km aus. Damit erhöhen sich nach aller Erfahrung die Reparaturaufwendungen, was die Anschaffung eines Ersatzfahrzeugs für die notwendigen Fahrten zum Arbeitsplatz sinnvoll erscheinen lässt. Wenn der Bekl. teurere Konsumgüter, wie z. B. einen Pkw, statt durch Kreditaufnahme mit einem vorab angesparten Betrag finanziert, ist das wirtschaftlich sinnvoll. Von dem unterhaltsberechtigten Elternteil ist es dann hinzunehmen, dass der angesparte Betrag insoweit Kosten der allgemeinen Lebensführung abdeckt und deswegen für Unterhaltszwecke nicht zur Verfügung steht.
>
> bb) Zu Recht und von der Revision nicht angegriffen hat das OLG ein weiteres Vermögen i. H. von 23.100 DM (= 11.810,84 €) unberücksichtigt gelassen, das sich aus dem Rückkaufwert der noch vorhandenen Lebensversicherung des Bekl. ergab. In diesem Umfang hat der Bekl. zweifelsfrei Vorsorge für sein Alter betrie-

ben, die auch neben der ges. RV anzuerkennen ist, weil sie der Höhe nach weder einen unangemessenen Aufwand darstellt noch ein Leben im Luxus ermöglicht. Gleiches gilt auch für die weitere Lebensversicherung, die in dem hier relevanten Zeitraum noch vorhanden war.

cc) Schließlich ist es aus revisionsrechtlicher Sicht auch nicht zu beanstanden, dass das OLG dem Bekl. für die Risiken seiner allgemeinen Lebensführung und für eine seinen Lebensverhältnissen angemessene Altersvorsorge einen weiteren Schonbetrag belassen und diesen nach den individuellen Verhältnissen bemessen hat. Das gilt hier schon deswegen, weil auch das weitere Vermögen des Bekl., der neben der geringen Rente und den beiden seinerzeit vorhandenen Lebensversicherungen über keine weitere Altersversorgung verfügt, im Wesentlichen der Altersvorsorge dient.

Mit der schrittweisen Reduzierung der Leistungen der ges. RV und der Einführung der gesetzlich geförderten privaten Altersvorsorge hat der Gesetzgeber die Verantwortung jedes Einzelnen hervorgehoben, für seine Alterssicherung neben der ges. RV rechtzeitig und ausreichend vorzusorgen. Das unterstreicht nicht nur den in § 1602 I BGB verankerten Grundsatz, für seinen Unterhalt vorrangig selbst sorgen zu müssen. Vielmehr ist damit auch die Erwartung verbunden, dass sich die Eigenvorsorge auf Zeiten in der Zukunft erstreckt, in denen kein Erwerbseinkommen mehr zu erwarten ist, und deshalb vorher entsprechende finanzielle Vorkehrungen ergriffen werden sollen, um sich einen eigenen, den bisherigen Lebensverhältnissen angemessenen Altersunterhalt zu sichern, den die gesetzliche Rente allein nicht mehr gewährleistet (BVerfG, FamRZ 2005, 1051, 1055, mit Anm. Klinkhammer). Damit wird dem Elternunterhalt gegenüber der eigenen Alterssicherung ein noch geringerer Stellenwert beigemessen. Denn vom erwachsenen unterhaltspflichtigen Kind wird erwartet, zusätzlich zu den anderen Unterhaltslasten und der Altersversorgung früherer Generationen noch die Belastung der eigenen Altersvorsorge zu tragen. Dies muss konsequenterweise bei der Bestimmung seines ihm verbleibenden angemessenen Unterhalts und Vermögens nach § 1603 I BGB Berücksichtigung finden (Senatsurteile v. 23.10.2002, a.a.O., S. 1701 und v. 21.4.2004, a.a.O., S. 1187; BVerfG, a.a.O.).

Insbesondere aber hat der Gesetzgeber mit der Einführung der Grundsicherung im Alter und bei Erwerbsminderung ab dem 1.1.2003 durch das Grundsicherungsgesetz und seit dem 1.1.2005 durch die §§ 41 ff. SGBXII verdeutlicht, dass die Belastung erwachsener Kinder durch die Pflicht zur Zahlung von Elternunterhalt unter Berücksichtigung ihrer eigenen Lebenssituation in Grenzen gehalten werden soll (BVerfG, a.a.O.). Danach können u. a. Personen, die das 65. Lebensjahr vollendet und ihren gewöhnlichen Aufenthalt in der Bundesrepublik Deutschland haben, auf Antrag Leistungen der beitragsunabhängigen, bedarfsorientierten Grundsicherung erhalten, soweit sie ihren Unterhalt durch ihr nach sozialhilferechtlichen Grundsätzen ermitteltes Einkommen und Vermögen nicht decken können und diese Bedürftigkeit auch nicht in den letzten zehn Jahren vorsätzlich oder grob fahrlässig herbeigeführt haben (§§ 1, 2 GSiG, jetzt: § 41 SGBXII). Die Grundsicherung soll dem Berechtigten eine eigenständige soziale Sicherung einräumen, die den grundlegenden Bedarf für den Lebensunterhalt sicherstellt. Durch diese Leistung soll im Regelfall die Notwendigkeit der Gewährung von Sozialhilfe vermieden werden, zumal gerade ältere Menschen aus Furcht vor dem Unterhaltsrückgriff auf ihre Kinder oft vom Gang zum Sozialamt Abstand genommen haben. Eine dem sozialen Gedanken verpflichtete Lösung muss hier einen gesamtgesellschaftlichen Ansatz wählen, der eine würdige und unabhängige Existenz sichert (vgl. Bericht des Ausschusses für Arbeit und Sozialordnung, BT-Drucks. 14/5150, S. 48, sowie BR-Drucks. 764/00, S. 168 f.). Aus diesen Gesetzesmotiven wird deutlich, dass – von besonders günstigen wirtschaftlichen Verhältnissen der Unterhaltsverpflichteten abgesehen – zulasten öffentlicher Mittel auf einen Unterhaltsregress verzichtet werden soll, weil dieser von älteren Menschen vielfach als unangemessen und unzumutbar empfunden wird und dieser Umstand Berücksichtigung finden soll (Senatsurteil v. 23.10.2002, a.a.O., S. 1701). Bei der Bedarfsermittlung bleiben deswegen Unterhaltsansprüche des Antragsberechtigten gegenüber seinen Kindern und Eltern unberücksichtigt, soweit deren jährliches Gesamteinkommen i. S. des § 16 SGB IV unter einem Betrag von 100.000 € liegt (§ 2 I S. 3 GSiG und so unverändert in § 43 II SGB XII übernommen). Zudem gilt die gesetzliche Vermutung, dass das Einkommen des unterhaltspflichtigen Kindes diese Grenze nicht überschreitet. Weil insoweit lediglich vom Gesamteinkommen des Unterhaltspflichtigen, nicht aber von dessen Vermögen die Rede ist, hat sich die Auffassung durchgesetzt, dass Grundsicherung im Alter und bei Erwerbsminderung unabhängig von dem Vermögen eines dem Grunde nach unterhaltspflichtigen Kindes zu bewilligen ist (Klinkhammer, FamRZ 2002, 997, 1000).

Auf dieser ges. Grundlage hat das OLG bei der Bemessung des dem Bekl. zu belassenden Vermögens zu Recht die Umstände des Einzelfalles berücksichtigt, insbesondere dass der Bekl. 1955 geboren ist und über kein Grundvermögen verfügt. Für seine Altersvorsorge bleiben ihm jetzt nur noch weniger als 15 Jahre Zeit, wobei das OLG zu Recht auch sein relativ geringes Einkommen und die Tatsache berücksichtigt hat, dass er aus der ges. RV lediglich eine Altersversorgung i. H. von rund 1.145 € monatlich zu erwarten hat. Selbst das ist aber nur dann der Fall, wenn er im gegenwärtigen Umfang bis zur Vollendung des 65. Lebensjahres berufstätig bleibt. Deswegen hat das OLG ebenfalls zu Recht berücksichtigt, dass der Bekl. lediglich über einen bedingt sicheren Arbeitsplatz verfügt, nachdem sein Arbeitgeber zuvor in der gleichen Branche mit einer anderen Gesellschaft in Insolvenz geraten war.

Bei der Beurteilung, ob und in welchem Umfang das Vermögen des unterhaltspflichtigen Kindes zur Sicherung des eigenen angemessenen Unterhalts einschließlich der Altersvorsorge benötigt wird, sind allerdings alle Vermögenswerte zu berücksichtigen, die für diesen Zweck zur Verfügung stehen. Verfügt der Unterhaltspflichtige etwa über Grundeigentum, ist zumindest zu berücksichtigen, dass er im Alter keine Mietkosten aufwenden muss und seinen Lebensstandard deswegen mit geringeren Einkünften aus Einkommen und Vermögen sichern kann. Solches ist hier aber nicht der Fall. Neben der – geringen – ges. Rente hatte der Bekl. Anspruch auf Auszahlung zweier Lebensversicherungen mit Rückkaufswerten von 13.933 DM und weiteren 23.100 DM. Auch damit wird er sein geringes Renteneinkommen aber nicht entscheidend aufstocken können, was die Sicherung der gegenwärtigen Lebensumstände ohne weitere Rücklagen für sonstige Unwägbarkeiten ausschließt.

Die Höhe des dem Bekl. insbesondere für seine Altersversorgung zu belassenden Schonvermögens lässt sich nämlich konkret auf der Grundlage der Rechtsprechung des Senats zum Umfang unterhaltsrechtlich zuzubilligender ergänzender Altersversorgung ermitteln (Senatsurteil v. 14.1.2004 – XII ZR 149/01 –, a.a.O.). Danach ist der Unterhaltsschuldner berechtigt, neben den Beiträgen zur gesetzlichen Rente bis zu 5 % seines Bruttoeinkommens für eine zusätzliche private Altersversorgung aufzuwenden. Dann muss das aus diesen Beiträgen gewonnene Kapital aber auch für die Alterssicherung des Unterhaltspflichtigen zur Verfügung stehen und ist damit dem Elternunterhalt nach § 1603 I BGB entzogen. Das Bruttoeinkommen des le-

> digen Bekl. beläuft sich ausweislich der vorgelegten Lohn- und Gehaltsabrechnung auf monatlich 2.143,85 €; für die private Altersvorsorge durfte er davon nach der Rechtsprechung des Senats also monatlich 107,19 € (= 5 %) zurücklegen. Eine monatliche Sparrate in dieser Höhe erbringt während eines Berufslebens von 35 Jahren bei einer Rendite von 4 % aber schon ein Kapital von annähernd 100.000 €. Jedenfalls in diesem Umfang ist dem Bekl. als Unterhaltsschuldner neben der ges. Rente eine zusätzliche Altersvorsorge zu belassen, wobei zu berücksichtigen ist, dass außer den Lebensversicherungen keine weitere Altersvorsorge, insbesondere kein Immobilieneigentum vorhanden war.
>
> Ein Schonvermögen in ähnlicher Größenordnung weisen auch die Empfehlungen des Deutschen Vereins für öffentliche und private Fürsorge für die Heranziehung Unterhaltspflichtiger in der Sozialhilfe aus, die ebenfalls danach unterscheiden, ob der Unterhaltspflichtige durch selbst genutztes Eigentum schon in anderer Weise für sein Alter vorgesorgt hat. Ist das nicht der Fall, sollen dem Unterhaltspflichtigen gegenüber dem Anspruch auf Elternunterhalt im Regelfall 75.000 € verbleiben (FamRZ 2002, 931, 937 Nr. 91.5, sowie jetzt FamRZ 2005, 1387, 1394 Nr. 95.5).
>
> c) Im Einklang damit hat das OLG im Rahmen seines tatrichterlichen Ermessens dem Bekl. das für seinen angemessenen Unterhalt nach seinen Lebensverhältnissen notwendige Vermögen belassen. Zutreffend hat es von dem im hier maßgeblichen Zeitraum vorhandenen Vermögen i. H. von 113.400,96 € zunächst den für den Pkw-Kauf notwendigen Betrag i. H. von 21.700 € als Kosten der angemessenen gegenwärtigen Lebensführung abgezogen. Den verbleibenden Betrag i. H. von 91.700,96 € hat es dem Bekl. zu Recht zusätzlich als angemessene Alterssicherung belassen, wobei die Lebensversicherungen des Bekl. darin enthalten sind. Darauf, ob dem Unterhaltsschuldner neben seinem eigenen angemessenen Unterhalt einschließlich der Altersvorsorge ein weiteres geringes Schonvermögen für sonstige Unwägbarkeiten des täglichen Lebens verbleiben muss, kommt es somit nicht an.

### b) Begrenzung der Höhe des Altersvorsorgevermögens

624 Die pauschalisierende Berechnung des Schonvermögens ergibt teilweise ein sehr hohes Schonvermögen. Ob die Rechtsprechung eine **Begrenzung des Altersvorsorgeschonvermögens** judizieren wird, ist derzeit nicht abzusehen.

625 Eine Begrenzung des **Altersvorsorgeschonvermögens** kann bei **Beamten** insoweit vorgenommen werden, als deren Einkommen ohne eine Beitragsbemessungsgrenze altersversorgungsbildend ist. Dies bedeutet, dass lediglich der Zuschlag von 5 %, berechnet über die Lebensarbeitszeit, berechtigt ist. Dies ist jedoch eine systemimmanente Korrektur der Berechnung, die mit der Besonderheit der beamtenrechtlichen Versorgungskonstruktion zu begründen ist.

626 Jenseits dieser Korrektur ist jedoch eine **höhenmäßige Beschränkung des Altersvorsorgevermögens** m.E. nicht gerechtfertigt. Es ist bereits darauf hingewiesen worden, dass das Kriterium für die Höhe des Altersvorsorgevermögens nicht die abstrakte Höhe dieses Vermögens, son-

dern die Angemessenheit der daraus resultierenden Altersvorsorge ist (vgl. Rn. 346 ff.). Diese Angemessenheit kann aber nur aus dem Niveau des Lebensstandards während des Erwerbslebens geschlossen werden. Nimmt man – wie oben dargelegt – 75 % des letzten Bruttoeinkommens als angemessene Altersversorgung an (vgl. Rn. 371), kann man auch die **Höhe des Altersvorsorgeschonvermögens** gegebenenfalls **begrenzen**. Gewährt die primäre und sekundäre Altersversorgung einschließlich eventueller geldwerter Nutzungsvorteile eine angemessene Altersversorgung, kann die Höhe des Altersvorsorgeschonvermögens begrenzt werden.

Zum Altersvorsorgeschonvermögen zählen folgende Bestandteile: **627**

- Bar- und Bankvermögen
- **Wertpapiervermögen**
- **Kapitalwerte** (Weiterführungswerte) von kapitalbildenden **Lebensversicherungen**
- Kapitalwerte von privaten und betrieblichen Rentenversicherungen einschließlich
- der **Kapitalwerte betrieblicher Altersversorgung** (auch solcher aus so genannten ‚deferred compensation')
- **Sachvermögenswerte** (z.B. Immobilien), sofern diese zur Altersversorgung geeignet und bestimmt sind das bedeutet:
- die **Briefmarken- und Wein- und Waffensammlung** sind kein Altersvorsorgevermögen,
- die **selbst genutzte Immobilie** ebenfalls nicht, weil sie im Elternunterhalt auch den Schutz der Lebensstandardgarantie genießt[508] und i.d.R. im Alter nicht veräußert werden soll, weshalb sie nur mit ihrem angemessenen Wohnwert in die Berechnung einbezogen werden kann,
- **fremd genutzte Immobilien** indessen sind sowohl geeignet, als auch bestimmt, der Altersversorgung zu dienen.

### c) Individuelle Bestimmung der Höhe des Altersvorsorgevermögens

Die oben (Rn. 616 ff.) dargestellte pauschale Bestimmung der Höhe des Altersvorsorgevermögens durch den BGH wird in vielen Fällen die **individuelle Bestimmung** der erforderlichen Höhe **des Altersvorsorgevermögens** erübrigen. Gleichwohl wird es vielfach notwendig sein, das erforderliche Altersvorsorgekapital, das im Elternunterhalt als Schonvermögen zu klassifizieren ist, individuell anhand der **konkreten Versorgungsbiografie** zu bestimmen. Die Rechtsprechung des BGH zur pauschalierenden Bestimmung des Altersvorsorgeschonvermögens schließt dessen individuelle Bestimmung nicht aus. Die pauschalierende Bestimmung des erforderlichen Altersvorsorgekapitals trägt vielmehr dem Gedanken Rechnung, dass **628**

---

508 BGH v. 23.10.2002 – XII ZR 266/99, FamRZ 2002, 1698.

die Rente eines 45 Jahre beschäftigten Durchschnittsverdieners in der gesetzlichen Rentenversicherung mit 45 × 26,27 € = 1.182,15 € unter Berücksichtigung der Kranken- und Pflegeversicherung und der in Zukunft steigenden Steueraufwendungen bei weitem keine angemessene Altersversorgung darstellt. In vielen Fällen wird aber trotz eines entsprechenden Altersvermögens, das 5 % des sozialversicherungspflichtigen und 25 % des nicht sozialversicherungspflichtigen aufgezinsten Bruttoeinkommens entspricht, keine angemessene Altersversorgung erreicht werden können. Solche Situationen treten insbesondere auf

- nach **Scheidung und Versorgungsausgleichsverlusten**,
- nach **Krankheit und Langzeitarbeitslosigkeit**,
- nach **Zeiten der Selbständigkeit** mit **unzureichender Altersvorsorge**,
- nach langen **Kindererziehungspausen**,
- nach einem **Verlust einer privaten Altersversorgung durch Pfändung** oder **Insolvenz** vor Inkrafttreten des § 851c ZPO.

**629** In diesen Fällen kommt die individuelle Bestimmung der Höhe des Altersvorsorgekapitals vielfach zu erheblich höheren Vermögenswerten. Dies ist vom Unterhaltsberechtigten und damit auch von den Sozialhilfeträgern hinzunehmen.

**630** Die Darstellung des zur Sicherung einer angemessenen Altersversorgung erforderlichen Vermögens (**Alterssicherungsvermögen**) ist Sache des Unterhaltspflichtigen. Sie hat in drei Schritten zu erfolgen:

- Bestimmung der Höhe der angemessenen Altersversorgung (**Versorgungsziel**)
- Bestimmung der Höhe der bereits erreichten Versorgung (**Versorgungsbilanz**)
- Bestimmung der bis zum Eintritt noch aufzubauenden Versorgung (**Versorgungslücke**).

**(1) Versorgungsziel**

**631** Die Feststellung des **Versorgungsziels mit 75 % des letzten Einkommens** ist bereits oben dargestellt worden (vgl. oben Rn. 371 ff.).

**(2) Versorgungsbilanz**

**632** Die Aufstellung einer **Versorgungsbilanz**, also die Bilanzierung der bereits erreichten Höhe der Altersversorgung, bereitet in der Regel wenig Probleme. Eine Altersversorgung setzt sich i.d.R. aus mehreren Bestandteilen zusammen.

**633** Die Höhe der in der **gesetzlichen Rentenversicherung** erworbenen Versorgung kann auf der Basis eines **Versicherungsverlaufs**, der vom Träger der gesetzlichen Rentenversicherung auf Antrag erstellt wird, ermittelt werden. Diesem Versicherungsverlauf sind die erworbenen Entgeltpunkte zu entnehmen, aus denen sich durch Multiplikation mit dem jeweiligen aktuellen Rentenwert der Nominalwert der zukünftigen Altersversorgung ermitteln lässt. Da der aktuelle Rentenwert dynamisch angepasst wird, bedarf es insoweit keiner weiteren Dynamisierung.

Die Höhe der aus einer **Beamtenversorgung** erworbenen Versorgungsaussicht errechnet sich aus den zurückgelegten anrechenbaren Dienstjahren. Für **Dienstverhältnisse, die vor dem 1.1.1992 begründet** wurden, galt folgende Staffelung: Für die ersten zehn Dienstjahre wurde eine Sockelversorgung von 35 %, danach 15 Jahre lang eine Steigerung von 2 % pro Jahr und in den letzten zehn Jahren von 1 % pro Jahr gewährt. 634

**Vom 1.1.1992 bis zum 31.12.2001** stieg der **Ruhegehaltssatz** pro Dienstjahr einheitlich um 1,875 %, bis er nach 40 Dienstjahren die maximale Höhe von 75 % erreichte. 635

Durch Versorgungsänderungsgesetz v. 20.12.2001[509] wurde das **Ruhegehalt ab 1.1.2003** auf 1,79375 % der ruhegehaltsfähigen Bezüge pro Jahr abgesenkt. Der höchstmögliche Ruhegehaltssatz wurde demgemäß von 75 % auf 71,75 % abgesenkt (bei 40 Dienstjahren als Obergrenze). Die Minderungen der Beamtenversorgung greifen ab 1.1.2003 in acht Stufen ein. 636

In der Praxis wird man regelmäßig eine Auskunft des Dienstherrn über die Höhe der bereits erreichten und bis zum Versorgungszeitpunkt noch erreichbaren Versorgung einholen. 637

**Betriebliche Altersversorgungen** erteilen ebenso Auskunft über die Höhe der erreichten Versorgung wie berufsständische Versorgungsträger. 638

Bei **kapitalgedeckten Versorgungssystemen** (private Rentenversicherer) kann in der Regel sowohl die bereits erworbene Rente erfragt werden als auch das dieser Versorgung zugrunde liegende **Deckungskapital**. 639

**Bar-, Aktien-, Fondsvermögen** ist mit dem gegenwärtigen Wert anzusetzen (Kurswert). 640

Bei **Immobilienvermögen** ist zu differenzieren. Handelt es sich um eine selbst genutzte Wohnung, ist deren angemessener Wohnwert als dem Pflichtigen im Alter zufließendes Alterseinkommen zu bilanzieren (vgl. dazu Rn. 269 ff.). Bei fremd genutzten Immobilien ist deren Ertragswert (Nettomiete) bzw. der Wert zu bilanzieren, der aus der Verrentung des Kapitals der Wohnung im Versorgungsfall resultieren würde. **Der verzehrende Altersvermögenseinsatz ist immer zumutbar, soweit nicht eigene Interessen des Unterhaltspflichtigen oder vorrangig Unterhaltspflich-** 641

---

509 BGBl I S. 3926 ff.

tiger (**Kinder und Gatte**) **beeinträchtigt werden**. Das Vererbungsrecht des Unterhaltspflichtigen ist nicht geschützt. Der Unterhaltspflichtige hat daher keinen Anspruch, dem verzehrenden Vermögenseinsatz zu widersprechen, weil dadurch seine Erben benachteiligt würden.

642 Die aus diesen Vermögen resultierende Rente oder Versorgung ist nach der **Verrentungsformel** für die voraussichtliche Dauer des Versorgungsbezuges, die sich aus der allgemeinen Sterbetafel ergibt, zu bilanzieren (Kurswert). Dabei ist davon auszugehen, dass nach den jüngsten Erhebungen die **durchschnittliche Lebenserwartung** einer Frau im Alter von 65 Jahren noch 20,68 Jahre (245 Monate) und die eines Mannes 17,48 Jahre (205 Monate) beträgt[510]. Ein allgemeiner Zuschlag aufgrund der bekannten ständig steigenden Lebenserwartung ist anzuerkennen. Die Dynamisierung dieser Versorgung kann durch den Ansatz eines verringerten allgemeinen Rechnungszinses erreicht werden. Wählt man einen Rechnungszins in Höhe von 2 % scheint dies realistisch und eine angemessene Dynamisierung zu garantieren. Es ergäbe sich dann ein Rentenwert aus einem Kapital nach der unter Rn. 1138 wiedergegebenen Tabelle.

643 Diese Werte sollten jedoch kritisch betrachtet werden. Es handelt sich dabei um nach finanzmathematischen Grundsätzen errechnete Werte. Dabei ist in jedem Fall ratsam, durch Auskunft eines (oder mehrerer) privaten Rentenversicherers die Kosten einer Versorgung konkret zu ermitteln oder einen Rentenberater bzw. Gutachter einzuschalten.

644 **Maßstab für die Berechnung** könnten auch die Kosten einer Rente in der gesetzlichen Rentenversicherung sein. Eine lebenslange Versorgung von 1 € kostet danach ca. 240 €[511]. Nach der Bilanzierung der verschiedenen gesetzlichen, betrieblichen oder privaten Versorgungen steht die Versorgungsbilanz fest, also die gegenwärtig erreichte Altersversorgung.

645 Der BGH[512] hat für die **Verrentung des Altersvorsorgevermögens** ab der Regelaltersgrenze eine vom Bundesministerium der Finanzen veröffentlichte Verrentungstabelle (vgl. Rn. 1134) herangezogen (vgl. Rn. 689).

**(3) Bestimmung der Versorgungslücke**

646 Die **Versorgungslücke** ist die Differenz von Versorgungsziel und Versorgungsbilanz. Die **Versorgungslücke wird geschlossen** durch die regel-

---

510 Vgl. Sterbetafel (s. Anhang, Rn. 1128).
511 Dies ergibt sich aus folgender Berechnung: Für das Durchschnittsentgelt (Jahr 2015) von 34.999 € pro Jahr erhält der in der gesetzlichen Rentenversicherung Versicherte eine Rente von 28,61 (aktueller Rentenwert). Der Beitragssatz beträgt 18,7 %, der Durchschnittsbeitrag mithin 18,7 % × 34.999 = 6.544,81 €. Der Beitragswert von 1 Euro Rente beträgt mithin 6.544,81 € / 28,61 = 228,76 € im ersten Halbjahr 2015.
512 BGH v. 21.11.2012 – XII ZR 150/10, FamRZ 2013, 203.

mäßig bis zum Versorgungsbezug noch in den verschiedenen Versorgungssystemen erworbenen Anwartschaften.

In der **gesetzlichen Altersversorgung** wäre zu diesem Zwecke auf den jahresdurchschnittlichen Versorgungserwerb abzustellen und diesen für die Zukunft fortzuschreiben, was auf der Basis der Einkünfte der letzten Jahre zu errechnen und zu prognostizieren ist. 647

In der **Beamtenversorgung** ist der jahresdurchschnittliche Versorgungserwerb mit 1,79375 % des ruhegehaltsfähigen Einkommens auch für die Zukunft festzuschreiben. 648

Die Schließung der verbleibenden Versorgungslücke hat durch **monatliche tatsächlich zu erbringende Vorsorgeaufwendungen** zu erfolgen (vgl. dazu Rn. 374 ff.), soweit das gebildete Altersvorsorgevermögen zur Schließung der Versorgungslücke nicht ausreicht. 649

**Altersvorsorgevermögen kann für Unterhaltszwecke nicht herangezogen werden.** Dies gilt auch für die Ruhestandsphase, in der das Altersvorsorgevermögen vom Unterhaltspflichtigen ‚verzehrt' wird (**Vermögensverzehrphase**). Während in der Erwerbsphase einem Unterhaltspflichtige die Möglichkeit eingeräumt wird, zu Lasten seiner unterhaltsrechtlichen Leistungsfähigkeit Vorsorgevermögen aufzubauen, wird dieses in der Ruhestandsphase verzehrt (verrentet). Zu diesem Zweck wird das Vorsorgevermögen ab Renteneintritt des Unterhaltspflichtigen in eine lebenslange Rente umgerechnet. Wegen der Schwäche des Kapitalmarktes wird ein Rechnungszins von 2 % den derzeitigen Gegebenheiten wohl gerecht. Aus einem Vermögen von 150.000 € ergäbe sich für einen 67 Jahre alten Rentner eine monatliche lebenslange Rente von ca. 930 €. Dies kann anhand der Tabelle (vgl. Rn. 1130 ff.) einfach berechnet werden. **Auch in der Ruhestandsphase ist daher ein Einsatz des Schonvermögens für Unterhaltszwecke nicht zu fordern.** Allerdings wird das **Einkommen des Unterhaltspflichtigen** durch den **verzehrenden Vermögenseinsatz** erhöht und das Vermögen durch die Verrentung letztendlich aufgezehrt. 650

### 3. Notbedarfsvermögen

Neben dem zweckgebundenen Altersvorsorgevermögen besteht Bedarf, dem Unterhaltspflichtigen ein verwertungsfreies **Notbedarfsvermögen** zu belassen. Dieses Vermögen dient dazu, dem Unterhaltspflichtigen für sich und seine Familie ein verfügbares und möglichst jederzeit einsetzbares Vermögen zur Behebung einer akuten unvorhergesehenen Notlage zu schaffen[513]. Dieses Vermögen dient zur Reparatur oder dem Ersatz von 651

---

513 Für das PKH-Recht OLG Köln v. 16.10.2003 – 14 WF 142/03, FamRZ 2004, 647.

Haushaltsgeräten oder eines PKW, soll in Krankheits- und sonstigen Fällen unverhofften Einnahmeausfalls die laufenden Zahlungen und den Unterhalt der Familie sicherstellen etc.

652 Die ‚Notbedarfs- und Notgroschenrechtsprechung' ist höchst vielschichtig. Dabei ist zunächst zu unterscheiden, wem ein Notgroschen zugebilligt werden soll. Die Höhe des **Notgroschens des Unterhaltsberechtigten** ist am Minimum zu orientieren. Der Unterhaltsberechtigte nimmt fremde Hilfe zur Finanzierung seines Lebensbedarfs in Anspruch. Überwiegend wird daher insoweit auf einen sozialhilferechtlichen Notgroschen verwiesen (vgl. Rn. 148 ff.). Dieser sozialhilferechtliche Notgroschen wird bei 2.500–3.500 € anzunehmen sein[514].

653 Der **Notgroschen des Unterhaltspflichtigen** wird höher anzunehmen sein als der des Unterhaltsberechtigten[515]. Die einzelnen Träger der Sozialhilfe gehen von völlig unterschiedlich hohem Notbedarfsvermögen aus. **Unterste Grenze** ist sicherlich der sozialhilferechtliche Notgroschen. Sinnvollerweise lässt sich die erforderliche Höhe des Notbedarfsvermögens des Unterhaltspflichtigen nicht statisch festmachen. Wer hohe Unterhaltsverpflichtungen hat und wem ein hoher Selbst- und Familienunterhalt im Rahmen des Elternunterhaltes zugebilligt wird, dem wird auch ein höherer Notgroschen zuzubilligen sein. Wenn schon der Selbstbehalt im Rahmen des Elternunterhaltes dynamisch ist, ist auch das Notbedarfsvermögen dynamisch auszugestalten. Die gute **alte Kaufmannsregel**, wonach das Dreifache des Monatsnettoeinkommens für Notfälle zu reservieren ist, ist indessen allenfalls als Orientierung maßgeblich. Zurecht hat der BGH[516] bei einem niedrigeren Einkommen der unterhaltspflichtigen Person (ca. 1.400 €) ein deutlich oberhalb dieser Dreimonatsregel liegendes **Notbedarfsvermögen** angenommen (10.000 €). Wer mit seinen Einkünften sogar noch unterhalb des im Elternunterhalt angemessenen Selbstbehalts liegt, hat keine finanziellen Spielräume, um auf Notfälle zu reagieren. Wer allerdings deutlich oberhalb dieser Grenze Einkünfte erzielt (z.B. 10.000 €), bedarf sicher keines Notbedarfsvermögens in Höhe des siebenfachen seines Einkommens. Es ist daher in jedem Fall die Höhe eines Notbedarfsvermögens individuell zu bestimmen.

654 Für die Frage, welche ‚Notfälle' aus dem Notbedarfsvermögen zu finanzieren sind, existiert noch keine Rechtsprechung. M.E. kann dies nur aus einer Gesamtschau heraus beurteilt werden. Ist ausreichend Notbedarfsvermögen vorhanden, und verbleibt auch nach Ausgleich des eingetretenen Bedarfs ausreichend Notbedarfsvermögen, wird man eine Kreditaufnahme

---

514 BGH v. 17.12.2003 – XII ZR 224/00, FamRZ 2004, 370.
515 BGH v. 23.11.2005 – XII ZR 155/03, FamRZ 2006, 935.
516 BGH v. 7.8.2013 – XII ZB 269/12, FamRZ 2013, 1554.

nicht akzeptieren müssen. Anders, wenn nur knapp bemessenes Notbedarfsvermögen vorhanden ist.

**Praxistipp (für Unterhaltspflichtige):** 655

Es vereinfacht die Akzeptanz der unterschiedlichen **Schonvermögen** (Vorsorge- und Notbedarfsvermögens), wenn diese voneinander getrennt werden. Auf **Notbedarfsvermögen** kann zugegriffen werden, wenn ein Liquiditätsengpass besteht, z.B. eine Urlaubsreise zu finanzieren ist. Der **Notgroschen** kann jedoch nicht durch unterhaltsrechtlich zu berücksichtigende Abzüge vom Einkommen aufgebaut werden.

Solange die **Altersvorsorgeschonvermögensgrenze** (Rn. 383 ff. und Tabelle Rn. 1129) nicht überschritten ist, könnte ein zu hohes Notbedarfsvermögen der Altersvorsorge zugeordnet werden.

### 4. Vermögensreservationen

Der Elternunterhalt trifft die Unterhaltspflichtigen immer in einer Phase fortgeschrittener Lebensplanung. Da das Pflegerisiko unkalkulierbar ist, muss sich niemand darauf einstellen, Unterhalt für seine Eltern zu zahlen. Da die Gefahr, Elternunterhalt zahlen zu müssen auch oft ankündigungslos entsteht, etwa weil die berechtigte Person einen Schlaganfall oder Unfall erleidet, ist ein ‚Planen für den Fall des Elternunterhaltes' in der Regel dem Pflichtigen nicht möglich und nicht zumutbar. Gerade für den Vermögenseinsatz zum Zwecke der Unterhaltsgewährung hat dies gravierende Folgen. Will ein Kind eine Immobilie erwerben und hat dafür über Jahre gespart, kann die plötzliche Entstehung eines unterhaltsrechtlichen Bedarfs diese Pläne zunichte machen, wenn man die Vermögensplanung nicht akzeptieren würde. Deutlicher noch wird das Problem, wenn ein gemeinsamer Immobilienerwerb mit dem (nicht unterhaltspflichtigen) Gatten geplant war. Die Entstehung der Unterhaltspflicht würde auch dessen Pläne unrealisierbar machen. 656

Es fragt sich daher, ob **Investitionspläne** unterhaltspflichtiger Kinder zurückgestellt, aufgegeben oder geändert werden müssen, wenn ein unterhaltsrechtlicher Bedarf der Eltern entsteht. Dies wird von der Rechtsprechung selbst dann verneint[517], wenn die Entstehung der Unterhaltsverpflichtung absehbar ist. 657

---

517 OLG Hamm v. 6.8.2009 – 2 UF 241/08, FamRZ 2010, 303.

658 Allerdings kann der Unterhaltsschuldner dann zwar sein Vermögen für die Investition verwenden, sofern er keine Luxusaufwendungen betreibt, **Tilgungsleistungen** kann er aber nur im Umfang der 5 % Grenze (vgl. Rn. 616 ff.) vornehmen.

> **OLG Hamm v. 6.8.2009 – 2 UF 241/08, FamRZ 2010, 303**
>
> LS: 1. Hat ein zur Zahlung von Elternunterhalt Verpflichteter seine Lebensstellung darauf eingerichtet, mit angelegtem Vermögen zu einem späteren Zeitpunkt Grundeigentum zu erwerben, das seiner Absicherung im Alter dienen soll, bleiben solche Vermögensdispositionen dem Zugriff des Unterhaltsgläubigers entzogen, sofern der Unterhaltsschuldner keinen unangemessenen Aufwand betreibt oder ein Leben in Luxus führt.
>
> 2. Ist der Unterhaltsschuldner die aus der Errichtung eines Eigenheims resultierenden Verbindlichkeiten im laufenden Rechtsstreit und damit zu einem Zeitpunkt eingegangen, in dem er mit seiner Inanspruchnahme auf Elternunterhalt rechnen musste, können Tilgungsleistungen nur eingeschränkt unter dem Gesichtspunkt der zusätzlichen Altersvorsorge im Umfang von 5 % seines Bruttoeinkommens berücksichtigt werden.

### 5. Auswirkungen von Trennung und Scheidung auf die Vermögensverwertung

659 Familienrechtlich gebundenes Vermögen ist Vermögen, dessen Verwertung nicht ohne weiteres möglich ist, weil es entweder im gemeinsamen Eigentum beider Gatten oder im Alleineigentum eines von ihnen steht, aber eine Alleinverfügungsbeschränkung nach § 1365 Abs. 1 BGB eingreift. In diesen Zusammenhang gehören aber auch die Fälle, in denen das Vermögen eines Gatten mit einer **güterrechtlichen Ausgleichsforderung** belastet ist.

660 Das zu Lasten eines Gatten bestehende **Verbot, über sein Vermögen als Ganzes zu verfügen** (§ 1365 Abs. 1 BGB), kann auch im Elternunterhaltsfall relevant werden. Wenn der Unterhaltpflichtige Vermögen hat, das prinzipiell zur Befriedigung der Unterhaltsansprüche der Eltern eingesetzt werden müsste, dessen Verwertung aber nicht scheibchenweise entsprechend dem Bedarf erfolgen kann, können familienrechtliche Kollisionsfälle entstehen. Es kann in diesen Fällen erforderlich sein, das Vermögen aufzulösen. Neben Immobilienvermögen (dazu Rn. 665) kann dies auch bei langfristigen Geldanlagen gegeben sein. Rechnet man dieses Vermögen aus wirtschaftlichen Gründen nicht zum Schonvermögen, könnte es zur Zahlung von Elternunterhalt herangezogen werden. Da die Verurteilung nicht eine bestimmte Form der Vermögensverwertung beinhalten kann,

würde die familienrechtlich erforderliche Zustimmungspflicht auch nicht durch das Elternunterhaltsurteil des Gerichts ersetzt werden können[518].

Es ist nicht zu verkennen, dass in einem derartigen Fall, in dem ein verzehrender Vermögenseinsatz des unterhaltspflichtigen Kindes das dem **Zugewinnausgleich** unterliegende Vermögen des Unterhaltspflichtigen schmälert, eine Situation geschaffen sein kann, die die Parteien aus wirtschaftlichen Gründen in eine Trennung und Scheidung treibt. **Spätestens mit der Rechtshängigkeit des Scheidungsverfahrens könnte nämlich eine Unverwertbarkeit des Vermögens eintreten, wenn dieses zur Erfüllung einer Zugewinnausgleichsforderung zu verwenden wäre.**

661

**Beispiel:** M ist Lebenszeitbeamter (Einkommen 2.000 €), der seine Altersversorgung durch eine zusätzliche private Versorgung gesichert hat. F ist ebenfalls Lebenszeitbeamtin (Einkommen 1.000 €) und angemessen versorgt. M verfügt über eine langfristige Geldanlage bei der B-Bank, die erstmals 2010 kündbar wäre, in Höhe von 150.000 €. Die Mutter von M hat einen monatlichen ungedeckten Pflegekostenbedarf in Höhe von 1.000 €. Aufgrund vielerlei Verpflichtungen kommt eine Unterhaltsleistung aus Einkommen lediglich in Höhe von monatlich 150 € in Betracht. Der restliche Unterhaltsbedarf soll durch Vermögensverwertung gedeckt werden.

Trennen sich M und F, hat M Unterhalt in Höhe von 3/7 x 1.000 € an F zu zahlen und muss gleichzeitig Zugewinnausgleich in Höhe von 75.000 € zahlen.

In diesem Fall ist sein Restvermögen Altersvorsorgevermögen, weil ihm aufgrund der entstandenen Unterhaltsverpflichtung die Fortführung der privaten Zusatzversicherung nicht mehr möglich ist und darüber hinaus die Versorgungsverluste aus dem drohenden Versorgungsausgleich zu kompensieren sind.

Eine Beeinträchtigung der Verwertung von Vermögen aus Gründen der Sicherung einer Zugewinnausgleichsforderung kommt nicht erst dann in Betracht, wenn ein Ehescheidungsverfahren rechtshängig ist. Ein vorzeitiger Zugewinnausgleich möglich, wenn

662

- die Eheleute seit mindestens drei Jahren getrennt leben (§ 1385 BGB) oder
- illoyale Vermögensverfügungen zu befürchten sind (§ 1385 Nr. 2 BGB),
- ein Ehegatte seinen aus der Ehe resultierenden wirtschaftlichen Verpflichtungen nicht nachkommt oder
- ein Ehegatte sich ohne Grund beharrlich weigert, den anderen über den Bestand seines Vermögens zu unterrichten (§ 1385 Nr. 4 BGB).

In all diesen Fällen ist durch **Rechtshängigkeit der Zugewinnausgleichsforderung** das Vermögen des Unterhaltspflichtigen um den Wert der Ausgleichsforderung des anderen Gatten vermindert, so dass es nicht mehr zum Zwecke der Zahlung von Elternunterhalt verwendet werden

663

---

518 Staudinger/*Thiele*, § 1365 Rn. 5; KK-FamR/*Weinreich*, § 1365 Rn. 15.

kann. Dabei ist zu konstatieren, dass der unterhaltspflichtige Gatte es in der Hand hat, die Voraussetzungen für die Geltendmachung des vorzeitigen Zugewinnausgleichs nach § 1385 BGB herbeizuführen.

664 Es ist in diesen Fällen auch daran zu denken, zwischen den Ehegatten einen eheverträglichen Güterstandwechsel einvernehmlich vorzunehmen und den bis dahin entstandenen Zugewinn auszugleichen. Soweit dadurch das Vermögen des Unterhaltspflichtigen wieder zu „Schonvermögen" und das Vermögen des Gatten gemehrt wird, ist dies unterhaltsrechtlich nicht zu beanstanden (vgl. Rn. 1034 ff.).

## 6. Immobilienvermögen

665 Ein großer Teil des privaten Vermögens von Ehegatten ist in **Immobilien** angelegt. Die Anlagemöglichkeiten sind dabei von einer großen Vielfältigkeit geprägt. Neben dem klassischen Alleineigentum sind gemeinsames Eigentum oder Bruchteilseigentum mit dem Gatten oder Dritten bzw. Bruchteilseigentum in offenen oder geschlossenen Immobilienfonds möglich.

### a) Selbstgenutztes Immobilienvermögen

666 **Selbstgenutztes Immobilienvermögen** stellt den häufigsten und unter dem Aspekt des Elternunterhaltes sichersten Fall des Vermögens dar. Gleichgültig, ob diese Immobilien dem Unterhaltspflichtigen oder beiden Gatten zu einem Bruchteil oder je zur Hälfte gehören, genießen selbstgenutzte Immobilien einen hohen familienrechtlichen und damit auch unterhaltsrechtlichen Schutz. Dabei kann es keine Rolle spielen, ob die konkreten Wohnbedürfnisse der selbstnutzenden Unterhaltspflichtigen über- oder untererfüllt werden. Eine Verwertungsobliegenheit kann nicht angenommen werden, weil die Bewohnung einer derartigen Immobilie die konkrete Lebensausgestaltung des Unterhaltspflichtigen ist, an der er auch zur Erfüllung des Unterhaltsanspruchs eines Elternteils keine wesentlichen und dauerhaften Abstriche vornehmen muss[519].

667 Nach dem Zuflussprinzip wird dem Einkommen des Unterhaltspflichtigen bei einer selbstgenutzten Immobilie ein **Wohnvorteil** zugerechnet, dessen Höhe sich jedoch nicht nach dem objektiven Marktmietwert der Wohnung richtet, sondern nach dem **angemessenen Wohnwert**, also einem Betrag, der im Verhältnis zum Einkommen des Unterhaltspflichtigen angemessen ist. Die **Obergrenze des Wohnwertes** ist die in den Leitli-

---

519 BGH v. 23.10.2002 – XII ZR 266/99, FamRZ 2002, 1698.

nien der Oberlandesgerichte ausgewiesene Grenze von 480 € für Alleinstehende und 860 € für Verheiratete.

Unter dem Aspekt der Vermögensverwertung kommt der selbstgenutzten Immobilie eine Sonderrolle zu. Ihre Veräußerung kann nicht zur unterhaltsrechtlichen Liquiditätsschöpfung verlangt werden[520]. Ihre **Nutzung zur Beleihung** scheidet ebenfalls aus. Wenn der Unterhaltspflichtige aus seinen laufenden Einkünften nicht in der Lage ist, Unterhaltsleistungen an einen Elternteil zu erbringen, ist die Aufnahme eines Kredites, um aus dem daraus zufließenden Kapital die monatlichen Raten zu erbringen, nur möglich, wenn die Raten aus den Einkünften getragen werden können. Sind die monatlichen Kreditraten jedoch niedriger als die monatliche Unterhaltspflicht, kann dies nur mit einer längeren Kreditbelastung gegenüber der Unterhaltspflicht erkauft werden. Dadurch würde jedoch das **Gleichzeitigkeitsgebot von Leistungsfähigkeit und Bedürftigkeit**[521] verletzt. Der Unterhaltspflichtige würde nämlich auch über den Tod des Unterhaltsberechtigten hinaus in Anspruch genommen werden. 668

**Praxistipp:** 669

Selbstgenutztes Immobilienvermögen kann im Elternunterhalt nur über den angemessenen Wohnwert aktiviert werden. Jede andere Verwertung durch Beleihung oder Verkauf ist nicht geschuldet.

**Selbstgenutztes Immobilienvermögen** gehört **nicht zum Altersvorsorgevermögen**[522]. Zwar rechnen viele Sozialhilfeträger den Wert einer selbst genutzten Immobilie dem Altersvorsorgevermögen zu, dies ist jedoch unzutreffend. Der BGH hat im Elternunterhalt schon sehr früh dem Unterhaltspflichtigen und seiner Familie eine **Lebensstandardgarantie** gegeben[523] und erklärt, niemand brauche eine spürbare und dauerhafte Senkung seiner Lebensverhältnisse zur Finanzierung des Elternunterhaltes hinnehmen, es sei denn, er leben im Luxus. Diese Garantie erstreckt sich auch auf den Lebensstandard im Alter. Daraus folgt, dass auch im Ruhestand für den Unterhaltspflichtigen aus Gründen der Finanzierung des Elternunterhaltes kein Druck zur Veräußerung seiner Immobilie besteht. Die Immobilie wird daher richtiger Weise dem Einkommen des Unterhaltspflichtigen insoweit zugerechnet, als die **Kosten des Wohnens** (einschließlich der Heiz-, Verbrauchs und sonstigen Nebenkosten) die in den 670

---

520 BGH v. 23.10.2002 – XII ZR 266/99, FamRZ 2002, 1698.
521 BVerfG v. 7.6.2005 – 1 BvR 1508/96, FamRZ 2005, 1051; BGH v. 23.10.2002 – XII ZR 266/99, FamRZ 2002, 1698.
522 BGH v. 7.8.2013 – XII ZB 269/12, FamRZ 2013, 1554; OLG Nürnberg v. 15.3.2012 – 9 UF 1747/11; *Norpoth*, FamRZ 2008, 2245.
523 BGH v. 23.10.2002 – XII ZR 266/99, FamRZ 2002, 1698.

Selbstbehalten enthaltenen Kosten des Wohnens unterschreiten (vgl. dazu Rn. 514 ff.).

671 Darin unterscheidet sich die selbst genutzte Immobilie auch vom sonstigen Vermögen und Schonvermögen eines Unterhaltspflichtigen. Der Wohnvorteil ist die Nutzziehung des Immobilienvermögens (§ 100 BGB). **Beim Wohnvorteil** wird die unterhaltsrechtliche Leistungsfähigkeit des Pflichtigen angehoben, soweit die Kosten des Wohnens tatsächlich niedriger sind, als sie in den Selbstbehalten[524] enthalten sind (vgl. dazu Rn. 516). **Beim Vermögen** wird der Nutzen des Vermögens, der Zinsertrag, so lange nicht dem Einkommen hinzugerechnet, solange die Zinseinkünfte thesauriert, also dem Vermögen wieder zugeführt werden und die Schonvermögensgrenze nicht erreicht wird. Dies ist die Konsequenz aus der Entscheidung des BGH v. 30.8.2006[525], wonach das Altersvorsorgevermögen pauschal mit 5 % des letzten Bruttoeinkommens, aufgezinst mit 4 % über die Lebensarbeitszeit, berechnet werden kann (vgl. Rn. 616 ff.). Die unterschiedliche Behandlung der Erträge des Vermögens macht deutlich, dass auch das selbstgenutzte Immobilienvermögen dem Altersvorsorgevermögen nicht zugerechnet werden kann und darf. Es kann jedoch in bestimmten Fällen erwogen werden, die **Angemessenheit einer zukünftigen Altersversorgung** unter Einbeziehung des dann zur Verfügung stehenden Wohnvorteils zu berücksichtigen[526].

### b) Sonstiges Immobilienvorsorgevermögen

672 Altersvorsorge wird vielfach in Form der als risikoarm geltenden Immobilienanlage getätigt. Unabhängig davon, ob dies angesichts der voraussichtlich noch lang anhaltenden relativen Niedrigzinsphase, sinkender Bevölkerungszahlen und zunehmender Überalterung der Bevölkerung als richtig angenommen werden kann, muss diesem Umstand im Rahmen des Elternunterhaltes Rechnung getragen werden.

673 **Immobilienvermögen** muss mit seinem gegenwärtigen Marktwert (Verkaufswert) bewertet werden. Dies gilt grundsätzlich unabhängig davon, ob der Vermögensträger die Immobilie als Altersvorsorgevermögen konzipiert hat oder nicht. Ergibt die Bewertung, dass der Vermögensinhaber die Immobilie benötigt, um seine Altersversorgung zu sichern, stellt auch die fremd genutzte Immobilie Altersvorsorge- und damit Schonvermögen dar.

674 Ergibt die Bewertung der Vermögenssituation des Unterhaltspflichtigen, dass die Immobilie nicht zur Sicherung einer angemessenen Altersvor-

---

524 Unterhaltsleitlinien der OLG (s. www.famrz.de), Ziff. 23.3.3.
525 BGH v. 30.8.2006 – XII ZR 98/04, FamRZ 2006, 1511.
526 *Koritz*, NJW 2007, 270.

sorge erforderlich ist, kann die Immobilie ggf. verwertet werden, sofern die daraus resultierenden Einkünfte nicht zur Sicherung des Lebensunterhaltes des Unterhaltspflichtigen und vorrangiger Unterhaltsberechtigter dienen.

Eine **Unzumutbarkeit der Verwertung** kann sich dann nicht aus dem Umstand ergeben, dass der gegenwärtige Marktwert unter dem Erwerbswert liegt. Das ‚**Kursrisiko**' einer Investition trägt immer der Investierende. Ergibt die Bewertung der Vermögenssituation des Unterhaltspflichtigen, dass eine nicht selbstgenutzte Immobilie unterhaltsrechtlich kein Schonvermögen darstellt, ist sie zu verwerten. Ist eine Verwertung der Immobilie aufgrund gegenwärtiger vorübergehender Faktoren wirtschaftlich unzumutbar, ist es Sache des Unterhaltspflichtigen, ggf. durch Kreditaufnahme die Zeitspanne bis zur Verwertungsfähigkeit der Immobilie zu überbrücken. Diese Situation kann z.B. gegeben sein, wenn eine Immobilie erst im Rohbau erstellt ist oder bei einer gewerblichen Immobilie der Auslauf des Mietvertrages des Hauptmieters bevorsteht. 675

Problematisch ist die Lage dann, wenn man nur einen Teil des in der Immobilie gebundenen Vermögens als Schonvermögen anzusehen hat. 676

Ist eine **Teilverwertung** möglich, hat der Unterhaltsschuldner ggf. den verwertbaren Teil seines Vermögens für Unterhaltszwecke einzusetzen (z.B. Veräußerung einer von mehreren Eigentumswohnungen). 677

Ist eine **Teilverwertung unmöglich**, kann auch die Verwertung des Vermögens als Ganzes, also auch mit seinem Schonvermögensanteil zumutbar sein, weil der Schuldner in diesen Fällen durch eine **Umschichtung seines Vermögens** den Schonvermögensteil durch Neuanlage sichern kann. Nur dann, wenn dies unmöglich oder mit unzumutbaren Verlusten für das Vermögen des Schuldners verbunden wäre, kann die Heranziehung des Vermögens des Unterhaltsschuldners unzumutbar sein. **Dafür trägt der Unterhaltsschuldner die Darlegungslast.** 678

Dieser Fall der unzumutbaren Verwertung könnte bei **geschlossenen Immobilienfonds** gegeben sein, für die ein tatsächlich existierender Markt nicht bestimmt werden kann, die i.d.R. auch lediglich einkommenserhöhende Steuersparfunktionen haben und deren Marktwert nicht bestimmbar ist. Bei offenen Immobilienfonds hingegen besteht ein Marktwert, mit dem die Bewertung und auf dessen Grundlage auch eine Teilverwertung ohne weiteres möglich und i.d.R. jederzeit zumutbar ist. 679

### c) Gemeinsames Immobilienvermögen

Vielfach haben unterhaltspflichtige Kinder mit ihren Ehe- oder Lebenspartnern nicht nur die selbst bewohnte Immobilie zu gemeinsamem Eigentum, sondern auch z.B. vermieteten oder zu Ferienzwecken genutzten 680

Immobilienbesitz. Übersteigt das Vermögen des Kindes unter Einschluss derartigen Immobilienbesitzes die Schonvermögensgrenze und ist verwertbares, im Alleineigentum des unterhaltspflichtigen Kindes stehendes Vermögen nicht vorhanden, fragt sich, ob die Verwertung des gemeinsamen Vermögens verlangt werden kann. Grundsätzlich gilt, dass eine Vermögensverwertung dann nicht verlangt werden kann, wenn sie unzumutbar ist[527] (vgl. Rn. 191 für Vermögensverwertung des Unterhaltsberechtigten).

681 **Unzumutbar** ist die Vermögensverwertung aus ökonomischen Gründen, wenn die Verwertung mit einem erheblichen wirtschaftlichen Nachteil verbunden wäre, wenn z.b. erhebliche Vorfälligkeitsentschädigungen an die kreditgebende Bank zu zahlen wäre. Auch kann eine Verwertung von Vermögen nicht verlangt werden, wenn aufgrund einer aktuellen Marktdepression ein Vermögensgegenstand deutlich unter seinem tatsächlichen Wert zu veräußern wäre.

682 Eine Vermögensverwertung kann aber auch **aus familiären Gründen unzumutbar** sein. Das ist z.B. der Fall, wenn das unterhaltspflichtige Kind über den Vermögensgegenstand nicht allein, sondern nur mit seinem Gatten oder Partner zusammen verfügen kann und dieser der Verwertung des Vermögensgegenstandes widerspricht. Im Hinblick auf Art. 6 GG wird man kaum eine Verpflichtung des unterhaltspflichtigen Kindes zur Einleitung einer Teilungsversteigerung annehmen können. Auch eine Beleihung des gemeinsamen Immobilienvermögens zur Abdeckung des unterhaltsrechtlichen Bedarfs des Elternteils kann am Widerspruch des Miteigentümers scheitern. M.E. ist es nicht zumutbar, einem Kind ehegefährdende Maßnahmen aufzuerlegen, um einen Unterhaltsanspruch gegenüber seinen Eltern zu erfüllen. Praktisch sind derartige Fälle kaum zu erwarten, weil ein die Schonvermögensgrenzen übersteigendes Vermögen meist immer auch aus individuell verwertbaren Vermögensteilen besteht. Denkbar ist eine solche Konstellation aber in den Fällen einer Hausfrauenehe, in der der den Haushalt versorgende Partner lediglich am Immobilienvermögen, der selbst bewohnten und anderen Immobilien gemeinsam mit dem Gatten beteiligt ist, ansonsten aber weder Einkommen noch verwertbares, in seinem Alleineigentum stehendes Vermögen besitzt. Wenn auch die Immobilien kein Einkommen, das dem unterhaltspflichtigen Kind zuzurechnen wäre, abwerfen, besteht m.E. keine unterhaltsrechtliche Leistungsfähigkeit, weil es unzumutbar wäre, vom Kind zu verlangen, gegen den eigenen Gatten zu prozessieren, um liquide Mittel zu erhalten.

### d) Luxusvermögen, Ferien- und Auslandswohnungen

683 Für die Verwertung von **Immobilienvermögen**, das nicht den unmittelbaren Wohnbedarf befriedigt, gelten andere Beurteilungskriterien als für

---

527 Wendl/*Dose* § 1 Rn. 624.

selbstgenutzte Immobilien. Stellt eine Immobilie eine reine **Kapitalanlage** dar, wird sie wie sonstiges Vermögen des Unterhaltspflichtigen selbst zu beurteilen sein. Das gilt z.b. für reine **Ferien- und/oder Auslandsimmobilien**, auch wenn diese für Urlaubszwecke vom Eigentümer selbst genutzt werden. Die gelegentliche Nutzung einer ansonsten ungenutzten Wohnung rechtfertigt nicht ihre Zuordnung zum Schonvermögen, es sei denn, diese Zuordnung sei deswegen erforderlich, weil ansonsten kein ausreichendes Altersvorsorge- oder Notbedarfsvermögen vorhanden ist. Die vom BGH gebrauchte Formel, wonach der Unterhaltspflichtige eine spürbare und dauerhafte Senkung seiner Lebensverhältnisse nicht hinzunehmen brauche, es sei denn, er lebe im Luxus,[528] umreißt ziemlich präzise das Problem. Wenn die Auslands- oder Ferienwohnung keinem konkreten (auch großzügig bemessenen) Lebensbedarf dient, kann sie als **Luxusaufwendung** betrachtet und verwertet werden. Dient sie aber dem konkreten Lebensbedarf des Unterhaltspflichtigen – was bei einer regelmäßig selbstgenutzten **Wochenendwohnung** der Fall sein kann – kann ihre Verwertung nicht verlangt werden. Diese Abgrenzung kann im Einzelnen schwierig sein, sie ist aber nachvollziehbar. Wenn eine überdimensionierte Wohnung wegen ihrer Verwendung als Wohnraum zum Schonvermögen zählt, dann muss sonstiger zu regelmäßigen Wohnzwecken dienender Wohnraum ebenso geschütztes Wohneigentum sein. Nur dann, wenn eine Nutzung des Wohnraums nur sporadisch erfolgt, kann so gebundenes Vermögen als verschwenderischer Luxus betrachtet werden. So ist eine Finca auf Mallorca für einen Berufstätigen Luxus, wenn sie nur alle ein bis zwei Jahre für 14 Tage genutzt wird. Die vom Ruheständler während der Wintermonate bewohnte Auslandsimmobilie kann demgegenüber neben der bundesdeutschen Stadtwohnung durchaus Schonvermögen darstellen.

### e) Einsatz des Vermögens zur Unterhaltsgewährung

Weist das Vermögen eines Unterhaltspflichtigen nach Abzug des Schonvermögens einen Überschuss aus, ist dieser ggf. für den Unterhaltsbedarf des unterhaltspflichtigen Elternteils zu verwenden (**verzehrender Vermögenseinsatz**). Dabei stellt sich die Frage, wie ein solch verbrauchender Vermögenseinsatz zu erfolgen hat.

684

Grundsätzlich gäbe es die Möglichkeit, den unterhaltsrechtlichen Fehlbedarf (Differenz zwischen Pflegekosten und Eigeneinkünften, Pflegegeld und Pflegewohngeld) jeden Monat dem Vermögen zu entnehmen, mit der Folge, dass dieses unabhängig von der möglichen Restlebenserwartung des unterhaltsbedürftigen Elternteils einem Verbrauch unterliegt und daher ggf. schnell verbraucht ist (**deckender Vermögensverzehr**).

685

---

528 BGH v. 23.10.2002 – XII ZR 266/99, FamRZ 2002, 1698.

686 Andererseits ließe sich auch der Verbrauch des Vermögens unter Berücksichtigung der Lebenserwartung des Unterhaltsberechtigten gewissermaßen verrenten und so eine Streckung der Leistungsfähigkeit des Unterhaltpflichtigen erzeugen. Allerdings wäre dann ein möglicher unterhaltsrechtlicher Fehlbedarf von Dritten ggf. vom Sozialamt zu tragen.

687 Solange daher keine horizontale Mithaftung anderer gleich naher Verwandter für den Unterhalt des bedürftigen Elternteils in Betracht kommt (vgl. Rn. 722), ist aufgrund der grundsätzlichen **Subsidiarität der Sozialhilfe** ein verzehrender Vermögenseinsatz in Höhe des monatlichen Fehlbedarfs zumutbar (siehe Rn. 685). Dies gilt auch, wenn absehbar ist, dass sich dadurch das einzusetzende Vermögen noch während der Bedarfszeit des Unterhaltsberechtigten erschöpft.

688 Ist das **unterhaltspflichtige Kind bereits Rentner**, besteht kein Grund mehr, sein Altersvorsorgeschonvermögen zu schonen. Dieses durfte ja gerade anrechnungsfrei aufgebaut werden, um dem Kind nach dem Ausscheiden aus dem Erwerbsleben einen ‚angemessenen Lebensstandard' zu gewähren. Es ist daher konsequent, wenn das Kind nach dem Ausscheiden aus dem Erwerbsleben auf den Verzehr dieses Vermögens verwiesen wird und das Schonvermögen somit ‚entschont', also zu Unterhaltszwecken eingesetzt wird. Dies ist jedoch nicht bereits bei tatsächlichem Eintritt in einen (vorzeitigen) Ruhestand der Fall, sondern erst ab Erreichen der **Regelaltersgrenze**. Bis zu diesem Zeitpunkt kann Vorsorgekapital gebildet werden[529].

689 Die Frage, wie in einem solchen Fall das Vermögen zum Unterhalt herangezogen werden muss, ist nach Sinn und Zweck des Vorsorgevermögens zu entscheiden. Dieses soll den Lebensstandard des Kindes im Alter sichern, dass es nach dem ursprünglichen Willen des Kindes ggfs. an Dritte vererbt werden soll, ist kein anerkannter Zweck. Soll aber mit dem Schonvermögen der Lebensstandard im Ruhestand gesichert werden, bedarf es seiner Verrentung. Diese kann finanzmathematisch geschehen. Die teilweise empfohlene[530] Berechnung nach dem Bewertungsgesetz[531] ist nicht geeignet, einen realistischen Wert für die Kapitalverrentung zu errechnen, da der Rechnungszins nach BewertG mit 5,5 % völlig unrealistisch hoch ist, wenn es um die Verzehrphase eines Kapitals geht. Auch kann nicht die Lebenserwartung der Periodensterbetafel zu Grunde gelegt werden, sondern – wie in der Versicherungsmathematik üblich – die Generationensterbetafeln[532]. Vielmehr muss statt dessen ein

---

529 BGH v. 28.7.2010 – XII ZR 140/07, FamRZ 2010, 1535 m. Anm. *Hauß*.
530 Eschenbruch/*Klinkhammer* Rn. 2.118; OLG Düsseldorf v. 27.10.2010 – 8 UF 38/10, FamRZ 2011, 982.
531 Tabelle 9 zu § 14 BewertG ist abgeschafft worden.
532 https://www.destatis.de/DE/Publikationen/Thematisch/Bevoelkerung/Bevoelkerungsbewegung/Generationssterbetafeln.html.

Rechnungszins gewählt werden, der auch eine ca. 2%ige Inflationserwartung aufnimmt. Auch muss die Verrentung des Vorsorgekapitals nicht ab Eintritt der Bedürftigkeit des Elternteils berechnet werden, sondern ab der Regelaltersgrenze des unterhaltspflichtigen Kindes. Dies bedeutet, dass – ausgehend von einem realistischen Rechnungszins von allenfalls 4% ein **realer Rechnungszins** von 2% unterstellt werden kann. Unter diesen Voraussetzungen errechnet sich bei Berücksichtigung der unterschiedlichen Lebenserwartung von Männern und Frauen im Fall des OLG Düsseldorf[533] ein monatlicher Vermögensverzehr von ca. 700 € statt der vom Gericht angenommenen 1.340 €. Der BGH weist stattdessen eine Verrechnungstabelle des BMF angewendet (vgl. Rn. 645), die veraltete Sterbetafeln und einen Rechnungszins von 5,5 % zugrunde legt[534]. Dies kann nicht akzeptiert werden. Wenn das Altersvorsorgevermögen in beliebiger Form angelegt werden darf[535] können für die Verrentung des Altersvorsorgevermögens keine Zinssätze verwendet werden, die völlig unrealistisch sind. Will man eine halbwegs realistische Verrentung des angesammelten Altersvorsorgevermögens ab Verrentung der unterhaltspflichtigen Person vornehmen, muss man im Wesentlichen drei Faktoren realistisch betrachten: 1. die restliche Lebenserwartung der unterhaltspflichtigen Person, 2. den bei der Verrentung des Altersvorsorgeschonvermögens erzielbaren Rechnungszins und 3. die voraussichtliche Inflationserwartung während der Rentenbezugszeit. Die restliche Lebenserwartung der unterhaltspflichtigen Person kann aus den Sterbetafeln (vgl. Rn. 1128) für das jeweilige Alter abgelesen werden. Die maßgeblichen Rechnungszinssätze können orientierungshalber der marktorientierten Erhebung der Deutschen Bundesbank (Abzinsungszinssätze)[536] entnommen werden. Diese werden monatsgenau erhoben und variieren je nach anzunehmender Laufzeit. Dabei wäre es angeraten, diese Zinssätze, die für institutionelle Anleger erhoben werden, um mindestens 1% zu vermindern. Schließlich ist zu bedenken, dass die Kaufkraft der Rente durch Inflation gemindert wird. Da das verrentete Altersvorsorgekapital aber den Lebensstandard der unterhaltspflichtigen Person sichern soll, ist der Rechnungszins nochmals um die Inflationserwartung (ca. 1,7%) zu vermindern. Für einen 67 Jahre alten unterhaltspflichtigen Rentner ergibt sich damit eine Lebenserwartung von ca. 16 Jahren. Für diesen Zeitraum ermittelt die Deutsche Bundesbank einen Anlagezins von 4,5%, der um 1% zu vermindern ist, weil kein Privatanleger eine derartige Anlagechance erhält und um weitere 1,7% wegen des Ausgleichs der Inflationserwartung. Es wäre mithin mit einem Rechnungszins von 1,8% (rd. 2%) zu rechnen. Aus der Tabelle Rn. 1136 errechnet sich damit aus 100.000 € Vorsorgekapital eine monatliche

---

533 OLG Düsseldorf v. 27.10.2010 – 8 UF 38/10, FamRZ 2011, 982.
534 BGH v. 21.11.2012 – XII ZR 150/10FamRZ 2013, 203.
535 BGH v. 30.8.2006 – XII ZR 98/04, FamRZ 2006, 1511.
536 http://www.bundesbank.de – Suchwort: Abzinsungszinssatz.

Rente von ca. 609 €. Einfacher kann man den Wert noch mit der Tabelle Rn. 1138 bestimmen. Aus der vom BGH[537] angewandten Tabelle des BMF (vgl. Rn. 1134) ergäbe sich stattdessen eine Rente von 786 € monatlich.

690 Zu beachten ist auch, dass bei im gesetzlichen Güterstand lebenden Verheirateten das Vermögen des einen Gatten unter Berücksichtigung des Ausgleichsanspruchs des anderen ggfls. nur zu ½ angesetzt werden kann[538].

### f) Kein Einsatz des Vermögens des Schwiegerkindes

691 Es besteht grundsätzlich keine Möglichkeit, **Vermögen des Schwiegerkindes** für die Finanzierung des Unterhaltes seiner Schwiegereltern heranzuziehen. Mit seinem Vermögen trägt das Schwiegerkind auch nur dann zum Familienunterhalt bei, wenn der Bedarf ansonsten nicht gedeckt ist. In der Praxis bedeutet das, dass auch millionenschweres Vermögen des Schwiegerkindes unberücksichtigt bleibt. Allenfalls dessen Erträge können im Familienunterhalt aktiviert werden, sofern sie tatsächlich zur Finanzierung des Lebensbedarfs genutzt werden.

## VII. Einkommens- und Vermögensveränderungen nach Feststellung der Unterhaltspflicht

692 Einkommens- und Vermögensverhältnisse sind nie stabil. Nach Feststellung der unterhaltsrechtlichen Leistungsfähigkeit durch den Sozialhilfeträger oder eine rechtskräftige gerichtliche Entscheidung oder nach einer Einigung mit dem Sozialhilfeträger können sich die Einkommens- und Vermögensverhältnisse der unterhaltspflichtigen Kinder ebenso ändern, wie der unterhaltsrechtliche Bedarf des pflegebedürftigen Elternteils. Die Betroffenen sind stets unsicher, wie in diesen Fällen zu verfahren ist.

### 1. Einkommensverbesserungen

693 Erfährt das unterhaltspflichtige Kind eine Einkommensverbesserung **während der Prüfung seiner unterhaltsrechtlichen Leistungsfähigkeit** durch den Sozialhilfeträger oder im Laufe eines gerichtlichen Verfahrens, ist eine Einkommensveränderung nur dann ungefragt zu offenbaren, wenn die Einkommensverbesserung die unterhaltsrechtliche Leistungsfähigkeit in dem streitigen Unterhaltszeitraum beeinflusst. Dies ist meist nicht der Fall. Sozialhilfeträger machen nur zögerlich von der ihnen in § 94 Abs. 4

---

537 BGH v. 21.11.2012 – XII ZR 150/10, FamRZ 2013, 203.
538 OLG Düsseldorf v. 27.10.2010 – 8 UF 38/10, FamRZ 2011, 982.

S. 2 SGB XII eingeräumten Möglichkeit Gebrauch, den laufenden Unterhalt einzuklagen. In der Regel wird der Unterhalt für einen abgeschlossenen, zurückliegenden Zeitraum bei Gericht eingeklagt. In diesen Fällen ist ausschließlich das für diesen Zeitraum maßgebliche Einkommen des unterhaltspflichtigen Kindes für die Höhe der Unterhaltsleistung relevant, so dass außerhalb des geltend gemachten Zeitraums erfolgende Einkommenserhöhungen die unterhaltsrechtliche Leistungsfähigkeit für diese abgeschlossene Zeiträume nicht beeinflussen. **Einkommensverbesserungen** sind vom unterhaltspflichtigen Kind in diesen Fällen auch in laufenden Verfahren zur Unterhaltsfeststellung nicht zu offenbaren, soweit sie sich auf den Unterhaltsanspruch nicht auswirken können.

Anders ist die Situation indessen, wenn zwischen Kind und Sozialhilfeträger über die laufenden Unterhaltszahlungen verhandelt wird. Macht der Sozialhilfeträger – wie meist – einen Auskunftsanspruch über die Einkommensverhältnisse **für einen bestimmten Zeitraum** geltend, braucht das unterhaltspflichtige Kind spätere Einkommensänderungen außerhalb dieses Zeitraums nicht zu offenbaren. Im Unterhaltsrecht gilt das **Zuflussprinzip.** Das bedeutet, dass die unterhaltsrechtliche Liquidität für die zukünftige Unterhaltszahlung aus der Einkommenssituation der Vergangenheit (in der Regel der letzten 12 Monate bei abhängig Beschäftigten und der letzten 3 Jahre bei Selbständigen) bestimmt wird. Steht aber die Feststellung des laufenden Unterhalts an, ist diese Methode mit dem Risiko behaftet, dass die Ableitung der unterhaltsrechtlichen Liquiditätsbestimmung aus der Vergangenheit durch die Gegenwart zu korrigieren ist. Soll die unterhaltsrechtliche Leistungsfähigkeit für das Jahr 2011 festgestellt werden, sind die Einkommensverhältnisse des Jahres 2010 irrelevant, wenn ein Arbeitsplatzwechsel oder -verlust stattgefunden hat oder nach der Arbeitslosigkeit wieder eine Beschäftigung gefunden wird. Wird also ein Auskunftsersuchen zur Feststellung der unterhaltsrechtlichen Leistungsfähigkeit ‚statisch', also nur bezogen auf einen bestimmten Zeitpunkt ausgebracht, besteht für das unterhaltspflichtige Kind keine Veranlassung, Einkommensverbesserungen mitzuteilen.

694

Den **Unterhaltsberechtigten** und den **Sozialhilfeträgern** kann **nur empfohlen** werden, ihre Auskunftsersuchen dieser Situation anzupassen und statt der Standardformulierung die in § 1605 BGB angelegte und in Unterhaltsverfahren sonst gebräuchliche Formulierung eines Auskunftsersuchens zu nutzen: *Der Unterhaltspflichtige wird aufgefordert, zur Feststellung der Höhe seiner laufenden Unterhaltsverpflichtung gegenüber ... Auskunft über seine Einkommens- und Vermögensverhältnisse zu erteilen und diese zu belegen durch Vorlage von Einkommensabrechnungen des Arbeitgebers aus dem Zeitraum ... bis ... sowie im Fall selbständiger Tätigkeit durch Bilanzen oder Einnahme-Überschussrechnungen der letzten drei Jahre. Soweit Vermögen besteht sind Belege über dessen Höhe durch Nachweise der Kontostände*

695

*und Depotübersichten der Banken vorzulegen. Wird statt dessen der Unterhaltspflichtige nur aufgefordert, Auskunft über seine Einkommens- und Vermögensverhältnisse zu erteilen* **durch** *Vorlage der Einkommensabrechnungen seines Arbeitgebers aus dem Zeitraum ... bis ... besteht keine Verpflichtung zur Offenbarung von Einkommens- und Vermögenssteigerungen während des Prüfungs- oder Gerichtsverfahrens.*

696 Treten **Einkommensverbesserungen nach Feststellung** der unterhaltsrechtlichen Leistungsfähigkeit durch den Sozialhilfeträger oder das Gericht ein, besteht für den Unterhaltspflichtigen keine Verpflichtung, Einkommensverbesserungen dem Sozialhilfeträger mitzuteilen. Anders lautende Hinweise in Formularschreiben der Sozialhilfeträger sind zwar häufig zu finden, haben aber keine rechtliche Stütze. Erst dann, wenn ein Sozialhilfeträger erneut Auskunft über die Einkommensverhältnisse begehrt, sind solche Situationsveränderungen zu offenbaren. **Rückwirkend** kann keine Unterhaltserhöhung verlangt werden, weil es insoweit am **Verzug des Unterhaltspflichtigen** fehlt. Erst ab dem Zeitpunkt der Geltendmachung einer konkreten Unterhaltsforderung oder der Aufforderung zur Auskunftserteilung über Einkommens- und Vermögensverhältnisse (§ 1613 BGB) entsteht eine Barunterhaltsverpflichtung und gegebenenfalls ist ab diesem Zeitpunkt Unterhalt rückwirkend zu erbringen.

## 2. Einkommensverschlechterungen

697 Treten nach Feststellung der Unterhaltspflicht **Einkommensverschlechterungen** beim Unterhaltspflichtigen oder dessen Gatten auf oder ändert sich seine Belastungssituation, beispielsweise weil ein weiteres Kind geboren oder (wieder) unterhaltsbedürftig wird, ein PKW über einen Kredit finanziert werden muss oder ein Umzug notwendig wird, hat dies in der Regel Auswirkungen auf die Höhe der festgestellten Leistungsfähigkeit. Es ist Sache des unterhaltspflichtigen Kindes, diese Veränderung seiner Einkommenssituation gegenüber dem Unterhaltsgläubiger bzw. dem Sozialhilfeträger **zeitnah** geltend zu machen. Dabei sind unterschiedliche Ausgangslagen zu beachten.

698 Ist der **Unterhalt durch einen Beschluss oder einen gerichtlichen Vergleich** festgelegt worden, kann die Unterhaltspflicht nur durch **Einigung der Beteiligten** oder eine **gerichtliche Abänderungsentscheidung** aufgehoben oder geändert werden. Nicht immer ist es daher ratsam, gleich ein gerichtliches Abänderungsverfahren anhängig zu machen. Da Unterhaltsgläubiger der Sozialhilfeträger ist und dieser in der Regel weitgehend rechtskundig ist oder sich rechtskundig beraten lässt, ist es nicht nur einfacher, sondern auch billiger, den Versuch einer Einigung mit dem Sozialhilfeträger auf eine Absenkung des Unterhalts zu unternehmen. Anwälte werden dies

ohnehin schriftlich dokumentieren. Nicht anwaltlich vertretene Unterhaltspflichtige sollten in jedem Fall auf eine **schriftlichen Absenkungsvereinbarung** bestehen. In der Regel wird diese von den Sozialhilfeträgern problemlos erstellt. Einer eventuellen Pfändung der Unterhaltsrückstände durch den Unterhaltsberechtigten selbst, falls dieser aus der Sozialhilfebedürftigkeit herauskommt, stünde in einem solchen Fall die Arglisteinrede entgegen. Gelingt die Einigung mit dem Sozialhilfeträger nicht, muss jedenfalls zeitnah ein **Abänderungsantrag** gegen den alten Unterhaltstitel gestellt werde (§ 238 FamFG).

Ist der **Unterhalt nicht durch ein Urteil**, sondern durch Vereinbarung mit dem Sozialhilfeträger oder ohne eine solche Vereinbarung durch Zahlung aufgrund einer Anforderung des Sozialhilfeträgers festgesetzt worden, kann das unterhaltspflichtige Kind die Unterhaltszahlung bei Verschlechterung seiner Einkommensverhältnisse einstellen oder vermindern. Sinnvoll ist es jedoch, den Unterhaltsgläubiger umgehend von der Veränderung der Unterhaltsverhältnisse zu informieren, um unnötige Reaktionen zu vermeiden.

## 3. Vermögensverbesserungen oder Vermögensverschlechterungen

Auch Veränderungen der Vermögenssituation können Auswirkungen auf die Unterhaltspflicht haben. Solange die **Schonvermögensgrenze** (vgl. Rn. 616 ff.) nicht überschritten wird, ist die unterhaltsrechtliche Leistungsfähigkeit des Kindes durch das Vermögen nicht beeinflusst, da richtigerweise Einkünfte aus dem Vermögen (Zinsen) – jedenfalls soweit sie nicht verbraucht werden – dem Einkommen nicht zugerechnet werden (vgl. Rn. 296 ff.). **Vermögensverbesserungen** haben daher unterhaltsrechtliche Relevanz erst dann, wenn die Schonvermögensgrenze überschritten wird. Dies ist selten der Fall. Aber auch wenn dieser Fall eintritt, braucht die Verbesserung der Leistungsfähigkeit nicht ungefragt offenbart werden. **Vermögensverschlechterungen** sollte das unterhaltspflichtige Kind schon im eigenen Interesse dem Unterhaltsgläubiger gegenüber anzeigen. Soweit durch die Verschlechterung die Einkommenssituation verschlechtert wird, kann die Leistungsfähigkeit sich verändern. Wird das unterhaltspflichtige Kind zu Unterhaltsleistungen aus dem Vermögen (vermögensverzehrende Unterhaltsleistungen) herangezogen, ist es ratsam, auch insoweit den Gläubiger, also den Sozialhilfeträger, unmittelbar zu informieren, um – je nachdem, wie die Heranziehung erfolgte – eine Anpassung zu erreichen.

**701** **Praxistipp:**

> Eine Verpflichtung der unterhaltspflichtigen Person zur ungefragten Auskunft über Einkommens- und Vermögensveränderungen besteht trotz anderslautender Mitteilung der Sozialhilfeträger nicht[539]. Nur wenn sich im Laufe der Verhandlungen über die Unterhaltshöhe die Berechnungsparameter (Einkommen bzw. Belastungen) sich ändern, ist der Unterhaltsschuldner zur Information verpflichtet.
>
> Bei einer Verschlechterung der Einkommensverhältnisse liegt es im Interesse des Unterhaltspflichtigen, die Neuberechnung seiner Leistungsfähigkeit vom Sozialhilfeträger zu verlangen. Auch wenn der Unterhaltsbetrag durch gerichtliche Entscheidung festgesetzt ist, reicht vielfach eine außergerichtliche Einigung mit dem Sozialhilfeträger über die Veränderung der Leistungspflicht aus.
>
> Bei einem gerichtlich festgelegten Unterhaltsanspruch (titulierter Unterhalt) ist eine rückwirkende Abänderung nicht möglich, weshalb die unterhaltspflichtige Person unverzüglich nach Eintritt der die unterhaltsrechtliche Leistungsfähigkeit verändernden Umstände eine Herabsetzung des Unterhalts verlangen sollte (§ 238 FamFG).

## VIII. Haftungsquote – horizontale Haftungsbeschränkung

**702** Geschwister haften für den Unterhaltsbedarf ihrer Eltern anteilig entsprechend ihren Einkommens- und Vermögensverhältnissen (§ 1606 Abs. 3 S. 1 BGB).

> **BGH v. 25.6.2003 – XII ZR 63/00, FamRZ 2004, 186**
>
> ... Der Bekl. und seine Brüder sind als (gleich nahe) Verwandte verpflichtet, entsprechend ihrer finanziellen Leistungsfähigkeit anteilig für den Unterhalt ihrer Mutter aufzukommen (§§ 1601, 1606 III S. 1 BGB). Um die jeweils geschuldeten Unterhaltsquoten ermitteln zu können, müssen die nach Abzug des Selbstbehalts von den bereinigten Einkommen verbleibenden Beträge grundsätzlich zueinander ins Verhältnis gesetzt werden. Dabei mag es im Einzelfall, insbesondere wenn die Geschwister nicht in einem Rechtsstreit gemeinsam in Anspruch genommen werden, möglich sein, von einer exakten Quotierung abzusehen, weil sich absehen lässt, dass z. B. das Geschwister mit dem höheren zu berücksichtigenden Einkommen nicht weitergehend in Anspruch genommen wird, als es seinem nach Kopfteilen ermittelten Anteil entspricht. Ob hier ein solcher Fall vorliegt, wird sich letztlich

---

539 BGH v. 25.11.1987 – IVb ZR 96/86, FamRZ 1988, 270; 23.4.1986 – IVb ZR 29/85, FamRZ 1986, 794; v. 19.2.1986 – IVb ZR 71/84, FamRZ 1986, 450; Wendl/Dose/Gerhardt, § 6 Rn. 237.

> erst beurteilen lassen, wenn festgestellt worden ist, in welcher Höhe nach Abzug eventueller Unterhaltsansprüche der jeweiligen Ehegatten und des nach den individuellen Verhältnissen ermittelten Selbstbehalts bei den Geschwistern Einkünfte für den Elternunterhalt zur Verfügung stehen. ...

## 1. Schlüssigkeit der Forderungsbegründung

Dementsprechend gehört es zur **Schlüssigkeit der Begründung eines Unterhaltsanspruchs**, dass der Sozialhilfeträger Ausführungen zur Höhe der jeweiligen Unterhaltsquote und deren Berechnung macht. Fehlt es daran, ist die Unterhaltsforderung nicht schlüssig begründet mit der Folge, dass sich der Unterhaltspflichtige gegen die Inanspruchnahme wehren kann[540]. Der Sozialhilfeträger beschränkt sich dabei oftmals darauf, zur Frage der Einkommensverhältnisse vorzutragen. Dies ist nicht ausreichend[541]. **Angesichts des klaren Wortlautes sind auch die Vermögensverhältnisse der horizontalen Haftungsgenossen darzulegen.**

703

## 2. Datenschutz

Sehr häufig verweigert der Sozialhilfeträger im vorgerichtlichen Verfahren die Dokumentation der wirtschaftlichen Verhältnisse der Geschwister unter Hinweis auf den Datenschutz. Solange die **Haftungsquote** durch den Sozialhilfeträger für das unterhaltspflichtige Kind nicht nachvollziehbar dargelegt und dokumentiert wird, liegt eine schlüssige Unterhaltsforderung nicht vor. Das unterhaltspflichtige Kind sollte daher bis zur nachvollziehbaren Dokumentation der Einkommens- und Vermögensverhältnisse der Geschwister einen Unterhaltsanspruch nicht akzeptieren. Dabei reicht die **Behauptung des Einkommens** der Kinder nicht aus. Vielmehr sind **nachvollziehbare Unterlagen** wie Einkommensnachweise, Steuererklärungen, Vermögensnachweise etc. vorzulegen. Soweit die Träger der Sozialhilfe dazu vielfach erst in einem gerichtlichen Verfahren bereit sind und sich zu ihrer vermeintlichen datenschutzrechtlichen Absicherung auf eine entsprechende richterliche Anordnung beziehen wollen, ändert dies nichts an der Unschlüssigkeit des Antrages. Zur Darlegung der unterhaltsrechtlichen Leistungsfähigkeit eines Kindes gehört auch die Darlegung der wirtschaftlichen Verhältnisse seines Gatten, da diese – vermittelt über den Familienunterhalt – die unterhaltsrechtliche Leistungsfähigkeit beeinflussen (vgl. Rn. 577 ff.).

704

---

540 BGH v. 7.5.2003 – XII ZR 229/00, FamRZ 2003, 1836; OLG Frankfurt v. 11.12.2003 – 2 UF 181/03, FamRZ 2004, 1745; Palandt/*Brudermüller* § 1606 Rn. 20; PK-Juris-BGB/*Viefhues* § 1606, Rn. 107.
541 Heiß/Born/*Hußmann*, Kap. 13, Rn. 69.

705    Wird ein Unterhaltsbegehren erst im gerichtlichen Verfahren schlüssig dargelegt, kann das unterhaltspflichtige Kind den Unterhaltsanspruch dann durch ein **prozessuales sofortiges Anerkenntnis** ganz oder teilweise anerkennen. Dies hat zur Folge, dass der Träger der Sozialhilfe die Kosten des Verfahrens und damit auch die Anwaltskosten des unterhaltspflichtigen Kindes in Höhe des abgegebenen Anerkenntnisses zu übernehmen hat.

706    Die Auffassung, das **Datenschutzrecht** verhindere die Bekanntgabe der Einkommens- und Vermögensverhältnisse der Mitglieder einer horizontalen Haftungsgemeinschaft an die anderen Mitglieder, ist jedoch weder im Gesetz noch in der Rechtsdogmatik begründet. Nichts hindert einen Sozialhilfeträger, eine schlüssige Unterhaltsforderung auch bereits außergerichtlich zu erheben (vgl. Rn. 709).

707    **Praxistipp:**

Es empfiehlt sich, dem Träger der Sozialhilfe bereits in der vorgerichtlichen Korrespondenz mitzuteilen, dass man sich ein sofortiges (Teil-)Anerkenntnis mit der entsprechenden negativen Kostenfolge für den Sozialhilfeträger vorbehält. Die dadurch entstehende Unsicherheit des Sozialhilfeträgers hat bereits in einigen praktischen Fällen dazu geführt, dass Unterhaltsansprüche nicht weiter verfolgt wurden.

708    **Den Sozialverwaltungen ist zu empfehlen**, die durch nichts gerechtfertigte Verschanzung hinter dem Datenschutz aufzugeben und bereits im außergerichtlichen Vorfeld einer Entscheidung schlüssige Unterhaltsforderungen zu erheben und dazu die wirtschaftlichen Daten der Mitglieder der horizontalen Haftungsgemeinschaft den Unterhaltspflichtigen mitzuteilen. Die Sozialhilfeträger berufen sich regelmäßig auf § 74 SGB X. Dieser lautet:

Eine Offenbarung personenbezogener Daten ist zulässig, soweit sie erforderlich ist

1. für die Durchführung

a) eines gerichtlichen Verfahrens oder eines Vollstreckungsverfahrens wegen eines gesetzlichen oder vertraglichen Unterhaltsanspruchs oder des an seine Stelle getretenen Ersatzanspruchs oder

...

2. für die Geltendmachung

a) eines gesetzlichen oder vertraglichen Unterhaltsanspruchs außerhalb eines Verfahrens nach Nummer 1 Buchstabe a, soweit der Betroffene nach den Vorschriften des bürgerlichen Rechts, insbesondere nach *§ 1605* oder nach *§ 1361 Abs. 4 Satz 4*, *§ 1580 Satz 2*, *§ 1615a* oder *§ 1615l Abs. 3 Satz 1* in Verbindung mit *§ 1605* des Bürgerlichen Gesetzbuchs, zur Auskunft verpflichtet ist, oder

...

und diese Pflicht innerhalb angemessener Frist, nachdem er unter Hinweis auf die in diesem Gesetzbuch enthaltene Offenbarungsbefugnis der in *§ 35* des Ersten Buches genannten Stellen gemahnt wurde, nicht oder nicht vollständig erfüllt hat.

Die Formulierung kann nicht eng dahingehend ausgelegt werden, dass nur im Rahmen eines gerichtlichen Verfahrens die Daten übermittelt werden dürfen. Vielmehr ist die außergerichtliche Datenübermittlung ‚ultima Ratio' vor Einleitung eines gerichtlichen Verfahrens. Um in diesem Verfahren eine schlüssige Unterhaltsforderung präsentieren zu können, ist die Datenübermittlung zulässig. **Für das gerichtliche Verfahren** ist die Erhebung einer schlüssigen Klage erforderlich, was nur dadurch geschehen kann, dass **vor der Klageerhebung** die Daten der Geschwister, die die unterhaltsrechtliche Leistungsfähigkeit prüfbar machen an die leistungsfähigen Geschwisterkinder übermittelt werden. Diese haben nur so die Chance, die richtige Haftungsquote zu bestimmen. Kinder, von denen der Sozialhilfeträger keine Unterhaltsbeiträge begehrt, haben keinen Anspruch auf Übermittlung der Sozialdaten ihrer Geschwister. Eine solche Übermittlung erfolgte nicht ‚für die Durchführung eines gerichtlichen Verfahrens'.

709

**Praxistipp (für Sozialhilfeträger):**

710

Der BGH hat Geschwistern untereinander ein Auskunftsrecht über die Einkommensverhältnisse gegeben[541]. Verlangen Kinder die Offenlegung der Einkommensunterlagen ihrer Geschwister, kann der Verweis auf die eigenen Auskunftsrechte (vgl. Rn. 710) der Kinder untereinander praktisch oftmals das Problem lösen.

### 3. Auskunftsansprüche unter Geschwistern

Geschwister sind untereinander zur **Auskunft über ihre Einkommens- und Vermögensverhältnisse** verpflichtet[543]. Diese Verpflichtung trifft jedoch nur die Geschwister und nicht deren Ehegatten. Diese Annahme einer gesetzlich nicht normierten Auskunftspflicht von Kindern untereinander folgt aus § 242 BGB als Folge der schuldrechtlichen Verbindung der Geschwister im Unterhaltsrechtsverhältnis.

711

---

542 BGH v. 7.5.2003 – XII ZR 229/00, FamRZ 2003, 1836.
543 BGH v. 7.5.2003 – XII ZR 229/00, FamRZ 2003, 1836.

> **BGH v. 7.5.2003 – XII ZR 229/00, FamRZ 2003, 1836**
>
> LS: Ein gegenüber seinen Eltern Unterhaltspflichtiger kann von den Ehegatten seiner Geschwister nicht Auskunft über deren Einkommens- und Vermögensverhältnisse beanspruchen.
>
> ... Auch wenn [...] davon ausgegangen wird, dass die anteilige Haftung von Geschwistern auf Elternunterhalt erst beurteilt werden kann, wenn die hierfür maßgeblichen Verhältnisse auch der jeweiligen Ehegatten bekannt sind, lässt sich allein hieraus kein Rechtsverhältnis herleiten, das es rechtfertigen würde, dem unterhaltspflichtigen Kind einen Auskunftsanspruch gegen die Ehegatten seiner Geschwister zuzubilligen. Allein die Notwendigkeit der Kenntniserlangung reicht dafür nicht aus. Sonstige Umstände, aus denen sich ein Rechtsverhältnis ergeben könnte, liegen indessen nicht vor. Vorbereitende Auskunftsansprüche stehen nur den Beteiligten eines Schuldverhältnisses, hier: des Unterhalts- oder Ausgleichsverhältnisses, zu. Durch diese Einschränkung erfährt auch der auf § 242 BGB gestützte Auskunftsanspruch die erforderliche tatbestandliche Begrenzung, um nicht zu einem – dem deutschen Recht fremden – allgemeinen Informationsanspruch auszuufern (vgl. auch Kentgens, Der Auskunftsanspruch im Familienrecht, S. 154f.). Zu den Beteiligten des hier maßgebenden Unterhalts- oder Ausgleichsverhältnisses gehört die Bekl. zu 2 aber nicht. Sie schuldet der Mutter ihres Ehemannes keinen Unterhalt und kann deshalb auch nicht an einem Ausgleichsverhältnis beteiligt sein. Da die Bekl. zu 2 mithin außerhalb des Unterhaltsverhältnisses zwischen dem Unterhaltspflichtigen und seiner Mutter steht, kann die gewünschte Auskunft von ihr nicht verlangt werden (ebenso Günther, a.a.O., Rn. 129; Weinreich/Klein, Kompaktkommentar Familienrecht, § 1605 BGB, Rn. 25; Palandt/Diederichsen, BGB, 62. Aufl., § 1601 Rn. 14). ...

## 4. Weitere Ansprüche zwischen Geschwistern

712  Neben den reinen Auskunftsansprüchen fragt es sich, ob **Unterlassungs-**, **Schadensersatz-** und eventuell auch **Kondiktionsansprüche zwischen Geschwistern** im Hinblick auf Elternunterhalt bestehen können.

Das Entstehen derartiger Ansprüche lässt sich am besten an einem Beispiel erklären: Ein pflegebedürftiger Elternteil hat die (einkommenslose) Tochter T mit einer Generalvollmacht ausgestattet, von der diese ausgiebig Gebrauch macht, indem sie sich die von ihr erbrachten Betreuungs- und Pflegeleistungen großzügig vergütet und auf diese Weise nicht nur das Einkommen schmälert, sondern auch das restliche Vermögen der Mutter verbraucht. Der unterhaltsrechtlich leistungsfähige Bruder der T ist darüber nicht erfreut, da er befürchtet, durch den fortschreitenden Vermögensverzehr der Mutter alsbald in die unterhaltsrechtliche Haftung zu geraten. Schließlich ist das Vermögen der Mutter auch tatsächlich verbraucht und der Bruder wird auf Unterhaltszahlungen in Anspruch genommen[544]. Es

---

[544] Vgl. *M. Schwab*, FamRZ 2010, 689. Das Beispiel von *Schwab* wurde um die nach Inanspruchnahme des leistungsfähigen Bruders entstehenden Ansprüche erweitert.

fragt sich, ob dem unterhaltsrechtlich haftenden Bruder – so lange er noch nicht selbst Unterhalt zu leisten hat – ein Unterlassungsanspruch gegen seine Schwester auf Entnahme von Vergütungsleistungen aus dem Vermögen der Mutter zusteht, ob er wenigstens Auskunft über das Tun seiner Schwester verlangen kann und ob er gegen seine Schwester – nach unterhaltsrechtlicher Inanspruchnahme – gegebenenfalls Schadensersatz und/oder Kondiktionsansprüche geltend machen kann.

*Martin Schwab*[545] leitet einen **Unterlassungsanspruch** aus § 242 BGB aufgrund der zwischen Geschwistern bestehenden anteiligen Haftungsgemeinschaft nach § 1606 Abs. 3 S. 1 BGB ab und sieht das bevollmächtigte Kind lediglich berechtigt, seine Vollmacht zur Abdeckung des persönlichen Lebensbedarfs des Unterhaltsgläubigers zu verwenden bzw. diesen von Verbindlichkeiten freizustellen. Ein Recht der ‚**Selbstentlohnung**' **des Bevollmächtigten** bestehe nicht. Dieser habe vielmehr alle Verfügungen zu unterlassen, die nicht der Deckung des Lebensbedarfs des Unterhaltsgläubigers dienten. Sei ein Verstoß gegen diese Unterlassungsverpflichtung gegeben, stehe dem potenziell unterhaltspflichtigen Kind ein Auskunftsanspruch hinsichtlich des Umfangs der Verfügung und ein Unterlassungsanspruch gegen den Bevollmächtigten zu.

713

Dieser Argumentation wird man weitgehend folgen können, indessen ist ein solcher Anspruch in der Praxis sicher nur selten geltend zu machen, weil der benachteiligte Unterhaltspflichtige meist erst nach eingetretenem Vermögensverzehr Kenntnis von der ‚Selbstbedienung' durch den Bevollmächtigten erlangt.

714

Hilfreicher wäre es, wenn der benachteiligte Unterhaltspflichtige **Schadensersatz-** oder **Bereicherungsansprüche** gegen den Bevollmächtigten geltend machen könnte. Da die Vermögensverfügungen des Bevollmächtigten keine unmittelbare Vermögensschädigung des Unterhaltspflichtigen begründen, sondern insoweit nur eine Gefährdung dessen Vermögen begründen (der Unterhaltsberechtigte könnte ja noch vor Inanspruchnahme des Pflichtigen versterben), kommt als Anspruchsnorm nur § 826 BGB (vorsätzliche **sittenwidrige Schädigung**) in Betracht. Das setzte aber einen **Schädigungsvorsatz gegenüber dem Unterhaltspflichtigen** voraus, der in der Regel nicht nachweisbar sein und auch nicht vorliegen wird. Der Bevollmächtigte handelt möglicherweise in Schädigungsabsicht gegenüber dem Vermögen des Betreuten. Welche Fernwirkung diese Schädigung auf das Vermögen Dritter hat und haben kann, ist ihm insoweit sicher gleichgültig. Darüber hinaus muss im Sinne eines Rechtswidrigkeitszusammenhanges[546] die Handlung auch gegenüber dem geschädigten Dritten sitten-

715

---

545 S. vorige Fn.
546 Bamberger/Roth/*Spindler*, § 826 Rn. 13.

widrig sein⁵⁴⁷. Auch wenn sich das Verhalten des Bevollmächtigten, der durch Selbstentlohnung nachteilig auf das Vermögen des Vollmachtgebers einwirkt, diesem gegenüber sittenwidrig sein kann, so stellt sich ein solches Verhalten einem dem Vollmachtgeber gegenüber Unterhaltspflichtigen nicht als sittenwidrig dar. Anders würde jede Schädigung fremden Vermögens auch gleichzeitig demjenigen gegenüber sittenwidrig sein, der mittelbar von der Vermögensschädigung – z.b. durch Ausfall einer ihm gegenüber dem Gläubiger zustehenden Forderung – geschädigt sein.

716  Soweit in der Selbstentlohnung des Bevollmächtigten eine die Vollmacht überschreitende Veruntreuung zu sehen ist, dient das Schutzgesetz insoweit jedoch nicht dem Schutz von mittelbar betroffenen Dritten, sondern ausschließlich dem Vermögen des Vollmachtgebers, so dass auch insoweit ein Schadensersatzanspruch des Unterhaltspflichtigen gegen den Bevollmächtigten nicht besteht.

717  Es bleiben mithin **Bereicherungsansprüche** zu prüfen. Diese könnten unter dem Gesichtspunkt anzunehmen sein, dem unterhaltsberechtigten Elternteil stünden gegen den Bevollmächtigten wegen der unberechtigten Selbstentlohnung noch Erstattungsansprüche zu, die den unterhaltsrechtlichen Bedarf beseitigen würden. Richtig ist, dass ein unterhaltsrechtlicher Bedarf nicht angenommen werden kann, so lange der Berechtigte Forderungen gegen Dritte geltend machen kann, die seine Bedürftigkeit beseitigen würden. Dies kann aber nur dann angenommen werden, wenn die Geltendmachung der Forderungen auch tatsächlich zur alsbaldigen Realisation dieser Forderungen führt. Von der Forderung allein kann ein unterhaltsberechtigter Elternteil seinen Lebensbedarf nicht abdecken, weshalb der BGH eine Beseitigung der Bedürftigkeit auch nur dann angenommen hat, wenn die Forderung des Elternteils tatsächlich zur Beseitigung der aktuellen Bedürftigkeit genutzt werden kann, z.B. indem man sie beleiht⁵⁴⁸. Ist eine solche Situation nicht gegeben, leistet der Unterhaltspflichtige auf eine tatsächlich bestehende Unterhaltsverpflichtung hin, so dass eine Kondiktion der geleisteten Unterhaltsbeträge nach Realisation der Forderung durch den Unterhaltsberechtigten nicht möglich ist.

## 5. Berechnung der Haftungsquote

718  Die Berechnung der **Haftungsquote** von Geschwistern folgt den üblichen Regeln für quotale Haftung.

---

547 BGH v. 26.11.1986 – IVa ZR 86/85, NJW 1987, 1758.
548 BGH v. 23.11.2005 – XII ZR 155/03, FamRZ 2006, 935.

In einem **ersten Schritt** ist die unterhaltsrechtliche **Leistungsfähigkeit** der **einzelnen Haftungsgenossen** nach den elternunterhaltsrechtlichen Grundsätzen **zu bestimmen** (vgl. Rn. 572 ff.).

719

$$Haftungsquote = Haftungsbedarf \times \frac{Leistungsfähigkeit\ des\ Haftungsgenossen}{Leistungsfähigkeit\ aller\ Haftungsgenossen}$$

In einem **zweiten Schritt** ist – sofern die Leistungsfähigkeit der Haftungsgenossen den unterhaltsrechtlichen Bedarf übersteigt – der **Haftungsanteil des Kindes** nach folgender Formel zu ermitteln:

720

| Haftungsquotenrechner | | | |
| --- | --- | --- | --- |
| Bedarf des Unterhaltsberechtigten: | | 1.500,00 € | |
| Leistungsfähigkeit | | Quote | Betrag |
| Kind 1: 500,00 € : 2.150,00 € = | 500,00 € | 23 % | 348,84 € |
| Kind 2: 300,00 € : 2.150,00 € = | 300,00 € | 14 % | 209,30 € |
| Kind 3: 1.100,00 € : 2.150,00 € = | 1.100,00 € | 51 % | 767,44 € |
| Kind 4: 250,00 € : 2.150,00 € = | 250,00 € | 12 % | 174,42 € |
| Leistungsfähigkeit der Geschwister | 2.150,00 € | | |

Dabei ist zu beachten, dass die **Steuerklassenwahl** eines mithaftenden verheirateten Kindes dessen Leistungsfähigkeit beeinflusst (vgl. auch Rn. 1051).

721

## 6. Berechnung der Haftungsquote bei verzehrendem Vermögenseinsatz

Die **horizontale Haftungsgemeinschaft** gleich naher Verwandter für den Unterhaltsbedarf bereitet dann Probleme, wenn die **Haftungsquote nicht nur aus dem Einkommen, sondern auch aus Vermögen** zu berechnen ist. Verfügt nämlich einer der Haftungsgenossen ausschließlich oder neben seinen Einkünften über Vermögen, das nicht als Schonvermögen zu bezeichnen ist, sondern grundsätzlich für den Unterhalt des Bedürftigen einzusetzen wäre, ist zu prüfen, wie dies zu erfolgen hat. Anders als im Fall der Alleinhaftung ist in diesen Fällen die **unterhaltsrechtliche Leistungsfähigkeit der Haftungsgenossen** zu bestimmen. Haften z.B. zwei Geschwister für den Unterhalt ihrer Eltern, die beide über ein gutes Einkommen, einer von ihnen aber auch über ein beträchtliches Vermögen verfügt, kann dieses – soweit es die Schonvermögensgrenze übersteigt (vgl. Rn. 616 ff. und die Tabelle Rn. 1139) – nicht unberücksichtigt bleiben. Wird dieses Vermögen nicht für den Lebensbedarf seines Inhabers benö-

722

tigt, muss berechnet werden, in welcher Weise es seine Leistungsfähigkeit erhöht.

**Beispiel:** V ist 80 Jahre alt, verfügt über eine Rente in Höhe von 1.000 €, die Pflegekosten betragen insgesamt 3.900 €, unter Berücksichtigung des Pflegegeldes verbleibt eine unterhaltsrechtlich zu schließende Deckungslücke von 1.500 €. Sohn 1 (50) verfügt über anrechenbares Einkommen aus freiberuflicher Tätigkeit in Höhe von 5.000 €, er hat kein verwertbares Vermögen. Sohn 2 (53) hat ebenfalls ein anrechenbares Einkommen von 5.000 € pro Monat und daneben ein verwertbares Vermögen jenseits der Schonvermögensgrenze von 120.000 €. Beide Söhne sind nicht verheiratet.

Aus ihrem Einkommen von 5.000 € wären die beiden Söhne in Höhe von je 1.600 € leistungsfähig (5.000 € – 1.800 €) × 50 % = 1.600 €, vgl. Rn. 576.

723 Nach § 1606 Abs. 3 BGB haften mehrere gleich nahe Verwandte anteilig nach ihren Einkommens- und Vermögensverhältnissen. Die Deckungslücke im Beispiel von 1.500 € kann daher aus dem Einkommen der beiden Söhne ohne weiteres geschlossen werden, indem jeder von ihnen 750 € zahlt. Allerdings bliebe dann völlig unberücksichtigt, dass der zweite Sohn über ein nicht geschütztes Vermögen in Höhe von 120.000 € verfügt.

724 In diesen Fällen wären insgesamt vier Lösungsmöglichkeiten zur Bestimmung der Haftungsanteile denkbar:

- das Vermögen wird nicht angetastet und der Unterhalt ausschließlich aus dem Einkommen geleistet,
- das Vermögen wird über die restliche Lebenserwartung der unterhaltsbedürftigen Person verrentet (7,77 Jahre) und dem Einkommen der vermögenden unterhaltspflichtigen Person zugerechnet,
- das Vermögen wird über die restliche Lebenserwartung der unterhaltspflichtigen Person verrentet (27,06 Jahre),
- das Vermögen wird über die Zeitspanne bis zum Renteneintritt der unterhaltspflichtigen Person verrentet (14 Jahre).

725 Nimmt man einen Rechnungszins von 4 % an, sind die Unterschiede der unterschiedlichen Berechnungsansätze[549] erheblich (vgl. die Tabelle Rn. 1135): Im ersten Fall wäre dem Einkommen eine aus dem ungeschützten Vermögen resultierende Rente in Höhe von zuzurechnen, im zweiten Fall monatlich ca. 1.499 €, im dritten 617 € und im vierten Fall 934 € (vgl. Tabellen Rn. 1132 u. 1136).

726 Das Gesetz stellt für die Haftung aus Einkommen und Vermögen keine Hierarchie auf. Vielmehr stehen Einkommen und Vermögen rangunterschiedslos als Haftungsgrundlage für die unterhaltsrechtliche Leistungsfähigkeit nebeneinander. Es versteht sich von selbst, dass unterhaltsrechtlich

---

[549] Abzustellen ist auf eine befristete Sofortrente.

das Schonvermögen (vgl. Rn. 603 ff.) und der individuelle Familienselbstbehalt (vgl. Rn. 542 ff.) stets unangetastet bleiben.

Hat das unterhaltspflichtige Kind das Regel-**Rentenalter** bereits erreicht, ist sein gesamtes Vermögen (also auch das Altersvorsorgevermögen) zu verrenten[550]. Hat das unterhaltspflichtige Kind aber das Rentenalter noch nicht erreicht, ist die Verrentung des die Schonvermögensgrenze übersteigenden Vorsorgekapitals auf die Restlebenserwartung der unterhaltsberechtigten Person vorzunehmen.

727

Da ein **verwertbares Vermögen** im Prinzip komplett für den Unterhaltsbedarf zu verwerten ist, ist die Leistungsfähigkeit des vermögenden Haftungsgenossen so zu bestimmen, als würde er das Vermögen während der Lebenszeit des Unterhaltsbedürftigen für diesen verwenden. Jedes Kapital kann verrentet werden[551]. **Die Anrechnung des Vermögens in diesen Fällen geschieht mithin durch Verrentung des Vermögens über die statistische Lebenserwartung des Unterhaltsbedürftigen**[552]. Nach der Sterbetafel (Rn. 1125) wäre für V im Beispielsfall (Rn. 722) eine Lebenserwartung von 7,77 Jahren zugrunde zu legen.

728

Die Verrentung eines Kapitals für einen Unterhaltsberechtigten kann nach der **Verrentungstabelle** berechnet werden (vgl. Rn. 1127), wobei die Annahme eines Rechnungszinses von 2 % pro Jahr den gesunkenen Realitäten am Kapitalmarkt entspricht und einer vorsichtigen Kalkulation der biometrischen Daten Rechnung tragen soll. Die Prognose der Lebenserwartung eines Menschen aus den **Periodensterbetafeln** ist i.d.R. zu optimistisch[553]. Genauer wäre eine Prognose auf der Basis der **Generationensterbetafeln**, deren Darstellung hier jedoch aus Platzgründen nicht möglich ist[554].

729

Das Vermögen von 120.000 € aus dem Beispielsfall (Rn. 722) wäre daher für den 80 Jahre alte V in eine Rente des Sohnes S2 zu verrechnen: 120.000 / 1.000 × 11,59 = 1.390 € pro Monat Lebenserwartung des V.

730

---

550 BGH v. 21.11.2012 – XII ZR 150/10, FamRZ 2013, 203.
551 Heiß/Born/*Hußmann*, Kap. 13, Rn. 70.
552 Anders *Duderstadt*, S. 194, der den Vermögenden mit dem arithmetischen Mittel der Haftungsmassen der verdienenden Geschwister haften lassen und für den Fall, dass diese nicht ausreichen, den Vermögenden bis zur Erschöpfung des verwertbaren Vermögens zu Unterhaltszahlungen heranziehen will.
553 Es wird hier bei Verrentungstabellen ein niedriger Zins von 2 % angenommen um der Schwäche auf dem Kapitalmarkt, einer Inflationskompensation und den biometrischen Risiken Rechnung zu tragen. Soweit teilweise ein höherer Rechnungszins empfohlen wird, ist dies durch die Kapitalmarktentwicklung überholt.
554 Die Generationensterbetafeln können über www.destatis.de bezogen werden: http://www.destatis.de/jetspeed/portal/cms/Sites/destatis/Internet/DE/Navigation/Publikationen/Fachveroeffentlichungen/Bevoelkerung.psml.

Wären beide Söhne kinderlos, betrüge ihre Leistungsfähigkeit für Elternunterhalt:

- Sohn 1: 5.000 € – 1.800 € – (5.000 € – 1.800 €)/2 = 1.600 €
- Sohn 2: 5.000 € + 1.390 € – 1.800 € –(5.000 € – 1.800 €)/2 = 2.990 €
- Sohn 1 hätte damit lediglich 35%, Sohn 2 aber 65% des unterhaltsrechtlichen Fehlbedarfs zu tragen.

> **OLG Karlsruhe v. 27.3.2003 – 2 UF 23/02, FamRZ 2004, 292**
>
> … Entsprechend diesem einzusetzenden Vermögen haftet der Bekl. gemäß § 1606 I BGB für den Zeitraum vom 1.7.1999 bis 31.1.2002 anteilig neben seinem Bruder H. W. Die Haftungsquote des Unterhaltspflichtigen errechnet sich dabei wie bei volljährigen Kindern nach Abzug des für seinen eigenen Unterhalt und denjenigen der vorrangig Berechtigten verbleibenden Teils seines bereinigten Nettoeinkommens (Schnitzler/Günther, Münchener Anwaltshandbuch Familienrecht, § 12 Rn. 117). Haften daneben Kinder aus Vermögen, so ist dieses in monatliches Einkommen umzurechnen (Schnitzler/Günther, a.a.O., § 12 Rn. 117; Heiß/Born/Hußmann, Unterhaltsrecht, Kapitel 13, Rn. 70–72). Ausgehend von der anhand der allgemeinen Sterbetafeln ermittelten durchschnittlichen Lebenserwartung für Frauen im Alter von 80 Jahren von 7,84 Jahren wird der mit dem oben ermittelten Kapital finanzierbare monatliche Unterhaltsbetrag ermittelt. Nach der Tabelle ist bei einem Rechnungszins einschließlich Zwischen- und Zinseszins = 5,5 % und einem Mittelwert zwischen jährlich vorschüssiger und jährlich nachschüssiger Zahlung bei Frauen im Alter von 80 Jahren ein Betrag von 5,622 DM erforderlich, um eine lebenslange Rente i. H. eines Jahresbetrages von 1,00 DM zu finanzieren (vgl. Brudermüller/Klattenhoff, Tabellen zum Familienrecht, 23. Aufl., Ausgabe August 2002, S. 283, Nr. 2). Folglich kann mit einem Betrag von 165.000 DM entsprechend der Formel Kapital: 12: Kapitalisierungsfaktor = monatliches Einkommen (Schnitzler/Günther, a.a.O., § 12 Rn. 60) eine monatliche Rente i. H. von 2.445 DM (165.000 DM : 12 : 5,622) finanziert werden. …

**731** Die **Verrentung des verwertbaren Kapitals auf die statistische Lebenszeit** des Unterhaltsbedürftigen (vgl. Rn. 723) ist nur dann gerechtfertigt, wenn sich der **Unterhaltspflichtige in der Erwerbsphase** befindet. Ist er im **Ruhestand**, ist das gesamte vorhandene Vermögen (ausschließlich des Notbedarfsvermögen, Rn. 651) über die voraussichtliche Lebenserwartung des Unterhaltspflichtigen zu verrenten. Fiele im obigen Beispiel (Rn. 722) bei Sohn 2 das Erwerbseinkommen weg und hätte dieser aufgrund seiner guten Vermögenslage oder einer Erkrankung bereits vor Inanspruchnahme auf Unterhalt ein Rentierdasein geführt, wäre sein vorhandenes Vermögen auf seine Lebenszeit zu verrenten (siehe Tabelle Rn. 1130).

## 7. Fiktive Haftungsquoten aufgrund fiktiver Einkünfte

Bezüglich der **Erwerbsobliegenheit** (vgl. dazu Rn. 563) gegenüber den Eltern wird man von einem großzügigen Maßstab auszugehen haben. Der BGH und ihm folgend das BVerfG haben mehrfach ausgeführt, es sei die Besonderheit des Elternunterhaltes, dass man sich darauf nicht einstellen könne. Dies habe zur Folge, dass das unterhaltspflichtige Kind seinen „Lebensentwurf" leben könne, ohne auf möglicherweise entstehende Unterhaltsverpflichtungen gegenüber einem Elternteil Rücksicht zu nehmen. Diese Erwägung schließt es i.d.R. aus, eine Erwerbsobliegenheit des unterhaltspflichtigen Kindes gegenüber seinen Eltern anzunehmen. 732

Dies bedeutet konkret, dass von zwei Geschwistern, die beide uneingeschränkt erwerbsfähig sind, das aufgrund eigener Entscheidung nur teilzeitig tätige Kind, dessen anrechenbares Einkommen daher unter der Selbstbehaltsschwelle läge, zur Unterhaltsleistung an einen pflege- und unterhaltsbedürftiges Elternteil nicht herangezogen werden könnte. 733

Dieses Ergebnis ist schwer verständlich. Es führt zu einem **unterhaltsrechtlichen Freizeitprivileg**, wonach derjenige sich zu Lasten des anderen Geschwisters der Haftung auf Elternunterhalt entziehen kann, der an Stelle einer Erwerbstätigkeit seiner Vergnügung nachgeht. An diesem Ergebnis ist nichts zu ändern, solange man sich nicht zur Annahme einer differenzierten Erwerbsobliegenheit des Kindes im Verhältnis zu seinen unterhaltsbedürftigen Eltern und Geschwistern entscheidet (vgl. dazu Rn. 570 ff.). 734

## 8. Konkurrierende Elternunterhaltsansprüche

Wie die unterhaltsrechtliche Leistungsfähigkeit von verheirateten oder verpartnerten Kindern zu berechnen ist, wenn auf beiden Seiten gleichzeitig oder hintereinander Elternunterhaltsverpflichtungen entstehen und beide unterhaltspflichtige Personen Einkünfte erzielen, ist bislang nicht entschieden. Die logische Schwierigkeit besteht darin, dass die jeweilige Leistungsfähigkeit abhängig ist von der Höhe des Familienunterhalts. 735

**Beispiel:** F (Einkommen 3.000 €) wird im Juni ihrer Mutter gegenüber unterhaltspflichtig. Ihr Mann (Einkommen 2.000 €) wird im Dezember seinem Vater gegenüber unterhaltspflichtig.

### a) Gleichrang konkurrierender Elternunterhaltsansprüche

Anders als im Gattenunterhaltsrecht, sind Unterhaltsansprüche mehrerer Elternteile stets gleichrangig. Ihr Unterhaltsbedarf leitet sich nicht von ‚prägenden Lebensverhältnissen' ab sondern ist abhängig von der Be- 736 stimmung der unterhaltsrechtlichen Leistungsfähigkeit, die nach der Berechnungsmethode des BGH bestimmt wird (vgl. Rn. 578 ff.). Auf den Entstehungszeitpunkt eines Elternunterhaltsanspruchs kommt es nicht an. Vielmehr sind diese grundsätzlich gleichrangig, was aus § 1609 Nr. 6 BGB folgt, der nicht nur im Mangelfall sondern generell Ausdruck einer gesetzlichen Billigkeitswertung ist[555]. Sind aber die Unterhaltsansprüche konkurrierender Eltern gleichrangig, kann die unterhaltsrechtliche Leistungsfähigkeit hinsichtlich des später hinzutretenden Bedarfs nicht unter vorrangiger Berücksichtigung des Unterhaltsbedarfs des Elternteils berechnet werden, der zuerst bedürftig geworden ist. Ein solches **Windhundprinzip** wäre mit dem **Gleichrang** der **Unterhaltsbedarfe** nicht vereinbar.

### b) Verbot revolvierender Lebensstandardsenkung

737 Das Hinzutreten eines weiteren Elternunterhaltsanspruchs kann nicht dazu führen, die unterhaltsrechtliche Leistungsfähigkeit unter Berücksichtigung der bereits bestehenden Leistungspflicht einem Elternteil gegenüber neu zu berechnen. Dies würde letztendlich zur Makulierung der **Lebensstandardgarantie** (vgl. Rn. 573 ff.) führen. Jeder neu hinzutretende Elternunterhaltsbedarf würde zu einer erneuten unterhaltsrechtlichen Belastung führen, bis der Familiensockelselbstbehalt erreicht wäre.

738 Die Lebensstandardgarantie hat nur einen Sinn, wenn sie nicht durch neu hinzutretende schwache Eltern- und sonstige Unverhofft-Unterhaltsansprüche jeweils wieder entwertet wird.

### c) Berechnungsmethoden

739 Ausgehend von diesen Grundsätzen lassen sich die möglichen Berechnungsmethoden zur Verteilung der unterhaltsrechtlichen Leistungsfähigkeit wie folgt darstellen:

### (1) Das Windhundprinzip

740 Entstehen die Unterhaltsverpflichtungen sukzessive, könnte man die zuerst entstehende Unterhaltsverpflichtung nach dem Windhundprinzip berechnen und dem Familieneinkommen entnehmen. Die spätere Verpflichtung des anderen Ehegatten wäre dann um diese Verringerung der Leistungsfähigkeit gemindert:

---

555 BGH v. 7.5.2014 – XII ZB 258/13, FamRZ 2014, 1183 m. Anm. *Schürmann*.

## Haftungsquote – horizontale Haftungsbeschränkung

| Windhundprinzip: | | | | |
|---|---|---|---|---|
| Familienleistungefähigkeit | Frau | Mann | Mann | Frau |
| anrechenbares Einkommen | 3.000,00 € | 2.000,00 € | 2.000,00 € | 3.000,00 € |
| Elternunterhalt | | | | – 580,80 € |
| bereinigtes Familieneinkommen | 5.000,00 € | | 4.419,20 € | |
| Anteile | 60 % | 40 % | 45 % | 68 % |
| Sockelselbstbehalt | 3.240,00 € | | 3.240,00 € | |
| Einkommen > SockelSB: 5.000,00 € – 3.240,00 € | 1.760,00 € | | 1.179,20 € | |
| häusliche Ersparnis: 1.760,00 € × 10 % | – 176,00 € | | – 117,92 € | |
| SB-Überschreitung: 1.760,00 € – 176,00 € | 1.584,00 € | | 1.061,28 € | |
| Selbstbehaltszuschlag: 1.584,00 € / 2 | 792,00 € | | 530,64 € | |
| individueller Selbstbehalt: 3.240,00 € + 792,00 € | 4.032,00 € | | 3.770,64 € | |
| vom Kind zu decken: 4.032,00 € × 60 % | – 2.419,20 € | | – 1.706,48 € | |
| Leistungsfähigkeit: 3.000,00 € – 2.419,20 € | 580,80 € | | 293,52 € | |

### (2) Das Gleichrangprinzip

Alternative könnte man nach dem **Gleichrangprinzip** die gemeinsame Leistungsfähigkeit aus dem nicht mit Elternunterhalt belasteten Familieneinkommen bestimmen, daran die jeweilige Leistungsquote bestimmen und auf die einzelnen Elternteile verteilen:

741

| Familienleistungsfähigkeit | Frau | Mann |
|---|---|---|
| anrechenbares Einkommen | 3.000,00 € | 2.000,00 € |
| bereinigtes Familieneinkommen | 5.000,00 € | |
| Anteile | 60 % | 40 % |
| Sockelselbstbehalt | 3.240,00 € | |
| Einkommen > SockelSB: 5.000,00 € – 3.240,00 € | 1.760,00 € | |
| häusliche Ersparnis: 1.760,00 € × 10 % | – 176,00 € | |
| SB-Überschreitung: 1.760,00 € – 176,00 € | 1.584,00 € | |
| Selbstbehaltszuschlag: 1.584,00 € / 2 | 792,00 € | |
| individueller Selbstbehalt: 3.240,00 € + 792,00 € | 4.032,00 € | |
| Familienleistungsfähigkeit: 5.000,00 € – 4.032,00 € | 968,00 € | |
| Elternunterhalt: 968,00 € × 60 % / 968,00 € × 40 % | 580,80 € | 387,20 € |

### (3) Prinzip begrenzter Leistungsfähigkeit

Möglich wäre es auch, die Leistungsfähigkeit der Ehegatten ihren Eltern gegenüber auf die Leistungsfähigkeit zu begrenzen, die den Gatten mit dem besseren anrechenbaren bereinigten Einkommen auszeichnet (**Leistungsfähigkeitsbegrenzung**):

742

| Höchstbetragsprinzip: | | | | |
|---|---|---|---|---|
| Familienleistungefähigkeit | Frau | Mann | Mann | Frau |
| anrechenbares Einkommen | 3.000 € | 2.000 € | 2.000 € | 3.000 € |
| bereinigtes Familieneinkommen | 5.000,00 € | | 5.000,00 € | |
| Anteile | 60% | 40% | 40% | 60% |
| Sockelselbstbehalt | 3.240,00 € | | 3.240,00 € | |
| Einkommen > SockelSB: 5.000 – 3.240 | 1.760,00 € | | 1.760,00 € | |
| häusliche Ersparnis: 1.760 × 10% | – 176,00 € | | – 176,00 € | |
| SB-Überschreitung: 1.760 – 176 | 1.584,00 € | | 1.584,00 € | |
| Selbstbehaltszuschlag: 1.584 / 2 | 792,00 € | | 792,00 € | |
| individueller Selbstbehalt: 3.240 + 792 | 4.032,00 € | | 4.032,00 € | |
| vom Kind zu decken: 4.032 × 60% | – 2.419,20 € | | – 1.612,80 € | |
| Leistungsfähigkeit: 3.000,00 – 2.419,20 | 580,80 € | | 387,20 € | |
| Höchstleistungsfähigkeit | | 580,80 € | | |
| Anteile | 60% | | 40% | |
| Leistungsfähigkeit der einzelnen Gatten: | 348,48 € | | 232,32 € | |

**743** In diesem Fall findet eine Überstrapazierung des Familieneinkommens nicht statt. Und die Verteilung der Leistungspflicht entspricht der Einkommensverteilung.

### (4) Methodendiskussion

**744** Es ist bei diesen Methoden nicht zu übersehen, dass das unter a) dargestellte **Windhundprinzip** (Rn. 740) nicht nur den Gleichrang der Unterhaltsansprüche von Eltern und Schwiegereltern verletzt sondern auch das Gebot gleicher Belastung der Kinder. Die Frau erzielt zwar nur 60% des Familieneinkommens, ist aber zu fast 66% an der Gesamtleistungsfähigkeit beteiligt. Ihr Elternteil wird also gegenüber dem Elternteil des Mannes bevorzugt.

**745** Diese Gefahren werden durch die **Gleichrangmethode** (Rn. 741) umgangen. Die Leistungsquote am Unterhalt der Eltern entspricht der Beteiligung der Gatten am Familienunterhalt. Durch die von einem Elternunterhalt unbeeinflusste Ermittlung des zur Wahrung des Familienlebensstandards Selbstbehaltsniveaus wird die unterhaltsrechtliche Leistungsfähigkeit der Familie angemessen begrenzt. Jeder neu hinzutretende unterhaltsberechtigte Elternteil macht es – wegen des unterhaltsrechtlichen Gleichrangs der Eltern – erforderlich, eine neue Verteilung des verteilungsfähigen Einkommens der Familie vorzunehmen. Ist der Bedarf eines Elternteils geringer als die unterhaltsrechtliche Leistungsfähigkeit eines des

Ehegatten/Ehepartner, führt dies nicht zu einer Aufstockung der Leistungsfähigkeit des anderen Ehegatten. Die Haftung verläuft streng nach den die Elternunterhaltspflicht auslösenden verwandtschaftlichen Verhältnissen:

| Familienleistungefähigkeit | Frau | Mann | Mann | Frau |
|---|---|---|---|---|
| anrechenbares Einkommen | 3.000,00 € | 2.000,00 € | 2.000,00 € | 3.000,00 € |
| bereinigtes Familieneinkommen | 5.000,00 € | | 5.000,00 € | |
| Anteile | 60 % | 40 % | 40 % | 60 % |
| Sockelselbstbehalt | 3.240,00 € | | 3.240,00 € | |
| Einkommen > SockelSB: 5.000 – 3.240 | 1.760,00 € | | 1.760,00 € | |
| häusliche Ersparnis: 1.760 × 10 % | – 176,00 € | | – 176,00 € | |
| SB-Überschreitung: 1.760 – 176 | 1.584,00 € | | 1.584,00 € | |
| Selbstbehaltszuschlag: 1.584 / 2 | 792,00 € | | 792,00 € | |
| individueller Selbstbehalt: 3.240 + 792 | 4.032,00 € | | 4.032,00 € | |
| vom Kind zu decken: 4.032 × 60 % | – 2.419,20 € | | – 1.612,80 € | |
| **Leistungsfähigkeit: 3.000,00 – 2.419,20** | 580,80 € | | 387,20 € | |
| Bedarf des Vaters der Frau / des Mannes | 600,00 € | | 128,00 € | |
| Bedarf der Mutter der Frau / des Mannes | 350,00 € | | 200,00 € | |
| **Gesamtbedarf der Eltern: 600 + 350** | 950,00 € | | 328,00 € | |
| Zahlung f.d. Vater: 580,80 × 600 / 950 | 366,82 € | | 151,10 € | |
| Zahlung f.d. Mutter: 580,80 × 350 / 950 | 213,98 € | | 236,10 € | |

Die Methode der **Leistungsfähigkeitsbegrenzung** (Rn. 742) nach Maximalprinzip scheint im Ergebnis die unterhaltsrechtliche Leistungsfähigkeit am geringsten zu beeinflussen. Sie schöpft indessen die unterhaltsrechtliche Leistungsfähigkeit nur unzureichend aus, weil sie die maximale Höhe der Inanspruchnahme nur aus der Leistungsfähigkeit des leistungsfähigsten Gatten ableitet.

746

M.E. entspricht die unter Rn. 741 dargestellte Verteilungsmethode der begrenzten Leistungsfähigkeit am ehesten den Prinzipien des Elternunterhalts.

747

## IX. Rückforderung von Unterhaltsüberzahlungen

Nur in seltenen Fällen sind die Unterhaltsforderungen des Sozialhilfeträgers in der vom Sozialhilfeträger geltend gemachten Höhe auch tatsächlich berechtigt. Dies hat vielerlei Gründe (vgl. Rn. 1040 ff.). Teilweise geben

748

unterhaltspflichtige Kinder ihre Belastungssituation nur unzureichend an, weil sie davon ausgehen, bestimmte Belastungen seien unterhaltsrechtlich nicht zu berücksichtigen. Dies betrifft häufig **unterhaltsrechtlichen Mehrbedarf** bei Kindern, der durch **Nachhilfeunterricht**, zusätzliche **Betreuungskosten**, aufwendige Hobbys (wie z.b. Pferdehaltung) oder Ähnliches entsteht. In den von den Sozialhilfeträgern benutzten Auskunftsformularen wird nach derartigem Mehrbedarf nicht gefragt. Deshalb wird dieser Mehrbedarf von den Betroffenen auch nicht angegeben. Aber selbst wenn ein solcher Mehrbedarf angegeben wird, wird er von den Sozialhilfeträgern – oft zu Unrecht – nicht berücksichtigt.

749 Teilweise werden aber von den Sozialhilfeträgern zu Unrecht berücksichtigungsfähige Abzüge nicht in die Berechnungen eingestellt. Meist wird argumentiert, der Aufwand sei aus dem Selbstbehalt zu finanzieren (was häufig für die Umgangskosten behauptet wird, vgl. Rn. 505 ff.). Oft werden auch berücksichtigungsfähige Kreditverbindlichkeiten (wie z.B. die Aufnahme eines PKW-Kredites zur Anschaffung eines Ersatzfahrzeuges) nicht akzeptiert, weil der Sozialhilfeträger der – fehlerhaften – Auffassung ist, die Investition sei aus vorhandenem Vermögen zu finanzieren gewesen oder nach Entstehen der Unterhaltspflicht dem Elternteil gegenüber eingegangen worden, weswegen sie generell nicht berücksichtigt werden könne. Auch werden oftmals Altersvorsorgeaufwendungen, deren Höhe im Rahmen der von der Rechtsprechung[556] gezogenen Grenzen liegt (vgl. Rn. 616 ff.), nicht anerkannt, weil ihr Aufbau nicht bereits vor Entstehen der Unterhaltsverpflichtung begonnen wurde.

750 Verlässt sich das unterhaltspflichtige Kind auf die Berechnungen des Sozialhilfeträgers und stellt sich später heraus, dass diese unzutreffend war, fragt sich, ob das Kind zu viel gezahlten Unterhalt zurückfordern kann.

## 1. Anspruchsgrundlage: Bereicherungsrecht

751 Anspruchsgrundlage für ein derartiges Rückforderungsverlangen ist § 812 Abs. 1 S. 1 1. Alternative BGB[557]. Danach ist ein Sozialhilfeträger zur Rückzahlung überzahlten Unterhalts verpflichtet, weil er ‚durch Leistung' des unterhaltspflichtigen Kindes Gelder erhalten hat, die rechtlich nicht geschuldet waren. Die bereicherungsrechtliche Rückforderung überzahlten Unterhalts ist in der Praxis nur im Kindes- und Gattenunterhalt thematisiert. Für den Familienunterhalt regelt § 1360b BGB, dass Unter-

---

556 BGH v. 30.8.2006 – XII ZR 98/04, FamRZ 2006, 1511.
557 BGH v. 25.3.1987 – IVb ZR 32/86, FamRZ 1987, 684; Wendl/*Dose*, § 6, Rn. 204 ff.; FAKomm-FamR/*Wick*, § 5 Rn. 9; FAFamR/*Gerhardt*, Kap. 6 Rn. 831; Schwab/*Borth*, IV, Rn. 1411 ff.; Eschenbruch/*Klinkhammer* Rn. 5.410 ff.

haltsüberzahlungen in der Regel nicht zurückverlangt werden können, weil ‚im Zweifel' anzunehmen sei, dass der Leistende vom Gatten keinen Ersatz für die Zuvielleistung verlangen wolle. Für den Verwandtenunterhalt existiert eine entsprechende Vorschrift nicht. Gatte und Kind können bei Unterhaltsüberzahlungen sich auch regelmäßig bis zur Rechtshängigkeit des Rückforderungsanspruchs (§ 818 Abs. 4 BGB) oder der Rechtshängigkeit einer auf Herabsetzung des Unterhalts gerichteten gerichtlichen Abänderungsantrages (§§ 238, 241 FamFG) auf Entreicherung berufen (§ 818 Abs. 3 BGB), also geltend machen, dass sie die Zuvielzahlung vollständig verbraucht haben.

Diese Möglichkeit haben Sozialhilfeträger nicht. Wegen des im öffentlichen Recht herrschenden Prinzips der Gesetzmäßigkeit der Verwaltung und der Haushaltsstrenge liegt eine Entreicherung auch dann nicht vor, wenn die Zuvielzahlung vollständig an die Pflegeeinrichtung weitergereicht wurde. Der Sozialhilfeträger ist insoweit bereichert, als er durch die unterhaltsrechtliche Überzahlung von Sozialhilfeleistungen an die pflegebedürftige Person befreit wurde. Diese Bereicherung besteht fort. 752

Der Sozialhilfeträger kann sich gegen seine Rückzahlungsverpflichtung nicht mit dem Argument verteidigen, der Leistende habe die Verpflichtung zur Prüfung des Umfangs seiner Leistungspflicht gehabt (§ 814 BGB). § 814 BGB steht dem Bereicherungsanspruch des unterhaltspflichtigen Kindes nur dann entgegen, wenn es **positive Kenntnis** von der Nichtschuld gehabt hat[558]. Fahrlässige Unkenntnis von der Nichtschuld reicht insoweit nicht aus. Auch stehen Zweifel bezüglich der Berechtigung der Forderung der positiven Kenntnis der Nichtschuld nicht gleich[559]. 753

In vielen Fällen wird daher die Möglichkeit bestehen, überzahlten Unterhalt vom Träger der Sozialhilfe zurück zu verlangen[560]. Zu beachten ist indessen, dass die Ansprüche nach § 195 BGB i.V.m. § 199 BGB regelmäßig in drei Jahren ab Kenntnis oder grob fahrlässiger Unkenntnis der Anspruchsvoraussetzungen entstehen. Die Verjährung beginnt mit dem Schluss des Jahres, in dem die Ansprüche entstanden sind. Unabhängig von Kenntnis verjähren die Ansprüche in zehn Jahren. Daraus folgt, dass bereicherungsrechtliche Rückforderungen maximal über einen Zeitraum von 10 Jahren zurückverlangt werden können. 754

---

558 Palandt/*Sprau*, § 814 BGB Rn. 3 mit weiteren Rechtsprechungsnachweisen.
559 BGH v. 9.12.1971 – II ZR 58/69, WM 1973, 294.
560 So auch OLG Hamm v. 9.5.2011 – 8 WF 211/10.

## 2. Deliktische Rückforderungsrechte

755  Deliktische Rückforderungsansprüche setzen ‚Verschulden' (Vorsatz oder Fahrlässigkeit) des Sozialhilfeträgers bei der Geltendmachung des Unterhaltsanspruchs voraus. Der Nachweis vorsätzlich schädigenden Verhaltens des Sozialhilfeträgers wird in der Regel nicht zu führen sein.

## X. Weitere Belastungen der Kinder

### 1. Betreuerkosten

#### a) Einrichtung einer Betreuung

756  In fast allen Fällen der Pflegebedürftigkeit eines Menschen kommt es irgendwann zur Notwendigkeit der Einrichtung einer **Betreuung**. Die Einrichtung einer Betreuung ist nach § 1896 BGB erforderlich, wenn ‚ein Volljähriger auf Grund einer psychischen Krankheit oder einer körperlichen, geistigen oder seelischen Behinderung seine Angelegenheiten ganz oder teilweise nicht besorgen' kann. Die Betreuung kann auch gegen den Willen des Volljährigen eingerichtet werden. § 1896 Abs. 1a BGB legt nur fest, dass eine Betreuung nicht gegen den ‚freien Willen' des Volljährigen eingerichtet werden darf[561]. Ist aber der pflegebedürftige alte Mensch nicht in der Lage, einen ‚freien Willen' zu bilden, hat er keine Einsichtsfähigkeit oder nicht die Fähigkeit nach dieser Einsicht zu handeln[562], steht der Einrichtung einer Betreuung ein ‚natürlicher Wille' des Volljährigen nicht entgegen.

757  Nach § 1896 Abs. 2 S. 2 BGB ist die Einrichtung einer Betreuung nicht erforderlich, soweit die Angelegenheiten des Volljährigen durch einen **Bevollmächtigten** oder durch andere Hilfen, bei denen kein gesetzlicher Vertreter bestellt wird, ebenso gut wie durch einen Betreuer besorgt werden können. Gestützt auf diese Norm lehnen die Gerichte die Einrichtung einer Betreuung auf Antrag der Kindes des pflegebedürftigen Elternteils vielfach ab, weil der zu Betreuende einem anderen Menschen, meist einem seiner Kinder oder allen gleichzeitig, eine wirksame ‚**Generalvollmacht**' oder ‚**Altersvollmacht**'[563] erteilt hat. Der Umfang einer solchen Vollmacht ergibt sich aus der Vollmachtsurkunde selbst und ermöglicht auch die Anordnung freiheitsbegrenzender Maßnahmen, was insbesondere bei altersdementen Personen zu beachten ist. Solche **Vorsorgevollmachten** können in einem

---

561 NK-FamR/*Kemper*, § 1896 Rn. 13 ff.
562 NK-FamR/*Kemper*, § 1896 Rn. 18.
563 NK-FamR/*Kemper*, § 1896 Rn. 23.

bei der Bundesnotarkammer geführten zentralen **Vorsorgeregister** geführt werden[564]. Die Eintragung einer Vorsorgevollmacht in das Register kostet je nach Eintragungsart zwischen 8,50 und 18,50 € und ist online möglich[565]. Auch bei Vorliegen einer Vorsorgevollmacht kann indessen die Bestellung eines Vormundes in Betracht kommen und erforderlich sein, wenn bei mehreren Bevollmächtigten Familienmitgliedern binnenfamiliärer Streit besteht[566] oder der Bevollmächtigte zur Wahrnehmung der Interessen des Betroffenen nicht tauglich ist[567].

Die Einrichtung einer Betreuung ist nie umfassend. Vielmehr hat das Gericht den Kreis der vom Betreuer wahrzunehmenden Aufgaben konkret zu bezeichnen, so dass bei Untauglichkeit des Bevollmächtigten zur Wahrnehmung eines Teilbereichs der Interessen des Betreuten, die Wahrnehmung dieser Teilaufgabe durch einen Betreuer angeordnet werden kann. **758**

Kann der pflegebedürftige alte Mensch die Kosten seiner Pflege nicht aus eigenen Mitteln und auch nicht aus Mitteln der Pflegeversicherung und des Pflegewohngeldes (vgl. Rn. 159 ff.) finanzieren, ist die Stellung eines Sozialhilfeantrags zur Übernahme der Kosten der Pflege unerlässlich. Wegen des daraus folgenden Sozialhilferegress gegen die Kinder könnte es angeraten sein, auch bei einer bestehenden Bevollmächtigung zum Zwecke der Geltendmachung der Unterhaltsansprüche und gegebenenfalls auch eines Schenkungsrückforderungsbegehrens nach § 528 BGB einen Betreuer für die pflegebedürftige Person zu bestellen. In der Praxis lehnen die Gerichte derartige Betreuerbestellungen meist ab, da der Unterhaltsanspruch des Pflegebedürftigen in der Regel durch das Sozialamt geltend gemacht wird und dadurch dessen Interesse gewahrt ist. **759**

In Einzelfällen kann es indessen Probleme geben, wenn sich z.B. nach langem Rechtsstreit des Sozialamtes mit dem unterhaltspflichtigen Kind herausstellt, dass der Unterhaltsanspruch wegen § 94 Abs. 3 Nr. 2 SGB XII nicht auf den Sozialhilfeträger übergegangen ist[568]. In diesem Fällen fehlt es jedenfalls an einer wirksamen Mahnung des Unterhaltsberechtigten. Die Beantragung von Sozialhilfe durch den Bevollmächtigten kann nicht als dessen ,Selbstmahnung' gewertet werden. **760**

### b) Kostentragungspflicht

Wird eine Betreuung eingerichtet, ist zu prüfen, wer die dadurch entstehenden Kosten zu tragen hat. Nach § 1908i BGB gilt auch für die Be- **761**

---
564 BGBl. 2005 I S. 318.
565 www.zvr-online.de.
566 BayOLG v. 23.3.2004 – 3Z BR 265/03, 266/03, FamRZ 2004, 1403.
567 BGH v. 13.4.2011 – XII ZB 584/10, FamRZ 2011, 964.
568 So im Fall BGH v. 21.4.2004 – XII ZR 251/01, FamRZ 2004, 1097.

treuung die aus dem Vormundschaftsrecht stammende Regelung (§ 1836 Abs. 1 S. 1 BGB), wonach die Betreuung unentgeltlich geführt wird. Da jedoch vielfach die Einsetzung von **Berufsbetreuern** angeordnet wird und diese einen Vergütungsanspruch haben (§ 3 VBVG)[569], sind deren Kosten Gegenstand von Streitigkeiten.

762   Grundsätzlich sind die Kosten vom Betreuten selbst zu zahlen (§ 1908i BGB i.V.m. § 1836c BGB). Da dieser aber regelmäßig nicht leistungsfähig ist, befriedigt die Staatskasse den Vergütungsanspruch des Betreuers. Der gegen den Betreuten gerichtete Vergütungsanspruch geht durch Legalzession auf die Staatskasse über (§ 1836e BGB) und kann von dieser nach dem Tod des Betreuten gegen dessen Erben geltend gemacht werden. Diese haften aber nur maximal mit dem Wert des Nachlasses zum Zeitpunkt des Erbfalles (§ 1836e Abs. 1 S. 2 BGB).

763   Da im Pflegefall der Betreute in der Regel mittellos ist, können die Betreuungskosten als unterhaltsrechtlicher Bedarf von der Staatskasse auch gegen die unterhaltspflichtigen Kinder geltend gemacht werden. Deren Leistungsfähigkeit richtet sich dann nach den allgemeinen Berechnungsgrundlagen im Elternunterhalt (vgl. Rn. 572). Ist ein Kind nicht in der Lage Elternunterhalt zu zahlen, schuldet es mithin auch keine Betreuervergütung. Ist das Kind in der Lage, einen Teil des sozialhilferechtlichen Pflegebedarfs zu decken, besteht keine Leistungsfähigkeit hinsichtlich der Betreuervergütung. Erst wenn die unterhaltsrechtliche Leistungsfähigkeit des Kindes den nicht gedeckten Pflegekostenbedarf des Elternteils übersteigt, kann von ihm auch die volle oder teilweise Übernahme der Betreuerkosten verlangt werden.

764   Die Betreuervergütung wird vom Gericht durch Beschluss nach §§ 292, 168 FamFG gegen den Betreuten festgesetzt.

### c) Höhe der Betreuervergütung

765   Die Höhe der Betreuervergütung ist im Gesetz über die Vergütung von Vormündern und Betreuern (Vormünder- und Betreuervergütungsgesetz – VBVG) geregelt:

> **§ 3 VBVG Stundensatz des Vormunds**
>
> (1) Die dem Vormund nach § 1 Abs. 2 zu bewilligende Vergütung beträgt für jede Stunde der für die Führung der Vormundschaft aufgewandten und erforderlichen Zeit 19,50 Euro. Verfügt der Vormund über besondere Kenntnisse, die für die Führung der Vormundschaft nutzbar sind, so erhöht sich der Stundensatz

---

569 Gesetz über die Vergütung von Vormündern und Betreuern (Vormünder- und Betreuervergütungsgesetz – VBVG).

1. auf 25 Euro, wenn diese Kenntnisse durch eine abgeschlossene Lehre oder eine vergleichbare abgeschlossene Ausbildung erworben sind;
2. auf 33,50 Euro, wenn diese Kenntnisse durch eine abgeschlossene Ausbildung an einer Hochschule oder durch eine vergleichbare abgeschlossene Ausbildung erworben sind.

Eine auf die Vergütung anfallende Umsatzsteuer wird, soweit sie nicht nach § 19 Abs. 1 des Umsatzsteuergesetzes unerhoben bleibt, zusätzlich ersetzt.

(2) Bestellt das Familiengericht einen Vormund, der über besondere Kenntnisse verfügt, die für die Führung der Vormundschaft allgemein nutzbar und durch eine Ausbildung im Sinne des Absatzes 1 Satz 2 erworben sind, so wird vermutet, dass diese Kenntnisse auch für die Führung der dem Vormund übertragenen Vormundschaft nutzbar sind. Dies gilt nicht, wenn das Familiengericht aus besonderen Gründen bei der Bestellung des Vormunds etwas anderes bestimmt.

(3) Soweit die besondere Schwierigkeit der vormundschaftlichen Geschäfte dies ausnahmsweise rechtfertigt, kann das Familiengericht einen höheren als den in Absatz 1 vorgesehenen Stundensatz der Vergütung bewilligen. Dies gilt nicht, wenn der Mündel mittellos ist.

(4) Der Vormund kann Abschlagszahlungen verlangen.

## § 4 VBVG Stundensatz und Aufwendungsersatz des Betreuers

(1) Die dem Betreuer nach § 1 Abs. 2 zu bewilligende Vergütung beträgt für jede nach § 5 anzusetzende Stunde 27 Euro. Verfügt der Betreuer über besondere Kenntnisse, die für die Führung der Betreuung nutzbar sind, so erhöht sich der Stundensatz

1. auf 33,50 Euro, wenn diese Kenntnisse durch eine abgeschlossene Lehre oder eine vergleichbare abgeschlossene Ausbildung erworben sind;
2. auf 44 Euro, wenn diese Kenntnisse durch eine abgeschlossene Ausbildung an einer Hochschule oder durch eine vergleichbare abgeschlossene Ausbildung erworben sind.

(2) Die Stundensätze nach Absatz 1 gelten auch Ansprüche auf Ersatz anlässlich der Betreuung entstandener Aufwendungen sowie anfallende Umsatzsteuer ab. Die gesonderte Geltendmachung von Aufwendungen im Sinne des § 1835 Abs. 3 des Bürgerlichen Gesetzbuchs bleibt unberührt.

(3) § 3 Abs. 2 gilt entsprechend. § 1 Abs. 1 Satz 2 Nr. 2 findet keine Anwendung.

## § 5 VBVG Stundenansatz des Betreuers

(1) Der dem Betreuer zu vergütende Zeitaufwand ist
1. in den ersten drei Monaten der Betreuung mit fünfeinhalb,
2. im vierten bis sechsten Monat mit viereinhalb,
3. im siebten bis zwölften Monat mit vier,
4. danach mit zweieinhalb Stunden im Monat anzusetzen.

Hat der Betreute seinen gewöhnlichen Aufenthalt nicht in einem Heim, beträgt der Stundenansatz

1. in den ersten drei Monaten der Betreuung achteinhalb,
2. im vierten bis sechsten Monat sieben,
3. im siebten bis zwölften Monat sechs,
4. danach viereinhalb Stunden im Monat.

(2) Ist der Betreute mittellos, beträgt der Stundenansatz

1. in den ersten drei Monaten der Betreuung viereinhalb,
2. im vierten bis sechsten Monat dreieinhalb,
3. im siebten bis zwölften Monat drei,
4. danach zwei Stunden im Monat.

Hat der mittellose Betreute seinen gewöhnlichen Aufenthalt nicht in einem Heim, beträgt der Stundenansatz

1. in den ersten drei Monaten der Betreuung sieben,
2. im vierten bis sechsten Monat fünfeinhalb,
3. im siebten bis zwölften Monat fünf,
4. danach dreieinhalb Stunden im Monat.

(3) Heime im Sinne dieser Vorschrift sind Einrichtungen, die dem Zweck dienen, Volljährige aufzunehmen, ihnen Wohnraum zu überlassen sowie tatsächliche Betreuung und Verpflegung zur Verfügung zu stellen oder vorzuhalten, und die in ihrem Bestand von Wechsel und Zahl der Bewohner unabhängig sind und entgeltlich betrieben werden. § 1 Abs. 2 des Heimgesetzes gilt entsprechend.

(4) Für die Berechnung der Monate nach den Absätzen 1 und 2 gelten § 187 Abs. 1 und § 188 Abs. 2 erste Alternative des Bürgerlichen Gesetzbuchs entsprechend. Ändern sich Umstände, die sich auf die Vergütung auswirken, vor Ablauf eines vollen Monats, so ist der Stundenansatz zeitanteilig nach Tagen zu berechnen; § 187 Abs. 1 und § 188 Abs. 1 des Bürgerlichen Gesetzbuchs gelten entsprechend. Die sich dabei ergebenden Stundenansätze sind auf volle Zehntel aufzurunden.

(5) Findet ein Wechsel von einem beruflichen zu einem ehrenamtlichen Betreuer statt, sind dem beruflichen Betreuer der Monat, in den der Wechsel fällt, und der Folgemonat mit dem vollen Zeitaufwand nach den Absätzen 1 und 2 zu vergüten. Dies gilt auch dann, wenn zunächst neben dem beruflichen Betreuer ein ehrenamtlicher Betreuer bestellt war und dieser die Betreuung allein fortführt. Absatz 4 Satz 2 und 3 ist nicht anwendbar.

766   Die vom Amtsgericht gegenüber dem unterhaltspflichtigen Kind geltend gemachte Betreuervergütung wird regelmäßig auf der Basis eines Auskunftsersuchens über Einkommens- und Vermögensverhältnisse geltend gemacht.

**Praxistipp:** 767

> Es kann nur dringend empfohlen werden, in Fällen der Inanspruchnahme auf Betreuervergütung die Berechtigung genau zu prüfen. Nur in seltenen Fällen wird es einem Kind möglich sein, neben der Bedienung des Elternunterhaltsanspruchs auch noch die Betreuervergütung zu zahlen.

## 2. Beerdigungskosten

Kinder bleiben ihren Eltern auch über deren Tod hinaus verpflichtet. Beerdigungskosten betragen auch bei einfacher Bestattung zwischen 3.000 und 5.000 €. Ob diese von den Kindern, dem überlebenden Ehegatten oder dem Sozialhilfeträger zu tragen sind ist oft streitig. 768

Im Idealfall hat der/die Verstorbene zu Lebzeiten eine sog. **Sterbeversicherung** abgeschlossen (vgl. Rn. 186), welche im Todesfalle für die nunmehr anfallenden **Bestattungskosten** aufkommt. So ist es bei „älteren" Menschen vielfach üblich und daher weit verbreitet, derartige Sterbeversicherungen abzuschließen. Dies geschieht zumeist vor dem Hintergrund, die eigenen Kinder im Falle des Ablebens nicht auch noch mit finanziellen Forderungen konfrontieren zu wollen, und hat für „ältere" Menschen vielfach auch einen beruhigenden Aspekt[570]. 769

Ist eine solche Sterbeversicherung vorhanden, die für die Bestattungskosten einsteht, fällt die Kostenbelastung durch die Bestattung – je nach Umfang der Versicherung – entweder ganz weg oder relativiert sich doch in erheblichem Umfang. 770

Für den Fall, dass der/die Verstorbene keine Sterbeversicherung abgeschlossen hat, müssen gem. § 1968 BGB grundsätzlich die **Erben**, in der Regel also die unterhaltspflichtigen Kinder für die Kosten der **Beerdigung** aufkommen. 771

Diese Regelung ist insoweit verständlich, als dass sie nach dem Willen des Gesetzgebers als Korrelat für den Anfall des Erblasservermögens anzusehen ist[571]. Juristisch interessant wird der Fall jedoch dann, wenn die Erbmasse nicht ausreicht, um die Kosten zu tragen, und die Kinder die Erbschaft, aus welchen Gründen auch immer, nicht ausschlagen. 772

Die Erben treffen also die Kosten der Beerdigung, sie sind jedoch nicht zwangsläufig auch berechtigt, über die Art und Weise der Bestattung zu 773

---
570 Weshalb die Sterbegeldversicherung nach § 90 SGB XII auch geschütztes Vermögen darstellt.
571 Palandt/*Weidlich*, § 1968, Rn. 1.

entscheiden. Hierfür ist vielmehr das sog. **Totenfürsorgerecht** entscheidend. Dieses ist gesetzlich nicht geregelt. Das Totenfürsorgerecht definiert sich nach richtiger Ansicht aus einem tatsächlichen Näheverhältnis zu dem Verstorbenen[572]. Nach dem Wortsinn erfasst das Totenfürsorgerecht jegliche Art von Fürsorge für den Verstorbenen, also das Entscheidungsrecht über den Leichnam bzw. die Asche des Verstorbenen, über die Art und den Ort der Bestattung, eine eventuelle Umbettung bzw. Exhumierung der sterblichen Überreste sowie die Veranlassung einer ärztlichen Leichenschau[573].

774 Beherrschender Grundsatz des **Totenfürsorgerechts** ist die Maßgeblichkeit des Willens des Verstorbenen[574]. Dementsprechend entscheidet dieser Wille über die Art sowie den Ort der Bestattung[575]. Dieses gilt sowohl für den Fall, dass der Verstorbene jemanden mit der Wahrnehmung der Totenfürsorge beauftragt hat, wie auch in der Situation, in der den Angehörigen das Totenfürsorgerecht zusteht[576].

775 Folgt man der Auffassung, welche das **Totenfürsorgerecht** unter dem Aspekt eines tatsächlichen Näheverhältnisses betrachtet, sind jene Personen zur Totenfürsorge berechtigt, die dem Verstorbenen am nächsten gestanden haben und mit diesem in einer engen Verbundenheit gelebt haben[577].

776 Vielfach, jedoch nicht immer, wird es sich dabei um die Angehörigen und demnach auch die Erben handeln[578]. Es kann jedoch auch sein, dass der Lebensgefährte/die Lebensgefährtin vor den in gerader Linie Verwandten und unterhaltspflichtigen Kindern totenfürsorgeberechtigt ist.

777 Das Recht der Erben und das Totenfürsorgerecht können daher auseinanderfallen. Ein solcher Fall liegt immer dann vor, wenn sich der Totenfürsorgeberechtigte und die Erben nicht über die Art und Weise der Bestattung einigen können. Das Entscheidungsrecht steht in diesem Fall allein dem Totenfürsorgeberechtigten zu, die Erben haben jedoch die **Kosten der Bestattung** zu tragen.

778 Insoweit stellt sich die Frage, welche Kosten von den Erben übernommen werden müssen und welche nicht.

---

572 *Schenk*, ZfL 2007, 112.
573 Palandt/*Weidlich*, Einl v § 1922, Rn. 9.
574 BGH v. 26.2.1992 – XII ZR 58/91, FamRZ 1992, 657; OLG Zweibrücken v. 28.5.1993 – 4 U 3/93, FamRZ 1993, 1493.
575 BGH v. 16.10.1977 – IV ZR 151/76, FamRZ 1978, 15.
576 KG v. 24.1.1969 – 16 U 1010/68, FamRZ 1969, 414; OLG Frankfurt v. 23.3.1989 – 16 U 82/88, NJW-RR 1989, 1159.
577 *Schenk*, ZfL 2007, 112.
578 Ebd.

Die Erben sind lediglich verpflichtet, die notwendigen und **angemessenen Kosten für eine Beerdigung** zu tragen[579]. Was notwendig und angemessen ist, bestimmt sich nach der jeweiligen Lebensstellung des Verstorbenen und schließt all das ein, was herkömmlicherweise zu einer würdigen Bestattung gehört[580]. Hierbei muss allerdings die Leistungsfähigkeit des Nachlasses und der Erben einschränkend berücksichtigt werden[581]. 779

Die Erben haben also – über das Notwendigste hinaus – die Kosten für all das zu übernehmen, was in den Kreisen des Verstorbenen zu einer würdigen und angemessenen Bestattung gehört[582]. 780

Zu den Beerdigungskosten sind neben den Kosten der eigentlichen Bestattung einschließlich der Herrichtung des Grabes auch die Kosten der üblichen kirchlichen und bürgerlichen Feiern nebst Leichenmahl sowie die Kosten für Traueranzeigen und Danksagungen zu zählen[583]. 781

Für den Fall, dass die Kosten der Beerdigung des Verstorbenen vom Erben nicht zu erlangen sind, haftet gem. § 1615 II BGB der Unterhaltspflichtige (unterhaltsrechtliche **Bestattungspflicht**), also wiederum die Kinder[584]. Ein solcher Fall dürfte jedoch nur dann in Betracht kommen, wenn die unterhaltspflichtigen Kinder vom Verstorbenen enterbt worden sind oder das Erbe ausgeschlagen wurde. In der Regel werden die Kinder auch Erben des Verstorbenen sein und somit bereits nach § 1968 BGB haften. 782

Die unterhaltsrechtliche Bestattungspflicht erlischt nicht automatisch, wenn der Unterhaltsanspruch nach § 1611 BGB verwirkt ist[585], weil anders als die Unterhaltspflicht die Bestattungspflicht kein Dauerschuldverhältnis begründet: 783

---

**VG Lüneburg v. 16.12.2014 – 5 A 146/14, juris**

… Ausnahmen von der Bestattungspflicht nach § 8 Abs. 1, Abs. 3 NBestattG sieht das Gesetz nicht vor. Ein Entfallen der Bestattungspflicht aus Billigkeitsgründen kommt daher nur in besonderen Ausnahmesituationen in Betracht, in denen einem Angehörigen schlichtweg unzumutbar ist, für die Bestattung des Verstorbenen Sorge zu tragen. Als Maßstab für die Unzumutbarkeit sind die zivilrechtlichen Be-

---

579 OLG Saarbrücken v. 27.3.2002 – 1 U 796/01, OLGR 2002, 228; OLG Hamm v. 6.7.1993 – 27 U 63/93, NJW-RR 1994, 155.
580 OLG Saarbrücken v. 27.3.2002 – 1 U 796/01, OLGR 2002, 228; OLG Düsseldorf v. 23.6.1994 – 18 U 10/94, NJW-RR 1995, 1161.
581 Ebd.
582 Ebd.
583 Palandt/*Weidlich*, § 1968, Rn. 2.
584 LG Dortmund v. 20.12.1995 – 21 S 171/95, NJW-RR 1996, 775.
585 VG Lüneburg v. 16.12.2014 – 5 A 146/14 –, juris.

> stimmungen, nach denen die Unterhaltspflicht des geschiedenen Ehegatten (§ 1579 BGB) oder Verwandter in gerader Linie (§ 1611 BGB) wegen grober Unbilligkeit eingeschränkt ist oder vollständig entfällt, nicht geeignet (vgl. VG Chemnitz, Urt. v. 28.1.2011 – 1 K 900/05 –, juris, Rn. 28; VG Halle, Urt. v. 20.11.2009 – 4 A 318/09 –, juris, Rn. 29). Anders als die Unterhaltspflicht stellt die Bestattungspflicht kein „Dauerschuldverhältnis" zwischen Verstorbenem und bestattungspflichtigem Angehörigen dar. Bei der Pflicht zum Bestatten des Verstorbenen handelt es sich vielmehr nur um eine einmalige, mit von vornherein begrenzten Kosten verbundene Pflicht (vgl. VGH BW, Urt. v. 19.10.2004 – 1 S 681/04 –, juris, Rn. 24; Saarl. OVG, Urt. v. 27.12.2007 – 1 A 40/07 –, juris, Rn. 48; VG Schleswig, Urt. v. 16.10.2014 – 6 A 219/13 –, juris, Rn. 38; VG Koblenz, Urt. v. 14.6.2005 – 6 K 93/05.KO –, juris, Rn. 24; VG Köln, Urt. v. 20.3.2009 – 27 K 5617/07-, juris, Rn. 26; a.A. mit Blick auf § 14 Abs. 2 KostO NRW, der im niedersächsischen Landesrecht keine Entsprechung findet: OVG NRW, Urt. v. 30.7.2009 – 19 A 448/07 –, juris, Rn. 49, vgl. hierzu auch Hamb. OVG, Urt. v. 26.5.2010 – 5 Bf 34/10 –, juris, Rn. 33). Aus diesem Grunde darf und muss die Schwelle, ab derer von einer Unzumutbarkeit auszugehen ist und die Bestattungspflicht auf den nächstrangig Bestattungspflichtigen oder, falls ein solcher nicht vorhanden ist, auf die Allgemeinheit übergeht, eine erheblich höhere sein. ...

784 Sind die Verpflichteten, also insbesondere die Erben, nach ihren individuellen Verhältnissen nicht in der Lage, für die erforderlichen Kosten der Bestattung aufzukommen, werden diese nach § 74 SGB XII vom Sozialhilfeträger übernommen[586].

785 Eine Verpflichtung, für die Bestattungskosten aufzukommen, kann jedoch auch dann entstehen, wenn die **Bestattungspflichtigen** (vgl. insofern die LandesBestG) ihrer öffentlich-rechtlichen Pflicht zur Bestattung aus den jeweiligen Landesbestattungsgesetzen nicht oder nicht rechtzeitig nachkommen und der Sozialhilfeträger in Erfüllung dieser Pflicht tätig wird[587]. In diesem Falle besteht ein Erstattungsanspruch des Sozialhilfeträgers nach § 74 SGB XII i.V.m. dem Rechtsinstitut der Geschäftsführung ohne Auftrag[588].

786 Der Einsatz von Einkommen zur Zahlung der Bestattungskosten richtet sich nach den §§ 85 ff. SGB XII und somit nach sozialhilferechtlichen Grundsätzen. Die Einkommensgrenze ist in § 85 SGB XII definiert.

787 Das die Einkommensgrenze übersteigende Einkommen wird dabei grundsätzlich **nur für einen einzigen Monat** im Rahmen der Zumutbarkeit berücksichtigt, so dass der in Anspruch genommene Bestattungs-

---

586 OVG Münster v. 30.10.1997 – 8 A 3515/95, NJW 1998, 2154.
587 Palandt/*Weidlich*, § 1968, Rn. 3; BGH v. 17.11.2011 – III ZR 53/11, NJW 2012, 1648.
588 Ebd.

pflichtige nicht gezwungen ist, den Gesamtbetrag in monatlichen Raten „abzustottern"[589].

Die Höhe des anrechenbaren Anteils bestimmt sich nach der Art des Bedarfes und der persönlichen und verwandtschaftlichen Nähe zum Verstorbenen[590]. Es scheint der gängigen Rechtsprechung zu entsprechen, den Bestattungspflichtigen zur Zahlung der Hälfte des die Einkommensgrenze übersteigenden Betrages heranzuziehen[591]. 788

**Beispiel:** Kindeseinkommen: 2.500 € netto, verheiratet, Ehefrau kein Einkommen, Kind 3 Jahre, Kosten der Unterkunft 600 €. Leistungsfähigkeit: 2 × 399 € (Grundfreibetrag) + 2 × 0,7 × 399 € + 600 € = 1.967 € = Leistungsfähigkeit: (2.500 € − 1.967 €) / 2 = 267 €. Dieser Betrag stellt die Grenze der Leistungsfähigkeit des Kindes nach sozialhilferechtlichen Grundsätzen für die Bestattungskosten dar und wird nur für den Monat erhoben, in dem die Beerdigung stattfindet.

Es kommt jedoch auch eine Heranziehung zur Zahlung der Bestattungskosten aus Vermögen in Betracht. 789

Diese richtet sich ebenfalls nach sozialhilferechtlichen Kriterien, den §§ 90 ff. SGB XII, und nicht nach den im Rahmen des Elternunterhaltes geltenden Grundsätzen des Altersvorsorgeschonvermögens. Dies erscheint im Hinblick darauf, dass der Sozialhilfeträger im Hinblick auf eine öffentlich-rechtliche Bestattungspflicht tätig wird, auch durchaus angemessen. 790

Dies bedeutet allerdings nicht, dass der in Anspruch genommene Bestattungspflichtige gezwungen ist, sein gesamtes Vermögen zu verwerten. 791

So ist der sozialhilferechtliche „Notgroschen" in Höhe von 2.600 € stets als Schonvermögen anzusehen (§ 90 Abs. 2 Nr. 9 SGB XII). Auch die selbstbewohnte Immobilie muss nach § 90 Abs. 2 Nr. 8 SGB XII nicht verwertet werden. 792

Beim Elternunterhalt gilt ein „großzügiges" **Altersvorsorgeschonvermögen** (vgl. Rn. 616 ff. und die Tabelle Rn. 1139). Bei sozialhilferechtlicher Inanspruchnahme auf die Beerdigungskosten gelten diese Schonvermögensgrenzen nicht. Im Hinblick auf die öffentlich-rechtlich normierte Bestattungspflicht gilt im Sozialrecht letztlich nur das sozialhilferechtliche Schonvermögen, was angesichts der unterschiedlichen Zielsetzung von Sozial- und Unterhaltsrecht hinzunehmen ist. 793

---

589 OVG Münster v. 13.2.2004 – 16 A 1160/02; HessVGH v. 10.2.2004 – 10 UE 2497/03.
590 BSG v. 29.9.2009 – B 8 SO 23/08 R; OVG Lüneburg v. 8.5.1995 – 12 L 6679/93.
591 OVG Lüneburg v. 8.5.1995 – 12 L 6679/93.

## XI. Steuerliche Behandlung des Elternunterhalts

**794** Ist ein unterhaltspflichtiges Kind zur Zahlung von Elternunterhalt verpflichtet, können die Unterhaltszahlungen steuerlich als ‚außergewöhnliche Belastung in besonderen Fällen' vom steuerpflichtigen Einkommen bis maximal 8.004 € pro Jahr abgezogen werden (§ 33a EStG). **Eigene Einkünfte** des unterhaltsberechtigten Elternteils, mindern diesen Abzug, soweit sie 624 € pro Jahr übersteigen. Die aus § 33a EStG resultierende steuerliche Entlastung wirkt daher lediglich in eng begrenzten Mangelfällen bei Kleinrentnern.

**Beispiel:** M bezieht eine Rente in Höhe von monatlich 685 €. Ihre Tochter wäre in Höhe eines Betrages von 350 € monatlich leistungsfähig. Der Jahresunterhalt der Tochter von 12 × 350 € = 4.200 € ist nach § 33a Abs. 1 EStG nicht abzusetzen, da auf diesen Betrag das Eigeneinkommen der M von 12 × 685 € − 624 € = 7.596 € anzurechnen ist.

**795** In Betracht kommt indessen die Geltendmachung der Unterhaltszahlungen als ‚**außergewöhnliche Belastung**' nach § 33 EStG. Außergewöhnliche Belastungen sind danach die einem Steuerpflichtigen zwangsläufig entstehenden größeren Aufwendungen gegenüber der überwiegenden Mehrzahl der Steuerpflichtigen gleicher Einkommensverhältnisse. Nach § 33 Abs. 3 EStG ist einem Steuerpflichtigen eine Belastung zumutbar und daher steuerlich nicht abzugsfähig, wenn sie bestimmte Schwellwerte nicht überschreitet. Diese Schwellwerte sind in der nachfolgenden Tabelle wiedergegeben:

| Zumutbare Belastung nach § 33 Abs. 3 EStG | | | |
|---|---|---|---|
| bei einem Gesamtbetrag der Einkünfte | bis 15.340 € | über 15.340 € bis 51.130 € | über 51.130 € |
| 1. Steuerpflichtige ohne Kinder, die | | | |
| a) nach der Grundtabelle | 5 % | 6 % | 7 % |
| b) nach der Splittingtabelle | 4 % | 5 % | 6 % |
| versteuert werden | | | |
| 2. bei Steuerpflichtigen mit | | | |
| a) einem oder zwei Kindern | 2 % | 3 % | 4 % |
| b) drei oder mehr Kindern | 1 % | 1 % | 1 % |
| | des Gesamtbetrags der Einkünfte | | |

**Beispiel:** Erzielt die Tochter im obigen Beispiel (Rn. 794) ein Einkommen in Höhe von jährlich 33.000 € brutto, ist ihr eine Unterhaltszahlung von 990 € (33.000 × 3 %) zumutbar, wenn sie ein Kind hat. Steuerlich könnten damit 12 × 350 € − 990 € = 3.210 € vom steuerpflichtigen Einkommen abgezogen werden.

Auch wenn Unterhaltsleistungen an im **Ausland** lebende Eltern erbracht werden, können diese steuerlich geltend gemacht werden. An die entsprechenden Zahlungsnachweise dürfen keine übermäßigen Anforderungen gestellt werden.

796

---

**FG Nürnberg v. 12.2.2014 – 5 K 487/11, juris**

1. Ein Steuerpflichtiger, der aufgrund seines eigenen Einkommens in der Lage ist, seine Eltern in Indonesien jährlich mit 5.000 € zu unterstützen, diesen Geldbetrag bei seinen jährlichen Besuchen (hier: im Dezember 2005) übergibt, mit zeitlicher Verzögerung im Jahr 2011 eine schriftliche Empfängerbestätigungen über die Geldübergabe im Jahr 2005 vorlegt sowie amtliche Unterlagen über die Bedürftigkeit der Eltern beibringt, kann auch unter Berücksichtigung der Anerkennung der Leistungen in früheren Veranlagungszeiträumen im VZ 2005 diese Unterhaltsleistung nach § 33a EStG abziehen, obwohl die strenge Beweisführung – wie im BMF-Schreiben vom 15.9.1997 (BStBl I 1997, 826) gefordert – nicht erfüllt ist (Rn. 36) (Rn. 39). ...

---

## XII. Vereinbarungen zum Elternunterhalt

### 1. Verzichtsvereinbarungen und faktischer Unterhaltsverzicht

Pflegebedürftige Eltern wollen in der Regel nicht, dass ihre Kinder mit den Kosten der Pflege belastet werden. Die Scham, den eigenen Lebensunterhalt nicht finanzieren zu können und den Kindern mit der Finanzierungslast der Pflege die Zukunft zu verbauen ist weit verbreitet. Nicht selten wird deswegen ein **Unterhaltsverzicht** erwogen oder auch tatsächlich vereinbart. Solche Unterhaltsverzichte sind nach §§ 1614 Abs. 1, 134 BGB nichtig[592], wenn sie sich, wie meist, auf zukünftige Unterhaltsansprüche beziehen, weil es sich, beim Verwandtenunterhaltsanspruch um einen gesetzlichen Unterhaltsanspruch handelt (§ 1614 BGB). Der Verzicht auf bereits entstandene Unterhaltsansprüche für die Vergangenheit ist dagegen zulässig, scheitert aber meist daran, dass bei Inanspruchnahme von Sozialhilfe der Unterhaltsanspruch qua Gesetz auf den Sozialhilfeträger übergeht und der unterhaltsbedürftige Elternteil nicht mehr Inhaber des Anspruchs und damit auch nicht verfügungsbefugt ist.

797

Unter das Verzichtsverbot fallen auch Vereinbarungen über eine **Abfindung** von Unterhaltsansprüchen für die Zukunft[593]. Mit solchen Abfindungsvereinbarungen wollen sich vielfach Unterhaltsschuldner für die Zukunft ‚freikaufen'. Wird eine solche Abfindungsvereinbarung zwischen

798

---

592 Erman/*Arnold*, § 1614 BGB Rn. 1.
593 OLG Naumburg v. 21.1.2003 – 14 WF 7/03, juris.

dem Elternteil und dem Kind abgeschlossen, ist sie nichtig (§ 137 BGB). Teilweise schließen auch Sozialhilfeträger derartige Vereinbarungen ab[594]. Auch solche Vereinbarungen sind nichtig. Dies hat zur Folge, dass das unterhaltspflichtige Kind die gezahlte Abfindungssumme zurückverlangen kann (§ 812 BGB). Gegen das Rückzahlungsbegehren des Unterhaltsschuldners kann der Sozialhilfeträger den auf ihn kraft Gesetzes (§ 94 SGB XII) übergegangenen Unterhaltsanspruch setzen und gegen die Rückzahlungsforderung aufrechnen. Da auch ein Vollstreckungsverzicht für die Zukunft unwirksam ist[595], kann von solchen Vereinbarungen nur abgeraten werden.

799 Sollen Abfindungsvereinbarungen gleichwohl geschlossen werden, ist folgendes zu beachten:

- Der auf Rückzahlung der geleisteten Abfindung gerichtete Rückforderungsanspruch des Unterhaltsschuldners verjährt in 3 Jahren ab Zahlung (§ 195 BGB). Macht der Unterhaltsgläubiger (persönlich oder durch den Sozialhilfeträger) nach Ablauf der Verjährungsfrist den Unterhaltsanspruch gleichwohl geltend, ist die gezahlte Abfindung für die unterhaltspflichtige Person verloren.
- Dieser Gefahr kann dadurch vorgebeugt werden, dass in die Vereinbarung eine Klausel aufgenommen wird, dass sich der Unterhaltsgläubiger nicht auf Verjährung berufen darf, was grundsätzlich zulässig ist (§ 202 BGB).
- Da auch Unterhaltsansprüche der dreijährigen Verjährung unterliegen, ist zur Absicherung der Interessen des Unterhaltsgläubigers in eine Abfindungsvereinbarung aufzunehmen, dass die Verjährung der Unterhaltsansprüche in der Höhe auf 30 Jahre erweitert wird, die bei der Festlegung der Unterhaltsabfindung zur Berechnung der Abfindungshöhe angenommen wurde.
- Dies setzt voraus, dass die Höhe der Abfindung durch Angabe der angenommenen Unterhaltshöhe, der angenommenen Leistungsdauer und des angenommenen Rechnungszinses konkretisiert wird.

---

594 Dies soll im Bezirk Oberfranken häufiger der Fall sein.
595 OLG Zweibrücken v. 29.4.2008 – 6 UF 19/08, FamRZ 2009, 142 zum Trennungsunterhalt.

## Vertrag

1. Der Gläubiger gewährt für die Unterbringung von ........................., geb. ............. im ..... Alten- und Pflegeheim, ......................... seit dem ............ Leistungen nach Maßgabe des SGB XII. Der Schuldner erkennt an, dem Gläubiger für die Abgeltung der Unterhaltsansprüche des Leistungsberechtigten ab ..............., die gem. § 94 SGB XII auf den Bezirk Oberfranken übergegangen sind, einen einmaligen Betrag in Höhe von .................. € zu schulden.

Bei der Festsetzung dieses Abfindungsbetrages gehen die Beteiligten

a) von einer monatlichen Unterhaltspflicht des Schuldners in Höhe von ........ € und

b) einer Restleistungsdauer von .......... Jahren aus.

c) Die Höhe der Abfindung ist bei einem Rechnungszins von 4,5 % ermittelt worden.

2. Der geforderte Betrag ist 21 Tage nach Abschluss dieser Vereinbarung fällig.

3. Der Gläubiger und Schuldner vereinbaren in Abänderung der gesetzlichen Verjährungsfristen:

a) für einen bereicherungsrechtlichen Rückforderungsanspruch des Schuldners gegen den Gläubiger auf Rückzahlung der geleisteten Unterhaltsabfindung gilt eine Verjährungsfrist von dreißig Jahren;

b) für auf den Gläubiger übergegangene Unterhaltsansprüche gegen den Schuldner gilt in Höhe des für die Berechnung der Höhe der Abfindung angenommenen Unterhaltsanspruchs (Ziff. 1.a.) eine Verjährungsfrist von dreißig Jahren;

c) hinsichtlich der auf den Gläubiger übergegangenen Unterhaltsansprüche gegen den Schuldner wird sich dieser bezüglich der in Ziff. 1.a. festgelegten Höhe nicht auf Verwirkung wegen Zeitablaufs berufen (§ 242 BGB).

4. Die Schuldner und Gläubiger stimmen darin überein, dass bei einem Scheitern dieser Vereinbarung, gleich aus welchem Grund,

a) dem Schuldner alle Einreden aus § 1611 BGB (Verwirkung) erhalten bleiben und

b) der Schuldner den mangelnden Übergang der Unterhaltsforderung auf den Gläubiger nach § 94 Abs. 3 Nr. 2 SGB XII geltend machen kann.

5. Wird der Schuldner vom unterhaltsberechtigten Verwandten unmittelbar auf Unterhaltszahlungen in Anspruch genommen, verpflichtet sich der Gläubiger zur Rückzahlung der empfangenen Abfindung, soweit diese nicht durch Unterhaltsleistungen in Höhe der monatlichen Zahlung gem. Ziff. 1.a. dieser Vereinbarung verbraucht wurde.

Die Begleichung der Forderung erfolgt durch Überweisung des Betrages von ............ € bis spätestens ............... unter Angabe des Kassenzeichens ................... auf das Konto Nr.: .................... bei der .................. (BLZ ................), bzw. IBAN ...........................................

6. Mit der fristgerechten Zahlung des Abfindungsbetrages nach Ziff. 1 dieser Vereinbarung erklärt der Gläubiger alle bis zum Abschluss dieser Vereinbarung gegen den Schuldner aus diesem Unterhaltsverhältnis bestehenden Unterhaltsansprüche für abgegolten.

7. Bei nicht fristgerechter Zahlung hat der Schuldner bereits entstandene und auf den Gläubiger übergegangene Unterhaltsansprüche des Hilfsbedürftigen ohne höhenmäßige Begrenzung zu zahlen und mit 5 % zu verzinsen. Soweit diese Unterhaltsansprüche zum Zeitpunkt des Abschlusses dieser Vereinbarung nicht verjährt oder verwirkt sind, verzichtet der Schuldner auf die Erhebung der Verjährungs- und Verwirkungseinrede.

8. Für Kosten der Rechtsverfolgung im Zusammenhang mit dieser Stundungsvereinbarung hat der Gläubiger nicht aufzukommen.

## 2. Vereinbarungen zwischen den Geschwistern

Vereinbarungen zwischen Geschwistern über die anteilige Beteiligung am Elternunterhalt werden häufig zu einem Zeitpunkt geschlossen, zu dem der unterhaltsrechtliche Bedarf noch überschaubar ist. Führt die Anhebung des Pflegebedarfs zu einem Anstieg der nicht gedeckten Pflegekosten, geraten solche Übereinkünfte oft in die Krise und bedürfen entweder der Renovation oder die Geschwister kündigen die Vereinbarung und regeln die Unterhaltsverpflichtung auf der Basis der gesetzlichen Grundlage (Rn. 718 ff.).

800

Eine Vereinbarung über eine Haftungsbeteiligung oder Haftungsquote ist ebenso unwirksam wie eine Vereinbarung über einen Unterhaltsverzicht oder eine bestimmte Unterhaltshöhe (vgl. Rn. 797 ff.). Der Verwandtenunterhalt ist als gesetzlichen Unterhaltstatbestand einer Vereinbarung nicht zugänglich. Den Unterhaltberechtigten bindet eine solche Vereinbarung selbst dann nicht, wenn er an ihr beteiligt gewesen ist. Die vereinbarte Haftungsquote ist dagegen zwischen den Geschwistern eigene Rechtsgrundlage für die Regelung der Haftungsquote in der Vergangenheit. Fällt die Vereinbarung weg, können die geleisteten Zahlungen nicht nach den Grundsäten einer ungerechtfertigten Bereicherung zurückverlangt werden.

801

## C. Exkurs: Enkelunterhalt

Der **Enkelunterhalt**[596] fristet nach wie vor ein Schattendasein. Die zu diesem Themenkreis veröffentlichten Entscheidungen sind selten und stammen meist aus jüngerer Zeit. Anders jedoch als der Elternunterhalt ist der Fall des Enkelunterhaltes eine Form des Deszendentenunterhaltes – unter Überspringung der vorrangig unterhaltspflichtigen Eltern (§ 1606 Abs. 2 BGB). Die geringe Fallzahl des Enkelunterhaltes erklärt sich auch daraus, dass dem unterhaltsbedürftigen Enkel i.d.R. ein **Sozialhilfeanspruch** oder ein Anspruch auf **Arbeitslosengeld II** zusteht. Der Bedarf des unterhaltsberechtigten Enkels wird also durch öffentliche Sozialleistungen befriedigt. Da jedoch der Sozialhilfeträger nach § 94 Abs. 1 S. 3 SGB XII den zivilrechtlichen Unterhaltsanspruch nicht auf sich überleiten kann, haben die unterhaltsberechtigten Enkel nur wenig ‚Leidensdruck', ihre Großeltern unmittelbar auf Unterhaltszahlungen in Anspruch zu nehmen. Gleichwohl erbrächte die Inanspruchnahme leistungsfähiger Großeltern eine deutlich höhere Liquidität als Sozialhilfeleistungen, weil das Kindergeld zu ½ anrechnungsfrei beim Unterhaltsberechtigten bzw. seinen Eltern bleibt, während im Sozialhilfefall zwar zusätzlich der Mietanteil gezahlt wird, das Kindergeld aber in vollem Umfang vom sozialhilferechtlichen Bedarfssatz abgezogen wird.

802

Wenn gleichwohl in der Praxis Großeltern selten auf Enkelunterhalt in Anspruch genommen werden, dann deshalb, weil die mit den Kindern zusammenlebenden Eltern nur dann einen materiellen Vorteil davon haben, wenn sie selbst nicht im Sozialleistungsbezug sind.

803

### I. Rechtsgrundlagen

Rechtsgrundlage des Enkelunterhaltes ist der in den §§ 1601 ff. BGB geregelte **Verwandtenunterhalt**. § 1601 BGB bestimmt lapidar, dass in gerader Linie Verwandte einander unterhaltspflichtig sind. Anders als beim Elternunterhalt wird jedoch beim Enkelunterhalt nicht die unmittelbar folgende, sondern eine weiter entfernte verwandtschaftliche Beziehung unterhaltsrechtlich mobilisiert. Diese Entfernung zwischen dem Unterhalts-

804

---

596 *Büte*, FuR 2007, 246; *Günther*, FPR 2006, 347.

pflichtigen und Berechtigten begründet etliche Ähnlichkeiten zum Elternunterhalt[597].

805 In der **Rangfolge der Unterhaltsansprüche** rangiert der Enkelunterhalt weit hinten: Da Großeltern die ‚aufsteigende' verwandtschaftliche Linie repräsentieren, haften sie per se bereits nachrangig gegenüber allen Verwandten der absteigenden Linie. Angesichts der vorrangigen Haftung von näheren Verwandten vor weiter entfernten blockiert die Elternhaftung die Eintrittsverpflichtung der Großeltern (§ 1606 Abs. 2 BGB). Diese Nachrangigkeit wird in § 1609 Nr. 5 BGB nachdrücklich dokumentiert.

806 Unabhängig von dieser **doppelten Nachrangigkeit** kommt es gleichwohl relativ häufig zu einer grundsätzlich begründeten Haftung von Großeltern gegenüber ihren Enkeln, weil die **Ersatzhaftung** der nachrangig haftenden Verwandten nach § 1607 Abs. 1 BGB bereits bei mangelnder Leistungsfähigkeit des vorrangig haftenden Unterhaltspflichtigen einsetzt. Die Großelternhaftung wird daher dem Grunde nach zukünftig eine erheblich größere Rolle spielen, weil durch den Rückbau der Sozialstaatlichkeit und die Reprivatisierung gesellschaftlicher Risiken schon eine kurze Arbeitslosigkeit eines oder beider Elternteile ausreicht, Leistungsunfähigkeit des vorrangig verpflichteten Elternteils anzunehmen.

807 Wenn gleichwohl Enkelunterhalt noch nicht als Gegenfinanzierungsquelle für Sozialhilfeträger entdeckt worden ist, dann liegt dies daran, dass gegenüber den Großeltern der Unterhaltsanspruch des sozialhilfebedürftigen Enkels weder aufgrund einer Legalzession auf den Sozialhilfeträger übergeht noch von diesem übergeleitet werden kann (§ 94 Abs. 1 S. 3 SGB XII). Dies rechtfertigt aber nicht die Annahme, der großelternfreundliche Friede hielte ewig. Anders als der Elternunterhalt stellt der Enkelunterhalt keinen Bruch der unterhaltsrechtlichen Haftungstradition dar. Indem die Großeltern Kinder in die Welt gesetzt haben, haften sie auch zurechenbar für deren Nachkommen.

## II. Voraussetzungen der Haftung

808 Die Prüfung der Haftung von Großeltern für den Unterhaltsbedarf ihrer Enkel folgt systematisch keinen Besonderheiten. **Bedarf – Bedürftigkeit – Leistungsfähigkeit** und **Zumutbarkeit** sind die Stichworte, die wie in jedem anderen Unterhaltsfall auch die Prüfungsabfolge charakterisieren. Aus der größeren persönlichen Distanz der Großeltern gegenüber ihren Enkeln und aus der Nachrangigkeit ihrer Unterhaltsverpflichtung

---

597 BGH v. 8.6.2005 – XII ZR 74/04, FamRZ 2006, 26 m. Anm. *Duderstadt*.

folgen einige Besonderheiten, die jedoch nicht die Grundsätze der Haftung, sondern in der Regel die Intensität ihrer Inanspruchnahme betrifft.

## 1. Ausfall des vorrangig Unterhaltspflichtigen

Die Haftung der Großeltern tritt erst ein, wenn die vorrangig verpflichteten Eltern des Kindes nicht oder nicht auf den gesamten Bedarf des Kindes in Anspruch genommen werden können (§§ 1606 Abs. 2, 1607 BGB). Dabei ist zu unterscheiden, ob eine Unterhaltsverpflichtung des vorrangig Unterhaltspflichtigen tatsächlich nicht gegeben ist, so dass der nachrangig unterhaltspflichtige Großelternteil dem Kind gegenüber in eine **Eigenhaftung** gerät oder ob der Großelternteil im Wege der **Ersatzhaftung** in Anspruch genommen wird, weil die Rechtsverfolgung gegen den vorrangig Unterhaltspflichtigen ‚im Inland ausgeschlossen oder erheblich erschwert ist' (§ 1607 Abs. 2 BGB).

809

## 2. Betroffener Personenkreis

Fallen die Eltern des Kindes als vorrangig Verpflichtete für Unterhaltszahlungen an diese aus, haften als **nächste Verwandte der aufsteigenden Linie** die Großeltern gleichrangig mit den Verwandten des gleichen Grades (§ 1603 Abs. 3 S. 1 BGB). Das bedeutet, dass grundsätzlich jedes bedürftige Kind **vier unterhaltspflichtige Großeltern** hat[598], sofern ein Unterhaltsanspruch gegen die Eltern nicht gegeben ist. Ein Ausschluss der Eltern des die Unterhaltspflicht durch tatsächliche Ausübung der Personensorge erfüllenden Elternteils (§ 1606 Abs. 2 S. 2 BGB) kommt nicht in Betracht[599], da allein das verwandtschaftliche Verhältnis Anknüpfungspunkt für die Haftung ist und § 1607 BGB nicht etwa eine stammesgebundene Verantwortungshaftung begründet. Jedes Kind hat daher im Bedarfsfall **vier gleichrangig** auf Unterhalt in Anspruch zu nehmende **Großeltern** als **Haftungsgenossen**.

810

Unerheblich ist auch, ob die Haftung aus Blutsverwandtschaft begründet wird. Ein **Adoptivenkelkind** ist durch die Adoption mit den Eltern seiner Adoptiveltern verwandt (§ 1754 BGB), so dass durch die Adoption auch das Unterhaltsverhältnis begründet wird.

811

---

598 OLG Frankfurt/M. v. 11.12.2003 – 2 UF 181/03, FamRZ 2004, 1745.
599 *Götz*, S. 39.

## a) Eigenhaftung der Großeltern

812 Ein Fall der **Eigenhaftung der Großeltern** liegt nach § 1607 Abs. 1 BGB vor, wenn ein **vorrangig verpflichteter Verwandter nicht leistungsfähig** ist. Zur Bestimmung der Leistungsfähigkeit verweist die Norm insoweit auf § 1603 BGB (vgl. dazu Rn. 828 ff.). Da die **vorrangig haftenden Unterhaltspflichtigen** in diesen Fällen mangels Leistungsfähigkeit **nicht unterhaltspflichtig** sind, **haften** die in Anspruch genommenen nachrangigen Verwandten, also die **Großeltern, ohne Rückgriffsmöglichkeit** gegen die vorrangig verpflichteten Eltern[600].

## b) Ersatzhaftung der Großeltern

813 Anders als in den Fällen des unterhaltsrechtlichen Ausfalls der vorrangig verpflichteten Eltern mangels deren Leistungsfähigkeit ordnet § 1607 Abs. 2 BGB eine echte **Ersatzhaftung**[601] der Verwandten an, wenn die **Rechtsverfolgung** gegen einen Verwandten **im Inland ausgeschlossen oder erheblich erschwert** ist. In diesen Fällen ist ein **Fall echter Ersatzhaftung** gegeben, weil dem den Unterhalt leistenden Verwandten in Höhe der von ihm erbrachten Leistung ein Ersatzanspruch gegenüber dem nicht leistenden unterhaltspflichtigen Verwandten zusteht (§ 1607 Abs. 2 S. 2 BGB).

814 Eine **Rechtsverfolgung im Inland** ist ausgeschlossen, wenn

- eine **Zuständigkeit deutscher Gerichte** für die Verfolgung des Unterhaltsanspruchs des Kindes nicht gegeben ist;
- nicht festgestellt ist, **wer Vater** des Kindes ist[602];
- die **Unterhaltspflicht** des vorrangig haftenden Elternteils **substanzlos** ist, weil ihm zur Berechnung der Unterhaltspflicht **fiktive Einkünfte** zugerechnet wurden[603];
- die Vollstreckung eines Unterhaltsanspruchs durch
  - häufige Wohnungswechsel
  - Straf- oder Untersuchungshaft[604]

  unmöglich ist.

815 Eine **Rechtsverfolgung im Inland** ist dagegen **nicht** schon dann als **ausgeschlossen oder erschwert** anzusehen, wenn ein **Taschengeldan-**

---

600 Johannsen/Henrich/*Graba*, § 1607 Rn. 3.
601 Johannsen/Henrich/*Graba*, § 1607 Rn. 5.
602 OLG Brandenburg v. 25.2.2003 – 10 UF 82/02, FamRZ 2004, 560.
603 OLG Nürnberg v. 25.10.1999 – 10 UF 1425/99, FamRZ 2000, 687; OLG Karlsruhe v. 18.12.1990 – 18 UF 117/89, FamRZ 1991, 971; OLG Koblenz v. 8.8.1988 – 13 UF 977/87, FamRZ 1989, 307.
604 AG Bad Homburg v. 2.12.1998 – 9 F 423/98, FamRZ 1999, 1450.

**spruch** eines unterhaltspflichtigen Elternteils gegen den Ehemann gepfändet werden könnte[605].

Die Haftung der Großeltern gegenüber Unterhaltsansprüchen minderjähriger Kinder tritt nicht erst dann ein, wenn eine absolute Leistungsunfähigkeit der Eltern gegeben ist. Vielmehr besteht sie bereits dann, wenn der **angemessene Unterhalt der Eltern** im Unterhaltsverhältnis zu ihren Kindern nicht mehr gewahrt ist. Dies folgt aus § 1603 Abs. 2 S. 3 BGB, weil die Großeltern ‚andere unterhaltspflichtige Verwandte' im Sinne dieser Vorschrift sind.

816

### 3. Bedarf des Kindes

Ein Unterhaltsanspruch eines Enkelkindes setzt einen **unterhaltsrechtlichen Bedarf des Kindes** voraus. Dessen Höhe ist, wird er nicht konkret bemessen, anhand der Düsseldorfer Tabelle zu bestimmen. Ist das **Kind minderjährig, einkommens- und vermögenslos**, leitet sich sein Bedarf nach allgemeiner Meinung aus der Lebensstellung und damit dem Einkommen des Unterhaltspflichtigen ab[606]. Dies muss allerdings im Fall des Enkelunterhaltes einer Modifikation unterzogen werden. Das Gesetz geht von der Regel einer Unterhaltsverpflichtung von Eltern gegen ihre Kinder aus. In diesem Fall, dessen Leitbild der intakte Familienverband ist, bestimmen die finanziellen Verhältnisse der Eltern des Kindes dessen Lebenszuschnitt und damit dessen Bedarf[607]. Sind die Eltern des Kindes jedoch leistungsunfähig, dann bestimmt dieses finanzielle Umfeld die ‚Lebensstellung des Bedürftigen' (§ 1610 Abs. 1 BGB). Dies wird regelmäßig bedeuten, dass der **Unterhaltsbedarf auf niedrigem Niveau** anzunehmen ist. Die Kindergeldanrechnung nach § 1612b Abs. 5 BGB nivelliert faktisch den zu zahlenden Bedarf in den ersten sechs Einkommensstufen. Jedenfalls wird im Regelfall das Einkommen und die Lebensstellung der Großeltern nicht die Höhe des Bedarfs des Kindes bestimmen, wenn dessen Eltern und damit das unmittelbare Lebensumfeld des Kindes nicht leistungsfähig ist[608]. In § 1612a BGB ist die Bestimmung eines Mindestunterhalts minderjähriger Kinder anhand des in § 32 Abs. 6 EStG festgesetzten sachlichen Existenzminimums festgelegt. Diese Grenze dürfte daher die Untergrenze des Bedarfs des Kindes darstellen.

817

Was zum **Lebensbedarf des Kindes** gehört, ist differenzierend und teilweise auch konkret zu betrachten. Soweit Bedarfskriterien vom Schrifttum

818

---

605 OLG Düsseldorf v. 10.3.1992 – 1 WF 107/91, FamRZ 1992, 1099.
606 BGH v. 2.3.1994 – XII ZR 215/92, FamRZ 1994, 696.
607 Heiß/Born/*Heiß*, Unterhaltsrecht, 3. Kap., Rn. 151.
608 Johannsen/Henrich/*Graba*, § 1607 Rn. 3; Büttner/Niepmann/*Schwamb*, Rn. 223.

und der Rechtsprechung entwickelt worden sind, ist deren Übertragung auf das Großeltern-Enkel-Unterhaltsverhältnis problematisch. Orientierte man die Höhe des Unterhaltsanspruchs an den Lebensverhältnissen des Unterhaltspflichtigen[609], entstünde insoweit eine paradoxe Situation, dass – arme Eltern und reiche Großeltern unterstellt – minderjährige Kinder besser gestellt wären, als wenn ihr Bedarf – auf niedrigem Niveau – durch die Eltern befriedigt würde. Daher ist es ein **Gebot unterhaltsrechtlicher Konsistenz**, die Höhe des Bedarfs des Kindes abweichend von der Standardformulierung von den **Lebensverhältnissen** abhängig zu machen, in denen das **Kind gemeinsam mit den Unterhaltspflichtigen lebt**[610]. Erst wenn ein gemeinsamer Haushalt mit dem in erster Linie Barunterhaltspflichtigen nicht besteht, kommt es auf dessen Lebensverhältnisse nicht mehr an. Die Aufhebung der Haushaltsgemeinschaft mit dem in erster Linie Unterhaltspflichtigen hebt damit gleichzeitig die Orientierung des kindlichen Barunterhaltsbedarfs an dessen Lebensverhältnissen auf und setzt an deren Stelle die Lebensverhältnisse des Barunterhaltspflichtigen. Solange aber das Kind mit einem leistungsunfähigen Elternteil zusammenlebt, ist der Bedarf des Kindes nach Einkommensstufe 1 der Düsseldorfer Tabelle zu bemessen[611].

819  Ein so definierter Bedarf kann auch die **Sonderbedarfsfragen** befriedigend lösen. Neben dem nach der Düsseldorfer Tabelle zu bestimmenden Regelbedarf eines minderjährigen Kindes kann Sonderbedarf oder regelmäßiger Mehrbedarf entstehen. Ob es sich bei derartigen Bedarfen um tatsächlich geschuldeten Bedarf handelt, muss stets im Einzelfall unter Abwägung aller erkennbaren Gesamtumstände[612] entschieden werden. Für die Kosten einer **Privatschulausbildung** muss die Berechtigung eines derartigen Bedarfs auch für die Fälle sehr leistungsfähiger Großeltern bezweifelt werden, solange nicht nachgewiesen wurde, dass die Privatschulausbildung ultima ratio ist, weil öffentliche und kostengünstigere Möglichkeiten, eine berufsqualifizierende Ausbildung zu erhalten, nicht zur Verfügung stehen[613].

820  Dagegen gehören zum Bedarf des Kindes auch die **Kosten einer angemessenen Berufsausbildung**[614]. § 1610 Abs. 2 BGB sieht insoweit keinerlei Differenzierung vor. Was danach angemessen ist, bestimmt sich aus der

---

609 Johannsen/Henrich/*Graba*, § 1610 Rn. 3.
610 LG Regensburg v. 3.9.1985 – 2 S 301/83, FamRZ 1986, 93 (LS).
611 OLG Dresden v. 9.11.2005 – 21 UF 486/05, OLGR 2006, 132 = FamRZ 2006, 569 m.w.N.
612 Internatsunterbringung: Wendl/Dose/*Klinkhammer*, § 2 Rn. 234 m.w.N.
613 OLG Hamm v. 25.3.1997 – 12 WF 59/97, FamRZ 1997, 960; OLG Hamm v. 13.6.1995 – 1 UF 95/95, FamRZ 1996, 49 (Thailändische Privatschule).
614 So auch Heiß/Born/*Hußmann*, Kap. 13, Rn. 26.

Sicht des Kindes. Dies gilt umso mehr, wenn das Kind volljährig ist[615]. Die Angemessenheit der Ausbildung wird durch Begabung, Neigung und Leistungswillen des Kindes bestimmt. Der Sozial- und Bildungsstatus der Unterhaltspflichtigen spielt für die Bestimmung des Berufsausbildungsbedarfs keine Rolle, solange Leistungsfähigkeit der Unterhaltspflichtigen gegeben ist[616] (dazu Rn. 828).

Dagegen steht nicht in Frage, dass der Unterhaltsbedarf des Kindes auch die Kosten einer **Krankenversicherung** für das Kind umfasst, sofern das Kind nicht im Rahmen einer Familienkrankenversicherung mitversichert ist.

821

### a) Bedarfsdeckung durch Unterhaltsvorschuss

**Unterhaltsvorschussleistungen** sind im Bereich des Enkelunterhaltes als **bedarfsdeckende Leistungen** anzusehen[617]. Unterhaltsvorschussleistungen sind nur im Verhältnis zum baruntehaltspflichtigen Elternteil subsidiär. Bereits aus dem Wortlaut des § 7 Abs. 1 UVG ergibt sich, dass ein Anspruchsübergang nur dann stattfinden soll, wenn der Unterhaltsanspruch gegen einen Elternteil (und nicht gegen einen sonstigen Verwandten) besteht. Ausdrücklich geregelt ist der Ausschluss eines derartigen Anspruchsüberganges im Rahmen der Gewährung von Sozialleistungen nach § 94 SGB XII durch Unterhaltsverpflichtete im zweiten oder einem entfernteren Grade. Findet dieser Anspruchsübergang jedoch nicht statt, so sind die erbrachten Sozialleistungen im Verhältnis zum nachrangig Unterhaltsverpflichteten dann auch bedarfsmindernd anzurechnen. Da auch die Gewährung eines Unterhaltsvorschusses nicht von den Einkünften der Großeltern, sondern von denen der Eltern abhängt und eine dem § 2 SGB XII entsprechende Vorschrift im Unterhaltsvorschussgesetz fehlt, sind diese Vorschussleistungen im Verhältnis zu den Großeltern bedarfsmindernd[618]. Großeltern haften daher nur für den darüber hinausgehenden Bedarf.

822

### b) Bedarfsdeckung durch Sozialhilfe

Da auch im Fall der Leistung von Sozialhilfe bzw. Arbeitslosengeld II ein Forderungsübergang der zivilrechtlichen Unterhaltsforderung auf den Träger der **Sozialhilfe beim Enkelunterhalt** nicht vorgesehen ist, gelten die zum Unterhaltsvorschuss angestellten Überlegungen (vgl. Rn. 822)

823

---

615 BGH v. 4.3.1998 – XII ZR 173/96, FamRZ 1998, 671.
616 Palandt/*Brudermüller*, § 1610 Rn. 18; MünchKomm/*Born*, § 1610 Rn. 220; Heiß/Born/*Deisenhofer*, Kap. 12, Rn. 118.
617 OLG Dresden v. 9.11.2005 – 21 UF 486/05, OLGR 2006, 132 = FamRZ 2006, 569, 570.
618 Wendl/Dose/*Klinkhammer*, § 8 Rn. 267.

auch für die Sozialhilfe. Damit kommt **Sozialhilfeleistungen** an das unterhaltsbedürftige Kind **bedarfsdeckende Funktion** zu. Dieses Ergebnis überrascht zum einen zunächst, da die **Subsidiarität** von Sozialhilfeleistungen unterhaltsrechtlich allgemein anerkannt ist. Rechtsdogmatisch ist dieses Ergebnis damit zu rechtfertigen, dass es dem Unterhaltsberechtigten obliegt, alle Möglichkeiten zur Bedarfsdeckung auszuschöpfen und die Inanspruchnahme eines Unterhaltspflichtigen ultima ratio des Unterhaltsrechts ist. Da mit der Sozialhilfe dem unterhaltsberechtigten Enkel eine Möglichkeit zur Verfügung steht, seinen Bedarf unter Schonung der unterhaltspflichtigen Großeltern zu befriedigen, ist vor einer Inanspruchnahme der Großeltern diese Möglichkeit alternativer Bedarfsdeckung auszuschöpfen.

824 Sozialhilfeleistungen decken indessen i.d.R. nicht den gesamten Bedarf des Kindes ab. Die sozialhilferechtlichen Regelleistungen für ein Kind entsprechen dem Tabellenbedarf der Einkommensstufe 1 der Düsseldorfer Tabelle. Von diesem Bedarfssatz wird das Kindergeld voll abgezogen. Allerdings wird der Wohnkostenanteil des Kindes nach sozialhilferechtlichen Kriterien erstattet. Es ist daher stets im Einzelfall zu prüfen, ob die Sozialhilfezahlung den Unterhaltsbedarf des Enkelkindes nach Einkommensstufe 1 der Düsseldorfer Tabelle übersteigt oder darunter liegt. Nur dann, wenn die Sozialhilfeleistungen den Bedarf des Enkelkindes nach der Düsseldorfer Tabelle unterschreiten, kann eine Unterhaltspflicht von Großeltern erörtert werden.

### c) Bedarfsdeckung durch Vermögenseinsatz

825 Gegenüber den Großeltern kann sich auch das minderjährige Kind nicht darauf berufen, den **Stamm seines Vermögens** nicht angreifen zu müssen, um seinen Lebensbedarf zu bestreiten. § 1602 Abs. 2 BGB privilegiert den Stamm des Vermögens nur im Unterhaltsverhältnis zu den Eltern. Gegenüber den Großeltern muss sich daher auch das minderjährige Kind darauf verweisen lassen, zunächst sein Vermögen aufzubrauchen, bevor die Großeltern auf Unterhalt in Anspruch genommen werden. Volljährige Kinder haben auch im Verhältnis zu ihren Eltern vorhandenes Vermögen zur Finanzierung des eigenen Unterhaltsbedarfs einzusetzen.

### d) BAföG und Enkelunterhalt

826 Enkelkinder befinden sich oftmals in der Schul- oder Berufsausbildung, wenn ein Unterhaltsbedarf entsteht. Sind ihre Eltern leistungsunfähig, haben sie Anspruch auf Leistungen nach dem Bundesausbildungsförderungsgesetz. Diese Leistungen haben unterhaltsrechtlich bedarfsdeckende Funktion, obwohl in § 1 BAföG die Subsidiarität von **BAföG-Leistungen**

angeordnet wird. Gleichwohl wird der Vorrang der BAföG-Förderung vor Unterhaltsleistungen der Eltern dadurch begründet, dass die BAföG-Leistungen zu so günstigen Konditionen gewährt werden, dass zumindest einem volljährigen Unterhaltsbedürftigen ihre Inanspruchnahme im Rahmen seiner Obliegenheit zur Selbsthilfe zugemutet werden kann[619].

### e) Auswirkungen des Kindergeldes auf den Unterhaltsbedarf

Grundsätzlich dient das **Kindergeld** dazu, die Unterhaltslast der Unterhaltspflichtigen zu vermindern, weswegen es an sie ausgezahlt wird[620]. Im Regelfall sind dies die Eltern des Unterhaltsberechtigten. Lebt dieser im Haushalt seiner Eltern, erhalten diese das Kindergeld auch dann, wenn sie dem Kind keinen Barunterhalt zahlen können. Lebt das Kind nicht im Haushalt eines Elternteils, sondern im eigenen Haushalt oder im Haushalt eines anderen, wird das Kindergeld an denjenigen gezahlt, der dem Kind tatsächlichen Unterhalt zahlt. Von daher ist kein Grund erkennbar, von der Kindergeldanrechnung im Regelfall abzuweichen: Ist das Kind volljährig, wird das Kindergeld voll auf den Bedarf des Kindes angerechnet[621], was nunmehr auch in § 1612b Abs. 1 Nr. 2 BGB gesetzlich geregelt ist. Lebt das minderjährige Kind im Haushalt eines oder beider Elternteile, wird das Kindergeld an diese ausgezahlt und ist in diesem Fall zu je 1/2 auf den Bar- und den Betreuungsbedarf anzurechnen[622].

827

## 4. Leistungsunfähigkeit vorrangig verpflichteter Unterhaltspflichtiger (§ 1607 Abs. 1 BGB)

Eine Zahlungsverpflichtung für **Enkelunterhalt** setzt nach § 1607 Abs. 1 BGB Leistungsunfähigkeit des vorrangig Unterhaltspflichtigen voraus. **Leistungsunfähigkeit liegt jedenfalls so lange nicht vor**, wie der Mindestbedarf nach Einkommensstufe 1 der Düsseldorfer Tabelle der unterhaltsberechtigten Kinder von den vorrangig unterhaltspflichtigen Eltern erfüllt werden kann[623]. Erst wenn der vorrangig Unterhaltspflichtige nicht in der Lage ist, den Bedarf nach Einkommensstufe 1 des Düsseldorfer Tabelle zu leisten, kommt eine **Ersatzhaftung der Großeltern** in Betracht. Dabei kann sich diese Ersatzhaftung in Mangelfällen auch auf die Differenz zwischen dem Mindestbedarf des Kindes nach Einkommensstufe 1 und die vom vorrangig Unterhaltspflichtigen geschuldete Unterhaltsleis-

828

---

619 BGH v. 19.5.1985 – IVb ZR 30/84, FamRZ 1985, 916.
620 Statt aller: Palandt/*Brudermüller*, § 1612b Rn. 2.
621 BGH v. 8.6.2005 – XII ZR 75/04, FamRZ 2006, 26.
622 OLG Hamm v. 26.5.2004 – 11 UF 183/03, FamRZ 2005, 539.
623 OLG Karlsruhe v. 26.10.2001 – 2 WF 70/00, FamRZ 2001, 782.

tung begrenzen. In diesen Fällen ist ein Regress der Großeltern gegen die leistungsunfähigen Eltern ausgeschlossen. Ein Unterhaltsregress setzt eine bestehende Unterhaltspflicht des vorrangig Haftenden voraus. Da der leistungsunfähige vorrangig Verpflichtete aber nach § 1603 Abs. 1 BGB nicht unterhaltspflichtig ist, scheidet ein Regress aus.

829 Ein Fall der Leistungsunfähigkeit liegt nicht vor, soweit dem unterhaltspflichtigen Elternteil **fiktive Einkünfte** zugerechnet werden. Die Zurechnung fiktiver Einkünfte begründet unterhaltsrechtliche Leistungsfähigkeit nach §§ 1603 ff. BGB, so dass die regresslose Enkelunterhaltspflicht nach § 1607 Abs. 1 BGB in diesen Fällen nicht in Betracht kommt. In Betracht kommt in diesen Fällen allerdings eine Enkelunterhaltspflicht nach § 1607 Abs. 2 BGB, weil trotz angenommener Leistungsfähigkeit die Durchsetzung der Unterhaltsansprüche gegen den unterhaltspflichtigen Elternteil vielfach nicht möglich ist. Für die Beurteilung der Leistungsfähigkeit des vorrangig Unterhaltspflichtigen ist eine zivilistische Sichtweise maßgeblich. Wer zu Unterhaltszahlungen aufgrund eines Titels verpflichtet ist, ist leistungsfähig. Können Zahlungen von ihm nicht zu erlangen sein, weil die Zwangsvollstreckung ins Leere geht, liegt ein Fall des § 1607 Abs. 2 BGB vor (dazu Rn. 830)[624]. Dies hat zur Folge, dass Unterhaltsansprüche, soweit sie von den Großeltern befriedigt werden, gegen den vorrangig verpflichteten Elternteil auf die Großeltern übergehen.

### 5. Mangelhafte Durchsetzbarkeit des Unterhaltsanspruchs (§ 1607 Abs. 2 BGB)

830 Eine **echte Ersatzhaftung** tritt ein, wenn der Unterhaltsberechtigte seinen Unterhaltsanspruch im Inland nicht geltend machen oder durchsetzen kann. Dabei kann nunmehr fraglich sein, ob jegliche Auslandszuständigkeit die unterhaltsrechtliche Großelternhaftung auslöst. Jedenfalls für das Rechtsgebiet der Europäischen Union ist dies berechtigterweise zu bezweifeln[625].

831 Ein **unbekannter Aufenthaltsort** des Unterhaltspflichtigen ist für sich allein genommen noch kein Grund für das automatische Einsetzen der Großelternhaftung für den Enkelunterhalt, da ggf. eine Klage nach § 203 Abs. 1 ZPO öffentlich zugestellt werden kann. Allerdings wird mangelnde Durchsetzbarkeit eines Unterhaltsanspruchs gegen einen Unterhaltspflich-

---

624 OLG Koblenz v. 17.5.2004 – 13 UF 199/04, FamRB 2005, 7 = OLGR 2005, 22.
625 So auch AG Leverkusen v. 16.5.2002 – 34 F 150/01, FamRZ 2003, 627; Staudinger/*Engler*, § 1607 Rn. 14.

tigen dann anzunehmen sein, wenn kein Vermögen des Unterhaltspflichtigen bekannt ist, in das die Vollstreckung betrieben werden könnte[626].

Mangelnde Durchsetzbarkeit eines bestehenden Unterhaltsanspruchs gegen einen vorrangig Unterhaltspflichtigen ist nicht schon dann gegeben, wenn ein **Vollstreckungsversuch erfolglos** war. Beruht nämlich die Erfolglosigkeit der Zwangsvollstreckung auf mangelnder Leistungsfähigkeit des primär haftenden Elternteils, ist kein Fall der Haftung der Großeltern nach § 1607 Abs. 2 BGB im Wege der Ersatzhaftung gegeben, vielmehr haften die Großeltern in diesen Fällen nach § 1607 Abs. 1 BGB im Wege der Primärhaftung (vgl. Rn. 812). 832

Ist der **Vater eines Kindes dagegen nicht feststellbar**[627], ist ein Fall der Durchsetzbarkeitsstörung gegeben, so dass eine unterhaltsrechtliche **Ersatzhaftung** nach § 1607 Abs. 2 BGB der Großeltern eingreift. In diesen Fällen geht der Unterhaltsanspruch gegen den Erzeuger des Kindes nach § 1607 Abs. 2 S. 2 BGB auf die den Unterhalt leistenden Großeltern über. 833

### 6. Leistungsfähigkeit der Großeltern

#### a) Selbstbehalt

Eine **Haftung der Großeltern für den Enkelunterhalt** nach § 1607 BGB ist nur gegeben, wenn die Großeltern unterhaltsrechtlich leistungsfähig sind (§ 1603 Abs. 1 BGB). Dabei billigen Rechtsprechung[628] und Literatur[629] wegen der nachrangigen Haftung der Großeltern diesen – ähnlich wie den unterhaltspflichtigen Kindern im Elternunterhalt – einen großzügigen Selbstbehalt zu. Der BGH[630] hat dabei ausdrücklich auf seine Rechtsprechung zum Elternunterhalt Bezug genommen (vgl. Rn. 533 ff.)[631]. Dies bedeutet, dass den unterhaltsrechtlich in Anspruch genommenen Großeltern wie auch im Elternunterhalt ein dynamischer Selbstbehalt in Höhe der Hälfte der den Selbstbehalt nach Ziff. 21.3.3. der unterhaltsrechtlichen Leitlinien der OLG übersteigenden Einkünfte zuzüglich des Selbstbehaltes von 1.500 € für Alleinstehende und 2.700 € für Verheiratete zusteht. 834

---

626 Staudinger/*Engler*, § 1607 Rn. 18.
627 OLG Brandenburg v. 25.2.2003 – 10 UF 82/02, FamRZ 2004, 560.
628 OLG Koblenz v. 17.5.2004 – 13 UF 199/04, OLGR 2005, 22; OLG Schleswig v. 29.4.2004 – 13 UF 146/03, FamRZ 2004, 1058 m. Anm. *Luthin;* OLG Schleswig v. 10.6.2004 – 13 UF 15/04, OLGR 2004, 429; OLG Hamm v. 12.6.2003 – 3 UF 460/02, FamRZ 2005, 57.
629 Heiß/Born/*Hußmann*, Kap. 13, Rn. 44; Wendl/Dose/*Klinkhammer*, § 2 Rn. 396; *Schwab* in Schwab/Henrich, Familiäre Solidarität, S. 55; *Lipp*, NJW 2002, 2201.
630 BGH v. 18.1.2012 – XII ZR 15/10, FamRZ 2012, 530; BGH v. 8.6.2005 – XII ZR 75/04, FamRZ 2006, 26; OLG Dresden v. 9.11.2005 – 21 UF 486/05, FamRZ 2006, 569.
631 Vgl. auch *Dose*, FamRZ 2013, 993.

### b) Abzüge vom Einkommen

835 Der BGH hat auch ausdrücklich auf seinen Leitsatz zum Elternunterhalt verwiesen, wonach der Unterhaltspflichtige keine spürbare und dauerhafte Senkung seines berufs- und einkommenstypischen Lebensniveaus hinzunehmen brauche, soweit er nicht einen nach den Verhältnissen unangemessenen Aufwand betreibe[632]. Diese Formulierung in der Entscheidung unterscheidet sich geringfügig von der in der Entscheidung v. 23.10.2002 benutzten Formulierung[633]. Damals hatte der BGH ausgeführt, ein Verpflichteter brauche keine spürbare und dauerhafte **Senkung seiner Lebensverhältnisse** hinzunehmen, es sei denn, er lebe im **Luxus**. Die jetzt benutzte Formulierung, dass die **unterhaltsrechtliche Leistungsgrenze** ein ‚**nach den Verhältnissen unangemessener Aufwand**' sei, lässt insoweit aufhorchen. Die Luxusgrenze im Elternunterhalt ist absolut, der ‚nach den Verhältnissen unangemessene Aufwand' ist relativ. Dies könnte bedeuten, dass die unterhaltsrechtliche Leistungsfähigkeit von Großeltern ihren Enkeln gegenüber strenger zu beurteilen sei, als die von Kindern im Verhältnis zu ihren Eltern. Ein unangemessener Aufwand ist nämlich schon dann anzunehmen, wenn das Einkommen gut verdienender Großeltern vollständig für deren Lebenshaltungskosten aufgezehrt wird, so dass keine Sparleistungen mehr getätigt worden sind, obwohl ein solches Einkommen üblicherweise Sparleistungen ermöglichen würde. Im Elternunterhalt würde dies zur Leistungsunfähigkeit führen[634]. Interpretiert man die jetzt vom BGH vorgenommene sprachliche Modifikation als Erweiterung der Großelternhaftung im Verhältnis zum Elternunterhalt, ließe sich das argumentativ ohne weiteres damit rechtfertigen, dass die Großelternhaftung im Unterschied zum Elternunterhalt aus dem Verursachungsprinzip gerechtfertigt ist. Großeltern können etwas dafür, dass Enkelkinder vorhanden sind, Kinder haben jedoch für die Existenz ihrer Eltern keinerlei Ursache gesetzt. Letztendlich findet man auch in der Rangfolgeregelung des § 1609 BGB ein Argument, eine strengere unterhaltsrechtliche Haftung von Großeltern ihren Enkelkindern gegenüber anzunehmen (vgl. dazu Rn. 845). Andererseits ist auch zu berücksichtigen, dass beim Elternunterhalt die Direkthaftung der nächsten Generation begründet wird, während im Enkelunterhalt die Elterngeneration des unterhaltsbedürftigen Kindes zwischen dem Unterhaltspflichtigen und dem Bedürftigen steht.

836 **Der Vorrang der Deszendentenhaftung** und die verwandtschaftlich größere Entfernung des Enkels im Verhältnis zum Elternteil neutralisieren sich weitgehend. Folgt man diesen Prinzipien, können beim Enkelunterhalt

---

632 BGH v. 8.6.2005 – XII ZR 75/04, FamRZ 2006, 26.
633 BGH v. 23.10.2002 – XII ZR 266/99, FamRZ 2002, 1698.
634 OLG Hamm v. 22.11.2004 – 8 UF 411/00, FamRZ 2005, 1193; aber differenzierend OLG Hamm v. 2.11.2004 – 3 UF 263/00, FamRZ 2005, 1193.

die gleichen großzügigen Abzüge wie beim Elternunterhalt berücksichtigt werden (vgl. Rn. 334 ff.). Allerdings wird häufig zu bedenken sein, dass jedenfalls bei im Ruhestand befindlichen Großeltern eventuelle Abzüge aufgrund einer zusätzlichen Altersversorgung einer besonderen Begründung bedürfen. Aus dem Kreis der Vorsorgeaufwendungen dürften i.d.R. **Krankenversicherungsaufwendungen, Beerdigungskostenrücklagenbildung** (Sterbeversicherung) sowie **Pflege- und Pflegezusatzversicherungskosten** zu berücksichtigen sein.

### c) Latente Unterhaltslast

**Abzüge vom Einkommen des Unterhaltspflichtigen** können nach der Rechtsprechung dann nicht mehr großzügig vorgenommen werden, wenn für die Großeltern absehbar ist, auf Enkelunterhalt in Anspruch genommen zu werden. In diesen Fällen sollen sie ihren Lebenszuschnitt auf die zu erwartende Unterhaltspflicht einstellen können[635]. Dieses Problem wird unter dem Aspekt der **latenten Unterhaltsverpflichtung** diskutiert (vgl. auch Rn. 46 ff.). Dann, wenn tatsächlich aufgrund objektiver Faktoren die Großeltern Kenntnis von dem bevorstehenden Eintritt einer Unterhaltsverpflichtung haben, mag man eine großzügigere Handhabung der unterhaltsrechtlichen Berücksichtigung von Verbindlichkeiten, die die Großeltern nach dem Zeitpunkt der Kenntnis der Unterhaltspflicht eingegangen sind, ablehnen. Allerdings fragt sich, wann dieser Zeitpunkt anzunehmen ist. Da die Großeltern nicht ahnen können, dass das bedürftige Enkelkind keine Sozialhilfe beantragt (vgl. Rn. 823), kann eine Kenntnis der Inanspruchnahme nicht schon bei Kenntnis des Bedarfs, sondern erst ab **Kenntnis der Inanspruchnahme** angenommen werden.

837

### d) Fiktive Einkünfte der Großeltern

Ob Großeltern zur Finanzierung des Unterhaltsbedarfs von Enkelkindern eine **Erwerbsobliegenheit** trifft mit der Folge, dass ihnen bei deren Verletzung fiktive Einkünfte zuzurechnen wären, aus denen ggf. der Enkelunterhalt zu zahlen wäre, ist bislang wohl noch nicht entschieden worden[636]. Die Fallgestaltung ist keineswegs exotisch. Großeltern sind häufig noch in arbeitsfähigem Alter. Gleichwohl stehen sie teilweise unter erheblichem betrieblichen und gesellschaftlichen Druck, vorgezogene Ruhestandsvereinbarungen zu schließen, um aus dem Erwerbsleben auszuscheiden. Auch sind Fälle denkbar, in denen Großeltern sich in bescheidenen Verhältnissen etabliert haben, um in geringfügigerem als normalem Umfang zu arbeiten. Nähme man in diesen Fällen eine Erwerbsobliegenheit an,

838

---

635 BGH v. 8.6.2005 – XII ZR 75/04, FamRZ 2006, 26; ebenso Wendl/Dose/*Klinkhammer*, § 2 Rn. 396; *Luthin*, FamRB 2005, 19.
636 AG Wuppertal v. 21.1.2004 – 267 F 153/03, FamRZ 2004, 1746.

wäre konsequenterweise zu prüfen, ob ihre Verletzung unterhaltsrechtlich zu sanktionieren sei, mit der Folge, dass fiktives Einkommen zuzurechnen wäre. Dies würde zu Gunsten des Enkels einen Barunterhaltsanspruch begründen, den die Großeltern aus laufenden Einkünften nicht befriedigen könnten, was wiederum zu Folge hätte, dass eventuell vorhandenes Vermögen, aus dem die Großeltern ihren Lebensunterhalt bestreiten, für den Enkelunterhalt verwertet werden müsste.

839  Eine **Erwerbsobliegenheit im Unterhaltsverhältnis zwischen Eltern und Kindern** ist mit der für die unterhaltspflichtigen Eltern erkennbaren Unmöglichkeit des Kindes, den eigenen Lebensunterhalt selbst zu sichern, zu begründen. Solange das Kind seinen Lebensunterhalt selbst finanzieren kann, besteht auch für die Annahme einer Erwerbsobliegenheit kein Raum. Solange ein minderjähriges Kind über Vermögen verfügt, aus dessen Ertrag es den eigenen Lebensunterhalt finanzieren kann, besteht eine Erwerbsobliegenheit für die Verwandten nicht. Entfällt dieses Vermögen jedoch, entsteht für die Unterhaltspflichtigen eine Erwerbsobliegenheit. Wie alle Obliegenheiten ist ihr Entstehen jedoch nach Treu und Glauben zu beurteilen, wobei in die Abwägung die Dringlichkeit des Bedarfs, die Intensität der Erwerbszumutung und schließlich auch die Nähe des Unterhaltsrechtsverhältnisses einzubeziehen ist[637].

840  Die **Dringlichkeit des Bedarfs** eines Kindes ist umso größer je geringer seine eigenen Möglichkeiten sind, seinen Bedarf selbst oder durch Unterhaltsleistungen vorrangig Verpflichteter zu erfüllen. Der Gesetzgeber selbst hat den Bedarf eines minderjährigen Kindes in § 1602 Abs. 2 BGB insoweit besonders privilegiert, als ein Unterhaltsanspruch des Minderjährigen auch durch eigenes Vermögen nicht ausgeschlossen wird. Der Minderjährige hat vielmehr nur die Erträgnisse, nicht aber auch den Stamm seines Vermögens zu verwerten. Damit stellt der Gesetzgeber selbst Kriterien für die Bemessung der Intensität des Unterhaltsbedarfs zur Verfügung. Bei Minderjährigen ist dieser besonders hoch anzusehen, solange diese keinerlei Möglichkeit haben, ihren Bedarf anderweitig als durch Unterhaltsleistungen zu befriedigen.

841  Andererseits wird die Dringlichkeit des Bedarfs dadurch vermindert, dass das bedürftige Kind Anspruch auf Sozialleistungen zur Deckung seines Bedarfs hat, die nicht zu einem Rückgriff des Trägers der Sozialhilfe gegen die Großeltern führt, weil insoweit die Rückgriffssperre des § 94 SGB XII greift. Auch dies macht deutlich, dass der Gesetzgeber selbst die Sicherung des Existenzminimums des Kindes in den Fällen des Ausfalls der Unterhaltspflicht der Eltern der Allgemeinheit aufbürden wollte und jedenfalls einen Unterhaltsregress des Sozialhilfeträgers nicht eingeführt hat.

---

637 Vgl. zu den familienrechtlichen Obliegenheiten *Melchers/Hauß*, Rn. 73–100.

Die **Intensität der Erwerbszumutung** ist abhängig davon, in welcher 842
konkreten Situation der Unterhaltspflichtige sich befindet. Es handelt sich
dabei um eine Gemengelage aus objektiven und subjektiven Umständen.
Alter, Ausbildungs- und Gesundheitszustand des Unterhaltspflichtigen
spielen dabei ebenso eine Rolle wie die Lage auf dem Arbeitsmarkt und die
persönliche sowie familiäre Lebenssituation des Unterhaltspflichtigen. So
greift eine Erwerbsobliegenheit, die einem Großelternteil mittleren Alters
auferlegt würde, der eine teilzeitige Tätigkeit ausübt und ihm abverlangte,
seine Tätigkeit um eine Arbeitsstunde täglich auszuweiten, weniger stark in
die persönliche Lebensplanung ein als die Erwerbsobliegenheit eines Vor-
ruheständlers, der sich zur Erfüllung von Unterhaltspflichten eines Enkels
beruflich zu reaktivieren hätte. Insoweit ist im Einzelfall stets abzuwägen,
ob dem auf Enkelunterhalt in Anspruch genommenen Großelternteil in der
konkreten Situation die Aufnahme oder Ausdehnung einer Berufstätigkeit
zuzumuten ist. In der Regel wird dies nicht zuzumuten sein.

Nach § 1603 Abs. 2 BGB ist aufgrund der besonderen Nähe des Un- 843
terhaltsverhältnisses den **Eltern** auferlegt, ihren Kindern bis an die Grenze
ihrer eigenen Existenz Unterhalt zu zahlen. Diese besondere Opfergrenze
ist auch damit zu rechtfertigen, dass der Unterhaltsanspruch des Kindes
gegen seine Eltern der einzige Unterhaltsanspruch ist, dem in Art. 6 GG
Verfassungsrang eingeräumt wurde.

All diese Überlegungen können nur dazu führen, dass eine Erwerbs- 844
obliegenheit eines Großelternteils zur Finanzierung des Enkelunterhaltes
i.d.R. nicht angenommen werden kann.

**e) Vorrangige Unterhaltspflichten, Familien- und Gattenunterhalt**

Dem Unterhaltsanspruch des Enkels geht der Familienunterhaltsan- 845
spruch gegen den Unterhaltspflichtigen nach (§ 1609 BGB). Der Unterhaltsanspruch des Enkels geht aber dem Elternunterhalt vor, was aus § 1609
Abs. 1 BGB folgt (Vorrang des Deszendentenunterhalts vor dem Aszendentenunterhalt).

## III. Quotale Haftung der Großeltern mit anderen Verpflichteten

Genau wie im Fall des Elternunterhaltes haften auch im Enkelunterhalt 846
gleich nahe Verwandte anteilig nach ihren **Erwerbs- und Vermögensverhältnissen** (§ 1606 Abs. 3 S. 1 BGB) für den Unterhaltsbedarf des Enkelkindes
(vgl. insoweit auch Rn. 702 ff.). Konkret bedeutet dies, dass **alle vier Großeltern** eines Kindes im Fall der Inanspruchnahme anteilig haften. Dabei ist

auch in diesen Fällen darauf zu achten, dass es nicht nur um die Haftung der Großeltern mit ihrem Einkommen geht. Auch ein eventuell bei den Großeltern vorhandenes Vermögen ist für die anteilige Haftung einzusetzen.

847 Dabei ergibt sich wie beim Elternunterhalt (vgl. Rn. 505) das Problem, wie ein verwertbares Vermögen so dem Einkommen zugerechnet werden kann, dass die Haftungsanteile der Haftungsgenossen bestimmt werden können. Während im Elternunterhalt bei verwertbarem Vermögen des Unterhaltspflichtigen auf die voraussichtliche Lebensdauer des Elternteils abzustellen ist, kann beim Enkelunterhalt ein Vermögen nur auf die **voraussichtliche Unterhaltsdauer** verteilt werden. Regelmäßig kann man aber nicht davon ausgehen, dass mit Erreichen der Volljährigkeit die Unterhaltsbedürftigkeit des Enkelkindes endet. Da im Rahmen des Enkelunterhaltes auch die Finanzierung einer angemessenen Berufsausbildung geschuldet wird (vgl. Rn. 533), lässt sich realistischerweise bei einem Kleinkind ein Unterhaltszeitraum von ca. 25 Jahren annehmen. Bei einem **Vermögenseinsatz der Großeltern** ist darüber hinaus anhand der Sterbetafeln ggf. zu ermitteln, ob der Zeitraum des Vermögenseinsatzes die gesamte Bedarfszeit des Enkels umfasst.

| Enkel, 8 Jahre, Bedarf 364 € – Kindergeld: 92 € = | 272 | | | |
|---|---|---|---|---|
| Rechnungszins für Kapitalkalkulation | 2% | | | |
| Monate voraussichtlichen Bedarfs bis 25 Jahre – 8 = 17 × 12 Mon. | 204 | | | |
| | Großvater (67) | Großmutter (62) | Großvater (73) | Großmutter (60) |
| verwertbares Vermögen | 11.000,00 € | 4.500,00 € | 23.000,00 € | 21.000,00 € |
| anrechenbares Einkommen | 3.600,00 € | | 2.400,00 € | 1.500,00 € |
| Lebenserwartung der Großeltern nach Sterbetafel 2009/2011 | 16,12 | 23,23 | 11,95 | 24,96 |
| Leistungszeit bis 25. Lebensjahr d. Enkels in Abhängigkeit von der Lebenserwartung der Großeltern | 16,12 | 17 | 11,95 | 17 |
| aus dem verwertbaren Vermögen zu generierendes Einkommen pro Monat, Excel-Formel: =RMZ(2%, Leistungszeit; Vermögen)/12 | 67,09 € | 26,24 € | 181,91 € | 122,45 € |
| Wohnvorteil | | | 350,00 € | 350,00 € |
| Einkommen für Enkelunterhalt | 3.667,09 € | 26,24 € | 2.931,91 € | 1.972,45 € |
| Anteile am Familienunterhalt in % | 99% | 1% | 60% | 40% |
| ./. Selbstbehalt | – 3.240,00 € | | – 3.240,00 € | |
| Familienunterhalt = Sockelselbstbehalt + 45% des darüber hinausgehenden Einkommens | 3.444,00 € | | 3.988,96 € | |
| Anteile am Familienunterhalt | 3.419,53 € | 24,47 € | 2.384,67 € | 1.604,29 € |
| Leistungsfähigkeit für Enkelunterhalt | 247,56 € | 1,77 € | 547,24 € | 368,16 € |
| Gesamtleistungsfähigkeit | 1.164,73 € | | | |
| Bedarf des Enkels | 272,00 € | | | |
| Leistungsfähigkeit in %, gerundet | 21% | 0% | 47% | 32% |
| **Anteile am Enkelunterhalt** | **57,12 €** | **0,00 €** | **127,84 €** | **87,04 €** |

Dieses Beispiel macht auch deutlich, welch ein **Darlegungsaufwand** 848
für die **Schlüssigkeit einer Klage** auf Enkelunterhalt erforderlich ist. Da
zur Schlüssigkeit der Klage gegen einen Haftungsgenossen die Berechnung
seiner Haftungsquote gehört[638], ist in jedem Fall eine konkrete Darlegung
der Haftungsquote erforderlich.

---

638 *Götz*, S. 42.

## D. Verteidigungsstrategien gegen Elternunterhalt

Die Anwaltschaft wird mit dem Elternunterhalt nahezu ausschließlich aus Sicht der Unterhaltspflichtigen konfrontiert. Dabei sind die Fälle, in denen Unterhaltsberechtigte unmittelbar Unterhaltsansprüche gegenüber ihren Kindern geltend machen, verschwindend gering. Im Regelfall wird der Unterhaltsanspruch des pflegebedürftigen alten Menschen vom Träger der Sozialhilfe gegenüber dem unterhaltspflichtigen Kind geltend gemacht, nachdem der Unterhaltsanspruch des Pflegebedürftigen im Wege der Legalzession auf den Träger der Sozialhilfe § 94 SGB Abs. 2 XII übergegangen nach ist. Dies führt zu einer weitgehenden Entemotionalisierung des Rechtsstreites, da eine unmittelbare rechtliche Konfrontation zwischen dem unterhaltsbedürftigen Elternteil und dem unterhaltspflichtigen Kind nicht stattfindet.

849

Gleichwohl ist in der anwaltlichen Beratung nicht zu übersehen, dass sich die auf Elternunterhalt in Anspruch Genommenen oftmals nur mit reduzierter Verteidigungsbereitschaft gegen die Inanspruchnahme wehren, weil sie fürchten, vor sich selbst oder ihrer Umwelt als „undankbare Kinder" stigmatisiert zu werden (vgl. auch Rn. 27 ff.).

850

Die im Nachfolgenden dargestellten **Verteidigungsstrategien gegen Elternunterhalt** setzen zu einem frühen Zeitpunkt an. Ob sie alle ins Feld geführt werden müssen, ist abhängig von der Belastbarkeit der Argumente und der Mandanten.

851

Elternunterhaltsansprüche werden regelmäßig durch den Träger der Sozialhilfe geltend gemacht. Dieser kann nunmehr Elternunterhaltsansprüche wieder auf Grund einer Legalzession geltend machen (§ 94 Abs. 2 SGB XII).

852

Es ist bereits darauf hingewiesen worden, dass der Elternunterhalt sich systematisch schlecht in das geltende Recht integriert. Dies setzt sich bei der Vorschrift über den gesetzlichen Übergang der Unterhaltsansprüche auf den Träger der Sozialhilfe fort. Nach § 94 Abs. 2 SGB XII geht der Anspruch einer volljährigen unterhaltsberechtigten Person, die **behindert** im Sinne von § 53 SGB XII oder **pflegebedürftig** im Sinne von § 61 SGB XII ist, **gegenüber ihren Eltern** wegen Leistungen nach dem 6. und 7. Kapitel (Eingliederung und Hilfe zur Pflege) nur in Höhe von bis zu 26,00 € und wegen Leistungen nach dem 3. Kapitel nur in Höhe von bis zu 20,00 € monatlich auf den Sozialhilfeträger über.

853

854 Es verwundert, dass bei der erheblich intensiveren Unterhaltsbeziehung von Eltern zu ihren Kindern bei einem Pflegebedarf der Kinder die Überleitung von Unterhaltsansprüchen auf Minimalbeträge beschränkt wird, während beim Elternunterhalt, für den Unterhaltsansprüche nach § 94 Abs. 1 SGB XII übergeleitet werden, eine derartige Limitierung nicht gegeben ist.

855 Ähnlich unlogisch und unsystematisch ist die Rückgriffsmöglichkeit des Trägers der Sozialhilfe im Fall der **Gewährung von Grundsicherung** nach dem ehemaligen Grundsicherungsgesetz, das nunmehr in §§ 41 ff. SGB XII integriert ist. Nach § 43 Abs. 2 SGB XII ist die Inanspruchnahme von nach bürgerlichem Recht Unterhaltspflichtigen für einen unterhaltsrechtlichen Regress des Sozialhilfeträgers bei Gewährung von Grundsicherung nur dann möglich, wenn dessen Einkünfte 100.000,00 € übersteigen. Auf die argumentative Friktion hat bereits das BVerfG in seiner Entscheidung vom 7.6.2005[639] hingewiesen. Zuvor hat der BGH die Schwäche des Elternunterhaltes u.a. mit dieser gesetzgeberischen Entscheidung begründet. Beide Rückgriffsmöglichkeiten passen nicht in das System einer unlimitierten Unterhaltsverpflichtung von Elternunterhalt. Wenn schon der Rückgriff des Sozialhilfeträgers bei einem pflegebedürftigen behinderten volljährigen Kind gegen die Eltern nur in Höhe von maximal 46,00 € möglich sein soll (§ 94 Abs. 2 SGB XII), dann gibt es kein Argument, einen unlimitierten Zugriff beim Elternunterhalt zuzulassen.

## I. Verwirkung durch Zeitablauf

856 Dem Aspekt der **Verwirkung durch Zeitablauf** kommt im Bereich des Elternunterhaltes eine besondere Bedeutung zu. Macht ein unterhaltsberechtigter Elternteil Unterhaltsansprüche geltend und setzt er diese nicht zeitnah durch, kann der Unterhaltspflichtige **nach Ablauf eines Jahres** den Einwand der Verwirkung erheben, ohne dass an das Umstandsmoment besondere Anforderungen zu stellen sind[640].

857 Die Verwirkung eines Anspruches nach § 242 BGB kommt in Betracht, wenn der Berechtigte einen Anspruch längere Zeit nicht geltend macht (**Zeitmoment**), obwohl er hierzu in der Lage wäre und sich der Beklagte somit darauf eingerichtet hat, dass dies auch in Zukunft nicht der Fall sein wird[641] (**Umstandsmoment**). Zwar stehe es einem Gläubiger grundsätzlich

---

639 BVerfG v. 7.6.2005 – 1 BvR 1508/96, FamRZ 2005, 1051.
640 BGH v. 23.10.2002 – XII ZR 266/99, FamRZ 2002, 1698.
641 Palandt/*Grüneberg*, § 242 Rn. 95.

zu, Fristen auszuschöpfen, doch können im Einzelfall Umstände vorliegen, welche die Ausübung eines Rechts als unzulässig erscheinen lassen.

Für das **Zeitmoment** ist es erforderlich, dass der Anspruch im Laufe eines bestimmten Zeitraumes nicht geltend gemacht wird, wobei eine pauschale Bestimmung des Zeitraumes nicht möglich ist[642]. Maßgeblich ist vielmehr, dass eine Zeitspanne verstrichen ist, nach welcher mit einer Geltendmachung des Rechts vernünftigerweise nicht mehr zu rechnen ist[643]. 858

Hierbei ist zu beachten, dass **Zeitmoment und Umstandsmoment** nicht selbstständig nebeneinander stehen, sondern sich wechselseitig beeinflussen[644]. Ein maßgebliches Kriterium hier ist u.a. wie viel **Vertrauen der Berechtigte in die Nichtumsetzung des möglichen Rechts** erzeugt. Derartiges Vertrauen wird beispielsweise erzeugt durch ein Verhalten, welches nahe an einem **konkludenten Verzicht** liegt, indem etwa der Berechtigte bei der Verhandlung über einen relevanten Sachverhalt einen Anspruch nicht geltend macht[645]. 859

Der BGH ist in diesem Zusammenhang der Auffassung, dass der **Schuldnerschutz bei Unterhaltsrückständen** für eine mehr als ein Jahr zurückliegende Zeit besondere Beachtung verdient[646] und stellt somit an das **Zeitmoment** betreffend der Verwirkung von Unterhaltsansprüchen keine hohen Anforderungen. Es ist als erfüllt anzusehen, wenn die **Rückstände Zeitabschnitte betreffen, die mehr als ein Jahr zurückliegen**. Diese Wertung kommt auch in § 1585b Abs. 3 BGB für den nachehelichen Unterhalt deutlich zum Ausdruck. 860

Dies gilt ebenso, wenn **Ansprüche aus übergegangenem Recht** geltend gemacht werden, da sich durch den Übergang Umfang, Inhalt und Natur des Anspruches nicht verändern und ein Unterhaltsgläubiger, wegen der Zweckbestimmung des Anspruches zur Deckung laufender Kosten, damit rechnen kann, zeitnah in Anspruch genommen zu werden[647]. 861

Neben dem Zeitmoment kommt es für eine Verwirkung auf das **Umstandsmoment** an. Dieses ist gegeben, wenn zu der verspäteten Geltendmachung Umstände hinzutreten, aufgrund derer der Unterhaltsverpflichtete sich nach **Treu und Glauben** darauf einrichten durfte, nicht mehr in 862

---

642 Dauner-Lieb/Heidel/Ring/*Krebs*, § 242 Rn. 106.
643 MüKo/*Roth*, § 242 Rn. 303.
644 BGH, 19.12.2000 – X ZR 150/98, GRUR 2001, 323, 327.
645 So ausdrücklich: Dauner-Lieb/Heidel/Ring/*Krebs*, § 242, Rn. 107 m.w.N.
646 BGH v. 23.10.2002 – XII ZR 266/99, FamRZ 2002, 1698.
647 BGH v. 23.10.2002 – XII ZR 266/99, FamRZ 2002, 1698.

Anspruch genommen zu werden und sich entsprechend hierauf eingerichtet hat[648].

863 Grundsätzlich werden an das **Umstandsmoment** erhöhte Anforderungen gestellt. So ist beispielsweise von einer Verwirkung des Unterhaltsanspruches nur dann auszugehen, wenn ein Schuldner für mögliche Nachforderungen keine Rückstellungen gebildet hat oder es unterlassen hat, angesichts möglicher Nachforderungen seine Lebensverhältnisse anzupassen um wirtschaftliche Schwierigkeiten infolge der Inanspruchnahme zu vermeiden[649].

864 Eine **Ausnahme von diesem Grundsatz** bildet der Bereich des **Elternunterhalts**, indem hier **weniger strenge Voraussetzungen** an die Erfüllung des Umstandsmomentes zu stellen sind[650]. Im Elternunterhalt kommt es nicht darauf an, dass der Pflichtige, der seine Lebensführung in Erwartung der unterbliebenen Inanspruchnahme anders gestaltet hat[651]. Deswegen führt bereits die Nicht-Geltendmachung eines Teilanspruches zu einem abstrakten Vertrauensschutz. Der zuvor vom XII. Zivilsenat stets geforderten „**Vertrauensinvestition**" bedarf es hier somit nicht[652]. Selbst in der Ankündigung, weitere Unterhaltsansprüche geltend zu machen, hat die Rechtsprechung dann keinen die Verwirkung hindernden Umstand angenommen, wenn zwischen der Ankündigung und der tatsächlichen Geltendmachung des Unterhaltes für den fraglichen Zeitraum mehr als 1 Jahr liegt[653].

---

**BGH, v. 23.10.2002 – XII ZR 266/99, FamRZ 2002, 1698**

… Eine Verwirkung kommt nach allgemeinen Grundsätzen in Betracht, wenn der Berechtigte ein Recht längere Zeit nicht geltend macht, obwohl er dazu in der Lage wäre, und der Verpflichtete sich mit Rücksicht auf das gesamte Verhalten des Berechtigten darauf einrichten durfte und eingerichtet hat, dass dieser sein Recht auch in Zukunft nicht geltend machen werde. Insofern gilt für Unterhaltsrückstände, die allein Gegenstand des vorliegenden Rechtsstreits sind, nichts anderes als für andere in der Vergangenheit fällig gewordene Ansprüche (Senatsurteil, BGHZ 84, 280, 281 = FamRZ 1982, 898). Vielmehr spricht gerade bei derartigen Ansprüchen vieles dafür, an das sog. Zeitmoment der Verwirkung keine strengen Anforderungen zu stellen. Nach § 1613 I BGB kann Unterhalt für die Vergangenheit ohnehin nur ausnahmsweise gefordert werden. Von einem Unterhaltsgläubiger, der lebensnotwendig auf Unterhaltsleistungen angewiesen ist, muss eher als von einem Gläubiger anderer Forderungen erwartet werden, dass er sich zeitnah um die Durchsetzung

---

648 Bamberger/Roth/*Grüneberg*, § 242, Rn. 141 m.w.N.; BGH v. 27.6.1957 – II ZR 15/56, BGHZ 25, 47, 52; v. 16.6.1982 – IVb ZR 709/80; v. 13.1.1988 – IVb ZR 7/87, FamRZ 1988, 370.
649 Vgl. statt vieler: Dauner-Lieb/Heidel/Ring/*Krebs*, § 242, Rn. 109 m.w.N.
650 BGH v. 23.10.2002 – XII ZR 266/99, FamRZ 2002, 1698 ff.
651 *Brudermüller*, NJW 2004, 631, 639.
652 *Brudermüller*, NJW 2004, 631, 639.
653 OLG Frankfurt, 23.11.2005 – 3 UF 122/99, FamRZ 2000, 1391.

des Anspruchs bemüht. Andernfalls können Unterhaltsrückstände zu einer erdrückenden Schuldenlast anwachsen. Abgesehen davon sind im Unterhaltsrechtsstreit die für die Bemessung des Unterhalts maßgeblichen Einkommensverhältnisse der Parteien nach längerer Zeit oft nur schwer aufklärbar. Diese Gründe, die eine möglichst zeitnahe Geltendmachung von Unterhalt nahe legen, sind so gewichtig, dass das Zeitmoment der Verwirkung auch dann erfüllt sein kann, wenn die Rückstände Zeitabschnitte betreffen, die etwas mehr als ein Jahr zurückliegen. Denn nach den gesetzlichen Bestimmungen der §§ 1585b III, 1613 II Nr. 1 BGB verdient der Gesichtspunkt des Schuldnerschutzes bei Unterhaltsrückständen für eine mehr als ein Jahr zurückliegende Zeit besondere Beachtung. Diesem Rechtsgedanken kann im Rahmen der Bemessung des Zeitmoments in der Weise Rechnung getragen werden, dass das Verstreichenlassen einer Frist von mehr als einem Jahr ausreichen kann (Senatsurteil, BGHZ 103, 62, 68 ff. = FamRZ 1988, 370). ...

Die **Verwirkungseinrede** hat bei Elternunterhaltsansprüchen eine besondere Bedeutung. Vielfach sind die Träger der Sozialhilfe, die mit der Geltendmachung übergeleiteter Unterhaltsansprüche betraut sind, nicht in der Lage, Unterhaltsansprüche innerhalb eines Jahres geltend zu machen. Je komplexer der unterhaltsrechtliche Tatbestand ist, je mehr unterhaltspflichtige Personen daran beteiligt sind und je aufwendiger die Ermittlung der Einkommensverhältnisse des oder der Unterhaltspflichtigen ist, umso eher wird es gelingen, einen Teil der Ansprüche über die Verwirkungsgrenze hinweg zu bringen.

865

Deshalb ist es nicht immer ratsam, der auskunftsberechtigten Kommune gleich eine geordnete und übersichtliche Aufstellung des Einkommens des Unterhaltspflichtigen vorzulegen. Je mehr die Arbeit der Ermittlung des anrechenbaren Einkommens der Kommune selbst überbürdet wird, umso eher besteht die Möglichkeit, das Zeitmoment für die Verwirkungseinrede zu nutzen.

866

**Praxistipp:**

867

Aus **anwaltlicher Sicht** empfiehlt es sich daher immer, die Auskunftserteilung dem Mandanten selbst und dem Sozialhilfeträger zu überlassen und erst dann als Bevollmächtigter des Unterhaltspflichtigen in Erscheinung zu treten, wenn die Auskunft erteilt worden ist und möglichst vor Berechnung des Unterhaltes durch den Sozialhilfeträger gewichtige Ausführungen zu einzelnen Fragen des Unterhaltsanspruchs, des anrechenbaren Einkommens und einer eventuellen unterhaltsrechtlichen Mithaftung von Geschwistern zu machen. Ein derartiges Vorgehen verzögert – jenseits von jeder materiell-rechtlichen Berechtigung – ein Unterhaltsverfahren oftmals so stark, dass aus zeitlichen Gründen eine Verwirkung des Unterhaltsanspruchs in Betracht gezogen werden kann.

> Aus **behördlicher Sicht** empfiehlt es sich zur Vermeidung der Verwirkungseinrede dem unterhaltspflichtigen Kind regelmäßig eine **Sachstandsmeldung** zuzusenden, aus der sich ergibt, dass trotz eines gewissen Zeitablaufs die Ermittlungen zur Berechnung der Unterhaltsverpflichtung fortlaufen und Unterhaltsrückstände ebenso wenig ‚aufgegeben' werden, wie die Geltendmachung der laufenden Unterhaltsforderungen. Solche ‚Sachstandsmeldungen' sollten – auch bei laufenden Prozessen – hinsichtlich der nicht im Prozess geltend gemachten laufenden Unterhaltsleistungen – mindestens einmal pro Jahr verschickt werden.

868 Auch unter dem Aspekt der Verwirkung sind **Nachforderungen** von Unterhalt durch den Berechtigten oder den Träger der Sozialhilfe zu werten. Dazu kommt es, wenn ein Sozialhilfeträger mit dem Unterhaltspflichtigen Verhandlungen über Unterhaltszahlungen führt und einen bestimmten Unterhaltsbetrag geltend macht, der nachträglich nach oben korrigiert wird. Auch in diesen Fällen ist nicht jede Korrektur nach oben unmöglich. Hat allerdings der Träger der Sozialhilfe eine bestimmte Forderung begründet, muss der Unterhaltspflichtige nicht damit rechnen, dass diese erhöht wird, sondern kann darauf vertrauen, dass zu einem späteren Zeitpunkt keine Nachforderung begründet wird.

> **OLG Celle v. 2.9.2008 – 10 UF 101/08, FamRZ 2009, 1076**
>
> … Der Anspruch auf Elternunterhalt ist teilweise verwirkt, wenn der Unterhaltspflichtige aufgrund entsprechender Mitteilungen der Unterhaltsberechtigten darauf vertrauen darf, dass die Unterhaltsberechtigte rückwirkend keinen höheren Unterhalt geltend machen wird. Soweit die Unterhaltsberechtigte im Verlauf der außergerichtlichen Korrespondenz ihre Unterhaltsforderung immer wieder ermäßigt hat, durfte der Unterhaltspflichtige darauf vertrauen, dass keine höhere Inanspruchnahme erfolgen wird. Dabei ist zu berücksichtigen, dass die durch außergerichtliche Schriftsätze erfolgten Ermäßigungen der Unterhaltsforderung jeweils Ergebnis der außergerichtlichen Korrespondenz waren, in welcher der Unterhaltspflichtige Abzugspositionen vorgetragen hat. …

## II. Verwirkung gem. § 1611 BGB

869 In Bezug auf den Elternunterhalt reduziert § 1611 BGB den Unterhaltsanspruch des Berechtigten auf einen Unterhalt, der der Billigkeit entspricht, wenn der Unterhaltsberechtigte

- durch sittliches Verschulden bedürftig geworden ist,

- seine Unterhaltsverpflichtung gegenüber dem Pflichtigen gröblich vernachlässigt hat oder
- sich **gegenüber dem Unterhaltspflichtigen** oder einem nahen Angehörigen des Unterhaltspflichtigen einer **vorsätzlichen schweren Verfehlung** schuldig gemacht hat.
- daneben entfällt die Unterhaltsverpflichtung vollständig, wenn die **Inanspruchnahme des Unterhaltspflichtigen grob unbillig wäre** (§ 1611 Abs. 1 S. 2 BGB).

Das **sittliche Verschulden** muss von einem **erheblichen Gewicht**[654] und für die eingetretene Bedürftigkeit **ursächlich** sein[655]. Unter diesen Verwirkungstatbestand werden Trunk-, Spiel- und Drogensucht[656] gefasst, wenn diese ursächlich für die eingetretene Bedürftigkeit sind.

870

> **OLG Hamm v. 19.10.2001 – 11 UF 36/01, juris**
>
> Bei einem sittlichen Verschulden handelt es sich nach der Definition der Rechtsprechung um eine Vorwerfbarkeit von erheblichem Gewicht. Es liegt vor, wenn das Verhalten, das die Bedürftigkeit herbeigeführt hat, sittliche Missbilligung verdient. Der Bedürftige muss in vorwerfbarer Weise anerkannte Gebote der Sittlichkeit außer Acht gelassen haben (BGH FamRZ 1985, S. 275).

## 1. Verwirkungsgrund ‚sittliches Verschulden'

### a) Mangelnden Altersvorsorge

Zentrale Bedeutung gewinnt die Fragestellung, ob die **mangelnde Altersvorsorge** des Unterhaltsberechtigten während seiner Erwerbszeit, die für die Unterhaltsbedürftigkeit kausal ist, den Vorwurf eines sittlichen Verschuldens im Rahmen von § 1611 BGB begründen kann. Diese Fragestellung ist bislang in Literatur und Rechtsprechung wenig untersucht worden. Grundsätzlich trifft jeden Erwerbstätigen die Verpflichtung, eine angemessene Altersvorsorge aufzubauen. Die **Obliegenheit zur Eigenvorsorge** kann aus dem allgemeinen Sittengesetz[657] abgeleitet werden. Ein sittliches Verschulden ist dann gegeben, wenn es um eine Vorwerfbarkeit von erheblichem Gewicht geht und das Verhalten sittliche Missbilligung verdient[658].

871

---

654 KK-FamR/*Klein*, § 1611 Rn. 8.
655 Palandt/*Diederichsen*, § 1611 Rn. 3.
656 KG v. 18.12.2001 – 18 UF 35/01, FamRZ 2002, 1357.
657 Staudinger/*Engler*, § 1611 Rn. 14.
658 BGH v. 18.5.1983 – IVb ZR 375/81, FamRZ 1983, 803; BGH v. 6.12.1984 – IVb ZR 53/83, FamRZ 1985, 273. Besonders drastisch wird dieses ‚allgemeine Sittengesetz' an den Stadttoren von Jüterbog (Brandenburg) dokumentiert. Den dort hängenden baseballartigen Knüppeln wird die mittelalterliche Inschrift zugeordnet: „Wer seinen Kindern gibt das Brot und leidet später selber Not, den schlage man mit dieser Keule tot."

872  Bevor man sich im Bereich des Elternunterhaltes mit der Frage des sittlichen Verschuldens beschäftigt ist die Vorfrage zu stellen, ob der Unterhaltsbedarf – das sittliche Verschulden hinweggedacht – entfiele, ob also das **sittliche Verschulden für den eingetretenen Unterhaltsbedarf kausal** ist. In den meisten Pflegebedarfsfällen wird dies nicht der Fall sein. Denn der Bedarf ist i.d.R. auch in diesen Fällen gegeben, in denen der Unterhaltsbedürftige angemessene Altersvorsorge betrieben hat. Zu einer jenseits der gesetzlichen Verpflichtung geschuldeten privaten Vorsorge für den Pflegefall ist der Unterhaltsberechtigte nicht verpflichtet.

> **Beispiel:** V (80) hat 45 Jahre lang versicherungspflichtig gearbeitet und stets das Durchschnittseinkommen erzielt. Damit hat er eine Rente in Höhe von monatlich 1.287 € brutto und ca. 1.050 € netto erworben. Bei Pflegekosten von 3.800 € verbliebe ein unterhaltrechtlicher Fehlbedarf von ca. 900 €. Einem Durchschnittsverdiener ist nicht vorzuwerfen, in dieser Höhe keine private Vorsorge betrieben zu haben.

873  Der BGH hat sich im Ehegattenunterhaltsrecht mit der Frage **mangelnder Bildung angemessener Altersvorsorge** auseinander gesetzt[659] und klargestellt, dass nicht jede Vernachlässigung der Obliegenheit, die Mittel zum eigenen Unterhalt im Rahmen des Zumutbaren selbst aufzubringen, als sittliches Verschulden anzusehen sei. Die Bedürftigkeit müsse vielmehr durch Verhaltensweisen herbeigeführt sein, „die bei objektiver Wertung sittlich zu missbilligen" seien. In diesem Zusammenhang führt er Trunksucht[660], Arbeitsscheue, Spielleidenschaft und Verschwendung als sittlich verwerflich an (vgl. auch Rn. 880 ff.).

874  Dem ist mit Skepsis zu begegnen. Soweit die mangelhafte Altersvorsorge adäquate Folge eines Suchtverhaltens ist, ist nur dann ein sittliches Verdikt auszusprechen, wenn der Unterhaltsbedürftige nichts zur Bekämpfung und Behandlung seiner Sucht getan hat[661]. Sind Maßnahmen zur Bekämpfung der Sucht aus Willensschwäche des Süchtigen unterblieben, kann auch dies das sittliche Verschulden von erheblichem Gewicht aufheben und die Berufung auf Unterhaltsverwirkung verhindern[662]. Es wird erforderlich sein, die Fälle der Unterhaltsverwirkung aufgrund vorwerfbarer mangelnder Altersvorsorge zu systematisieren.

875  **Kein sittliches Verschulden** liegt vor, wenn der Arbeitsverdienst des Unterhaltsbedürftigen während der Erwerbsphase unverschuldet so niedrig gewesen ist, dass eine auskömmliche Altersversorgung nicht aufgebaut werden konnte. Dies schließt die Fälle unverschuldeter Arbeitslosigkeit oder Krankheit ein.

---

659 BGH v. 18.5.1983 – IVb ZR 375/81, FamRZ 1983, 803.
660 So auch OLG Celle v. 9.12.2009 – 15 UF 148/09, FamRZ 2010, 817.
661 Palandt/*Brudermüller*, § 1579 Rn. 18 m.w.N.; *Finger*, FamRZ 1995, 969; Heiß/Born/ Hußmann, Kap. 13, Rn. 77.
662 BGH v. 13.1.1988 – IV b ZR 15/87, FamRZ 1988, 375.

**Kein sittliches Verschulden** ist gegeben, wenn die unterhaltspflichtige Person Altersvorsorge im Rahmen der gesetzlichen Pflichtversicherung betrieben hat.  876

**Sittliches Verschulden** liegt vor, wenn trotz bestehender Möglichkeit Vorsorge für ein angemessenes **Alterseinkommen** nicht betrieben wurde[663] und die **beharrliche Missachtung der Vorsorgeobliegenheit** einen sittlichen Vorwurf von erheblichem Gewicht begründet. Dies kann zweifelhaft sein, wenn der Unterhaltpflichtige von der mangelnden Altersvorsorge profitiert hat. Wenn Eltern unter Außerachtlassung ihrer Altersvorsorge erhebliche und überobligatorische Mittel in die Ausbildung ihrer Kinder investieren, kann bei einer Altersbedürftigkeit daher nicht immer von einem sittlichen Verschulden von erheblichem Gewicht gesprochen werden. Dagegen könnte die beharrlich unterlassene Erwerbstätigkeit, um dem Müßiggang zu frönen, einen Verwirkungsgrund darstellen.[664]  877

**Zweifelhaft** ist, **ob bei Pflegebedürftigkeit der Eltern** und dem dadurch hervorgerufenen Unterhaltsbedarf überhaupt von einer durch sittliches Verschulden begründeten Unterhaltbedürftigkeit gesprochen werden kann. Die Pflegefallvorsorge gehört nicht zum Vorsorgestandardrepertoire. Angesichts der Tatsache, dass das Eintreten des Pflegefalls für den Bedürftigen ebenso wenig planbar ist wie für den Unterhaltpflichtigen, kann eine Pflegebedarfsvorsorge in der Erwerbsphase des Unterhaltbedürftigen nur im Rahmen der Pflegeversicherungsvorsorge verlangt werden. Die Absicherung eines darüber hinausgehenden Pflegefallbedarfs kann nicht verlangt werden. Durch ein sittliches Verschulden wird daher die Bedürftigkeit erst dann ausgelöst, wenn der Bedürftige im Angesicht der bevorstehenden Pflegebedürftigkeit Einkommen oder Vermögen vergibt, das den Eintritt der Bedürftigkeit verhindert hätte und diese Vergabe sittlich verwerflich wäre.  878

Der Vorwurf mangelnder Altersvorsorge begründet daher in den typischen Elternunterhaltsfällen keine Unterhaltsverwirkung als Folge eines sittlichen Verschuldens nach § 1611 Abs. 1 BGB.  879

### b) Sucht- und Drogenprobleme[665]

Führen **Alkohol**- oder anderer **Drogenmissbrauch** zur Vernachlässigung der eigenen Altersvorsorge und dadurch zur Unterhaltbedürftigkeit, oder führt Drogen- und **Medikamentenmissbrauch** in seiner vielfältigen Form zur frühen Pflege- und damit auch Sozialhilfebedürftigkeit, fragt  880

---

663 AG Frankfurt/M. v. 6.6.2001 – 35 F 7001/99, FPR 2002, 76.
664 OLG Oldenburg v. 21.2.2006 – 12 UF 130/05, FamRZ 2006, 1292; OLG Hamm v. 19.10.2001 – 11 UF 36/01, juris: für den Fall eines Unterhalt geltend machenden Kindes.
665 *Foerste*, Alkoholismus und Unterhaltsrecht, FamRZ 1999, 1245.

sich, ob der Unterhaltsanspruch der unterhaltsbedürftigen Person durch ‚sittliches Verschulden' herbeigeführt worden und dadurch ganz oder teilweise verwirkt ist. Grundsätzlich werden Drogen- und Trunksuch als sittliches Verschulden gewertet[666].

> **KG v. 18.12.2001 – 18 UF 35/01, juris**
>
> ...
>
> 2. Hat der Unterhaltsberechtigte durch langjährigen Drogenmissbrauch wider bessere Erkenntnis seine Bedürftigkeit verursacht, liegt hierin ein sittliches Verschulden i.S.v. § 1611 Abs. 1 BGB mit der Folge, dass der Unterhaltspflichtige nur noch einen Beitrag zum Unterhalt in der Höhe zu leisten hat, die der Billigkeit entspricht.

**881** Ist aber die Sucht bereits so weit fortgeschritten, dass sie eigenen Krankheitswert hat[667], soll Verwirkung nicht eintreten[668].

**882** § 1611 BGB ist als Ausnahmevorschrift und Einwendung konzipiert. Verschulden der unterhaltsberechtigten Person ist erforderlich[669]. Das Gesetz fordert ein ‚sittliches' Verschulden. Das ist nach der Rechtsprechung eine ‚Vorwerfbarkeit von besonderem Gewicht', die dann vorliegt, ‚wenn das Verhalten sittliche Missbilligung verdient. Der Bedürftige muss in vorwerfbarer Weise anerkannte Gebote der Sittlichkeit außer Acht gelassen haben'[670]. **Trunk**[671]**-, Drogensucht**[672] **und Spielleidenschaft** sind danach bei objektiver Wertung sittlich zu missbilligen[673]. Allerdings soll nach der Rechtsprechung sittliches Verschulden nur gegeben sein, wenn der einsichtsfähige Bedürftige eine erfolgversprechende ärztliche Behandlung verweigert oder danach rückfällig wird[674]. Ein sittliches Verschulden ist dann nicht gegeben, wenn die Sucht den

---

666 OLG Celle v. 9.12.2009 – 15 UF 148/09, FamRZ 2010, 817; KG v. 18.12.2001 – 18 UF 35/01, FamRZ 2002, 1357; AG Altena v. 13.10.1993 – 8a F 161/93, FamRZ 1994, 1130; AG Germersheim v. 5.4.1990 – 2 C 83/90, FamRZ 1990, 1387.
667 OLG Frankfurt v. 14.7.2010 – 2 UF 238/09, FamRZ 2011, 226.
668 BGH v. 8.7.1981 – IVb ZR 593/80, FamRZ 1981, 1042; v. 13.1.1988 – IVb ZR 15/87, FamRZ 1988, 375; OLG Düsseldorf v. 24.6.1981 – 5 UF 37/81, FamRZ 1981, 1177.
669 Wendl/Dose/*Wönne*, § 2 Rn. 936.
670 BGH v. 6.12.1984 – IVb ZR 53/83, FamRZ 1985, 273.
671 OLG Hamburg v. 27.3.1984 – 12 UF 19/84, FamRZ 1984, 610; AG Altena v. 13.10.1993 – 8a F 161/93, FamRZ 1994, 1130; AG Germersheim v. 5.4.1990 – 2 C 83/90, FamRZ 1990, 1387.
672 OLG Hamm v. 31.5.2006 – 11 UF 53/06, FamRZ 2007, 165; OLG Celle v. 13.3.1990 – 17 UF 107/88, FamRZ 1990, 1142; KG v. 18.12.2001 – 18 UF 35/01, FamRZ 2002, 1357; OLG Karlsruhe v. 28.7.2010 – 16 UF 65/10, FamRZ 2010, 2082; OLG Frankfurt, FamRZ 2011, 226; Krenzler/Borth/*Caspary/Hauß* Kap. 6, Rn. 1609.
673 BGH v. 18.5.1983 – IVb ZR 375/81, FamRZ 1983, 803.
674 OLG Frankfurt v. 14.7.2010 – 2 UF 238/09, FamRZ 2011, 226.

persönlichen Lebensumständen geschuldet ist⁶⁷⁵. Ein unterhaltsrechtlicher Bezug, also die billigende Inkaufnahme, durch die Sucht unterhaltsbedürftig zu werden, wird im Verwandtenunterhalt nicht gefordert⁶⁷⁶.

Die **Darlegungs- und Beweislast** trägt für die Verwirkung die **unterhaltspflichtige Person**⁶⁷⁷. Dabei ist allerdings zu berücksichtigen, dass im Elternunterhalt zwischen der unterhaltsrechtlichen Inanspruchnahme des Kindes und dessen Zusammenleben mit der unterhaltsbedürftigen Person meist viele Jahre (meist mehr als eine Generation) liegt. Vielfach wird das Kind nicht wissen, was zur Sucht geführt hat, wie und ob die süchtige Person diese bekämpft hat und ob diese daher vermeidbar gewesen wäre. **Deshalb muss es ausreichen, wenn das Kind sich darauf beruft, die unterhaltsberechtigte Person sei süchtig und deswegen bedürftig. Den Nachweis, dass kein sittliches Verschulden vorliegt, hat dann die unterhaltsberechtigte Person zu führen,** die anhand der Kenntnis ihres Lebenslaufs und der die Sucht herbeiführenden Umstände in der Lage ist, den Vorwurf ‚sittlichen Verschuldens' zu entkräften.

883

Anders als in den Fällen des Ehegattenunterhalts fehlt es beim Elternunterhalt regelmäßig an der Möglichkeit des Kindes auf den Alkohol- oder Drogenkonsum der unterhaltsbedürftigen Person Einfluss zu nehmen (Problem der Koabhängigkeit). Auch bei einem Abrutschen des Jugendlichen in Drogenabhängigkeit bleibt die Verantwortung der Eltern für die Kindeserziehung auch über den Zeitpunkt der Volljährigkeit hinaus bestehen. Das ist beim Elternunterhalt anders. Oft weiß das unterhaltspflichtige Kind nicht einmal um die Suchtproblematik und erfährt von dieser erst mit Eintritt der Unterhaltsbedürftigkeit. Auch wenn das Kind um die Suchtproblematik weiß, hat es unter ihr als Kind und Heranwachsender meist furchtbar gelitten, ohne auch nur jemals die Chance gehabt zu haben, Einfluss auf die Sucht nehmen zu können. Es kann im Kind-/Elternverhältnis für die Verwirkungsfrage nicht darauf ankommen, ob sich die unterhaltsbedürftige Person einer ihr angeratenen Suchtbehandlung entzogen hat und eine Behandlungsverweigerung in Kenntnis der Gefahr späterer Unterhaltsbedürftigkeit erfolgt ist. Die Verantwortlichkeit für das eigene Tun oder Unterlassen wird nie aufgehoben⁶⁷⁸. Deswegen stellt eine suchtindizierte Unterhaltsbedürftigkeit immer ein grobes sittliches Verschulden i.S.d. § 1611 BGB dar und führt zur Herabsetzung oder gänzlichem Ausschluss eines Unterhaltsanspruchs (vgl. Rn. 901 ff.). Soweit teilweise gegen die Annahme sittlichen Verschuldens eingewendet wird, die Sucht sei zum

884

---

675 OLG Celle v. 9.12.2009 – 15 UF 148/09, FamRZ 2010, 817; so wohl auch NK-BGB *Kath-Zuhorst*, § 1611 BGB Rn. 4.
676 BGH v. 26.9.1984– XII Z, FamRZ 1985, 158.
677 Wendl/Dose/*Wönne*, § 2 Rn. 936; Palandt/*Brudermüller*, § 1611, Rn. 10.
678 BVerwG v. 9.1.1980 – 1D 40/79, NJW 1980, 134/7.

Zeitpunkt des Eintritts der Pflege- und Unterhaltsbedürftigkeit als Krankheit zu werten, weil die süchtige Person ihr Verhalten nicht mehr steuern könne, ist dies zutreffend. Allerdings beseitigt dies nicht den Vorwurf ‚sittlichen Verschuldens'. Irgendwann zu Beginn der Suchtkarriere hatte der Süchtige noch die Kontrolle, seinen Weg in die Abhängigkeit, an ihr vorbei oder aus ihr heraus zu steuern. Niemand kommt als krankhaft süchtiger auf die Welt. Der suchtindizierten Pflegebedürftigkeit mit Hilfe des Krankheitsbegriffs den **Makel des sittlichen Verschuldens** zu nehmen ist auch eine Absage an die Eigenverantwortlichkeit des Menschen und die Freiheit seiner Willensentschließung und daher mit dem Menschenbild des Grundgesetzes nicht vereinbar (Art. 2, 3 GG).

### c) Kontakt- und Beziehungslosigkeit – Vernachlässigung

885 Nach der Rechtsprechung stellt der Kontaktabbruch von Eltern gegenüber ihren Kindern nicht stets einen Verwirkungsgrund für Unterhaltszahlungen dar[679]. Ob allerdings die **Kontaktlosigkeit**[680] zwischen Eltern und volljährigen Kindern bereits für sich allein genommen zur Annahme einer Unterhaltsverwirkung ausreicht,[681] erscheint zweifelhaft, weil jedenfalls auch dem volljährigen Kind der Vorwurf zu machen ist, aus Mangel an familiärer Gesinnung den Kontakt nicht gesucht zu haben. Allerdings ist Kontaktlosigkeit zwischen Eltern und Kindern nur ein Symptom für eine viel tiefergreifende Störung im Eltern-/Kindverhältnis. Nicht die Kontaktlosigkeit ist daher der Anknüpfungspunkt für die Verwirkung sondern die Ursache für die Kontaktlosigkeit. In der familienrechtlichen Praxis wird diese Ursache oftmals nicht aufzudecken sein. Oft haben seelische Verletzungen in Kindheit und Adoleszenz zur völligen Distanzierung geführt, die das Kind jahre- und jahrzehntelang in psychotherapeutische Behandlung gezwungen haben, um überhaupt den Alltag bewältigen zu können. Die richtige Fragestellung ist daher nicht die nach der Kotaktlosigkeit, sondern die nach den Gründen für die Kontaktlosigkeit. Diese liegen teilweise – keineswegs immer – in einem traumatisierenden Verhalten von Eltern zu ihren Kindern in Kindheit und Adoleszenz. Solche Verhaltensweisen können den Verwirkungseinwand begründen.

886 Auch **Kränkungen und Kontaktverweigerungen** sollen für die Annahme einer Unterhaltsverwirkung im Rahmen des Elternunterhaltes im All-

---

679 OLG Koblenz v. 14.3.2000 – 15 UF 605/99, OLGR 2000, 254.
680 Das OLG Celle v. 26.5.2010 – 15 UF 272/09, FamRZ 2010, 2082, nimmt insoweit Teilverwirkung an (25 %).
681 BGH v. 12.2.2014 – XII ZB 607/12, FamRZ 2014, 541; v. 15.9.2010 – XII ZR 148/09, FamRZ 2010, 1888 m. Anm. *Hauß*; AG Helmstedt v. 4.9.2000 – 5 F 134/00, FamRZ 2001, 1395.

gemeinen nicht ausreichen[682]. Für Kränkungen und Kontaktschwächen mag dies zutreffen (vgl. aber Rn. 898). Anders ist jedoch zu entscheiden, wenn eine Kontaktverweigerung der Eltern zu den Kindern gleichzeitig Ausdruck einer das familiäre Band leugnenden inneren Einstellung ist[683]. Bei Trennungs- und Scheidungsfällen, in denen in früher Kindheit ein Elternteil aus dem Gesichtsfeld des Kindes verschwindet und selbst keinerlei Anstrengungen unternimmt, Kontakt zum Kind herzustellen oder Umgangskontakte – trotz eines Bedürfnisses des Kindes – ablehnt, kann ein so tief greifender Mangel an familiärer Solidarität zu konstatieren sein, dass deren unterhaltsrechtliche Einforderung im Pflege- und Bedarfsfall grob unbillig wäre[684].

Der BGH[685] hat entschieden, dass ein erwachsenes Kind keinen Elternunterhalt zahlen müsse, wenn der pflegebedürftige Vater aufgrund einer psychischen Erkrankung sich im Grunde genommen nie um das Kind gekümmert habe. Der dieser Entscheidung zugrunde liegende Sachverhalt wies jedoch insoweit erhebliche Besonderheiten auf, als es sich um einen Vater handelte, der im Kriegsdienst psychisch erkrankt war und sich nach Kriegsende 50 Jahre lang in stationärer psychiatrischen Behandlung befunden hatte. Die auf Unterhalt in Anspruch genommene Tochter hatte unter dieser krankheitsbedingten Kontaktlosigkeit erhebliche Einbußen an Lebensqualität erlitten. In der Entscheidung heißt es dann: 887

> **BGH v. 21.4.2004 – XII ZR 251/01, FamRZ 2004, 1097**
>
> ... Angesichts der Einbußen, die die Bekl. aufgrund der Kriegsfolgen, von denen ihr Vater betroffen war, zu tragen hatte und der weiteren Entwicklung der Beziehungen zu diesem kann von ihr nicht erwartet werden, im Hinblick auf dessen Unterhaltsanspruch von der öffentlichen Hand in die Pflicht genommen zu werden. Deshalb würde der Übergang des Unterhaltsanspruchs auf den Träger der Sozialhilfe eine unbillige Härte bedeuten (ebenso Schaefer/Wolf, a.a.O., § 91 Rn. 42; vgl. auch Münder, a.a.O., § 91 Rn. 41; BVerwG, NDV 1973, 139, 140, für den Fall der Inanspruchnahme eines Großvaters für den Unterhalt eines Enkelkindes, zu dessen Mutter dieser jahrelang keine Verbindung mehr hatte). ...

Die Besonderheit dieses Falles darf nicht dazu führen, den im Leitsatz wiedergegebenen Inhalt zu generalisieren. Die ‚**Kontaktlosigkeit**' als Verwirkungsgrund im Sinne des § 1611 BGB ist unter dem Aspekt von § 1611 Abs. 1 S. 2 BGB zu prüfen. Danach fällt eine Unterhaltsverpflichtung ganz 888

---

682 BGH v. 12.2.2014 – XII ZB 607/12, FamRZ 2014, 541; OLG Karlsruhe v. 18.9.2003 – 2 UF 35/03, FamRZ 2004, 971.
683 OLG Oldenburg v. 25.10.2012 – 14 UF 80/12, FamRZ 2013, 1051.
684 OLG Bamberg v. 17.12.1991 – 7 UF 81/91, FamRZ 1992, 717 für den Unterhaltsanspruch des kontaktverweigernden volljährigen Kindes.
685 BGH v. 21.4.2004 – XII ZR 251/01, FamRZ 2004, 1097.

weg, wenn ‚die Inanspruchnahme des Verpflichteten **grob unbillig** wäre'. Richtig ist, dass für die Annahme grober Unbilligkeit ein Verschulden des Unterhaltsberechtigten nicht Voraussetzung ist. **Grobe Unbilligkeit** ist aber nur anzunehmen, wenn die Inanspruchnahme des Unterhaltspflichtigen schlechterdings unverständlich wäre[686]. Dies ist sicher nur in Ausnahmesituationen gegeben. Insoweit verbleibt es bei der generalisierenden Feststellung im Urteil des OLG Koblenz, wonach die Ablehnung einer persönlichen Kontaktaufnahme des volljährigen Kindes zum Vater für sich allein keine Verwirkung des Unterhaltsanspruchs des Kindes nach § 1611 Abs. 1 BGB zur Folge hat[687]. Allerdings ist immer auch Teilverwirkung zu prüfen[688].

### d) Straftaten, Strafhaft

889 Ist die Bedürftigkeit des Elternteils Einkommens- und Versorgungsverlusten geschuldet, die Folge von Inhaftierung sind, kann regelmäßig von einem ‚sittlichen Verschulden' ausgegangen werden[689].

### e) Nichterfüllung der persönlichen Sorgeverpflichtung

890 Eltern haben nach § 1629 BGB die Pflicht, für das minderjährige Kind zu sorgen. Diese Verpflichtung umfasst die Personen- und Vermögenssorge. Diese Sorgeverpflichtung wird in § 1627 BGB inhaltlich konkretisiert: sie ist ‚*zum Wohle des Kindes*' auszuüben. Die weitere Konkretisierung dieser Verpflichtung erfolgt in § 1631 BGB: Die Personensorge umfasst die ‚Pflicht, das Kind zu pflegen, zu erziehen, zu beaufsichtigen und seinen Aufenthaltsort zu bestimmen'. Apodiktisch bestimmt § 1631 Abs. 2 BGB: ‚Kinder haben ein Recht auf gewaltfreie Erziehung. Körperliche Bestrafungen, seelische Verletzungen und andere entwürdigende Maßnahmen sind unzulässig.'

891 **Verstöße** gegen die **Sorgeverpflichtung** sind nicht leicht unter § 1611 BGB zu fassen. Es gibt viele unterschiedliche Fallvarianten.

892 Nehmen Eltern ihre Sorge- und **Pflegeverpflichtung** nicht persönlich wahr, sondern übertragen sie diese auf Dritte, ist für die Verwirkungsproblematik entscheidend, welche Motivation dieser Übertragung zugrunde lag[690]. Man wird die Einschaltung Dritter in die Sorge- und Pflegeverpflichtung unter dem Aspekt der Verwirkung nur dann zu diskutieren haben, wenn sie Ausdruck einer entsolidarisierten Gleichgültigkeit oder Ablehnung gegenüber dem Kind oder Resultat einer karriereorientierten

---

686 BGH v. 21.4.2004 – XII ZR 251/01, FamRZ 2004, 1097.
687 OLG Koblenz v. 28.2.2000 – 13 UF 566/99, FamRZ 2001, 1164.
688 OLG Celle v. 26.5.2010 – 15 UF 272/09, FamRZ 2010, 2082.
689 OLG Hamm v. 31.5.2006 – 11 UF 53/06, FamRZ 2007, 165.
690 OLG Celle v. 19.8.2014 – 10 UF 186/14, FamRZ 2015, 71.

Selbstbezogenheit ist. Deswegen ist die Einschaltung mehr oder weniger professioneller Hilfe bei Kindererziehung und -betreuung durch privat oder öffentliche Betreuungseinrichtungen und Betreuungshilfen keine Verletzung der Betreuungs- und Pflegeverpflichtung. Vielmehr stellen solche Maßnahmen eine **Hilfe zur Erfüllung der Sorge- und Pflegeverpflichtung** dar. Auch wenn die Übertragung der Personensorge auf Dritte einer Erkrankung des Sorgeverpflichteten geschuldet ist, liegt eine schuldhafte Verletzung der Sorgeobliegenheit nicht vor[691].

Anders kann jedoch zu werten sein, wenn Sorge- und Pflegeverpflichtung auf Dritte rechtlich verbindlich oder konkludent übertragen wird. Dann stellt sich die Einschaltung Dritter in die Personensorge nicht mehr als Hilfe für den Sorgeverpflichteten, sondern als Hilfe für das Kind dar, weil die eigentlich sorgeverpflichtete Person die Sorge persönlich nicht erbringen kann oder will.

893

## 2. Sonstige Verwirkungsgründe

§ 1611 BGB bezeichnet als sonstige Verwirkungsgründe

894

- die **gröbliche Vernachlässigung der Unterhaltspflicht**[692] des jetzt Unterhaltsbedürftigen gegen den jetzt Unterhaltspflichtigen und
- eine **schwere vorsätzliche Verfehlung** des Unterhaltsbedürftigen gegen den Pflichtigen oder einen nahen Angehörigen.

Eine **gröbliche Vernachlässigung der Unterhaltspflicht** ist nicht nur dann gegeben, wenn überhaupt kein Unterhalt gezahlt wird. Auch die Schlechterfüllung der Unterhaltspflicht, also verspätete, unregelmäßige oder unzureichende Unterhaltszahlungen können das Tatbestandsmerkmal erfüllen[693]. Durch das Merkmal ‚**gröblich**' wird ein Korrektiv eingeführt, das die einfache Unregelmäßigkeit der Unterhaltszahlung von der verwirkungsbegründenden Unterhaltspflichtverletzung abgrenzt. Die Nicht- oder Schlechtleistung wird daher erst tatbestandsmäßig, wenn sie gröblich ist, also ernsthafte Schwierigkeiten bei der Bedarfsbeschaffung auslöst[694]. Bei einer kurzfristigen Unterbrechung der Unterhaltsleistung liegen diese Voraussetzungen noch nicht vor[695]. Vielmehr muss die Unterhaltspflichtverletzung ein gewisses Gewicht haben, wobei auch die Dauer der Unterhalts-

895

---

691 BGH v. 15.9.2010 – XII ZR 148/09, FamRZ 2010, 1888.
692 Dazu OLG Celle v. 2.11.2010 – 10 UF 176/10, FamRZ 2011, 984.
693 *Finger*, FamRZ 1995, 969.
694 BGH v. 26.3.1986 – IV b 37/83, FamRZ 1986, 658; v. 9.7.1986 – VI b 4/85, FamRZ 1987, 49.
695 Staudinger/*Engler*, § 1611, Rn. 22.

pflicht und die Dauer der Schlecht- oder Nichterfüllung eine Rolle spielt. **Vorsatz ist nicht erforderlich**[696].

> **OLG Koblenz v. 14.3.2000 – 15 UF 605/99, juris**
>
> 2. Ein Vater, der sich zumindest 1 1/2 Jahre lang seiner Unterhaltsverpflichtung gegenüber einem minderjährigen Kind entzieht, obwohl ihm eine Unterhaltsleistung zumindest durch Verwertung von Vermögen möglich wäre, vernachlässigte seine Unterhaltspflicht gröblich im Sinne von BGB § 1611 Abs. 1 S. 1.

896 Eine **schwere vorsätzliche Verfehlung** des Unterhaltsbedürftigen gegen den Pflichtigen oder einen nahen Angehörigen ist gegeben, wenn der andere durch die Handlung des Unterhaltsbedürftigen verletzt, geschädigt oder belästigt wird. Bagatellen werden in diesem Zusammenhang durch das Merkmal der **Vorsätzlichkeit** und der **Schwere** ausgesondert. Dementsprechend sind im familiären Verband auftretende Spannungen i.d.R. unbeachtlich. Insbesondere auch (altersbedingte) Beleidigungen oder Kontaktverweigerungen[697] sind nicht geeignet, den Verwirkungstatbestand zu erfüllen. Erforderlich sind vielmehr tiefe Kränkungen, die einen groben Mangel an verwandtschaftlicher Gesinnung und menschlicher Rücksicht offenbaren[698]. Keineswegs sollten jedoch überharte Erziehungsmethoden, körperliche Übergriffe und Drillmethoden als schwere Verfehlungen unbeachtet bleiben. Sie lösen bei den betroffenen Kindern, auch wenn sie aus auf das Kind projizierter Übereifrigkeit heraus erfolgten (Prügel zur Erzielung besserer sportlicher Leistungen), oft kindliche Traumen aus, die die davon betroffenen Menschen ihr Leben lang begleiten und belasten.

897 Von auf Unterhalt in Anspruch genommenen Kindern wird die Inanspruchnahme meist als grob unbillig empfunden, wenn der unterhaltsbedürftige Elternteil vor Eintritt der Bedürftigkeit Vermögen auf einen Dritten (teilweise auch ein anderes Kind) übertragen hat und diese Vermögensübertragung wegen **Ablauf der zehnjährigen Revokationsfrist** nicht mehr rückgängig gemacht werden kann. Ganz besonders deutlich wird dieses Problem, wenn z.B. das Elternhaus frühzeitig einem Kind unter Ausschluss der Übrigen übertragen wird, dieses Kind jedoch mangels Leistungsfähigkeit nicht oder nur beschränkt zum Unterhalt des bedürftigen Elternteils beitragen kann. Die Verletzung der familiären Solidarität durch ein Kind bevorzugende Vermögensübertragung muss nach Vorstellung der

---

696 Staudinger/*Engler*, § 1611, Rn. 22.
697 OLG Karlsruhe v. 18.1.2003 – 2 UF 35/03, FamRZ 2004, 971.
698 Palandt/*Brudermüller*, § 1611, Rn. 5 mit vielen Rechtsprechungsnachweisen.

betroffenen Kinder die Sanktion des Verlustes des Unterhaltsanspruchs nach sich ziehen.

Die Unterhaltspflicht von Eltern gegenüber ihren Kindern und von Kindern gegenüber ihren Eltern ist Ausdruck einer über die Volljährigkeit hinaus bestehenden **familienrechtlichen Solidarität**[699]. Wenn die familiäre Solidarität rechtsethische Begründung des Verwandtenunterhaltes ist, dann ist die Verletzung der familiären Solidarität rechtsethische Begründung für die Begrenzung der verwandtschaftlich begründeten Unterhaltspflicht. Diese Begrenzung der Unterhaltsverpflichtung hat in § 1611 BGB ihren Ausdruck gefunden. Demnach verwirkt der Unterhaltsberechtigte seinen Unterhaltsanspruch, wenn er durch sein sittliches Verschulden bedürftig geworden, seine Unterhaltsverpflichtung gegenüber dem Unterhaltspflichtigen gröblich vernachlässigt oder sich vorsätzlich einer schweren Verfehlung gegen den Unterhaltspflichtigen oder einem nahen Angehörigen von diesem schuldig gemacht hat. Es ist anerkannt, dass Kränkungen, die einen groben Mangel an verwandtschaftlicher Gesinnung und menschlicher Rücksichtnahme erkennen lassen, den Tatbestand einer schweren Verfehlung erfüllen können[700] (vgl. aber Rn. 886).

898

Eine schwere Verfehlung liegt auch dann vor, wenn **Gewalt in der Kindererziehung** als systematisches Mittel angewendet worden ist. Zwar besteht nach § 1631 Abs. 2 BGB erst seit dem Jahr 2000 ein Anspruch auf gewaltfreie Erziehung von Kindern[701]. Bereits lange zuvor war jedoch in der UN-Kinderrechtskonvention[702] (Art. 19) das Recht auf gewaltfreie Erziehung normiert. Auch vorher war bekannt, dass physische und psychische Gewalt in der Kindererziehung zu psychischer Traumatisierung der Kinder führt und lebenslange Folgen zeitigt. Ist gegen ein Kind oder einem Elternteil physische oder psychische Gewalt als Erziehungsmittel eingesetzt worden, ist völlig unabhängig vom Zeitpunkt und Ort des Geschehens aus heutiger Sicht darin eine schwere Verfehlung gegen das Kind zu sehen, die die Verwirkungseinrede rechtfertigt. Dem kann nicht entgegengehalten werden, dass körperliche Züchtigung in der Kindererziehung in bestimmten Bevölkerungskreisen und anderen Gesellschaften als zulässiges Erziehungsmittel angesehen wird. Die Gesetzesänderung ist im Jahr 2000 mit dem Schutz der Würde des Kindes (Art. 1 Abs. 1 GG) begründet wor-

899

---

699 Wendl/Dose/*Scholz*, § 2 Rn. 1; *Diederichsen* in Schwab/Hahne, Familienrecht im Brennpunkt, 2004, S. 116, 117; *Brudermüller*, FamRZ 1996, 129; *Schwab*, FamRZ 1997, 521; *Götz*, S. 21.
700 OLG Celle v. 9.2.1993 – 18 UF 159/92, FamRZ 1993, 1235; OLG Karlsruhe v. 18.9.2003 – 2 UF 35/03, FamRZ 2004, 971; Palandt/*Brudermüller*, § 1611, Rn. 5.
701 Gesetz zur Ächtung von Gewalt in der Erziehung vom 2.11.2000.
702 UN-Kinderrechtskonvention vom 20.11.1989.

den⁷⁰³. Die Würde der geschlagenen Kinder ist indessen auch schon vor der Reform von § 1631 BGB durch Gewalt in der Kindererziehung verletzt worden.

**BT-Drucks. 14/1247 S. 5**

Ein allgemeines Verbot von körperlichen Bestrafungen trifft auf keine verfassungsrechtlichen Bedenken. In Pädagogik und Kinderpsychologie ist seit langem anerkannt, dass körperliche Bestrafungen, auch wenn sie nicht die Intensität der Misshandlung erreichen, für das Kind eine Demütigung bedeuten. Deshalb sind körperliche Bestrafungen keine vertretbaren Erziehungsmittel, die der Staat aufgrund des Elternrechts hinzunehmen hätte. Für seelische Verletzungen des Kindes liegt dies auf der Hand.

900 Dabei löst nicht eine einzelne Ohrfeige die Verwirkung aus. Verwirkung ist aber anzunehmen, wenn Gewalt als systematisches Erziehungsmittel eingesetzt wurde.

## 3. Rechtsfolgen der Verwirkung

901 Rechtsfolge der Verwirkung ist nicht immer der vollständige Ausschluss eines Unterhaltsanspruchs, sondern dessen Reduktion auf eine Höhe, die der Billigkeit entspricht (§ 1611 Abs. 1 S. 1 BGB).

902 Nur wenn die Inanspruchnahme des Verpflichteten grob unbillig wäre, fällt die Unterhaltsverpflichtung vollständig weg (§ 1611 Abs. 1 S. 2 BGB). Eine solche grobe Unbilligkeit ist gegeben, wenn das Fehlverhalten des bedürftigen Elternteils so schwerwiegend gewesen ist, dass die Zahlung auch nur eines geringfügigen Unterhalts ‚dem Gerechtigkeitsempfinden in unerträglicher Weise widersprechen würde'⁷⁰⁴. Dabei sind die wirtschaftliche Belastung durch die Unterhaltspflicht, deren Dauer und die gesamten Verhältnisse⁷⁰⁵ zu beachten.

903 Ist der Unterhaltsanspruch eines Elternteils aufgrund eines gegen das unterhaltspflichtige Kind gerichteten Fehlverhaltens ganz oder teilweise verwirkt, liegt aber **Verwirkung** gegen ein anderes Kind des unterhaltsbedürftigen Elternteils nicht vor, so hat dieses Kind bei bestehender Leistungsfähigkeit den Unterhaltsbedarf nur insoweit abzudecken, als er von ihm zu übernehmen wäre, wenn die Verwirkung nicht griffe (§ 1611 Abs. 3 BGB)⁷⁰⁶. Der verwirkungsbedingte Wegfall des Deckungsbeitrags des Kin-

---

703 BT-Drucks. 14/1247 S. 5.
704 OLG Hamburg v. 27.3.1984 – 12 UF 19/84, FamRZ 1984, 610.
705 Palandt/*Brudermüller*, § 1611, Rn. 7.
706 NK-BGB/*Menne*, § 1611 Rn. 23; Johannsen/Henrich/*Graba*, § 1611, Rn. 6; MK/*Born*, § 1611, Rn. 48 ff.; Palandt/*Brudermüller*, § 1611, Rn. 8.

des, das sich erfolgreich auf Verwirkung berufen kann, führt nicht dazu, dass der unterhaltsrechtliche Bedarf des Elternteils in Höhe des entfallenden Deckungsbeitrags durch eine andere unterhaltspflichtige Person kompensiert werden muss.

### 4. Verzeihung

Ob die Verwirkung entfällt, wenn die unterhaltspflichtige Person der 904
unterhaltsberechtigten Person ‚verziehen' hat, ist generell problematisch und sicher immer nur im Einzelfall zu entscheiden. Es wird zwar vertreten, Verzeihung heile die Verwirkung[707], problematisch ist jedoch, wann die ‚Verzeihung' einer die Verwirkung begründenden Verfehlung vorliegt. In einem Besuch im Pflegeheim oder einer Einladung zu einem Familien- oder sonstigen Fest ist eine solche Verzeihung sicher noch nicht zu sehen[708]. Würde man ‚Verzeihung' grober elterlicher Pflicht-, Sorge- und Solidaritätsverletzungen an einem Verhalten des Opfers solchen Fehlverhaltens, das allgemeinem Anstand und allgemeiner Sitte geschuldet ist, festmachen, förderte man Kontakt- und Gnadenlosigkeit. Das misshandelte Kind, das zu seinen Eltern im Alter bei Siechtum und Pflegebedürftigkeit Kontakt aufnimmt und teilweise auch Aufgaben im Bereich der Pflege und Betreuung übernimmt, verzeiht nicht unverzeihliches Fehlverhalten sondern arbeitet damit oftmals das erlittene Trauma ab. Wenn dies an der Person des Täters geschieht, ist dies ein häufig festzustellender psychologischer Mechanismus, der mit Verzeihung der Tat nichts zu tun hat.

Eine Tat kann auch durch **konkludentes Verhalten** verziehen werden. 905
Das ist aber nicht anzunehmen, wenn die Verzeihung auf anderer Ebene als die Tat erfolgt. Wer durch die Eltern finanziell geschädigt wurde, verzeiht dies nicht dadurch, dass er sich um deren behördliche oder alltäglichen Probleme kümmert. Wer als Betrogener dem Betrüger Kredit gewährt, der gibt Anlass, eine Verzeihung der Tat anzunehmen. **Wer wirklich verzeiht, zahlt auch freiwillig Unterhalt und wer keinen Unterhalt zahlt, hat auch nicht verziehen.**

Ob Verzeihung die Verwirkung heilen kann, ist letztendlich nur vor 906
dem Hintergrund der rechtsethischen Begründung des Elternunterhalts zu entscheiden (vgl. dazu Rn. 7). Ist die Verpflichtung zum Elternunterhalt mit der **familiären Solidarität**[709] zu begründen, bedürfte es eines die familiäre Solidarität wieder herstellenden Lebenssachverhalts, um deren

---

707 Staudinger/*Engler*, § 1611, Rn. 33 m.w.N.; Palandt/*Brudermüller*, § 1611, Rn. 9; MK/ *Born*, § 1611, Rn. 46.
708 OLG Koblenz v. 14.3.2000 – 15 UF 605/99, OLGR Koblenz 2000, 254, juris.
709 So BGH v. 15.9.2010 – XII ZR 148/09, FamRZ 2010, 1888.

ursprüngliche Verletzung und Zerstörung wieder zu heilen. Derartige Situationen können vorkommen, wenn z.b. das unterhaltspflichtige Kind mit dem Elternteil eine gemeinsame Lebenssituation begründet. Das dürfte indessen tatsächlich nur selten vorkommen.

907 Sieht man dagegen den Elternunterhalt als zeitlich versetzte Gegenleistung für die als Kind empfangene Zuwendung an[710], entfiele der Anspruch der Eltern auf Unterhalt dauerhaft und endgültig, wenn sie ihren Teil des ‚Generationenvertrages'[711] nicht erfüllen und ihrer Sorgeverpflichtung für das minderjährige Kind nicht gehörig nachkommen.

908 Das Problem der Verzeihung als den Unterhaltsanspruch restituierendes Rechtsinstitut liegt in seiner rechts- und gesellschaftspolitischen Wirkung. Wirkt Verzeihung unterhaltsrestituierend, kann das unterhaltspflichtige Kind durch einfache Gesten menschlicher Zuwendung oder die Konfrontation mit dem Verursacher des Verwirkungseinwandes die Verwirkungseinrede verlieren.

909 **Praxistipp:**

Kinder, die sich auf Verwirkung berufen wollen, sollten den Kontakt zu ihren Eltern[712] meiden[713], weil ein solcher von der Rechtsprechung als Verzeihung elterlichen Fehlverhaltens ausgelegt werden kann.

### 5. Geltendmachung der Verwirkung

910 Verwirkung nach § 1611 BGB setzt im Verwandtenunterhalt einen massiven Verstoß gegen die familiären Solidaritätspflichten voraus. Die Verwaltungspraxis ist teilweise großzügig, wenn es um eine quotale Minderung der Unterhaltsverpflichtung geht. Dabei ist es für das unterhaltspflichtige Kind wichtig, zu einem frühen Zeitpunkt im Verfahrensablauf den Verwirkungseinwand zu erheben. Dies muss vor der Quantifizierung des Unterhaltsanspruchs nicht zwingend sehr detailliert erfolgen. Es reicht, einen Hinweis auf das Vorliegen von Verwirkungsgründen anzubringen und sich weitere Ausführungen dazu ausdrücklich vorzubehalten, falls sich eine Barunterhaltsverpflichtung ergibt. Dies bewahrt die Betroffenen vor eventuell unnötigen Bloßstellungen. Wenn aber der Verwirkungseinwand erhoben wird, muss

---

710 So BGH v. 12.2.2014 – XII ZB 607/12, FamRZ 2014, 541.
711 OLG Celle v. 19.8.2014 – 10 UF 186/14, juris.
712 Siehe insbesondere OLG Celle v. 19.8.2014 – 10 UF 186/14, juris, Rn. 17.
713 Diesen Rat gebe ich gegen meine anwaltliche und menschliche Überzeugung. Die Rechtspraxis ist jedoch so unkalkulierbar, dass jeder andere – oder kein – Rat das Risiko bedeutet, die eingetretene Verwirkungseinrede zu verlieren.

dies so detailliert wie möglich erfolgen. Da die meisten Verwirkungsgründe im binnenfamiliären Bereich anzusiedeln sind, können sie oft nur durch nahe Verwandte bewiesen werden[714]. Deren Schilderungen sollten dem Sozialhilfeträger schriftlich zugeleitet werden. Von den Sozialhilfeträgern wird vielfach auch Gewalt des bedürftigen gegen den anderen Elternteil als Verwirkungsgrund angesehen, wenn dies zur Erlebniswelt des Kindes gehört hat und bei diesem – wie meist – psychische Auswirkungen hervorgerufen hat.

### 6. Antrag auf Feststellung der Verwirkung

Viele Unterhaltspflichtige haben ein erhebliches Interesse, von den Sozialhilfeträgern nicht über Jahre hinweg mit einer Unterhaltspflicht konfrontiert zu werden. Da auch der Verwirkungseinwand nur in besonders krassen Fällen bereits den **Auskunftsanspruch** beseitigt[715], kann durch die Verweigerung der Auskunft über die Einkommens- und Vermögensverhältnisse in der Regel keine Entscheidung über die Verwirkung erzwungen werden. Stellt der Träger der Sozialhilfe aufgrund einer erteilten Auskunft die fehlende Leistungsfähigkeit fest und verfolgt den Unterhaltsanspruch zunächst nicht weiter, trifft er auch keine Entscheidung über den geltend gemachten Verwirkungseinwand. Eine Entscheidung darüber herbeizuführen liegt aber im Interesse der Unterhaltspflichtigen, die Gewissheit über das Bestehen oder Nichtbestehen ihrer Unterhaltspflicht haben wollen, auch um ihre Zukunft lastenfrei gestalten zu können. Wer geschlagen und missbraucht wurde, will nicht Jahr für Jahr Auskunft erteilen müssen und sich immer wieder mit dem- oder derjenigen auseinandersetzen müssen, die oder den er einer schweren Verfehlung zeiht.

911

Ob zur Feststellung der Verwirkung eines Unterhaltsanspruchs ein ‚**negativer Feststellungsantrag**' erhoben werden kann ist bislang – soweit ersichtlich – nicht entschieden. Voraussetzung des Antrags nach § 256 ZPO ist, dass das Bestehen oder Nichtbestehen eines Rechtsverhältnisses festgestellt werden soll und der Kläger ein ‚besonderes Feststellungsinteresse' hat. Das Bestehen einer **Unterhaltsverpflichtung** in diesem Sinne ist ein **Rechtsverhältnis**. Die Zulässigkeit eines Feststellungsantrags auf Nichtbestehen der Unterhaltspflicht gegenüber dem Elternteil setzt ein **besonderes Feststellungsinteresse** voraus. Ein solches besteht nur dann, wenn dem Unterhaltspflichtigen eine gegenwärtige Gefahr der Unsicherheit dadurch droht, dass die unterhaltsberechtigte

912

---

714 Hinweis für juristische Laien: Auch Verwandte kommen als Zeugen in Betracht.
715 OLG Celle v. 19.8.2014 – 10 UF 186/14, juris; zur Negativevidenz beim sozialrechtlichen Auskunftsanspruch BVerwG v. 21.1.1993 – 5 C 22/90, FamRZ 1993, 1067; LSG Essen v. 16.5.2013 – L 9 SO 212/12, juris.

Person sich – auch außergerichtlich – eines nicht bestehenden Unterhaltsanspruchs berühmt[716]. Auch wenn die Prüfung des Unterhaltsanspruchs durch den Sozialhilfeträger ergibt, dass mangels ausreichender Leistungsfähigkeit eine Unterhaltspflicht nicht besteht, ist das besondere Feststellungsinteresse auf Verwirkung des Unterhaltsanspruchs zu bejahen. Die revolvierende Auskunftsverpflichtung (alle zwei Jahre) ist lästig und teilweise auch mit Kosten verbunden. Da die Darlegungslast für die Verwirkung beim unterhaltspflichtigen Kind liegt (vgl. Rn. 910) kann als besonderes Feststellungsinteresse auch durch den Verlust von Zeugen begründet werden. Die Gefahr des Verlustes von Beweismitteln könnte auch rechtfertigen, vorbeugend ein Beweisverfahren nach §§ 485 ff. ZPO einzuleiten um z.b. Zeugenaussagen zu sichern, die Verwirkungsgründe belegen. Auch dazu liegt jedoch derzeit noch keine Rechtsprechung vor.

913   Die Feststellungsantrag ist nicht etwa gegen den Sozialhilfeträger, sondern gegen die Unterhalt verlangende Person zu richten. Eine Entscheidung gegen den Sozialhilfeträger würde keine Wirkung gegen den unterhaltsbedürftigen Elternteil zeitigen. Dieser könnte – z.b. über einen Betreuer – den Unterhaltsanspruch weiter verfolgen, auch wenn ein Gericht rechtskräftig einen auf den Sozialhilfeträger übergegangenen Unterhaltsanspruch ganz oder teilweise abgelehnt hätte.

914   Wird von einem Sozialhilfeträger der nach § 94 SGB VI übergegangene Unterhaltsanspruch gegen das Kind gerichtlich geltend gemacht, wäre im Wege des Drittwiderfeststellungsantrags gegen den Sozialhilfeträger und den Elternteil der Verwirkungseinwand zu erheben.

915   **Praxistipp:**

> Ob ein Feststellungsantrag gegen die unterhaltsberechtigte Person zu erheben ist, muss stets im Einzelfall geprüft werden. Vielfach stehen die unterhaltsberechtigten Personen unter Betreuung und der Unterhalt geht auf den Sozialhilfeträger nach § 94 SGB XII über, so dass nur der zukünftige Unterhalt von der unterhaltsberechtigten Person geltend gemacht werden kann. Ein Sozialhilfeträger wird, wenn der Verwirkungseinwand gegen den von ihm erhobenen Unterhaltsanspruch für einen bestimmten Zeitraum durchgegriffen hat, Unterhalt sicher nicht für einen späteren Zeitraum geltend machen. Es ist in diesen ‚Normalfällen' auch höchst unwahrscheinlich, dass die unterhaltspflichtige Person selbst den Unterhaltsanspruch erhebt. Deswegen wird in der Regel von der Erhebung des negativen Feststellungsantrages Abstand genommen werden können.

---

716 Zöller/*Greger* § 256 ZPO Rn. 7.

Anders stellt sich die Situation allerdings dar, wenn zerstrittene Geschwister um Unterhalt und Unterhaltsanteile streiten. In diesen Fällen wird bei Vorliegen ausreichender Verwirkungsgründe das Interesse der unterhaltspflichtigen Person an Feststellung der Verwirkung dazu führen, diese gegenüber dem Sozialhilfeträger und dem bedürftigen Elternteil gleichermaßen feststellen zu lassen.

## III. Flucht in die Adoption

Teilweise wird von Kindern, die eine gestörte Beziehung zu ihren leiblichen Eltern haben und bei Pflegeeltern oder anderen Dritte aufgewachsen sind, die Flucht in die **Erwachsenenadoption** erwogen. Weil nach § 1755 BGB die Verwandtschaftsverhältnisse des Kindes zu seinen Eltern durch Adoption erlöschen, gehen insbesondere Laien davon aus, die Erwachsenenadopition zeitige die gleiche Wirkung. Diese Hoffnung trügt. Nach § 1770 Abs. 2 BGB werden die aus dem Verwandtschaftsverhältnis begründeten Rechte und Pflichten durch die Erwachsenenadoption nicht berührt. Lediglich in Ausnahmefällen kann das Familiengericht die Erwachsenenadoption mit den gleichen Wirkungen wie die Minderjährigenadoption ausgestalten. Nach § 1772 BGB ist dies der Fall, wenn Gründe des geschwisterlichen Zusammenhalts dies erforderlich macht oder der Anzunehmende bereits als Minderjähriger in die Familie des Annehmenden aufgenommen worden ist oder der Anzunehmende das Kind des Ehegatten des Annehmenden ist oder der Antrag zu einem Zeitpunkt gestellt worden ist, in dem die anzunehmende Person noch minderjährig war (§ 1772 BGB).

916

Damit ist die Erwachsenenadoption als Ausweg aus der Unterhaltspflicht weitgehend versperrt. Die Fälle, in denen das unterhaltspflichtige Kind bereits als Minderjähriger in die Familie des Annehmenden aufgenommen war, lassen sich meist auch über Verwirkung wegen Nichterbringung der persönlichen Sorgeverpflichtung lösen (vgl. Rn. 890 ff.).

917

# E. Auskunftspflichten

Die Berechnung eines Unterhaltsanspruchs ist nur möglich, wenn der Unterhaltsberechtigte Kenntnis über die wirtschaftlichen Verhältnisse des Unterhaltspflichtigen hat. Da beim Elternunterhalt die Abkömmlinge des Unterhaltsbedürftigen ggf. anteilig zum Unterhalt verpflichtet sind, kommt der Frage Bedeutung zu, wie die Informationen, die zur Berechnung der Leistungsfähigkeit, des Unterhaltes sowie ggf. der quotalen Haftungsanteile notwendig sind, erlangt werden können. Dabei ist grundsätzlich zu unterscheiden, ob die unterhaltsberechtigte Person Informationen über die Einkommensverhältnisse begehrt, oder der Sozialhilfeträger Auskünfte zu den Einkommens- und Vermögensverhältnissen verlangt.

918

## I. Auskunftspflichten nach § 1605 BGB und § 117 SGB XII

§ 1605 BGB begründet eine wechselseitige **Auskunftspflicht** der gradlinig Verwandten, gleichgültig, in welcher Entfernung die Verwandtschaft besteht. Die Auskunftspflicht ist das Mittel, Einblick in die wirtschaftlichen, die Leistungsfähigkeit des Verpflichteten und die Bedürftigkeit des Berechtigten bestimmenden Verhältnisse zu erlangen. Der Auskunftsanspruch soll die Beteiligten in die Lage versetzen, einen Rechtsstreit zu vermeiden oder in ihm Forderungen richtig zu bemessen und begründete Einwendungen vorzubringen[717].

919

Danach sind

920

- Kinder ihren Eltern und umgekehrt Eltern ihren Kindern,
- Großeltern ihren Enkeln und umgekehrt Enkeln ihren Großeltern

gegenüber zur Erteilung von Auskünften zur Berechnung des Unterhaltes verpflichtet (**Auskunftspflichtige**).

Eine Auskunftspflicht besteht allerdings nur, wenn der Unterhaltsbedarf der die Auskunft begehrenden Person schlüssig dargetan ist (vgl. Rn. 54).

---

717 OLG Köln v. 7.5.2002 – 4 WF 59/02, FamRZ 2003, 235.

## 1. Ausnahmen von der Auskunftspflicht

921 Allerdings besteht diese Auskunftsverpflichtung nur, soweit dies zur Feststellung eines Unterhaltsanspruchs oder einer Unterhaltsverpflichtung erforderlich ist. **Ausnahmen von der Auskunftspflicht** bestehen danach dann, wenn die begehrte Auskunft zur Feststellung des Unterhaltsanspruchs oder der Unterhaltsverpflichtung **nicht erforderlich** ist.

922 Ein solcher Fall ist gegeben, wenn ein **Unterhaltsanspruch nicht besteht, wenn unstreitig Verwirkung nach § 1611 BGB** eingetreten ist **und die Inanspruchnahme des Verpflichteten nach § 1611 Abs. 1 S. 2 BGB grob unbillig** wäre[718] (vgl. oben Rn. 869 ff.). Macht der Sozialhilfeträger oder die unterhaltsberechtigte Person den vermeintlichen Unterhaltsanspruch im Wege des **Stufenantrags** (§ 254 ZPO) geltend, so hat das Gericht, wenn es vollständige Verwirkung des Unterhaltsanspruchs annimmt nicht nur den Auskunftsantrag zurückzuweisen sondern auch den Unterhaltsantrag. Die ausschließliche Entscheidung über den Auskunftsantrag wäre eine unzulässige **Teilentscheidung**[719].

923 Allerdings setzt die Annahme einer groben Unbilligkeit i.d.R. Kenntnisse auch der finanziellen Verhältnisse des Unterhaltspflichtigen voraus[720], weswegen auch in diesen Fällen die Auskunftspflicht meist besteht und der Verwirkungstatbestand im Rahmen des Verfahrens über die Höhe des Unterhaltsanspruchs geprüft wird[721].

924 Ebenso **entfällt** ein **Auskunftsanspruch nach § 1605 BGB**, wenn eine Bedürftigkeit des Verwandten nicht besteht. Derartige Fälle können vorliegen, wenn z.B. ein Elternteil zu einem Zeitpunkt in ein Altenheim umsiedelt, dies aber weder aus gesundheitlichen noch aus anderen Gründen erforderlich ist und der dadurch entstehende Bedarf aus eigenen Mitteln der Eltern nicht gedeckt werden kann. In diesen Fällen ist der durch die Übersiedlung in ein Altenheim begründete Bedarf weder angemessen noch erforderlich (vgl. Rn. 82 f.).

925 Ein Auskunftsanspruch besteht auch nicht, wenn ein Unterhaltsanspruch unabhängig von der Kenntnis der Einkommensverhältnisse des Unterhaltspflichtigen dem Grunde und der Höhe nach besteht, weil der in Anspruch genommene unterhaltspflichtige Verwandte **unbeschränkt leistungsfähig** ist, so dass es für die Bestimmung der Höhe des Unterhaltes

---

718 OLG Bamberg v. 22.4.1997 – 7 UF 195/96, FamRZ, 1998, 741.
719 OLG Celle, v. 19.8.2014 – 10 UF 186/14 –, juris.
720 OLG München v. 30.4.1997 – 12 UF 661/97, FamRZ 1998, 741.
721 OLG Celle v. 19.8.2014 – 10 UF 186/14, juris; OLG München v. 30.4.1997 – 12 UF 661/97, FamRZ 1998, 741; OLG Hamm v. 19.10.2001 – 11 UF 36/01, FamRZ 2002, 1357.

auf die Kenntnis der genauen Einkommens- und Vermögensverhältnisse des Unterhaltspflichtigen nicht ankommt[722] und seine Leistungsfähigkeit außer Streit steht[723].

Auch der Auskunftsanspruch des Sozialhilfeträgers nach § 117 SGB XII kann entfallen, wenn aus öffentlich-rechtlichen Gründen der Unterhaltsanspruch der bedürftigen Person nicht auf den Sozialhilfeträger übergegangen ist (§ 94 Abs. 3 Nr. 2 SGB XII):

926

---

**SG Düsseldorf v. 30.11.2010 – S 42 SO 132/09, juris**

1. Ein sozialhilferechtlicher Auskunftsanspruch gem § 117 Abs. 1 SGB XII scheidet nur dann aus, wenn offensichtlich kein überleitbarer Unterhaltsanspruch besteht (sog. **Negativevidenz**, Rn. 18).

2. Liegen bei dem gesetzlichen Anspruchsübergang Härtegründe nach § 94 Abs. 3 S. 1 Nr. 2 SGB 12 vor und scheidet deshalb ein Anspruchsübergang aus, ist ein Auskunftsverlangen eines Sozialhilfeträgers nicht erforderlich, weil ein Anspruchsübergang völlig unabhängig von den Einkommens- und Vermögensverhältnissen des Pflichtigen ausscheidet. Ist der Übergang des Unterhaltsanspruchs wegen einer (öffentlich-rechtlichen) unbilligen Härte ausgeschlossen, besteht also keine Auskunftspflicht. Die bei der Überprüfung der Erforderlichkeit des Auskunftsverlangens relevant werdenden unbilligen Härte erfolgt nur dahingehend, ob eine unbillige Härte „offensichtlich" besteht. (Rn. 19)

---

## 2. Auskunftspflicht der Schwiegerkinder

In Fällen des Elternunterhaltes stellt sich die so genannte **Schwiegerkindhaftung** stets als ein psychologisches und tatsächliches Problem dar. Das Verhältnis von Eltern eines Gatten zum Schwiegerkind und umgekehrt entspricht offenbar stärker als vielfach angenommen dem mehr oder minder humoresken überlieferten Schwiegermutterverhältnis. Jedenfalls sträuben sich nicht nur Schwiegerkinder dagegen, auf Unterhalt der Eltern ihrer Gatten in Anspruch genommen zu werden. In eheerhaltendem vorauseilenden Gehorsam wird diese Empörung auch von den eventuell unterhaltspflichtigen Kindern geteilt. Vielfach wird dabei entschlossen auch jegliche Auskunft über die Höhe der Einkünfte des nicht unterhaltspflichtigen Gatten verweigert. Das führt nicht wirklich weiter, weil aus der Einkommensteuererklärung und den Einkommensteuerbescheiden geschwärzte Daten des Gatten letztendlich über eine Rückrechnung rekonst-

927

---

722 OLG Karlsruhe v. 26.8.1999 – 2 UF 228/98, FamRZ 2000, 1366; OLG Zweibrücken v. 27.10.1997 – 5 UF 64/97, FamRZ 1998, 490.
723 BGH v. 22.6.1994 – XII ZR 100/93, FamRZ 1994, 1169 noch für den alten Rechtszustand nach § 116 BSHG.

ruiert werden können[724]. Auch hat der BGH das unterhaltspflichtige Kind als verpflichtet angesehen, Auskunft über die Einkommensverhältnisse des Gatten zu erteilen, um die **Höhe des Familienunterhalts** bestimmen zu können[725].

928 **Schwiegerkinder** sind jedoch **nicht zivilrechtlich** nach § 1605 BGB zur Erteilung von Auskünften über ihre Einkommens- und Vermögenslage zur Berechnung von Unterhaltsansprüchen ihrer Schwiegereltern **verpflichtet**. Eine Auskunftspflicht des Schwiegerkindes kann **zivilrechtlich** auch nicht über die Grundsätze von Treu und Glauben nach § 242 BGB begründet werden. Auch kann eine Auskunft über die Einkommensverhältnisse des Ehegatten des Auskunftspflichtigen nicht verlangt werden[726].

929 Allerdings führt beim Elternunterhalt diese Erwägung letztendlich materiellrechtlich nicht weiter, kann doch der Träger der Sozialhilfe nach § 117 SGB XII Auskunft über die Einkommens- und Vermögensverhältnisse auch des Gatten oder Lebenspartners des unterhaltspflichtigen Kindes verlangen[727], soweit die Durchführung des SGB XII dies erfordert[728]. Diese sozialrechtlich normierte Auskunftspflicht wird vielfach übersehen. Entgegen einer vielfach von den Sozialhilfeträgern geübten Praxis ist jedoch nicht das potenziell unterhaltspflichtige Kind verpflichtet, Auskunft über die finanziellen Verhältnisse seines Gatten zu erteilen, dieser ist vielmehr selbst verpflichtet, auf ein entsprechendes Auskunftsersuchen des Sozialhilfeträgers die geforderten Auskünfte zu erteilen. Es besteht daher auch im Rahmen der sozialhilferechtlichen Auskunftspflicht lediglich eine **unmittelbare Auskunftspflicht** des Gatten[729]. Es entspricht daher der Rechtsprechung und einem Gebot der Praxis, das unterhaltspflichtige Kind zu verpflichten, Auskunft über die Höhe des Einkommens des mit ihm zusammenlebenden Gatten zu erteilen[730]. Dies ist nunmehr auch vom BGH[731] angenommen worden (vgl. Rn. 945 f.). Allerdings ist das Kind nicht verpflichtet, gegen seinen Gatten auf Auskunft zu klagen, wenn dieser diese verweigert. Dem Sozialhilfeträger steht ein einfacherer Weg der Informationsbeschaffung über § 117 SGB XII zur Verfügung. Letztendlich kann der Sozialhilfeträger auch Auskünfte bei den Finanzbehörden nach § 21 Abs. 4 SGB X einholen.

---

724 BGH v. 7.5.2003 – XII ZR 229/99, FamRZ 2003, 1836 m. Anm. *Strohal*.
725 BGH v. 7.5.2003 – XII ZR 229/99, FamRZ 2003, 1836 m. Anm. *Strohal*.
726 OLG Karlsruhe v. 6.11.1992 – 16 WF 94/92, FamRZ 1993, 1481.
727 KK-FamR/*Klein*, § 1605 Rn. 62.
728 BGH v. 17.12.2003 – XII ZR 224/00, FamRZ 2004, 370.
729 BVerwG v. 21.1.1993 – 5 C 22.90, FamRZ 1993, 1067.
730 *Hoppenz*, FamRZ 2008, 733.
731 BGH v. 2.6.2010 – XII ZR 124/08, FamRZ 2011, 21.

## § 117 SGB XII

(1) Die Unterhaltspflichtigen, ihre **nicht getrennt lebenden Ehegatten** oder Lebenspartner und die Kostenersatzpflichtigen haben dem Träger der Sozialhilfe über ihre Einkommens- und Vermögensverhältnisse Auskunft zu geben, soweit die Durchführung dieses Buches es erfordert. Dabei haben sie die Verpflichtung, auf Verlangen des Trägers der Sozialhilfe Beweisurkunden vorzulegen oder ihrer Vorlage zuzustimmen. Auskunftspflichtig nach Satz 1 und 2 sind auch Personen, von denen nach § 36 trotz Aufforderung unwiderlegt vermutet wird, dass sie Leistungen zum Lebensunterhalt an andere Mitglieder der Haushaltsgemeinschaft erbringen. Die Auskunftspflicht der Finanzbehörden nach § 21 Abs. 4 des Zehnten Buches erstreckt sich auch auf diese Personen....

(3) Wer jemandem, der Leistungen nach diesem Buch beantragt hat oder bezieht, zu Leistungen verpflichtet ist oder war, die geeignet sind oder waren, Leistungen auszuschließen oder zu mindern, oder für ihn Guthaben führt oder Vermögensgegenstände verwahrt, hat dem Träger der Sozialhilfe auf Verlangen hierüber sowie über damit im Zusammenhang stehendes Einkommen oder Vermögen Auskunft zu erteilen, soweit es zur Durchführung der Leistungen nach diesem Buch im Einzelfall erforderlich ist. § 21 Abs. 3 Satz 4 des Zehnten Buches gilt entsprechend.

(4) Der Arbeitgeber ist verpflichtet, dem Träger der Sozialhilfe über die Art und Dauer der Beschäftigung, die Arbeitsstätte und das Arbeitsentgelt der bei ihm beschäftigten Leistungsberechtigten, Unterhaltspflichtigen und deren nicht getrennt lebenden Ehegatten oder Lebenspartner sowie Kostenersatzpflichtigen Auskunft zu geben, soweit die Durchführung dieses Buches es erfordert.

(5) Die nach den Absätzen 1 bis 4 zur Erteilung einer Auskunft Verpflichteten können Angaben verweigern, die ihnen oder ihnen nahe stehenden Personen (§ 383 Abs. 1 Nr. 1 bis 3 der Zivilprozessordnung) die Gefahr zuziehen würden, wegen einer Straftat oder einer Ordnungswidrigkeit verfolgt zu werden.

(6) Ordnungswidrig handelt, wer vorsätzlich oder fahrlässig die Auskünfte nach den Absätzen 2, 3 Satz 1 und Absatz 4 nicht, nicht richtig, nicht vollständig oder nicht rechtzeitig erteilt. Die Ordnungswidrigkeit kann mit einer Geldbuße geahndet werden.

Soweit Sozialhilfeträger daher **Auskunftsersuchen** an das möglicherweise unterhaltspflichtige Kind eines Unterhaltsbedürftigen richten, dürften darin keine Fragen zum Einkommen des Gatten des Unterhaltspflichtigen enthalten sein bzw. diese Fragen bedürfen keiner Beantwortung. Auch ist ein auf § 117 SGB XII gestütztes **Auskunftsbegehren ‚an die Eheleute'** kein wirksames verwaltungsrechtliches Auskunftsbegehren, da diese nicht gesamtschuldnerisch oder gemeinsam zur Auskunft verpflichtet sind, sondern jeder für sich. Dementsprechend muss auch die Rechtsmittelbelehrung für jeden der beiden Ehegatten erfolgen und jeder von ihnen hat gegen ein sozialhilferechtliches Auskunftsersuchen eigene voneinander unabhängige Rechtsmittel.

930

931 Allerdings ist das **Auskunftsverfahren nach § 117 SGB XII** erheblich sperriger als die Durchsetzung des Auskunftsanspruchs nach § 1605 BGB. Während der zivilrechtliche Auskunftsanspruch gegenüber dem unterhaltspflichtigen Verwandten in gerader Linie geltend gemacht und im Fall der Nichterfüllung mit des Auskunftsanspruchs (in Form des **Stufenantrags**) gerichtlich geltend gemacht werden kann, muss der Sozialhilfeträger den Auskunftsanspruch durch – mit Widerspruch und Klage vor dem Verwaltungsgericht anfechtbaren – Verwaltungsakt geltend machen, soweit nicht – wie meist – sofortiger Vollzug[732] angeordnet wird. Die darin liegende Verzögerung führt vielfach dazu, dass die Träger der Sozialhilfe am sozialhilferechtlich Auskunftspflichtigen vorbei Auskünfte bei dessen Arbeitgeber nach § 117 Abs. 4 SGB XII einholen. Ist dem Träger der Sozialhilfe dieser jedoch nicht bekannt, kann er darüber auch nur Auskunft vom Gatten des unterhaltspflichtigen Kindes verlangen, das diese verweigern kann.

932 Die Sperrigkeit des Verfahrens nach § 117 SGB XII führt in der Praxis dazu, dass Träger der Sozialhilfe nur selten davon Gebrauch machen und i.d.R. unspezifisch Auskunftsbegehren an unterhaltspflichtige Kinder stellen. In den dazu entworfenen Frage- und Erfassungsbögen wird meist auch das Einkommen des Schwiegerkindes des unterhaltsberechtigten Elternteils abgefragt. Dies kann vom unterhaltspflichtigen Kind zurückgewiesen werden. Es ist dann Sache des Trägers der Sozialhilfe, die erforderlichen Auskünfte vom Schwiegerkind nach § 117 SGB XII zu ermitteln. Ist der Arbeitgeber des unterhaltspflichtigen Kindes nicht bekannt, wird dem Träger der Sozialhilfe nichts anderes übrig bleiben, als durch ein unmittelbar an das Schwiegerkind gerichtetes Auskunftsbegehren seinen Auskunftsanspruch geltend zu machen. Dieses Auskunftsbegehren ist mit einer Rechtsmittelbelehrung zu versehen, da es sich um einen Verwaltungsakt handelt.

933 **Schwiegerkinder** sind aber auch nach § 117 SGB XII nicht verpflichtet, **Auskunft über ihre Vermögensverhältnisse** zu erteilen. Das Schwiegerkind haftet für einen Unterhaltsanspruch eines Elternteils seines Gatten nur über den Familienunterhalt (vgl. Rn. 429). Sofern der Bedarf der Familie des unterhaltspflichtigen Kindes aus dem Einkommen der Ehegatten gedeckt ist und Vermögen nicht verbraucht wird, hat das Schwiegerkind keine Veranlassung und keine Verpflichtung auch über sein Vermögen Auskunft zu erteilen. Das Vermögen des Schwiegerkindes kann nämlich unter keinem rechtlichen Gesichtspunkt zur Finanzierung des Unterhaltsanspruchs eines Unterhaltsanspruchs des Schwiegervaters oder der

---

732 Gegen Anordnung des sofortigen Vollzuges der Auskunftspflicht müsste die zur Auskunft verpflichtete Person durch Antrag auf Erlass einer einstweiligen Anordnung beim Sozialgericht vorgehen.

Schwiegermutter herangezogen werden. Da § 117 Abs. 1 S. 1 SGB XII eine Auskunftspflicht des Schwiegerkindes nur begründet ‚soweit die Durchführung dieses Buches es erfordert', und die Kenntnis der Vermögensverhältnisse des Schwiegerkindes für die Berechnung des Familienunterhaltes unerheblich ist, wenn dieser aus dem Einkommen bestritten wird, hat das Schwiegerkind auch über § 117 SGB XII keine Verpflichtung, über Vermögensverhältnisse Auskunft zu erteilen.

Die Frage der Auskunftsverpflichtung eines Schwiegerkindes über seine Vermögensverhältnisse wird von der Rechtsprechung jedoch bislang anders als hier vertreten gesehen. Nach der **Negativevidenztheorie**[733] scheidet danach ein Auskunftsanspruch nur aus, wenn die Unbeachtlichkeit der Auskunft evident ist[734]. 934

**LSG NRW v. 14.9.2009 – L 20 SO 96/08, FamRZ 2010, 599**

Aus § 117 I S. 1 SGBXII kann sich die Verpflichtung zur Erteilung einer Auskunft über das Einkommen und Vermögen i. S. des § 1605 I S. 1 BGB für den Ehegatten eines grundsätzlich zur Leistung von Elternunterhalt verpflichteten Kindes ergeben, soweit die begehrten Auskünfte geeignet und erforderlich sind, den Leistungsanspruch zu klären.

Ob sich das Schwiegerkind angesichts der Rechtsprechung der Sozialgerichtsbarkeit gegen den Auskunftsanspruch über ihr Vermögen wehren sollte ist daher fraglich. 935

Über **Vermögenserträge** (Zinseinkünfte) können jedoch Auskünfte geschuldet werden, wenn die Vermögenserträge in das Familieneinkommen eingeflossen sind. Nur dann, wenn eine unmittelbare Thesaurierung der Vermögenserträge erfolgt, erübrigt sich auch insoweit eine Auskunft, da diese Vermögenserträge dem Familienunterhalt nicht zufließen (vgl. Rn. 298). Da sich aus dem im Rahmen der Auskunftspflicht nach § 117 SGB XII vorzulegenden Steuerbescheid des Schwiegerkindes die Höhe des Vermögens nicht ergibt, sondern nur die Höhe des Vermögensertrages, ist die Vorlage der Steuererklärung in der Regel insoweit unproblematisch. Falls die Vermögenserträge des Schwiegerkindes tatsächlich stets thesauriert worden sind und nicht dem Haushaltseinkommen zugeführt und verbraucht wurden, ist ergänzend zur Auskunft des Schwiegerkindes darauf hinzuweisen und gegebenenfalls die Thesaurierung der Kapitalerträge nachzuweisen. Dazu ist präziser tatsächlicher Sachvortrag erforderlich. 936

---

733 Grundlegend BVerwG v. 5.8.1986 – 5 B 33/86.
734 LSG NRW v. 1.9.2010 – L 12 SO 61/09, juris.

**937 Praxistipp:**

Die Prüfung von sozialhilferechtlichen Auskunftsbegehren durch die Auskunftspflichtigen und ihre Vertreter ist stets sorgfältig vorzunehmen. Ein unwirksames Auskunftsbegehren nach § 117 SGB XII braucht nicht beantwortet zu werden.

### 3. Auskunftspflicht von Geschwistern

**938** Die grundlegende Entscheidung des BGH v. 7.5.2003[735] hat den Weg zur **Auskunftspflicht von Geschwistern** untereinander geebnet. Der BGH hat in dieser Entscheidung einen – gesetzlich nicht normierten – Auskunftsanspruch von Geschwistern untereinander bezüglich ihrer Einkommen zur Errechnung ihrer Haftungsquote im Elternunterhalt aus § 242 BGB abgeleitet, dem unterhaltspflichtigen Kind einen **Auskunftsanspruch gegenüber dem Gatten** des Geschwisters jedoch verwehrt. Damit führt die Zubilligung einer Auskunftsverpflichtung von Geschwistern untereinander indes nicht zu einer praktikablen Vereinfachung der Berechnung der unterhaltsrechtlichen Haftungsquote, da die unterhaltsrechtliche Leistungsfähigkeit eines Kindes seinen Eltern gegenüber auch von den Einkommensverhältnissen seines Gatten abhängt. Dieser ist lediglich sozialrechtlich nach § 117 Abs. 2 SGB XII zur Auskunft verpflichtet[736] (vgl. Rn. 933).

### 4. Unterhaltsrechtliche Sackgasse

**939** Angesichts dieser beschränkten Wirksamkeit des Auskunftsanspruchs gegen Geschwister stellt sich ein **unterhaltsrechtliches Paradoxon** ein, das schwierig zu lösen ist. Ist ein Elternteil unterhaltsbedürftig, kann es ein Kind nur dann auf Unterhaltszahlungen in Anspruch nehmen und einen konkreten Unterhaltsantrag stellen, wenn die Haftungsquote des Kindes im Verhältnis zu den anderen Kindern des bedürftigen Elternteils feststeht. Sind die Kinder jeweils verheiratet, kann der unterhaltsbedürftige Elternteil die richtige Haftungsquote des jeweiligen Kindes nur dann errechnen und prozessual geltend machen, wenn die Einkünfte der Gatten der unterhaltspflichtigen Kinder bekannt sind. Für den unterhaltsberechtigten Elternteil besteht aber keine Möglichkeit, diese Einkünfte zu ermitteln. **Verweigern daher die Ehepartner** der dem Grunde nach unterhaltspflichtigen Kinder eine **Auskunft** zu ihren Einkommens- und Vermögensverhältnissen,

---

735 BGH v. 7.5.2003 – XII ZR 229/00, FamRZ 2003, 1836.
736 *Duderstadt*, FuR 2007, 205.

kann eine **schlüssige Unterhaltsklage durch den Unterhaltsberechtigten nicht ohne weiteres** erhoben werden. Nur dann, wenn man das unterhaltspflichtige Kind inhaltlich auch gehalten sähe, **Auskunft über die Höhe des Familienunterhaltes** zu erteilen, wäre dem Unterhaltsberechtigten eine Möglichkeit zur Geltendmachung des Unterhaltsanspruchs unter richtiger Darlegung der Haftungsanteile mehrerer dem Grunde nach unterhaltspflichtiger Kinder gegeben.

Bei der sozialhilferechtlichen Geltendmachung eines Auskunftsanspruchs des Trägers der Sozialhilfe nach § 117 SGB XII ist diese Begrenzung nicht gegeben. Die Ehegatten der unterhaltspflichtigen Kinder sind danach ebenfalls auskunftspflichtig, so dass der Sozialhilfeträger in die Lage versetzt wird, die Haftungsanteile der Kinder unter Einbeziehung ihrer Familienunterhaltsansprüche zu bestimmen. 940

## II. Inhalt des Auskunftsanspruchs

Nach § 1605 BGB sind in gerader Linie Verwandte einander verpflichtet, auf Verlangen über ihre Einkünfte und ihr Vermögen Auskunft zu erteilen, soweit dies zur Feststellung eines Unterhaltsanspruchs oder einer Unterhaltsverpflichtung erforderlich ist. Über die Höhe der Einkünfte sind auf Verlangen Belege, insbesondere Bescheinigungen des Arbeitgebers, vorzulegen. 941

### 1. Auskunftspflicht, Inhalt und Reichweite

Soweit die Verwandten im Rahmen eines möglichen Unterhaltsverhältnisses zur wechselseitigen Auskunft über ihre Einkommens- und Vermögensverhältnisse verpflichtet sind, steht diese Verpflichtung gleichwohl nicht im Gegenseitigkeitsverhältnis[737], sodass sie nicht Zug um Zug zu erfüllen ist, weil ansonsten eine Auskunft wechselseitig blockiert werden könnte. 942

§ 1605 BGB normiert wie auch § 1361 Abs. 4 S. 4 BGB und § 1580 BGB jeweils i.V.m. § 1605 BGB eine Auskunftspflicht bezüglich der materiellen Grundlagen, die für die Bestimmung der Höhe einer Leistungspflicht maßgeblich sein können. Deshalb ist der Auskunftspflichtige nicht nur zu seinen Einkünften und positiven Vermögenswerten (vgl. aber Rn. 933) 943

---

[737] OLG Brandenburg v. 21.12.2000 – 10 WF 9/00, FamRZ 2002, 1270; KK-FamR/ *Klein*, § 1605 Rn. 62, jeweils mit umfassenden Rechtsprechungs- und Literaturnachweisen.

auskunftspflichtig, sondern auch zu seinen Abzügen und Belastungen[738]. Zu den Einkünften gehören sämtliche Einnahmen, die nach dem **Zuflussprinzip** in dem Zeitraum erzielt worden sind, für den die Auskunft erteilt werden soll. Dabei ist gleichgültig, ob die Einkünfte unterhaltsrechtlich unmittelbar oder mittelbar zur Bemessung der Höhe des Unterhaltsanspruchs herangezogen werden können. Die Beurteilung der Zumutbarkeit einer Unterhaltszahlung und eines Unterhaltsbedarfs ist auch davon abhängig, wie die gesamte Einkommens- und Vermögenssituation des eventuell Unterhaltspflichtigen sich darstellt. Die unterhaltsrechtliche **Bewertung** von Einkünften erfolgt nicht in der Auskunftserteilung, sondern im Zuge der anschließenden Unterhaltsbemessung.

### a) Auskunft über persönliche Verhältnisse

944   Ob auch zu den **persönlichen Verhältnissen** Auskunft zu erteilen ist, ist davon abhängig, ob aus ihnen finanzielle und die Unterhaltspflicht beeinflussende Faktoren wie z.b. Unterhaltsansprüche oder -verpflichtungen resultieren. Da eine einem Kind gegenüber bestehende Unterhaltsverpflichtung die Leistungsfähigkeit beeinflusst, wäre auch darüber Auskunft zu erteilen. Im Übrigen ist die Auskunftsverpflichtung zu den persönlichen Umständen, etwa von Erwerbsbemühungen oder zur Erwerbsfähigkeit etc. streitig[739]. Im Hinblick auf den klaren Wortlaut der Norm ist jedoch keine erweiternde Auslegung möglich[740].

### b) Auskunft über Forderungen und Familienunterhaltsanspruch

945   Die Leistungsfähigkeit eines Unterhaltsschuldners wird auch durch Forderungen beeinflusst, die ihm zustehen oder die gegen ihn gerichtet sind. Solche Forderungen können das Vermögen beeinflussen oder aber auch das Einkommen (Abfindungsforderung gegen einen früheren Arbeitgeber). Über sie ist spätestens ab Fälligkeit der Forderung Auskunft zu erteilen.

946   Das OLG Thüringen[741] hat das unterhaltspflichtige Kind verpflichtet gesehen, über die Einkommensverhältnisse seines Gatten ‚in groben Zügen' Auskunft zu erteilen. Das OLG hat aber keine vollständige Auskunftsverpflichtung angenommen und den Unterhaltspflichtigen nicht für verpflichtet gehalten, detailliert Auskunft über Einkünfte und Ausgaben zu erteilen. Vielmehr sei ausreichend, wenn das Schwiegerkind Auskunft über die Höhe der Einkünfte aus abhängiger Beschäftigung, aus Vermietung und Verpachtung und einen steuerlichen Gewinn/Verlust aus

---

738 OLG Köln v. 12.4.1999 – 27 WF 37/99, FamRZ 2000, 622 zu § 93d ZPO.
739 Vgl. Darstellung bei Koch/*Margraf*, HB Unterhaltsrecht, Rn. 1333.
740 So OLG Düsseldorf v. 10.10.1996 – 3 WF 55/96, FamRZ 1997, 361.
741 OLG Thüringen v. 3.7.2008 – 1 UF 397/07, OLGR Jena 2008, 823.

selbständiger Tätigkeit erteile, auch wenn aus diesen Auskünften auf die unterhaltsrechtliche Leistungsfähigkeit für den Familienunterhalt nicht geschlossen werden könne[742]. Dem ist der BGH inzwischen gefolgt[743] und hat aus der Verpflichtung der Ehegatten zur ehelichen Lebensgemeinschaft eine Verpflichtung abgeleitet, sich wechselseitig über die für die Höhe des Familienunterhalts maßgeblichen finanziellen Verhältnisse zu informieren. Geschuldet werde die Erteilung von Auskunft in einer Weise, wie sie zur Feststellung des Unterhaltsanspruchs erforderlich sei. Die Vorlage von Belegen könne nicht verlangt werden.

---

**BGH v. 2.6.2010 – XII ZR 124/08, FamRZ 2011, 24**

LS: Aus der Verpflichtung der Ehegatten zur ehelichen Lebensgemeinschaft folgt ihr wechselseitiger Anspruch, sich über die für die Höhe des Familienunterhalts maßgeblichen finanziellen Verhältnisse zu informieren. Geschuldet wird die Erteilung von Auskunft in einer Weise, wie sie zur Feststellung des Unterhaltsanspruchs erforderlich ist. Die Vorlage von Belegen kann nicht verlangt werden

...

b) In Rechtsprechung und Schrifttum ist dieser Maßstab auch auf die Verpflichtung zur Unterrichtung über das laufende Einkommen der Ehegatten übertragen worden (OLG Karlsruhe FamRZ 1990, 161, 162; Staudinger/Voppel aaO § 1353 Rn. 97; MünchKomm/Roth aaO § 1353 Rn. 38; Wendel/Dose aaO § 1 Rn. 664; Heiß/Born/Kleffmann aaO Teil G Rn. 181; Palandt/Brudermüller BGB 69. Aufl. § 1353 Rn. 13).

Im Schrifttum wird allerdings auch die Auffassung vertreten, der Anspruch gehe nicht nur auf eine Information in groben Zügen, sondern umfasse dieselben Auskunftspflichten wie nach § 1605 Abs. 1 BGB. Dass der Anspruch während des Zusammenlebens der Ehegatten schwächer sein solle als im Fall des Getrenntlebens, lasse sich aus § 1353 BGB nicht ableiten (Schwab/Borth aaO Kap. IV Rn. 590; Eschenbruch/Klinkhammer aaO Kap. 5 Rn. 308).

c) Der Senat teilt im Grundsatz die zuletzt genannte Meinung. Ehegatten haben nach den §§ 1360, 1360 a BGB einen Anspruch auf Familienunterhalt. Dieser kann aber nur bei genauer Kenntnis der Einkommensverhältnisse des anderen Ehegatten beziffert werden. Aus der Verpflichtung zur ehelichen Lebensgemeinschaft (§ 1353 Abs. 1 Satz 2 BGB) folgt deshalb auch der wechselseitige Anspruch, sich über die für die Höhe des Familienunterhalts und eines Taschengeldes maßgeblichen finanziellen Verhältnisse zu informieren. Seinem Umfang nach geht dieser Anspruch nicht nur auf eine Unterrichtung in groben Zügen, da eine derart eingeschränkte Kenntnis den Ehegatten nicht in die Lage versetzten würde, den ihm zustehenden Unterhalt zu ermitteln. Geschuldet wird deshalb die Erteilung von Auskunft in einer Weise, wie sie zur Feststellung des Unterhaltsanspruchs erforderlich ist. Die Auskunftspflicht entspricht damit derjenigen, wie sie nach § 1605 Abs. 1 Satz 1 BGB besteht. Eine solche Verpflichtung läuft nicht etwa dem Gebot der gegensei-

---

[742] jurisPR-FamR 24/2008, Anm. 5.
[743] BGH v. 2.6.2010 – XII ZR 124/08, FamRZ 2011, 24.

> tigen Rücksichtnahme der Ehegatten zuwider; diese erfordert vielmehr gerade, den anderen ausreichend über die eigenen Einkommensverhältnisse zu unterrichten.
>
> Nicht geschuldet wird allerdings die Vorlage von Belegen oder die eidesstattliche Versicherung der Richtigkeit und Vollständigkeit der Angaben. Eine solche Kontrollmögichkeit wäre mit dem in einer Ehe herrschenden Vertrauen nicht zu vereinbaren (aA Borth aaO Kap. IV Rn. 590 und Klinkhammer aaO Kap. 5 Rn. 308, die auch eine Belegpflicht bejahen). ...

**947** Der Auskunftsstreit über Einkommens- und Vermögensverhältnisse des nicht unterhaltspflichtigen Schwiegerkindes kann einen Elternunterhaltsrechtsstreit sehr erschweren. Macht nämlich das Kind geltend, keine Auskunft über das Einkommen und Vermögen seines Gatten geben zu können oder zu dürfen, weil dieser ihm das ausdrücklich mit der ernsten Konsequenz des Scheiterns der Ehe untersagt habe, wird der Sozialhilfeträger zunächst gut daran tun, seinen eigenen sozialrechtlichen Auskunftsanspruch aus § 117 SGB XII gegen das Schwiegerkind durchzusetzen. Anderenfalls würde man nämlich das unterhaltspflichtige Kind zwingen, seinen Ehegatten auf Auskunft zu verklagen. Ob das zumutbar ist, ist bislang nicht entschieden. Jedenfalls dürfte ein solches Verfahren den Rechtsstreit weit mehr verzögern, als ein sozialrechtliches, mit Verwaltungsakt und sofortiger Vollzugsanordnung versehenes Auskunftsersuchen. Dies gilt besonders deswegen, weil Sozialhilfeträger in der Regel Unterhalt für abgeschlossene Zeiträume verlangen und von der in § 94 Abs. 4 SGB XII eingeräumte Möglichkeit, auch den laufenden Unterhalt einzuklagen meist keinen Gebrauch machen. Der Rechtsstreit über den Unterhalt für einen abgelaufenen Zeitraum unterbricht nicht automatisch die Verwirkung des Unterhaltsanspruchs für die dem abgeschlossenen Zeitraum folgende Zeit. Macht der Sozialhilfeträger nicht deutlich, auch Unterhalt über den abgeschlossenen Zeitraum hinaus zu fordern, läuft er Gefahr, dass die Laufzeit eines zwischen den Eheleuten geführten Auskunftsrechtsstreites zur **Verwirkung** der Unterhaltsansprüche führt (vgl. Rn. 856 ff).

### c) Auskunft über Einkünfte

**948** Soweit der Unterhaltspflichtige **Auskunft über sein Einkommen** zu erteilen hat, hat er für den Zeitraum, für den die Auskunft verlangt wird, eine Auflistung seiner Einkünfte vorzulegen. Zu den Einkünften, über die Auskunft zu erteilen ist, gehören sämtliche Einkünfte, also aus abhängiger und selbständiger Beschäftigung, Kapital, Vermietung und Verpachtung, Honoraren, Diäten[744], Sitzungsgeldern, Tantiemen, Ausschüttungen[745],

---

744 BGH v. 7.5.1986 – IVb ZR 55/85, FamRZ 1986, 780.
745 OLG Hamm v. 25.11.1992 – 5 UF 25/92, FamRZ 1993, 1085.

Aufwandsentschädigungen[746], Pflegegeld[747] und Renten[748] sowie Steuererstattungen[749] etc.

> **BGH v. 6.10.1993 – XII ZR 112/92, FamRZ 1994, 21**
>
> ... Nach der std. Rspr. des Senats sind sowohl bei der Bestimmung der für einen Unterhaltsanspruch maßgebenden ehel. Lebensverhältnisse als auch bei der Ermittlung der Leistungsfähigkeit des Unterhaltsschuldners zur Feststellung des unterhaltsrechtlich relevanten Einkommens grundsätzlich alle Einkünfte heranzuziehen, die dem Unterhaltsschuldner zufließen, gleich welcher Art diese Einkünfte sind und aus welchem Anlass sie im einzelnen erzielt werden (Senatsurteil v. 7.5.1986 – IVb ZR 55/85 –, FamRZ 1986, 780, 781). Demgemäß hat der BGH Aufwandsentschädigungen für auswärtige Tätigkeiten und Auslandszuschläge gemäß § 55 BBesG als Arbeitseinkommen angesehen, da sie im Hinblick auf das Arbeits- oder Dienstverhältnis gewährt werden. Auch die Bestimmung einer Leistung zum Ausgleich besonderer Aufwendungen oder zu ähnlichen Verwendungszwecken führt nicht dazu, dass sie bei der Unterhaltsberechnung von vornherein außer Ansatz bleiben. Vielmehr kommt es darauf an, ob und in welchem Umfang sie für tatsächliche Mehraufwendungen des Empfängers aufgezehrt werden und ob sie daneben zur (teilweisen) Deckung des Lebensbedarfs zur Verfügung stehen (Senatsurteile v. 16.1.1980 – IVb ZR 115/78 –, FamRZ 1980, 342, 343; v. 26.1.1983 – IVb ZR 351/81 –, FamRZ 1983, 352, 353).
>
> Gleiches gilt für öffentlich-rechtliche Leistungen, die für Tätigkeiten im öffentlichen Interesse gewährt werden, wie Sitzungsgelder kommunaler Bezirksvertretungen (Senatsurteil v. 12.1.1983 – IVb ZR 348/81 –, FamRZ 1983, 670, 672) oder Aufwandsentschädigungen für Abgeordnete (Senatsurteil v. 7.5.1986, a.a.O.). Schließlich können auch zweckbestimmte Sozialleistungen im privaten Unterhaltsrecht wie sonstiges Einkommen des Empfängers behandelt werden, soweit sie geeignet sind, neben einem tatsächlichen Mehraufwand auch den allgemeinen Lebensbedarf des Leistungsempfängers und seiner Familie zu decken (vgl. etwa Senatsurteile v. 21.1.1981 – IVb ZR 548/80 –, FamRZ 1981, 338, 339 – Grundrente; v. 20.1.1982 – IVb ZR 647/80 –, FamRZ 1982, 252, 253 – gesetzliche Unfallrente; v. 21.5.1980 – IVb ZR 522/80 –, FamRZ 1980, 771 – Wohngeld; v. 17.3.1982 – IVb ZR 646/80 –, FamRZ 1982, 587 – Wohngeld). ...

Über welchen Zeitraum die Auskünfte zu erteilen sind, hat der Auskunftsberechtigte präzise mitzuteilen. Bei **abhängig Beschäftigten** mit überwiegend gleich bleibenden Einkünften ist ein Jahreszeitraum von einem Jahr ausreichend, aber auch notwendig[750], um auch unregelmäßige Einkünfte wie Urlaubs- und Weihnachtsgeld zu erfassen[751].

---

746 BGH v. 7.5.1986 – IVb ZR 55/85, FamRZ 1986, 780.
747 BGH v. 13.4.1983 – IVb ZR 373/81, FamRZ 1983, 674.
748 BGH v. 7.4.1982 – IVb ZR 678/80, FamRZ 1982, 680.
749 OLG Düsseldorf v. 15.4.1991 – 3 UF 252/90, FamRZ 1991, 1315.
750 KK-FamR/*Klein*, § 1605 Rn. 80; Koch/*Margraf*, HB Unterhaltsrecht, Rn. 1331.
751 BGH v. 7.4.1982 – IVb 678/80, FamRZ, 1982, 680; OLG Oldenburg v. 10.6.1999 – 14 UF 18/99, FamRZ 2000, 1016; Büttner/Niepmann/*Schwamb*, Rn. 692 m.w.N.

950 Bei **Selbständigen und Freiberuflern** ist derjenige Zeitraum zu wählen, der die Einkommenssituation zuverlässig beurteilen lässt. In Rechtsprechung und Schrifttum hat sich ein Dreijahreszeitraum für derartige Einkünfte eingebürgert[752]. Allerdings kann es auch geboten sein, einen davon abweichenden Zeitraum zu wählen[753], was insbesondere dann erforderlich sein wird, wenn die Einkünfte aus dem gewählten Zeitraum durch Firmenneugründung, Zuerwerb von Firmen oder Ähnlichem gekennzeichnet gewesen sind.

951 Auch über alle mit den Einnahmen zusammenhängenden Ausgaben ist im Rahmen der Auskunftsverpflichtung Auskunft zu erteilen[754], weil der Auskunftsanspruch den Unterhaltsberechtigten auch davor schützen soll, eine zu hohe Unterhaltsforderung zu erheben. Deshalb ist über Verbindlichkeiten, Steuern und Sozialabgaben, Alters- und Krankenvorsorgeaufwendungen Auskunft zu erteilen.

## 2. Form der Auskunft

952 § 1605 BGB verweist bezüglich der Form der Auskunft auf §§ 260, 261 BGB. Der Auskunftspflichtige hat danach die Auskunft in einem übersichtlichen Verzeichnis vorzulegen. Die in Auskunftsprozessen vielfach standardisiert erhobene Forderung, die Richtigkeit der Auskunft an Eides Statt zu versichern, ist nach der gesetzlichen Konzeption nur dann vorgesehen, wenn Grund zur Annahme besteht, dass das Verzeichnis nicht mit der notwendigen Sorgfalt erstellt wurde (§ 260 Abs. 2 BGB).

953 In der Praxis wird meist bei **abhängig Beschäftigten** Auskunft über den Verdienst der letzten 12 Monate begehrt. In der Regel akzeptieren die Auskunftsberechtigten, wenn diese Auskunft durch Vorlage der letzten 12 Einkommensabrechnungen des Arbeitgebers erteilt wird. Indessen ist diese Form der Auskunftserteilung streng genommen nicht ausreichend, weil der Auskunftsberechtigte aus den Belegen das Einkommen des Auskunftspflichtigen erst ermitteln muss. Die Auskunft ist so zu erteilen, dass dem Auskunftsberechtigten die Ermittlung des Einkommens ohne übermäßigen Aufwand möglich ist[755].

954 **Selbständige** haben über ihre Auskünfte durch Zusammenstellung der Gewinne im Auskunftszeitraum zu erteilen. Da bei nicht abhängig

---

752 BGH v. 4.11.1981 – IVb ZR 624/80, FamRZ 1982, 151; KK-FamR/*Klein*, § 1605 Rn. 80.
753 BVerfG 13.7.1992 – 1 BvR 140/91, FamRZ 1993, 169 m. Anm. *Compes*; BGH v. 16.1.1985 – IVb ZR 59/83, FamRZ 1985, 357.
754 Wendl/*Dose*, § 1 Rn. 1166.
755 BGH v. 29.6.1983 – IVb ZR 391/81, FamRZ 1983, 996.

Beschäftigten wegen der handels- und steuerrechtlichen Vorschriften im Jahresturnus bilanziert wird, kann die Auskunft auch nur für volle Jahre erteilt werden, wobei die für das vorausgehende Jahr zu erteilende Auskunft nicht vor dem 30.6. verlangt werden kann[756].

Die Träger der Sozialhilfe verschicken an die Auskunftspflichtigen in der Regel ein **Auskunftsformular.** Dabei handelt es sich nicht um ein vom Unterhaltspflichtigen auszufüllendes Pflichtformular. Ob der Auskunftspflichtige zur Erfüllung seiner Auskunftspflicht dieses Formular nutzt oder die Auskunft formlos erteilt, ist letztendlich seine Sache. Entscheidend ist, dass die Auskunft übersichtlich und geordnet nach Einkommen und Ausgaben getrennt erteilt wird (§ 260 BGB). Eine solche Form der Auskunftserteilung wird durch die Auskunftsformulare unterstützt. In der Regel werden von den Trägern der Sozialhilfe auch Auskünfte akzeptiert, die formlos erteilt werden und im strengen Sinn die Anforderung an Übersichtlichkeit und Ordnung nicht erfüllen. Aus Sicht der Träger der Sozialhilfe erschweren die nicht in Auskunftsformularen erteilten Auskünfte das Verfahren erheblich, da sie den beim Sozialhilfeträger etablierten Workflow nicht unterstützen. Es ist Sache des Unterhaltspflichtigen, ob er sich diesen Effekt zu Nutze machen will oder nicht.

955

### 3. Belegpflicht

Das Gesetz erlegt dem Auskunftspflichtigen nur hinsichtlich der Einkünfte eine **Belegpflicht** auf (§ 1605 Abs. 1 S. 2 BGB). Über sein **Vermögen** muss der Auskunftspflichtige nur Auskunft erteilen, aber **keine Belege** beibringen. Regelmäßig reicht, sofern eine Belegpflicht besteht, die Vorlage von Kopien aus[757], die jedoch ggf. nach einer Anforderung auf Kosten des Auskunftspflichtigen zu beglaubigen und zu übersetzen sind, falls sie nicht in deutscher Sprache vorliegen[758]. Teilweise wird vertreten, der Auskunftsschuldner habe die **Belege im Original** vorzulegen[759]. In jedem Fall kann jedoch allenfalls eine Einsicht in die Originale verlangt werden. Es wird jedoch den praktischen Erfordernissen des Rechtsverkehrs nicht gerecht, wenn in einem so massenhaft vorkommenden Verfahren wie dem Auskunftsverfahren die praktische Handhabung durch Einsichtsgewährung in Originalunterlagen reduziert wird. Bestehen jedoch Zweifel an der Authentizität der Kopie, kann sich der Auskunftsgläubiger dadurch schützen, dass er beglaubigte Kopien fordert.

956

---

756 OLG München v. 27.5.1992 – 12 WF 707/92, FamRZ 1992, 1207.
757 OLG Frankfurt v. 30.9.1996 – 6 WF 179/96, FamRZ 1997, 1296.
758 OLG Koblenz v. 14.9.1989 – 11 WF 1008/89, FamRZ 1990, 79.
759 AnwK-BGB/*Vogel*, § 1605 Rn. 23; Staudinger/*Engler*, § 1605 Rn. 46.

957 Ein auskunftspflichtiger **abhängig Beschäftigter** hat Einkommensabrechnungen des Arbeitgebers, Steuerbescheide[760] und Steuererklärungen[761], Selbständige daneben Bilanzen oder Gewinn- und Verlustrechnungen aus dem Auskunftszeitraum vorzulegen[762].

958 Die **Belegpflicht gem.** § **117 SGB XII** ist weitergehender als die des § 1605 BGB. Auf Verlangen des auskunftsberechtigten Trägers der Sozialhilfe hat der Auskunftspflichtige Beweisurkunden vorzulegen oder ihrer Vorlage zuzustimmen. Jedoch besteht m.e. auch nach § 117 Abs. 2 SGB XII keine Auskunfts- und Belegpflicht bezüglich der **Vermögensverhältnisse** des Schwiegerkindes (vgl. Rn. 933).

## III. Informationspflichten

959 Neben den **Auskunftspflichten** spielen **Informationspflichten** im Unterhaltsrecht eine bedeutende Rolle. Dabei geht es um die Frage, inwieweit den Auskunftspflichtigen eine Verpflichtung trifft, den Auskunftsberechtigten auf eine Änderung seiner wirtschaftlichen oder die Unterhaltsverhältnisse maßgeblich beeinflussenden Verhältnisse **ungefragt** hinzuweisen. Eine derartige **Pflicht zur ungefragten Information** ist gesetzlich nicht normiert. Sie wird in Unterhaltsverhältnissen angenommen, wenn eine Änderung der Verhältnisse eingetreten ist, die eine Abänderung der Unterhaltsforderung rechtfertigt und das Verschweigen der Information evident unredlich erscheint[763]. Für den Elternunterhalt liegt zu diesem Themenkomplex noch keine Rechtsprechung vor. Eine generelle Verpflichtung eines unterhaltspflichtigen Kindes, den Sozialhilfeträger oder den unterhaltsberechtigten Elternteil ungefragt über eine Verbesserung seiner Leistungsfähigkeit zu informieren, ist abzulehnen. Anders könnte nur zu entscheiden sein, wenn der Unterhaltsberechtigte angesichts der Umstände keine Veranlassung hat, sich durch eine neue Auskunft über eine Einkommensverbesserung zu informieren[764]. Die Nachrangigkeit des Unterhaltsanspruchs schlägt insoweit auch auf die Informationspflicht durch.

960 Die ‚normale' **Einkommenssteigerung** eines Berufstätigen, der Ausbau der Erwerbstätigkeit eines Teilerwerbstätigen, die Zahlung eines Bonus o.ä. sind daher nicht anzeigepflichtig. Die unerwartet vorfristige Wiedererlangung der Erwerbsfähigkeit durch einen Invaliden, der eine Invaliditätsrente

---

760 OLG München v. 15.11.1995 – 12 UF 1301/95, FamRZ 1996, 738.
761 BGH v. 23.4.1980 – IVb ZR 510/80, FamRZ 1980, 770.
762 OLG Schleswig v. 7.12.1998 – 15 UF 90/98, OLGR 1999, 152.
763 Vgl. die Zusammenstellung bei Büttner/Niepmann/*Schwamb*, Rn. 688.
764 Büttner/Niepmann/*Schwamb*, Rn. 688.

bezog, kann dagegen dem Sozialhilfeträger anzuzeigen sein. Der Wegfall von Verbindlichkeiten dagegen ist nicht mitzuteilen, da der Sozialhilfeträger im Rahmen der Auskunftserteilung bei Festsetzung des Unterhaltsanspruchs das Auslaufen von Kreditverbindlichkeiten bereits einkalkulieren kann. Auch dann, wenn ein unerwarteter Vermögenserwerb (Erbschaft oder Lottogewinn) eine vorzeitige Kredittilgung ermöglicht[765], besteht für die unterhaltspflichtige Person keine Pflicht, den Sozialhilfeträger ungefragt über die Verbesserung der Leistungsfähigkeit zu informieren[766]. Ebenso wenig ist die Nichtbedienung von Verbindlichkeiten oder die Aufgabe der Bildung von Altersvorsorgerückstellungen anzeigepflichtig[767]. Das Nichterteilen der ungefragten Information muss nach der Rechtsprechung evident unredlich und auf der ‚Grenze des Betruges' liegen, um unterhaltsrechtliche oder strafrechtliche Sanktionen auszulösen. Während laufender Unterhaltsverfahren oder -verhandlungen dürfte eine solche Verpflichtung indessen anzunehmen sein[768]. Bei Leistungsunfähigkeit des Unterhaltspflichtigen wegen Arbeitslosigkeit, führt die Aufnahme einer Erwerbstätigkeit indessen nicht zu einer Offenbarungspflicht, weil Arbeitslosigkeit in der Regel ein vorübergehender Zustand und die Wiedererlangung einer Erwerbstätigkeit der Normalfall ist, auf den sich der Unterhaltsberechtigte gegebenenfalls durch Nachfragen einzustellen hat.

**961** Allerdings wird es vielfach im Interesse des Unterhaltspflichtigen liegen, eine seine Leistungsfähigkeit nachteilig beeinflussende Tatsache zur Verminderung seiner Unterhaltspflicht zu nutzen. Hierbei gelten die üblichen Grundsätze: Ist der Unterhaltsanspruch tituliert, ist gegebenenfalls ein Abänderungsverfahren nach § 323 ZPO durchzuführen. Ist der Unterhaltsanspruch nicht tituliert, sondern zahlt der Unterhaltspflichtige auf eine Anforderung des Sozialamtes freiwillig einen bestimmten Unterhaltsbetrag, kann er diesen vermindern, ohne dass es eines gerichtlichen oder sonstigen Verfahrens bedarf. Sinnvoll ist es jedoch, in diesen Fällen dem Sozialhilfeträger die Veränderung der Leistungsfähigkeit zu dokumentieren, um eine einvernehmliche Abänderung der Unterhaltspflicht zu vereinbaren.

## IV. Folgen einer falschen oder unvollständigen Auskunft

**962** Mit oftmals erstaunlicher Leichtfertigkeit werden von unterhaltsrechtlich Auskunftspflichtigen **falsche oder unvollständige Auskünfte** erteilt.

---
765 Wendl/Dose, § 1 Rn. 1200; Bömelburg, FF 2012, 240.
766 BGH v. 2.6.2010 – XII ZR 138/08, FamRZ 2010, 1311.
767 Wendl/Dose, § 1 Rn. 1200.
768 OLG Düsseldorf v. 18.8.1993 – 5 UF 63/93, FamRZ 1995, 741.

Die Palette der wirklichkeitskorrigierenden Angaben ist dabei nahezu unbegrenzt. Vom Verschweigen von Nebeneinkünften über das Verschleiern von Vermögensverhältnissen bis hin zu offenen und verdeckten ‚last-minute-Geschäften', bei denen Vermögenswerte auf Ehegatten, Kinder oder völlig Unbeteiligte verschoben werden, findet sich insbesondere in der anwaltlichen Beratungspraxis alles. Die auskunftspflichtigen Kinder scheinen über die inkorrekte Handhabung der Auskunftspflicht die soziologischen und juristischen Ungereimtheiten des Elternunterhaltes kompensieren zu wollen.

963   Es erübrigt sich fast, an dieser Stelle darauf hinzuweisen, dass die Chance, mit einer unkorrekten oder unvollständigen Auskunft zu scheitern, recht groß ist. Der Gesetzgeber hat dem Träger der Sozialhilfe mit § 117 SGB XII ein umfassendes Instrumentarium zur Ermittlung unterhaltsrechtlicher Informationen an die Hand gegeben.

§ 117 Abs. 3 SGB XII lautet:

Wer jemandem, der Leistungen nach diesem Buch beantragt hat oder bezieht, zu Leistungen verpflichtet ist oder war, die geeignet sind oder waren, Leistungen auszuschließen oder zu mindern, oder für ihn Guthaben führt oder Vermögensgegenstände verwahrt, hat dem Träger der Sozialhilfe auf Verlangen hierüber sowie über damit im Zusammenhang stehendes Einkommen oder Vermögen Auskunft zu erteilen, soweit es zur Durchführung der Leistungen nach diesem Buch im Einzelfall erforderlich ist. § 21 Abs. 3 Satz 4 des Zehnten Buches gilt entsprechend.

964   Danach sind auch **Banken und Sparkassen** zur **Auskunft** verpflichtet. Der Träger der Sozialhilfe kann daher – ggf. am Auskunftspflichtigen vorbei – Erkundigungen über die Vermögensverhältnisse einholen, sofern mögliche Quellen von Einkommen und Vermögen bekannt sind.

965   Nach § 21 Abs. 4 SGB X besteht auch ein Informationsrecht des Sozialhilfeträgers zur Einholung von Auskünften bei den **Finanzbehörden**.

966   **Zivilrechtlich** kann unter bestimmten Umständen die verzögerte oder falsche Auskunft einen **Schadensersatzanspruch** auslösen, der dem Unterhaltsberechtigten einen schuldrechtlichen[769] oder deliktischen[770] Schadensersatzanspruch gibt.

967   **Strafrechtlich** kann eine falsche oder auch unvollständige Auskunft als Betrug, und falls eine falsche eidesstattliche Versicherung abgegeben wird, auch insoweit geahndet werden.

---

769 BGH v. 30.11.1983 – IVb 31/82, FamRZ 1984, 163; vgl. aber auch OLG Köln v. 2.6.1995 – 26 WF 71/95, FamRZ 1996, 50 für den Fall einer Abänderungsstufenklage.
770 OLG Bremen v. 9.2.1999 – 4 UF 121/98, FamRZ 2000, 256.

## V. Wiederholung des Auskunftsbegehrens

Das **Auskunftsbegehren** kann nach § 1605 Abs. 2 BGB nur dann vor Ablauf von 2 Jahren nach der erteilten Auskunft[771] erneut geltend gemacht werden, wenn der Unterhaltsgläubiger glaubhaft macht, dass der Unterhaltspflichtige wesentlich höhere Einkünfte oder weiteres Vermögen erworben hat. In Anlehnung an die zu § 323 Abs. 1 ZPO[772] ergangene Rechtsprechung, wonach eine ‚wesentliche Veränderung' dann vorliegt, wenn eine 10 %ige Abänderung des Unterhaltsbetrages erfolgen würde, ist auch im Rahmen der Auskunftspflicht des § 1605 BGB deren Wiederholung vor Ablauf von 2 Jahren nach ihrer Erteilung nur dann möglich, wenn eine mindestens 10 %ige Verbesserung von Einkommens- und Vermögensverhältnissen glaubhaft gemacht werden kann. Dies ist auch für die Auskunftspflicht nach § 117 SGB XII anzunehmen.

**968**

---

771 OLG Hamm v. 25.8.2004 – 5 WF 329/04, FamRZ 2005, 1585.
772 OLG Hamm v. 30.4.2004 – 11 WF 76/04, FamRZ 2004, 1885, das bei beengten wirtschaftlichen Verhältnissen auch bei geringerer Abzeichnung eine Abänderung zulassen will.

# F. Verfahrensfragen

## I. Der allgemeine Ablauf

### 1. Die Heimunterbringung

Die Sozialhilfebedürftigkeit eines alten Menschen zeichnet sich nicht immer langfristig ab. Vielfach hat zwar der alte Mensch Kenntnis von insuffizienter wirtschaftlicher Leistungskraft im Pflegefall, nicht aber die unterhaltspflichtigen Kinder. Deswegen wird der sozialhilferechtliche und damit auch der unterhaltsrechtliche Bedarf meist erst im Zeitpunkt der Pflegebedürftigkeit offenkundig. Kinder – das zeigt jedenfalls die praktische Erfahrung – haben sehr oft völlig unzureichende Kenntnis von der wirtschaftlichen Situation ihrer Eltern.

969

Wird die Heimunterbringung eines pflegebedürftigen Menschen durch die unterhaltspflichtige Person selbst veranlasst und organisiert, kann sich diese nicht darauf berufen, eine zu teure und nicht die kostengünstigste Unterkunft gewählt zu haben. Grundsätzlich ist die unterhaltsberechtigte Person zur Heimauswahl berechtigt[773], solange nicht angemessene Kosten überschritten werden.

970

> **BGH v. 21.11.2012 – XII ZR 150/10, FamRZ 2013, 203**
>
> 1. Der Unterhaltsbedarf eines im Pflegeheim untergebrachten Elternteils richtet sich regelmäßig nach den notwendigen Heimkosten zuzüglich eines Barbetrags für die Bedürfnisse des täglichen Lebens. Ist der Elternteil im Alter sozialhilfebedürftig geworden, beschränkt sich sein angemessener Lebensbedarf in der Regel auf das Existenzminimum und damit verbunden auf eine – dem Unterhaltsberechtigten zumutbare – einfache und kostengünstige Heimunterbringung (im Anschluss an Senatsurteil v. 19.2.2003 – XII ZR 67/00 –, FamRZ 2003, 860).
>
> 2. Dem Unterhaltspflichtigen obliegt es in der Regel, die Notwendigkeit der Heimkosten substanziiert zu bestreiten (im Anschluss an Senatsurteil BGHZ 152, 217 = FamRZ 2002, 1698). Kommt er dem nach, trifft die Beweislast den Unterhaltsberechtigten und im Fall des sozialhilferechtlichen Anspruchsübergangs den Sozialhilfeträger (im Anschluss an Senatsurteil v. 27.11.2002 – XII ZR 295/00 –, FamRZ 2003, 444).
>
> 3. Ausnahmsweise können auch höhere als die notwendigen Kosten als Unterhaltsbedarf geltend gemacht werden, wenn dem Elternteil die Wahl einer kostengünsti-

---

773 OLG Schleswig v. 19.1.2009 – 15 UF 187/07, juris.

geren Heimunterbringung im Einzelfall nicht zumutbar war. Zudem kann sich der Einwand des Unterhaltspflichtigen, es habe eine kostengünstigere Unterbringungsmöglichkeit bestanden, im Einzelfall als treuwidrig erweisen. ...

## 2. Die gerichtliche Auseinandersetzung

971 Einigen sich Sozialhilfeträger und Unterhaltspflichtige nicht auf eine Unterhaltszahlung, muss der Sozialhilfeträger Klage beim örtlich zuständigen Familiengericht erheben. Örtlich zuständig ist nach § 232 FamFG. Bei der gerichtlichen Auseinandersetzung fallen neben Gerichtskosten auch Anwaltskosten an. Da es sich beim Unterhaltsverfahren um eine Familienstreitsache i.S.v. § 112 FamFG handelt, besteht nach § 114 Abs. 1 FamFG **Anwaltszwang**. Der Sozialhilfeträger ist vom Anwaltszwang ausgenommen.

972 Weil die meisten Sozialhilfeträger die Vertretung in gerichtlichen Verfahren selbst übernehmen, sind die **Kostenrisiken** eines gerichtlichen Verfahrens über die Höhe der Unterhaltspflicht gering. In der ersten Instanz entspricht das Kostenrisiko meist weniger als fünf geltend gemachten Monatsbeträgen, sofern die Anwaltsgebühren nach RVG berechnet werden.

## II. Vollstreckung aus behördlichen Unterhaltsforderungen

973 In etlichen Bundesländern ermöglichen die Verwaltungsvollstreckungsgesetze in Verbindung mit den dazu ergangenen Vollstreckungsverordnungen die **Vollstreckung** zivilrechtlicher Unterhaltsforderungen, die nach § 94 SGB XII auf den Sozialhilfeträger übergegangen sind[774]. In diesen Ländern sind von den Betroffenen gegen die Vollstreckungsankündigung und die Vollstreckung **Einwendungen** und einzulegen (vgl. § 1 Abs. 4 S. 1 VwVG NRW). Der Sozialhilfeträger hat dann die Zwangsvollstreckung einzustellen und binnen Monatsfrist Klage beim Familiengericht einzureichen. Tut er das nicht, sind die getroffenen Zwangsvollstreckungsmaßnahmen aufzuheben. In diesen Ländern muss sich die unterhaltspflichtige Person gegen die Vollstreckung gegebenenfalls durch Eilanträge beim Verwaltungsgericht wehren.

---

774 So in Niedersachsen (§ 2 Abs. 3 NVwVG i.V.m § 1 Abs. 1 h) cc) DVO NVwVG Einwendung gegen die Forderung: § 23 Abs. 4 S. 1 NVwVG), NRW (§ 1 Abs. 2 VwVG NRW i.V.m. § 1 Abs. 1 Nr. 1 o VO VwVG, Einwendungsrecht: § 1 Abs. 4 VwVG), Rheinland-Pfalz (LVwVG § 71 ermöglicht entgegen der Ansicht einiger Sozialhilfeträger nicht die Vollstreckung privater Forderungen) und Saarland.

In **NRW** können nur solche privatrechtlichen Forderungen im Wege der Verwaltungsvollstreckung beigetrieben werden, die gesetzlich feststehen oder in Verträgen nach Grund und Höhe vereinbart worden sind (§ 1 Abs. 3 S. 1 VwVG). Deswegen kann eine gerichtlich nicht rechtskräftig festgestellte Forderung nur dann im Wege der Verwaltungsvollstreckung beigetrieben werden, wenn sie zwischen den Beteiligten in einem privaten Vergleich (Vertrag) vereinbart wurde.

974

Die Vollstreckung aus auf den Sozialhilfeträger übergegangenen Unterhaltsforderungen nach landesrechtlichen Verwaltungsvollstreckungsgesetzen ist höchst problematisch[775]. Kluge Sozialhilfeträger sollten von dieser Möglichkeit keinen Gebrauch machen, weil die von den Sozialhilfeträgern errechneten Forderungen in der Regel korrekturbedürftig sind. Die aus einer Vollstreckung resultierende Verärgerung der Betroffenen ist verständlich. Will eine Verwaltung von ihren Bürgern akzeptiert werden, wird sie auf ihre Sonderrechte im Vollstreckungsverfahren verzichten, wenn Forderungen – wie meist – hoch streitig sind. Dem Gläubiger einer zivilrechtlichen Forderung ist m.E. kein Sonderrecht in der Durchsetzung seiner Forderungen einzuräumen, wenn aus der Natur der Forderung sich Gläubiger und Schuldner ‚auf Augenhöhe' begegnen und die Forderung nur aufgrund der in §§ 93, 94 SGB XII angeordneten Legalzession durch die öffentliche Hand geltend gemacht werden kann.

975

**Praxistipp:**

976

**Für Sozialhilfeträger**

Die meisten Verwaltungsvollstreckungsgesetze der Bundesländer beschränken sich auf die Vollstreckbarkeit von durch Verwaltungsakt festgesetzten Forderungen. Auch in den Bundesländern, in denen die Vollstreckung der auf die Träger der Sozialhilfe übergegangenen Unterhaltsforderungen möglich ist, verzichten die Sozialhilfeträger sinnvoller Weise auf deren Vollstreckung oder die Androhung der Vollstreckung, bevor die Forderung durch die Familiengerichte rechtskräftig festgestellt wurde. Dies trägt sicher zur Akzeptanz behördlichen Handelns bei.

---

775 Es kommt in der Praxis immer wieder vor, dass Sozialhilfeträger den unterhaltspflichtigen Personen mit der Beitreibung der Unterhaltsforderung drohen, obwohl diese nur vom Träger der Sozialhilfe gefordert wurde und nicht gerichtlich festgestellt worden ist. Im Wiederholungsfall kann eine Dienstaufsichtsbeschwerde das einfachere und schnellere Mittel sein, solchen Rechtsmissbrauch abzustellen, als einen Eilantrag beim Verwaltungsgericht zu stellen.

**Für Unterhaltspflichtige:**
Regelmäßig hat in den Ländern, in denen die verwaltungsrechtliche Vollstreckung zivilrechtlicher Forderungen möglich ist, die Behörde die Vollstreckung der unterhaltspflichtigen Person anzukündigen. Gegen die Vollstreckung hat die unterhaltspflichtige Person dann Einwendungen gegen die Forderung zu erheben. Diese Einwendungen sollten schon gegen die Androhung der Vollstreckung eingelegt werden.

# G. Vorsorgende Beratung

Die Anwaltschaft ist mit dem Elternunterhalt i.d.R. auf der Seite der Unterhaltspflichtigen befasst. Ähnlich wie bei der Erbberatung entwickelt sich in der Bevölkerung das Bewusstsein, auch für den Fall der Inanspruchnahme auf Elternunterhalt **vorsorgende Rechtsberatung** in Anspruch zu nehmen. Dabei handelt es sich stets um eine prognostische Beratung, deren Resultate letztendlich nie sicher vorauszusehen sind, wie denn auch der Pflegebedarf nie sicher vorherzusehen ist. Dies bedeutet auch, dass die Ergebnisse der Beratung stets reversibel sein sollten.

Trotz dieser Unwägbarkeiten können abgeleitet aus der bisherigen Rechtsprechung und der rechtspolitischen Diskussion einige Leitlinien für die vorsorgende Beratung entwickelt werden, deren Beachtung die unterhaltsrechtliche Inanspruchnahme minimiert und selbst bei Fehlschlagen der Prognose die wirtschaftlichen Interessen des Beratenen wahrt.

## I. Vorbemerkung

Anwaltliche Beratung in Sachen Elternunterhalt bewegt sich auf einer interessanten Spannungslinie. Obgleich vertreten wird, der Elternunterhalt sei ein überwiegend sozial und gesellschaftlich akzeptiertes Rechtsinstitut[776], nimmt die Akzeptanz ab, je größer die unmittelbare Betroffenheit ist. Wer auf Elternunterhalt in Anspruch genommen wird, hat weniger Verständnis für den Rückgriff auf sein Einkommen und Vermögen als derjenige, der wirtschaftsliberalistisch über zu hohe Sozialabgaben klagt und Dank eigener Leistungsfähigkeit den Quell allen Übels im Gesellschaftlichen und alles Heil im Privaten findet (bis er selbst herangezogen wird). Überraschend ist jedoch, dass die Inanspruchnahme eines Ehegatten auf Elternunterhalt nach Beobachtungen des Autors vielfach auch eine Beziehungskrise der Ehegatten verstärkt oder vielleicht auch auslöst. Hintergrund dessen ist sicher auch, dass aufgrund der Heranziehung des mehr verdienenden Ehegatten über den Familienunterhalt immer auch eine verdeckte Schwiegerkindhaftung begründet wird, die angesichts der berüchtigten Schwiegerkindproblematik offenbar geeignet ist, Fissuren eines Verhältnisses zu Frakturen zu vergrößern. Jedenfalls sind in der Beratungspraxis des

---

776 *Lüscher*, FPR 2003, 648.

Autors vermehrt Fälle aufgetaucht, in denen die Ehe im Zusammenhang mit einem Elternunterhaltsfall in die Krise geraten ist. Gleichzeitig fühlt sich das in Anspruch genommene Kind stets bemüßigt, sich selbst zu rechtfertigen, was für die These von der gesellschaftlichen Akzeptanz spräche.

980 Der beratende Anwalt bewegt sich mithin vielfach in ‚vermintem Gelände'. Dies gilt umso mehr, als die Ratsuchenden oftmals mit dem nur schlecht kaschierten Wunsch auf eine Unrechtsberatung den Anwalt aufsuchen. Anwaltliche Hilfe beim illegalen Einkommens- und Vermögensverschub zu erteilen, verbietet sich von selbst. Der Gattenhaftungsproblematik ist zu entgehen, indem man wegen einer möglichen **Interessenkollision** die gemeinsame Beratung von Ehegatten in dieser Frage ablehnt (vgl. Rn. 33), was aber oftmals zu spät erfolgt und nur schwer vermittelbar und durchsetzbar ist.

## II. Statistisches Datenmaterial

981 Bei der vorsorgenden Beratung ist es unerlässlich, Kenntnis von der **Pflegehäufigkeit** zu haben. Diese ist durch das statistische Bundesamt erfasst und ergibt eine interessante geschlechtsabhängige Betroffenheit (vgl. auch „Pflegerisikofaktoren" Rn. 1142 im Anhang):

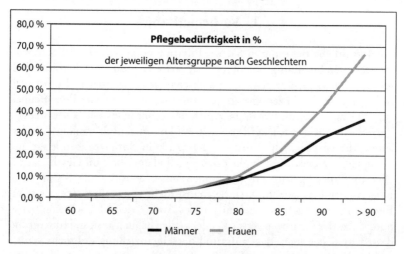

982 Die unterschiedliche Betroffenheit von Pflegebedürftigkeit beruht im Wesentlichen auf dem – wegen des Zweiteheverhaltens der Männer im Alter zunehmenden – Altersunterschied in der Ehe. Dieser beträgt nach wie vor ca. 3,5 Jahre. Verbunden mit der weiblichen Längerlebigkeit führt dies dazu, dass Männer bei Gebrechlichkeit und Siechtum ihren Frauen

gepflegt werden. Dies kann umgekehrt indessen wegen der Kürzerlebigkeit der Männer nicht erfolgen, weshalb Frauen dann auf professionelle Hilfe in Pflegeheimen angewiesen sind. Gleichwohl wird das Pflegemanko meist deutlich überschätzt. Stellt man auf die Dauer der verantwortlichen stationären Pflege einer 65-jährigen Frau ab, ergibt sich lediglich ein Risikofaktor von 3,2 %, bei Männern von 2 % (vgl. Rn. 1142 f.)

## III. Rettung des Vermögens des Unterhaltsberechtigten

Vermögen des unterhaltsberechtigten Elternteils kann nur dann vor verzehrendem Verbrauch gerettet werden, wenn die Übertragung nicht revoziert werden kann, also vor Ablauf von zehn Jahren vor Eintritt des Bedarfs erfolgt und darüber hinaus die Übertragung auf eine Person erfolgt, die ihrerseits nicht unterhaltspflichtig ist. Anderenfalls würde das übertragene Vermögen entweder mit seinen Erträgen oder durch zumutbaren Unterhaltseinsatz oder Revozierung nach §§ 528, 529 BGB zu Unterhaltszwecken revitalisiert. Ob eine Vermögensübertragung auf einen Dritten, die nicht revozierbar ist, einen Verwirkungsgrund nach § 1611 BGB darstellen kann (vgl. Rn. 898), ist nur im Einzelfall zu entscheiden.

983

### 1. Vorzeitige unentgeltliche Vermögensübertragung[777]

Vorzeitige vertragliche Übertragung als Schenkung (§ 516 BGB) oder vorweggenommene Erbfolge auf einen Unterhaltspflichtigen hat zur Folge, dass innerhalb der **Revokationsfrist** von zehn Jahren der Beschenkte bei unterhaltsrechtlichem Bedarf des Schenkers entweder das Vermögen zurück übertragen muss oder aber Unterhalt zu leisten hat (§ 528 Abs. 1 S. 2 BGB). Dies gilt nicht, wenn die Gefahr der **Verarmung des Beschenkten** gegeben ist (§ 529 Abs. 2 BGB). Hat der Beschenkte das Vermögen z. B. in eine Immobilie angelegt, die von ihm selbst und seiner Familie bewohnt wird, und kann eine Rückübertragung des Vermögens durch Beleihung der Immobilie nicht erfolgen, weil dem Unterhaltspflichtigen im Hinblick auf den von ihm zu leistenden Familienunterhalt dazu die Mittel fehlen, kann nur der angemessene **Wohnwert** der Immobilie den laufenden Einkünften zugerechnet werden (vgl. dazu Rn. 269). Der Wohnwert wird aber auch durch erhebliche Investitionen in eine Immobilie nicht nachhaltig erhöht, da nicht der objektive Wohnwert in die Unterhaltsberechnung einbezogen wird, sondern der angemessene.

984

---

777 Grundlegend: *Grziwotz*, Vermögensübertragung vor Pflegebedürftigkeit und Heim in Richter/Doering-Striening/Schröder/Schmidt (Hrsg.), Seniorenrecht, 2. Aufl., S. 301 ff.

**Beispiel:** Die alternde Mutter wird vergesslich und verwirrt. Die getrennt von ihrem Ehemann lebende Tochter wohnt in einer im gemeinsamen Eigentum der Eheleute stehenden angemessenen Immobilie. Mit ihr zusammen leben zwei minderjährige Kinder. Sie ist nur teilzeitig berufstätig und erzielt ein Einkommen von 700 €. Ihr wird kein Unterhalt gezahlt, der Ehemann bedient die Immobilienbelastungen. Der angemessene Wohnwert beträgt ca. 500 €. Aus dem Vermögen der Mutter werden der Tochter 22.000 € zugewandt, die dafür eine neue Heizungsanlage im Haus installieren lässt, die die 20 Jahre alte aber noch funktionsfähige Heizungsanlage ersetzt, bevor die Mutter wenige Monate später in ein Pflegeheim gelangt.

**Lösung:**

- Eine Revokation der Schenkung gegen die Tochter scheidet aus, weil diese eine Leistung nicht erbringen kann, ohne selbst in Not zu geraten.
- Eine Revokation der Schenkung gegen deren Ehemann scheidet aus, weil diesem von der Mutter nichts zugewendet worden ist, sondern allenfalls von ihrer Tochter, indem diese den Einbau der Heizung in das ihr gemeinsam mit ihrem Ehemann gehörende Haus veranlasste.
- Eine Erhöhung des Wohnwertes der Tochter ist durch die Investition nicht eingetreten, da eine Wertsteigerung der Immobilie sich nicht in einer Veränderung des Wohnwertes niederschlägt.
- Soweit der Ehemann durch die Wertsteigerung der Immobilie profitiert, ist im Zugewinnausgleich diese Wertsteigerung dem Anfangsvermögen der Tochter zuzuordnen (§ 1374 Abs. 2 BGB).

**985**    Die **unentgeltliche Vermögensübertragung** auf einen Angehörigen des ggf. unterhaltsbedürftig werdenden Elternteils führt daher dann zu einer Rettung des Vermögens, wenn

- bei Bedürftigkeit des Schenkers die **Revokationsfrist von zehn Jahren** abgelaufen ist oder
- das **Vermögen nicht mehr vorhanden**, der Beschenkte mithin nicht mehr bereichert ist oder
- der **Beschenkte durch Transformation** des geschenkten Vermögens in geschütztes **Schonvermögen** eine Revokation des Vermögens verhindert und gleichzeitig die Erträgnisse des Vermögens den Beschenkten nicht im elternunterhaltsrechtlichen Sinne leistungsfähig machen.

**986**    Schenkt beispielsweise ein Elternteil seinem Kind einen Betrag von 100.000 € und baut dieses Kind unter Einbeziehung dieser Mittel ein angemessenes Familienheim für sich und seine Familie, dessen Eigentümer das beschenkte Kind und seine Ehefrau zu je 1/2 werden, kann bei Eintritt einer Pflege- und damit Unterhaltsbedürftigkeit des schenkenden Elternteils die Schenkung von 100.000 € nur dann zurückverlangt werden, wenn das beschenkte Kind in der Lage wäre, zusätzlich zur Immobilienbelastung einen Kredit in Höhe von 100.000 € aufzunehmen und in angemessener Zeit zurückzuführen. Ist dies, z.B. wegen der anderweitigen Immobilien- und

Unterhaltsbelastung nicht der Fall, könnte nur noch der **Wohnvorteil** des beschenkten Kindes zu Unterhaltszwecken mobilisiert werden. Der Wohnwert überschreitet im Elternunterhalt aber nie 480 € für alleinstehende und 860 € für zusammenlebende Unterhaltspflichtige (vgl. Rn. 269 ff.). Hat das Kind jedoch – ggf. durch die Schenkung ermutigt – großzügiger gebaut, als es ihm aufgrund seiner eigenen Einkünfte möglich gewesen wäre, scheidet eine Revokation i.d.R. aus.

Falls jedoch die Übertragung des Vermögens und seine Unterhaltsleistungen vermeidende Anlage zeitnah zum auftretenden Pflegebedarf erfolgt, ist an einen Schadensersatzanspruch nach § 826 BGB zu denken. 987

## 2. Das Revokationsrecht des verarmten Schenkers[778]

Nach § 528 BGB steht demjenigen, der eine Schenkung an einen Dritten gemacht hat das Recht zu, vom Beschenkten die Herausgabe des Geschenks nach den Vorschriften über die Herausgabe einer ungerechtfertigten Bereicherung zu verlangen, soweit der Schenker nach Vollziehung der Schenkung außerstande ist, seinen ‚angemessenen' Unterhalt zu bestreiten und die ihm seinen Verwandten, seinem Ehegatten, seinem Lebenspartner oder früheren Ehegatten oder Lebenspartner gegenüber gesetzlich obliegenden Unterhaltspflicht zu erfüllen. 988

### a) Revokationsfrist, Rückforderungsfrist

Das Revokationsrecht des verarmten Schenkers besteht nicht, wenn zur Zeit des Eintritts der Bedürftigkeit des Schenkers seit Leistung des geschenkten Gegenstandes zehn Jahre verstrichen sind (§ 529 Abs. 1 2. Alt. BGB). Für den Beginn der Frist kommt es nicht auf den Zeitpunkt der Schenkung, sondern auf deren Vollziehung an[779]. Für deren Ablauf kommt es auf den **Eintritt des Notbedarfs** an. Es reicht **nicht** aus, dass die Umstände, die in Zukunft die Vermögenserschöpfung begründen, bereits vorliegen[780]. 989

> BGH v. 26.10.1999 – X ZR 69/97, NJW 2000, 728
>
> LS: Für den Eintritt der Bedürftigkeit beim Schenker innerhalb der Zehnjahresfrist des § 529 Abs. 1 BGB genügt es nicht, wenn vor Ablauf dieser Frist die Umstände eingetreten sind, aus denen sich (früher oder später) eine Erschöpfung des Vermö-

---

778 Grundlegend: *Wedemann*, NJW 2011, 571.
779 Zeitpunkt der Handschenkung, § 518 Abs. 2 BGB bzw. Leistungserbringung i.S.d. § 362 BGB.
780 Palandt/*Weidenkaff*, § 529 Rn. 2.

> gens des Schenkers ergeben kann oder voraussichtlich ergeben wird; es ist vielmehr erforderlich, dass die Erschöpfung des Vermögens innerhalb der Frist bereits eingetreten ist.

**990** Nicht maßgeblich für die Berechnung des **Fristablaufs** ist der Zeitpunkt der Beantragung von Sozialhilfe. Bedürftigkeit des Schenkers liegt nämlich nicht erst vor, wenn Sozialhilfe oder andere öffentliche Transferleistungen in Anspruch genommen werden, sondern immer dann, wenn der Schenker seinen Lebensbedarf aus eigenen Einkünften oder Vermögen nicht mehr bestreiten kann. Überbrücken Familienangehörige oder Dritte durch Zahlungen bis zum Ablauf der Sozialhilfebeantragung die Revokationsfrist, hat dies keinen Einfluss darauf, dass der Revokationsanspruch mit Eintritt der Hilfsbedürftigkeit gegeben ist. Vielfach werden im Elternunterhalt Grundstücke unter Vorbehalt eines Nießbrauchs auf die Kinder übertragen. Der Schenkungszeitpunkt ist auch in diesem Fall der Vollzug der Grundstücksübertragung und nicht analog § 2325 Abs. 5 BGB[781] der Wegfall des Nutzungsrechts[782].

**991** Die **Verjährung** des Revokationsrechts des Schenkers ist davon abhängig, was Gegenstand der Schenkung war. Wurde vom Schenker ein **Grundstück** an den Beschenkten übertragen, dessen Rückforderung nach Eintritt der Verarmung des Schenkers verlangt wird, unterliegt die Verjährung § 196 BGB[783] und beträgt damit 10 Jahre vom Ende der Revokationsfrist. Handelt es sich um die Schenkung und Übertragung eines **Geldvermögens**, greift indessen die regelmäßige Verjährung des § 195 BGB von drei Jahren ein.

### b) Einrede der selbst herbeigeführten Bedürftigkeit

**992** § 529 Abs. 1 1. Alt. BGB eröffnet dem Beschenkten die Möglichkeit, gegen den Revokationsanspruch des verarmten Schenkers die Einrede der vorsätzlich oder grob fahrlässig herbeigeführten Bedürftigkeit zu erheben. Da nach § 528 BGB der ‚angemessene Unterhalt' des Schenkers und der ihm gegenüber Unterhaltsberechtigten Maßstab für die Revokation ist, könnten die Voraussetzungen des Rückforderungsanspruchs bereits früh gegeben sein, wenn der individuelle Lebensstil des Schenkers (vor der Schenkung) zu sichern wäre. Dies ist indessen nicht der Fall. Maßstab ist vielmehr der ‚objektiv seiner Lebensstellung nach der Schenkung angemessene'[784] Le-

---

781 Palandt/*Weidlich,* § 2325 BGB Rn. 26.
782 BGH v. 19.7.2011 – X ZR 140/10, FamRZ 2011, 1579; *Schippers,* 10-Jahres-Frist und Nießbrauchsvorbehalt beim Rückforderungsanspruch des verarmten Schenkers (§§ 528, 529 BGB), RNotZ 2006, 42.
783 BGH v. 22.4.2010 – Xa ZR 73/07, FamRZ 2010, 1330.
784 BGH v. 5.11.2002 – X ZR 140/01, FamRZ 2003, 224.

bensstil. Wird der Schenker durch die Schenkung bedürftig, kann sich der Beschenkte nicht gegen die Rückforderung mit dem Argument selbst (schuldhaft) herbeigeführter Bedürftigkeit wehren.[785] Die Bedürftigkeit muss nachträglich herbeigeführt sein, etwa durch Verschwendung oder leichtsinnige Spekulation. Eine **Vernachlässigung eigener Altersvorsorge** nach Vollzug der Schenkung kann ausreichen, um von einer schuldhaften oder grob fahrlässigen Verursachung der Bedürftigkeit auszugehen. Dies gilt jedenfalls dann, wenn es dem Schenker möglich gewesen wäre, ausreichende Altersvorsorge zu betreiben. Eine Vorsorge für den Pflegefall ist allerdings nicht zu fordern, soweit sie über den Umfang der gesetzlichen Pflegeversicherung hinausgeht. **Trunk- und Drogensucht** stellen u.U. bereits Verwirkungsgründe dar (vgl. Rn. 881 ff.) und stehen deshalb auch im Rahmen von § 529 BGB der Schenkungsrevokation entgegen[786]. Ein mutwilliger Verzicht auf eigene Erwerbstätigkeit nach dem Vollzug der Schenkung kann die Einrede des Beschenkten begründen.[787]

c) **Notbedarfseinrede des Beschenkten, § 529 Abs. 2 BGB**

Ist der Beschenkte bei Berücksichtigung seiner sonstigen Verpflichtungen außer Stande, das Geschenkte herauszugeben, ohne seinen eigenen ‚standesgemäßen' (ließ ‚angemessenen'[788]) Unterhalt zu gefährden oder die ihm obliegenden gesetzlichen Unterhaltspflichten erfüllen zu können, kann er die Herausgabe des Geschenkes – solange die Notlage besteht[789] – verweigern. Die Gründe, die zur Notlage beim Beschenkten geführt haben, sind grundsätzlich unbeachtlich[790]. Die ‚Angemessenheit' des Eigenbedarfs des Schenkers ist nach den gleichen Kriterien wie die Leistungsfähigkeit des unterhaltspflichtigen Kindes im Elternunterhalt zu bestimmen[791]. Dies bedeutet konkret, dass eine Herausgabeverpflichtung nicht besteht, soweit nach Abzug aller Zins- und Tilgungsleistungen, vorrangigen Unterhaltsverpflichtungen und einem angemessenen Altersvorsorgeaufbau, dem Beschenkten weniger als der für den Elternunterhalt geltende Selbstbehalt[792] verbleiben (vgl. Rn. 572 ff.). Gegen die Gleichsetzung der Maßstäbe in § 529 Abs. 2 BGB und § 1603 BGB wird eingewendet, die Normen ver-

993

---

785 Palandt/*Weidenkaff* § 529 BGB Rn. 2.
786 Erman/*Herrmann* § 529 Rn. 2.
787 BGH v. 6.9.2005 – X ZR 51/03, FamRZ 2005, 1989.
788 BGH v. 6.9.2005 – X ZR 51/03, FamRZ 2005, 1989.
789 BGH v. 6.9.2005 – X ZR 51/03, FamRZ 2005, 1989.
790 BGH v. 19.12.2000 – X ZR 146/99, FamRZ 2001, 286.
791 BGH v. 11.7.2000 – X ZR 126/98, FamRZ 2001, 21; Palandt/*Weidenkaff* § 529 Rn. 3; Erman/*Herrmann*, § 529 Rn. 2; *Graba*, Die Entwicklung des Unterhaltsrechts nach der Rechtsprechung des Bundesgerichtshofs im Jahr 2000, FamRZ 2001, 585.
792 Seit dem 1.1.2015 beträgt der für den Elternunterhalt geltende Selbstbehalt 1.800 € für eine alleinstehende Unterhaltspflichtige und 3.240 € für zusammenlebende Verheiratete.

folgten völlig unterschiedliche Ansätze, weshalb der Beschenkte in den Fällen der Schenkungsrückforderung auf den einem volljährigen Kind gegenüber geltenden Selbstbehaltssatz[793] zu verweisen sei[794]. Da der Beschenkte das geschenkte Vermögen nicht selbst erarbeitet habe, sei dieses weniger schützenswert. Der Beschenkte sei in seinem Vertrauen auf die durch die Schenkung geschaffene Vermögenssituation durch die Revokationsfrist von 10 Jahren (§ 529 Abs. 1 BGB) ausreichend geschützt.

994 Dieses Argument ist jedoch nicht überzeugend. Geschenktes Vermögen ist Vermögen des Beschenkten. Diese kann mit dem Vermögen nach belieben verfahren. Differenzierte man hinsichtlich des Schutzes von Vermögen der unterhaltspflichtigen Person nach dem Erwerbsvorgang, müsste auch geerbtes oder von Dritter Seite geschenktes Vermögen geringeren Schutz als erarbeitetes Vermögen genießen. Dafür gibt es aber keinerlei Anlass.

995 Auch wenn man indessen den in § 529 Abs. 2 BGB erwähnten ‚standesgemäßen' Unterhalt nicht mit dem ‚angemessenen Unterhalt' gleichsetzt, kann nicht übersehen werden, dass jede Vermögenszuwendung, die den aktuellen Lebensstandard anhebt auch eine Verschiebung des ‚standesgemäßen' Unterhalts mit sich brächte. Ein statisches Verständnis der ‚Standesgemäßheit' wäre sicherlich weder zeitgemäß noch konsensfähig.

996 Haben Eltern einem Kind eine Immobilie zugewendet, in der diese leben, oder einen PKW, den die beschenkte Familie nutzt oder sind Geldzuwendungen erfolgt, die eine Urlaubsreise, einen Auslandsaufenthalt, die Anschaffung von Haus und Immobilie ermöglicht haben, ist die Rückgabe des Geschenks nur dann möglich, wenn ausreichend liquide Mittel zu Verfügung stehen, die ohne Gefährdung des angemessenen Lebensstandards herausgegeben werden können. Die Rückgabe oder Veräußerung des Familienheims kann sicher nicht verlangt werden[795]. Eine **Kreditaufnahme** zur Finanzierung der Rückgabe des Geschenkes kann in Betracht kommen, wenn auch unter Berücksichtigung der Kreditraten der angemessene Unterhalt nach den Berechnungskriterien des Elternunterhalts gewährt ist[796].

997 Inwieweit diese Grenzen auch für die **Vermögensrückgewähr** gelten, ist bislang noch nicht abschließend entschieden. Im Elternunterhalt steht dem unterhaltspflichtigen Kind grundsätzlich ein großzügig bemessenes **Altersvorsorgeschonvermögen** zu (vgl. Rn. 616 ff.). Verwendet das beschenkte Kind die ihm zugewendeten Mittel, um für sein Alter angemessenes Vermö-

---
793 Seit 1.1.2015: 1.300 €.
794 *Wedemann*, NJW 2011, 571.
795 Palandt/*Weidenkaff*, § 529 BGB Rn. 3.
796 Palandt/*Weidenkaff*, § 529 BGB Rn. 3; MK/*Koch* § 529 BGB Rn. 4; Bamberger/Roth/ *Gehrlein* § 529 Rn. 1.

gen aufzubauen, stellt sich die Frage, ob dieser Altersvorsorgerückstellungen des Kindes im Fall der Revokation aufgelöst werden müssen. Verneint man diese Frage, werden erfolgreiche Revokationen von Vermögenszuwendungen nur selten möglich sein. Wenn ein 60 Jahre alter Normalverdiener (Einkommen 37.000 € pro Jahr) ein Altersvorsorgeschonvermögen von ca. 194.000 € neben seiner selbst genutzten Immobilie (vgl. Rn. 670) aufbauen kann (vgl. Rn. 616 ff. und Rn. 1130), sind übertragene Vermögen weitgehend revokationsfest, da nur wenige unterhaltspflichtige Kinder die Altersvorsorgeschonvermögengrenzen erreichen. Der Systematik der Rechtsprechung würde eine derartige Lösung entsprechen. Die Entscheidung des BGH[797], wonach ‚im Rahmen der Regelung des BGB § 529 Abs. 2 zur Bemessung des dem Beschenkten verbleibenden angemessenen Unterhalts grundsätzlich die jeweils einschlägigen familienrechtlichen Bestimmungen und die von der Rechtsprechung hierzu entwickelten Grundsätze heranzuziehen' seien ist vor der Grundsatzentscheidung über die pauschale Berechnung des Altersvorsorgevermögens ergangen[798]. Es spricht vieles dafür, die Verpflichtung des Beschenkten zur Rückgewähr des Geschenks dann zu verneinen, wenn dadurch das unterhaltsrechtlich geschützte Altersvorsorgevermögen angegriffen werden müsste. Dem kann auch nicht entgegengehalten werden, Altersvorsorgeschonvermögen sei weniger schützenswert weil es der Befriedigung eines zukünftigen (auch noch ungewissen) Bedarfs (Alterseinkommen) des Kindes diene, während die Bedürftigkeit des Elternteils gegenwärtig und akut sei. Dieses Argument würde sich generell gegen den Schutz hohen Altersvorsorgevermögens richten und wäre mit der gefestigten Rechtsprechung des BGH zum Vorsorgeschonvermögen[799] nicht vereinbar.

#### d) Übergang der Revokationsforderung auf den Sozialhilfeträger

Grundsätzlich kann ein Sozialhilfeträger den Revokationsanspruch des Schenkers bei dessen Verarmung im Fall einer Hilfsbedürftigkeit des Schenkers selbst gegen den Beschenkten geltend machen, sofern der Revokationsanspruch auf den Träger der Sozialhilfe übergeleitet wird (§ 93 SGB XII). Davon besteht eine Ausnahme, wenn der Übergang des Anspruchs eine ‚**unbillige Härte**' darstellt. Davon ist nach der Rechtsprechung auszugehen, wenn die Revokation die Verbindung zu diesem Kind nachhaltig zerstören würde[800]. Geht aber der Revokationsanspruch nicht auf den Sozialhilfeträger über, hat dieser Sozialhilfeleistungen an den Bedürftigen zu erbringen.

998

---

797 BGH v. 11.7.2000 – X ZR 126/98, FamRZ 2001, 21.
798 BGH v. 30.8.2006 – XII ZR 98/04, FamRZ 2006, 1511.
799 BGH v. 30.8.2006 – XII ZR 98/04, FamRZ 2006, 1511.
800 *Caspary/Hauß* in: Krenzler/Borth, Anwalts-Handbuch Familienrecht, Rn. 1526; OVG Münster v. 14.10.2008 – 16 A 1409/07, FamRZ 2009, 84.

### 3. Abschluss einer Pflegezusatzversicherung durch Einmalzahlung

999 Am Versicherungsmarkt werden **Pflegezusatzversicherungen** angeboten, die das Ziel haben, dem pflegebedürftigen Menschen im Pflegefall zusätzliche Gelder zur Verfügung zu stellen. Die Kalkulation der Versicherungsprämien ist abhängig vom Alter der versicherten Person und deren Pflegerisiko, von der Höhe der versprochenen Leistung und der Frage, ob eine Beitragsrückgewähr im Todesfall erfolgt. Die Beiträge zu einer solchen Versicherung können sowohl als **Einmalbetrag** als auch durch **monatliche Zahlungen** erbracht werden. Eine private Pflegeversicherung kann nicht mehr begründet werden, wenn der Pflegefall bereits eingetreten ist. Vorher kann es aber für Elternteile durchaus erwägenswert sein, eine solche Versicherung abzuschließen. Dies gilt ganz besonders dann, wenn der Eintritt des Pflegefalls ernsthaft zu erwägen ist und ein unterhaltspflichtiges Kind tatsächlich leistungsfähig ist. In diesem Fall kann durch Abschluss einer derartigen Versicherung die Bedarfslücke beim pflegebedürftigen Elternteil geschlossen und so eine unterhaltsrechtliche Inanspruchnahme des Kindes verhindert werden. Kann die Versicherung durch eine Einmalzahlung begründet werden und wird mit dem Versicherungsunternehmen eine Beitragsrückgewähr bei Versterben des Versicherungsnehmers vor einem bestimmten Zeitpunkt (z.B. dem Erreichen des 80. Lebensjahres) vereinbart, kann ein solcher Vertrag gleichzeitig vermögenserhaltend für den Erben wirken. Der Abschluss solcher Versicherungen ist insbesondere für solche Menschen geeignet, die aus welchen Gründen auch immer (meist einem stark entwickelten Sicherheitsbedürfnis heraus), unter der Ungewissheit einer unterhaltsrechtlichen Inanspruchnahme oder eines unterhaltsrechtlichen Bedarfs leiden. Solche Versicherungen können ein sinnvollen Gestaltungselement sein, wenn die Versicherung auch noch einen Abschluss im fortgeschrittenen Alter der versicherten Person zulassen. Es ist auch durchaus vorstellbar, dass Kinder zugunsten Ihrer Eltern derartige Versicherungspolicen abschließen, wenn eine entstehende Altersarmut bekannt ist und die Lebensplanung des Kindes vom Risiko der unterhaltsrechtlichen Inanspruchnahme stark beeinträchtigt ist. Die Berechnung der statistischen Daten in stationärer Pflege (vgl. Rn. 1142 f.) macht deutlich, dass das ökonomische Risiko unterhaltsrechtlicher Inanspruchnahme spontan meist überschätzt wird (vgl. auch Rn. 982).

## 4. Belohnende / entgeltende Übertragung des Vermögens unter Heranziehungsausschluss an den Gatten

Eine unproblematischere **Sicherung des Vermögens des Elternteils** ist die **entgeltende oder belohnende Übertragung**. Dies kann sowohl auf den Gatten des Pflege- und Unterhaltsbedürftigen geschehen, soweit dieser dadurch nicht seinerseits unterhaltspflichtig wird, als auch auf die nächste oder übernächste Generation. Der Vorteil einer entgeltlichen oder entlohnenden Vermögensübertragung liegt in der **Vermeidung des Revokationsrechts** nach § 529 BGB.

1000

Überträgt z.b. ein pflegegefährdeter Ehemann seiner Ehefrau ‚im Hinblick auf die jahrelangen treuen Versorgungsleistungen, die Erziehung der Kinder etc.' einen Vermögenswert, der dem Gatten ein eigenes Alterseinkommen bis zu seinem angemessenen Selbstbehalt[801] (von derzeit 1.800 €) sichert, scheidet eine Revokation mangels Unentgeltlichkeit und aufgrund der Verarmungseinrede aus. Hat der begünstigte Gatte kein eigenes anderes Einkommen und ggf. auch keine eigene Versorgung, kann so ein Vermögen von ca. 200.000 € (vgl. dazu Rn. 622) heranziehungsfrei übertragen werden.

1001

Dabei ist zu beachten, dass der Haftungsentzug dieses Vermögens zur Durchgriffshaftung auf ein unterhaltspflichtiges Kind führen kann, was jedoch wegen des dann geltenden großzügigeren Selbstbehaltes in jedem Fall zu einem optimierten Gesamtergebnis führt.

1002

## 5. Belohnende oder entgeltende Übertragung des Vermögens unter Heranziehungsausschluss an Kinder

Eine belohnende oder entgeltliche Vermögensübertragung ist vor Eintritt des Unterhaltsbedarfs auch an Kinder oder Dritte möglich. Ist der so Begünstigte jedoch dem das Vermögen übertragenden späteren Unterhaltsbedürftigen seinerseits unterhaltspflichtig, ist, selbst wenn die Vermögensübertragung ihrerseits revokationsfest ist, ggf. aus den Erträgnissen des übertragenen Vermögens Elternunterhalt zu zahlen oder – wenn es sich nicht um Schonvermögen des Unterhaltspflichtigen handelt – auch das Vermögen selbst zu verwerten. Es ist aber zu beachten, dass das Betroffenen meist angenommen wird.

1003

---

801 In diesem Fall gilt der angemessene Selbstbehalt des Gatten: BGH v. 15.3.2006 – XII ZR 30/04, FamRZ 2006, 683 mit Anm. *Büttner*, FamRZ 2006, 765; Anm. *Borth*, FamRZ 2006, 852.

## 6. Rettung der elterlichen Immobilie

**1004** Vielfach werden von Kindern auch im Vorfeld eines akuten Pflegebedarfs Leistungen an die Eltern erbracht, die lebzeitig nicht entgolten werden. Übernimmt ein Kind z.b. die Renovierung, Unterhaltung und Pflege einer von den Eltern bewohnten Immobilie, kann diese Leistung als entgeltliche Dienstleistung vereinbart werden. Können die Eltern Zahlungen dafür tatsächlich nicht erbringen oder wollen die Beteiligten dies nicht, können so **erbrachte Dienstleistungen** kreditiert und mit einer Höchstbetragssicherungshypothek an der Immobilie abgesichert werden. Im Hinblick auf einen möglichen Übergang der Immobilie auf das Kind im Wege des Erbgangs kann das Kind an einer solchen Lösung erhebliches Interesse haben. Da im Pflegefall des Elternteils die hypothekarisch gesicherte Forderung des Kindes zwar einen Vermögenswert darstellt, die Verwertung dieses Vermögens aber meist aufgrund einer bestehenden Versorgungslücke nicht verlangt werden kann, schafft diese Form der Vermögensübertragung eine Win-Win-Situation. Die Eltern übertragen ihr Vermögen nicht zu Lebzeiten, wenn die Fälligkeit der hypothekarisch gesicherten Forderung erst nach dem Tod des letztversterbenden Elternteils vereinbart wird. Das Kind erhält zu Lebzeiten (also auch zu Bedarfszeiten) der pflegebedürftigen Eltern kein verwertbares Vermögen. Durch den Tod des letztversterbenden Elternteils wird zwar die Fälligkeit der Forderung hergestellt. Zu diesem Zeitpunkt besteht jedoch kein unterhaltsrechtlicher Bedarf. Da das Unterhaltsrecht jedoch **Gleichzeitigkeit von Leistungsfähigkeit und Bedürftigkeit** voraussetzt, dürfte die Begründung einer Unterhaltsforderung schwer fallen, sofern der Unterhaltspflichtige nicht über ausreichend anderweitige Einkünfte verfügt. Ob dieses Konstrukt vor der Rechtsprechung Bestand haben wird, bleibt abzuwarten.

**1005** Voraussetzung für die Bestandskraft einer derartigen Lösung ist jedoch in jedem Fall, dass die vom Kind erbrachten **Leistungen präzise beschrieben** und die dafür kreditierten Beträge einschließlich des Zinsfußes **beweiskräftig** festgehalten werden. Es empfiehlt sich, in einer Rahmenvereinbarung die Konditionen festzulegen und jede einzelne Leistungs- und Gegenleistungsvereinbarung schriftlich zu fixieren. Es ist daran zu denken, dass sich in vielen Fällen die Justizfestigkeit einer solchen Vereinbarung erst nach dem Tod des Elternteiles erweisen muss.

## 7. Die Ausstattung

**1006** Die „**Ausstattung**" nach § 1624 BGB (vgl. auch Rn. 460) ist aus dem Bewusstsein der Familienrechtler weitgehend verschwunden. Ihr haftet der

Geruch eines überkommenen Ehe- und Familienbildes an. ‚Ausstattung' eines Kindes ist dessen Ausbildung und dessen Ausbildungsunterhalt nach § 1610 Abs. 2 BGB[802]. Im Zusammenhang mit der Rettung des Familienvermögens vor dem Verzehr durch hohe Pflegekosten kann die Ausstattung eine gewisse Renaissance erfahren[803]. Ausstattung ist das, was einem Kind mit Rücksicht auf seine Verheiratung (Aussteuer) oder auf die Erlangung einer selbständigen Lebensstellung zur Begründung oder zur Erhaltung der Wirtschaft oder der Lebensstellung von dem Vater oder der Mutter zugesendet wird. Die Ausstattung ist keine Schenkung, soweit die Ausstattung das den Umständen, insbesondere den Vermögensverhältnissen des Vaters oder der Mutter, entsprechende Maß nicht übersteigt. Wegen dieser eingegrenzten Dimension ist das Institut der Ausstattung nur eingeschränkt geeignet, Vermögensteile tatsächlich zu bewahren.

Zwar hat die Rechtsprechung bislang noch keine allgemeingültigen Kriterien für die Bestimmung des Übermaßes herausgearbeitet. Man wird zu Recht anzunehmen haben, dass eine Übertragung des gesamten Vermögens auf die Kinder gegen das Übermaßverbot verstieße und insoweit als Schenkung anzusehen wäre und innerhalb der 10-Jahres-Frist revoziert werden kann (§ 528 Abs. 1 BGB). Dabei gilt auch bei einer übermäßigen Ausstattung nicht die gesamte Vermögensübertragung als Schenkung, sondern nur der übermäßige Teil[804]. Die Übertragung von 20 % des Vermögens auf die Kinder ist in der Rechtsprechung nicht als übermäßig angesehen worden[805]. 1007

Richtigerweise wird man eine übermäßige Zuwendung jedenfalls dann annehmen müssen, wenn das den Eltern verbleibende Vermögen einschließlich ihres Einkommens den angemessenen Lebensbedarf im Alter zu finanzieren nicht mehr ausreicht. Dieses Einkommen ist deutlich oberhalb des Existenzminimums zu bestimmen. Da die Ausstattung eine Unterstützungsleistung für das Kind ist, kann eine moralische[806] Verpflichtung zur Aussteuer nicht mehr angenommen werden, wenn die wirtschaftlichen Verhältnisse des Ausstattungsempfängers besser gestaltet sind, als die des Ausstatters. Als untere Grenze des Lebensniveaus des Zuwendenden muss daher die für den Elternunterhalt geltende Einkommensgrenze von 1.500 € pro Person angenommen werden (Leitliniensellbstbehalt)[807], wobei eine Absenkung des Sockelselbstbehalts für zusammenlebende Gatten nicht erfolgt, weil auch für den Fall des Versterbens eines Ehe- oder Lebenspart- 1008

---

802 Palandt/*Brudermüller*, § 1610 BGB Rn. 2; NK-FamR/*Pauling*, § 1624, Rn. 1; FA-Komm-FamR/*Büte*, § 1624 Rn. 1.
803 Richter u.a./*Gritzwotz*, Seniorenrecht, 2. A. 2011, Rn 8.71.
804 MK/*v. Sachsen-Gessaphe* § 1624, Rn. 12.
805 SG Dortmund v. 26.6.2003 – S 27 AL 108/02.
806 Juris-PK-BGB/*Kerscher*, § 1624 Rn. 18.
807 Ziff. 21.3.3. der unterhaltsrechtlichen Leitlinien der OLG (s. www.famrz.de).

ners ein angemessenes Einkommen für den überlebenden Partner gesichert sein muss. Reicht das Einkommen der Eltern nicht aus, dieses Niveau zu sichern, ist Vermögen für die Eltern vorzuhalten, um dieses Einkommensniveau über die voraussichtliche Lebenserwartung zu sichern. Der Einkommensfehlbedarf ist daher aus dem Vermögen durch Verrentung zu entnehmen (vgl. Tabelle Rn. 1129).

1009 Auch jenseits dieser Einkommenssicherung besteht ein notwendiger Bedarf an Eigenvorsorgevermögen z.b. für den Fall einer Pflegebedürftigkeit. Das OLG Düsseldorf hat diesen Bedarf in anderem Zusammenhang auf 75.000 € pro Person geschätzt[808]. In der Literatur werden teils deutlich größere Vermögen diskutiert[809].

1010 Generell kann gesagt werden, dass, soweit die Ausstattung dazu führt, dass die finanziellen Verhältnisse des Ausstattungsempfängers die des Ausstattenden übersteigen, ein **Verstoß gegen das** Übermaßverbot angenommen werden muss. Der übermäßige Teil der Ausstattung ist dann als Schenkung zu qualifizieren und kann vom Schenker nach den allgemeinen Grundsätzen des Schenkungsrechts wegen Verarmung des Schenkers oder Formnichtigkeit[810] zurückgefordert werden (vgl. dazu Rn. 988 ff.).

## 8. Vermögensübertragung auf Enkelkinder

1011 Die Übertragung von Vermögen auf die Enkelgeneration ist ebenfalls eine von den Großeltern vielfach angedachte Lösung, angespartes Vermögen vor der Verwertung durch den Sozialhilfeträger zu schützen. Innerhalb der Revokationsfrist von zehn Jahren (§§ 528, 529 BGB) ist eine dauerhafte Vermögenssicherung durch eine derartige Maßnahme kaum möglich, es sei denn, das beschenkte Enkelkind sei auf die Vermögensnutzung angewiesen, um seinen eigenen Unterhalt sicherzustellen. Dies wird jedoch – von Ausnahmen abgesehen – selten der Fall sein. Das Enkelkind kann sich – anders als ggfls. das Kind (vgl. Rn. 997) – nicht darauf berufen, das Vermögen als Altersvorsorgevermögen zu behalten, weil es i.d.R. in einem Alter ist, in dem hohes Altersvorsorgevermögen noch nicht gebildet worden ist und auch nicht geschützt wäre.

1012 Außerhalb der Revokationsfrist hat eine derartige Vermögensübertragung die Konsequenz, dass das Enkelkind als ebenfalls unterhaltspflichtiger Verwandter in den Besitz verwertbaren Vermögens gerät, das ggf. zur Erfüllung des Unterhaltsanspruchs des bedürftigen Großelternteils einzu-

---

808 OLG Düsseldorf v. 27.10.2010 – II-8 UF 38/10, FamRZ 2011, 982.
809 Vgl. Darstellung in juris-PK/*Kerscher*, § 1624 Rn. 69 ff.
810 Erman/*Michalski/Döll*, § 1624, Rn. 13.

setzen wäre. Auch Erträgnisse aus dem übertragenen Vermögen könnten ggf. eine Leistungsfähigkeit des Enkelkindes herstellen. Nach § 94 Abs. 1 SGB XII kann jedoch ein auf den Sozialhilfeträger geltend gemachter Unterhaltsanspruch nicht gegen Verwandte 2. Grades, also nicht gegenüber den Enkeln geltend gemacht werden. Insoweit kann durch eine rechtzeitige Enkelbegünstigung Vermögen der Unterhaltsberechtigten gerettet werden.

Zu beachten ist aber, dass das **Vermögen des volljährigen Enkels** dessen **eigenen Unterhaltsbedarf** gegenüber seinen Eltern mindert, so dass diese wiederum leistungsfähig werden und aus den für den Kindesunterhalt ersparten Aufwendungen Elternunterhalt zahlen können. 1013

## IV. Schonung von Einkommen und Vermögen des unterhaltspflichtigen Kindes

Die Vorfeldberatung eines unterhaltspflichtigen Kindes bietet ebenfalls erheblichen Gestaltungsspielraum. Dabei muss auch darauf hingewiesen werden, dass angesichts der vielen offenen Fragen zum Elternunterhalt das Ergebnis der unterhaltsvermeidenden Einkommens- und Vermögensgestaltung nicht sicher ist. Die Justizfestigkeit dieser Beratung und Gestaltung wird sich erweisen müssen. 1014

### 1. Einkommensverminderung des unterhaltspflichtigen Kindes – konsumieren statt kumulieren

Reicht das Einkommen des Unterhaltspflichtigen aus, um einen Beitrag zum Elternunterhalt zu leisten, ist zu erwägen, **Einkommensverlagerungen** vorzunehmen. So käme **kreditfinanzierter Konsum** oder **kreditfinanzierte Investition** im Vorfeld einer akuten Unterhaltsverpflichtung in Betracht. Abgesehen von der Problematik der **latenten Unterhaltsgefahr** (vgl. dazu Rn. 422 ff.), ist diese Methode in ihrer Wirkung zweifelhaft, wenn ein nicht tatsächlich existierender Bedarf befriedigt und dadurch letztendlich Kapital für den Unterhaltspflichtigen entwertet wird, weil sein Einsatz ihm keinen adäquaten ideellen oder materiellen Nutzwert zuführt. Wer gut und zufrieden mit einem altersschwachen Golf fuhr, kann sich zwar einen kreditfinanzierten hochwertigen Wagen anschaffen. Der Kredit zieht aber nicht nur unterhaltsrechtliche Liquidität ab. Wem egal ist, wie er von A nach B kommt, dem schafft der gewonnene Komfort der Beförderung keine Kompensation für den tagtäglichen Liquiditätsverlust. 1015

1016 Bei der Suche nach Alternativen kann man nur fündig werden, wenn der notwendige Liquiditätsverlust durch Vermögensbildung kompensiert wird und dieses Vermögen im besten Fall dem Unterhaltspflichtigen sicher erhalten bleibt.

1017 Hat der Unterhaltspflichtige ausreichende Vorsorge zur Schließung seiner eigenen Versorgungslücke getroffen bzw. die pauschal berechnete Altersvorsorgevermögensgrenze erreicht, kommt die **Schließung der Versorgungslücke** seines Gatten in Betracht. Dies ist immer dann unbedenklich, wenn die Eheleute im gesetzlichen Güterstand leben und der Versorgungsausgleich zwischen ihnen nicht ausgeschlossen wurde. In diesem Fall wird nämlich durch Zugewinn- und Versorgungsausgleich das Risiko des unterhaltspflichtigen Gatten, durch Investition in die Altersversorgung seines Gatten im Scheidungsfall die Investition zu verlieren, durch den Zugewinnausgleich begrenzt. Anzuerkennen ist eine solche kontinuierliche und die unterhaltsrechtliche Leistungsfähigkeit vermindernde Investition nur, wenn sie auf einer vertraglichen Grundlage und tatsächlich fremdnützig erfolgt.

1018 Auch eine **Investition in eine selbstgenutzte Immobilie**, deren anzurechnender Wohnwert niedriger als die Summe der Aufwendungen ist, kann eine sinnvolle Maßnahme sein, unterhaltsrechtliche Liquidität des Unterhaltspflichtigen zu binden und damit die Unterhaltsverpflichtung zu vermindern. So kann man z.B. den Wert der Immobilie erhöhen, indem energetische Sanierungsmaßnahmen oder altengerechte Umbauten vorgenommen werden.

## 2. Steuerklassenwahl

1019 Eine starke Möglichkeit der Verminderung des Einkommens – ohne nachteilige Wirkung auf den Familienunterhalt – ist die Wahl der Steuerklasse IV / IV bei zusammenlebenden Ehegatten. Die Steuerklassenwahl IV / IV führt zu einer steuerlichen Gleichbehandlung der Einkünfte der Ehegatten. Ist das unterhaltspflichtige Kind daher der besser verdienende Gatte, wird Liquidität auf den anderen Gatten verlagert, wenn dieser statt der sehr ungünstigen Steuerklasse V die Steuerklasse IV wählt. Dadurch wird das Einkommen des besser verdienenden Gatten reduziert (Steuerklasse IV statt Steuerklasse III) und die Belastung mit Elternunterhalt wird geringer.

1020 Allerdings sollten die Gatten den umgekehrten Weg nicht gehen. Wählt ein Gatte eine ungünstige Steuerklasse (V) ohne triftigen Grund, werden ihm die Einkommensverluste fiktiv als Einkommen zugerechnet.

> **BGH v. 14.1.2004 – XII ZR 69/01, FamRZ 2004, 434**
>
> 1. Hat ein seinem Elternteil Unterhaltspflichtiger im Verhältnis zu seinem Ehegatten die ungünstigere Steuerklasse (hier: V) gewählt, ist diese Verschiebung der Steuerbelastung durch einen tatrichterlich zu schätzenden Abschlag zu korrigieren (im Anschluss an Senatsurteil vom 25. Juni 1980 – IVb ZR 530/80 – FamRZ 1980, 984, 985).
>
> 2. Zur Leistungsfähigkeit eines auf Elternunterhalt in Anspruch genommenen verheirateten Unterhaltspflichtigen, dessen Einkommen die in den Unterhaltstabellen ausgewiesenen Mindestselbstbehaltssätze übersteigt.

> **BGH v. 4.10.2005 – VII ZB 26/05, FamRZ 2006, 37**
>
> 1. Hat der Schuldner vor der Pfändung eine ungünstigere Lohnsteuerklasse in Gläubigerbenachteiligungsabsicht gewählt, so kann er bei der Berechnung des pfändungsfreien Betrags schon im Jahre der Pfändung so behandelt werden, als sein Arbeitseinkommen gemäß der günstigeren Lohnsteuerklasse zu versteuern.
>
> 2. Wählt der Schuldner nach der Pfändung eine ungünstigere Lohnsteuerklasse oder behält er diese für das folgende Kalenderjahr bei, so gilt dies auch ohne Gläubigerbenachteiligungsabsicht schon dann, wenn für diese Wahl objektiv kein sachlich rechtfertigender Grund gegeben ist.

### 3. Einkommensverminderung des Gatten des unterhaltspflichtigen Kindes

Während eine Verminderung des Einkommens des unterhaltspflichtigen Kindes immer unter dem Vorbehalt steht, dass niemand mutwillig seine unterhaltsrechtliche Leistungsfähigkeit vermindern darf, ist der Gatte des unterhaltspflichtigen Kindes, wiewohl sein Einkommen auch die unterhaltsrechtliche Leistungsfähigkeit des unterhaltspflichtigen Kindes beeinflusst, selbst nicht unterhaltspflichtig. Der Gatte des unterhaltspflichtigen Kindes kann daher sein Einkommen beliebig verwenden, solange dadurch nicht die durch die Ehe begründete **wechselseitige Alimentationspflicht** und das Gebot der ehelichen Rücksichtnahme aufeinander verletzt werden.

1021

Je nachdem, welcher **Berechnungsmethode** (vgl. dazu Rn. 572 ff.) man folgt, werden ab Überschreiten des Familienselbstbehaltes ein fester Prozentsatz bzw. ein degressiv sich abflachender variabler Prozentsatz des Einkommens des Gatten des Unterhaltspflichtigen zu Unterhaltszahlungen zugunsten seiner Schwiegereltern herangezogen. Insoweit macht es auch für den Gatten des Unterhaltspflichtigen keinen Sinn, sinnlose Ausgaben zu tätigen. Da der Gatte des unterhaltspflichtigen Kindes mit seinem Vermögen aber nie zur unterhaltsrechtlichen Leistungsfähigkeit des Kindes beiträgt, käme in Betracht, dass er zur Vermeidung von Unterhaltsleistungen in erheblich erweitertem Umfang Vermögen bildet. An einer solchen

1022

**Vermögensbildung** hätte auch das unterhaltspflichtige Kind über den Zugewinnausgleich bzw. bei Fortbestand der Ehe über die spätere Nutznießung einen Anteil. Dem nicht unterhaltspflichtigen Gatten könnte eine derartige Vermögensbildung nicht verwehrt werden. Da sich eine solche Maßnahme im gesetzlichen Güterstand auch der Einflussnahme des unterhaltspflichtigen Kindes entzieht, kann diesem gegenüber eine Zurechnung fiktiver Einkünfte nicht erfolgen. Die Zurechnung fiktiver Einkünfte ist stets die Folge der Verletzung einer unterhaltsrechtlichen Obliegenheitsverletzung. Wenn der Gatte des unterhaltspflichtigen Kindes jedoch Ausgaben tätigt, begeht das unterhaltspflichtige Kind keine Obliegenheitsverletzung gegenüber dem Unterhaltsberechtigten.

An einem **Beispiel** soll dies erläutert werden: F erzielt ein anrechenbares Einkommen in Höhe von 1.000 €, ihr Mann M 3.000 €. Als die Mutter von F in ein Pflegeheim kommt, erwirbt M eine Eigentumswohnung für 140.000 €. Den dazu erforderlichen Kredit schließt er über eine Laufzeit von 10 Jahren ab mit einer hohen Tilgungsrate, so dass danach die Immobilie bei Ruhestandsbeginn von M bezahlt wäre. Die monatliche Belastung beträgt 1.600 €. Folgte man der vom BGH gebilligten Berechnungsmethode, wären ursprünglich 105 € Elternunterhalt zu zahlen gewesen. Nach der kreditierten Investition ist nun jedoch kein Elternunterhalt zu zahlen, obwohl die unterhaltsberechtigte F an dem Vermögenszuwachs von M partizipiert, entweder durch späteren höheren Konsum oder durch einen Zugewinnausgleich im Fall einer Scheidung.

## 4. Unterhaltsvermeidung durch Einkommensverlagerung

1023  In der Rechtsprechung ist anerkannt, dass die Rückführung von Finanzierungskosten einer selbst bewohnten Immobilie in Zins- und Tilgungsanteil die unterhaltsrechtliche Leistungsfähigkeit vermindert, wiewohl derartige Tilgungen letztendlich vermögensbildende Funktion haben (vgl. Rn. 492 ff.). Ebenso ist anerkannt, dass daneben[811] zur Bildung von Altersvorsorgeschonvermögen 5 % bzw. 25 % des Einkommens zur Bildung einer sekundären Altersvorsorge leistungsmindernd vom Einkommen abgezogen werden können. Eilige Häuslebauer führen Immobilienkredite schnell zurück und sparen erst danach für die sekundäre Altersversorgung. Im Elternunterhalt ist das schädlich. Nach der bisherigen Rechts- und Verwaltungspraxis führt die frühzeitige Zurückführung der Kredite für eine selbst bewohnte Immobilie nicht dazu, die monatliche Ansparung für die sekundäre Altersversorgung zu erhöhen. Zwar wäre dies logisch so lange die Obergrenze des Altersvorsorgeschonvermögens (neben dem Immobilienwert) nicht erreicht ist, dieser Logik verstellt sich indessen die Praxis.

---

811 OLG Nürnberg v. 26.4.2012 – 9 UF 1747/11, NJW-Spezial 2012, 357.

Aus diesem Dilemma kann der ‚eilige Häuslebauer' sich dadurch befreien, dass ein die Immobilie vor Entstehen der Elternunterhaltspflicht erneut dinglich belastet und die so erlangten Finanzmittel entweder zu wertsteigernder Investition in die Immobilie nutzt (altengerechter Umbau), oder die Mittel als sekundäre Altersversorgung z.B. auf einem zinsgünstigen Festgeldkonto anlegt. Zwar wird zwischen dem zu zahlenden Immobilienzins und dem Zinsertrag auf dem Anlagekonto eine kleine Differenz bestehen, die sich durch die Kapitalertragssteuer nach § 43a EStG zusätzlich vergrößert, gleichwohl werden durch diese Maßnahme im Fall der Inanspruchnahme auf Elternunterhalt 50% bis 45% der Zins- und Tilgungsleistungen[812] durch Einsparungen im Elternunterhalt refinanziert. Eine Verpflichtung zu rascher Tilgung von Immobilienverbindlichkeiten gibt es nicht. Die allgemeine Lebenserfahrung spricht dafür, dass Immobilienkredite mit dem Ausscheiden aus dem Erwerbsleben getilgt werden. Das Verfahren der Wiederbelastung einer Immobilie mit einem bereits getilgten Kredit wird daher kaum Nachfragen generieren, wenn es in angemessenem Abstand zum Eintritt der Bedürftigkeit des Elternteils vorgenommen wird.

Insbesondere dann, wenn mit der kreditgebenden Bank Sondertilgungsrechte vereinbart werden, kann so flexibel auf eine Unterhaltsbedürftigkeit und ein Versterben eines Elternteils reagiert werden. Selbst wenn die Rechtsprechung wider die Logik des Elternunterhaltsrechts eine solche Gestaltung nicht akzeptieren sollte, ist das wirtschaftliche Risiko gering. Erst wenn das neben dem Wert der selbstbewohnten Immobilie gebildete Vermögen die Schonvermögensgrenze übersteigt, ist die Grenze dieser Vermeidungsmöglichkeit erreicht. Dann ist jedoch das unterhaltspflichtige Kind so ausreichend abgesichert, dass die Erfüllung der Unterhaltspflicht durchaus zumutbar erscheint.

### 5. Unterhaltsvermeidung durch Vermögensverminderung

Schwieriger als die **Einkommensverminderung** ist eine Lösung für die Fälle zu finden, in denen der Unterhaltspflichtige und sein Gatte über Vermögen verfügen, das eine angemessene Alterssicherung übersteigt. In diesem Fall wären nicht nur die Erträgnisse des Vermögens, sondern auch das Vermögen selbst zu Unterhaltszwecken einzusetzen. Es handelt sich in diesen Fällen um eine **Wohlhabendenhaftung**, weil das unterhaltspflichtige Kind in jedem Fall über ausreichende Einkünfte zur Sicherung seines eigenen und des Unterhaltsbedarfs derjenigen verfügt, denen gegenüber das Kind seinerseits unterhaltspflichtig ist.

---

812 In Abhängigkeit des Familienstandes und der Berechnungsmethode (vgl. Rn. 576 ff.).

1027 In diesen Fällen kommt eine **Vermögensminderung** in Betracht, indem das unterhaltspflichtige Kind Anschaffungen aus dem Vermögen tätigt, die lediglich im Hinblick auf die entstehende Unterhaltsverpflichtung getätigt werden. Wird z.b. der altersschwache Golf aus dem angesammelten Vermögen durch ein Neufahrzeug ersetzt, ist dies vielleicht sinnvoll. Der Erwerb eines Luxuswagens wird dagegen von den Betroffenen vielfach als Vermögensverschleuderung (verständlicherweise) ähnlich vehement abgelehnt wie die Heranziehung zum Elternunterhalt.

1028 Dagegen sind Investitionen, deren Erträge elternunterhaltsrechtlich nicht verwendet werden können und die keinen galoppierenden Wertverlust erleiden (wie das erwähnte Luxusauto), geeignet, eine unterhaltsmindernde Wirkung zu entfalten. In Betracht kämen

- **Geschenke an den Gatten** (z.B. nicht zu Schmuck verarbeitete Edelsteine),
- Erwerb selbst genutzter großzügiger Immobilien,
- Investitionen in nicht oder schwer handelbare Wertpapiere oder Geldanlagen (geschlossene Immobilienfonds[813]),
- Investition in Vermögensanlagen, deren Gegenwartswert trotz hoher Einzahlungen gering, deren langfristiger Zukunftswert aber hoch und damit vermögenserhaltend ist (z.b. Rentenfonds, die erst zum Zeitpunkt des Versorgungsbezugs zu einem tatsächlichen Wert erstarken),
- Bildung von familienrechtlich gebundenem Vermögen, also gemeinsamem Vermögen mit dem Gatten.

1029 Gegen eine Empfehlung, das Vermögen derart umzuschichten, wird der das Vermögen verlagernde Gatte stets die Befürchtung einwenden, im Fall der Begünstigung seines Ehepartners sei das Vermögen im Scheidungsfall gefährdet. Jedoch wird eine derartige Vermögensgefährdung vertraglich auszuschließen sein und letztendlich durch den Zugewinnausgleich abgemildert werden können, wenn es sich um ehezeitlich erworbenes Vermögen handelt.

1030 Bei einer Vermögensübertragung an den Gatten des Unterhaltspflichtigen kann ein vertragliches bedingtes Revokationsrecht eingeräumt werden, das ehebestandsbezogen ist.

**Beispielsweise** könnte vereinbart werden:
1. Der Ehemann überträgt der Ehefrau das in seinem Alleineigentum stehende Wertpapierdepot ..... bei der Bank ..... . Dieses Wertpapierdepot hat einen aktuellen Kurswert am ..... in Höhe von ..... €.

---

813 Allerdings muss in diesem Fall der steuerliche Gewinn als Einkommenszuwachs berücksichtigt werden.

2. Sollte einer der Ehegatten vor Ablauf von 10 Jahren gerechnet ab dem Datum dieser Vereinbarung einen Scheidungsverfahren anhängig machen, verpflichtet sich die Ehefrau zur Rückübertragung des Wertpapierdepots an ihren Ehemann, falls das Wertpapierdepot bis zu diesem Zeitpunkt in seiner Zusammensetzung unverändert ist. Anderenfalls verpflichtet sich die Ehefrau zur Zahlung eines Betrage in Höhe von .... € an den Ehemann. Die Eheleute sind einig, dass der Wert des übertragenen Vermögens im Fall der Scheidung in jedem Fall dem Anfangsvermögen des Ehemannes zuzurechnen ist.

3. Der Ehemann überträgt der Ehefrau darüber hinaus das Vermögen mit der Auflage, dass aus diesem Vermögen ausschließlich ein möglicher Unterhalt der beiden Eheleute und der gemeinsamen Kinder der Eheleute zu zahlen ist. Sollten Dritte Unterhaltsansprüche gegen die Ehefrau geltend machen und das übertragene Kapital oder Erträgnisse daraus Einfluss auf die Höhe dieser Unterhaltsansprüche haben, verpflichtet sich die Ehefrau, das Vermögen auf den Ehemann zurückzuübertragen.

4. Sollte die Ehefrau im Fall der Stellung eines Scheidungsantrages nicht in der Lage sein, den Vermögenswert zurückzuübertragen, stimmen die Eheleute überein, dass der nacheheliche Unterhaltsanspruch (mit Ausnahme eines eventuellen Betreuungsunterhaltes für gemeinsame Kinder) über eine Laufzeit von x Jahren um 1/(12 * x) zu kürzen ist. Die Kürzung des nachehelichen Unterhaltsanspruchs darf nicht weiter gehen, als der begünstigten Ehefrau der notwendige (oder angemessene) Selbstbehalt verbleibt.

## 6. Schaffung gemeinsamen Eigentums der Ehegatten

Eine weitere Lösungsmöglichkeit für die **legale Vermögensverminderung** ist die Schaffung **gemeinsamen Vermögens der Ehegatten**. Leben Ehegatten im gesetzlichen Güterstand, stehen die Vermögenswerte jedem Einzelnen von ihnen zu. Existiert insoweit ein Vermögensgefälle zwischen den Gatten und würde der Vermögendere von ihnen elternunterhaltspflichtig sein, käme eventuell jenseits der Leistungsfähigkeit aus seinem Einkommen eine Heranziehung aus seinem Vermögen in Betracht, wenn dieses nicht als Schonvermögen zu werten ist.

Dieses Vermögen ist mit einer ‚**latenten Zugewinnausgleichsforderung**' des anderen Gatten belastet. Solange diese Zugewinnausgleichsforderung jedoch nicht erhoben wird, kann diese Forderung nicht ohne weiteres vermögensmindernd berücksichtigt werden. Überträgt dagegen der Vermögensträger dem Gatten an den bestimmenden Vermögensbestandteilen Miteigentum und sinkt dadurch sein Vermögenswert unter die Schonvermögensgrenze, kann dadurch die Vermögenshaftung vermieden werden.

Ob eine derartige Freigiebigkeit unterhaltsrechtlich akzeptiert werden wird, bleibt abzuwarten. Ihr Vorteil gegenüber der nachfolgend dargestell-

1031

1032

1033

ten Methode des Güterstandswechsels ist, dass nicht nur ehezeitlich erworbenes Vermögen ausgeglichen, sondern der Gatte auch an vorehezeitlichem Vermögen beteiligt werden kann. Da es den Gatten grundsätzlich auch freisteht, einen **Güterstandswechsel** zur Gütergemeinschaft nach §§ 1415 ff. BGB vorzunehmen, wird man auch in der unterhaltsschädlichen Vermögensübertragung durch Bildung von Gemeinschaftsvermögen der Ehegatten keine Bedenken haben können.

### 7. Unterhaltsschädlicher Güterstandswechsel

1034    Leben Gatten im gesetzlichen Güterstand und besteht zwischen ihnen ein Gefälle an ehezeitlich erworbenem Vermögen, kann es sinnvoll sein, einen Wechsel des Güterstandes zu bedenken und ggf. Gütertrennung herbeizuführen (vgl. Rn. 659 ff.). Dies kann auch dann noch erfolgen, wenn die Unterhaltsforderung des bedürftigen Elternteils bereits erhoben und zur Befriedigung des Elternunterhaltsanspruchs eine Vermögensverwertungspflicht angenommen worden ist. Der **Güterstandswechsel** wird regelmäßig mit einem Ausgleich des bis zum Zeitpunkt des Güterstandswechsels verbundenen Zugewinns verbunden sein. Sinkt durch diesen Zugewinnausgleich das Schonvermögen des Unterhaltspflichtigen (einschließlich des Not- und Altersvorsorgevermögens) unter den im konkreten Fall zuzubilligenden Grenzwert ab, kann eine Vermögensverwertungsverpflichtung nicht mehr angenommen werden.

1035    Eine derartige unterhaltsschädliche **Güterstandsmanipulation** ist revokationsfest, weil sie nicht unentgeltlich erfolgt, sondern aus güterrechtlichen Erwägungen geschuldet ist. Sie ist auch unter § 242 BGB unterhaltsrechtlich beachtlich und zu respektieren. Immerhin kann eine unterhaltsrechtliche Obliegenheit, einen vermögensmindernden **Güterstandswechsel** zu unterlassen, nicht angenommen werden. Der Ehegatte des unterhaltspflichtigen Kindes könnte einen solchen Güterstandswechsel auch ohne Trennung der Parteien durch Geltendmachung des **vorgezogenen Zugewinnausgleichs** herbeiführen (§ 1388 BGB) oder tatsächlich die Trennung vollziehen, um entweder nach Ablauf der dreijährigen Wartefrist des § 1385 BGB den Antrag auf vorgezogenen Zugewinnausgleich zu stellen oder aber die gleiche Wirkung durch Einreichung eines Scheidungsantrages zu erzielen.

1036    Ein **Güterstandswechsel**, gleichgültig ob vom gesetzlichen Güterstand in die Gütertrennung oder die Gütergemeinschaft, ist im Elternunterhaltsrechtsverhältnis immer zu akzeptieren, selbst wenn dadurch eine Verminderung des unterhaltsrechtlich haftenden Vermögens eintritt. Die Freiheit der Gestaltung der vermögensrechtlichen Verhältnisse der Ehegatten wird nicht dadurch beeinträchtigt, dass nachrangige Unterhaltspflichten von Eltern gegen die Kinder bestehen. Es ist ein grundrechtlich garantiertes Recht der Ehegatten, ihre Lebensgemeinschaft eigenverantwortlich und frei von gesetzlichen Vorgaben entsprechend ihren individuellen Vorstellungen und Bedürfnissen zu gestalten[814]. Die jederzeitige freie Wahl eines Güterstandes wird flankiert durch das Recht der Ehegatten auf jederzeitige freie Bestimmung des gelebten Ehetypus. Dass ein derartiger Güterstandswechsel von der Rechtsordnung auch dann zu akzeptieren ist, wenn dadurch eine Verkürzung eines Unterhaltsanspruchs eines nachrangig Unterhaltsberechtigten zu besorgen ist, kann auch damit begründet werden, dass ein derartiges Ergebnis vom Gatten durch Trennung und Scheidung ohnehin herbeigeführt werden kann.

**Beispiel:** M (55) und F (52) leben im gesetzlichen Güterstand. M ist sozialversicherungspflichtig beschäftigt und hat eine Rentenerwartung aus der gesetzlichen Rentenversicherung in Höhe von 800 €. F hat lange Zeit Kinder erzogen und betreut und ist nur geringfügig berufstätig gewesen, sie hat aus der gesetzlichen Rentenversicherung eine Rentenerwartung von 550 €. Aus einer Zeit als Selbständiger hat M eine Kapitallebensversicherung in Höhe von 100.000 €. Daneben hat er Fondsanteile von 80.000 €. F hat kein Vermögen. Beide Gatten hatten kein Anfangsvermögen. M verdient ca. 1.500 €, F ca. 1.100 €.

M wird auf Elternunterhalt in Anspruch genommen. Aus den laufenden Einkünften ist eine Heranziehung nicht möglich. Der Träger der Sozialhilfe hält jedoch eine Verwertung des Fondsvermögens für zumutbar und zieht M in Höhe eines Pflegefehlbedarfs von 890 € monatlich zu Unterhaltszahlungen heran.

Trennt sich F von M, hat sie einen Zugewinnausgleichsanspruch in Höhe von 90.000 € (180.000 € : 2). Das Restvermögen des M in Höhe von 90.000 € erwirtschaftet eine Rente von ca. 500 €. Durch den Versorgungsausgleich verlöre M weitere 125 € Altersversorgung, so dass seine Versorgungserwartung 800 € – 125 € + 500 € = 1.175 € betrüge. Diese Versorgung wäre als Altersversorgung nicht angemessen, da sie den im Elternunterhalt geltenden Selbstbehalt von 1.400 € unterschreitet. Eine Heranziehung aus dem Vermögen hätte mithin zu unterbleiben. Die Erträgnisse des Vermögens müssten auch zur Rentenaufstockung verwendet werden.

Vereinbaren M und F bei Geltendmachung der Unterhaltsforderung einen Güterstandswechsel und gleichen den Zugewinn zu diesem Zeitpunkt aus, könnte M der F sogar noch ein Versorgungsausgleichskapital (125 × 241 = 30.125 € vgl. dazu Rn. 422 ff.) zahlen, um so sein eventuell unterhaltsrechtlich haftendes Kapital zusätzlich (auf dann 90.000 € – 27.500 € = 62.500 €) zu vermindern.

Bleiben die Gatten zusammen, führt der mit dem Güterstandswechsel verbundene Ausgleich zu keiner Veränderung der Lebensverhältnisse. Trennen sie sich und lassen sie sich scheiden, führt der Güterstandswechsel lediglich zu einem früheren Zeitpunkt den später ohnehin im Rahmen der Scheidung geltenden Zustand herbei.

---

814 Maunz/Dürig/*Herzog*, Kommentar zum GG, 44. Lieferung Februar 2005, München, Art. 6 GG Rn. 50a.

Um das Risiko auszuschließen, dass trotz der mit dem Güterstandswechsel verbundenen Vermögensminderung eine unterhaltsrechtliche Vermögensverwertungsverpflichtung angenommen wird, könnten die Gatten die Vermögensübertragung im Rahmen des Güterstandswechsels vereinbaren, dass F im Fall der Scheidung an M aus dem übertragenen Vermögen die bis zu diesem Zeitpunkt geleisteten Unterhaltszahlungen erstattet.

## 8. Bedeutungslosigkeit des Vermögens des Gatten des unterhaltspflichtigen Kindes

1037 Vielfach wird verkannt, dass die Haftung des Unterhaltspflichtigen nur aus seinem eigenen Einkommen und Vermögen erfolgen kann. **Vermögen des Gatten** des Unterhaltspflichtigen spielt für die Beurteilung von dessen Leistungsfähigkeit keine Rolle. Nur in den Familienunterhalt fließende Vermögenserträge des Gatten des Unterhaltspflichtigen sind bei der Berechnung der Leistungsfähigkeit relevant. Fließen die Vermögenserträge aber nicht dem zu konsumierenden Einkommen der Familie zu, sondern werden die Vermögenserträge beim Gatten des Unterhaltspflichtigen thesauriert, können nicht einmal die Vermögenserträge unterhaltsrechtlich aktiviert werden.

1038 In diesem Umstand liegt ein erhebliches Gestaltungspotenzial für Unterhaltspflichtige und ihre Gatten. In den Fällen, in denen das Vermögen des Unterhaltspflichtigen die Schonvermögensgrenze übersteigt und eine Erfüllung der Unterhaltsverpflichtung dem Elternteil gegenüber aus dem Einkommen nicht möglich ist, nutzt aber auch die schenkweise Übertragung des Vermögens auf den Gatten nichts, da auch in diesem Fall eine Revokation der unentgeltlichen Vermögensübertragung nach § 528 BGB möglich ist. Diesen Rückübertragungsanspruch könnte der Sozialhilfeträger auch ohne weiteres im Wege der Forderungsvollstreckung pfänden und einziehen.

1039 Wer jedoch trotz der vom BGH inzwischen akzeptierten hohen Altersvorsorgeschonvermögen (vgl. dazu Rn. 616 ff.) und des relativ späten Einsatzes einer Einkommenshaftung immer noch unterhaltsrechtliche Leistungsfähigkeit aufweist, kann zumindest nicht selbst als bedürftig angesehen werden.

# H. Typische Fehlerquellen beim Elternunterhalt

## I. Erfassung der Einkünfte

Zutreffenderweise geht die Verwaltung regelmäßig davon aus, dass im Elternunterhalt der gleiche Einkommensbegriff wie im sonstigen Unterhaltsrecht auch gilt[815]. Es sind aber gleichwohl einige Besonderheiten zu beachten, die regelmäßig übersehen werden.

1040

### 1. Zuordnung der Einkünfte zu jedem einzelnen Ehegatten

Ist das unterhaltspflichtige Kind verheiratet, spielt es für die Berechnung der unterhaltsrechtlichen Leistungsfähigkeit eine Rolle, welche Einkünfte welchem Ehegatten zugeordnet werden. Wohnwertvorteile, Miet- und Zinseinkünfte können daher nur dann zu ½ den Eheleuten zugeordnet werden, wenn tatsächlich beide Gatten an der Einkommensquelle zu ½ beteiligt sind. Ansonsten sind sie dem Gatten zuzuordnen, der Inhaber der Einkommensquelle ist bzw. auf dessen Leistung das Einkommen beruht.

1041

### 2. Steuerliche Besonderheiten

#### a) Steuerklassenwahl

Das Bundesverfassungsgericht hat in seiner Entscheidung vom 7.10.2003[816] den aus dem Ehegattensplitting resultierenden Steuervorteil der gelebten Ehe zugeordnet und seine Verwertung für den Unterhalt der geschiedenen Ehefrau für unzulässig erklärt. Ist das einem Elternteil gegenüber unterhaltspflichtige Kind verheiratet, kann diese Entscheidung nachhaltig die Unterhaltspflicht beeinträchtigen.

1042

Da aufgrund der unterschiedlichen Berechnungsmethoden die Einkünfte von Ehegatten in unterschiedlichem Umfang zum Elternunterhalt herangezogen werden, ist die steuerliche Gestaltung der Einkommen der Ehegatten stets zu berücksichtigen (vgl. Rn. 418).

1043

Grundsätzlich wird Unterhalt aus dem verfügbaren Nettoeinkommen gezahlt. Hat das unterhaltspflichtige Kind die ‚schlechtere' Steuerklasse V,

1044

---

815 BGH v. 25.6.2003 – XII ZR 63/00, FamRZ 2004, 186.
816 BVerfG v. 7.10.2003 – 1 BvR 246/93 u. 2298/94, FamRZ 2003, 1821.

wird es sich nicht dagegen wehren, ausgehend von diesem Nettoeinkommen Unterhalt zahlen zu müssen. Anders dagegen, wenn es die Steuerklasse III hat. In diesem Fall wäre das Einkommen des unterhaltspflichtigen Kindes im Verhältnis zu seinem Gatten deutlich zu hoch mit der Folge, dass auch die unterhaltsrechtliche Leistungsfähigkeit zu hoch eingeschätzt würde.

Dies mag folgendes **Beispiel** verdeutlichen: Das unterhaltspflichtige Kind verfügt über ein Einkommen von brutto 4.000 €, sein Gatte hat 2.000 € Monatseinkommen. Daraus resultieren Nettoeinkommen von ca. 2.660 € und 1.080 € bei Steuerklassenverteilung III / V. Es ergibt sich daraus folgende Elternunterhaltsberechnung nach der BGH-Methode.

| anrechenbares bereinigtes Einkommen Steuerklassen III / V | 2.680,00 € | 3.775,00 € | 1.095,00 € |
|---|---|---|---|
| nach BGH v. 28.7.2010 – XII ZR 140/07, FamRZ 2010, 1535 | | | |
| Anteile am Gesamteinkommen in % | 70,99 % | 3.775,00 € | 29,01 % |
| ./. Familiensockelselbstbehalt: 1.800,00 € + 1.440,00 € = | | – 3.240,00 € | |
| Resteinkommen: 3.775,00 € – 3.240,00 € = | | 535,00 € | |
| ./. Haushaltsersparnis 10 % des Resteinkommens von: 535,00 € = | | – 53,50 € | |
| Einkommen > Familiensockelselbstbehalt: 535,00 € – 53,50 € = | | 481,50 € | |
| 1/2 des Einkommens > Familiensockel-SB: 481,50 € / 2 = | | 240,75 € | |
| + Familiensockelselbstbehalt | | 3.240,00 € | |
| **individueller Familienselbstbehalt: 3.240,00 € + 240,75 € =** | | **3.480,75 €** | |
| vom Pflichtigen zu deckender Selbstbehalt: 3.480,75 € x 70,99 % = | 2.471,10 € | | |
| **Elternunterhalt: 2.680,00 € – 2.471,10 € = 208,90 € =** | **209,00 €** | | |

Wechseln die Eheleute die Steuerklasse in IV / IV, vermindert sich das unterhaltspflichtige Einkommen des Kindes und erhöht sich das des Gatten:

| anrechenbares bereinigtes Einkommen | 2.330,00 € | 3.683,00 € | 1.353,00 € |
|---|---|---|---|
| nach BGH v. 28.7.2010 – XII ZR 140/07, FamRZ 2010, 1535 | | | |
| Anteile am Gesamteinkommen in % | 63,26 % | 3.683,00 € | 36,74 % |
| ./. Familiensockelselbstbehalt: 1.800,00 € + 1.440,00 € = | | – 3.240,00 € | |
| Resteinkommen: 3.683,00 € – 3.240,00 € = | | 443,00 € | |
| ./. Haushaltsersparnis 10 % des Resteinkommens von: 443,00 € = | | – 44,30 € | |
| Einkommen > Familiensockelselbstbehalt: 443,00 € – 44,30 € = | | 398,70 € | |
| 1/2 des Einkommens > Familiensockel-SB: 398,70 € / 2 = | | 199,35 € | |
| + Familiensockelselbstbehalt | | 3.240,00 € | |
| **individueller Familienselbstbehalt: 3.240,00 € + 199,35 € =** | | **3.439,35 €** | |
| vom Pflichtigen zu deckender Selbstbehalt: 3.439,35 € x 63,26 % = | 2.175,86 € | | |
| **Elternunterhalt: 2.330,00 € – 2.175,86 € = 154,14 € =** | **154,00 €** | | |

Gegen die Sinnhaftigkeit dieser Lösung ließe sich einwenden, die von **1046**
den Beteiligten vorgenommene **Steuerklassenwahl** IV / IV führe zu einer
Steuererstattung, die den Liquiditätsverlust kompensiert. Dieses Argument
verkennt indessen, dass die Steuererstattung bei Prüfung der unterhaltsrechtlichen Liquidität noch nicht zur Verfügung steht. Da das Schwiegerkind am Unterhaltsverhältnis nicht beteiligt ist[817], führt die Verlagerung
von Einkommen auf das Schwiegerkind zu höherer Flexibilität im Haus-
haltsgebaren der Familie. Auch wird Einkommen des Schwiegerkindes
aufgrund der Berechnungsmethode (vgl. Rn. 579 ff.) immer geringer als
Einkommen des Schwiegerkindes belastet. Die **Steuererstattung** wäre darüber hinaus nach § 270 AO zu verteilen[818], ein Verteilungsmaßstab der vom
Sozialhilfeträger nur schwer zu handhaben ist (vgl. Rn. 1047).

**b) Verteilung der Steuererstattungen**

Da bei beiden Berechnungsmethoden es eine Rolle spielt, ob der Unter- **1047**
haltspflichtige oder sein Gatte Einkommen erzielt, ist auch die Verteilung
der Steuererstattungen wichtig. Vielfach wird von den Sozialhilfeträgern
eine Steuererstattung einfach zwischen den Ehegatten zu ½ verteilt oder im
Verhältnis der Einkünfte aufgeteilt. Beides (obwohl es im obigen Beispiel
aus Vereinfachungsgründen so gemacht wurde) ist unrichtig. Der BGH hat
in seiner Entscheidung v. 31.5.2006[819] für getrennt lebende Ehegatten entschieden, dass eine fällig gewordene Steuerschuld und die sich hieraus ergebenden Erstattungs- bzw. Nachzahlungsansprüche zusammenveranlagter
Ehegatten im Innenverhältnis grundsätzlich unter entsprechender Heranziehung des § 270 AO auf der Grundlage **fiktiver getrennter Veranlagung** der Ehegatten zu erfolgen habe[820]. Dies gilt auch für die Verteilung
der Steuerschuld des unterhaltspflichtigen Kindes und des Schwiegerkindes
zueinander. Eine pauschale Zurechnung einer Steuererstattung kann daher
nicht erfolgen, vielmehr ist eine fiktive getrennte Veranlagung der Eheleute
vorzunehmen und die daraus sich ergebende Steuerverteilung zu berücksichtigen. Dabei sind Freibeträge, Abschreibungen und Verlustzuweisun-
gen stets bei dem Ehegatten zu berücksichtigen, bei dem sie tatsächlich
auftreten. Vereinfacht kann eine solche Berechnung wie folgt aussehen:

---

817 BGH v. 12.12.2012 – XII ZR 43/11, FamRZ 2013, 363.
818 BGH v. 31.5.2006 – XII ZR 111/03, FamRZ 2006, 1178.
819 BGH v. 31.5.2006 – XII ZR 111/03, FamRZ 2006, 1178.
820 OLG Hamm v. 17.12.2012 – 9 UF 64/12, FamRZ 2013, 1146.

## Typische Fehlerquellen beim Elternunterhalt

|  | Ehemann | Ehefrau |
|---|---|---|
| Steuerpflichtiges Bruttoeinkommen | 40.000,00 € | 20.000,00 € |
| Lohnsteuer, Steuerklasse 4 | 9.223,00 € | 2.850,00 € |
| Solidaritätszuschlag | 507,27 € | 156,75 € |
| **geschuldete Steuersumme** | **9.730,27 €** | **3.006,75 €** |
| Vorauszahlung Einkommenssteuer | 7.000,00 € | 3.800,00 € |
| Vorauszahlung Solidaritätszuschlag | 350,00 € | 190,00 € |
| **Vorauszahlung Steuersumme** | **7.350,00 €** | **3.990,00 €** |
| Quote | 76,39 % | 23,61 % |
| geleistete Vorauszahlung | 7.350,00 € | 3.990,00 € |
| Es wird zur Berechnung der Verteilung ein Erstattungskonto aus folgenden Beträgen gebildet: | | |
| Einzahlung Ehemann wg. Steuernachzahlung | 2.380,27 € | |
| Anspruch Ehefrau wg. Steuerüberzahlung | | –983,25 € |
| Einzahlung Nettosteuererstattung | 2.500,00 € | |
| **zu verteilendes Guthaben im Erstattungskonto** | **3.897,02 €** | |
| Das Erstattungskonto ist wie folgt zu verteilen: | | |
| Auszahlung an Ehemann nach der Quote 76,39% | 2.977,07 € | |
| Auszahlung an Ehefrau nach der Quote 23,61% | | 919,95 € |
| Unter Beachtung der Einzahlungen in bzw. Ansprüche gegen das Erstattungskonto ergeben sich folgende Nettoerstattungen: | | |
| **Nettoauskehrungsanspruch Ehemann** | 596,80 € | |
| **Nettoauskehrungsanspruch Ehefrau** | | 1.903,20 € |

1048  Gegebenenfalls ist die Durchführung einer **fiktiven Getrenntveranlagung** für den jeweiligen Veranlagungszeitraum beim Finanzamt einzuholen. Die Finanzämter erstellen auf Anfrage die fiktiven Berechnungen zur Getrenntveranlagung. Nur durch eine fiktive Getrenntveranlagung kann tatsächlich sichergestellt werden, dass Kosten bei dem Ehegatten berücksichtigt werden, bei dem sie tatsächlich auch anfallen.

1049  Allerdings sollte man den Einwand der **fiktiven steuerlichen Getrenntveranlagung** nicht blindlings gegen jede Unterhaltsanforderung erheben. Es gilt der Grundsatz, dass es für den Unterhaltspflichtigen immer günstiger ist, geringeres Einkommen als der Gatte zu haben. Führt eine nicht dem Grundsatz der fiktiven Getrenntveranlagung folgende Unterhaltsberechnung dazu, dass eine Steuerschuld überproportional oder eine Steuererstattung unterproportional dem unterhaltspflichtigen Kind zugeordnet wurde, sollte sich zumindest das unterhaltspflichtige Kind nicht dagegen wehren.

Die Träger der Sozialhilfe und die Unterhaltsberechtigten kommen m.E. jedoch nicht umhin, in jedem Fall den steuerlich komplizierten Weg der fiktiven Getrenntveranlagung zu gehen.

1050

### c) Steuerliche Veranlagung mithaftender Geschwister

Quelle ständiger Unsicherheit ist die Frage der **quotalen Haftung** von Geschwistern des unterhaltspflichtigen Kindes. Soweit der Sozialhilfeträger deren Einkommensverhältnisse und Haftungsanteile nicht dokumentiert, besteht keine schlüssige Unterhaltsforderung. Zur Darstellung der Haftungsquote gehört aber auch in diesem Fall die richtige Verteilung der Einkünfte auf das unterhaltspflichtige Kind und seinen Gatten. Dies bedeutet, dass auch in diesem Fall die Berechnung des unterhaltspflichtigen Einkommens des Kindes unter fiktiver Berechnung der Steuerlast bei getrennter Veranlagung zu erfolgen hat (vgl. Rn. 103).

1051

## 3. Zinseinkünfte

Regelmäßig werden **Zinseinkünfte** des unterhaltspflichtigen Kindes und seines Gatten dem Nettoeinkommen hinzugerechnet. Meist wird dabei nicht einmal differenziert, ob es sich um Einkünfte des unterhaltspflichtigen Kindes oder seines Gatten handelt. Dreierlei kann dabei fehlerhaft sein:

1052

- Wegen der bereits dargestellten **unterschiedlichen Haftungsquoten** aus dem Einkommen des Unterhaltspflichtigen und seines Gatten ist eine präzise Zuordnung der Kapitaleinkünfte auf die einzelnen Ehegatten erforderlich;
- **Zinseinkünfte unterliegen der Besteuerung**, weswegen stets darauf zu achten ist, den auf die Zins- und Kapitaleinkünfte entfallenden Steueranteil konkret zu berechnen und zu berücksichtigen;
- **Zinseinkünfte** sind so lange nicht dem unterhaltsrechtlich verfügbaren Einkommen hinzuzurechnen, solange nicht die **Grenze des Altersvorsorgeschonvermögens** erreicht ist (5 % aus sozialversicherungspflichtigem und 25 % aus sonstigem Bruttolebenseinkommens, aufgezinst mit 4 %, vgl. Rn. 296) und die Zinseinkünfte thesauriert also nicht zum Lebensunterhalt verwendet werden.

## II. Abzugsfähige Aufwendungen

**1053** In einer Ehe herrscht meist das **Eintopfprinzip**. Einkünfte beider Ehegatten werden auf einem Konto tatsächlich oder über getrennte Konten (virtuell) zusammengerechnet. Wer welche Aufwendungen zahlt, ist dabei oft zufällig. **Für die Zwecke des Elternunterhaltes ist diese Praxis zu korrigieren.** Weil es für die Leistungsfähigkeit eines Unterhaltspflichtigen nicht gleichgültig ist, ob Einkommen ihm oder seinem Gatten zugerechnet wird, ist es auch nicht gleichgültig, ob Ausgaben ihm oder seinem Gatten zugerechnet werden.

**1054** Grundsätzlich hat das Prinzip zu gelten: **Ausgaben sind bis zur Erschöpfung des Einkommens dem Gatten zuzuordnen, der sie veranlasst hat, gemeinsame Ausgaben sind nach den Einkommensverhältnissen zu verteilen, gemeinsame vermögensbildende Aufwendungen sind nach dem jeweiligen Anteil am Gegenstand der Vermögensbildung zu finanzieren.** Die vielfach zu beobachtende Verteilung von Ausgaben nach dem Halbteilungsprinzip oder noch verwegener nach dem Zufälligkeitsprinzip, von wessen Konto die Ausgaben getätigt werden, ist nicht zu vertreten.

### 1. Persönliche Kosten

**1055** Ebenso wie beim Einkommen ist bei den abzugsfähigen Ausgaben darauf zu achten, dass diese nicht unspezifisch vom Familieneinkommen abgezogen werden, sondern vom Einkommen des jeweiligen Gatten, der Schuldner der Leistungen ist. So wäre z.B. der für eine Selbständigkeit eingegangene Kredit des Ehemannes nicht bei beiden Ehegatten zu je ½ zu berücksichtigen, sondern bei dem Ehegatten, dessen selbständige Tätigkeit damit finanziert wurde. Auch **Krankenversicherungskosten** (auch wenn es sich um eine private Krankenversicherung handelt) sind zunächst einmal vom unterhaltspflichtigen Einkommen des krankenversicherten Gatten abzuziehen. Schuldet z.B. die Ehefrau Elternunterhalt und ist sie aufgrund einer selbständigen Beschäftigung privat krankenversichert, dann sind Krankenversicherungskosten auch dann vorab von ihrem Einkommen abzuziehen, wenn dieses gering ist. Hat das unterhaltspflichtige Kind ein Einkommen von 370 € und private Krankenversicherungskosten von 260 € stehen maximal 110 € für Elternunterhalt zur Verfügung. Gerade bei den Krankenversicherungskosten ist dies leicht nachvollziehbar. Wäre die Frau sozialversicherungspflichtig beschäftigt, würden ihre Krankenversicherungskosten vom Einkommen ohnehin vorab abgezogen. Nichts anderes kann gelten, wenn eine nicht sozialversicherungspflichtige Tätigkeit besteht.

## 2. Gemeinsame Kosten

Eine **anteilige Aufteilung** von Lebenshaltungskosten, Krediten und Versicherungen ist nur dort angezeigt, wo beide Ehegatten auch tatsächlich an den den Kosten zugrunde liegenden Leistungen partizipieren. In diesen Fällen erscheint eine Aufteilung der Kosten nach der jeweiligen Leistungsfähigkeit angezeigt. Dies wären z.b. Kreditkosten für einen gemeinsam genutzten Familien-PKW, Kreditkosten für einen gemeinsamen Urlaub, die Hochzeitsfeier.

1056

## 3. Immobilienkosten

Immobilienkosten sind in der Regel der größte Ausgabenposten von Ehegatten. Es ist bereits dargelegt worden, dass beim Elternunterhalt **Zins- und Tilgungsleistungen** unterhaltsrechtlich zu berücksichtigen sind (vgl. Rn. 492). Steht die Immobilie im **Alleineigentum eines Ehegatten**, sind Zins- und Tilgungsleistungen und sonstige verbrauchsunabhängige Kosten der Immobilie nur bei diesem zu berücksichtigen.

1057

Komplizierter ist es, wenn die Immobilie – wie meist zu 1/2 – im **gemeinsamen Eigentum von Ehegatten** steht. In diesem Fall bestehen keine Schwierigkeiten, wenn die Einkünfte beider Ehegatten ausreichen, um die Immobilienlasten (die ja letztendlich vermögensbildende Funktion haben) auch tatsächlich hälftig auszugleichen.

1058

Probleme entstehen dann, wenn das Einkommen des unterhaltspflichtigen Gatten nicht ausreicht, die anteiligen Immobilienlasten zu tragen. Es mag dann sein Einkommen vollständig durch die anteilige Immobilienhaftung aufgezehrt werden mit der Folge, dass mangels verfügbaren Eigeneinkommens kein Elternunterhalt gezahlt werden kann.

1059

Immobilienkosten sind nicht bereits auf der Ebene der Wohnwertanrechnung mit diesem zu verrechnen. Da auch der **Wohnvorteil** als ‚Einkommen' konsequent dem Unterhaltspflichtigen und seinem Gatten getrennt zuzurechnen ist, würde eine Verrechnung auf dieser Ebene zu unrichtigen Ergebnissen führen.

1060

## 4. Altersvorsorgeaufwendungen

**Altersvorsorgeaufwendungen** in Höhe von 5 % aus sozialversicherungspflichtigem und 25 % aus nicht sozialversicherungspflichtigem Bruttoeinkommen sind stets **zusätzlich zur Vermögensbildung in Form einer selbstgenutzten Immobilie** zu berücksichtigen. Dies hängt damit zusam-

1061

men, dass eine selbstgenutzte Immobilie durch ihren Wohnwert zur Erhöhung des unterhaltspflichtigen Einkommens beiträgt. Soweit der Wohnwert mit 480 € / 860 € unter dem tatsächlichen Wohnwert liegt, resultiert diese Beschränkung daraus, dass es den Unterhaltspflichtigen zum Zwecke des in seiner zeitlichen Dauer völlig ungewissen Elternunterhaltes nicht zugemutet werden kann, einen Wohnungswechsel vorzunehmen. Das Immobilienvermögen wird mithin unterhaltsrechtlich bereits genutzt, während es gerade Sinn des Altersvorsorgeaufwandes ist, ein Altersvorsorgeschonvermögen zu bilden, das dem Unterhaltspflichtigen im Alter ein angemessenes Alterseinkommen verschafft.

1062 Die **Begrenzung der Altersvorsorgeaufwendungen** auf 5 % des sozialversicherungspflichtigen und 25 % des nicht sozialversicherungspflichtigen Einkommens **kann im konkreten Fall zu gering** sein, wenn aufgrund der persönlichen und konkret darzulegenden Versorgungsbiografie des Unterhaltspflichtigen höhere Rücklagen erforderlich sind, um eine angemessene Altersversorgung zu sichern (vgl. Rn. 374 ff.).

## III. Schonvermögen

### 1. Altersvorsorgeschonvermögen

1063 Erst die Entscheidung des BGH v. 30.8.2006[821] hat eine sichere und einfache Berechnung des Altersvorsorgeschonvermögens gebracht. Die Feststellung eines davon abweichenden Altersvorsorgeschonvermögens ist jedoch nicht ausgeschlossen. Insbesondere bei Kinder betreuenden oder aufgrund der ehelichen Aufgabenverteilung nur geringfügig berufstätigen Unterhaltspflichtigen erhielte man ansonsten deutlich zu geringe Altersvorsorgeschonvermögen. § 851c ZPO stellt die untere Grenze des Altersvorsorgeschonvermögens dar. Danach ergibt sich das Altersvorsorgeschonvermögen nach der nachfolgenden Tabelle:

---

821 BGH v. 30.8.2006 – XII ZR 98/04, FamRZ 2006, 1511.

## Entwicklung in Höhe des nach § 851c ZPO geschützten Versorgungskapitals

1064

| Alter | jährl. Versorgungskapital § 851c ZPO | Summe Versorgungskapital | Alter | jährl. Versorgungskapital § 851c ZPO | Summe Versorgungskapital |
|---|---|---|---|---|---|
| 18 | 2.000 € | 2.000 € | 42 | 4.500 € | 77.500 € |
| 19 | 2.000 € | 4.000 € | 43 | 4.500 € | 82.000 € |
| 20 | 2.000 € | 6.000 € | 44 | 4.500 € | 86.500 € |
| 21 | 2.000 € | 8.000 € | 45 | 4.500 € | 91.000 € |
| 22 | 2.000 € | 10.000 € | 46 | 4.500 € | 95.500 € |
| 23 | 2.000 € | 12.000 € | 47 | 4.500 € | 100.000 € |
| 24 | 2.000 € | 14.000 € | 48 | 6.000 € | 106.000 € |
| 25 | 2.000 € | 16.000 € | 49 | 6.000 € | 112.000 € |
| 26 | 2.000 € | 18.000 € | 50 | 6.000 € | 118.000 € |
| 27 | 2.000 € | 20.000 € | 51 | 6.000 € | 124.000 € |
| 28 | 2.000 € | 22.000 € | 52 | 6.000 € | 130.000 € |
| 29 | 2.000 € | 24.000 € | 53 | 6.000 € | 136.000 € |
| 30 | 4.000 € | 28.000 € | 54 | 8.000 € | 144.000 € |
| 31 | 4.000 € | 32.000 € | 55 | 8.000 € | 152.000 € |
| 32 | 4.000 € | 36.000 € | 56 | 8.000 € | 160.000 € |
| 33 | 4.000 € | 40.000 € | 57 | 8.000 € | 168.000 € |
| 34 | 4.000 € | 44.000 € | 58 | 8.000 € | 176.000 € |
| 35 | 4.000 € | 48.000 € | 59 | 8.000 € | 184.000 € |
| 36 | 4.000 € | 52.000 € | 60 | 9.000 € | 193.000 € |
| 37 | 4.000 € | 56.000 € | 61 | 9.000 € | 202.000 € |
| 38 | 4.000 € | 60.000 € | 62 | 9.000 € | 211.000 € |
| 39 | 4.000 € | 64.000 € | 63 | 9.000 € | 220.000 € |
| 40 | 4.500 € | 68.500 € | 64 | 9.000 € | 229.000 € |
| 41 | 4.500 € | 73.000 € | 65 | 9.000 € | 238.000 € |

Wenn der Gesetzgeber unabhängig von anderem Altersvorsorgevermögen und von anderen Altersvorsorgungen ein Vermögen von bis zu 238.000 € pfändungsfrei stellt, dann ist dies auch unterhaltsrechtlich zu beachten. Wenn es der BGH bei der Form der Anlage des Altersvorsorgevermögens für unbeachtlich hält[822], wie das Altersvorsorgevermögen angelegt ist, dann kann es im Fall des Elternunterhaltes nicht darauf ankom-

1065

---

822 BGH v. 19.2.2003 – XII ZR 67/00, FamRZ 2003, 860.

men, dass das Vermögen in einer dem § 851c ZPO entsprechenden Weise angelegt ist.

## 2. Weiteres Schonvermögen, Notbedarfsvermögen

1066  Es muss einem unterhaltspflichtigen Kind möglich sein, auch jenseits des Altersvorsorgeschonvermögens Vermögen zu bilden, wenn dieses zur Befriedigung eines konkreten Bedarfs (Hausreparatur, PKW-Anschaffung etc.) benötigt wird. Dass dies hinzunehmen ist, macht die Entscheidung des BGH zum Altersvorsorgeschonvermögen[823] klar. Neben dem reservierten Altersvorsorgevermögen sah der BGH kein Problem darin, dass der Unterhaltspflichtige Vermögen für den Erwerb eines PKW eingesetzt hat. Es muss daher hinsichtlich weiteren Vermögens grundsätzlich ein großzügiger Maßstab angelegt werden.

---

823 BGH v. 30.8.2006 – XII ZR 98/04, FamRZ 2006, 1511.

## I. Fälle mit Auslandsbezug

Globalisierung ist kein ausschließlich wirtschaftliches Phänomen. Das Zusammenwachsen einer immer größeren Europäischen Union und eine zunehmende Übersiedlung alter Menschen und junger Arbeitnehmer ins Ausland führen dazu, dass Unterhaltsrechtsstreite nicht nur in den Grenzen der Bundesrepublik Deutschland ausgetragen werden. 1067

Anwaltschaft und Behörden sind mit der grenzüberschreitenden Geltendmachung von Unterhaltsansprüchen oft überfordert. Dies führt dazu, dass im Ausland lebende Unterhaltsschuldner meist ungeschoren davon kommen, selbst wenn sie durchaus leistungsfähig sind. Ebenso bleiben jedoch auch in Deutschland lebende Unterhaltspflichtige, die ihren im Ausland lebenden Eltern gegenüber unterhaltspflichtig sind, meist unbehelligt, weil eben auch die Unsicherheiten in der Rechtsanwendung globalisiert und europäisiert sind. 1068

## I. Grundlagen[824]

Für das Unterhaltsrecht mit Auslandsberührung ist zunächst zu entscheiden, welches materielle Recht Anwendung findet. Das unterhaltsrechtliche **Kollisionsrecht** findet sich im Haager Übereinkommen über das auf Unterhaltspflichten anzuwendende Recht v. 2.10.1973 (HUÜ 73), das für die Bundesrepublik seit dem 1.4.1987 in Kraft ist. 1069

### 1. Unterhaltsberechtigter in Deutschland, Unterhaltspflichtiger im Ausland

Lebt die unterhaltsbedürftige Person im Inland ist nach Art. 3 HUntProt deutsches Recht anzuwenden, gleichgültig, wo die unterhaltspflichtige Person ihren gewöhnlichen Aufenthalt hat und welcher Nationalität sie ist. Nach Art. 6 HUntProt kann die unterhaltspflichtige Person gegen ihre Heranziehung im Elternunterhalt einwenden, dass nach dem Recht des Staates, in dem die unterhaltspflichtige Person ihren ‚gewöhnlichen 1070

---

[824] Eine gute Übersicht findet sich bei *Ruzik/Sethe*, Kollisionsrechtliche und rechtsvergleichende Aspekte des Elternunterhalts, in Höland/Sethe/Notarkammer Sachsen-Anhalt (Hrsg.), Elternunterhalt, 2011.

Aufenthalt' hat (vgl. Rn. 1076) und nach dem Recht des Staates, dem die Parteien gemeinsam angehören eine Unterhaltspflicht nicht besteht. Dies wäre z.B. der Fall, wenn in Deutschland ein schwedischer Staatsbürger Sozialhilfeleistungen erhielte und das unterhaltspflichtige Kind in Schweden wohnt (vgl. Rn. 1103).

## 2. Unterhaltsberechtigter im Ausland, Unterhaltspflichtiger in Deutschland

1071 Lebt der unterhaltsberechtigte Verwandte dagegen im Ausland, ist von den deutschen Gerichten das Recht desjenigen Staates anzuwenden, in dem der Unterhaltsberechtigte seinen gewöhnlichen Aufenthalt hat, also ausländisches Recht[825].

1072 Versagt das danach anzuwendende Recht dem Unterhaltsberechtigten einen Unterhaltsanspruch, ist hilfsweise auf das **gemeinsame Heimatrecht** abzustellen, wenn der Unterhaltsberechtigte und der Unterhaltsverpflichtete die **gleiche Staatsangehörigkeit** haben.

1073 Würde auch danach ein Unterhaltsanspruch nicht bestehen, käme deutsches Recht zur Anwendung.

1074 Konkret bedeutet diese Staffelung, dass ein im Ausland lebender Unterhaltsberechtigter – gleich welcher Nationalität – gegen einen im Inland lebenden Unterhaltspflichtigen immer einen Unterhaltsanspruch geltend machen kann, sofern das deutsche Recht einen solchen Unterhaltsanspruch gewährt. Das gilt auch, wenn die ausländischen Rechtsordnungen am gewöhnlichen Aufenthaltsort des Unterhaltsberechtigten einen Unterhaltsanspruch versagen.

1075 **Grenzen der Unterhaltspflicht** sind dort gegeben, wo eine unterhaltsrechtliche Haftung in der verwandtschaftlichen Seitenlinie (Geschwister) oder gegen verschwägerte Personen besteht, wenn nach dem gemeinsamen Heimatrecht diese unterhaltsrechtliche Haftung nicht bestünde. Besteht keine gemeinsame Staatsangehörigkeit, entscheidet das am gewöhnlichen Aufenthaltsort des Verpflichteten geltende Recht. Lebt dieser im Inland, könnte ein Unterhaltsanspruch in diesen Fällen nicht gewährt werden.

---

825 BGH v. 13.12.2000 – XII ZR 278/98, FamRZ 2001, 412.

*Grundlagen* 399

## 3. Der ‚gewöhnliche Aufenthalt'

Maßgeblich für die Frage des anzuwendenden Rechts ist daher, wo der Unterhaltsberechtigte seinen **gewöhnlichen Aufenthalt** hat.[826]

1076

Der gewöhnliche Aufenthalt ist dort, wo ‚eine Person sozial integriert ist und ihren Lebensmittelpunkt sowie den Schwerpunkt ihrer Bindungen in familiärer und beruflicher Hinsicht hat'.

1077

Ein pflegebedürftiger Elternteil hat danach seinen gewöhnlichen Aufenthalt dort, wo er – nicht nur vorübergehend – in Pflege sich befindet, wenn dieser Ort nach der Lebensplanung des Pflegebedürftigen nicht geändert werden soll[827].

1078

## 4. Wo ist zu klagen – örtliche Zuständigkeit

Lebt ein **unterhaltsberechtigter Elternteil in Deutschland**, richtet sich der örtliche Gerichtsstand nach den allgemeinen Vorschriften der ZPO. Danach wäre das unterhaltspflichtige Kind an seinem **Wohnsitzgericht** nach § 232 Abs. 3 S. 1 FamFG i.V.m. § 13 ZPO im allgemeinen Gerichtsstand zu verklagen.

1079

Hat das unterhaltspflichtige Kind keinen Gerichtsstand im Inland, greift für Unterhaltsklagen der besondere Gerichtsstand des § 232 Abs. 3 Nr. 3 FamFG ein, wonach für Klagen in Unterhaltssachen gegen eine Person, die im Inland keinen Gerichtsstand hat, das Gericht zuständig ist, bei dem der Unterhaltsberechtigte im Inland seinen allgemeinen Gerichtsstand hat (**Wohnsitzgericht des Unterhaltsberechtigten**).

1080

Lebt ein **unterhaltsberechtigter Elternteil im Ausland**, richtet sich die örtliche Zuständigkeit – sofern sie von ausländischen Rechtsordnungen wie nach innerdeutschem Recht gehandhabt wird (was vielfach der Fall ist) – nach den nationalen Zuständigkeitsvorschriften. Demnach könnte ein Unterhaltsanspruch gegen einen in Deutschland ansässigen Unterhaltspflichtigen im **Wohnsitzland des Unterhaltsberechtigten** geltend gemacht werden (Art. 5 Abs. 2 EuGVVO).

1081

Für die **deutschen Sozialhilfeträger** indessen gilt die Privilegierung, einen Unterhaltsanspruch am Wohnsitz des Unterhaltsgläubigers geltend zu machen, nicht. Nach der Rechtsprechung des EuGH soll dieses Privileg

1082

---

826 Wendl/*Dose*, § 9 Rn. 14 unter Hinweis auf BGH v. 13.12.2000 – XII ZR 278/98, FamRZ 2001, 412.
827 BGH v. 3.2.1993 – XII ZB 93/90, FamRZ 1993, 793.

den privaten Unterhaltsgläubiger, nicht aber die öffentliche Hand schützen[828].

## II. Einzelne Länder

1083 Eine Übersicht über einzelne europäische Länder ergibt ein differenziertes und rechtshistorisch interessantes Bild. In den meisten kontinentaleuropäischen Rechtsordnungen existiert auch heute noch ein umfassender binnenfamiliärer Unterhaltsanspruch bedürftiger Verwandter, soweit diese Rechtsordnungen auch heute noch vom Römischen Recht geprägt sind.

1084 Wo dies nicht mehr der Fall ist, wie in den anglo-amerikanischen oder skandinavischen Rechtsordnungen, wird der aus einer Verwandtschaft resultierende Unterhaltsanspruch sehr weitgehend zurückgedrängt und es besteht selbst einem volljährigen Kind gegenüber nur ein reduzierter Unterhaltsanspruch. Dies ergibt sich auch aus nachfolgender Übersicht:

---

828 EuGH v. 15.1.2004, Rs. C-433/01 – Freistaat Bayern./.Blijdenstein, IPRax 2004, 240; OLG Dresden v. 28.9.2006 – 21 UF 381/06, NJW 2007, 446; *Ruzik/Sethe*, Kollisionsrechtliche und rechtsvergleichende Aspekte des Elternunterhalts, in Höland/Sethe/Notarkammer Sachsen-Anhalt (Hrsg.), Elternunterhalt, 2011, S. 72.

*Einzelne Länder*

| Familiäre Unterhaltspflichten Länderüberblick | | | | | |
|---|---|---|---|---|---|
| Land | mj. Kinder | vj. Kinder | Eltern | Schwiegerkinder | Geschwister |
| Belgien | x | x | x | x | |
| Bulgarien | x | x | x | | x |
| Dänemark | x | x bis Ende Ausbildungsunterhalt | | | |
| England/Wales | x | x bis Ende des 1. Studienabschnitts | | | |
| Frankreich | x | x | x | x | |
| Griechenland | x | x | x | | x |
| Irland | x | x bis max. 23. Lj. | | | |
| Italien | x | x | x | x | x |
| Kroatien | x | x | x | | |
| Niederlande | x | x | x keine Überleitung | x | |
| Österreich | x | x | x | | |
| Polen | x | x | x | | x |
| Portugal | x | x | x | | x |
| Schottland | x | x bis max. 25. Lj. | | | |
| Schweden | x | x bis zum Ende der Schulausbildung | | | |
| Schweiz | x | x bis Ende Ausbildungsunterhalt | x kantonale Unterschiede | | |
| Serbien | x | x | x | | x |
| Spanien | x | x | x | ? | x |
| Tschechien | x | x | x | | |
| Türkei | x | x | x | | x |
| Ungarn | x | x | x | | x |
| USA | x | x | x | | |
| Arizona | x | x | x | | |
| Californien | x | x bis 19. Lj. | x | | |
| Connecticut | x | x bis 19. Lj. | x | | |
| Florida | x | x | x | | |
| Georgia | x | x bis 20. Lj | x | | |
| Illinois | x | x | x | | |
| Indiana | x | x bis 21. Lj. | x | | |
| Maine | x | x bis Ende Ausbildungsunterhalt | x | | |
| Massachusetts | x | | | | |
| Missouri | x | x bis max. 22. Lj. | x | | |
| New Jersey | x | x bei Behinderung | | | |
| North Carolina | x | x bis 20. Lj. bei Ausbildung | | | |
| Ohio | x | x max. bis Ende der High School | | | |
| Pennsylvania | x | x ggfls. auch über Vj. hinaus | | | |
| Tennesee | x | | | | |
| Texas | x | x bis Studienende | | | |
| Vermont | x | x bis Studienende | x | | |
| Virginia | x | x | x | | |
| Washington | x | x | x | | |
| Wisconsin | x | x | | | |

## 1. Belgien

1085 Art. 205 des belgischen Code civile begründet eine Unterhaltspflicht der Kinder ihren Eltern gegenüber. Diese Unterhaltspflicht wird in Art. 206 Cc auf die Schwiegerkinder erstreckt, die ihren Schwiegereltern gegenüber unterhaltspflichtig sind. Diese Schwiegerkindhaftung endet jedoch mit der Wiederverheiratung der Schwiegereltern oder mit dem Tod des die Verbindung schaffenden Gatten bzw. dessen Kindern. Die Höhe des Unterhaltsanspruchs ist abhängig vom Bedarf des Unterhaltspflichtigen, der am Notbedarf zu bemessen ist[829] und von der Leistungsfähigkeit des Unterhaltspflichtigen (Art. 208 Cc).

## 2. Bulgarien

1086 Nach Art. 81 FK bestehen Unterhaltspflichten der Kinder gegenüber ihren Eltern. Das bulgarische Recht kennt danach umfassende Unterhaltsverpflichtungen von gradlinig Verwandten in auf- und absteigender Linie sowie zwischen Geschwistern[830].

## 3. Dänemark

1087 Das dänische Recht kennt keinen Verwandtenunterhalt[831]. Dementsprechend existiert auch keine Verpflichtung der Kinder Ihren Eltern gegenüber. Selbst der Unterhalt gegenüber Kindern ist auf deren Volljährigkeit begrenzt (§ 14 Abs. 2 BFL) und kann in Fällen des Ausbildungsunterhaltes bis zur Vollendung des 24. Lebensjahres ausgedehnt werden (§ 14 Abs. 3 BFL).

## 4. England / Wales

1088 Nach englischem und walisischem Recht existiert eine Unterhaltspflicht nur für Ehegatten und Kinder, nicht aber für Eltern[832]. Die familienrechtliche Unterhaltsverpflichtung gegenüber Kindern ist auf den Abschluss eines ersten Grundstudiums begrenzt, also i.d.R. auf das 21. oder 22. Lebensjahr.

---

829 Rieck/*Markus*, Belgien, Rn. 36.
830 Rieck/*Mladenova*, Bulgarien, Rn. 37.
831 Rieck/*Reinel*, Dänemark, Rn. 44.
832 Rieck/*Woelke*, England, Rn. 61.

## 5. Frankreich

In Art. 205 Cc ist die Unterhaltspflicht von Kindern gegenüber ihren Eltern und auch den weiteren Vorfahren gegenüber konstatiert. Wie im belgischen Recht haften auch im französischen Recht die Schwiegerkinder, allerdings mit der aus dem belgischen Recht bekannten Einschränkung, dass diese Unterhaltspflicht nach dem Tod des die Schwägerschaft vermittelnden Gatten endet (Art. 206 Cc). Desgleichen endet die Schwiegerkindhaftung mit der Scheidung von dem die Schwägerschaft vermittelnden Gatten[833]. Die Wiederverheiratung eines Schwiegerelternteils beendet dagegen anders als im belgischen Recht nicht die Unterhaltsverpflichtung[834]. 1089

Das französische Recht begründet eine recht scharfe Elternunterhaltspraxis. Die französische Rechtspraxis gewährt weder ein Schonvermögen und schränkt das unterhaltspflichtige Kind in der Verwendung seiner Einkünfte nach Entstehung der Unterhaltsverpflichtung weitgehend ein[835]. 1090

Aus dem auch im französischen Recht bestehenden Gegenseitigkeitsprinzip kann eine Einschränkung der Unterhaltspflicht im Verwandtenunterhalt erfolgen, wenn der Unterhaltsbedürftige Verwandte seine eigene Unterhaltspflicht dem Pflichtigen gegenüber ‚gröblich' verletzt hat (Art. 207 Cc). 1091

## 6. Griechenland

Nach griechischem Recht besteht zwischen Blutsverwandten gerader Linie eine Unterhaltsverpflichtung (Art. 1485 ff. ZGB). Daneben besteht in Ausnahmefällen ein Unterhaltsanspruch zwischen Geschwistern (Art. 1504 ZGB). Im Unterschied zum deutschen Recht existiert eine dem § 1611 BGB vergleichbare Verwirkungsnorm nicht[836]. Nach Art. 1487 ZGB wird dem unterhaltspflichtigen Verwandten eine Erwerbsobliegenheit auferlegt. Vorrangig vor den Verwandten haften jedoch der Ehegatte und der geschiedene Ehegatte des Unterhaltsberechtigten (Art. 1488 ZGB). Ebenfalls anders als im deutschen Recht haften die Kinder des Unterhaltsbedürftigen vor dessen Vorfahren. 1092

---

833 Rieck/*Eber*, Frankreich, Rn. 54 mit Verweis auf Versailles, 3.10.1996.
834 Rieck/*Eber*, Frankreich, Rn. 54.
835 *Ferrand* in Schwab/Henrich, S. 91.
836 Rieck/*Katsanou*, Griechenland, Rn. 47.

## 7. Irland

1093 Das irische Recht kennt keinen Aszendentenunterhalt. Unterhalt wird nur Kindern bis zu deren Volljährigkeit (Vollendung des 18. Lebensjahres) geschuldet[837]. Eine weitergehende Unterhaltsverpflichtung besteht lediglich bis zur Vollendung des 23. Lebensjahres, wenn sich das Kind in einer ganztägigen Berufsausbildung befindet oder behindert ist. In diesen Fällen eines bestehenden Unterhaltsanspruchs kennt das irische Recht die Überleitung von Unterhaltsansprüchen auf den Sozialhilfeträger.

## 8. Italien

1094 Auch das italienische Recht kennt einen Unterhaltsanspruch im auf- und absteigenden Verwandtschaftsverhältnis (Art. 433 Cc). Dabei haften die Unterhaltspflichtigen in einer in Art. 433 Cc festgelegten Reihenfolge: Zunächst der Gatte, dann die Kinder, die Eltern, die Schwiegerkinder und Schwiegereltern und in der letzten Stufe die Vollgeschwister vor den Halbgeschwistern. Diese gegenüber dem deutschen Recht weite Ausgreifung des unterhaltspflichtigen Personenkreises wird durch das Maß des zu gewährenden Unterhaltes kompensiert. Der Unterhaltspflichtige schuldet lediglich Unterhalt in Höhe des Lebensnotwendigen[838], wobei jedoch auch seine gesellschaftliche Stellung zu berücksichtigen ist (Art. 438 Abs. 2 Cc). Damit orientiert sich die Höhe des Unterhaltes am Mindestlohn[839].

1095 Das italienische Recht sieht den Unterhaltsanspruch als höchstpersönlichen Anspruch, der weder übertragbar ist[840] noch im Wege der Legalzession auf Dritte übergehen kann. Dies führt dazu, dass eine § 94 SGB XII vergleichbare Vorschrift nicht existiert. Der Unterhaltsberechtigte hat jedoch die Möglichkeit, vor Erhebung des Unterhaltsanspruchs gegen den unterhaltspflichtigen Verwandten seinen unterhaltsrechtlichen Bedarf sozialrechtlich gegen die italienischen Träger der Sozialhilfe geltend zu machen. Unterlässt der Unterhaltsberechtigte die Beantragung öffentlicher Sozialhilfe, begibt er sich der Möglichkeit, selbst für seinen Unterhalt zu sorgen (Art. 438 Cc). Ob dies die Konsequenz hat, dass der Unterhaltsanspruch gegen den Verwandten nicht besteht, ist offenbar noch streitig[841].

---

837 Rieck/*Blaser*, Irland, Rn. 47.
838 *Gabrielli* in Schwab/Henrich, S. 115.
839 *Gabrielli* in Schwab/Henrich, S. 115.
840 Rieck/*Pesce*, Italien, Rn. 55.
841 *Gabrielli* in Schwab/Henrich, S. 124.

## 9. Kroatien

Nach kroatischem Recht sind volljährige Kinder ihren Eltern zum Unterhalt verpflichtet, soweit diesen keine ausreichenden Mittel aus Einkommen und Vermögen zur Bestreitung ihres Lebensbedarfs zur Verfügung stehen[842]. Ähnlich dem deutschen Recht entfällt eine Unterhaltsverpflichtung, soweit der unterhaltsberechtigte Elternteil seine eigene Unterhaltsverpflichtung gegenüber dem Kind verletzt hat.

1096

## 10. Niederlande

Das niederländische Recht kennt Unterhaltsansprüche auf familialer Grundlage auch jenseits der unmittelbaren verwandtschaftlichen Beziehungen. So werden neben den in gerader Linie Verwandten auch Schwiegerkinder, Schwiegereltern und Stiefeltern (Art. 1:392 BW) in die Unterhaltsverpflichtung einbezogen. Damit sind Kinder gegenüber ihren Eltern, aber auch Schwiegerkinder gegenüber ihren Schwiegereltern unterhaltspflichtig[843]. Das niederländische Recht kennt aber keine generationsüberspringende Unterhaltspflicht. Dementsprechend bestehen keine Unterhaltspflichten zwischen Großeltern und Enkelkindern. Gleichfalls bestehen keine Unterhaltspflichten in der Seitenlinie, also zwischen Geschwistern[844].

1097

Anders als im deutschen Recht sind die sozialhilferechtlichen Vorschriften des niederländischen Rechts nicht subsidiärer Natur[845]. Wie im deutschen Recht hat jedoch der Sozialhilfeträger einen Regressanspruch gegen den zivilrechtlichen Unterhaltspflichtigen. Dieser Regressanspruch ist jedoch gegenüber den weiteren Verwandten eingeschränkt. Der Sozialhilferegress findet nicht statt gegen die Eltern eines volljährigen Kindes, das älter als 21 Jahre ist, die volljährigen Kinder, die Stiefeltern, die Schwiegereltern und Schwiegerkinder[846]. Diese Einschränkung der sozialhilferechtlichen Regressmöglichkeit gegen volljährige Kinder führt dazu, dass diese auf Elternunterhalt nicht in Anspruch genommen werden[847]. Die bestehende Regressmöglichkeit gegenüber minderjährigen Kindern spielt schon aus generatorischen Gründen keine Rolle.

1098

---

842 Rieck/*Jelic*, Kroatien, Rn. 38
843 Rieck/*Thöle*, Niederlande, Rn. 38.
844 *Breemhaar* in Schwab/Henrich, S. 141.
845 Art. 6 Abw (Algemene bijstandswet [Sozialhilfegesetz]).
846 *Breemhaar* in Schwab/Henrich, S. 132.
847 *Breemhaar* in Schwab/Henrich, S. 140.

## 11. Österreich

1099  Das österreichische Verwandtenunterhaltsrecht ähnelt sehr stark dem deutschen Unterhaltsrecht. Nach § 143 ABGB schulden Kinder Eltern, Groß- und Urgroßeltern Unterhalt, soweit diese einen unterhaltsrechtlichen Bedarf haben und ihrerseits die Unterhaltspflicht gegenüber dem Kind nicht gröblich vernachlässigt haben. Die Urgroßeltern sind zwar im Gesetz nicht erwähnt, es wird aber aus der Systematik des Gesetzes angenommen, dass eine Unterhaltspflicht auch insoweit gegeben ist[848].

## 12. Polen

1100  Eine Unterhaltsverpflichtung ist nach polnischem Recht zwischen gradlinigen Verwandten und Geschwistern normiert (Art. 128 FVGB). Danach haften Kinder im Bedarfsfall für ihre Eltern. Das polnische Recht kennt auch die Geschwisterhaftung, allerdings haften gradlinig Verwandte vor den Geschwistern (Art. 128, 129 FVGB) und Deszendenten vor den Aszendeten[849].

## 13. Portugal

1101  Das portugiesische Recht kennt eine umfassende Unterhaltspflicht zwischen Verwandten der auf- und absteigenden Linie[850]. Dies betrifft nicht nur Verwandte in gerader Linie sondern auch Verwandte in der Seitenlinie unter Einschluss von Stiefeltern gegenüber Stiefkindern. Abkömmlinge und Vorfahren haften danach gleichrangig (quotal) für Unterhaltsansprüche ihrer Verwandten.

## 14. Schottland

1102  Das schottische Recht kennt keinen allgemeinen Verwandtenunterhalt, sondern nur eine Unterhaltspflicht zwischen Ehegatten und Eltern und Kindern[851].

---

848 *Ferrari* in Schwab/Henrich, 1997, S. 150.
849 Rieck/*Fabricius-Brand*, Polen, Rn. 43 ff.
850 Rieck/*Schäfer*, Portugal, Rn. 44.
851 Rieck/*Voigt*, Schottland, Rn. 37.

*Einzelne Länder* 407

### 15. Schweden

Das schwedische Recht kennt keinen Unterhalt von Verwandten in aufsteigender Linie[852]. Die nicht durch Einkommen und Vermögen des pflegebedürftigen Elternteils gedeckten Pflegekosten werden daher gesellschaftlich finanziert. Lediglich Kinder bis zur Vollendung des 18. Lebensjahres (Volljährigkeit) haben einen Unterhaltsanspruch.

1103

### 16. Schweiz

Nach Art. 272 ZGB sind in der Schweiz Eltern und Kinder einander allen Beistand, alle Rücksicht und alle Achtung schuldig, die das Wohl der Gemeinschaft erfordert. Die Unterhaltsverpflichtung von Verwandten ist in Art. 328 ZGB normiert und bezieht sich auf Verwandte in auf- und absteigender Linie unter Einschluss der Geschwister.

1104

Der Unterhaltsanspruch des unterhaltsbedürftigen Elternteils gegen die unterhaltspflichtigen Verwandten geht im Fall der Inanspruchnahme von Sozialhilfe – wie auch im deutschen Recht – auf den Sozialhilfeträger über (Art. 289 Abs. 2 ZGB). Ebenso wie im deutschen Rechtsraum sind in der Schweiz wegen des ausgebauten Sozialhilfesystems und der Scheu unterhaltsbedürftiger Angehöriger, ihre Verwandten auf Unterhalt in Anspruch zu nehmen, Unterhaltsklagen von Eltern gegen ihre Kinder ausgesprochen selten[853]. Selten sollen danach auch Klagen der Sozialhilfeträger gegen die unterhaltspflichtigen Kinder sein. Ob ein Sozialhilfeträger verpflichtet ist, unterhaltspflichtige Kinder in Anspruch zu nehmen oder ob dies eine Ermessensentscheidung ist, ist von Kanton zu Kanton verschieden. So bestehen im Kanton Zürich Selbstbehaltsgrenzen von 52.000 €/Jahr für Alleinstehende und 65.000 €/Jahr für Verheiratete hinsichtlich ihres Einkommens und von 195.000 € (260.000 € für Verheiratete) hinsichtlich ihres Vermögens[854].

1105

### 17. Serbien

Das serbische Recht kennt Unterhaltsansprüche zwischen Blutsverwandten in auf- und absteigender Linie sowie in der Seitenlinie[855]. Dabei

1106

---

852 Rieck/*Firsching*, Schweden, Rn. 51.
853 *Hegnauer* in Schwab/Henrich, Familiäre Solidarität, S. 189.
854 *Hegnauer* in Schwab/Henrich, S. 190.
855 Rieck/*Smehyl*, Serbien, Rn. 38.

sind die Unterhaltsverpflichtungen der gradlinig Verwandten vorrangig vor den Unterhaltsverpflichtungen in der Seitenlinie.

## 18. Slowenien

1107 Nach Art. 124 Abs. 1 EheFamG besteht in Slowenien für volljährige Kinder die Pflicht, ihren bedürftigen Eltern Unterhalt zu leisten. Die Auffassung, diese Pflicht sei eher moralisch als rechtlich begründet[856], ist aus dem Gesetz nicht nachzuvollziehen. Dass ein dem § 1611 BGB entsprechender Verwirkungstatbestand besteht, rechtfertigt diese Einschätzung jedenfalls nicht.

## 19. Spanien

1108 Das spanische Recht normiert eine Unterhaltsverpflichtung für gradlinig Verwandte der auf- und absteigenden Linie sowie unter Geschwistern[857].

## 20. Tschechien

1109 Das tschechische Recht normiert eine Unterhaltsverpflichtung nur zwischen gradlinig Verwandten[858]. Demnach haften Kinder im Bedarfsfall für den Unterhalt ihrer Eltern, wobei jedoch weder eine gesamtschuldnerische noch eine gleichteilige Haftung gegeben ist. Vielmehr haftet jedes Kind nach seinen eigenen Fähigkeiten (§ 87 ZGB). Deszendenten haften vor Aszendenten. Offenbar aufgrund des bisherigen Renten- und Sozialversicherungssystems gibt es nur eine geringe juristische Praxis mit Elternunterhaltsfällen[859].

## 21. Türkei

1110 Das türkische Recht sieht in Art. 364 TZGB eine umfassende Unterhaltsverpflichtung von in grader Linie auf- und absteigenden Verwandten

---

856 So *Geč-Korošec/Kraljič* in Schwab/Henrich, S. 221.
857 Rieck/*Adam/Perona Feu*, Spanien, Rn. 36.
858 Rieck/*Rombach*, Tschechien, Rn. 41 f.
859 Vgl. *Hrušáková* in Schwab/Henrich, S. 239.

*Einzelne Länder* 409

sowie unter Geschwistern vor. Wie im Mittelmeerraum häufig anzutreffen, richtet sich die Rangfolge der Unterhaltsverpflichtung nach der Erbfolge[860].

### 22. Ungarn

Nach § 60 Abs. 1 Csjt haben Verwandte in gerader Linie einen Unterhaltsanspruch gegeneinander, sofern sie bedürftig und unverheiratet sind oder der vorrangig haftende Ehegatte nicht leistungsfähig ist[861]. In der Seitenlinie besteht nur eine Unterhaltsverpflichtung volljähriger gegenüber minderjährigen Geschwistern.

1111

---

860 Rieck/*Akalin*, Türkei, Rn. 34.
861 Rieck/*Szabó*, Ungarn, Rn. 41 f.

# J. Berechnungsbeispiele

Die nachfolgenden Berechnungsbeispiele sollen es erleichtern, praktische Ergebnisse zu erzielen. Es ist zwar banal, aber die Ergebnisse sind abhängig von den Eingaben. Die juristische Wertung erfolgt bei diesen. Ob Überstunden voll, teilweise oder überhaupt nicht bei der Einkommensermittlung, ob Abschreibungen auf Gebäude oder Ansparabschreibung zu berücksichtigen sind, in welcher Höhe Altersvorsorgeaufwendungen berechtigt und Abzüge für den Kindesunterhalt vorzunehmen sind, sind die juristischen Fragestellungen, die die Höhe des Elternunterhaltes maßgeblich beeinflussen. Es soll daher niemand meinen, die Eingabe von Daten in die hier vorgestellten Berechnungsschemata löse alle Probleme. So, wie das Skalpell nur in der Hand des Chirurgen dem entzündeten Blinddarm den Garaus macht, kann ein solches Rechenmodell für den Unterhaltsrechtler nur eine Arbeitserleichterung darstellen. Den Laien verleitet es leicht dazu, dem Ergebnis blind zu trauen, obwohl die von ihm gemachten Vorgaben falsch sind.

1112

# I. Vollständiges Berechnungsbeispiel

**1113** Das nachfolgende Beispiel bringt einen nahezu vollständigen Abzugskanon:

| Einkommensbereinigung bitte stets Nettobeträge eingeben | | Kind | | Schwiegerkind |
|---|---|---|---|---|
| **Erwerbseinkommen (netto):** | | 6.000,00 € | | 1.000,00 € |
| Mieteinnahmen (netto): | | 300,00 € | | 110,00 € |
| Wohnvorteil: | | 250,00 € | | 250,00 € |
| **Summe der Einkünfte:** | | 6.550,00 € | 7.910,00 € | 1.360,00 € |
| ./. Vermögenswirksame Leistungen: | | – 42,00 € | | – 12,00 € |
| ./. Private Kranken- und Pflegeversicherung: | | – 433,00 € | | |
| ./. Berufsbedingte Aufwendungen, 5,0 % d. Erwerbseinkommens | | | | |
| ./. Fahrtkosten: (15,0 km x 0,25 € (wg. Darlehen) + 27,0 km x 0,2 €) x 230 / 12 ) | 42 | – 175,38 € | | – 50,00 € |
| ./. Immobilienverbindlichkeiten: | | – 200,00 € | | – 125,00 € |
| ./. PKW-Darlehen: | | – 256,00 € | | |
| ./. Bausparen: | | – 125,00 € | | |
| ./. Kreditrate (Zins & Tilgung): | | – 250,00 € | | |
| ./. Rückführung d. Dispokredites: | | | | – 20,00 € |
| ./. Besuchskosten: 25 km x 2 x 52 / 12 x 0,25 € = | | – 54,17 € | | – 70,00 € |
| ./. Sonstige Unterhaltsansprüche für Kind aus 1. Ehe: | | – 320,00 € | | |
| ./. Lebensversicherungsprämien: | | – 233,00 € | | |
| ./. Sonstige Altersversorgung: | | – 300,00 € | | |
| ./. Steuervoraus-, nach- und Rückzahlung: | | – 110,00 € | | – 29,00 € |
| **Summe der Abzüge** | | – 2.498,54 € | | – 306,00 € |
| **Zwischensumme:** 6.550,00 € – 2.498,54 € und 1.360,00 € – 306,00 € = | | 4.051,46 € | 5.105,46 € | 1.054,00 € |
| Bedarf gemeinsamer Kinder aus Stufe 10 DDorfer Tabelle anteilig: + 10 % | | – 522,32 € | 658,20 € | – 135,88 € |
| Wohnvorteil anteilig: 4.051,46 € / 5.105,46 € | | 476,13 € | 600,00 € | 123,87 € |
| **anrechenbares bereinigtes Einkommen** | | 4.005,27 € | 5.047,26 € | 1.041,98 € |
| nach BGH v. 28.7.2010 – XII ZR 140/07, FamRZ 2010, 1535 | | | | |
| Anteile am Gesamteinkommen in % | | 79,36 % | 5.047,26 € | 20,64 % |
| ./. Familiensockelselbstbehalt: 1.800 + 1.440 = | | | – 3.240,00 € | |
| Resteinkommen: 5.047,26 € – 3.240,00 € = | | | 1.807,26 € | |
| ./. Haushaltsersparnis 10 % des Resteinkommens von: 1.807,26 € = | | | – 180,73 € | |
| Einkommen > Familiensockelselbstbehalt: 1.807,26 € – 180,73 € = | | | 1.626,53 € | |
| 1/2 des Einkommens > Familiensockel-SB: 1.626,53 € / 2 = | | | 813,27 € | |
| + Familiensockelselbstbehalt | | | 3.240,00 € | |
| **individueller Familienselbstbehalt:** 3.240,00 € + 813,27 € = | | | 4.053,27 € | |
| vom Pflichtigen zu deckender Selbstbehalt: 4.053,27 € x 79,36 % = | | 3.216,49 € | | |
| **Elternunterhalt:** 4.005,27 € – 3.216,49 € = 788,79 € = | | 789,00 € | | |

## II. Höheres Einkommen des Schwiegerkindes

### 1. Einkommensanteilige Beteiligung am Familienunterhalt

| Einkommensbereinigung bitte stets Nettobeträge eingeben | Kind: | | Schwiegerkind | 1114 |
|---|---|---|---|---|
| Erwerbseinkommen (netto): | 2.500,00 € | | 3.000,00 € | |
| Mieteinnahmen (netto): | 235,00 € | | 235,00 € | |
| Summe der Einkünfte: | 2.791,00 € | 6.152,00 € | 3.361,00 € | |
| ./. Vermögenswirksame Leistungen: | – 32,00 € | | | |
| ./. Berufsbedingte Aufwendungen, 5,0 % d. Erwerbseinkommens: | – 125,00 € | | – 150,00 € | |
| ./. Immobilienverbindlichkeiten: | – 256,00 € | | – 256,00 € | |
| ./. Bausparen: | – 125,00 € | | | |
| ./. Lebensversicherungsprämien: | – 85,00 € | | – 233,00 € | |
| ./. Sonstige Altersversorgung: | – 25,00 € | | | |
| Summe der Abzüge | – 648,00 € | | – 639,00 € | |
| | Kind | Familie | Schwiegerkind | |
| Zwischensumme: 2.791,00 € – 648,00 € und 3.361,00 € – 639,00 € | 2.143,00 € | 4.865,00 € | 2.722,00 € | |
| Bedarf gemeinsamer Kinder aus Stufe 10 DDorfer Tabelle anteilig: | – 229,94 € | 522,00 € | – 292,06 € | |
| Kosten des Wohnens (einschließlich Heizkosten) über 860 € | | – 17,20 € | | |
| anrechenbares bereinigtes Einkommen | 1.913,06 € | 4.343,00 € | 2.429,94 € | |
| nach BGH v. 28.7.2010 – XII ZR 140/07, FamRZ 2010, 1535 | | | | |
| Anteile am Gesamteinkommen in % | 44,05 % | 4.343,00 € | 55,95 % | |
| ./. Familiensockelselbstbehalt: 1.800 + 1.440 = | | – 3.240,00 € | | |
| ./. SB-Erhöhung wg. erhöhter Wohnkosten: 1.000,00 € – 860,00 € – 122,80 € | | – 17,20 € | | |
| Resteinkommen: 4.343,00 € – 3.240,00 € – 17,20 € = | | 1.085,80 € | | |
| ./. Haushaltsersparnis 10 % des Resteinkommens von: 1.085,80 € = | | – 108,58 € | | |
| Einkommen > Familiensockelselbstbehalt: 1.085,80 € – 108,58 € = | | 977,22 € | | |
| 1/2 des Einkommens > Familiensockel-SB: 977,22 € / 2 = | | 488,61 € | | |
| + Familiensockelselbstbehalt | | 3.240,00 € | | |
| individueller Familienselbstbehalt: 3.240,00 € + 488,61 € + 17,20 € = | | 3.745,81 € | | |
| vom Pflichtigen zu deckender Selbstbehalt: 3.745,81 € x 44,05 % = | 1.650,00 € | | Taschengeldunterhalt: (4.343,00 € – 3.240,00 €) / 2 x 5,0 % = 27,58 € | |
| Elternunterhalt: 1.913,06 € – 1.650,00 € = 263,06 € = | 263,00 € | | | |

## 2. Negativer Wohnvorteil

**1116**

| Einkommensbereinigung bitte stets Nettobeträge eingeben | Kind | | Schwiegerkind |
|---|---|---|---|
| Erwerbseinkommen (netto): | 3.000,00 € | | 4.000,00 € |
| Mieteinnahmen (netto): | 235,00 € | | 235,00 € |
| Wohnvorteil: | – 300,00 € | | – 300,00 € |
| Summe der Einkünfte: | 2.935,00 € | 6.870,00 € | 3.935,00 € |
| Summe der Abzüge | – 557,08 € | | – 1.197,00 € |
| Zwischensumme: 2.935,00 € – 557,08 € und 3.935,00 € – 1.197,00 € | 2.377,92 € | 5.115,92 € | 2.738,00 € |
| anrechenbares bereinigtes Einkommen | 2.377,92 € | 5.115,92 € | 2.738,00 € |
| nach BGH v. 28.7.2010 – XII ZR 140/07, FamRZ 2010, 1535 | | | |
| Anteile am Gesamteinkommen in % | 46,48 % | 5.115,92 € | 53,52 % |
| ./. Familiensockelselbstbehalt: 1.800,00 € + 1.440,00 € = | | – 3.240,00 € | |
| Resteinkommen: 5.115,92 € – 3.240,00 € = | | 1.875,92 € | |
| ./. Haushaltsersparnis 10 % des Resteinkommens von: 1.875,92 € = | | – 187,59 € | |
| Einkommen > Familiensockelselbstbehalt: 1.875,92 € – 187,59 € = | | 1.688,33 € | |
| 1/2 des Einkommens > Familiensockel-SB: 1.688,33 € / 2 = | | 844,16 € | |
| + Familiensockelselbstbehalt | | 3.240,00 € | |
| individueller Familienselbstbehalt: 3.240,00 € + 844,16 € = | | 4.084,16 € | |
| vom Pflichtigen zu deckender Selbstbehalt: 4.084,16 € × 46,48 % = | 1.898,35 € | | |
| Elternunterhalt: 2.377,92 € – 1.898,35 € = 479,57 € = | 480,00 € | | |

## 3. Positiver Wohnvorteil

| Einkommensbereinigung bitte stets Nettobeträge eingeben | Kind | | Schwiegerkind |
|---|---|---|---|
| **Erwerbseinkommen (netto):** | 3.000,00 € | | 4.000,00 € |
| Mieteinnahmen (netto): | 235,00 € | | 235,00 € |
| Wohnvorteil: | 300,00 € | | 300,00 € |
| **Summe der Einkünfte:** | 3.535,00 € | 8.070,00 € | 4.535,00 € |
| **Summe der Abzüge** | – 557,08 € | | – 1.197,00 € |
| **Zwischensumme: 3.535,00 € – 557,08 € und 4.535,00 € – 1.197,00 €** | 2.977,92 € | 6.315,92 € | 3.338,00 € |
| **anrechenbares bereinigtes Einkommen** | 2.977,92 € | 6.315,92 € | 3.338,00 € |
| nach BGH v. 28.7.2010 – XII ZR 140/07, FamRZ 2010, 1535 | | | |
| Anteile am Gesamteinkommen in % | | 47,15 % | 6.315,92 € | 52,85 % |
| ./. Familiensockelselbstbehalt: 1.800,00 € + 1.440,00 € = | | – 3.240,00 € | |
| Resteinkommen: 6.315,92 € – 3.240,00 € = | | 3.075,92 € | |
| ./. Haushaltsersparnis 10 % des Resteinkommens von: 3.075,92 € = | | – 307,59 € | |
| Einkommen > Familiensockelselbstbehalt: 3.075,92 € – 307,59 € = | | 2.768,33 € | |
| 1/2 des Einkommens > Familiensockel-SB: 2.768,33 € / 2 = | | 1.384,16 € | |
| + Familiensockelselbstbehalt | | 3.240,00 € | |
| **individueller Familienselbstbehalt: 3.240,00 € + 1.384,16 € =** | | 4.624,16 € | |
| vom Pflichtigen zu deckender Selbstbehalt: 4.624,16 € × 47,15 % = | 2.180,26 € | | |
| **Elternunterhalt: 2.977,92 € – 2.180,26 € = 797,65 € =** | 798,00 € | | |

1117

## 4. Geringes Einkommen des Kindes, hoher Wohnvorteil

**1118** In diesem Beispiel hat das unterhaltspflichtige Kind nur geringfügiges Einkommen. Die unterhaltsrechtliche Leistungsfähigkeit wird in bedenklicher Weise aus dem ‚Wohnvorteil' generiert (vgl. Rn. 282). Aus dem Wohnvorteil kann indessen kein Barunterhalt gezahlt werden[862], weshalb es bei der Taschengeldhaftung verbleibt:

| Einkommensbereinigung bitte stets Nettobeträge eingeben | Kind | | Schwiegerkind |
|---|---|---|---|
| Erwerbseinkommen (netto): | 50,00 € | | 6.000,00 € |
| Wohnvorteil: | 400,00 € | | 400,00 € |
| Summe der Einkünfte: | 450,00 € | 6.850,00 € | 6.400,00 € |
| Summe der Abzüge | – 159,08 € | | – 1.197,00 € |
| Zwischensumme: 450,00 € – 159,08 € und 6.400,00 € – 1.197,00 € | 290,92 € | 5.493,92 € | 5.203,00 € |
| anrechenbares bereinigtes Einkommen | 290,92 € | 5.493,92 € | 5.203,00 € |
| nach BGH v. 28.7.2010 – XII ZR 140/07, FamRZ 2010, 1535 | | | |
| Anteile am Gesamteinkommen in % | 5,30 % | 5.493,92 € | 94,70 % |
| ./. Familiensockelselbstbehalt: 1.800,00 € + 1.440,00 € = | | – 3.240,00 € | |
| Resteinkommen: 5.493,92 € – 3.240,00 € = | | 2.253,92 € | |
| ./. Haushaltsersparnis 10 % des Resteinkommens von: 2.253,92 € = | | – 225,39 € | |
| Einkommen > Familiensockelselbstbehalt: 2.253,92 € – 225,39 € = | | 2.028,53 € | |
| 1/2 des Einkommens > Familiensockel-SB: 2.028,53 € / 2 = | | 1.014,26 € | |
| + Familiensockelselbstbehalt | | 3.240,00 € | |
| individueller Familienselbstbehalt: 3.240,00 € + 1.014,26 € = | | 4.254,26 € | |
| vom Pflichtigen zu deckender Selbstbehalt: 4.254,26 € × 5,3 % = | 225,27 € | | |
| Elternunterhalt: 290,92 € – 225,27 € = 65,64 € = | | | |
| Taschengeldunterhalt: (5.493,92 € – 3.240,00 €) / 2 × 5,0 % = 56,35 € | 66,00 € | | |

---

862 BGH v. 12.12.2012 – XII ZR 43/11, FamRZ 2013, 363.

## 5. Kein Einkommen des Kindes, hoher Wohnvorteil

Das nachfolgende Beispiel zeigt, dass die Wertung des Wohnvorteils als ‚Einkommen' zu einer einkommenslosen Unterhaltshaftung führt (vgl. Rn. 282 ff.) und eine wertende Korrektur erforderlich ist[863], wenn nicht unbillige Ergebnisse erzielt werden, weil allein aus einem Wohnvorteil kein Unterhalt gezahlt werden kann.

1119

| Einkommensbereinigung bitte stets Nettobeträge eingeben | Kind | | Schwiegerkind |
|---|---|---|---|
| Erwerbseinkommen (netto): | | | 6.000,00 € |
| Wohnvorteil: | 400,00 € | | 400,00 € |
| Summe der Einkünfte: | 400,00 € | 6.800,00 € | 6.400,00 € |
| Summe der Abzüge | | | – 1.197,00 € |
| Zwischensumme: 400,00 € und 6.400,00 € – 1.197,00 € | 400,00 € | 5.603,00 € | 5.203,00 € |
| anrechenbares bereinigtes Einkommen | 400,00 € | 5.603,00 € | 5.203,00 € |
| nach BGH v. 28.7.2010 – XII ZR 140/07, FamRZ 2010, 1535 | | | |
| Anteile am Gesamteinkommen in % | 7,14 % | 5.603,00 € | 92,86 % |
| ./. Familiensockelselbstbehalt: 1.800,00 € + 1.440,00 € = | | – 3.240,00 € | |
| Resteinkommen: 5.603,00 € – 3.240,00 € = | | 2.363,00 € | |
| ./. Haushaltsersparnis 10 % des Resteinkommens von: 2.363,00 € = | | – 236,30 € | |
| Einkommen > Familiensockelselbstbehalt: 2.363,00 € – 236,30 € = | | 2.126,70 € | |
| 1/2 des Einkommens > Familiensockel-SB: 2.126,70 € / 2 = | | 1.063,35 € | |
| + Familiensockelselbstbehalt | | 3.240,00 € | |
| individueller Familienselbstbehalt: 3.240,00 € + 1.063,35 € = | | 4.303,35 € | |
| vom Pflichtigen zu deckender Selbstbehalt: 4.303,35 € × 7,14 % = | 307,22 € | | |
| Elternunterhalt: 400,00 € – 307,22 € = 92,78 € = | | | |
| Taschengeldunterhalt: (5.603,00 € – 3.240,00 €) / 2 × 5,0 % = 59,08 € | 59,08 € | | |

---

863 BGH v. 12.12.2012 – XII ZR 43/11, FamRZ 2013, 363.

## III. Höheres Einkommen des unterhaltspflichtigen Kindes

### 1. Normalfall

1120 Bei diesem Beispiel ist nur das Erwerbseinkommen des unterhaltspflichtigen Kindes höher als das des Gatten. Im Hinblick auf die Berücksichtigung des PKW-Darlehens beim unterhaltspflichtigen Kind wurde die Kilometerpauschale für Fahrten zur Arbeitsstelle auf 0,25 € pro Kilometer reduziert (vgl. Rn. 472). Es wurden Warmmietkosten von 1.200 € angenommen, weswegen der Familiensockelselbstbehalt um 340 € (1.200 – 860) angehoben worden ist. 860 € Warmmietkosten sind in den Selbstbehalten (2015) enthalten. Beim Schwiegerkind können die Vorsorgeaufwendungen über das Maß von 5 % / 25 % hinaus gebildet werden.

| Einkommensbereinigung bitte stets Nettobeträge eingeben | Kind | | Schwiegerkind |
|---|---|---|---|
| **Erwerbseinkommen (netto):** | 5.000,00 € | | 2.500,00 € |
| **Summe der Einkünfte:** | 5.000,00 € | 7.500,00 € | 2.500,00 € |
| **Summe der Abzüge** | – 1.594,71 € | | – 1.422,00 € |
| Zwischensumme: 5.000,00 € – 1.594,71 € und 2.500,00 € – 1.422,00 € = | 3.405,29 € | 4.483,29 € | 1.078,00 € |
| Kosten des Wohnens (einschließlich Heizkosten) über 860 € | | – 340,00 € | |
| **anrechenbares bereinigtes Einkommen** | 3.405,29 € | 4.483,29 € | 1.078,00 € |
| nach BGH v. 28.7.2010 – XII ZR 140/07, FamRZ 2010, 1535 | | | |
| Anteile am Gesamteinkommen in % | 75,96 % | 4.483,29 € | 24,04 % |
| ./. Familiensockelselbstbehalt: 1.800,00 € + 1.440,00 € = | | – 3.240,00 € | |
| ./. SB-Erhöhung wg. erhöhter Wohnkosten: 1.200,00 € – 860,00 € | | – 340,00 € | |
| Resteinkommen: 4.483,29 € – 3.240,00 € – 340,00 € = | | 903,29 € | |
| ./. Haushaltsersparnis 10 % des Resteinkommens von: 903,29 € = | | – 90,33 € | |
| Einkommen > Familiensockelselbstbehalt: 903,29 € – 90,33 € = | | 812,96 € | |
| 1/2 des Einkommens > Familiensockel-SB: 812,96 € / 2 = | | 406,48 € | |
| + Familiensockelselbstbehalt | | 3.240,00 € | |
| **individueller Familienselbstbehalt: 3.240,00 € + 406,48 € + 340,00 € =** | | 3.986,48 € | |
| vom Pflichtigen zu deckender Selbstbehalt: 3.986,48 € × 75,96 % = | 3.027,94 € | | |
| **Elternunterhalt: 3.405,29 € – 3.027,94 € = 377,35 € =** | 377,00 € | | |

## 2. Berechnungsbeispiel Minderbelastung Kosten des Wohnens

In diesem Beispiel beträgt der Wohnvorteil je Gatte 250 €, ist Unterhalt für ein unterhaltspflichtiges Kind zu zahlen. Der Tabellenbedarf für ein Kind wurde um 10 % erhöht (vgl. Rn. 439).

| Einkommensbereinigung bitte stets Nettobeträge eingeben | Kind | | Schwiegerkind |
|---|---|---|---|
| Erwerbseinkommen (netto): | 5.000,00 € | | 2.500,00 € |
| Wohnvorteil: | 250,00 € | | 250,00 € |
| Summe der Einkünfte: | 5.250,00 € | 8.000,00 € | 2.750,00 € |
| Summe der Abzüge | – 1.594,71 € | | – 1.422,00 € |
| Zwischensumme: 5.250,00 € – 1.594,71 € und 2.750,00 € – 1.422,00 € | 3.655,29 € | 4.983,29 € | 1.328,00 € |
| Bedarf gemeinsamer Kinder aus Stufe 10 DDorfer Tabelle anteilig: | – 482,80 € | 658,20 € | – 175,40 € |
| Kosten des Wohnens (einschließlich Heizkosten) über 860 € | | – 340,00 € | |
| anrechenbares bereinigtes Einkommen | 3.172,50 € | 4.325,09 € | 1.152,60 € |
| nach BGH v. 28.7.2010 – XII ZR 140/07, FamRZ 2010, 1535 | | | |
| Anteile am Gesamteinkommen in % | 73,35 % | 4.325,09 € | 26,65 % |
| ./. Familiensockelselbstbehalt: 1.800,00 € + 1.440,00 € = | | – 3.240,00 € | |
| ./. SB-Erhöhung wg. erhöhter Wohnkosten: 1.200,00 € – 860,00 € | | – 340,00 € | |
| Resteinkommen: 4.325,09 € – 3.240,00 € – 340,00 € = | | 745,09 € | |
| ./. Haushaltsersparnis 10 % des Resteinkommens von: 745,09 € = | | – 74,51 € | |
| Einkommen > Familiensockelselbstbehalt: 745,09 € – 74,51 € = | | 670,58 € | |
| 1/2 des Einkommens > Familiensockel-SB: 670,58 € / 2 = | | 335,29 € | |
| + Familiensockelselbstbehalt | | 3.240,00 € | |
| individueller Familienselbstbehalt: 3.240,00 € + 335,29 € + 340,00 € = | | 3.915,29 € | |
| vom Pflichtigen zu deckender Selbstbehalt: 3.915,29 € × 73,35 % = | 2.871,90 € | | |
| Elternunterhalt: 3.172,50 € – 2.871,90 € = 300,59 € = | 301,00 € | | |

## 3. Geringes Einkommen des Unterhaltspflichtigen, Wohnvorteil 600 €

1122 Das nachfolgende Beispiel zeigt, dass bei einer hälftigen Zuordnung des Wohnvorteils an beide Gatten eine unterhaltsrechtliche Leistungsfähigkeit des Kindes entsteht, die in keinem angemessenen Verhältnis zum Einkommen steht:

| Einkommensbereinigung bitte stets Nettobeträge eingeben | Kind | | Schwiegerkind |
|---|---|---|---|
| Erwerbseinkommen (netto): | 1.000,00 € | | 7.000,00 € |
| Summe der Einkünfte: | 1.000,00 € | 8.000,00 € | 7.000,00 € |
| Summe der Abzüge | | | – 1.447,00 € |
| Zwischensumme: 1.000,00 € und 7.000,00 € – 1.447,00 € | 1.000,00 € | 6.553,00 € | 5.553,00 € |
| Bedarf gemeinsamer Kinder aus Stufe 10 DDorfer Tabelle anteilig: + 10 % | – 100,44 € | 658,20 € | – 557,76 € |
| Wohnvorteil zu je 1/2: | 300,00 € | 600,00 € | 300,00 € |
| anrechenbares bereinigtes Einkommen | 1.199,56 € | 6.494,80 € | 5.295,24 € |
| nach BGH v. 28.7.2010 – XII ZR 140/07, FamRZ 2010, 1535 | | | |
| Anteile am Gesamteinkommen in % | 18,47 % | 6.494,80 € | 81,53 % |
| ./. Familiensockelselbstbehalt: 1.800,00 € + 1.440,00 € = | | – 3.240,00 € | |
| Resteinkommen: 6.494,80 € – 3.240,00 € = | | 3.254,80 € | |
| ./. Haushaltsersparnis 10 % des Resteinkommens von: 3.254,80 € = | | – 325,48 € | |
| Einkommen > Familiensockelselbstbehalt: 3.254,80 € – 325,48 € = | | 2.929,32 € | |
| 1/2 des Einkommens > Familiensockel-SB: 2.929,32 € / 2 = | | 1.464,66 € | |
| + Familiensockelselbstbehalt | | 3.240,00 € | |
| individueller Familienselbstbehalt: 3.240,00 € + 1.464,66 € = | | 4.704,66 € | |
| vom Pflichtigen zu deckender Selbstbehalt: 4.704,66 € × 18,47 % = | 868,93 € | | |
| Elternunterhalt: 1.199,56 € – 868,93 € = 330,63 € = | 331,00 € | | |

1123 Sieht man hingegen den Wohnbedarf als Teil des Familienunterhalts an und berücksichtigt den positiven wie auch den negativen Wohnvorteil auf Bedarfsebene, sinkt die unterhaltsrechtliche Leistungsfähigkeit des Kindes leicht ab.

# Höheres Einkommen des unterhaltspflichtigen Kindes

| Einkommensbereinigung bitte stets Nettobeträge eingeben | Kind | | Schwiegerkind |
|---|---|---|---|
| **Erwerbseinkommen (netto):** | 1.000,00 € | | 7.000,00 € |
| **Summe der Einkünfte:** | 1.000,00 € | 8.000,00 € | 7.000,00 € |
| ./. Private Kranken- und Pflegeversicherung: | | | – 433,00 € |
| ./. Berufsbedingte Aufwendungen, 5,0 % d. Erwerbseinkommens | | | – 150,00 € |
| ./. Immobilienverbindlichkeiten: | | | – 256,00 € |
| ./. Bausparen: | | | – 125,00 € |
| ./. Kreditrate (Zins & Tilgung): | | | – 250,00 € |
| ./. Lebensversicherungsprämien: | | | – 233,00 € |
| **Summe der Abzüge** | | | – 1.447,00 € |
| Zwischensumme: 1.000,00 € und 7.000,00 € – 1.447,00 € | 1.000,00 € | 6.553,00 € | 5.553,00 € |
| Bedarf gemeinsamer Kinder aus Stufe 10 DDorfer Tabelle anteilig + 10 %: | – 100,44 € | 658,20 € | – 557,76 € |
| Wohnvorteil anteilig: 1.000,00 € / 6.553,00 € | | 600,00 € | |
| **anrechenbares bereinigtes Einkommen** | 899,56 € | 5.894,80 € | 4.995,24 € |
| nach BGH v. 28.7.2010 – XII ZR 140/07, FamRZ 2010, 1535 | | | |
| Anteile am Gesamteinkommen in % | 15,26 % | 5.894,80 € | 84,74 % |
| ./. Familiensockelselbstbehalt: 1.800,00 € + 1.440,00 € = | | – 3.240,00 € | |
| + SB-Absenkung wegen ersparter Wohnkosten: | | 600,00 € | |
| Resteinkommen: 5.894,80 € – 3.240,00 € + 600,00 € = | | 3.254,80 € | |
| ./. Haushaltsersparnis 10 % des Resteinkommens von: 3.254,80 € = | | – 325,48 € | |
| Einkommen > Familiensockelselbstbehalt: 3.254,80 € – 325,48 € = | | 2.929,32 € | |
| 1/2 des Einkommens > Familiensockel-SB: 2.929,32 € / 2 = | | 1.464,66 € | |
| + Familiensockelselbstbehalt | | 3.240,00 € | |
| **individueller Familienselbstbehalt: 3.240,00 € + 1.464,66 € – 600,00 € =** | | 4.104,66 € | |
| vom Pflichtigen zu deckender Selbstbehalt: 4.104,66 € × 15,26 % = | 626,38 € | | |
| **Elternunterhalt: 899,56 € – 626,38 € = 273,18 € =** | 273,00 € | | |

Diese Verminderung wird aber dann umgekehrt, wenn das unterhaltspflichtige Kind der besser verdienende Gatte ist, der einen höheren Anteil am Familieneinkommen und damit auch Unterhaltsbedarf trägt. Dabei ist gleichgültig, ob der Wohnvorteil anteilig dem Einkommen oder auf Bedarfsebene berücksichtigt wird.

1124

| Einkommensbereinigung bitte stets Nettobeträge eingeben | Kind | | Schwiegerkind |
|---|---|---|---|
| Erwerbseinkommen (netto): | 7.000,00 € | | 1.000,00 € |
| Summe der Einkünfte: | 7.000,00 € | 8.000,00 € | 1.000,00 € |
| Summe der Abzüge | – 1.447,00 € | | |
| Zwischensumme: 7.000,00 € – 1.447,00 € und 1.000,00 € | 5.553,00 € | 6.553,00 € | 1.000,00 € |
| Bedarf gemeinsamer Kinder aus Stufe 10 DDorfer Tabelle anteilig: + 10 % | – 557,76 € | 658,20 € | – 100,44 € |
| Wohnvorteil anteilig*): 5.553,00 € / 6.553,00 € | 508,44 € | 600,00 € | 91,56 € |
| nach BGH v. 28.7.2010 – XII ZR 140/07, FamRZ 2010, 1535 | | | |
| Anteile am Gesamteinkommen in % | 84,74 % | 6.494,80 € | 15,26 % |
| ./. Familiensockelselbstbehalt: 1.800,00 € + 1.440,00 € = | | – 3.240,00 € | |
| Resteinkommen: 6.494,80 € – 3.240,00 € = | | 3.254,80 € | |
| ./. Haushaltsersparnis 10 % des Resteinkommens von: 3.254,80 € = | | – 325,48 € | |
| Einkommen > Familiensockelselbstbehalt: 3.254,80 € – 325,48 € = | | 2.929,32 € | |
| 1/2 des Einkommens > Familiensockel-SB: 2.929,32 € / 2 = | | 1.464,66 € | |
| + Familiensockelselbstbehalt | | 3.240,00 € | |
| individueller Familienselbstbehalt: 3.240,00 € + 1.464,66 € = | | 4.704,66 € | |
| vom Pflichtigen zu deckender Selbstbehalt: 4.704,66 € x 84,74 % = | 3.986,72 € | | |
| Elternunterhalt: 5.503,68 € – 3.986,72 € = 1.516,96 € = | 1.517,00 € | | |

# K. Anhang

## I. Sterbetafel 2009 / 2011

Sterbetafeln sind im Elternunterhaltsrecht wichtig, um die Dimension eines möglichen Unterhaltsaufwandes abzuschätzen und für die Bestimmung der Höhe eines erforderlichen Altersvorsorgevermögens. Ist der unterhaltsberechtigte Elternteil 93 Jahre alt, beträgt seine Restlebenserwartung 3,1 / 3,3 Jahre. Die Dimension des Risikos einer unterhaltsrechtlichen Inanspruchnahme ist daher geringer als bei einer Unterhaltsbedürftigkeit im Alter von 65 Jahren. Daraus folgt auch einiges für die Beratungspraxis. Die Verteidigung gegen die unterhaltsrechtliche Inanspruchnahme wird umso intensiver geführt werden müssen, je länger die Unterhaltsverpflichtung droht. Vielfach werden die Weichen für die unterhaltsrechtliche Inanspruchnahme bereits bei der ersten Festlegung des Unterhaltes auch für die spätere Zeit gestellt. Ob eine Investition in eine Immobilie als Erhaltungsmaßnahme unterhaltsrechtlich anzuerkennen ist oder nicht, prägt die Leistungsfähigkeit eines unterhaltspflichtigen Kindes über viele Jahre hinweg. Beträgt die Lebenserwartung des Unterhaltsberechtigten nur noch wenige Monate, ist die Inkaufnahme eines Prozessrisikos eventuell unverhältnismäßig.

1125

Kenntnis der Sterbetafeln ist aber auch zur Berechnung der richtigen Höhe einer sekundären Altersversorgung und des Altersvorsorgevermögens wichtig. Wer die Höhe seiner Versorgungslücke kennt, muss zur Errechnung des zur Abdeckung dieser Lücke erforderlichen Kapitals wissen, wie lang seine Lebenserwartung ist.

1126

Die **Sterbetafeln** geben darüber Auskunft. Sterbetafeln gibt es als Generationen und Periodensterbetafeln. Die Generationensterbetafeln[864] werden seit dem Jahr 1900 für jeden Geburtsjahrgang, nach Männern und Frauen getrennt, und in einer ‚optimistischen' und einer ‚pessimistischen' Variante entwickelt. Ihr Abdruck ist hier aus Platzgründen nicht möglich. Die aus den Generationensterbetafeln abzulesende Lebenserwartung liegt in der Regel etwas über der aus der hier abgedruckten Periodentafel folgenden Lebenserwartung. Für einen sechzigjährigen Mann beträgt die Differenz in der pessimistischen Variante ein, in der optimistischen Variante ca. 2 Jahre.

1127

---

864 Die Generationensterbetafeln können beim Statistischen Bundesamt (www.destatis.de) kostenfrei als PDF-Datei bezogen werden.

Bei einer Lebenserwartung nach der Periodentafel von ca. 20 Jahren, ist diese Differenz mit 10% recht hoch. Sie kann aber durch einen pauschal kalkulierten Zuschlag (10%) ausgeglichen werden. Im Übrigen arbeiten Familienrechtler im Versorgungsausgleich, im Zugewinnausgleich und auch im Unterhalt immer mit Schätzwerten, deren Genauigkeit oftmals weit unter der der Kalkulation der Lebenserwartung liegt. Ob sich derjenige, für den die Lebenserwartung aus der Tabelle abgelesen wird, an die Vorgaben hält, ist darüber hinaus völlig offen.

1128

| Periodensterbetafel 2009/2011 Deutschland Männer | | | | | | Periodensterbetafel 2009/2011 Deutschland Frauen | | | | | |
|---|---|---|---|---|---|---|---|---|---|---|---|
| Quelle: Statistisches Bundesamt | | | | | | Quelle: Statistisches Bundesamt | | | | | |
| Vollendetes Alter | Überlebende im Alter x | Durchschn. Lebenserwartung im Alter x | Vollendetes Alter | Überlebende im Alter x | Durchschn. Lebenserwartung im Alter x | Vollendetes Alter | Überlebende im Alter x | Durchschn. Lebenserwartung im Alter x | Vollendetes Alter | Überlebende im Alter x | Durchschn. Lebenserwartung im Alter x |
| | l x | e x | | l x | e x | | l x | e x | | l x | e x |
| 0 | 100.000 | 77,97 | | | | 0 | 100.000 | 82,73 | | | |
| 1 | 99.600 | 77,28 | 20 | 99.250 | 58,52 | 1 | 99.685 | 81,99 | 20 | 99.449 | 63,16 |
| 2 | 99.567 | 76,31 | 21 | 99.199 | 57,55 | 2 | 99.658 | 81,01 | 21 | 99.427 | 62,17 |
| 3 | 99.548 | 75,32 | 22 | 99.148 | 56,58 | 3 | 99.644 | 80,02 | 22 | 99.406 | 61,18 |
| 4 | 99.535 | 74,33 | 23 | 99.097 | 55,60 | 4 | 99.632 | 79,03 | 23 | 99.384 | 60,20 |
| 5 | 99.522 | 73,34 | 24 | 99.049 | 54,63 | 5 | 99.621 | 78,04 | 24 | 99.361 | 59,21 |
| 6 | 99.511 | 72,35 | 25 | 98.995 | 53,66 | 6 | 99.610 | 77,05 | 25 | 99.341 | 58,22 |
| 7 | 99.501 | 71,36 | 26 | 98.941 | 52,69 | 7 | 99.602 | 76,05 | 26 | 99.319 | 57,24 |
| 8 | 99.492 | 70,36 | 27 | 98.885 | 51,72 | 8 | 99.593 | 75,06 | 27 | 99.296 | 56,25 |
| 9 | 99.484 | 69,37 | 28 | 98.824 | 50,75 | 9 | 99.586 | 74,06 | 28 | 99.269 | 55,26 |
| 10 | 99.476 | 68,38 | 29 | 98.765 | 49,78 | 10 | 99.579 | 73,07 | 29 | 99.244 | 54,28 |
| 11 | 99.467 | 67,38 | 30 | 98.704 | 48,81 | 11 | 99.572 | 72,08 | 30 | 99.216 | 53,29 |
| 12 | 99.459 | 66,39 | 31 | 98.641 | 47,84 | 12 | 99.564 | 71,08 | 31 | 99.188 | 52,31 |
| 13 | 99.449 | 65,39 | 32 | 98.573 | 46,87 | 13 | 99.556 | 70,09 | 32 | 99.158 | 51,32 |
| 14 | 99.438 | 64,40 | 33 | 98.502 | 45,91 | 14 | 99.547 | 69,09 | 33 | 99.122 | 50,34 |
| 15 | 99.423 | 63,41 | 34 | 98.426 | 44,94 | 15 | 99.536 | 68,10 | 34 | 99086 | 49,36 |
| 16 | 99.405 | 62,42 | 35 | 98.348 | 43,98 | 16 | 99.524 | 67,11 | 35 | 99.044 | 48,38 |
| 17 | 99.390 | 61,44 | 36 | 98.267 | 43,01 | 17 | 99.508 | 66,12 | 36 | 99.005 | 47,40 |
| 18 | 99.346 | 60,46 | 37 | 98.181 | 42,05 | 18 | 99.493 | 65,13 | 37 | 98.958 | 46,42 |
| 19 | 99.299 | 59,49 | 38 | 98.091 | 41,09 | 19 | 99.470 | 64,14 | 38 | 98.905 | 45,45 |

## Sterbetafel 2009/2011

### Männer (Forts.)
Quelle: Statistisches Bundesamt

### Frauen (Forts.)
Quelle: Statistisches Bundesamt

| Vollendetes Alter | Überlebende im Alter x | Durchschn. Lebenserwartung im Alter x | Vollendetes Alter | Überlebende im Alter x | Durchschn. Lebenserwartung im Alter x | Vollendetes Alter | Überlebende im Alter x | Durchschn. Lebenserwartung im Alter x | Vollendetes Alter | Überlebende im Alter x | Durchschn. Lebenserwartung im Alter x |
|---|---|---|---|---|---|---|---|---|---|---|---|
| | l x | e x | | l x | e x | | l x | e x | | l x | e x |
| 46 | 96.959 | 33,52 | 77 | 62.455 | 9,46 | 46 | 98.211 | 37,74 | 77 | 77.292 | 11,15 |
| 47 | 96.736 | 32,59 | 78 | 59.594 | 8,89 | 47 | 98.073 | 36,79 | 78 | 75.149 | 10,45 |
| 48 | 96.477 | 31,68 | 79 | 56.503 | 8,34 | 48 | 97.913 | 35,85 | 79 | 72.739 | 9,78 |
| 49 | 96.191 | 30,77 | 80 | 53.238 | 7,82 | 49 | 97.740 | 34,91 | 80 | 70.098 | 9,13 |
| 50 | 95.872 | 29,87 | 81 | 49.810 | 7,33 | 50 | 97.538 | 33,98 | 81 | 67.171 | 8,51 |
| 51 | 95.513 | 28,98 | 82 | 46.210 | 6,86 | 51 | 97.324 | 33,06 | 82 | 63.974 | 7,92 |
| 52 | 95.086 | 28,11 | 83 | 42.527 | 6,41 | 52 | 97.085 | 32,13 | 83 | 60.446 | 7,34 |
| 53 | 94.636 | 27,24 | 84 | 38.838 | 5,97 | 53 | 96.819 | 31,22 | 84 | 56.655 | 6,80 |
| 54 | 94.142 | 26,38 | 85 | 35.051 | 5,56 | 54 | 96.528 | 30,31 | 85 | 52.558 | 6,29 |
| 55 | 93.594 | 25,53 | 86 | 31.276 | 5,18 | 55 | 96.220 | 29,41 | 86 | 48.209 | 5,81 |
| 56 | 92.996 | 24,69 | 87 | 27.522 | 4,81 | 56 | 95.879 | 28,51 | 87 | 43.667 | 5,37 |
| 57 | 92.344 | 23,87 | 88 | 23.827 | 4,48 | 57 | 95.517 | 27,62 | 88 | 38.938 | 4,96 |
| 58 | 91.635 | 23,05 | 89 | 20.353 | 4,16 | 58 | 95.135 | 26,73 | 89 | 34.176 | 4,58 |
| 59 | 90.869 | 22,24 | 90 | 16.985 | 3,89 | 59 | 94.716 | 25,84 | 90 | 29.340 | 4,25 |
| 60 | 90.042 | 21,44 | 91 | 14.037 | 3,60 | 60 | 94.268 | 24,96 | 91 | 24.798 | 3,94 |
| 61 | 89.135 | 20,65 | 92 | 11.270 | 3,36 | 61 | 93.760 | 24,10 | 92 | 20.392 | 3,68 |
| 62 | 88.170 | 19,87 | 93 | 8.865 | 3,14 | 62 | 93.222 | 23,23 | 93 | 16.533 | 3,43 |
| 63 | 87.133 | 19,10 | 94 | 6.813 | 2,93 | 63 | 92.634 | 22,38 | 94 | 13.106 | 3,19 |
| 64 | 86.050 | 18,33 | 95 | 5.110 | 2,74 | 64 | 92.009 | 21,53 | 95 | 10.146 | 2,97 |
| 65 | 84.851 | 17,59 | 96 | 3.734 | 2,57 | 65 | 91.333 | 20,68 | 96 | 7.660 | 2,78 |
| 66 | 83.583 | 16,84 | 97 | 2.656 | 2,41 | 66 | 90.620 | 19,84 | 97 | 5.632 | 2,60 |
| 67 | 82.222 | 16,12 | 98 | 1.836 | 2,27 | 67 | 89.845 | 19,01 | 98 | 4.028 | 2,43 |
| 68 | 80.779 | 15,39 | 99 | 1.232 | 2,13 | 68 | 89.024 | 18,18 | 99 | 2.799 | 2,28 |
| 69 | 79.253 | 14,68 | 100 | 801 | 2,01 | 69 | 88.160 | 17,35 | 100 | 1.887 | 2,14 |

## II. Barwerttabelle

1129 Mit Hilfe der nachfolgenden Tabelle können regelmäßige monatliche Leistungen über eine bestimmte Laufzeit abgelesen werden:

| Barwertfaktoren ||||||||
|---|---|---|---|---|---|---|---|
| Für eine monatliche Leistung von 1 € beträgt der Barwert bei einer angenommenen Laufzeit von 17 Jahren bei einem Rechnungszins von 4,5 % 142,3999 € (Berechnung auf Monatsbasis) ||||||||
| Laufzeit in Jahren | Rechnungszins ||| Laufzeit in Jahren | Rechnungszins |||
| | 3,50 % | 4,00 % | 4,50 % | | 3,50 % | 4,00 % | 4,50 % |
| 1 | 11,7756 | 11,7440 | 11,7125 | 16 | 146,8543 | 141,6438 | 136,6912 |
| 2 | 23,1467 | 23,0283 | 22,9107 | 17 | 153,5861 | 147,8429 | 142,3999 |
| 3 | 34,1273 | 33,8708 | 33,6169 | 18 | 160,0867 | 153,7994 | 147,8580 |
| 4 | 44,7307 | 44,2888 | 43,8529 | 19 | 166,3640 | 159,5226 | 153,0763 |
| 5 | 54,9700 | 54,2991 | 53,6394 | 20 | 172,4258 | 165,0219 | 158,0654 |
| 6 | 64,8576 | 63,9174 | 62,9960 | 21 | 178,2793 | 170,3058 | 162,8354 |
| 7 | 74,4056 | 73,1593 | 71,9416 | 22 | 183,9318 | 175,3829 | 167,3959 |
| 8 | 83,6257 | 82,0393 | 80,4943 | 23 | 189,3901 | 180,2612 | 171,7561 |
| 9 | 92,5291 | 90,5718 | 88,6714 | 24 | 194,6610 | 184,9486 | 175,9248 |
| 10 | 101,1267 | 98,7702 | 96,4893 | 25 | 199,7509 | 189,4525 | 179,9103 |
| 11 | 109,4290 | 106,6476 | 103,9639 | 26 | 204,6659 | 193,7800 | 183,7208 |
| 12 | 117,4462 | 114,2167 | 111,1101 | 27 | 209,4122 | 197,9382 | 187,3640 |
| 13 | 125,1880 | 121,4895 | 117,9425 | 28 | 213,9954 | 201,9336 | 190,8471 |
| 14 | 132,6640 | 128,4776 | 124,4747 | 29 | 218,4212 | 205,7726 | 194,1773 |
| 15 | 139,8831 | 135,1921 | 130,7201 | 30 | 222,6950 | 209,4612 | 197,3612 |

Beispiel: Ein Wohnrecht soll mit einem monatlichem Wert von 450 € angenommen werden. Die voraussichtliche Lebenserwartung des Wohnberechtigten beträgt nach der Sterbetafel (Rn. 1125 ff.) 13,98 Jahre, der Rechnungszins wird mit 4,5 % angenommen. Die Berechnung 450 × 124,4747 = 56.013 €.

## III. Verrentungstabellen

### 1. Lebenslange Sofortrente aus Kapital

Mit Hilfe der Verrentungstabelle kann ein vorhandenes Vermögen in eine sofort beginnende Rente umgerechnet werden. Hat also z.B. ein Mann im Alter von 63 Jahren ein Vermögen von 250.000 €, kann er daraus bei Annahme eines Zinssatzes von 2 % eine Rente in Höhe von 250.000 / 1.000 × 5,3661 = 1.341,53 € erzielen. Die Tabelle eignet sich gut dafür, die Höhe des individuellen Altersvorsorgeschonvermögens zu bestimmen.

1130

> **Beispiel:** S (62) ist seiner 92-jährigen Mutter gegenüber unterhaltspflichtig. Er ist bereits Rentner und bezieht aus der gesetzlichen Rentenversicherung eine Rente von 700 €. Daneben hat er ein Vermögen von 320.000 €. Daraus kann er bei Annahme eines Rechnungszinses von 2 % eine Versorgung von 320.000 / 1.000 × 5,1912 = 1.661 € generieren, ihm stünden daher 2.361 € monatlich zur Verfügung. Aus dieser Summe kann der Unterhaltsanspruch des Elternteils berechnet werden.

Es wird bei vermögensverzehrender Rentenberechnung dringend empfohlen, einen niedrigen **Zinssatz** anzusetzen. Zum einen wird bei einer bereits laufenden Versorgung der Zinssatz maßgeblich von den gegenwärtigen Marktkonditionen bestimmt. Diese weisen niedrige Zinssätze aus. Zum anderen muss der Rechnungszins auch deswegen abgesenkt werden, weil eine Inflationserwartung einzukalkulieren ist, so dass die Monatsrente, die aus dem Kapital errechnet wird, eine gewisse Dynamik einkalkulieren muss. Rechnet man in den nächsten Jahren mit einer Inflation von 2 % pro Jahr, entspräche die Annahme eines Rechnungszinses von 2 % für die Rentenberechnung einem realistischen Szenario, wonach tatsächlich langfristig ein Rechnungszins von 4 % am Markt erzielbar ist.

1131

## a) Männer

**Verrentungstabelle Männer**
**Kapital in eine Monatsrente über die Lebenserwartung im Alter × bei Zinssatz 2,0–5,5 %**

| Berechtigter | | Berechnungsfaktor | | | | | | | |
|---|---|---|---|---|---|---|---|---|---|
| Alter | Lebenserwartung | 2,0 % | 2,5 % | 3,0 % | 3,5 % | 4,0 % | 4,5 % | 5,0 % | 5,5 % |
| | | aus 100.000 € ist für einen 60 Jahre alten Mann monatliche Sofortrente von 100.000 / 1.000 × 5,82 = 582 € zu erzielen (Rechnungszins 4%) | | | | | | | |
| 50 | 29,67 | 3,73 | 3,98 | 4,24 | 4,52 | 4,80 | 5,09 | 5,39 | 5,70 |
| 51 | 28,79 | 3,81 | 4,06 | 4,33 | 4,60 | 4,88 | 5,17 | 5,47 | 5,77 |
| 52 | 27,92 | 3,90 | 4,15 | 4,41 | 4,68 | 4,96 | 5,25 | 5,54 | 5,85 |
| 53 | 27,06 | 3,99 | 4,24 | 4,50 | 4,77 | 5,05 | 5,33 | 5,62 | 5,93 |
| 54 | 26,21 | 4,09 | 4,34 | 4,60 | 4,86 | 5,14 | 5,42 | 5,71 | 6,01 |
| 55 | 25,37 | 4,19 | 4,44 | 4,70 | 4,96 | 5,23 | 5,51 | 5,80 | 6,10 |
| 56 | 24,54 | 4,30 | 4,55 | 4,80 | 5,07 | 5,34 | 5,61 | 5,90 | 6,19 |
| 57 | 23,72 | 4,42 | 4,66 | 4,91 | 5,18 | 5,45 | 5,72 | 6,01 | 6,30 |
| 58 | 22,90 | 4,54 | 4,78 | 5,03 | 5,29 | 5,56 | 5,84 | 6,12 | 6,41 |
| 59 | 22,10 | 4,67 | 4,91 | 5,16 | 5,42 | 5,69 | 5,96 | 6,24 | 6,52 |
| 60 | 21,31 | 4,81 | 5,05 | 5,30 | 5,55 | 5,82 | 6,09 | 6,36 | 6,65 |
| 61 | 20,53 | 4,95 | 5,19 | 5,44 | 5,70 | 5,96 | 6,23 | 6,50 | 6,78 |
| 62 | 19,76 | 5,11 | 5,35 | 5,60 | 5,85 | 6,11 | 6,37 | 6,65 | 6,93 |
| 63 | 18,99 | 5,28 | 5,52 | 5,76 | 6,01 | 6,27 | 6,53 | 6,80 | 7,08 |
| 64 | 18,23 | 5,46 | 5,70 | 5,94 | 6,19 | 6,45 | 6,71 | 6,98 | 7,25 |
| 65 | 17,48 | 5,65 | 5,89 | 6,13 | 6,38 | 6,63 | 6,89 | 7,16 | 7,43 |
| 66 | 16,74 | 5,86 | 6,10 | 6,34 | 6,59 | 6,84 | 7,10 | 7,36 | 7,63 |
| 67 | 16,01 | 6,09 | 6,32 | 6,56 | 6,81 | 7,06 | 7,31 | 7,57 | 7,84 |
| 68 | 15,30 | 6,33 | 6,56 | 6,80 | 7,04 | 7,29 | 7,55 | 7,81 | 8,07 |
| 69 | 14,58 | 6,59 | 6,82 | 7,06 | 7,30 | 7,55 | 7,80 | 8,06 | 8,32 |
| 70 | 13,89 | 6,88 | 7,11 | 7,35 | 7,59 | 7,83 | 8,08 | 8,34 | 8,60 |
| 71 | 13,20 | 7,19 | 7,42 | 7,65 | 7,89 | 8,14 | 8,39 | 8,64 | 8,89 |
| 72 | 12,52 | 7,53 | 7,76 | 7,99 | 8,23 | 8,47 | 8,72 | 8,97 | 9,22 |
| 73 | 11,86 | 7,90 | 8,13 | 8,36 | 8,60 | 8,84 | 9,08 | 9,33 | 9,58 |
| 74 | 11,21 | 8,31 | 8,53 | 8,77 | 9,00 | 9,24 | 9,48 | 9,73 | 9,98 |
| 75 | 10,58 | 8,74 | 8,97 | 9,20 | 9,44 | 9,67 | 9,91 | 10,16 | 10,41 |
| 76 | 9,97 | 9,22 | 9,45 | 9,68 | 9,91 | 10,15 | 10,39 | 10,63 | 10,87 |
| 77 | 9,38 | 9,75 | 9,97 | 10,20 | 10,43 | 10,66 | 10,90 | 11,14 | 11,39 |
| 78 | 8,82 | 10,31 | 10,54 | 10,76 | 10,99 | 11,23 | 11,46 | 11,70 | 11,95 |
| 79 | 8,28 | 10,92 | 11,15 | 11,37 | 11,60 | 11,83 | 12,07 | 12,31 | 12,55 |
| 80 | 7,77 | 11,59 | 11,81 | 12,04 | 12,26 | 12,49 | 12,73 | 12,96 | 13,20 |
| 81 | 7,28 | 12,31 | 12,54 | 12,76 | 12,99 | 13,22 | 13,45 | 13,68 | 13,92 |
| 82 | 6,81 | 13,10 | 13,32 | 13,55 | 13,77 | 14,00 | 14,23 | 14,46 | 14,70 |
| 83 | 6,36 | 13,96 | 14,18 | 14,41 | 14,63 | 14,86 | 15,09 | 15,32 | 15,56 |
| 84 | 5,93 | 14,92 | 15,15 | 15,37 | 15,59 | 15,82 | 16,05 | 16,28 | 16,51 |
| 85 | 5,52 | 15,97 | 16,19 | 16,41 | 16,63 | 16,86 | 17,09 | 17,32 | 17,55 |
| 86 | 5,13 | 17,11 | 17,33 | 17,55 | 17,78 | 18,00 | 18,23 | 18,46 | 18,69 |
| 87 | 4,76 | 18,35 | 18,57 | 18,79 | 19,02 | 19,24 | 19,47 | 19,69 | 19,92 |
| 88 | 4,43 | 19,67 | 19,89 | 20,11 | 20,33 | 20,55 | 20,78 | 21,01 | 21,23 |
| 89 | 4,12 | 21,11 | 21,33 | 21,55 | 21,77 | 21,99 | 22,22 | 22,44 | 22,67 |
| 90 | 3,84 | 22,55 | 22,77 | 22,99 | 23,21 | 23,44 | 23,66 | 23,88 | 24,11 |
| 91 | 3,56 | 24,30 | 24,52 | 24,74 | 24,96 | 25,18 | 25,40 | 25,63 | 25,86 |
| 92 | 3,32 | 25,97 | 26,19 | 26,41 | 26,63 | 26,85 | 27,08 | 27,30 | 27,53 |
| 93 | 3,10 | 27,77 | 27,99 | 28,21 | 28,43 | 28,65 | 28,87 | 29,10 | 29,32 |
| 94 | 2,89 | 29,66 | 29,88 | 30,10 | 30,32 | 30,55 | 30,77 | 30,99 | 31,22 |
| 95 | 2,71 | 31,65 | 31,87 | 32,09 | 32,31 | 32,54 | 32,76 | 32,98 | 33,21 |
| 96 | 2,54 | 33,74 | 33,96 | 34,18 | 34,40 | 34,62 | 34,85 | 35,07 | 35,29 |
| 97 | 2,38 | 35,92 | 36,14 | 36,36 | 36,58 | 36,80 | 37,03 | 37,25 | 37,47 |
| 98 | 2,23 | 38,19 | 38,41 | 38,63 | 38,85 | 39,08 | 39,30 | 39,52 | 39,75 |
| 99 | 2,10 | 40,56 | 40,78 | 41,00 | 41,22 | 41,44 | 41,66 | 41,89 | 42,11 |
| 100 | 1,98 | 43,01 | 43,23 | 43,45 | 43,67 | 43,90 | 44,12 | 44,34 | 44,57 |

## b) Frauen

**Verrentungstabelle Frauen**
**Kapital in eine Monatsrente über die Lebenserwartung**
**im Alter × bei Zinssatz 2,0–5,5%**

| Berechtigter | | Berechnungsfaktor | | | | | | |
|---|---|---|---|---|---|---|---|---|
| Alter | Lebens- erwartung | 2,0 % | 2,5 % | 3,0 % | 3,5 % | 4,0 % | 4,5 % | 5,0 % | 5,5 % |

aus 100.000 € ist für eine 60 Jahre alte Frau eine monatliche Sofortrente von
100.000 / 1.000 × 5,28 = 528 € zu erzielen (Rechnungszins 4 %)

| Alter | Lebenserw. | 2,0 % | 2,5 % | 3,0 % | 3,5 % | 4,0 % | 4,5 % | 5,0 % | 5,5 % |
|---|---|---|---|---|---|---|---|---|---|
| 50 | 33,98 | 3,38 | 3,64 | 3,91 | 4,20 | 4,49 | 4,79 | 5,10 | 5,42 |
| 51 | 33,06 | 3,45 | 3,71 | 3,98 | 4,26 | 4,55 | 4,85 | 5,16 | 5,48 |
| 52 | 32,13 | 3,52 | 3,78 | 4,04 | 4,32 | 4,61 | 4,91 | 5,22 | 5,53 |
| 53 | 31,22 | 3,59 | 3,85 | 4,11 | 4,39 | 4,68 | 4,97 | 5,28 | 5,59 |
| 54 | 30,31 | 3,67 | 3,92 | 4,19 | 4,46 | 4,75 | 5,04 | 5,34 | 5,66 |
| 55 | 29,41 | 3,75 | 4,00 | 4,27 | 4,54 | 4,82 | 5,12 | 5,41 | 5,72 |
| 56 | 28,51 | 3,84 | 4,09 | 4,35 | 4,62 | 4,90 | 5,19 | 5,49 | 5,80 |
| 57 | 27,62 | 3,93 | 4,18 | 4,44 | 4,71 | 4,99 | 5,28 | 5,57 | 5,87 |
| 58 | 26,73 | 4,03 | 4,28 | 4,54 | 4,80 | 5,08 | 5,36 | 5,66 | 5,96 |
| 59 | 25,84 | 4,13 | 4,38 | 4,64 | 4,90 | 5,18 | 5,46 | 5,75 | 6,05 |
| 60 | 24,96 | 4,24 | 4,49 | 4,75 | 5,01 | 5,28 | 5,56 | 5,85 | 6,15 |
| 61 | 24,10 | 4,36 | 4,61 | 4,86 | 5,12 | 5,39 | 5,67 | 5,96 | 6,25 |
| 62 | 23,23 | 4,49 | 4,73 | 4,99 | 5,25 | 5,51 | 5,79 | 6,07 | 6,36 |
| 63 | 22,38 | 4,62 | 4,87 | 5,12 | 5,38 | 5,64 | 5,91 | 6,19 | 6,48 |
| 64 | 21,53 | 4,77 | 5,01 | 5,26 | 5,52 | 5,78 | 6,05 | 6,33 | 6,61 |
| 65 | 20,68 | 4,92 | 5,16 | 5,41 | 5,67 | 5,93 | 6,20 | 6,47 | 6,75 |
| 66 | 19,84 | 5,09 | 5,33 | 5,58 | 5,83 | 6,09 | 6,36 | 6,63 | 6,91 |
| 67 | 19,01 | 5,27 | 5,51 | 5,76 | 6,01 | 6,27 | 6,53 | 6,80 | 7,08 |
| 68 | 18,18 | 5,47 | 5,71 | 5,95 | 6,20 | 6,46 | 6,72 | 6,99 | 7,26 |
| 69 | 17,35 | 5,69 | 5,92 | 6,17 | 6,41 | 6,67 | 6,93 | 7,19 | 7,46 |
| 70 | 16,53 | 5,92 | 6,16 | 6,40 | 6,65 | 6,90 | 7,16 | 7,42 | 7,69 |
| 71 | 15,72 | 6,18 | 6,42 | 6,66 | 6,90 | 7,15 | 7,40 | 7,67 | 7,93 |
| 72 | 14,92 | 6,46 | 6,70 | 6,94 | 7,18 | 7,43 | 7,68 | 7,94 | 8,20 |
| 73 | 14,13 | 6,78 | 7,01 | 7,24 | 7,48 | 7,73 | 7,98 | 8,24 | 8,50 |
| 74 | 13,36 | 7,11 | 7,34 | 7,58 | 7,82 | 8,06 | 8,31 | 8,56 | 8,82 |
| 75 | 12,60 | 7,49 | 7,72 | 7,95 | 8,19 | 8,43 | 8,68 | 8,93 | 9,18 |
| 76 | 11,87 | 7,89 | 8,12 | 8,35 | 8,59 | 8,83 | 9,07 | 9,32 | 9,58 |
| 77 | 11,15 | 8,34 | 8,57 | 8,80 | 9,04 | 9,28 | 9,52 | 9,76 | 10,01 |
| 78 | 10,45 | 8,84 | 9,07 | 9,30 | 9,53 | 9,77 | 10,01 | 10,25 | 10,50 |
| 79 | 9,78 | 9,39 | 9,61 | 9,84 | 10,07 | 10,31 | 10,55 | 10,79 | 11,04 |
| 80 | 9,13 | 9,99 | 10,22 | 10,45 | 10,68 | 10,91 | 11,15 | 11,39 | 11,63 |
| 81 | 8,51 | 10,66 | 10,88 | 11,11 | 11,34 | 11,57 | 11,80 | 12,04 | 12,28 |
| 82 | 7,91 | 11,40 | 11,62 | 11,85 | 12,08 | 12,31 | 12,54 | 12,78 | 13,02 |
| 83 | 7,34 | 12,22 | 12,44 | 12,66 | 12,89 | 13,12 | 13,35 | 13,59 | 13,82 |
| 84 | 6,80 | 13,12 | 13,34 | 13,56 | 13,79 | 14,02 | 14,25 | 14,48 | 14,72 |
| 85 | 6,29 | 14,11 | 14,33 | 14,55 | 14,78 | 15,01 | 15,24 | 15,47 | 15,70 |
| 86 | 5,81 | 15,20 | 15,42 | 15,65 | 15,87 | 16,10 | 16,33 | 16,56 | 16,79 |
| 87 | 5,37 | 16,38 | 16,60 | 16,82 | 17,04 | 17,27 | 17,50 | 17,73 | 17,96 |
| 88 | 4,96 | 17,66 | 17,88 | 18,10 | 18,33 | 18,55 | 18,78 | 19,01 | 19,24 |
| 89 | 4,58 | 19,06 | 19,28 | 19,50 | 19,72 | 19,94 | 20,17 | 20,40 | 20,62 |
| 90 | 4,25 | 20,47 | 20,69 | 20,91 | 21,13 | 21,35 | 21,58 | 21,81 | 22,03 |
| 91 | 3,94 | 22,01 | 22,23 | 22,45 | 22,67 | 22,90 | 23,12 | 23,35 | 23,57 |
| 92 | 3,68 | 23,51 | 23,73 | 23,95 | 24,17 | 24,39 | 24,61 | 24,84 | 25,07 |
| 93 | 3,43 | 25,16 | 25,38 | 25,60 | 25,82 | 26,04 | 26,26 | 26,49 | 26,71 |
| 94 | 3,19 | 26,99 | 27,21 | 27,43 | 27,65 | 27,87 | 28,09 | 28,32 | 28,54 |
| 95 | 2,97 | 28,92 | 29,14 | 29,36 | 29,58 | 29,80 | 30,03 | 30,25 | 30,48 |
| 96 | 2,78 | 30,84 | 31,06 | 31,28 | 31,50 | 31,72 | 31,95 | 32,17 | 32,39 |
| 97 | 2,60 | 32,92 | 33,14 | 33,36 | 33,58 | 33,80 | 34,02 | 34,25 | 34,47 |
| 98 | 2,43 | 35,16 | 35,38 | 35,60 | 35,82 | 36,04 | 36,27 | 36,49 | 36,71 |
| 99 | 2,28 | 37,42 | 37,64 | 37,86 | 38,08 | 38,30 | 38,53 | 38,75 | 38,97 |
| 100 | 2,14 | 39,81 | 40,03 | 40,25 | 40,47 | 40,70 | 40,92 | 41,14 | 41,37 |

1133

## c) BMF-Tabelle, Männer und Frauen Sofortrente

**Tabelle BMF zur Verrentung von Altersvorsorgeschonvermögen nach BGH v. 21.11.12 – XII ZR 150/10, FamRZ 2013, 203**

Aus einem Vorsorgekapital von 100.000 € erzielt ein Mann im Alter 67 eine monatliche Versorgung in Höhe von 100.000 / 10,6 / 12 = 786,16 €

| | Männer | | Frauen | | | Männer | | Frauen | |
|---|---|---|---|---|---|---|---|---|---|
| Alter | Lebens-erwartung | Kapitalwert | Lebens-erwartung | Kapitalwert | Alter | Lebens-erwartung | Kapitalwert | Lebens-erwartung | Kapitalwert |
| 0 | 77,170 | 18,382 | 82,400 | 18,455 | 51 | 28,390 | 14,596 | 32,790 | 15,454 |
| 1 | 76,490 | 18,371 | 81,670 | 18,446 | 52 | 27,530 | 14,403 | 31,870 | 15,291 |
| 2 | 75,510 | 18,354 | 80,700 | 18,434 | 53 | 26,680 | 14,204 | 30,960 | 15,121 |
| 3 | 74,530 | 18,336 | 79,710 | 18,420 | 54 | 25,830 | 13,996 | 30,050 | 14,943 |
| 4 | 73,540 | 18,318 | 78,720 | 18,406 | 55 | 24,990 | 13,780 | 29,150 | 14,759 |
| 5 | 72,550 | 18,298 | 77,730 | 18,391 | 56 | 24,170 | 13,560 | 28,250 | 14,565 |
| 6 | 71,560 | 18,277 | 76,740 | 18,375 | 57 | 23,350 | 13,330 | 27,360 | 14,364 |
| 7 | 70,560 | 18,255 | 75,740 | 18,358 | 58 | 22,530 | 13,090 | 26,470 | 14,154 |
| 8 | 69,570 | 18,231 | 74,750 | 18,340 | 59 | 21,730 | 12,845 | 25,590 | 13,935 |
| 9 | 68,580 | 18,207 | 73,750 | 18,322 | 60 | 20,930 | 12,590 | 24,710 | 13,706 |
| 10 | 67,580 | 18,181 | 72,760 | 18,302 | 61 | 20,150 | 12,330 | 23,840 | 13,469 |
| 11 | 66,590 | 18,153 | 71,760 | 18,281 | 62 | 19,380 | 12,063 | 22,980 | 13,223 |
| 12 | 65,600 | 18,125 | 70,770 | 18,259 | 63 | 18,610 | 11,784 | 22,120 | 12,966 |
| 13 | 64,600 | 18,094 | 69,780 | 18,236 | 64 | 17,860 | 11,502 | 21,270 | 12,700 |
| 14 | 63,610 | 18,062 | 68,780 | 18,212 | 65 | 17,110 | 11,208 | 20,410 | 12,418 |
| 15 | 62,620 | 18,028 | 67,790 | 18,186 | 66 | 16,380 | 10,910 | 19,570 | 12,130 |
| 16 | 61,630 | 17,993 | 66,800 | 18,159 | 67 | 15,650 | 10,600 | 18,720 | 11,825 |
| 17 | 60,650 | 17,955 | 65,810 | 18,131 | 68 | 14,930 | 10,282 | 17,890 | 11,513 |
| 18 | 59,670 | 17,916 | 64,820 | 18,101 | 69 | 14,230 | 9,961 | 17,060 | 11,187 |
| 19 | 58,710 | 17,876 | 63,840 | 18,069 | 70 | 13,540 | 9,633 | 16,250 | 10,855 |
| 20 | 57,740 | 17,833 | 62,850 | 18,036 | 71 | 12,860 | 9,298 | 15,440 | 10,508 |
| 21 | 56,780 | 17,788 | 61,860 | 18,001 | 72 | 12,200 | 8,960 | 14,650 | 10,155 |
| 22 | 55,810 | 17,741 | 60,880 | 17,964 | 73 | 11,560 | 8,621 | 13,880 | 9,796 |
| 23 | 54,840 | 17,690 | 59,890 | 17,925 | 74 | 10,940 | 8,282 | 13,120 | 9,427 |
| 24 | 53,870 | 17,638 | 58,910 | 17,885 | 75 | 10,340 | 7,942 | 12,380 | 9,053 |
| 25 | 52,910 | 17,582 | 57,920 | 17,841 | 76 | 9,760 | 7,603 | 11,660 | 8,675 |
| 26 | 51,940 | 17,524 | 56,930 | 17,795 | 77 | 9,210 | 7,272 | 10,950 | 8,287 |
| 27 | 50,970 | 17,462 | 55,940 | 17,747 | 78 | 8,670 | 6,938 | 10,270 | 7,902 |
| 28 | 50,000 | 17,397 | 54,960 | 17,697 | 79 | 8,160 | 6,613 | 9,610 | 7,514 |
| 29 | 49,030 | 17,329 | 53,970 | 17,643 | 80 | 7,650 | 6,279 | 8,970 | 7,125 |
| 30 | 48,060 | 17,257 | 52,990 | 17,587 | 81 | 7,170 | 5,956 | 8,360 | 6,741 |
| 31 | 47,090 | 17,181 | 52,000 | 17,528 | 82 | 6,710 | 5,638 | 7,780 | 6,365 |
| 32 | 46,130 | 17,101 | 51,020 | 17,465 | 83 | 6,270 | 5,327 | 7,220 | 5,990 |
| 33 | 45,160 | 17,017 | 50,040 | 17,400 | 84 | 5,860 | 5,031 | 6,690 | 5,624 |
| 34 | 44,190 | 16,928 | 49,050 | 17,330 | 85 | 5,460 | 4,735 | 6,190 | 5,270 |
| 35 | 43,230 | 16,836 | 48,070 | 17,257 | 86 | 5,100 | 4,464 | 5,720 | 4,928 |
| 36 | 42,270 | 16,739 | 47,100 | 17,181 | 87 | 4,780 | 4,218 | 5,300 | 4,615 |
| 37 | 41,300 | 16,635 | 46,120 | 17,101 | 88 | 4,460 | 3,968 | 4,900 | 4,311 |
| 38 | 40,350 | 16,528 | 45,140 | 17,015 | 89 | 4,160 | 3,730 | 4,530 | 4,023 |
| 39 | 39,390 | 16,415 | 44,170 | 16,926 | 90 | 3,840 | 3,472 | 4,150 | 3,722 |
| 40 | 38,440 | 16,296 | 43,200 | 16,833 | 91 | 3,560 | 3,242 | 3,800 | 3,439 |
| 41 | 37,490 | 16,172 | 42,230 | 16,734 | 92 | 3,320 | 3,042 | 3,510 | 3,201 |
| 42 | 36,550 | 16,042 | 41,270 | 16,632 | 93 | 3,100 | 2,857 | 3,260 | 2,992 |
| 43 | 35,610 | 15,906 | 40,310 | 16,524 | 94 | 2,900 | 2,687 | 3,060 | 2,823 |
| 44 | 34,680 | 15,764 | 39,350 | 16,410 | 95 | 2,710 | 2,523 | 2,880 | 2,670 |
| 45 | 33,760 | 15,617 | 38,400 | 16,291 | 96 | 2,540 | 2,375 | 2,720 | 2,532 |
| 46 | 32,840 | 15,462 | 37,450 | 16,166 | 97 | 2,380 | 2,235 | 2,540 | 2,375 |
| 47 | 31,930 | 15,301 | 36,510 | 16,037 | 98 | 2,240 | 2,111 | 2,380 | 2,235 |
| 48 | 31,040 | 15,136 | 35,570 | 15,900 | 99 | 2,100 | 1,987 | 2,230 | 2,103 |
| 49 | 30,150 | 14,963 | 34,640 | 15,758 | >=100 | 1,980 | 1,879 | 2,100 | 1,987 |
| 50 | 29,270 | 14,784 | 33,710 | 15,609 | | | | | |

## 2. Befristete Sofortrente

Von einer befristeten Sofortrente spricht man, wenn zu Beginn der Rentenzahlung deren Ende bereits feststeht. Die in der Tabelle aufgelisteten Werte benötigt man, um die Verrentung eines Kapitals für einen bestimmten Zeitraum zu berechnen.

**1135**

**Verrentungstabelle, Kapital in befristete Rente**

Aus 1.000 € Vermögen kann über … Jahre bei einem Zinssatz von … eine Monatsrente in Höhe von … generiert werden.

**1136**

| Jahre | 2 % | 2,50 % | 3 % | 3,50 % | 4 % | 4,50 % | 5 % | 5,50 % |
|---|---|---|---|---|---|---|---|---|
| 1 | 84,24 | 84,47 | 84,69 | 84,92 | 85,15 | 85,38 | 85,61 | 85,84 |
| 2 | 42,54 | 42,76 | 42,98 | 43,20 | 43,42 | 43,65 | 43,87 | 44,10 |
| 3 | 28,64 | 28,86 | 29,08 | 29,30 | 29,52 | 29,75 | 29,97 | 30,20 |
| 4 | 21,70 | 21,91 | 22,13 | 22,36 | 22,58 | 22,80 | 23,03 | 23,26 |
| 5 | 17,53 | 17,75 | 17,97 | 18,19 | 18,42 | 18,64 | 18,87 | 19,10 |
| 6 | 14,75 | 14,97 | 15,19 | 15,42 | 15,65 | 15,87 | 16,10 | 16,34 |
| 7 | 12,77 | 12,99 | 13,21 | 13,44 | 13,67 | 13,90 | 14,13 | 14,37 |
| 8 | 11,28 | 11,50 | 11,73 | 11,96 | 12,19 | 12,42 | 12,66 | 12,90 |
| 9 | 10,13 | 10,35 | 10,58 | 10,81 | 11,04 | 11,28 | 11,52 | 11,76 |
| 10 | 9,20 | 9,43 | 9,66 | 9,89 | 10,12 | 10,36 | 10,61 | 10,85 |
| 11 | 8,45 | 8,67 | 8,90 | 9,14 | 9,38 | 9,62 | 9,86 | 10,11 |
| 12 | 7,82 | 8,05 | 8,28 | 8,51 | 8,76 | 9,00 | 9,25 | 9,50 |
| 13 | 7,28 | 7,51 | 7,75 | 7,99 | 8,23 | 8,48 | 8,73 | 8,99 |
| 14 | 6,83 | 7,06 | 7,30 | 7,54 | 7,78 | 8,03 | 8,29 | 8,55 |
| 15 | 6,44 | 6,67 | 6,91 | 7,15 | 7,40 | 7,65 | 7,91 | 8,17 |
| 16 | 6,09 | 6,32 | 6,56 | 6,81 | 7,06 | 7,32 | 7,58 | 7,84 |
| 17 | 5,79 | 6,02 | 6,26 | 6,51 | 6,76 | 7,02 | 7,29 | 7,56 |
| 18 | 5,52 | 5,75 | 6,00 | 6,25 | 6,50 | 6,76 | 7,03 | 7,30 |
| 19 | 5,28 | 5,51 | 5,76 | 6,01 | 6,27 | 6,53 | 6,80 | 7,08 |
| 20 | 5,06 | 5,30 | 5,55 | 5,80 | 6,06 | 6,33 | 6,60 | 6,88 |
| 21 | 4,86 | 5,10 | 5,35 | 5,61 | 5,87 | 6,14 | 6,42 | 6,70 |
| 22 | 4,69 | 4,93 | 5,18 | 5,44 | 5,70 | 5,97 | 6,25 | 6,54 |
| 23 | 4,52 | 4,77 | 5,02 | 5,28 | 5,55 | 5,82 | 6,10 | 6,39 |
| 24 | 4,37 | 4,62 | 4,88 | 5,14 | 5,41 | 5,68 | 5,97 | 6,26 |
| 25 | 4,24 | 4,49 | 4,74 | 5,01 | 5,28 | 5,56 | 5,85 | 6,14 |
| 26 | 4,11 | 4,36 | 4,62 | 4,89 | 5,16 | 5,44 | 5,73 | 6,03 |
| 27 | 4,00 | 4,25 | 4,51 | 4,78 | 5,05 | 5,34 | 5,63 | 5,93 |
| 28 | 3,89 | 4,14 | 4,40 | 4,67 | 4,95 | 5,24 | 5,54 | 5,84 |
| 29 | 3,79 | 4,04 | 4,31 | 4,58 | 4,86 | 5,15 | 5,45 | 5,76 |
| 30 | 3,70 | 3,95 | 4,22 | 4,49 | 4,77 | 5,07 | 5,37 | 5,68 |

**Beispiel:** S muss aus seinem Vermögen von 100.000 € für seinen Vater (80) Unterhalt leisten. Die Lebenserwartung des Vaters beträgt 7,77 Jahre: 100.000 / 1.000 × 13,67 = 1.367 € Monatsrente.

**1137** Faktoren für die Umrechnung eines Kapitals in eine Monatsrente
Sterbetafel 2009/2011
Deutschland

| | | Männer | | | | | Frauen | | | |
|---|---|---|---|---|---|---|---|---|---|---|
| Vollendetes Alter | Durchschnittliche Lebenserwartung in Jahren | 1.000 € Vorsorgekapital ergeben bei einer Verrentung im Alter x unter Annahme eines Rechnungszinses von … % eine monatliche Versorgung in Höhe von … € | | | | Durchschnittliche Lebenserwartung in Jahren | 1.000 € Vorsorgekapital ergeben bei einer Verrentung im Alter x unter Annahme eines Rechnungszinses von … % eine monatliche Versorgung in Höhe von … € | | | |
| Rechnungszins: | | 2% | 3% | 4% | 5% | | 2% | 3% | 4% | 5% |
| 50 | 29,87 | 3,7325 | 4,2629 | 4,8300 | 5,4312 | 33,98 | 3,40 | 3,9448 | 4,5274 | 5,1474 |
| 51 | 28,98 | 3,8166 | 4,3446 | 4,908 | 5,505 | 33,06 | 3,47 | 4,0091 | 4,5882 | 5,2040 |
| 52 | 28,11 | 3,9043 | 4,4299 | 4,9903 | 5,5833 | 32,13 | 3,54 | 4,0769 | 4,6526 | 5,2642 |
| 53 | 27,24 | 3,9974 | 4,5207 | 5,0778 | 5,6667 | 31,22 | 3,61 | 4,1485 | 4,7207 | 5,3281 |
| 54 | 26,38 | 4,0958 | 4,6167 | 5,1706 | 5,7555 | 30,31 | 3,69 | 4,2242 | 4,7930 | 5,3962 |
| 55 | 25,53 | 4,2995 | 4,7182 | 5,2689 | 5,8497 | 29,41 | 3,78 | 4,3046 | 4,8700 | 5,4690 |
| 56 | 24,69 | 4,3092 | 4,8257 | 5,3732 | 5,9502 | 28,51 | 3,86 | 4,3898 | 4,9517 | 5,5466 |
| 57 | 23,87 | 4,4254 | 4,9397 | 5,442 | 6,0572 | 27,62 | 3,96 | 4,4805 | 5,0390 | 5,6297 |
| 58 | 23,05 | 4,5485 | 5,0608 | 5,6022 | 6,1714 | 26,73 | 4,06 | 4,5773 | 5,1325 | 5,7190 |
| 59 | 22,24 | 4,6793 | 5,1896 | 5,7280 | 6,2935 | 25,84 | 4,16 | 4,6802 | 5,2321 | 5,8144 |
| 60 | 21,44 | 4,8185 | 5,3268 | 5,8623 | 6,4240 | 24,96 | 4,27 | 4,7903 | 5,3388 | 5,9170 |
| 61 | 20,65 | 4,9660 | 5,4724 | 6,0052 | 6,5632 | 24,10 | 4,39 | 4,9070 | 5,4523 | 6,0265 |
| 62 | 19,87 | 5,1237 | 5,6284 | 6,1584 | 6,7129 | 23,23 | 4,52 | 5,0323 | 5,5744 | 6,1445 |
| 63 | 19,10 | 5,2923 | 5,7952 | 6,3226 | 6,8736 | 22,38 | 4,66 | 5,1664 | 5,7053 | 6,2714 |
| 64 | 18,33 | 5,4743 | 5,9755 | 6,5003 | 7,0479 | 21,53 | 4,80 | 5,3107 | 5,8467 | 6,4088 |
| 65 | 17,59 | 5,6675 | 6,1672 | 6,6896 | 7,2338 | 20,68 | 4,96 | 5,4660 | 5,9989 | 6,5571 |
| 66 | 16,84 | 5,8760 | 6,3742 | 6,8942 | 7,4353 | 19,84 | 5,13 | 5,6343 | 6,1643 | 6,7186 |
| 67 | 16,12 | 6,1001 | 6,5970 | 7,1148 | 7,6528 | 19,01 | 5,31 | 5,8161 | 6,3432 | 6,8938 |
| 68 | 15,39 | 6,3428 | 6,8385 | 7,3541 | 7,8891 | 18,18 | 5,51 | 6,0141 | 6,5384 | 7,0853 |
| 69 | 14,68 | 6,6064 | 7,1010 | 7,6147 | 8,1468 | 17,35 | 5,73 | 6,2308 | 6,7524 | 7,2956 |
| 70 | 13,98 | 6,8914 | 7,3851 | 7,8969 | 8,4265 | 16,53 | 5,97 | 6,4673 | 6,9863 | 7,5261 |
| 71 | 13,29 | 7,2022 | 7,6951 | 8,2053 | 8,7323 | 15,72 | 6,23 | 6,7265 | 7,2431 | 7,7795 |
| 72 | 12,61 | 7,5412 | 8,0334 | 8,5421 | 9,0668 | 14,92 | 6,52 | 7,0107 | 7,5250 | 8,0581 |
| 73 | 11,95 | 7,9118 | 8,4037 | 8,9111 | 9,4337 | 14,13 | 6,83 | 7,3221 | 7,8343 | 8,3643 |
| 74 | 11,29 | 8,3189 | 8,8105 | 9,3169 | 9,8376 | 13,36 | 7,17 | 7,6645 | 8,1748 | 8,7020 |
| 75 | 10,66 | 8,7577 | 9,2494 | 9,7549 | 10,2741 | 12,60 | 7,55 | 8,0399 | 8,5486 | 9,0733 |
| 76 | 10,05 | 9,2371 | 9,7291 | 10,2341 | 10,7520 | 11,87 | 7,96 | 8,4511 | 8,9583 | 9,4807 |
| 77 | 9,46 | 9,7606 | 10,2531 | 10,7580 | 11,2749 | 11,15 | 8,41 | 8,9035 | 9,4097 | 9,9301 |
| 78 | 8,89 | 10,3303 | 10,8237 | 11,3287 | 11,8450 | 10,45 | 8,91 | 9,4045 | 9,9098 | 10,4285 |
| 79 | 8,34 | 10,9432 | 11,4378 | 11,9432 | 12,4593 | 9,78 | 9,46 | 9,9545 | 10,4595 | 10,9769 |
| 80 | 7,82 | 11,6108 | 12,1069 | 12,6132 | 13,1294 | 9,13 | 10,07 | 10,5659 | 11,0708 | 11,5874 |

## 3. Verrentungstabelle Kapital in lebenslange Rente ab 65 / 66 / 67 Jahren

Die nachfolgende Tabelle gibt ausschließlich für den Rechnungszinssatz 2 % (vgl. Rn. 1131) die Verrentungsfaktoren wieder, wobei drei unterschiedliche Renteneintrittsjahre gewählt werden können. Mit Hilfe dieser Tabelle kann die aus einem Kapital zu generierende Rente berechnet werden, auch wenn die Rente noch nicht bezogen wird, sondern bis zum Renteneintritt noch eine längere Anwartschaftsphase zurückzulegen ist, in welcher Kapitalzuwächse auf das vorhandene Kapital erzielt werden.

1138

| Verrentungsfaktoren Kapital in Rente, Rechnungszins 2 %, Sterbetafel 2009/2011 ||||||||||||
| Ein Kapital von 1.000 € erbringt im Alter x bei einem Renteneintritt im Alter 65 / 66 / 67 Jahren eine monatliche Rente in Höhe von ... € ||||||||||||
| Männer, Renteneintritt mit |||| | Frauen, Renteneintritt mit ||||
| Alter | 65 | 66 | 67 | Alter | 65 | 66 | 67 | Alter | 65 | 66 | 67 |
|---|---|---|---|---|---|---|---|---|---|---|---|
| 30 | 11,33 | 11,99 | 12,69 | 56 | 6,77 | 7,16 | 7,58 | 30 | 9,92 | 10,46 | 11,06 | 56 | 5,93 | 6,25 | 6,61 |
| 31 | 11,11 | 11,75 | 12,44 | 57 | 6,64 | 7,02 | 7,44 | 31 | 9,72 | 10,26 | 10,84 | 57 | 5,81 | 6,13 | 6,48 |
| 32 | 10,89 | 11,52 | 12,20 | 58 | 6,51 | 6,88 | 7,29 | 32 | 9,53 | 10,06 | 10,63 | 58 | 5,70 | 6,01 | 6,35 |
| 33 | 10,68 | 11,29 | 11,96 | 59 | 6,38 | 6,75 | 7,15 | 33 | 9,35 | 9,86 | 10,42 | 59 | 5,59 | 5,89 | 6,23 |
| 34 | 10,47 | 11,07 | 11,73 | 60 | 6,26 | 6,62 | 7,01 | 34 | 9,16 | 9,67 | 10,21 | 60 | 5,48 | 5,78 | 6,10 |
| 35 | 10,27 | 10,86 | 11,50 | 61 | 6,13 | 6,49 | 6,87 | 35 | 8,98 | 9,48 | 10,01 | 61 | 5,37 | 5,66 | 5,98 |
| 36 | 10,06 | 10,64 | 11,27 | 62 | 6,01 | 6,36 | 6,73 | 36 | 8,81 | 9,29 | 9,82 | 62 | 5,26 | 5,55 | 5,87 |
| 37 | 9,87 | 10,43 | 11,05 | 63 | 5,90 | 6,24 | 6,60 | 37 | 8,63 | 9,11 | 9,62 | 63 | 5,16 | 5,44 | 5,75 |
| 38 | 9,67 | 10,23 | 10,83 | 64 | 5,78 | 6,11 | 6,47 | 38 | 8,47 | 8,93 | 9,44 | 64 | 5,06 | 5,34 | 5,64 |
| 39 | 9,48 | 10,03 | 10,62 | 65 | 5,67 | 5,99 | 6,35 | 39 | 8,30 | 8,76 | 9,25 | 65 | 4,96 | 5,23 | 5,53 |
| 40 | 9,30 | 9,83 | 10,41 | 66 | 5,88 | 5,88 | 6,22 | 40 | 8,14 | 8,58 | 9,07 | 66 | 5,13 | 5,13 | 5,42 |
| 41 | 9,12 | 9,64 | 10,21 | 67 | 6,10 | 6,10 | 6,10 | 41 | 7,98 | 8,42 | 8,89 | 67 | 5,31 | 5,31 | 5,31 |
| 42 | 8,94 | 9,45 | 10,01 | 68 | 6,34 | 6,34 | 6,34 | 42 | 7,82 | 8,25 | 8,72 | 68 | 5,51 | 5,51 | 5,51 |
| 43 | 8,76 | 9,27 | 9,81 | 69 | 6,61 | 6,61 | 6,61 | 43 | 7,67 | 8,09 | 8,55 | 69 | 5,73 | 5,73 | 5,73 |
| 44 | 8,59 | 9,08 | 9,62 | 70 | 6,89 | 6,89 | 6,89 | 44 | 7,52 | 7,93 | 8,38 | 70 | 5,97 | 5,97 | 5,97 |
| 45 | 8,42 | 8,91 | 9,43 | 71 | 7,20 | 7,20 | 7,20 | 45 | 7,37 | 7,78 | 8,21 | 71 | 6,23 | 6,23 | 6,23 |
| 46 | 8,26 | 8,73 | 9,25 | 72 | 7,54 | 7,54 | 7,54 | 46 | 7,23 | 7,62 | 8,05 | 72 | 6,52 | 6,52 | 6,52 |
| 47 | 8,09 | 8,56 | 9,06 | 73 | 7,91 | 7,91 | 7,91 | 47 | 7,08 | 7,47 | 7,90 | 73 | 6,83 | 6,83 | 6,83 |
| 48 | 7,94 | 8,39 | 8,89 | 74 | 8,32 | 8,32 | 8,32 | 48 | 6,94 | 7,33 | 7,74 | 74 | 7,17 | 7,17 | 7,17 |
| 49 | 7,78 | 8,23 | 8,71 | 75 | 8,76 | 8,76 | 8,76 | 49 | 6,81 | 7,18 | 7,59 | 75 | 7,55 | 7,55 | 7,55 |
| 50 | 7,63 | 8,07 | 8,54 | 76 | 9,24 | 9,24 | 9,24 | 50 | 6,67 | 7,04 | 7,44 | 76 | 7,96 | 7,96 | 7,96 |
| 51 | 7,48 | 7,91 | 8,37 | 77 | 9,76 | 9,76 | 9,76 | 51 | 6,54 | 6,90 | 7,29 | 77 | 8,41 | 8,41 | 8,41 |
| 52 | 7,33 | 7,75 | 8,21 | 78 | 10,33 | 10,33 | 10,33 | 52 | 6,42 | 6,77 | 7,15 | 78 | 8,91 | 8,91 | 8,91 |
| 53 | 7,19 | 7,60 | 8,05 | 79 | 10,94 | 10,94 | 10,94 | 53 | 6,29 | 6,64 | 7,01 | 79 | 9,46 | 9,46 | 9,46 |
| 54 | 7,05 | 7,45 | 7,89 | 80 | 11,61 | 11,61 | 11,61 | 54 | 6,17 | 6,51 | 6,87 | 80 | 10,07 | 10,07 | 10,07 |
| 55 | 6,91 | 7,31 | 7,74 | 81 | 12,34 | 12,34 | 12,34 | 55 | 6,05 | 6,38 | 6,74 | 81 | 10,75 | 10,75 | 10,75 |

**Beispiel:** Ein Mann hat im Alter von 50 Jahren ein Kapital von 20.000 €, er geht mit 67 Jahren in Rente und kann daraus 20.000 / 1.000 x 8,54 = 170,80 € Rente generieren.

**Beispiel:** S (50) verfügt über ein Vermögen von 320.000 € aber keine sonstige Rentenversicherung. Nach seiner Lebensplanung will er mit 67 Jahren in Rente gehen: 320.000 / 1.000 × 8,69 = 2.780 €.

## IV. Aufzinsungsfaktoren zur Berechnung des Altersvorsorgeschonvermögens

1139   Mit der nachfolgenden Tabelle kann auf einfache Weise die richtige Höhe des Altersvorsorgeschonvermögens für sozialversicherungspflichtiges Einkommen (Tabelle 1) und nicht sozialversicherungspflichtiges Einkommen (Tabelle 2) nach der Entscheidung des BGH[865] v. 30.8.2006 bestimmt werden. Die Werte können einfach aus der Tabelle abgelesen werden.

| Jahre | Aufzinsungsfaktor | Jahre | Aufzinsungsfaktor | Jahre | Aufzinsungsfaktor | Jahre | Aufzinsungsfaktor | Jahre | Aufzinsungsfaktor |
|---|---|---|---|---|---|---|---|---|---|
| Tabelle 1: für sozialversicherungspflichtiges Einkommen (5 % bis zur Beitragsbemessungsgrenze) 2015: 72.600 € / 62.400 € pro Jahr ||||||||||
| 1 | 0,05 | 11 | 0,6743 | 21 | 1,5985 | 31 | 2,9664 | 41 | 4,9913 |
| 2 | 0,102 | 12 | 0,7513 | 22 | 1,7124 | 32 | 3,1351 | 42 | 5,241 |
| 3 | 0,1561 | 13 | 0,8313 | 23 | 1,8309 | 33 | 3,3105 | 43 | 5,5006 |
| 4 | 0,2123 | 14 | 0,9146 | 24 | 1,9541 | 34 | 3,4929 | 44 | 5,7706 |
| 5 | 0,2708 | 15 | 1,0012 | 25 | 2,0823 | 35 | 3,6826 | 45 | 6,0515 |
| 6 | 0,3316 | 16 | 1,0912 | 26 | 2,2156 | 36 | 3,8799 | 46 | 6,3435 |
| 7 | 0,3949 | 17 | 1,1849 | 27 | 2,3542 | 37 | 4,0851 | 47 | 6,6473 |
| 8 | 0,4607 | 18 | 1,2823 | 28 | 2,4984 | 38 | 4,2985 | 48 | 6,9632 |
| 9 | 0,5291 | 19 | 1,3836 | 29 | 2,6483 | 39 | 4,5205 | 49 | 7,2917 |
| 10 | 0,6003 | 20 | 1,4889 | 30 | 2,8042 | 40 | 4,7513 | 50 | 7,6344 |
| Tabelle 2: für nicht sozialversicherungspflichtiges Einkommen (oder Einkommen jenseits der Beitragsbemessungsgrenze) 25 %. Beitragsbemessungsgrenze 2015: 72.600 € / 62.400 € ||||||||||
| 1 | 0,25 | 11 | 3,3716 | 21 | 7,9923 | 31 | 14,8321 | 41 | 24,9566 |
| 2 | 0,51 | 12 | 3,7565 | 22 | 8,562 | 32 | 15,6754 | 42 | 26,2049 |
| 3 | 0,7804 | 13 | 4,1567 | 23 | 9,1545 | 33 | 16,5524 | 43 | 27,5031 |
| 4 | 1,0616 | 14 | 4,573 | 24 | 9,7707 | 34 | 17,4645 | 44 | 28,8532 |
| 5 | 1,3541 | 15 | 5,0059 | 25 | 10,4115 | 35 | 18,4163 | 45 | 30,2573 |
| 6 | 1,6582 | 16 | 5,4561 | 26 | 11,0779 | 36 | 19,3996 | 46 | 31,7176 |
| 7 | 1,9746 | 17 | 5,9244 | 27 | 11,7711 | 37 | 20,4256 | 47 | 33,2363 |
| 8 | 2,3036 | 18 | 6,4114 | 28 | 12,4919 | 38 | 21,4926 | 48 | 34,8158 |
| 9 | 2,6457 | 19 | 6,9178 | 29 | 13,2416 | 39 | 22,6023 | 49 | 36,4584 |
| 10 | 3,0015 | 20 | 7,4445 | 30 | 14,0212 | 40 | 23,7564 | 50 | 38,1668 |

---

865  BGH v. 30.8.2006 – XII ZR 98/04, FamRZ 2006, 1511.

**Beispiel:** S (58) verdient 96.000 € brutto im Jahr. Bei Berücksichtigung von 40 Erwerbsjahren wäre der Faktor 4,7513 aus Tabelle 1 abzulesen und mit der Beitragsbemessungsgrenze des Jahres 2015 zu multiplizieren (72.600 × 4,7512). Es ergibt sich auf das sozialversicherungspflichtige Einkommen ein Altersvorsorgeschonvermögen von 344.944 €. Das nicht der Beitragspflicht zur gesetzlichen Rentenversicherung unterliegende Einkommen beträgt 23.400 €. Dafür wäre aus Tabelle 2 der Barwertfaktor 23,7564 abzulesen und ein **Altersvorsorgeschonvermögen von 900.844 €** zu errechnen.

## V. Altersvorsorgekapital nach § 851c ZPO

Es ist nach der Entscheidung des BGH über die Bildung des Altersvorsorgekapitals v. 30.8.2006[866] noch nicht abschließend geklärt, ausgehend von welchem Einkommen und von welchem Alter der unterhaltspflichtigen Kindes die Höhe des Altersvorsorgeschonvermögens zu berechnen ist (vgl. Rn. 384).

1140

**§ 851c Pfändungsschutz bei Altersrenten**

(1) Ansprüche auf Leistungen, die auf Grund von Verträgen gewährt werden, dürfen nur wie Arbeitseinkommen gepfändet werden, wenn

1. die Leistung in regelmäßigen Zeitabständen lebenslang und nicht vor Vollendung des 60. Lebensjahres oder nur bei Eintritt der Berufsunfähigkeit gewährt wird,
2. über die Ansprüche aus dem Vertrag nicht verfügt werden darf,
3. die Bestimmung von Dritten mit Ausnahme von Hinterbliebenen als Berechtigte ausgeschlossen ist und
4. die Zahlung einer Kapitalleistung, ausgenommen eine Zahlung für den Todesfall, nicht vereinbart wurde.

(2) Um dem Schuldner den Aufbau einer angemessenen Alterssicherung zu ermöglichen, kann er unter Berücksichtigung der Entwicklung auf dem Kapitalmarkt, des Sterblichkeitsrisikos und der Höhe der Pfändungsfreigrenze, nach seinem Lebensalter gestaffelt, jährlich einen bestimmten Betrag unpfändbar auf der Grundlage eines in Absatz 1 bezeichneten Vertrags bis zu einer Gesamtsumme von 238.000 Euro ansammeln. Der Schuldner darf vom 18. bis zum vollendeten 29. Lebensjahr 2.000 Euro, vom 30. bis zum vollendeten 39. Lebensjahr 4.000 Euro, vom 40. bis zum vollendeten 47. Lebensjahr 4.500 Euro, vom 48. bis zum vollendeten 53. Lebensjahr 6.000 Euro, vom 54. bis zum vollendeten 59. Lebensjahr 8.000 Euro und vom 60. bis zum vollendeten 65. Lebensjahr 9.000 Euro jährlich ansammeln. Übersteigt der Rückkaufwert der Alterssicherung den unpfändbaren Betrag, sind drei Zehntel des überschießenden Betrags unpfändbar. Satz 3 gilt nicht für den Teil des Rückkaufwerts, der den dreifachen Wert des in Satz 1 genannten Betrags übersteigt.

(3) § 850e Nr. 2 und 2a gilt entsprechend.

---

866 BGH v. 30.8.2006 – XII ZR 98/04, FamRZ 2006, 1511.

## Bildung von pfändungssicherem Altersvorsorgevermögen nach § 851c ZPO

| Alter | jährl. Versorgungskapital § 851c ZPO | Summe Versorgungskapital | Alter | jährl. Versorgungskapital § 851c ZPO | Summe Versorgungskapital |
|---|---|---|---|---|---|
| 18 | 2.000,00 € | 2.000,00 € | 42 | 4.500,00 € | 77.500,00 € |
| 19 | 2.000,00 € | 4.000,00 € | 43 | 4.500,00 € | 82.000,00 € |
| 20 | 2.000,00 € | 6.000,00 € | 44 | 4.500,00 € | 86.500,00 € |
| 21 | 2.000,00 € | 8.000,00 € | 45 | 4.500,00 € | 91.000,00 € |
| 22 | 2.000,00 € | 10.000,00 € | 46 | 4.500,00 € | 95.500,00 € |
| 23 | 2.000,00 € | 12.000,00 € | 47 | 4.500,00 € | 100.000,00 € |
| 24 | 2.000,00 € | 14.000,00 € | 48 | 6.000,00 € | 106.000,00 € |
| 25 | 2.000,00 € | 16.000,00 € | 49 | 6.000,00 € | 112.000,00 € |
| 26 | 2.000,00 € | 18.000,00 € | 50 | 6.000,00 € | 118.000,00 € |
| 27 | 2.000,00 € | 20.000,00 € | 51 | 6.000,00 € | 124.000,00 € |
| 28 | 2.000,00 € | 22.000,00 € | 52 | 6.000,00 € | 130.000,00 € |
| 29 | 2.000,00 € | 24.000,00 € | 53 | 6.000,00 € | 136.000,00 € |
| 30 | 4.000,00 € | 28.000,00 € | 54 | 8.000,00 € | 144.000,00 € |
| 31 | 4.000,00 € | 32.000,00 € | 55 | 8.000,00 € | 152.000,00 € |
| 32 | 4.000,00 € | 36.000,00 € | 56 | 8.000,00 € | 160.000,00 € |
| 33 | 4.000,00 € | 40.000,00 € | 57 | 8.000,00 € | 168.000,00 € |
| 34 | 4.000,00 € | 44.000,00 € | 58 | 8.000,00 € | 176.000,00 € |
| 35 | 4.000,00 € | 48.000,00 € | 59 | 8.000,00 € | 184.000,00 € |
| 36 | 4.000,00 € | 52.000,00 € | 60 | 9.000,00 € | 193.000,00 € |
| 37 | 4.000,00 € | 56.000,00 € | 61 | 9.000,00 € | 202.000,00 € |
| 38 | 4.000,00 € | 60.000,00 € | 62 | 9.000,00 € | 211.000,00 € |
| 39 | 4.000,00 € | 64.000,00 € | 63 | 9.000,00 € | 220.000,00 € |
| 40 | 4.500,00 € | 68.500,00 € | 64 | 9.000,00 € | 229.000,00 € |
| 41 | 4.500,00 € | 73.000,00 € | 65 | 9.000,00 € | 238.000,00 € |

# VI. Haushaltsausgaben

aus: Statistisches Jahrbuch 2013, S. 166
**6.1.3 Private Konsumausgaben 2011**

1141

| | Haushalte insgesamt | Davon nach dem Haushaltstyp | | | | | Davon nach dem Alter der Haupteinkommenspersonen von ... unter ... Jahren | | | | |
|---|---|---|---|---|---|---|---|---|---|---|---|
| | | Alleinlebende | Alleinerziehende | Paare ohne Kind | Paare mit Kind (em) | sonstige Haushalte | 45–55 | 55–65 | 65–70 | 70–80 | 80 und mehr |
| **Durchschnitt je Haushalt und Monat in EUR** | | | | | | | | | | | |
| **Private Konsumausgaben** | 2.252 | 1.461 | 1.735 | 2.651 | 3.184 | 3.063 | 2.518 | 2.326 | 2.118 | 1.957 | 1.700 |
| **Nahrungsmittel, Getränke, Tabakwaren** | 312 | 179 | 257 | 370 | 469 | 463 | 359 | 322 | 280 | 265 | 217 |
| Nahrungsmittel, alkoholfreie Getränke | 272 | 154 | 235 | 316 | 428 | 405 | 313 | 274 | 243 | 235 | 196 |
| Alkoholische Getränke, Tabakwaren u.Ä. | 40 | 25 | 22 | 54 | 42 | 58 | 45 | 47 | 37 | 30 | 21 |
| **Bekleidung und Schuhe** | 104 | 60 | 93 | 111 | 175 | 156 | 125 | 102 | 80 | 69 | 52 |
| Herrenbekleidung | 21 | 10 | –8 | 27 | 31 | 38 | 26 | 24 | 18 | 13 | 11 |
| Damenbekleidung | 43 | 30 | 36 | 48 | 52 | 65 | 51 | 44 | 35 | 33 | 26 |
| Bekleidung für Kinder (unter 14 Jahren) | 6 | 1 | 16 | 2 | 33 | 4 | 7 | 2 | 2 | 1 | / |
| Herren-, Damen- und Kinderstrumpfwaren | 3 | 2 | 3 | 3 | 5 | 4 | 3 | 3 | 2 | 2 | 2 |
| Sonstige Bekleidung und Zubehör | 8 | 4 | 7 | 8 | 13 | 13 | 10 | 8 | 6 | 5 | 3 |
| Schuhe und Schuhzubehör | 21 | 12 | 21 | 20 | 39 | 30 | 26 | 19 | 14 | 12 | 9 |
| Reparaturen, Reinigung, Ausleihe | 2 | 2 | –1 | 3 | 2 | 2 | 2 | 2 | 2 | 3 | –3 |
| **Wohnen, Energie, Wohnungsinstandhaltung** | 775 | 587 | 665 | 872 | 975 | 979 | 819 | 800 | 783 | 758 | 707 |
| Wohnungsmieten u.Ä. | 616 | 473 | 509 | 689 | 774 | 778 | 652 | 633 | 617 | 602 | 545 |
| Energie | 148 | 108 | 151 | 171 | 172 | 194 | 151 | 157 | 153 | 150 | 155 |
| Wohnungsinstandhaltung | 11 | 6 | –5 | 12 | 29 | 8 | 16 | 10 | 13 | 6 | –7 |
| **Innenausstattung, Haushaltsgeräte und -gegenstände** | 125 | 69 | 79 | 163 | 185 | 165 | 147 | 135 | 117 | 89 | 68 |
| Möbel und Einrichtungsgegenstände | 50 | 27 | 31 | 65 | 71 | 72 | 63 | 58 | 39 | 26 | –10 |
| Teppiche und andere Bodenbeläge | 3 | 2 | –2 | 4 | 5 | 3 | 4 | 3 | –4 | –3 | / |
| Kühl- und Gefriermöbel | 2 | / | / | –4 | / | / | –2 | –2 | / | –3 | / |
| Sonstige größere Haushaltsgeräte | 10 | 5 | / | 13 | 14 | 14 | 12 | 11 | –10 | 9 | / |
| Kleine elektrische Haushaltsgeräte | 3 | 2 | –1 | 4 | 5 | 4 | 4 | 3 | 3 | 2 | –1 |
| Heimtextilien | 11 | 6 | 8 | 15 | 16 | 13 | 12 | 13 | 13 | 9 | 6 |
| Sonstige Gebrauchsgüter für die Haushaltsführung | 23 | 12 | 12 | 31 | 37 | 29 | 27 | 23 | 23 | 16 | 9 |
| Verbrauchsgüter für die Haushaltsführung | 15 | 9 | 13 | 18 | 23 | 21 | 17 | 15 | 14 | 13 | 10 |
| Dienstleistungen für die Haushaltsführung | 7 | 5 | –4 | 8 | 10 | 5 | 6 | 7 | 8 | 8 | –18 |

| | | | | | | | | | | |
|---|---|---|---|---|---|---|---|---|---|---|
| **Gesundheitspflege** | 93 | 62 | 51 | 137 | 89 | 104 | 80 | 105 | 115 | 140 | 120 |
| Gebrauchsgüter für die Gesundheitspflege | 14 | 9 | -4 | 21 | 12 | 16 | 14 | 16 | 16 | 16 | -25 |
| Verbrauchsgüter für die Gesundheitspflege | 24 | 17 | 11 | 34 | 20 | 27 | 19 | 26 | 29 | 37 | 37 |
| Dienstleistungen für die Gesundheitspflege | 55 | 36 | 36 | 82 | 57 | 60 | 47 | 63 | 70 | 86 | 58 |
| **Verkehr** | 319 | 170 | 156 | 380 | 511 | 506 | 373 | 353 | 253 | 207 | 161 |
| Kraftfahrzeuge | 86 | -38 | / | -107 | -155 | -143 | -83 | -121 | / | / | / |
| Kraft- und Fahrräder | 7 | -3 | / | -8 | 10 | -17 | -9 | -5 | / | / | / |
| Ersatzteile und Zubehör | 12 | 6 | -3 | 16 | 20 | 19 | 16 | 12 | 9 | 7 | -3 |
| Kraftstoffe und Schmiermittel | 100 | 50 | 67 | 117 | 168 | 159 | 124 | 100 | 74 | 60 | 30 |
| Wartung, Reparaturen an Kfz, Kraft- und Fahrrädern | 34 | 21 | | 42 | 48 | 49 | 42 | 37 | 29 | 30 | 22 |
| Garagen- und Stellplatzmieten | 30 | 17 | 19 | 39 | 42 | 42 | 34 | 33 | 29 | 26 | 20 |
| Sonstige Dienstleistungen | 14 | 5 | 6 | 16 | 30 | 29 | 23 | 12 | 7 | 5 | -3 |
| Personenbeförderung, Verkehrsdienstleistungen | 35 | 31 | 31 | 35 | 38 | 49 | 42 | 33 | 30 | 28 | 26 |
| **Nachrichtenübermittlung** | 57 | 43 | 62 | 57 | 74 | 82 | 65 | 54 | 46 | 42 | 38 |
| Telefon-, Faxgeräte, Anrufbeantworter | 3 | 2 | / | 3 | 6 | 5 | 4 | 2 | -1 | -1 | / |
| Dienstleistungen für die Nachrichtenübermittlung | 54 | 41 | 59 | 54 | 68 | 77 | 61 | 52 | 45 | 41 | 36 |
| **Freizeit, Unterhaltung und Kultur** | 244 | 154 | 187 | 294 | 355 | 322 | 294 | 234 | 254 | 206 | 163 |
| Rundfunkempfangsgeräte u.Ä. | 4 | 2 | -3 | 5 | 6 | 6 | 5 | 3 | -2 | 2 | / |
| Fernseh- und Videogeräte, TV-Antennen | 9 | 5 | / | 12 | 10 | 15 | 12 | 8 | -12 | -7 | / |
| Foto-, Filmausrüstungen und optische Geräte | 3 | 2 | -2 | 3 | 3 | 4 | 4 | 2 | -2 | -1 | / |
| Datenverarbeitungsgeräte und Software (einschl. Downloads) | 12 | 7 | -8 | 12 | 20 | 23 | 17 | 12 | 11 | 6 | -3 |
| Bild-, Daten- und Tonträger (einschl. Downloads) | 7 | 5 | 8 | 7 | 12 | 10 | 9 | 6 | 5 | 3 | -2 |
| Sonstige langlebige Gebrauchsgüter und Ausrüstung für Kultur, Sport, Camping u.Ä. | 9 | 3 | -5 | 7 | 32 | 10 | 18 | 5 | 3 | 2 | / |
| Spielwaren und Hobbys | 15 | 7 | 16 | 14 | 39 | 16 | 16 | 12 | 13 | 8 | 6 |
| Blumen und Gärten | 16 | 10 | 7 | 23 | 19 | 20 | 16 | 19 | 18 | 19 | 14 |
| Haustiere | 14 | 10 | 11 | 16 | 18 | 22 | 19 | 13 | 11 | 7 | -3 |
| Freizeit- und Kulturdienstleistungen | 56 | 38 | 57 | 57 | 92 | 77 | 67 | 51 | 46 | 46 | 33 |
| Bücher | 12 | 8 | 11 | 11 | 19 | 15 | 14 | 10 | 10 | 9 | 8 |
| Zeitungen, Zeitschriften u.Ä. | 22 | 16 | 12 | 29 | 21 | 25 | 20 | 24 | 27 | 27 | 29 |
| Sonstige Verbrauchsgüter | 5 | 3 | 6 | 4 | 11 | 7 | 6 | 4 | 5 | 3 | 3 |
| Reparaturen für Freizeit, Unterhaltung und Kultur | 1 | -1 | / | 2 | -1 | -1 | -2 | -1 | -1 | -1 | / |
| Pauschalreisen | 59 | 37 | -35 | 91 | 52 | 72 | 68 | 61 | 89 | 65 | -53 |

## VII. Pflegerisikofaktoren

In der Öffentlichkeit wird das Pflegerisiko meist überschätzt. Zwar ist es richtig, dass ein großer Teil der über 90-jährigen Menschen sich in stationärer Pflege befinden (vgl. Rn. 981). Allerdings ist die Verweildauer dort infolge der hohen Letalität in diesem Alter gering. Will man daher die Verweildauer in einer stationären Pflegeeinrichtung in Abhängigkeit vom erreichten Lebensalter kalkulieren, relativiert sich die Gefahr deutlich. In den nachfolgenden Tabellen ist alters- und geschlechtsabhängig die voraussichtliche Verweildauer in Pflegestufe I und stationärer Pflege kalkuliert worden. Die dafür verwendete Datenbasis ist schmal, weswegen es nicht verwundert, dass die Kalkulationsbasis entsprechender Versicherungen deutlich von diesen Werten abweichen kann.[867]

1142

> **Beispiel:** Ein 80-jähriger, noch nicht pflegebedürftiger Mann wird voraussichtlich nur 9,6 % seiner zukünftigen Lebenszeit von 9,13 Jahren in einem Pflegeheim zubringen, also ca. 11 Monate. Das Risiko, nicht stationärer Pflege in Pflegestufe I liegt naturgemäß höher, nämlich bei 15% oder ca. 16,5 Monaten. Wollte man dieses Risiko absichern und für den Fall der Pflege 500 € monatlich in diesem Alter zurücklegen (Rechnungszins 2%), wäre ein Betrag von 13,73 × 500 € = 6.865 € erforderlich.

---

867 Die Tabellen entsprechen denen in *Schulz/Hauß*, Vermögensauseinandersetzung, 6. A. Rn. 2342 f.

# Anhang

## Pflegerisikofaktoren

### Frauen

| Alter | Frauen in stationärer Pflege insgesamt | Frauen insgesamt | davon pflegebedürftig in stat. Pflege | Lebenserwartung im Alter x | Pflegerisiko (Verweildauer der Restlebenszeit in vollstat. Pflege) | Verweildauer der Restlebenszeit in Pflegestufe I | Barwertfaktor (ReZins 2%) für ein Risiko PflSt. 1 von 1 €/ Monat |
|---|---|---|---|---|---|---|---|
| 1 | 2 | 3 | 4 | 5 | 6 | 7 | 8 |
| 60 | 1.371 | 536.452 | 0,25% | 24,96 | 2,4% | 4,6% | 8,45 |
| 61 | 1.474 | 524.552 | 0,27% | 24,10 | 2,5% | 4,9% | 8,75 |
| 62 | 1.577 | 52.126 | 0,29% | 23,23 | 2,7% | 5,1% | 9,06 |
| 63 | 1.761 | 504.517 | 0,34% | 22,38 | 2,8% | 5,4% | 9,33 |
| 64 | 1.944 | 459.619 | 0,37% | 21,53 | 3,0% | 5,7% | 9,60 |
| 65 | 2.127 | 433.213 | 0,42% | 20,68 | 3,2% | 6,0% | 9,87 |
| 66 | 2.310 | 377.851 | 0,50% | 19,84 | 3,4% | 6,3% | 10,15 |
| 67 | 2.494 | 335.377 | 0,58% | 19,01 | 3,6% | 6,6% | 10,43 |
| 68 | 3.276 | 445.967 | 0,87% | 18,18 | 3,8% | 7,0% | 10,73 |
| 69 | 4.057 | 451.129 | 1,21% | 17,35 | 4,1% | 7,4% | 10,98 |
| 70 | 4.839 | 436.852 | 1,09% | 16,53 | 4,3% | 7,8% | 11,17 |
| 71 | 5.621 | 532.188 | 1,25% | 15,72 | 4,6% | 8,2% | 11,42 |
| 72 | 6.403 | 559.585 | 1,47% | 14,92 | 4,9% | 8,7% | 11,65 |
| 73 | 7.436 | 549.180 | 1,40% | 14,13 | 5,3% | 9,2% | 11,88 |
| 74 | 8.469 | 506.934 | 1,51% | 13,36 | 5,8% | 9,9% | 12,20 |
| 75 | 9.502 | 469.423 | 1,73% | 12,60 | 6,3% | 10,6% | 12,52 |
| 76 | 10.535 | 449.530 | 2,08% | 11,87 | 6,8% | 11,4% | 12,86 |
| 77 | 11.569 | 427.118 | 2,46% | 11,15 | 7,4% | 12,2% | 13,15 |
| 78 | 13.616 | 388.264 | 3,03% | 10,45 | 8,1% | 13,1% | 13,40 |
| 79 | 15.664 | 305.501 | 3,67% | 9,78 | 8,8% | 14,0% | 13,60 |
| 80 | 17.712 | 296.794 | 4,56% | 9,13 | 9,6% | 15,0% | 13,73 |
| 81 | 19.759 | 293.050 | 6,47% | 8,51 | 10,4% | 15,9% | 13,74 |
| 82 | 21.807 | 297.674 | 7,35% | 7,91 | 11,1% | 16,5% | 13,44 |
| 83 | 23.954 | 276.357 | 8,17% | 7,34 | 11,8% | 17,1% | 13,05 |
| 84 | 26.100 | 258.017 | 8,77% | 6,80 | 12,6% | 17,7% | 12,65 |
| 85 | 28.246 | 230.572 | 10,22% | 6,29 | 13,5% | 18,4% | 12,28 |
| 86 | 30.393 | 215.068 | 11,78% | 5,81 | 14,3% | 19,0% | 11,80 |
| 87 | 32.539 | 198.502 | 14,11% | 5,37 | 15,0% | 19,3% | 11,16 |
| 88 | 30.388 | 168.965 | 14,13% | 4,96 | 15,5% | 19,1% | 10,29 |
| 89 | 28.236 | 145.479 | 14,22% | 4,58 | 16,0% | 18,9% | 9,49 |
| 90 | 26.085 | 127.546 | 15,44% | 4,25 | 16,7% | 18,9% | 8,86 |

## Pflegerisikofaktoren

### Männer

| Alter | Männer in stationärer Pflege insgesamt | Männer insgesamt | davon pflegebedürftig in stat. Pflege | Lebenserwartung im Alter x | Pflegerisiko (Verweildauer der Restlebenszeit in vollstat. Pflege) | Verweildauer der Restlebenszeit in Pflegestufe I | Barwertfaktor (ReZins 2%) für ein Risiko PflSt. 1 von 1 €/Monat |
|---|---|---|---|---|---|---|---|
| 1 | 2 | 3 | 4 | 5 | 6 | 7 | 8 |
| 60 | 1.942 | 533.078 | 0,36% | 21,44 | 1,6% | 2,5% | 4,23 |
| 61 | 2.060 | 512.669 | 0,40% | 20,65 | 1,7% | 2,7% | 4,42 |
| 62 | 2.178 | 510.661 | 0,43% | 19,87 | 1,8% | 2,9% | 4,62 |
| 63 | 4.088 | 498.346 | 0,82% | 19,10 | 1,9% | 3,0% | 4,76 |
| 64 | 5.999 | 495.641 | 1,21% | 18,33 | 2,0% | 3,2% | 4,90 |
| 65 | 7.909 | 479.165 | 1,65% | 17,59 | 2,0% | 3,4% | 5,05 |
| 66 | 9.819 | 437.795 | 2,24% | 16,84 | 2,1% | 3,6% | 5,20 |
| 67 | 11.730 | 407.626 | 2,88% | 16,12 | 2,1% | 3,8% | 5,35 |
| 68 | 10.441 | 352.821 | 2,96% | 15,39 | 2,1% | 4,0% | 5,48 |
| 69 | 9.153 | 305.825 | 2,99% | 14,68 | 2,0% | 4,3% | 5,58 |
| 70 | 7.864 | 407.017 | 1,93% | 13,98 | 2,0% | 4,4% | 5,62 |
| 71 | 6.576 | 410.319 | 1,60% | 13,29 | 2,1% | 4,7% | 5,70 |
| 72 | 5.287 | 393.771 | 1,34% | 12,61 | 2,1% | 4,9% | 5,76 |
| 73 | 5.448 | 469.308 | 1,16% | 11,95 | 2,2% | 5,1% | 5,80 |
| 74 | 5.609 | 484.211 | 1,16% | 11,29 | 2,4% | 5,5% | 5,90 |
| 75 | 5.769 | 466.117 | 1,24% | 10,66 | 2,6% | 5,8% | 6,01 |
| 76 | 5.930 | 423.962 | 1,40% | 10,05 | 2,8% | 6,2% | 6,13 |
| 77 | 6.091 | 383.416 | 1,59% | 9,46 | 3,0% | 6,7% | 6,24 |
| 78 | 6.356 | 356.927 | 1,78% | 8,89 | 3,2% | 7,1% | 6,32 |
| 79 | 6.621 | 329.991 | 2,01% | 8,34 | 3,5% | 7,6% | 6,44 |
| 80 | 6.885 | 291.582 | 2,36% | 7,82 | 3,8% | 8,2% | 6,55 |
| 81 | 7.150 | 221.060 | 3,23% | 7,33 | 4,1% | 8,7% | 6,63 |
| 82 | 7.415 | 205.993 | 3,60% | 6,86 | 4,4% | 9,1% | 6,55 |
| 83 | 7.233 | 194.593 | 3,72% | 6,41 | 4,7% | 9,5% | 6,44 |
| 84 | 7.050 | 188.183 | 3,75% | 5,97 | 5,0% | 10,0% | 6,34 |
| 85 | 6.868 | 166.772 | 4,12% | 5,56 | 5,5% | 10,8% | 6,41 |
| 86 | 6.685 | 148.991 | 4,49% | 5,18 | 6,1% | 11,6% | 6,46 |
| 87 | 6.503 | 120.172 | 5,41% | 4,81 | 6,7% | 12,5% | 6,52 |
| 88 | 5.872 | 98.813 | 5,94% | 4,48 | 7,2% | 13,1% | 6,40 |
| 89 | 5.240 | 81.018 | 6,47% | 4,16 | 7,7% | 13,5% | 6,20 |
| 90 | 4.609 | 59.697 | 7,72% | 3,89 | 8,2% | 14,0% | 6,03 |

# Stichwortverzeichnis

(Die Zahlen verweisen auf Randnummern.)

**A**
**Abänderungsantrag 698**
**Abfindung 798, 252**
**Abgemessenheitsprüfung**
– Kriterien 600
**Abgeordnetenentschädigung 254**
**Abschreibung 242, 248**
– geringwertiger Wirtschaftsgüter 249
– Immobilien 262
– und Steuererstattung 311
**Abschreibungssätze 246**
– unterhaltsrechtliche Korrektur 247
**Abschreibungstabellen 262**
**Abstandsgebot 465**
**Adoption 916**
**Adoptivenkelkind**
– Enkelunterhalt 811
**Affektionsinteresse 610**
**Alimentationspflicht**
– wechselseitig 1021
**Alleineigentum**
– Wohnvorteil 267
**Alleinstehender**
– Selbstbehalt 580, 542
**Alterseinkommen**
– angemessenes 350
– Angemessenheit § 851c ZPO 355
– Angemessenheit Leitlinienselbstbehalt 358
– Angemessenheit Sozialhilfe 352
– Negativdefinition 346

– Pfändungsfreigrenze 355
**Alterseinkünfte**
– Kranken- und Pflegeversicherungsbeiträge 362
– Steuern 363
**Alterssicherungsvermögen**
– Darlegungslast 630
**Altersteilzeit 221**
**Altersvermögensgesetz 341**
**Altersversorgung 335**
– angemessene 361, 365
– Angemessenheit und VA 368
– Angemessenheit und Wohnvorteil 671
– Definition der Angemessenheit 371
– gesetzliche 338
– Nichterwerbseinkünfte 345
**Altersvollmacht 757**
**Altersvorsorge**
– Anlagefreiheit 400 ff.
– Auflösung 395
– Beginn 390
– Ende 395
– fiktive 337, 404
– für Gatten/Partner 404
– Höhe 335
– Immobilie, selbstbewohnt 404
– Kapitaleinkünfte 345
– konkrete 404
– Mieteinkünfte 345
– pauschale Berechnung 389
– Regelaltersgrenze 397
– Schwiegerkind 398, 404
– Zusammenfassung 404

**Altersvorsorgeaufwendungen 1061**
– fiktive 337
**Altersvorsorgekapital**
– Berechnung angemessen 379 ff.
**Altersvorsorgerückstellungen**
– Beendigung 395
– Einsatzzeitpunkt 390
**Altersvorsorgeschonvermögen 297, 383, 793, 1063**
– Aufzinsungstabelle 1139
– Begrenzung 624 ff.
– Berechnung bei Beamten 625
– Berechnungstabelle 1139
– Bestandteile 627
– pauschale Berechnung 616
– und Schenkungsrückforderung 997
**Altersvorsorgeschonvermögensgrenze 383 ff., 655**
**Altersvorsorgeunterhalt**
– kein Bedarf des Unterhaltsberechtigten 79
**Altersvorsorgevermögen 603, 609**
– als Sammlungen 627
– individuelle, konkrete Bestimmung 627
– selbstgenutztes Immobilienvermögen 670
**angemessener Wohnwert 270**
**Angemessenheit**
– Heimunterbringung 92 ff.
– Unterbringung 92 ff.
**Angemessenheitskontrolle 602**
**Angemessenheitsprüfung 596**
**Anlagefreiheit**
– Altersvorsorge 400
**Ansparabschreibungen 242, 262**
**Ansparungen 501**
**Anspruchsübergang 108**
– Familienfrieden 323

– Hilfe zur Pflege und Eingliederung 853
– nicht gegen Enkel 1012
– unbillige Härte 108
**Anwaltszwang**
– gerichtliches Verfahren 971
**Arbeitslosengeld II**
– Enkelunterhalt 802
**Arbeitslosigkeit 374**
**Aufenthaltsort**
– unbekannt, Enkelunterhalt 831
**Auflösung**
– Altersvorsorgerückstellung 395
**Aufsichtsratsposten 522**
**Aufwandsentschädigungen 254**
**Aufzinsungsergebnis 297**
**Aufzinsungsfaktoren**
– Altersvorsorgeschonvermögen 1139
**Aufzinsungstabelle**
– Berechnung des Altersvorsorgeschonvermögens 389, 1139
**Ausbildungskosten 117 ff.**
**Ausbildungsumlage 117 ff.**
– als Bedarf 120
– Heimvertrag 121
**Ausbildungsvergütung 117 ff.**
**Ausbildungsvermögen 606**
**Ausbildungsversicherungen 522**
**Ausgleichsanspruch**
– familienrechtlicher bei Auslandsaufenthalt 65
– familienrechtlicher 570
**Auskunft**
– Einkommen 948 ff.
– Familienunterhalt und -bedarf 945
– Form 952 ff.
– pers. Verhältnisse 944
– über Einkommen 948 ff.
– über Vermögenserträge 936
**Auskunftsanspruch 53**

– gegen Selbständige und Freiberufler 950
– Inhalt 941 ff.
– unbeschränkte Leistungsfähigkeit 921 ff.
– Verwirkung 911 f.
– Voraussetzung 53
**Auskunftsbegehren**
– Wiederhohlung 968
**Auskunftsersuchen**
– an Eheleute 930
– der Sozialhilfeträger 930
– sozialrechtliches 947
**Auskunftsformular 955**
**Auskunftspflicht 918 ff.**
– abhängig Beschäftigte 953
– Ausnahmen 921 ff.
– Belegpflicht 956 ff.
– fehlerhafte Auskünfte 962 ff.
– Form der Auskunft 952 ff.
– Frequenz 968
– Geschwister 938
– Geschwister untereinander 711
– Reichweite und Inhalt 942 ff.
– Schwiegerkind 927 ff.
– Selbständige 954
– über Vermögensverhältnisse des Schwiegerkindes 933
– von Banken und Sparkassen 964
**Auskunftspflichtige 920**
**Auskunftsverlangen 61**
**Auslandsaufenthalt**
– Lebenshaltungskosten 64 ff.
**Auslandspflegeeinsatz 100**
**Auslandswohnsitz 64 ff.**
**Auslösungen 224**
**außergewöhnliche Belastung 794 ff.**
– in besonderen Fällen 795
**Ausstattung 460, 1006 ff.**
**Ausübungshindernis 129**
**Auswahl**

– Pflegeheim 95
**Auswahlverschulden**
– Pflegeheim 93

**B**
**BAföG**
– Enkelunterhalt 826
**Bar-, Aktien-, Fondsvermögen 640**
**Barbetrag 111 ff.**
**Beamte**
– sekundäre Altersvorsorge 344
**Beamtenversorgung 634**
– zukünftiger Versorgungserwerb 648
**Bedarf**
– im Enkelunterhalt 817 ff.
– unterhaltsrechtlicher 75 ff.
**Bedarfsberechnung**
– konkret 554
**Bedürfnisse**
– persönliche 116
**Bedürftigkeit 146 ff.**
**Beerdigung 187**
**Beerdigungskosten 768 ff.**
– Kostentragungspflicht Kinder 773 ff.
– Rücklagen 186 ff.
**Beleihungsobliegenheit 612**
**Berufsausbildung**
– als Kindesbedarf 820
**berufsbedingte Aufwendungen 471 ff.**
– PKW-Anschaffungskosten 472
– Fahrtkosten 472
– Zweitwohnung 475
**Berufsbetreuer 761 ff.**
**berufstypische Mehrarbeit 211 ff.**
**Bestattungskosten 186 ff., 768 ff.**
– Kostentragungspflicht der Erben 771
**Bestattungspflicht**

– unterhaltsrechtliche 782
**Bestattungspflichtige 785**
**Besuchsfrequenz 507**
**Besuchskosten 505 ff.**
– Berechnung 510 f.
– Blumengeschenke 513
– Schwiegereltern 508
– Übernachtungskosten 511
**Betreuer 48**
**Betreuung 756 ff.**
**Betreuungskosten 748**
**Betriebsausfallversicherung 407**
**Betrug 38 f.**
**Bevollmächtigten 757**
**Beziehungslosigkeit 885 ff.**
**Bildungsreisen 528**
**billiger Selbstbehalt 197**
**Billigkeitskontrolle 277**
**Bindungskraft**
– Selbstbehalte 598
**Blindengeld 77, 114**
**Blumengeschenke 513**
**Boni 91, 216 ff., 240 f.**
**Brieffreundschaften 57 ff.**

**D**
**Darlegungsaufwand**
– im Enkelunterhalt 848
**Darlegungslast**
– Auslandsaufenthaltt 68
– angemessener Eigenbedarf 535
– Einkommensverbrauch 530
– Sozialhilfeträger 61
– Unzumutbarkeit der Vermögensverwertung 678
– zur Einkommensermittlung Selbständiger 246
– Verwirkung 883 f.
**Datenschutz 62, 704 ff.**
**Deckungskapital 639**
**deferred compensation 627**
**Deputat 123**
**Doppelverdienerehen**

– Barbedarf Tabellenstufe 441
**Doppelverdienerhaushalt**
– Kindergeldanrechnung 315
**Drogenmissbrauch**
– Verwirkung 880 ff.
**Drogensucht 882, 992**
**Durchschnittseinkommen 58**
**Düsseldorfer Tabelle 277, 438 ff.**

**E**
**Ehegattenhaftung**
– Vorrangigkeit 196 ff.
**eheliche Lebensverhältnisse**
– Prägung durch Elternunterhalt 447
**Eigenanteil Krankenbehandlungskosten 416 f.**
**Eigenbedarf**
– Darlegungslast 535 ff.
**Eigenhaftung**
– beim Enkelunterhalt 809
**Eigenhaftung der Großeltern 812**
**Eigentumswohnungsanlagen 279**
**Eingliederung**
– Anspruchsübergang 853
**Einkommen**
– selbständige Tätigkeit 242 ff.
– Sonstiges 251 ff.
**Einkommensermittlung 61**
– Regel 203 ff.
**Einkommensveränderung 204**
**Einkommensverbesserung 693 ff.**
**Einkommensverlagerungen 1015 ff.**
– kreditfinanzierte Ausgaben 1015
**Einkommensverschlechterungen 697 ff.**
**Einkünfte**
– überobligationsmäßige 331 f.

Einzelvollmacht 37
Elementarunterhaltsbedarf 75 ff.
Elternunterhalt
- Konkurrenz Kindesunterhalt 437 ff.
- Steuern 794 ff.
Enkelunterhalt 802 ff.
- Adoptivkind 811
- Anspruchsübergang auf Sozialleistungsträger 807
- BAföG-Leistungen 826
- Bedarf 808, 817 ff.
- Darlegungsaufwand 848
- Eigenhaftung der Großeltern 812
- Einkommensabzüge 835 f.
- Ersatzhaftung, Voraussetzung 813 f.
- Erwerbsobliegenheit 838
- Kindergeld 827
- Krankenversicherungskosten 821
- latente Unterhaltslast 837
- Leistungsfähigkeit 828 f.
- Leistungsfähigkeit der Großeltern 834 ff.
- Rechtsgrundlagen 804 f.
- Sonderbedarf 819
- Sozialhilfe 823 f.
- Taschengeldanspruch 815
- unbekannter Vater 833
- Unterhaltsvorschuss 822
- Verbrauch des Vermögens 825
- Vorrang der Deszententenhaftung 836
entgeltliche Vermögensübertragung
- Dienstleistungen 1004
Ergänzungsbetreuung 35
Erhaltungs- oder Ersatzinvestitionen
- Kreditaufnahme 484 f.
Erholungsreisen 536

Erlassvereinbarung und Schenkung 125
Ersatzhaftung
- beim Enkelunterhalt 806, 809
- im Enkelunterhalt, echte 830 f.
- im Enkelunterhalt, Voraussetzung 813 ff.
Erstausstattung 443
Erwachsenenadoption 916 f.
Erwerbseinkommen
- Spesen 224
Erwerbsobliegenheit 219, 329, 563 ff., 732
- im Enkelunterhalt 838
- Teilzeitarbeit 219
- unterhaltspflichtiger Kinder 563 ff.
Erwerbs- und Vermögensverhältnisse
- im Enkelunterhalt, Haftung 846

F
Fahrtkosten
- zur Arbeitsstelle 472
Falschauskunft
- strafrechtliche Konsequenzen 967
Familieneinkommen 577 ff.
Familienfrieden 323
familienrechtlicher Ausgleichsanspruch 570
Familienselbstbehalt
- individueller 577
Familiensockelselbstbehalt 579
Familienunterhalt
- Grundlagen 429
- Steuerklassenwahl 308 f.
- Wohnvorteil 268 ff.
Familienzuschläge 216 ff.
Feriendauerwohnung 555
Ferienimmobilie
- Nutzungsrecht 123

Ferienreisen 528
Ferien- und/oder Auslandsimmobilien 683
Feststellungsantrag
– negativer 911 ff.
Feststellungsinteresse 912
fiktive Besteuerung 311
fiktive Steuerberechnung 522
Finanzbehörden
– Auskunft 965
Firmenfahrzeug 227 ff., 294
– Nutzungsvereinbarung 294
– Praxistipp 237
– Nachteil 236
– Nutzungsvorteil 232
– Sozialversicherungsabgaben 232
Firmenwagenvereinbarung 234
Forderungsvermögen 609
Freiberufler sekundäre Altersvorsorge 343
Freibeträge
– steuerliche 302
Freigiebige Leistungen 522 ff.
Freizeitprivileg 734

**G**
Gattenunterhalt 447 ff.
– bei Getrenntleben 197
– Vorrangigkeit 196 ff.
– Zusammenleben 199
geldwerter Vorteil 232
Generalvollmacht 37 ff., 757
Generationensterbetafeln 729
Geschwister
– gemeinschaftliche Vertretung 33 ff.
Geschwisterhaftung 702 ff.
gesetzliche Altersversorgung
– zukünftiger Versorgungserwerb 647 ff.
Getrenntveranlagung
– fiktive 1048

Gewalt
– Verwirkung 899
Gewerkschaftsbeiträge 476
Gewinnbeteiligungen 203, 216 ff.
Gleichrang
– Unterhaltsbedarf 736
Gleichrangmethode 741
Gleichrangprinzip 741
Gleichzeitigkeitsgebot
– von Leistungsfähigkeit und Bedürftigkeit 668
Golfclubmitgliedschaft 555
Grabpflege
– Vermögen 187
Gratifikationen 216 ff.
Grundschuldbestellung 144
Grundsicherung 151 ff., 424
– Anspruchsvoraussetzung 151 ff.
– Höhe 152 ff.
– latente Unterhaltspflicht 49
– Mehrbedarfszuschläge 154
Grundsicherungsgesetz 855
Grundstücksschenkung 991
Güterstandsmanipulation 1035
Güterstandswechsel 1034 ff.
– vermögensmindernder 1034

**H**
Haftpflichtversicherungsbeiträge
– berufliche 476
– private 476
Haftungsanteil des Geschwisterkindes 718 ff.
Haftungsgenossen
– im Elternunterhalt 810
Haftungsquote
– Berechnung 718 ff.
– Berechnung aus Vermögen 722
– Berechnung bei Haftungsgenossen 720
– Darlegung 62

- Darlegung durch den Sozialhilfeträger 703
**Halbteilungsgrundsatz 149, 197**
**Hausgeld**
- als Abzugsposten 495 f.
- Verbrauchskosten 496
**Haushaltsersparnis 579**
- Lebensgemeinschaft 584
**Haushaltsgeld 495 f.**
**Hausmannsrechtsprechung 465**
**Hausratsversicherung 476**
**Heimunterbringung 969 ff.**
- Angemessenheit 92 ff.
**Heimvertrag**
- Ausbildungsumlage 119
**Heizkosten 518 f.**
**Hilfe zur Pflege**
- Anspruchsübergang 853
**Hinweis**
- Sonderzuwendungen 216 f.
- Umgang mit unregelmäßigen Einkünften 218
**Hobbykosten 537, 541**

**I**
**Immobilie**
- als Kapitalanlage 683
- fremd genutzt als Altersvorsorgevermögen 627
- fremd genutzt als Schonvermögen 672 ff.
- Schwiegerkind 260
- selbstbewohnt Unantastbarkeit 575
**Immobilien 665 ff.**
**Immobiliendarlehen 492 ff.**
**Immobilienerwerb**
- geplanter 656 ff.
**Immobilienfonds**
- geschlossene 679
**Immobiliensanierung und -reparaturen 499 f.**
**Immobilienvermögen 386, 641**

- Bewertung 672 ff.
- selbstgenutztes 386, 665 ff.
- selbstgenutztes als Altersvorsorgevermögen 670 f.
**Immobilie, selbst genutzte**
- Beleihung 668
**Informationelles Selbstbestimmungsrecht 55**
**Informationspflicht**
- Einkommenssteigerung 959 ff.
- ungefragt 960
**Informationspflichten 959 ff.**
**Interessenkollision 980**
**Investitionsabzugsbeträge 262**
**Investitionsplan 657**

**K**
**Kapitalanlage**
- Immobilie 683
**Kapitaleinkünfte 296 ff.**
- Steuerlast 296
**Kapitalerträge 298**
**Kapitalertragssteuer 1024**
**Kaufmannsregel**
- Notgroschen 652 f.
**Kenntnis**
- vom Bedarf 47
**Kindererziehungsleistungsgesetz 77**
**Kindererziehungszeiten 374**
**Kindergeld 315**
- Anrechnung bei minderjährigen Kindern 440
- Anrechnung bei volljährigen Kindern 440
- Enkelunterhalt 827
**Kindesbedarf 437 ff.**
- Erstausstattung 443
- Hobby 444
- Hundehaltung 444
- Internatskosten 444
- kieferorthopädische Behandlung 443

- Kinderbetreuungskosten 444
- Krankheitskosten 444
- Musikausbildung 443
- Musikinstrumente 443
- Nachhilfekosten 444
- Pflegepersonen 444
- Schulgeld 444
- Sportkosten 444

**Kindesunterhalt 437 ff.**
- Höhe 439 ff.
- Mehrbedarf 444
- Sonderbedarf 443

**Kindesunterhaltsbedarf 277**
**Klagerücknahme 61**
**Kollisionsfall 33 ff.**
**Kollisionsrecht 1069**
**Kondiktionsansprüche**
- gegen Geschwister 712 ff.

**Kontaktlosigkeit**
- als Verwirkungsgrund 885 ff.

**Kontaktverweigerungen**
- als Verwirkungsgrund 886

**Kosten der Unterkunft**
- Grundsicherung 153

**Kosten des Wohnens 514 ff.**
- im Kindesbedarf 445
- Kinder 553

**Kostenpauschalen 254**
**Kostenrisiko 972**
**Krankenbehandlungskosten**
- Eigenanteil 416

**Krankentagegeldversicherung 408 f.**
**Kranken- und Pflegeversicherungsbeiträge**
- bei Alterseinkünften 362

**Krankenversicherung 405 ff.**
- als Bedarf 78
- als Bedarf im Enkelunterhalt 821
- Eigenbeteiligung 411
- Enkelunterhalt 836
- private 407 ff.

**Krankenversicherungsbeiträge**
- Altersversorgung 356

**Krankenversicherungskosten 406 ff., 465**
- Kostendämpfungspauschale 411
- Praxisgebühr 411

**Krankenzusatzversicherungskosten**
- private 407 ff.

**Kränkungen**
- als Verwirkungsgrund 885

**Kreditaufnahme**
- Erhaltungs-, Ersatzinvestition 484
- Rechtswahrungsanzeige 46
- Zeitpunkt 484

**Kreditbelastung 478 ff.**
- Aufteilung unter Gatten 492
- selbstgenutzte Immobilie 492
- Investitionskredit 481
- Konsumkredit 480
- für PKW 472

**Kreditverbindlichkeiten 362**
**Kriseninterventionssitzungen 32**
**Kursrisiko 675**
**Kurswert 640**

**L**
**latente Unterhaltsgefahr 1015**
**latente Unterhaltsverpflichtung**
- Enkelunterhalt 837

**Latente Unterhaltslast 46 ff.**
**Lebensarbeitszeit**
- Berechnung 617 f.
- Bestimmung 384

**Lebensbedarf des Kindes**
- im Enkelunterhalt 817 ff.

**Lebensgefährten**
- Einkommensverhältnisse 584
- Leistungen 464 f.

**Lebensgemeinschaft**
- Selbstbehalt 584 ff.

**Lebenshaltungskosten**
- abweichende 601
- allgemeine 534 f.
- bei Auslandsaufenthalt 67 f.

**Lebensqualität 67**
**Lebensstandardgarantie 194 ff.**
- des Bedürftigen 94
- Leistungen für Lebensgefährten 465
- Wohnvorteil 274

**Leibgedinge 142**
**Leistungsfähigkeit**
- Geschwister, Haftungsgenossen 718 ff.
- kreditierte 612 f.

**Leistungsfähigkeit des Pflichtigen**
- Berechnung 572 ff.

**Leistungsfähigkeitsbegrenzung 742, 746**
**Leistungsprämien 216**
**Leistungsunfähigkeit**
- im Enkelunterhalt 828

**Leitlinien**
- Funktion 556

**Leitlinienselbstbehalte 542 ff.**
**Löschungsbewilligung**
- Wohnrecht, Schenkung 181

**Luxusaufwendung 490 f., 683**

**M**
**Marktfähigkeit 131**
**Marktschwankungen 610**
**Maß des Unterhalts 93 ff.**
**Medikamentenmissbrauch**
- Verwirkung 880 ff.

**Medizinischen Dienst der Krankenkasse 159**
**Mehrbedarf 75**
- Kinder 437 ff., 444

**Mehrbedarf, krankheitsbedingter 537**
**Mehrbedarfszuschläge**

- Grundsicherung 154

**Mehrbettzimmer 96**
**Mietbelastung**
- erhöht 553 f.
- vermindert 551

**Mieteinkünfte 96**
- negative 98
- positive 97
- Tilgungsleistungen 97
- Zinskosten 97

**Mietkosten**
- erhöhte 553

**Mietkostenbeteiligung 454**
**Musikausbildung 444**
**Musikinstrumente 443**

**N**
**Nachforderung**
- Unterhalt 868

**Nachhilfekosten 444, 748**
**Naturalleistung 104 ff.**
- als Unterhaltsersatz 107
- Wohnungsgewährung 105

**Naturalnutzung 122 ff.**
**Naturalunterhalt 521**
- Ergänzungsnahrung 521
- Recht auf 109 f.
- Verweigerung 109 f.
- Wäschepflege 521
- Pflegeleistung 104 ff.

**Nebenkosten 153**
**Negativevidenz 927 ff.**
**Negativevidenztheorie**
- sozialhilferechtlicher Auskunftsanspruch 934

**Negativlisten**
- Pflegeeinrichtungen 102

**Nettokaltmiete 268**
**Nichterwerbseinkünfte**
- Altersvorsorge 345

**Nießbrauchsrechte 122**
**Notbedarfseinrede 183, 923 ff.**
- des Beschenkten 923 ff.

**Notbedarfsvermögen** 169 f., 651 ff.
**Notgroschen** 169 f., 651 ff.
— Berechnung 170
— des Unterhaltsberechtigten 169 f.
— des Unterhaltspflichtigen 653 f.
— Höhe 653
**NRW**
— Vollstreckung 974
**Nutznießungshindernisse** 129
**Nutzungsrechte** 122 ff.
**Nutzungsvorteil**
— angemessen Firmen-PKW 232 ff.
**Nutzungsvorteile**
— Taschengeld 323
**Nutzungswert**
— angemessen 228

**O**
**Obliegenheit**
— Eigenvorsorge 871 ff.

**P**
**Parteibeiträge** 523
**Patenschaften** 467
**Patenschaftskosten** 522 f.
**pauschalierten Berechnung**
— Vorsorgevermögen 621
**Periodengenauigkeit** 57
**Periodensterbetafeln** 729
**Pfändungsfreigrenze** 355
— Alterseinkommen Angemessenheit 355
**Pferdehaltung** 444, 541
**Pflegebedarf**
— Überprüfung 82 ff.
**Pflegebedürftigkeit** 82 ff.
— sucht- und drogenindiziert 56
**Pflegegeld**
— Höhe 165 f.
**Pflegehäufigkeit** 981 ff., 1142 ff.

**Pflegeheim**
— Ausland 97
— Auswahl 95
**Pflegesachleistungen** 165
**Pflegestufen** 86 ff.
— Gesetz § 15 SGB XI 86
— Korrektur 87
**Pflegestufeneingruppierung** 88 ff.
— Prüfung der Richtigkeit 87
**Pflege- und Betreuungsleistungen**
— als Naturalunterhalt 106
**Pflegevergütung** 120
— allgemeine 117 ff.
**Pflegeverpflichtung**
— Geldwert 137 ff.
**Pflegeverpflichtungen** 134 ff.
**Pflegeversicherung**
— als Bedarf 78
**Pflegeversprechen** 134 ff.
**Pflegewohngeld** 159 ff.
— Höhe 161
**Pflegezusatzversicherung**
— Beitragsformen 999
— private 412
**PKW-Anschaffungskosten** 472
**Praxisgebühr** 411
**Praxistipp**
— Abänderung 701
— Altersvorsorgerückstellung überproportional 394
— Angemessenheit der Unterbringung 103
— Ansparungen 502
— Ausgabenverteilung 494
— Auskunftserteilung, Betroffene 867
— berufsbedingte Aufwendungen 477
— Besuchskosten 507, 512
— Betreuervergütung 767

- Boni, Tantieme, Erfolgsprämien und Provisionen 241
- Darlegungslast für Sozialhilfeträger 63
- Datenschutz 710
- Durchschnittseinkommen 208
- Einkommensverzehr 532
- Feststellungsantrag Verwirkung 915
- Immobilienrücklagen 497
- Immobilie, selbstgenutzte 669
- Informationspflicht 701
- Kenntnis der wirtschaftlichen Verhältnisse 427
- Kindesunterhaltsbedarf 446
- PKW-Anschaffung 475
- Schenkungsrückforderung 185
- Schonvermögen 655
- Schwiegerkindhaftung 595
- Sozialamtsregress 399
- Spesenverbrauch 225
- Steuererstattungen 303
- Steuerklassenwahl 310
- Steuervoraus-, nach- und rückzahlungen 313
- Unterstützungsvereinbarung, Form 462
- Unterstützungsversprechen 458
- Verwaltungsvollstreckung 976
- Verzeihung 909
- Volljährigenunterhalt 470
- Wohnrecht 145, 158

**Praxistipp für Sozialhilfeträger**
- Verwirkung 71

**Praxistipp für Unterhaltspflichtige**
- Sterbeversicherung 190

**Privatentnahmen 242**
**Privatnutzungsanteile 242**
**Privatschulausbildung**
- als Bedarf 819

**Provisionen 216 ff., 240**

**Q**
**Quotenunterhalt 545**

**R**
**Rechnungszinssatz**
- bei Verrentung von Kapital 1130 ff.

**Rechtsbindungswillen 454**
**Rechtswahrungsanzeige 45 ff.**
- Funktion und Wirkung 45
- Inhalt 51 ff.
- Kreditaufnahmen 46 f.

**Regelaltersgrenze 688**
- überobligatorische Einkünfte 333

**Regelsatz 152**
**Regelsätze**
- sozialhilferechtliche 111

**Rentenalter**
- Verrentung des Vermögens 727

**Rentenauskunft 356**
**Reparaturbedarf 537**
**Revokation der Schenkung**
- aus Vermögen 997 f.

**Revokationsfrist 985 ff.**
- Ablauf 897

**Revokationsrecht 988 ff.**
- Vermeidung 1000 ff.

**Riesterrente 341 f.**
**Risikounterhaltsanspruch 426**
**Rückforderungsanspruch**
- § 528 BGB 127 f.

**Rückforderungsfrist**
- Schenkung 989 ff.

**Rückgriffsmöglichkeit**
- im Enkelunterhalt 812

**Rücklagenbildung**
- für Reparaturen 495

**Rückwirkung**
- Unterhaltsforderung 696

**Ruhegehaltssatz 636**
**Ruhestand**

- des Unterhaltspflichtigen und
  Kapitalverwertung 731

**S**
**Sachbearbeitung**
- Sozialhilfeträger 40 ff.
**Sachbezüge 227 ff., 238 f.**
**Sachverständigengutachten**
- Pflegestufeneingruppierung
  88 ff.
- Gutachterauswahl 88 ff.
**Sammlungen**
- als Altersvorsorgevermögen
  627
**Schadensersatzanspruch**
- bei Falschauskunft 966
- gegen Bevollmächtigten 715
- gegen Geschwister 712 ff.
**Schenkung**
- Begriff 178 ff.
- Löschungsbewilligung 181
- und Revokation 984 ff.
- Unterhalt 459 ff.
- Verzicht auf Wohnrecht 181
- Dritter 299 ff.
- gemischte 180
**Schenkungsrevokation 177 ff.,
984 ff., 988 ff.**
- Altersvorsorgeschonvermögen
  997
- Fristablauf 990 ff.
- Marktwert 178 f.
- selbst verschuldete Bedürfigkeit
  992
- Übertragungswert 178 f.
**Schenkungsrückgewähr**
- aus Vermögen 997
**Schlüssigkeit**
- des Unterhaltsanspruchs 703
**Schlüssigkeit einer Klage**
- Enkelunterhalt 848
**Schonvermögen 603 ff.**
- bei Pflegewohngeld 160

- Trennung der Arten 655
**Schonvermögensgrenze 1139**
- Immobilienvermögen 258
**Schwiegerkind 260**
**Schwiegerkindhaftung 29, 398,
927**
- Kritik 592 ff.
**Selbständige sekundäre Alters-
vorsorge 343**
**Selbstbehalt**
- 100.000 €? 557 ff.
- Alleinstehender 580
- allgemeine Lebenshaltungskos-
  ten 534
- billiger 197
- dynamischer 575
- enthaltene Ausgaben 536
- Funktion 554
- individueller 542 f.
- Lebensgemeinschaft 584
- notwendiger, angemessener
  197
**Selbstbehalt des Pflichtigen
533 ff.**
**Selbstbehalte 542 ff.**
- Bindungskraft 598
**Selbstbehaltserhöhung 602**
- bei psychischer Erkrankung
  548
**Selbstbehaltssätze 542 ff.**
- Erhöhung 546 ff.
- Kritik 545
**Selbstbestimmungsrecht**
- informationelles 55
**Selbstentlohnung**
- des Bevollmächtigten 713
**sittenwidrige Schädigung 715**
**sittliches Verschulden**
- Kausalität 872
**Sitzungsgelder 254**
**Sockelselbstbehalt**
- Anhebung 519
**Sockelselbstbehaltssätze**

– Absenkung 520
**Sofortrente**
– befristete 1135
– lebenslange Barwerte 1130 ff.
– lebenslange BMF 1134
**Sonderbedarf 75**
– im Enkelunterhalt 819
**Sondereinkünfte 216 ff.**
**Sondertilgungen 500**
**Sonderzahlungen 218**
**Sonderzuwendungen 216 f.**
– nach Entstehung der Unterhaltspflicht 218
– vor Entstehung der Unterhaltspflicht 218
**Sozialamtsregress 399**
**Sozialhilfe**
– im Enkelunterhalt 823
– Schonvermögensgrenze 49
**Sozialhilfeanspruch**
– Enkelunterhalt 802, 823
**Sozialhilfebetrug 38**
**Sozialhilfefall 49**
**Spenden 467, 522 f.**
**Spesen 224 ff.**
– Verpflegungsspesen 224
**Spielleidenschaft 882**
**Sterbegeld 186 ff.**
**Sterbegeldversicherung 187**
**Sterbetafeln 1125 ff.**
**Sterbeversicherung 769**
**Steuerberechnung, fiktive 246, 256**
**Steuererstattung 306, 313, 1047 ff.**
– Verteilung 303
– Abschreibungen 311
– als Einkommen 300 ff.
– Selbständiger 312
– Steuervorauszahlungen, zu hohe 312
– Verteilung 1047

**Steuerklassenwahl 308, 421, 721, 1019 ff., 1042 ff., 1047 ff.**
– Familienunterhalt 308
**Steuerklassenwechsel 421**
**Steuerlast**
– auf Kapitaleinkünfte 296 ff.
**Steuern 418 ff.**
– Ausland 796
– Elternunterhalt 794 ff.
**Steuernachzahlung 306, 313**
**Steuerprogression 216**
**Steuerspareffekt 522**
**Steuerveranlagung 300 ff., 421**
**Steuervorauszahlungen 312**
**Stichtag 426**
**Streitverkündung**
– Geschwisterhaftung 70
**Stufenantrag 931**
– Teilentscheidung 922
**Subsidiarität 823**
– von Sozialhilfe 156, 687

**T**
**Tantieme 216**
**Taschengeld 316 ff.**
– als Bedarf des Pflegebedürftigen 77
– Bareinkommen als Berechnungsbasis 317
– Blindengeld 114
– des Bedürftigen 111
– Höhe 317 f.
– Nutzungsvorteile 323
– Tenorierung 323
– Vollstreckungsgegenklage 323
– Wohnvorteile 321
**Taschengeldanspruch 316 ff.**
– im Enkelunterhalt 815
– sozialhilferechtlicher 77
**Taschengeldeinkünfte 817**
**Taschengeldhaftung 316 ff.**
**Taschengeldrechtsprechung**
– Kritik 325 ff.

**Teilentscheidung**
− Stufenantrag 922
**Teilzeitarbeit 219**
**Tenorierung**
− Taschengeldanspruch 323
**Thesaurierung 298**
**Tilgungsleistungen 256, 478 ff., 537, 658**
− Ausnahme von Nichtberücksichtigung 257
− für fremde Rechnung 466
− selbstbewohnte Immobilie 500
− Vermietung 261
**Tilgungsraten**
− für Immobilien 386
**Totenfürsorgerecht 774**
**Treueprämien 216 ff.**
**Trümmerfrauenregelung 114**
**Trunksucht 992**

**U**
**Überleitungsanzeige**
− Warnfunktion 484
**Übermaßverbot**
− Verstoß 1010
**Überobligatorische Erwerbstätigkeit**
− Schwiegerkind 333
**überobligatorische Tätigkeit 328 ff., 436**
**Überstunden 211 ff., 328 ff.**
**Übungsleiterpauschale 254**
**Umstandsmoment 863**
− Verwirkung 862 f.
**unbillige Härte**
− Anspruchsüberleitung nach § 93 SGB XII 108, 998 f.
**Unfallversicherung 415**
**Unterbringung**
− Angemessenheit 92 ff.
− Notwendigkeit 82 ff.
**Unterhaltsanspruch**
− latent 423 ff.

**Unterhaltsbedarf**
− Gleichrang 736
**Unterhaltsbedarfszuschlag 439**
**Unterhaltskommission**
− des Familiengerichtstages 598
**Unterhaltslast**
− latente 46 ff.
**Unterhaltspflichtige**
− junge, Selbstbehaltserhöhung 602
**unterhaltsrechtliches Freizeitprivileg 734**
**Unterhaltsverpflichtung**
− gesteigerte 329
**Unterhaltsversprechen 461**
**Unterhaltsverzicht 797 ff.**
**Unterhaltsvorschuss**
− Enkelunterhalt 822
**Unterhaltszeiträume**
− abgeschlossen 203 ff.
**Unterlassungsanspruch 713**
− gegen Geschwister 712 ff.
**Unterstützungsleistungen 453**
**Unverhofftunterhalt 217, 575**
**Urlaubsgeld 203, 216**

**V**
**Veranlagung**
− fiktiv 305
**Verarmung des Beschenkten 984 ff.**
**Verbindlichkeit**
− Zeitpunkt der Eingehung 482 ff.
**Vereinbarungen**
− Geschwisterhaftung 800
**Verfügungsbeschränkung**
− des Gatten über Vermögensverfügungen 485
− familienrechtliche 660
**Vergleichsmiete 268**
**Verjährung**
− Revokationsanspruch 991

## Stichwortverzeichnis

**Vermietung**
- Negative Einkünfte 261
- positive Einkünfte 261

**Vermögen**
- des Schwiegerkindes 691, 1037 ff.
- gemeinsames 1031 ff.

**Vermögen im Ganzen 194 ff.**

**Vermögensbildung**
- des Unterhaltspflichtigen 503 ff.

**Vermögenseinsatz 684 ff.**
- Berechnung 688 ff.
- im Enkelunterhalt 847 ff.
- Schwiegerkind 691
- Unzumutbarkeit 191 ff.
- verzehrender 605 ff. 650, 684 ff.

**Vermögenseinsatz durch Beleihung 610**

**Vermögenserträge 604**

**Vermögensminderung 1027**
- legal 1031 ff.

**Vermögensreservation 656 ff.**

**Vermögenssicherung des Elternteils**
- durch entgeltende Vermögensübertragung 1003 ff.

**Vermögensstatut 402**

**Vermögensübertragung**
- auf Enkel 1011 ff.
- unentgeltlich 985

**Vermögensverbesserungen 700**

**Vermögensverminderung 700, 1026 ff.**

**Vermögensverwertung 609**
- Affektionsinteresse 610
- aufgeschobene 610
- bei Miteigentum 610
- familienrechtliche Beschränkungen, § 1365 BGB 194
- Marktschwankungen 610
- Scheidungsverfahren, anhängiges 662 f.

- Teilverwertung 677
- und Zugewinnausgleich 663
- Unterhalt durch ~ 603 ff.
- Unzumutbarkeit 675
- Unzumutbarkeit aus familiären Gründen 682

**Vermögensverwertungspflicht 167 ff.**

**Vermögensverzehr 49**
- deckender 685
- verrentender 689

**Vermögensverzehrphase**
- Altersvorsorgevermögen 650

**Vermögenszwecke 606**

**Verpachtung 255 ff.**
- Negative Einkünfte 261
- positive Einkünfte 261

**Verrentung**
- Altersvorsorgeschonvermögen 1138 ff.

**Verrentungstabelle 642, 728, 1130 ff.**

**Verschulden**
- sittliches durch Residenzwechsel 126

**Versorgungsaufbau**
- diskontinuierlich 378

**Versorgungsbedarf 359**

**Versorgungsbilanz 628 ff.**

**Versorgungsbiografie 348**

**Versorgungslücke**
- Bestimmung 646 ff.
- Schließung 646 ff., 1017
- Versorgungsrücklagen, zusätzliche 374 ff.

**Versorgungsrückstellungen 335 ff.**

**Versorgungsverluste**
- konjunkturelle 374
- Versorgungsausgleich 374

**Versorgungsverpflichtung 138**

**Versorgungsziel 631 ff.**

**Verteidigungsstrategien 849 ff.**

**Vertragliche Unterhaltsansprüche** 453 ff.
**Vertrauensinvestition** 864
**Veruntreuung**
– Elternvermögen 38 f.
**Verwalterkosten**
– Wohnvorteil 279
**Verwaltungsvollstreckungsgesetze** 973 ff.
**Verwirkung**
– Auskunftsanspruch 911
– Beziehungslosigkeit 885 f.
– Darlegungslast 910 ff.
– Drogenmissbrauch 880 ff.
– durch Zeitablauf 856 ff.
– Feststellung 911 ff.
– Feststellungsantrag 911 ff.
– Geltendmachung 910
– Geschwisterhaftung 903
– Gewalt in Kindererziehung 899
– Kontaktlosigkeit 885 ff.
– Kontaktverweigerung 885 ff.
– Kränkung 886
– Medikamentenmissbrauch 880 ff.
– Rechtsfolge 901 ff.
– schwere vorsätzliche Verfehlung 896
– Sorgepflichtverletzung 892
– Strafhaft 889
– Umstandsmoment 856 ff., 859
– Verletzung der Sorgeverpflichtung 892
– Vernachlässigung 885
– Vernachlässigung der Unterhaltspflicht 894 ff.
– Zeitmoment 857
**Verwirkungseinrede** 869 ff.
**Verwirkungsgrund**
– mangelnde Altersvorsorge 871 ff.
**Verzeihung**

– konkludentes Verhalten 904 ff.
– Verwirkung 904 ff.
**Verzichtsvertrag** 125
**Vollstreckung** 973 ff.
– Einwendungen 973
– NRW 974
**Vollzug**
– sofortiger 973
**Vorauszahlungsbescheid** 418 ff.
**Vorfälligkeitsentschädigungen** 259, 681
**Vorsorgebedarf** 75
**Vorsorgeobliegenheit** 877
**Vorsorgeregister** 757
**Vorsorgeschonvermögen** 386 ff.
**Vorsorgevermögen** 606
– familienrechtliche Ausgleichsforderung 659
**Vorsorgevollmachten** 757

**W**
**Warmmiete** 514 ff.
**Wäschepflege**
– als Naturalunterhalt des Kindes 113
**Weihnachtsgeld** 203, 216
**Weiterführungswert**
– Lebensversicherung 627
**Wertpapiervermögen** 627
**Windhundprinzip** 744
**Wochenendwohnung** 683
**Wohlhabendenhaftung** 1026
**Wohnflächenbedarf**
– durchschnittlicher 275
**Wohngeld** 314 f.
**Wohnkosten** 550 f.
– Lebensgefährten 465
– Selbstbehaltskorrektur 598
**Wohnrecht** 122 ff., 178 f.
– des Bedürftigen 124
– Einkommen 123
– schuldrechtlich, Verzicht 181
– Verzicht 181

## Stichwortverzeichnis

- Wegfall 133
**Wohnsitzgericht**
- bei Auslandsaufenthalt des Schuldners 1079 ff.
**Wohnvorteil 264 ff.**
- Abzüge 278 f.
- Alleineigentum 267
- angemessen 270 f.
- angemessener Wohnwert 667
- Berechnung 270 f.
- Billigkeitskontrolle 280 ff.
- Einkommenszurechnung 282
- Erhöhung bei im Haushalt lebenden Kindern 277
- Familienunterhalt 267
- Höhe 268 ff.
- Lebensgefährte 466
- Lebensstandardgarantie 274
- Marktmietzins 269
- Nebenkosten 289
- Obergrenze 280, 667
- objektiver 269
- Tilgungsleistungen 279
- Verwalterkosten 279

## Z

**Zeitmoment**
- Verwirkung 858
**Zinseinkünfte**
- des unterhaltspflichtigen Kindes 1052 ff.

**Zins- und Tilgungsleistungen 478 ff.**
- selbstbewohnte Immobilie 575
- Wohnvorteil 279
**Zuflussprinzip 202**
**Zugewinnausgleich 663**
- vorgezogen 663
- vorgezogener 1035
**Zugewinnausgleichsforderung**
- latent 1032
- Rechtshängigkeit 663
**Zumutbarkeitsprüfung**
- Vermögensverwertung 167
**Zuschlag**
- Kindesunterhaltsbedarf 439 f.
**Zuständigkeit**
- örtliche 1079
**Zuständigkeiten**
- örtlich unterschiedliche Gerichte 69 f.
**Zuwendung**
- ehebezogen 455
- familienbezogen 456 ff., 522
**Zuwendungen**
- Dritter 299
**Zuzahlung zur Krankenbehandlung 416 f.**
**Zweitausbildung 454**
**Zweitwohnung 475**

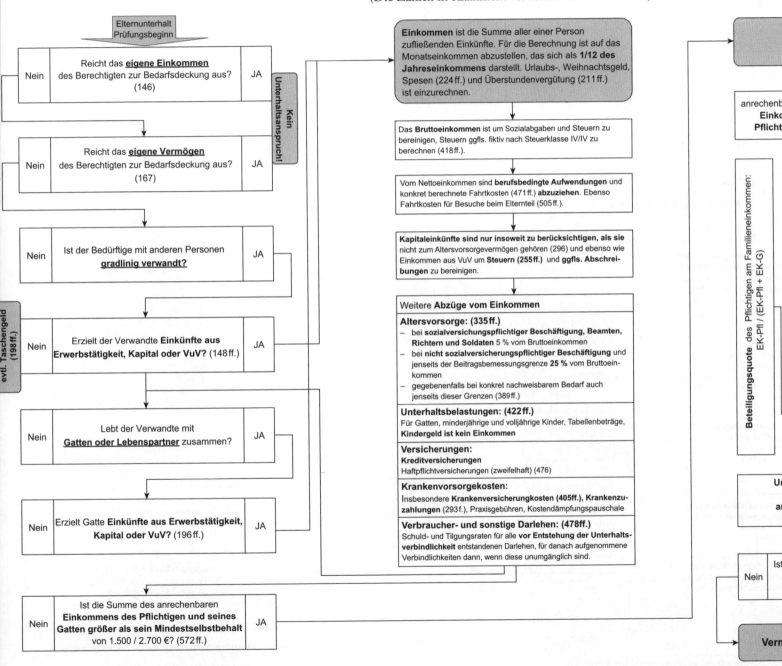

## Forts.: Vermögenshaftung

**Selbstgenutztes Immobilienvermögen** ist kein verwertbares Vermögen und bleibt außer Betracht!

↓

**Vermögen des Gatten** des Unterhaltspflichtigen ist kein verwertbares Vermögen und bleibt außer Betracht!

↓

**Kein Vermögensverzehr** ← Nein — Ist der **unterhaltspflichtige Verwandte vermögend?** Vermögen seines Gatten bleibt außer Betracht! — JA

↓

Nein — Ist der Unterhaltspflichtige **selbständig?** — JA

- Nein: 5% des letzten Bruttoeinkommens (bis zur Beitragsbemessungsgrenze) und darüber hinaus 25% aufgezinst mit 4% über die Lebensarbeitszeit ist **Altersvorsorgeschonvermögen** (616 ff.)
- JA: 25% des letzten Bruttoeinkommens aufgezinst mit 4% über die Lebensarbeitszeit ist **Altersvorsorgeschonvermögen** (616 ff.)

↓

Nein — Ist **weiteres Altersvorsorgevermögen** erforderlich um dem unterhaltspflichtigen Kind eine angemessene Altersversorgung zu sichern? Mindestens 1.500 € / 75% des letzten Nettoeinkommens. (628 ff.) — JA

↓

Definition weiteren **Altersvorsorgeschonvermögens** bis zur Angemessenheitsgrenze (631 ff.)

↓

Nein — Ist **weiteres Schonvermögen** erforderlich, um bevorstehende Anschaffungen (PKW) oder Immobilien zu finanzieren? (651 ff.) — JA

↓

Definition weiteren **Schonvermögens**, konkreter Verwendungszweck erforderlich (656 ff.)

↓

**Kein Vermögensverzehr** ← Nein — Verfügt der Unterhaltspflichtige auch unter Beachtung des Schonvermögens noch über weiteres **verwertbares Vermögen?** — JA

↓

**Eine Heranziehung des Vermögens zur Unterhaltsfinanzierung kommt in Betracht!**
Das heranzuziehende Vermögen muss über die voraussichtliche Lebensdauer des Berechtigten anteilig berechnet werden (642 ff.).